東洋古典譯註叢書 22

KB151541

譯註 心經附註

成百曉 譯註

傳統文化研究會

譯者 略歷

忠南 禮山 出生
家庭에서 父親 月山公으로부터 漢文 修學
月谷 黃璟淵 瑞巖 金熙鎭 先生 師事
民族文化推進會 國譯硏修院 修了
高麗大學校 教育大學院 漢文教育科 修了
한국고전번역원 부설 고전번역교육원 名譽漢學教授(現)
전통문화연구회 부회장(現)
해동경사연구소 소장(現)
古典國譯賞 受賞

論文 및 譯書

〈艮齋의 性理說小考〉〈燕岩의 學問思想研究〉
四書集註 《詩經集傳》 《書經集傳》 《周易傳義》 《古文眞寶》
《牛溪集》 《旅軒集》 《藥泉集》 《百戰奇法》 《武臣須知》 등 다수 國譯
《宣祖實錄》 《宋子大全》 《高峯集》 《茶山集》 《退溪集》 등 共譯

刊行辭

우리의 古典國譯事業은 민족문화진흥의 기초사업으로 1960년대부터 政府 支援으로 古文獻 現代化 작업을 추진하여 많은 成果를 거두었다. 당시 이 사업 추진의 先行課題로 東洋古典이라 일컬어지는 중국의 基本古典을 먼저 飜譯하여야 한다는 學界의 주장이 있어 왔음에도 불구하고 우리 고전이 아니라는 일부의 偏狹한 視覺과 財政 事情 등으로 인하여 배제되어 왔다.

전통적으로 중국의 기본고전은 우리 歷史와 함께 숨을 쉬어 각종 교육기관의 敎科書로 활용됨은 물론이고 지식인들의 必讀書가 되어 왔으며, 우리 文化의 基底에 자리잡고 거의 모든 방면의 體系와 根幹을 형성하여 왔다. 그래서 학문연구의 기본서 역할을 해 왔을 뿐만 아니라 오늘날에도 우리의 國學徒 및 東洋學 研究者들에게 같은 역할을 하고 있음은 주지의 사실이다.

그럼에도 불구하고 中國古典은 우리 것이 아니라 하여 專門機關의 飜譯對象에 포함하지 않음으로써 대부분 原典아닌 重譯이나 拔萃譯이 敎養水準으로 出版되어 왔다.

오늘날 東洋三國 중에서 우리의 東洋學 연구가 가장 부진한 이유는 東洋基本古典에 대한 폭넓은 이해의 부족과 漢文古典 讀解力의 저하에 기인함을 우리는 솔직히 인정하여야 한다. 따라서 이들 중국고전에 대한 신뢰할 만한 國譯이 이루어지는 것이 한국학 연구를 촉진시키는 시급한 先行課題라 할 수 있다.

이에 韓國學 및 東洋學의 연구와 古典現代化의 基盤構築을 위해서는 전문기관으로 하여금 동양고전을 단기간에 각 분야의 專門 研究者와 漢學者가 상호협동하여 연구번역하여 飜譯의 傳統性과 效率性, 研究의 專門性을 높일 수 있도록 政策的 配慮가 있어야 한다.

이에 本會에서는 元老 및 中堅 漢學者와 斯界의 專攻者로 하여금 協同研究飜

4

譯하여 공부하는 사람들이 믿고 引用하거나 깊이 있는 註釋 등을 활용할 수 있게 하고, 知識人들의 敎養을 증진시켜 줄 수 있는 東洋古典의 國譯書 간행을 지속적으로 추진해 왔다. 근래에 다행히 이 사업에 대하여 각계 지도층의 폭넓은 이해와 지원에 힘입어 2001년도부터 國庫補助를 받아 東洋古典譯註叢書를 간행하게 되었다. 이를 계기로 우리 先學의 註釋과 見解를 반영하는 등 국역사업의 內實을 기하게 되었음을 이 자리를 빌어 衷心으로 감사드리며, 아울러 國譯에 參與하신 관계자 여러분의 勞苦에 깊은 謝意를 표한다.

끝으로 우리의 이러한 작업은 오랜 역사 위에 축적된 先賢들의 業績과 現代學問을 이어주는 튼튼한 架橋와 礎石이 되어 진정한 韓國學과 東洋學 발전에 기여할 것이며, 21세기를 우리 文化의 世紀로 열어 가는 밑거름이 될 것을 다짐한다.

2001. 12. 12

社團法人 傳統文化硏究會 會長 李 啓 晃

解 題

成百曉(民族文化推進會 敎授)

1. 《心經》과 《心經附註》의 形成過程

《心經》은 '마음을 다스리는 글'이란 뜻으로 원래 南宋時代 朱子學派인 西山 眞德秀가 經傳의 좋은 내용을 간략히 뽑아 만든 책이다. 眞德秀는 이 외에도 《心 經》과 상대되는 《政經》을 지어 정치하는 道理를 논하였다. 즉 《心經》이 자신의 心性을 修養하기 위하여 지어졌다면 《政經》은 남을 다스리기 위하여 지은 책으로 《心經》은 修己를, 《政經》은 治人의 道를 논한 글이라 하겠다. 다만 分量으로 보아 《心經》은 분량이 매우 적은 반면 《政經》은 많으며, 그 내용 또한 《心經》은 聖經賢傳의 요긴한 말씀과 이에 따른 朱子 등의 解釋 그리고 眞德秀가 讀書하고 중요한 내용을 뽑아 만든 《西山讀書記》를 註釋으로 붙여 모두 聖賢의 格言至論 이라 할 수 있는 반면, 《政經》은 정치를 논한 經傳의 내용 및 실제 行政에 관한 事例와 眞德秀가 고을에 부임하여 백성들에게 諭示한 글까지도 함께 수록하여 분량이 많고, 내용도 잡박한 경향이 없지 않다.

그런데 明나라 初期의 性理學者인 篁墩 程敏政이 이 《心經》에 관련된 각종 자료들을 더 拔萃하고 補完하여 書名을 《心經附註》라 하였는데, 原文의 해석은 물론 周濂溪와 程明道·程伊川, 張橫渠와 朱子, 그리고 朱子學派들의 修養論을 대폭 수용하여 《心經》을 크게 보완하였다. 그리하여 이 附註의 분량이 7, 8할을 차지하며, 여기에다 자신의 견해를 약간 붙이고 '按'이라 표시하였다.

2. 著者 紹介

眞德秀(1178~1235)는 字가 景元 혹은 景希이고, 號가 西山으로 福建省에서 출생하였다. 福建省은 바로 朱子가 태어난 곳이며 朱子가 講學한 武夷山 역시 이 福建省에 속한다. 眞德秀는 朱子의 門人인 詹體仁을 師事한 것으로 알려져 있다.

당시 朱子學은 집권 세력으로부터 僞學이라 지목되어 朱子는 물론이요, 朱子가 별세한 후에 그의 弟子들까지도 온갖 박해를 당하고 있었다. 僞學이란 '거짓 학문'이라는 뜻으로 사람이 욕망을 따라 행동하는 것이 自然의 理致인데, 욕심을 억제하여 善行을 할 것을 주장함은 곧 거짓이라는 것이었다. 寧宗代의 韓侂胄와 理宗代의 史彌遠, 그리고 이들의 추종 세력들은 政治的 專橫을 자행하면서 자신들의 非行을 비판하는 朱子와 그 門徒들을 몰아내기 위하여 僞學黨이라는 罪目을 붙이고 皇帝의 명령을 빙자하여 이들의 학문을 禁하는 碑까지 세웠다. 이러한 상황에서 朱子學의 脈을 이은 眞德秀는 朱子와 朱子學派들을 옹호하기 위하여 長文의 上疏文을 올리는 한편 朱子의 學問을 전수하는 데에 전심하였다. 眞德秀는 특히 性理學에 造詣가 깊어 많은 저술을 남겼는데, 《大學衍義》와 위에서 소개한 《西山讀書記》가 그 대표적인 것이라 할 것이다. 《大學衍義》는 문자 그대로 《大學》을 부연 설명한 것으로 帝王의 올바른 政治를 위하여 經傳의 중요 내용과 자신의 견해를 밝힌 책이다. 이미 언급한 바 있지만 《心經》은 修己, 《政經》은 治人을 논한 것이라 한다면, 이 《大學衍義》는 修己와 治人을 겸비한 책으로 朝鮮朝 性理學者들도 耽讀한 책이다. 그리고 《西山讀書記》는 위에서 말한 대로 자신이 독창적으로 지은 책이 아니고, 독서하면서 그때마다 좋은 부분을 발췌한 것이어서 備忘錄의 성격이 짙다 할 것이다. 이 《心經》은 南宋 理宗 1年인 西紀 1225년 眞德秀가 福建省의 泉州知事로 부임하여 刊行하였다.

程敏政(?~1499)은 字가 克勤이고 號가 篁墩이며 安徽省 사람으로 그의 출생 연도는 확실하지 않으나 《心經講錄刊補》에는 享年이 55세라고 기록되어 있으며, 그의 學問傾向과 行蹟에 대해서는 정확하게 알려진 바가 별로 없다. 다만 여러 기록들을 종합해 보면 일찍이 神童으로 알려졌으며 明나라 憲宗 2년(1466)에 과거에 급제하여 翰林院에 들어가 봉직하고 禮部侍郎에 올랐으나, 孝宗 12년(1499) 李東陽과 함께 會試의 考官이 되었을 적에 뇌물을 받고 科題(試題)를 유출시켰다가 탄핵을 받아 투옥되었으며, 그후 사건이 무마되었으나 벼슬을 그만두고 나아가지 않았다고 한다. 中國의 歷代 翰林院은 文章力과 學識을 골고루 갖춘 人士만이 발탁될 수 있는 기관인데, 程敏政이 여기에서 봉직하였으니, 그의 해박함을 미루어 알 수 있다. 하지만 그의 學問傾向에 대해서는 象山 陸九淵의 禪學에 물들었다는 비판이 있다. 특히 이 《心經附註》를 만들면서 道問學보다는 尊德性을 주로 하여 은연중 朱子보다는 陸象山(陸九淵)을 숭배했다는 지탄을 받은 것도 사실이다.

尊德性과 道問學은 모두 《中庸》에 보이는 내용인데, 尊德性은 德性을 공경히 받드는 것으로 存心에 해당하고, 道問學은 學問으로 말미암는 것으로 致知에 해당된다. 즉 尊德性은 修養을 위주로 하는 반면, 道問學은 知識을 넓히는 것을 위주로 한다. 陸象山은 知識보다는 修養에 치중하였으나 朱子는 이것을 佛敎의 禪定과 가깝다고 비판한 바 있으며, 明代의 王陽明(王守仁) 역시 良知說을 주장하여 陸象山의 學統을 이은 것으로 알려져 있다. 陸象山은 朱子와 同時代 人物로 朱子와 親交가 있어 함께 學問을 토론하기도 하였으나 끝내 의견의 일치를 보지 못했다. 禪學에 가까운 程敏政의 학문적 경향에 대해서는 아래에서 다시 상세히 논하기로 하겠다.

3. 體制와 內容

《心經》은 四書와 三經, 周濂溪, 程伊川, 范浚, 朱子의 글에서 뽑은 本文과 이에 관계되는 해석과 宋儒들의 學說을 모은 註釋으로 되어 있다. 위에서도 잠깐 밝혔듯이 註釋은 原註와 附註로 나뉘는데, 原註는 《心經》의 原著者인 眞德秀와 그 門人들이 뽑은 것을 이르며, 附註는 程敏政이 추가로 諸儒의 說을 붙여 설명한 것을 이른다. 물론 《心經》에는 '原註'라는 표현을 쓰지 않았으나 程敏政의 附註와 구별하기 위하여 이렇게 구분한 것이다.

本文의 構成을 살펴보면 《書經》에서 1章, 《詩經》에서 2章, 《易經》에서 5章, 《禮記》〈樂記〉에서 3章, 《大學》에서 2章, 《中庸》에서 2章, 《論語》에서 3章, 《孟子》에서 12章, 周濂溪의 글에서 2章 그리고 程伊川의 〈四勿箴〉, 范浚의 〈心箴〉, 朱子의 〈敬齋箴〉·〈求放心齋銘〉·〈尊德性齋銘〉 등 총37章으로 되어 있다. 《心經》의 본문 중 첫 번째로 인용한 《書經》〈大禹謨〉의 '人心惟危 道心惟微 惟精惟一 允執厥中'의 16字는 이 《心經》의 根幹이라 할 수 있다. 이 글은 朱子가 일찍이 《中庸》의 序文에서 '千古聖賢이 서로 전수한 心法'이라고 극찬한 바 있으며, 眞西山 역시 〈心經贊〉에서 "舜임금과 禹임금이 주고받은 것이 열여섯 글자이니, 萬世의 心學에 이것이 淵源이네."라고 밝히고 있다. 사실 '心經'이라는 명칭 자체가 여기에서 나온 것이다. 道心은 性命에 근원하여 나온 마음으로 四端을 이르며, 人心은 육체적인 욕망에서 나온 마음을 이른다. 朱子는 《中庸》序文에서 人心과 道心을 다음과 같이 규정하고 있다.

"心의 虛靈知覺은 하나일 뿐인데, 人心과 道心의 다름이 있다고 한 것은 혹 (人心)은 形氣의 私에서 나오고 혹(道心)은 性命의 올바른 것에서 근원하여 知 覺을 한 것이 똑같지 않기 때문이다."

退溪는 道心을 四端, 人心을 七情으로 구분하였으나, 栗谷은 人心을 七情으로 보지 않고 七情은 人心과 道心을 모두 포함한 것이라 하였다. 그리고 原註는 위의 글을 해석한 것으로 朱子의 註釋이 있는 것은 거의 모두 그대로 인용하였는바, 이 原註를 眞德秀가 직접 모두 지었는지는 의문의 여지가 있다. 왜냐하면 原註에 《西山讀書記》라고 표현된 부분이 있기 때문이다. 물론 이 《心經附註》에는 이것을 삭제하고 眞德秀의 말로 바꾸어 놓았지만 四庫全書本을 살펴보면 이러한 기록이 보인다.

엄격히 말해서 《西山讀書記》는 眞德秀가 지은 별개의 책이다. 자신이 附註를 달았다면 자신의 著書인 《西山讀書記》를 굳이 표시할 필요가 있겠는가. 이러한 연유로 原註의 일부를 그 門人들이 추가로 넣은 것으로 보는 것이다. 程敏政도 序文에서 다음과 같이 밝히고 있다.

"그 註 가운데에 《西山讀書記》라고 칭하였으나 모든 程朱 大儒들이 열어 보여 주고 간절히 경계한 말씀은 대부분 이 卷에 들어 있지 않은 점이 의심스러우니, 생각하건대 이 《心經》은 본래 先生에게서 나왔으나 註는 後人들이 뒤섞어 넣었기 때문인가 보다."

그렇다고 原註를 모두 眞德秀의 門人들이 단 것으로 보기는 어렵다. 《心經》 본문의 분량이 너무 적기 때문이다. 《心經》은 原註까지 합하여 모두 28張에 불과한 작은 冊子이다. 만일 당초에 原註가 포함되지 않았다면 하나의 책자라고 이름하기 어려웠을 것이다. 그러므로 극히 일부만을 門人들이 추가한 것으로 여겨진다. 그리고 附註는 程敏政이 原註가 부정확하거나 부족하다고 생각하여 程朱學者들의 說을 뽑아 '附註'라는 표시와 함께 추가해 놓은 것이다. 程敏政이 附註를 하게 된 동기를 그의 門人인 王祚는 《心經附註》 跋文에서 다음과 같이 밝히고 있다.

"《心經附註》는 우리 篁墩先生이 西山 眞文忠公의 《心經》을 근본하여 綱으로 삼고, 程朱 이하 大儒들의 말씀 중에 서로 發明함이 있는 것을 뽑아 아래에 注疏하였으니, 備忘의 책이다. …… 西山은 諸君子의 뒤에 출생하여 실로 그 전통을 이었기에 책을 뽑아 이 《心經》을 만들었으니, 진실로 배우는 자들에게 큰 공이 있다. 다만 뽑은 經傳의 내용이 말은 간략하나 이치가 구비되고 註釋 또한 완전

히 經文과 같이 심오해서 배우는 자들이 대번에 알 수가 없었다. 先生(程敏政)
은 講하여 傳授하는 여가에 옛날에 들었던 것을 모으고 자신의 소견을 折衷하여
그 사이에 註를 붙이시니, 그런 뒤에야 操存·省察하는 공부와 全體·大用의 학문
이 손바닥을 가리키는 것처럼 분명해졌다. 그리하여 배우는 자가 이것을 얻어 환
히 알아서 어두운 길을 깨닫고 취한 꿈을 깨게 되었으니, 여기에서 道가 사람의
마음속에 보존되어 없앨 수 없음이 이와 같음을 볼 수 있다.”

　　程敏政이 附註를 하면서 크게 참고한 책 역시 《西山讀書記》로 보인다. 本書 3
卷 〈牛山之木章〉 附註 가운데 南軒 張栻이 朱子에게 보낸 글이 보이는데, 우리
나라 儒賢들은 程敏政이 잘못 수정한 것으로 주석하였으나 四庫全書本을 살펴보
면 程敏政이 이처럼 바꾸어 놓은 것이 아니고 실은 眞西山의 《西山讀書記》를 그
대로 인용하였음을 알 수 있다. 뿐만 아니라 뒤에 나오는 張南軒의 글도 《西山讀
書記》의 내용 그대로이다. 그리고 간혹 ‘按’이라는 표시와 함께 자신의 견해를
밝히기도 하였다. 그런데 여기에 약간의 문제가 있는 것으로 보인다. 원래 眞德
秀의 《心經》은 마음을 다스리기 위하여 편집한 책이므로 程伊川의 四勿箴과 范
浚의 心箴 그리고 朱子의 세 편의 箴銘이 모두 尊德性을 위주하였음은 당연한
일이라 하겠다. 그런데 程敏政은 附註를 만들면서 道問學과 尊德性을 對立關係
로 전개하고 은연중 朱子가 初年에는 道問學 쪽에 더 관심을 두었다가 末年에는
尊德性 쪽에 더욱 치중했다고 하였으며, 道問學에 힘쓰는 朱子 門人들의 잘못을
지적하였다. 여기에는 程敏政의 또다른 著書인 《道一編》과 연관된다. 《道一編》의
주된 내용은 朱子가 初年에는 陸象山과 달리 格物致知의 道問學에 主力하였다가
末年에는 尊德性에 치중하여 결국 陸象山과 합치한 것이라 하였다. 朱子의 學說
은 때에 따라 尊德性을 강조하기도 하고 道問學을 강조하기도 하여 어느 한 쪽
에 치중하지 않았다. 즉 修養論을 내세워 致知를 소홀히 하는 자에게는 致知의
중요성을 역설하고, 반대로 格物致知에만 매달려 敬工夫와 存心養性을 게을리하
는 자에게는 根本이 없음을 질책하곤 하였다. 學問에 있어 知와 行은 수레의 두
바퀴와 같고 새의 두 날개와 같은 바, 先後로 말하면 知가 먼저이고 行이 뒤이
며, 輕重과 難易로 말하면 知가 輕하고 쉬우며, 行이 重하고 어렵다고 한다. 그
러나 尊德性과 道問學은 知와 行으로 쉽게 구별할 수 있는 성격의 것이 아니다.
尊德性은 知工夫 이전에 마음을 공경하여 德性을 높이는 것으로 엄격히 말하면
知와 行에 모두 필요하다 할 것이다.

　　程伊川은 일찍이 “涵養은 반드시 敬工夫를 하여야 하고 學問을 진전시킴은 致

知에 달려 있다.〔涵養須用敬 進學在致知〕"라고 하였으며, 朱子는 居敬·窮理·力
行을 學問의 三代要點으로 제시하였는데, 尊德性은 위의 居敬과 力行에 모두 해
당된다. 이 때문에 敬工夫를 徹上徹下라 하는 것이다. 물론 學問을 知와 行 두
가지로 분류할 경우 尊德性은 궁극적으로 行에 속한다. 하지만 올바른 知識이 뒤
따르지 않는 修養은 자칫 禪學에 빠질 우려가 있다. 이 때문에 朱子는 讀書와 格
物致知에 힘쓰지 않고 修養만을 강조하는 것은 佛家의 禪學으로 간주하여 크게
배척하였으며, 修養論에서도 佛家의 禪定을 비판하고 敬工夫를 강조하였다. 周濂
溪가 〈太極圖說〉에서 主靜을 말씀하였으나 程子는 敬으로 대체한 것도 같은 脈
絡에서이다.

程敏政은 〈尊德性齋銘〉의 뒤에 朱子說을 인용하여 道問學과 尊德性의 중요성
을 강조하면서 道問學을 앞에 놓고 尊德性을 뒤에 놓아 결론적으로 尊德性이 최
후의 공부로서 더욱 소중함을 認知시키려고 노력하였다. 그리고 뒤에 붙인 按에
서 北溪陳氏의 "老先生(朱子)이 사람을 가르칠 적에 크게 힘을 쓰신 부분은 道
問學이었으며, 江西(陸象山)의 一派가 尊德性에만 치우치는 것을 朱先生이 큰
병통으로 여기셨다."라는 말을 인용한 다음, 朱子가 末年에 尊德性을 중요시하였
음을 喝破하고 "朱子가 별세한 뒤에 陳氏의 말이 저와 같으니, 考亭(朱子)의 學
問이 진실로 한두 번 전수하기를 기다리지 않고 이미 참모습을 잃음을 면치 못
한 것이다."라고 혹평하였으며, 뒤이어 臨川吳氏가 北溪에 대해 불만족스럽게 여
긴 것은 아마도 이러한 이유 때문일 것이라고 부연 설명하였다.

臨川吳氏는 草廬 吳澄으로 일부에서는 禪學에 물들었다고 비평하는 인물인데,
朱子의 學徒들이 道問學에 치중하여 言語와 文字의 지엽적인 것에 빠졌음을 비
판한 그의 글이 이《心經附註》에도 다음과 같이 수록되어 있다.

"朱子에 이르러서는 글뜻의 정밀함이 또 孟氏 이래로 일찍이 없던 바인데도
그 學徒들이 왕왕 이에 집착하여 마음을 빠뜨린다.〈朱子는〉이미 世儒(俗儒)들
의 記誦詞章을 俗學이라 하였는데, 그들의 학문 역시 지엽적인 언어와 문자에서
벗어나지 못하였으니, 이는 嘉定 이후 朱門 末學의 병폐로 이것을 바로잡은 자가
있지 않았다."

이 때문에 程敏政이《心經附註》를 만든 목적 역시 陸象山을 높이기 위한 것의
一環으로 보는 것이다. 退溪 역시 〈心經後論〉에서 "다만 吳草廬의 말은 반복해
연구해 보면 끝내 佛家의 氣味가 있으니, 羅整菴(羅欽順)의 비판이 옳다."라고
하였으며, 退溪의 高弟인 月川 趙穆은 朱子보다 陸象山을 높인 程敏政의 행위와

학문경향에 불만을 품고 따로 《心經附註》를 짓기도 하였다. 그리고 韓末의 學者인 淵齋 宋秉璿은 제자들에게 吳草廬의 학설을 기재한 《心經附註》를 이렇게 비판하였다 한다.

"《心經》은 배우는 자들의 요긴한 글이 된다. 그러므로 우리나라 先賢들이 모두 믿고 높였다. 그러나 편 끝에 吳草廬의 說을 집어넣어 朱門 末學의 병폐를 장황하게 말하였으니, 이는 후래 陸學의 盛行을 조장할 수 있는 바, 진실로 정밀하고 간절하여 병폐가 없는 《小學》과 《近思錄》만 못하다."(行狀)

4. 《心經附註》가 우리나라에 끼친 영향

조선조는 程朱의 性理學이 풍미한 시기였다. 이른바 退溪의 理氣二元論과 栗谷의 理氣一元論이 나온 뒤는 말할 나위도 없으며, 그 이전에도 程朱學이 성행한 만큼 학자들의 心性理氣에 대한 연구가 대단하였던 만큼 이 《心經附註》가 조선조 性理學에 끼친 영향 역시 지대하였다고 할 것이다. 《心經附註》가 우리나라에 들어온 것이 정확히 어느 때인지 밝혀져 있지 않으나 15세기 초반부터인 것으로 보이는 바, 金鍾錫氏는 《心經講解》解題에서 다음과 같이 밝히고 있다.

"《心經附註》가 조선조의 儒學界에서 본격적으로 논의되기 시작한 것은 退溪가 〈心經後論〉을 쓰고 이것이 校書館本 《心經附註》에 幷刊되면서 부터였다. 그러나 훨씬 이전부터 《心經》과 《心經附註》가 조선에 전래되어 읽혀지고 있었던 것으로 보여지며, 연구가 진행될수록 그 시기는 점점 소급되고 있는 추세이다. 지금까지 확인된 최초의 《心經》에 관한 언급은 世祖代의 것이다. 世祖代 문신 孫肇書가 《心經》을 애호하여 《心經衍義》를 저술했다는 기록이 있다. 그는 金宏弼과 鄭汝昌의 스승이기도 하다. 그리고 《心經附註》를 읽었다는 기록은 中宗代에 와서 趙光祖, 金安國, 成守琛 등 이른바 己卯名賢들을 중심으로 나타난다."

南溪 朴世采는 일찍이 聽松 成守琛이 소장하였던 판본의 跋文에서 이렇게 밝힌 바 있다.

"程敏政의 《心經附註》는 弘治 壬子年(1492)에 간행되었으니 正德 己卯年(1519)에 이르기까지 24년이 되었지만, 중국 학자들이 이 책을 중시한다는 말을 들어보지 못하였다. 그런데 우리 靜菴先生과 당시의 諸賢들이 이 책을 읽고 좋아하여 간행함으로써 우리나라에 성행하게 되었다. 그러나 己卯士禍가 일어나자, 先生(成守琛)으로부터 晦齋(李彦迪), 退溪(李滉), 南冥(曺植) 등에 이르기까지

諸賢들이 이 책을 안고 산림에 은거하여 연구한 결과 거의 《近思錄》과 같은 반열에 두었다. 이 책도 당시에 간행된 판본 가운데 하나이다."

金鍾錫氏는 위의 글을 근거로 또 다음과 같이 밝히고 있다.

"학자들은 이 말을 근거로 늦어도 1519년 이전에 《心經附註》가 우리나라에서 간행되었을 것으로 추측하며, 이른바 光州刊本이 이 시기에 간행된 것으로, 당시 전라도 관찰사로 가 있던 金安國이 주도했을 것으로 보고 있다. 이후 金安國은 許忠吉, 柳希春 등에게 《心經附註》를 전수하였다고 한다. 특히 영남 지역에서는 위에서 언급한 晦齋, 退溪, 南冥 외에도 周世鵬이 《心經附註》를 애호하였다. 李彦迪은 1541년 세자 경연 석상에서 《心經附註》를 읽기를 청한 적이 있으며(晦齋集), 周世鵬은 1530년 南冥을 찾아가서 《心經附註》에 관해 강론하였을 뿐 아니라(武陵雜稿) 《心經心學圖》라는 저술까지 남겼다. 또한 曺植은 《心經附註》에 대하여 '이 책은 마음을 죽지 않게 하는 약'이라 하였다.(南冥集) 그러나 《心經附註》가 본격적으로 性理學의 基本書로 四書와 《近思錄》에 못지않은 중요성을 가지게 된 것은 退溪의 학문 연구가 원숙기에 접어들어 이 책을 중심으로 제자들에게 강론하면서부터였다. 退溪 자신도 33세(1533)에 《心經附註》를 손에 넣었지만 이에 관한 자신의 학문적 입장을 정리한 〈心經後論〉이 나온 것은 66세(1566)였다."

위에서 밝혔듯이 退溪가 《心經附註》를 처음 접한 것은 33세 때였다. 〈言行錄〉에 나와 있는 李德弘의 기록을 보면 다음과 같다.

"선생이 일찍이 成均館에 유학하였을 적에 黃氏 姓을 가진 上舍(進士)를 방문하여 처음 《心經附註》를 보았다. 그 주석은 모두 程朱의 語錄이어서 다른 사람은 구두조차 떼지 못하였으나, 선생은 문을 닫고 여러 달 동안 연구한 결과 저절로 알 수 있었다."

그리고 이 《心經附註》가 退溪의 학문에 얼마나 큰 영향을 끼쳤는가는 다음의 기록에서 알 수 있다.

"나는 《心經附註》를 얻은 뒤에 비로소 心學의 淵源과 心法의 精微함을 알게 되었다. 그런 까닭에 나는 평생 이 책을 믿기를 神明처럼 하였고, 이 책을 공경하기를 엄한 아버지처럼 하였다."

이외에도 退溪는 〈心經後論〉에서 "애당초 道學에 感興하여 일어선 것은 이 책의 힘이었다. 그런 까닭에 평생토록 이 책을 높이고 믿어서 四書와 《近思錄》 아래에 두지 않았다."라고 하였으며, "許魯齋(許衡)가 일찍이 《小學》을 神明과 같이 공경하고 父母와 같이 받든다고 하였는데, 나는 《心經附註》에 대해서 그러하다."고 하였다. 이러한 표현은 《心經附註》가 退溪의 學問을 형성하는데 결정적인 역할을 하였음을 입증한다 할 것이다.

　退溪는 말년에 《心經附註》를 집중적으로 연구하였으며, 60대 이후에는 주로 《心經附註》를 강의하였다 한다. 수많은 門人들과 서신 왕복을 통하여 강론하였는데 특히 李德弘, 黃俊良, 李楨, 趙穆, 金富弼, 柳雲龍, 權好文, 李咸亨 등과 문답한 내용이 文集에 남아 있다. 이들과 주로 강론한 내용은 크게 두 가지였다. 하나는 생소한 語錄體의 해석에 관한 것이고, 다른 하나는 편저자인 程敏政의 인품과 학문 경향에 관한 것이었다. 前者는 《心經附註》에 이른바 語錄體가 많이 포함되어 있는데 따른 문제로 退溪 자신도 처음 이것을 대했을 때에 곤란을 겪었을 정도라 한다. 이것을 해결하기 위하여 나온 것이 李德弘의 《心經質疑》를 비롯한 각종 註釋書였다. 그리고 하나는 《心經附註》에 나타나는 程敏政의 학문 경향과 각종 非理에 관한 문제였다. 또 程敏政이 지었다고 하는 《道一編》에 대한 의문점도 제기되었다. 程敏政에 대한 각종 비리 사건을 退溪에게 아뢰고 의문을 제기한 사람은 月川 趙穆이며, 이 《道一編》을 접하고 그의 학문 경향을 비판한 것도 月川이었다. 退溪는 이러한 의문점에 대해 長考를 거듭한 끝에 〈心經後論〉을 지어 최종적 입장을 이렇게 정리하였다.

　첫째 程敏政의 비리 관련 여부는 당시 상황을 자세히 알 수 없으므로 쉽게 결론지을 문제가 아니며, 둘째 그의 학문 경향에 대해서는 자신이 《道一編》을 보지 않은 관계로 속단할 수 없으나 과연 《道一編》의 내용과 같다면 이는 크게 잘못된 것이라고 단정하였다. 다만 附註에 인용된 내용은 모두 聖賢의 格言至論을 발췌한 것이므로 의심할 것이 없으며, 〈尊德性齋銘章〉에서 朱子가 말년에 尊德性에 치중하였다는 부분 역시 당시 末學들의 폐습을 바로잡기 위한 것으로 朱子의 본의에 위배되지 않고, 또한 程敏政이 陸象山의 주장에 동의한 적이 없음을 들어 문제될 것이 없다고 하였다. 당시 제자들이 程敏政에 대해 연이어 비판을 가함에도 불구하고 退溪가 이처럼 그를 변호한 것은 退溪 자신이 워낙 《心經附註》에 심취하였기 때문에 편저자의 인물과 학문에 대해서도 존경하는 마음을 떨쳐 버릴 수 없었던 것으로 보인다. 退溪의 〈心經後論〉은 그의 학문적 영향력과 함께 그후 《心經附註》에 대한 하나의 판단 기준으로 평가되었으며, 국가에서는 校書館에서 간행하는 《心經附註》에 이 〈心經後論〉을 함께 싣도록 하였다.

　위에서 살펴본 바와 같이 寒暄堂(金宏弼)과 一蠹(鄭汝昌), 靜菴(趙光祖)을 거

처 退溪가 《心經附註》를 이처럼 신봉함에 따라 《心經附註》는 《近思錄》과 함께 儒者의 必讀書로 자리 잡게 되었다. 栗谷은 그가 지은 《擊蒙要訣》의 讀書章에서 배우는 자가 반드시 읽어야 할 책으로 《小學》과 《大學》 등의 五書·五經을 들고 이어서 근세에 지어진 《近思錄》과 《心經》, 《二程全書》와 《朱子大全》 같은 것들을 순환하여 익숙히 읽어야 함을 강조하였다. 이후 우리나라 학자는 누구나 모두 이 《心經附註》를 읽었던 것으로 보인다. 이에 따라 문제점도 제기되었다. 旅軒 張顯光은 초학자들이 자신의 행실을 힘쓰지 않고 《心經》과 《近思錄》에 치중하여 空理空談에 빠지는 것을 다음과 같이 비판하기도 하였다.

"蒙學의 선비는 《心經》을 읽기가 쉽지 않은데 세상의 학자들은 高遠한 것을 좋아하여, 《心經》과 《近思錄》이 아니면 남에게 묻기를 부끄러워하여 오직 남의 耳目에 별다르게 보이려고만 한다. 그리하여 애당초 몸을 닦는 큰 방법과 德에 들어가는 규모가 四書와 《小學》에서 벗어나지 않음을 알지 못하니, 매우 한탄할 만하다."(就正錄)

5. 《心經附註》에 대한 주석

《心經附註》의 내용이 모두 中國의 經傳과 宋代 학자들의 학설을 발췌한 것이므로 語錄體이거나 方言的인 표현이어서 해석에 어려움을 겪었고, 이에 따라 자연히 註釋書가 만들어지게 되었다. 《心經附註》를 儒學의 基本經傳으로 확고하게 자리매김한 분이 退溪였으며, 이에 관한 주석서도 退溪 門下에서 講錄의 형태로 나오기 시작하였는데, 대표적인 주석서로는 李德弘의 《心經質疑》, 趙穆의 《心經稟質》, 金富倫의 《心經箚記》, 李咸亨의 《心經講錄》, 曺好益의 《心經質疑考》 등이 있으며, 이 가운데 가장 대표적인 것이 李德弘의 《心經質疑》이다. 이 책에는 句讀, 文義, 故事, 名物, 講論 등에 자세하게 주석을 달아서 이후에 나온 대부분의 주석서들이 이 책을 바탕으로 하고 있다. 이 분야의 연구 결과에 의하면 주석서 혹은 이에 관한 글의 종류가 지금까지 확인된 것만 해도 100여 종이 넘는 것으로 되어 있다.(金鍾錫의 《心經講解》 해제와 宋熹準의 우리나라에 있어서 心經註釋書의 史的展開) 退溪의 及門弟子들에 의하여 이처럼 여러 종류의 주석서들이 작성되었으나 公刊되지는 못하다가 17세기 畿湖學派에 의해 정식으로 간행되었는데 이렇게 된 이유는 《心經附註》가 당시 유학계에서 《小學》, 《近思錄》과 함께 性理學의 기본서로 인식되었고, 역대 군왕의 《心經附註》 애호에 西人系 학자들이 부응한 결과라고 보인다. 특히 孝宗, 顯宗, 肅宗, 그리고 正祖가 이 책에 관심이 많았던 것으로 알려져 있다. 畿湖學派에서 나온 대표적인 주석서는 尤菴 宋時烈의 《心經釋疑》이다.

《心經釋疑》는 尤菴이 肅宗의 명을 받아 편찬한 것인데, 《心經質疑》를 기본으로 하여 간략하게 정리하면서 尤菴 자신과 南溪(朴世采) 등 畿湖學派의 견해를 추가한 것이다. 이 《心經釋疑》는 기호학파를 대표하는 주석서라 할 것이다. 《心經釋疑》가 校書館을 통해 공간된 이후 특히 우암의 학통에서 이 《心經附註》에 관해 많은 글들이 발표되었는데, 金幹, 鄭纘輝, 尹鳳九, 姜奎煥 그리고 韓元震, 李恒老 등이 지은 問答, 記疑, 講說, 箚疑 등이 그것이다. 여러 주석을 모은 것으로는 閔百炡 의 《心經集解》가 있으며, 이 밖에도 尹東洙, 林象德, 李世龜, 楊應秀, 任聖周 등이 이와 관련된 글을 남겼다. 이후 退溪學의 본고장인 영남 지방에서 《心經附註》의 주석 작업이 더욱 활기를 띠었는데, 鶴峰 金誠一의 학통을 이은 葛庵 李玄逸의 문하에서 더욱 그러하였다. 이 중 大山 李象靖을 이어 그의 제자인 川沙 金宗德이 완성한 《心經講錄刊補》를 들지 않을 수 없다. 이 주석서 역시 李德弘의 《心經質疑》에 바탕을 두었으나 《心經質疑》가 退溪의 교정을 거치지 못하였다는 전제하에 退溪의 本意를 밝히겠다는 의도와 함께 당시까지 나온 수많은 주석서들을 정리한 것이다. 이를 계기로 영남 지역에서 《心經附註》에 관한 수많은 글들이 다시 쏟아져 나왔다. 李象靖의 門人 가운데 金宗德 외에 李萬運, 金宗燮, 鄭煒 등은 직접 이에 관련된 글을 발표하였고, 특히 金宗德, 柳長源, 鄭宗魯 등은 자신의 문하에서 많은 연구자들을 배출하여 鄭必奎, 鄭裕昆, 金虎運, 尹秉頤, 崔孝述 등이 疑義, 講義, 講錄, 箚錄과 같은 종류의 글을 내놓았다. 星州 지역의 李震相도 《心經歎啓》라는 방대한 저술을 남겼으며, 자신의 견해를 피력한 것으로는 鄭齊斗의 《心經集義》, 李瀷의 《心經疾書》, 丁若鏞의 《心經密驗》 등이 있다.

6. 譯註에 참고한 註釋書

위에서 살펴본 바와 같이 이들 註釋書에는 각기 특징이 있으나 또한 내용을 살펴보면 性理學을 설명한 부분을 제외하고는 大同小異하다 할 것이다. 본 譯註 作業에는 尤菴의 《心經釋疑》를 기본으로 하였음을 밝혀둔다. 《心經釋疑》는 58장의 단행본으로 艮齋 李德弘의 《心經質疑》를 기본으로 하되 내용을 간략하게 줄였을 뿐만 아니라, 한글을 섞어 語錄體를 해석함으로써 초학자가 쉽게 알 수 있게 하였다. 또한 극히 일부분이기는 하지만 栗谷의 性理說을 幷記하고 있다. 제2권의 四端을 설명한 항목에서 "臣(尤菴)이 살펴보건대 文純公(退溪)의 이 단락은 비록 定論이 되지는 못하나 실로 일생 동안 論辨한 큰 의논이므로 감히 곧바로 삭제하지 못하고 이 아래에 文成公(栗谷)의 말씀을 이어서 참고에 대비하게 하였습니다."라는 단서와 함께 栗谷의 理氣一元論的 주장을 붙인 것이 그것이다. 또한 그러면서도 《心經質疑》의 내용을 그대로 간직한 점을 높이 평가하지 않을 수 없다. 尤菴은 《心經釋疑》 서문에서 "원본에 대해서는 한 글자도 고치지 않았다."고 강조한 바 있다. 그러므로 이 《心經釋疑》는 退溪學派와 畿湖學派의 合作이라고 할 수 있는 것이다.

또 모든 註釋書의 原流라 할 수 있는 《心經質疑》를 살펴보기로 하겠다. 모두 73장에 달하는 필사본으로 《艮齋續集》에 실려 있는데, 退溪의 高弟인 李德弘이 스승의 강설을 직접 듣고 기록한 것이므로 학문적 가치가 크다 할 것이다. 또한 艮齋는 박학다식하여 각종 주석을 낸 인물로 《古文眞寶》의 주석도 바로 그 하나라 할 것이다. 물론 《心經質疑》의 내용들이 退溪의 교정을 거친 정론인가 하는 점에 있어서는 異論이 있는 것도 사실이다. 李象靖과 金宗德, 李萬運 등이 《心經講錄刊補》를 만든 것도 이러한 이유에서였다.

그리고 《心經釋疑》 다음으로 《心經講錄刊補》를 취하였다. 《心經釋疑》의 미진한 곳을 發明한 부분이 있기 때문이다. 그런데 여러 사람이 집필한 관계인지 내용 파악이 어렵고 지루한 감이 없지 않다. 학식이 부족한 본인으로서는 뜻을 정확히 알 수 없는 부분이 상당수 있었다.

위에서도 언급한 바와 같이 이 《心經》과 《近思錄》은 宋代 철학을 연구하는 데에 필수불가결한 책이며 조선조의 性理學 研究는 더욱 그러하다. 특히 주석서는 완전히 우리나라 儒賢들에 의하여 만들어졌다. 다시 말하거니와 이 《心經附註》는 우리나라에 들어와 조선조 性理學의 발전에 큰 공헌을 하였으나 이상하게도 중국에서는 유행하지 않았다. 南溪 朴世采도 말했듯이 중국에서는 근세까지도 이 《心經附註》에 대한 단행본이나 주석서가 보이지 않는다. 日帝 때 上海에서 독립운동을 하던 분들이 자금을 마련하기 위하여 중국 서적을 수입 판매하곤 하였는데, 우리나라 학자들이 이 분들에게 《心經》을 부탁하면 모두 《般若心經》을 갖다 주었다 한다. 그러한 만큼 이 《心經附註》만은 오늘날에도 우리 先賢들의 주석서를 참고하지 않으면 안된다. 하지만 이 난해한 語錄體가 과연 모두 정확하게 해석되었는지는 아직도 의문이다. 旅軒 張顯光은 일찍이 이렇게 지적한 적이 있다. "나도 《心經》에 있어 또한 분명히 알지 못하는 곳이 많으니, 語錄과 같은 따위가 이것이다. 中國에 語錄이 있음은 우리나라에 시속의 말이 있는 것과 같으니, 先儒들이 語錄을 諺解한 것이 혹 세상에 많이 유행하나 애당초 중국 사람에게 질정하여 안 것이 아니요, 다만 文勢의 歸趣와 向背를 따라 해석했을 뿐이니, 반드시 本意에 적절하게 맞지는 않을 것이다."(就正錄)

본인은 이 《心經附註》와 《近思錄》을 강독하면서 譯註할 것을 결심하고 일부 원고를 작성한 것이 거의 20년에 가까워 온다. 그러나 내용이 워낙 어려워 완성하지 못하다가 宋熹準씨가 編著하고 學民文化社에서 간행한 《心經註解叢編》 7책이 나옴으로 인하여 다시 번역을 계속할 수 있었다. 그러나 紙面 관계로 이 주석서들을 다 소개하지 못하는 것이 한스러우며, 이 譯註本 《心經附註》를 통하여 宋代 性理學의 올바른 이해와 心性의 修養에 다소나마 보탬이 된다면 더 이상 바램이 없겠다.

끝으로 시종 원고 정리를 도와준 朴勝珠연구원과 주석 및 윤문에 수고해 준 崔秉準, 河雲夏 두 분께 감사의 뜻을 표한다.

檀紀 四千三百三十六年 小寒節에 成百曉는 漢陽의 觀一軒에서 쓰다.

凡 例

1. 本書는 東洋古典譯註叢書의 한 책이다.

2. 본서의 國譯臺本은 《心經附註》(校書館本)이다.

3. 본서를 譯註함에는 기본 經傳인 四書五經과 原著者의 文集 및 韓國·中國·日本의 각종 주석서를 참고하였다.

4. 번역은 原義에 충실하게 하여 原典講讀에 도움이 되도록 하였고 난해한 부분은 意譯하였다.

5. 讀者의 理解를 돕기 위하여 本文과 原註, 附註에 모두 懸吐하였다.

6. 譯註는 心經註解叢編(7책, 學民文化社刊)을 참고하되 尤菴 宋時烈의 《心經釋疑》와 金宗德의 《心經講錄刊補》를 基本으로 하고, 이를 〔釋疑〕, 〔刊補〕로 표시하였다. 또한 註釋書의 미비한 부분과 難解한 내용은 譯者가 보충하고 〔補註〕로 표시하였다.

7. 原文은 각종 符號를 사용하여 校勘하고, 假借字나 僻字는 音을 달았다.

8. 《心經》 연구자를 위하여 〈敬齋箴圖〉와 〈敬齋箴訓義〉, 四庫全書本 《心經》 등을 卷末에 부록하였다.

9. 索引은 本書의 특성상 標題語의 統一을 위해 原文索引으로 하되 다음 요령을 따랐다.

　　가. 性理學의 基本用語와 主要人名을 집중적으로 抽出하였다.

　　나. 題目에서 추출한 표제어에는 페이지에 (題), 譯註에서 추출한 표제어에는 (註) 표시를 하여 구분하였으며, 人名은 字, 號, 別號 등은 '↔'부호를 사용하여 상호참조하였다.

　　다. 基本標題語에서 派生된 표제어는 기본표제어를 ' ― '부호를 사용하여 생략하였다.

10. 본서에 사용된 주요 부호와 약호는 다음과 같다.

    " " : 각종 引用　　　　　　　　　( ) : 漢字의 音, 간단한 註釋

    ' ' : 再引用, 强調　　　　　　　　〔 〕: 原文 倂記, 音이 다른 漢字

    《 》: 書名이나 出典　　　　　　　{ } : 誤字

    〈 〉: 篇章節名, 作品名 또는 補充譯

參考圖書

論語集註	退溪全書
孟子集註	旅軒集(張顯光)
大學集註	淵齋集(宋秉璿)
中庸集註	省齋集(柳重敎)
詩經集傳	心經質疑(李德弘)
書經集傳	心經釋疑(宋時烈)
周易傳義	心經講錄刊補(金宗德)
禮記大全	心經稟質(趙穆)
近思錄	心經箚記(金富倫)
心經(四庫全書本)	心經講錄(李咸亨)
通書(周敦頤)	心經質疑考誤(曺好益)
朱子大全	心經疾書(李瀷)
二程全書	心經註解叢編 7책 宋熹準 編 學民文化社
正蒙(張載)	《心經解》李栢淳 著 學民文化社
西山讀書記(眞德秀)	《심경강해》金鍾錫 譯註 이문출판사

目　次

心經附註 제3권

心經附註 제4권

心經（四庫全書本）

心經附註序

西山先生眞文忠公¹⁾이 嘗撝取聖賢格言하야 爲心經一編호되 首危微精一十有六言하고 而以子朱子²⁾尊德性之銘으로 終焉하니 走³⁾每敬誦之에 蓋儼乎若上帝之下臨하고 聖師之在目也라 然猶疑其註中에 或稱西山讀書記⁴⁾로되 而凡程朱大儒開示警切之言이 多不在卷하니 意此經이 本出先生이나 而註則後人雜人之故邪아 齋居⁵⁾之暇에 謹爲之參校하고 且附註其下하고 而識其首曰 嗚呼라 人之得名爲人하야 可以參三才⁶⁾而出萬化⁷⁾者는 以能不失其本心而已라 顧其操縱得失于一念俄頃之間⁸⁾하야 聖狂舜蹠이 於是焉分하니 其可畏

---

1) 〔釋疑〕西山先生眞文忠公 : 이름은 德秀이고 자는 希元이며 南宋 理宗 때 사람으로 學者들이 西山先生이라 칭하였다. 本姓은 愼인데 孝宗의 諱를 피하여 眞으로 썼다. 西山은 建寧府 浦城縣에 있는 山으로 粵(越)山이라고도 칭한다.

2) 〔釋疑〕子朱子 : 앞에 子字를 붙인 것은 後學이 스승을 높이는 칭호이다. 그러나 孔子의 앞에는 子字를 붙이지 않았으니, 혹은 붙이고 혹은 붙이지 않은 것은 또한 우연일 뿐이다.

3) 〔釋疑〕走 : 《史記》에 司馬遷이 자신을 牛馬走라 칭하였으니, 走는 僕(마부)과 같은 말로 자신의 겸칭이다.

4) 〔譯註〕西山讀書記 : 西山 眞德秀가 독서하며 중요한 부분을 기록한 것으로 모두 40권이며 《四庫全書》 子部 儒家類에 수록되어 있다.

5) 〔釋疑〕齋居 : 齋戒하는 집에 거처함을 이른다. 朱子는 일찍이 스스로 말씀하기를 "재계하는 집에 거처하여 일이 없다." 하였다.

6) 〔刊補〕三才 : 才는 才質과 才能을 겸하여 말한 것으로, 곧 天·地·人을 가리킨다.

7) 〔釋疑〕萬化 : 萬物과 萬事를 變用하고 酬應함을 이른다.

8) 〔釋疑〕操縱得失于一念俄頃之間 : 朱子가 말씀하기를 "마음은 잡아서 보존하면 이곳에 있고 놓아버리면 잃어버려서 나가고 들어오는 것이 일정한 때가 없고 또한 일정한 곳이 없다." 하였다.

如此라 古之人이 所以爲涵養⁹⁾本原之計者至하야 不敢撤琴瑟¹⁰⁾而廢箴儆¹¹⁾
于左右하야 使體立用宏하고 顯微不二¹²⁾하야 用底(지)于希聖希天¹³⁾之極功이
有以¹⁴⁾也라 性學不明이라 人心陷溺¹⁵⁾하야 寄命于耳目¹⁶⁾하고 騰理于口舌하니
此先生之所深悲而心經所由述也라 然則學者宜何所用力而後에 無忝¹⁷⁾于
人之名哉아 蓋嘗反覆紬繹¹⁸⁾하야 得程子之說하니 曰 天德王道 其要只在謹
獨이라하시고 又曰 學者須是將敬以直內¹⁹⁾涵養²⁰⁾이니 直內是本이라하시고 朱子
亦曰 程先生이 有功于後學은 最是敬之一字라 敬者는 聖學始終之要也라하시
니 蓋是經所訓이 不出敬之一言이라 故其語約而義精하고 其功簡而效博하니

---

9) 〔釋疑〕涵養 : 물건을 물속에 담가서 기르는 것과 같으니, 義理 가운데에 沈潛하여
깊이 玩味하고 충분히 기르는 것이다.

10) 〔刊補〕不敢撤琴瑟 : 《禮記》〈曲禮〉에 "선비는 이유 없이 琴瑟을 거두지 않는다.
〔士無故不撤琴瑟〕" 하였는데, 註에 "琴은 禁함이니, 그 邪心을 금하는 것이다."
하였다.

11) 〔刊補〕箴儆 : 湯王은 盤銘이 있었고, 武王은 刀劍·戶牖·几杖·席四端 등의 銘이
있었으며, 衛武公은 抑戒의 詩를 지어 左右를 경계하였다.

12) 〔釋疑〕體立用宏 顯微不二 : 體는 大本인 中을 이르고 用은 達道인 和를 이르며, 顯은
象을 이르고 微는 理를 이른다. 〔補註〕本書 4권 32, 〈聖可學章〉에 자세히 보인다.

13) 〔刊補〕希聖希天 : 周濂溪의 《通書》에 "賢人은 聖人을 바라고 聖人은 天道를 바란
다.〔賢希聖 聖希天〕" 하였다.

14) 〔刊補〕有以 : 以는 까닭 또는 이유의 뜻이다.

15) 〔釋疑〕陷溺 : 함정에 빠지고 물에 빠지는 것이다.

16) 〔釋疑〕寄命于耳目 : 命은 性命이니, 性命의 올바름을 耳目의 욕망에 붙여둠을 이른다.

17) 〔刊補〕無忝 : 忝은 더럽힘이며 욕됨이다. 《詩經》〈小雅 小宛〉에 "너를 낳아주신
분을 욕되게 하지 말라.〔無忝爾所生〕" 하였다.

18) 〔釋疑〕紬繹 : 紬는 뽑는 것이니 故事를 뽑아 차례로 기술하는 것이고, 繹은 다스
리고 찾는 것이다.

19) 〔釋疑〕敬以直內 : 《周易》〈坤卦 文言傳〉의 내용이다. 〔補註〕本書 1권 5, 〈敬以直
內章〉에 자세히 보인다.

20) 〔刊補〕涵養 : 退溪先生이 洪胖에게 답하기를 "涵養은 義理에 涵泳하여 養成함을
이르니, 先儒들이 涵養을 설명한 곳에는 모두 動과 靜을 구분하지 않았다." 하였
다. ○ 살펴보건대 이 책의 上段(頭註)에 "操存을 省察과 상대해서 말하면 靜할
때의 工夫이고, 범연히 말하면 動과 靜을 通한다."라고 말한 내용이 있다.

誠所謂障川之柱[21]요 指南之車[22]요 燭幽之鑑[23]이라 大有功于斯道하야 而造次顚沛에 不可忽焉者也라 晩生末學[24]이 何所知識이리오 輒手錄成帙하야 以告同志者호되 而於言敬之說에 特加詳焉하노니 豈敢以是求多于先生之書哉아 圖[25]實心于聖經賢傳之中하야 爲檢防[26]熟複之地云爾라

弘治[27]五年壬子七月望에 後學新安[28]程敏政[29]은 謹序하노라

西山先生 眞文忠公이 일찍이 聖賢의 格言을 뽑아 《心經》한 편을 만들면서 '危微精一'열 여섯 글자[30]를 앞에 놓고 子朱子의 〈尊德性齋銘〉으로 끝마쳤으니, 나는 공경히 이것을 욀 때마다 엄숙하여 上帝가 下降한 듯하고 聖師가 눈

---

21) 〔釋疑〕障川之柱 : 柱는 砥柱山으로 黃河 가운데 우뚝 솟아 있는 돌산〔石山〕이니, 敬으로 人欲을 대적함이 마치 지주산이 황하 가운데에 우뚝히 서 있는 것과 같은 것이다.

22) 〔刊補〕指南之車 : 越裳의 使者가 길을 잃자 周公이 指南車(남쪽을 가리키는 수레)를 만들어 그에게 주었다 한다.

23) 〔刊補〕燭幽之鑑 : 묻기를 "사람이 物欲에 빠지면 愚昧하고 頑固하여 신령스럽지 못하므로 알지도 못하고 행하지도 못하지만, 敬을 주장하는 공부가 지극하면 人欲의 사사로움으로 어지럽힘이 없어서 上面에 天德이 있게 될 것이니, 이는 敬이 行에 있어서는 남쪽을 가리켜 주는 수레와 같고, 知에 있어서는 어둠을 밝히는 거울과 같은 것입니까?"하니, 批에 이르기를 "옳다."하였다. ○ 살펴보건대 어둠을 밝히는 거울이란 秦나라의 方鏡이나 周나라의 火齊鏡 같은 것인 듯하다.

24) 〔譯註〕晩生末學 : 늦게 태어나서 훌륭한 스승의 가르침을 받지 못해 학식이 부족하다는 뜻으로 자신을 낮추어 칭한 것이다.

25) 〔刊補〕圖 : 謀字와 같은 뜻이다.

26) 〔刊補〕檢防 : 몸을 檢束하여 욕심을 막는 것이다.

27) 〔刊補〕弘治 : 明나라 孝宗의 年號이다.

28) 〔刊補〕新安 : 晉나라 때 徽州의 명칭이다.

29) 〔刊補〕程敏政 : 字는 克勤이며 休寧 사람이다. 일찍이 神童으로 천거되었으며 成化 연간에 급제하여 관직이 禮部侍郎에 이르렀다. 弘治 12년(1499) 李東陽과 함께 會試의 考官이 되었는데, 給事中 華昶 등이 뇌물을 받고 科題를 팔았다고 탄핵하여 마침내 下獄되었다. 華昶과 조정에서 論辨하기를 청하였는데, 華昶 등이 말이 막혀 罪를 받게 되자, 벼슬을 내놓고 은퇴하였다. 享年이 55세였으며, 號는 篁墩이다. 나머지는 退溪先生의 〈心經後論〉에 자세히 보인다.

30) 〔譯註〕'危微精一'열 여섯 글자 : '危微精一'은 《書經》〈大禹謨〉에 나오는 '人心惟危 道心惟微 惟精惟一 允執厥中'16자를 축약한 것이다.

앞에 계신 듯하였다. 그러나 그 註 가운데에 《西山讀書記》라고 칭하였으나 모든 程朱 大儒들이 열어 보여주고 간절히 경계한 말씀은 대부분 이 卷에 들어 있지 않은 점이 의심스러우니, 생각하건대 이 《心經》은 본래 先生에게서 나왔으나 註는 後人들이 뒤섞어 넣었기 때문인가 보다.

서재에 거처하는 여가에 삼가 이것을 參考하여 校正하고 또 그 아래에 註를 붙이고는 그 머리에 다음과 같이 기록하였다.

"아! 사람이 사람이라는 이름을 얻어서 三才에 참여되어 만 가지 造化를 낼 수 있는 것은 本心을 잃지 않았기 때문일 뿐이다. 다만 한번 생각하는 잠깐 사이에 〈마음을〉 잡아 보존하고 놓아 버리며 얻고 잃어서 聖人과 狂人, 舜임금과 盜蹠이 여기에서 나누어지니, 두려워할 만함이 이와 같다. 옛사람은 이 때문에 本原을 涵養하는 계책이 지극하여 감히 거문고와 비파를 거두지 않고 左右에 경계하는 글을 폐하지 않았다. 그리하여 體가 확립되고 用이 넓어지며 드러남과 은미함이 두 가지가 되지 않게 하여 聖人을 바라고 하늘을 바라는 지극한 공부에 이르렀으니, 바로 이 때문이다.

性理學이 밝지 못하므로 사람들의 마음이 빠져서 性命의 올바름을 귀와 눈의 욕망에 맡겨두고, 입과 혀로만 理致를 말하고 있으니, 이것이 선생이 깊이 슬퍼하여 《心經》을 지으신 이유이다. 그렇다면 배우는 자가 어디에 힘을 쓴 뒤에야 사람이라는 이름에 욕됨이 없겠는가. 일찍이 반복하여 생각해서 程子의 말씀을 얻었으니, 말씀하기를 '天德과 王道는 그 요점이 다만 謹獨에 있다' 하였고, 또 말씀하기를 '배우는 자는 모름지기 敬을 가지고 마음을 곧게 하여 涵養하여야 하니, 마음을 곧게 하는 것이 根本이다' 하였고, 朱子 또한 말씀하기를 '程先生이 後學들에게 가장 功이 있는 것은 敬이라는 한 글자이다. 敬은 聖學의 始와 終의 요점이다' 하였으니, 이 《心經》에서 가르친 것은 敬 한 글자에서 벗어나지 않는다. 그러므로 그 말이 간략하면서도 뜻이 정밀하고 그 공부가 쉬우면서도 효과가 넓으니, 진실로 이른바 '냇물을 막는 砥柱山이요 남쪽을 가리키는 수레요 어둠을 밝히는 거울'이란 것이다. 그리하여 이 道에 크게 功이 있어서 造次와 顚沛에도 소홀히 할 수 없다.

晩生 末學이 무엇을 알겠는가마는 곧 손수 기록하여 책을 완성해서 同志들에게 告하되 敬을 말한 내용을 특별히 상세하게 하였으니, 어찌 감히 이것을 가지고 先生의 책보다 더 낫기를 바라겠는가. 聖經賢傳의 가운데에 마음을 두어서 몸을 檢束하여 욕심을 막고 익숙히 반복하는 터전으로 삼기를 꾀할 뿐이다.

弘治 5년(1492) 壬子 7월 보름에 後學 新安 程敏政은 삼가 쓰다.

心經贊[1]

舜禹授受 十有六言이니 萬世心學이 此其淵源[2]이라 人心伊何오 生於形氣[3]하니 有好有樂요 有忿有懥[4]라 惟欲易流[5]하니 是之謂危니 須臾或放이면 衆慝從之니라 道心伊何오 根於性命[6]하니 曰義曰仁[7]이요 曰中曰正[8]이라 惟理無形[9]

---

1) 〔釋疑〕贊：《語類》에 "贊이란 그 일을 칭찬하여 기술하는 것이니, 《周易》에 '위대하다! 乾의 元이여〔大哉乾元〕'라고 한 것과 같다." 하였다.

2) 〔釋疑〕淵源：《韻會》에 "淵은 깊음이요, 源은 물의 發源이다." 하였으니, 學統을 이른다.

3) 〔釋疑〕形氣：形은 形質이고 氣는 氣運이니, 形은 陰이고 氣는 陽이다. 무릇 義理를 말할 때에는 드러난 것을 먼저하고 은미한 것을 뒤에 한다. 그러므로 性命을 말할 때에는 性을 먼저 하고 命을 뒤에 하며, 形氣를 말할 때에는 形質을 먼저 하고 氣運을 뒤에 하는 것이다.

4) 〔釋疑〕有好有樂(요) 有忿有懥(치)：이는 七情 가운데에 가장 많이 發用하는 것이다. ○《大學》에서는 忿懥를 앞에 놓았는데, 여기서는 好樂(호요)보다 뒤에 놓았으니, 이는 韻을 맞추기 위해 先後에 구애하지 않은 것이다. 〔補註〕본서 2권 15,〈正心章〉에 자세히 보인다.

5) 〔釋疑〕惟欲易流：여기에서 말한 欲을 《禮記》의 '愛惡欲'의 欲과 《孟子》의 '寡欲'의 欲과 같다고 하면 병폐가 없으나, 만약 朱子의 '人欲이니, 性이 아니다'라고 할 때의 欲과 같다고 하면 온당하지 못할 듯하다.

6) 〔釋疑〕生於形氣 …… 根於性命：生은 기운이 이미 用事했을 때에 비로소 생기는 것이고, 根은 大本으로 말한 것이다. 〔刊補〕묻기를 "生은 形氣에서 생긴다는 生이고 根은 性命에서 根原한다는 原과 같으니, 雲峯胡氏가 이르기를 '生은 氣가 이미 用事했을 때에 비로소 생기는 것이고, 原은 大本上에서 말한 것이니, 氣 가운데에 나아가 氣에 섞이지 않은 것을 가리켜 말한다' 하였는데, 어떻습니까?" 하니, 批에 이르기를 "이 말이 정밀하고 합당하다." 하였다. 〔補註〕《釋疑》에 "性命은 하늘이

하니 是之謂微라 毫芒或失이면 其存幾希니라 二者¹⁰⁾之間이 曾弗容隙하니 察之
必精하야 如辨白黑하라 知及仁守¹¹⁾ 相爲始終하니 惟精故一이요 惟一故中이라
聖賢迭興하야 體姚法姒¹²⁾라 提綱挈維하야 昭示來世하시니 戒懼謹獨이요 閑邪
存誠이며 曰忿曰慾을 必窒必懲이라 上帝寔臨하시니 其敢或貳아 屋漏雖隱이나
寧使有愧리오 四非皆克¹³⁾하야 如敵斯攻이요 四端旣發에 皆廣¹⁴⁾而充이라 意必
之萌엔 雲卷席撤하고 子諒¹⁵⁾之生엔 春嘘物苗하라 雞犬之放에 欲其知求요 牛
羊之牧에 濯濯是憂¹⁶⁾라 一指肩背 孰貴孰賤¹⁷⁾고 簞食萬鍾에 辭受必辨이라

물건에게 命한 것으로 말한다면 마땅히 命性이라고 해야 할 터인데, 여기서 性命
이라고 말한 것은 무슨 까닭인가? 사람과 물건이 부여받은 뒤에 그 所由來를 미
루어 말한 것이니, 性情과 費隱 등과 같은 것이다." 하였다.

7) 〔釋疑〕曰義曰仁 : 義가 먼저이고 仁이 뒤인 것은 우연인 듯하다.

8) 〔釋疑〕曰中曰正 : 智와 禮를 말하지 않고 中正을 말한 것은 무슨 까닭인가? 朱子
가 답하기를 "中正이 표현상 더욱 가깝다(近理하다). 中은 禮가 마땅함을 얻은 곳
이고 正은 智가 정당한 곳이니, 禮智라고 하면 말이 오히려 느슨하고 中正이라고
하면 간절하고 진실하다." 하였다.

9) 〔刊補〕惟理無形 : 退溪가 趙士敬(趙穆)에게 답한 편지에 "舜임금은 본래 '道心은
隱微하다' 하였으니, 이미 이것을 心이라고 하였으면 이는 곧 心이 發用한 곳을
가리켜 말한 것이요, 理의 顯微함을 가리켜 말한 것이 아니다. 그런데 西山이 이
러한 뜻으로 말하였으니, 本意가 아닌 듯하다. 그러나 윗글에 이미 道心이라 분명
히 말해 놓고 어찌하여 '根於性命' '仁義中正'이라고 한 뒤에 이 말을 여기에다
붙였는가? 그 뜻은 道心이 微妙하여 밝히기 어려움을 말한 것이니, 性命의 이치는
볼 수 있는 形象이 없기 때문이다. 그 말에 漸次的인 脈絡이 있어서 整菴(羅欽順)
의 견해와는 진실로 같지 않다." 하였다.

10) 〔釋疑〕二者 : 人心과 道心을 이른다.

11) 〔釋疑〕知及仁守 : 知及은 精(知)에 속하고 仁守는 一(行)에 속한다.

12) 〔刊補〕體姚法姒 : 姚는 舜임금의 姓이고 姒는 禹임금의 姓이므로, 곧 舜과 禹를
가리킨다.

13) 〔釋疑〕四非皆克 : '皆'는 《性理大全》에 '當'으로 되어 있다. 〔補註〕四非는 네 가
지 禮가 아닌 것으로, 곧 禮가 아닌 것을 보고 禮가 아닌 것을 듣고 禮가 아닌 것
을 말하고 禮가 아닌 것을 동하는 것이다. 이와 반대로 禮가 아니면 보고 듣고 말
하고 동하지 않는 것을 四勿이라 한다.

14) 〔釋疑〕皆廣 : '廣'은 '擴'이 되어야 하는데, 眞西山이 寧宗의 이름을 諱하여 廣으
로 쓴 것이다.

克治存養[18]에 交致其功이니 舜何人哉오 期與之同하라 維此道心[19]은 萬善之主니 天之予我 此其大者라 斂之方寸에 太極在躬이요 散之萬事[20]에 其用弗窮이라 若寶靈龜하고 若奉拱璧[21]하라 念玆在玆하니 其可弗力가 相古先民[22]컨대 以敬相傳하니 操約施博이 孰此爲先고 我來作州[23]에 茅塞是懼하야 爰輯

---

15) 〔釋疑〕子諒 : 《禮記》〈樂記〉의 本註에 "朱子의 말씀을 따라 慈良으로 읽는다." 하였다.

16) 〔釋疑〕戒懼謹獨 …… 濯濯是憂 : 戒懼에서 濯濯是憂까지는 일일이 人心과 道心을 나누어 말해서 한 마디 말도 등한하게 지나간 것이 없으니, 살피지 않으면 안 된다. 戒懼는 天理를 보존하는 도리이니 道心에 속하고, 謹獨은 人欲을 막는 도리이니 人心에 속한다. 이와 같이 미루어 가면 이 아래의 여러 말이 모두 그렇지 않은 것이 없다. 〔補註〕濯濯은 산에 나무가 없어 민둥산이 됨을 이른다. 孟子는 "齊나라 都城 부근에 있는 牛山에 일찍이 숲이 무성하여 좋은 목재가 많이 생산되었는데, 도성에서 가까웠기 때문에 사람들이 도끼와 자귀를 가지고 가서 매일 나무를 베어가니, 좋은 목재가 나올 수 있겠는가. 벌목한 뒤에 간혹 새싹이 돋아나지만 소와 양을 여기에 放牧하여 그 가축들이 돋아나는 싹을 뜯어 먹어서 저와 같이 민둥산이 된 것이다. 사람들은 지금 저 牛山을 보고 일찍이 좋은 목재가 없었다고 말하는데, 사람의 本性 역시 이와 마찬가지이다." 하여 사람이 본래 善한 本性을 타고났으나 이익에 빠져 점점 良心을 잃어서 禽獸와 같아졌음을 비유하였다. 《孟子 告子 上》

17) 〔釋疑〕一指肩背 孰貴孰賤 : 新安陳氏가 말하기를 "한 손가락과 어깨와 등의 크고 작음을 빌어 口腹과 心志의 크고 작음을 증명한 것이다." 하였다. 〔補註〕이는 《孟子》〈告子 上〉의 "한 손가락만 기르고 어깨와 등을 잃으면서도 알지 못하면 병든 승냥이와 같은 사람이다.〔養其一指 而失其肩背而不知也 則爲狼疾人也〕"한 말을 인용한 것이다.

18) 〔釋疑〕克治存養 : 克治는 人心을 위하여 말하였고, 存養은 道心을 위하여 말하였다. ○ 살펴보건대 人心은 비록 욕심은 아니지만 욕심으로 흐르기가 쉬우니, 비록 克治라는 글자를 놓더라도 안될 것이 없다. 이러한 부분은 굳이 깊게 볼 필요가 없을 듯하다. ○ 戒懼에서 存養까지는 모두 편 가운데에서 뽑은 正文을 가지고 말한 것이다. 克治는 편 끝에 〈求放心齋銘〉을 말한 것이고, 存養은 〈尊德性齋銘〉을 말한 것이며, 이 아래에 말한 '敬으로써 서로 전수한다'는 것은 또 별도로 〈敬齋箴〉을 들어 끝맺은 것이니, 篁墩의 序文과 서로 表裏가 된다.

19) 〔釋疑〕維此道心 : 이 아래에 단지 道心만을 말한 것은 道心이 主가 됨을 밝히기 위한 것이다.

格言하야 以滌肺腑라 明窓棐几[24)]에 清晝鑪薰이라 開卷肅然하야 事我天君[25)]하노라

　舜임금과 禹임금이 주고받은 것이 열 여섯 글자이니, 萬世의 心學에 이것이 淵源이네.

　人心은 무엇인가? 形氣에서 생기니, 好樂(호요)가 있고 忿懥가 있다오. 欲(욕망)은 흐르기 쉬우니, 이것을 危라 이르는 바, 잠시라도 혹 放心하면 여러 惡이 따른다네.

　道心은 무엇인가? 性命에서 근원하니, 義와 仁이요 中과 正이라오. 理는 形體가 없으니, 이것을 微라 이르는 바, 털끝만큼이라도 혹 잃으면 보존됨이 거의 드물다네.

　人心과 道心 두 가지의 사이는 일찍이 틈을 용납하지 않으니, 반드시 精하게 살펴서 黑白을 분별하듯이 하오.

　智(知)가 미치고 仁(行)으로 지키는 것이 서로 始와 終이 되니, 精하기 때문에 한결같을 수 있고 한결같기 때문에 中道에 맞을 수 있네.

　聖賢이 번갈아 나와서 姚(舜임금)를 본받고 姒(禹임금)를 법받았네. 綱維를 들어서 來世에 밝게 보여주셨으니, 戒懼와 愼獨이요 閑邪(간사함을 막음)와 存誠(성실함을 보존함)이며 분함과 욕심을 반드시 막고 반드시 징계하는 것이라오.

　上帝가 실로 굽어보시니 어찌 감히 혹시라도 딴 마음을 품겠는가. 방의 귀퉁이가 비록 은밀하지만 어찌 마음에 부끄러움이 있게 하겠는가.

---

20) 〔釋疑〕斂之方寸 …… 散之萬事：斂은 거두어 돌아옴을 이르니 마음속에 나아가 말한 것이요 放心을 거두는 공부가 아니며, 散은 놓아서 흩어짐을 이르니 萬事에서 보는 것을 말한 것이요 擴充하는 공부가 아니다. ○ 程子가 말씀하기를 "거두면 물러나 은밀한 마음속에 감추고 풀어놓으면 六合에 가득하다."고 하였으니, 眞西山의 뜻은 여기에서 나온 듯하다.

21) 〔釋疑〕若奉拱璧：양손의 손가락을 모아 잡은 것을 拱이라 하니, 拱璧은 구슬 중에 매우 큰 것이다.

22) 〔釋疑〕先民：先賢이란 말과 같다.

23) 〔刊補〕作州：州는 泉州이다. 紹定 壬辰年(1232)에 西山이 두 번째로 泉州를 맡았다.

24) 〔釋疑〕棐几：'棐'는 본래 '榧'로 쓰니, 무늬가 있는 나무이다. 棐几는 《晉書》〈王羲之傳〉에 보인다.

25) 〔釋疑〕天君：荀卿은 耳目을 天官이라 하고 마음을 天君이라 하였다.

四非를 모두 이기되 敵을 공격하듯이 하고, 四端이 이미 나오면 모두 넓혀 채워야 한다네.

사사로운 마음[意]과 기필하는 마음[必]이 싹틀 때에는 구름이 걷히고 자리가 걷히듯이 깨끗이 제거하고, 사랑하는 마음과 성실한 마음이 나올 때에는 봄기운에 만물이 자라듯이 길러주오.

닭과 개를 잃어버리면 이것을 찾을 줄 알 듯이 良心을 찾아야 하고, 소와 양이 나무를 뜯어먹어 민둥산이 되듯이 良心을 해칠까 걱정해야 하네.

한 손가락과 어깨와 등 중에 무엇이 귀하고 무엇이 천한가. 한 그릇 밥과 萬鍾에 대해서도 사양하고 받음을 반드시 분별해야 하네.

克治(이겨 다스림)와 存養은 서로 공부를 지극히 해야 하니, 舜임금은 어떤 사람인가. 더불어 똑같이 되기를 기약하오.

이 道心은 萬善의 主體이니 하늘이 나에게 주신 것 중에 이것이 가장 크다네. 方寸(마음)에 거두면 太極이 내 몸에 있고 萬事에 흩으면 그 쓰임이 무궁하다오. 신령스러운 거북 껍질을 보물로 여기듯이 하고 큰 구슬을 받들 듯이 하오. 이것을 생각하여 마음이 늘 여기에 있어야 하니, 어찌 힘쓰지 않을 수 있겠는가.

옛날 先民들을 살펴보건대 敬으로써 서로 전수하였으니, 잡은 것은 간략하나 베풂은 넓은 것이 무엇이 이보다 더하겠는가.

내가 와서 고을을 맡음에 茅塞함을 두려워하여 이에 格言을 모아서 肺腑를 씻는다오. 밝은 창문과 비자나무 책상, 맑은 한낮에 향로에서는 향연기 피어오르는데, 책을 펴놓고 蕭然히 가다듬어 나의 天君(心)을 섬기노라.

右는 心經이니 西山先生이 摭聖賢格言하야 自爲之贊者也라 先生之心學이 繇(由)考亭而遡濂洛洙泗之源하야 存養之功이 至矣라 故其行己也에 上帝臨女하야 可以對越而無愧요 其臨民也에 若保赤子하야 痒痾疾痛이 眞切於吾身[26]이요 其立朝也에 憂國

---

26) 〔刊補〕痒痾疾痛 眞切於吾身 : 살펴보건대 陳安卿(陳淳)이 묻기를 "呂氏의 〈孟子惻隱說〉에 '이는 실제로 내 마음에 슬퍼하는 것이니, 비유한 말이 아니다. 이러한 뒤에야 천하가 모두 내 몸이요, 만물을 낳는 인자한 마음이 모두 내 마음이 되는 것이니, 저가 아파하면 나도 아파지는 것은 일부러 꾀해서 되는 것도 아니고 억지로 할 수 있는 것도 아니다' 하였으니, 여기에서 이른바 '모두 내 몸이요 모두 내 마음이다'라고 한 것도 단지 同一한 理임을 말한 것입니까?" 하니, 朱子는 답하기를 "理가 같을 뿐만 아니라 氣 또한 같은 것이다." 하였다.

如飢渴하야 所言이 皆至誠惻怛之所形而非以衒直也라 其將勸講에 若齋戒以交神明하야 而冀其感悟也러시니 迨退而築室粤山[27]之下하야 雖宴息之地라도 常如君父之臨其前이라 其著書皆本於中庸大學하야 雖遊翰戲墨[28]이라도 一出於正也시니라 然猶夜氣有箴하고 勿齋有箴하고 敬義齋有銘하며 晚再守泉에 復輯成是書하야 晨興에 必焚香危坐하야 誦十數過하시니 蓋無一日不學이요 亦無一事非學이라 其內外交相養如此러라 若愚는 老將至矣로되 學不加進이라 然尙竊有志焉일새 手抄此經하야 晝誦而夜思之하니 庶幾其萬一이라 復鋟板于郡學하야 與同志勉云이라 端平[29]改元十月旣望에 後學顔若愚[30]는 敬書하노라

이상은 〈心經贊〉이니, 西山先生이 聖賢의 格言을 뽑아서 스스로 贊을 지으신 것이다. 先生의 心學은 考亭(朱子)에서 시작하여 濂(周子)·洛(程子)과 洙(孔子)·泗(孟子)의 根源으로 거슬러 올라가니 存養의 공부가 지극하였다. 그러므로 몸가짐에 있어서는 上帝가 자기 앞에 강림한 듯이 하여 上帝를 대함에 부끄러움이 없고, 백성들을 대할 적에는 어린아이를 보호하듯이 하여 옴으로 가렵고 병으로 아픈 것이 참으로 자신의 몸에 간절한 듯이 하였으며, 조정에서 벼슬할 적에는 나라를 걱정하기를 자신이 굶주리고 목마른 것처럼 하여, 말씀한 내용이 모두 至誠과 惻怛(간곡함)에서 나타난 것이었고 정직함을 자랑하려 한 것이 아니었다. 그리고 군주에게 講學을 권할 적에는 齋戒하고서 神明을 사귀듯이 해서 감동하여 깨닫기를 바랐으며, 물러나 粤山의 아래에 書室을 짓고는 비록 한가로이 쉴 때에도 항상 君父가 앞에 계신 듯이 여겼다.

지은 책이 모두 《中庸》과 《大學》에 근본하여 비록 翰墨을 유희하더라도 한결같이 正道에서 나왔다. 그러나 오히려 〈夜氣箴〉을 짓고 〈勿齋箴〉을 짓고 〈敬義齋銘〉을 지었으며, 만년에 다시 泉州를 맡게 되자 다시 이 책을 輯成하여 새벽에 일어나면 반드시 焚香하고 무릎꿇고 앉아서 십수 번을 외웠으니, 단 하루도 학문을 하지 않은 적이 없고 또한 한 가지 일도 學問 아닌 것이 없어, 內外를 서로 기름이 이와 같았다.

나(顔若愚)는 연로하여 학문이 더 이상 진전되지 않는다. 그러나 오히려 적이 뜻

---

27) 〔釋疑〕粤山 : 粤은 越과 통하니, 福州 浦城縣에 있다. 본래 越나라 땅이기 때문에 粤山이라 하였으니, 바로 西山이란 곳이다.

28) 〔釋疑〕遊翰戲墨 : 翰은 붓이다.

29) 〔釋疑〕端平 : 宋나라 理宗의 연호이다.

30) 〔釋疑〕顔若愚 : 어떤 사람인지 자세히 알 수 없으나 다만 이 글을 보면 반드시 보통사람이 아닐 것이다.

이 있으므로 손수 이 《心經》을 抄하여 낮에는 외고 밤에는 생각하노니, 행여 만의 하나라도 학문이 진전되기를 바란다. 이에 다시 郡學에서 板刻하여 同志들과 함께 힘쓰는 바이다.

　端平 改元(1234) 10월 旣望에 後學 顔若愚는 공경히 쓰다.

心學圖[1]

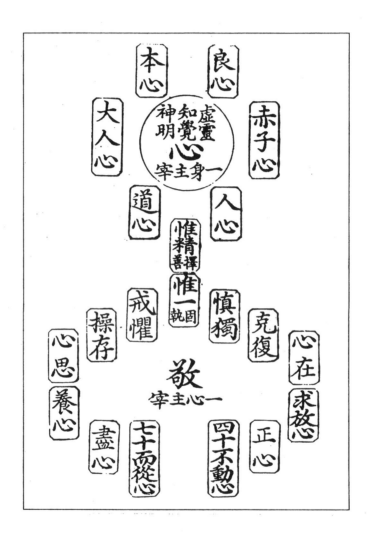

---

1) 〔釋疑〕心學圖 : 공부의 차례로 말하자면 放心을 되찾는 것이 마땅히 克己復禮의 앞
에 있어야 하지만 放心을 되찾는 것에는 두 종류가 있다. 初學者가 이미 놓아버린
마음을 거두어서 몸에 되돌아 오게 하는 것도 진실로 放心을 되찾는 일이고, 顔子와
같이 멀리 가지 않고 돌아오는 것 따위도 放心을 거두는 일이다. 그렇다면 求放心이
心在의 아래에 있다 하더라도 말이 안 되는 것은 아니다. ○ 臣(宋時烈)은 살펴보건
대 文成公 臣 李珥는 시종일관 이 〈心學圖〉를 온당치 못하다고 하였습니다.

程氏復心²⁾曰 赤子心은 是人欲未汨之良心이요 人心은 卽覺於欲者요 大人心은 是義理具足之本心이요 道心은 卽覺於義理者니 此非有兩樣心이라 實以生於形氣면 則不能無人心이요 原於性命이면 則所以爲道心이니 自精一擇執³⁾以下로 無非所以遏人欲而存天理之工夫⁴⁾也라 愼獨以下는 是遏人欲處工夫니 必至於不動心이면 則富貴不能淫, 貧賤不能移, 威武不能屈⁵⁾하야 可以見其道明德立矣요 戒懼以下는 存天理處工夫니 必至於從心⁶⁾이면 則心卽體, 欲卽用이요 體卽道, 用卽義하야 聲爲律而身爲度⁷⁾라 可以見不思而得, 不勉而中矣니 要之컨대 用工之要 俱不離乎敬이라 蓋心者는 一身之主宰요 而敬은 又一心之主宰也라 學者熟究於主一無適⁸⁾之說과 整齊嚴肅之說과 與夫其心

---

2) 〔釋疑〕程氏復心：字는 子見이고 號는 林隱이다. 新安 사람으로 일찍이 〈四書章圖〉를 지었다.

3) 〔譯註〕精一擇執：惟精惟一과 擇善固執을 줄여서 쓴 것이다. 擇善은 善을 잘 가리는 것이고 固執은 善을 굳게 지켜 행하는 것으로, 惟精은 知工夫여서 擇善에 해당하고 惟一은 行工夫여서 固執에 해당한다.

4) 〔刊補〕工夫：工役에는 반드시 人夫를 쓰기 때문에 俗語에 工夫라는 말이 생겼다. 이를 轉用해서 學問의 工夫라는 말이 있게 된 것이다.

5) 〔譯註〕不動心 …… 威武不能屈：'不動心'은 의지가 확립되어 마음이 동요되지 않는 것으로 《孟子》〈公孫丑 上〉에 보이며, 아래의 '富貴不能淫'이하 세 句 역시 孟子의 말씀으로 〈滕文公 下〉에 보인다.

6) 〔譯註〕從心：'從心所欲不踰矩'의 줄임말로, 마음에 하고 싶은 대로 해도 법도를 넘지 않음을 이른다. 孔子는 일찍이 학문에 대한 자신의 성취도를 말씀하면서 "나는 15세에 학문에 뜻하였고 30세에 확립하였고 40세에 의혹하지 않았고 50세에 천명을 알았고 60세에 귀로 남의 말을 들으면 저절로 알아졌고 70세에는 마음에 하고 싶은 대로 해도 법도를 넘지 않았다.〔吾十有五而志于學 三十而立 四十而不惑 五十而知天命 六十而耳順 七十而從心所欲不踰矩〕" 하였다. 이는 聖人의 경지에 도달하여 힘쓰지 않아도 행동이 저절로 도리에 맞는 것이라 한다. 《論語 爲政》

7) 〔譯註〕心卽體 …… 聲爲律而身爲度：律은 音律이고 度는 자〔尺〕로 곧 법도를 이른다. 마음에 하고 싶은 대로 해도 법도를 넘지 않는 聖人의 경지에 이르면 本體인 마음은 道가 되고 用인 욕망은 의로워서 말을 하면 음성이 음률에 맞고 행동을 하면 몸이 자가 되어 모든 행동이 저절로 법도가 됨을 말한 것이다.

8) 〔譯註〕主一無適：마음에 한 가지를 주장하고 딴 데로 가지 않는 것으로 敬工夫를 가리키는 바, 主一은 敬의 體이고 無適은 敬의 用이다.

收斂常惺惺之說이면 則其爲工夫也盡하야 而優入於聖域도 亦不難矣리라

程復心이 말하였다.

"赤子心은 人欲에 빠지지 않은 良心이고 人心은 바로 欲(욕망)에서 깨달은 (느낀) 것이며, 大人心은 義理가 충족한 本心이고 道心은 바로 義理에서 깨달은 것이니, 이는 두 가지 마음이 있는 것이 아니다. 실로 形氣에서 생겨나면 人心이 없을 수 없고, 性命에서 根源하면 道心이 되는 것이니, 精一擇執 이하가 모두 人欲을 막고 天理를 보존하는 공부이다.

愼獨 이하는 人欲을 막는 것에 대한 공부이니, 반드시 不動心의 경지에 이르면 富貴가 마음을 방탕하게 하지 못하고 貧賤이 지조를 바꾸지 못하고 威武가 뜻을 굽히지 못하여 道가 밝고 德이 확립됨을 볼 수 있을 것이요, 戒懼 이하는 天理를 보존하는 곳의 공부이니, 반드시 從心의 경지에 이르면 마음이 곧 體가 되고 욕망이 곧 用이 되며 體가 곧 道가 되고 用이 곧 義가 되어서 목소리가 律이 되고 몸이 자〔尺〕가 될 것이다. 그리하여 생각하지 않고도 터득하고 힘쓰지 않고도 맞음을 볼 수 있을 것이니, 요컨대 공부하는 요점은 모두 敬에서 떠나지 않는다.

마음은 한 몸의 主宰요 敬은 또 한 마음의 主宰이다. 배우는 자가 主一無適의 말씀과 整齊嚴肅의 말씀 및 마음을 收斂하여 항상 깨어 있게 하라는 말씀을 익숙히 연구한다면 공부를 함이 극진하여 聖人의 경지에 넉넉히 들어가는 것도 어렵지 않을 것이다."

【按】程氏此圖는 盡心學之妙요 而所論도 亦足以發心學之要라 故揭之編首하야 使學者로 知所向往而爲求端用功之地云이라

程氏의 이 그림은 心學의 妙理를 다하였고, 논한 내용도 心學의 요점을 잘 드러내었다. 그러므로 編의 머리에 揭示하여 배우는 자들에게 향해 갈 바를 알아서 端緒를 구하여 공부하는 터전으로 삼게 하는 바이다.

心經附註 제1권

1. 書 人心道心章[1]

帝[2]曰 人心惟危하고 道心惟微하니 惟精惟一이라야 允執厥中하리라

舜임금이 말씀하였다.

"人心은 위태롭고 道心은 미묘하니 精하게 살피고 한결같이 지켜야 진실로 中道를 잡을 것이다."

【原註】

○ 朱子曰 心之虛靈知覺[3]은 一而已矣로되 而以爲有人心道心[4]之異者는 以其或生於形氣之私[5]하고 或原於性命之正하여 而所以爲知覺者不同[6]이라 是以로 或危殆而不安하고 或微妙而難見爾라 然人莫不有是形이라 故雖上智나 不能無人心하고 亦莫不有是性이라 故雖下愚나 不能無道心하니 二者雜於

---

1) 《書經》〈虞書 大禹謨〉에 보인다.
2) 〔刊補〕帝: 舜임금을 가리킨다.
3) 〔釋疑〕虛靈知覺: 虛靈은 마음의 體이고 知覺은 마음의 用이며, 虛는 받아들일 수 있고 靈은 응할 수 있는 것이니, 마음이 받아들이고 응할 수 있기 때문에 知覺하는 이치가 있는 것이다.
4) 〔釋疑〕人心道心: 人心이 道心의 앞에 있는 것은 人心이 일상생활하는 사이에 쉽게 나타나고 가장 먼저 나오기 때문에 그 순서가 이와 같은 것이다.
5) 〔釋疑〕形氣之私: 眞西山이 말하기를 "私는 나 홀로라는 말과 같으니, 私親·私恩 따위와 같은 것이요 악한 것이 아니다." 하였다.
6) 〔釋疑〕所以爲知覺者不同: 朱子가 말씀하기를 "다만 한 마음인데, 知覺이 耳目 上에서 나오면 곧 人心이요, 知覺이 義理 上에서 나오면 곧 道心이다." 하였다.

方寸之間하여 而不知所以治之면 則危者愈危하고 微者愈微하여 而天理之公이
卒無以勝夫人欲之私[7]矣리라 精은 則察夫二者之間而不雜也요 一은 則守其
本心之正而不離也니 從事於斯하여 無少間斷하여 必使道心常爲一身之主하고
而人心每聽命焉[8]이면 則危者安하고 微者著하여 而動靜云爲 自無過不及之
差矣리라

朱子가 말씀하였다.

"마음의 虛靈知覺은 하나일 뿐인데 人心과 道心의 다름이 있다고 한 것은,
혹은 形氣의 사사로움에서 생겨나고 혹은 性命의 바름에서 근원하여 知覺하
는 것이 똑같지 않기 때문이다. 그러므로 혹은 위태로워 편안하지 못하고 혹
은 미묘하여 보기가 어려운 것이다. 그러나 사람은 이 形體를 가지고 있지
않은 이가 없으므로 비록 上智라도 人心이 없을 수 없고, 또한 이 性을 가지
고 있지 않은 이가 없으므로 비록 下愚라도 道心이 없을 수 없다. 人心과 道
心 두 가지가 方寸(마음)의 사이에 섞여 있어서 다스릴 방도를 알지 못하면
위태로운 것(人心)은 더욱 위태로워지고 미묘한 것(道心)은 더욱 미묘해져서
天理의 公이 마침내 人欲의 私를 이기지 못할 것이다. 精은 〈人心과 道心〉
두 가지의 사이를 살펴서 섞이지 않게 하는 것이고, 一은 本心의 바름을 지
켜서 떠나지 않게 하는 것이니, 여기에 종사하여 조금이라도 間斷함이 없게
해서 반드시 道心으로 항상 한 몸의 主體를 삼고 人心이 언제나 그 명령을
따르게 한다면 위태로운 것(人心)이 편안해지고 미묘한 것(道心)이 드러나서
動靜과 云爲(말하고 행함)가 저절로 지나치거나 미치지 못하는 差失(잘못)이
없을 것이다."

---

7) 〔釋疑〕人欲之私 : 胡雲峯(胡炳文)이 말하기를 "이 私字가 비로소 좋지 않은 것이
다." 하였다. 〔補註〕위의 形氣之私의 私는 私慾이 아니고 신체적 욕구에서 나오
는 것으로 人心을 가리키는 바, 배가 고프면 밥을 먹고 싶고 추우면 옷을 입고 싶
은 따위이며, 人欲之私의 私는 私慾이므로 "이 私字가 비로소 좋지 않은 것"이라
고 말한 것이다.

8) 〔刊補〕必使道心常爲一身之主 而人心每聽命焉 : 살펴보건대 朱子의 門人이 묻기를
"人心이 없을 수 있습니까?" 하니, 답하기를 "어떻게 없을 수 있겠는가. 다만 道心
을 위주로 하여 人心이 언제나 道心의 명령에 따르도록 하는 것이 옳다." 하였다.

【附註】

○ 朱子曰 堯舜以來 未有議論時[9]에 先有此言하니 聖人心法이 無以易此라 經中[10]에 此意極多하니 所謂擇善而固執之는 擇善은 卽惟精也요 固執은 卽惟一也며 又如博學, 審問, 愼思, 明辨은 皆惟精이요 篤行은 是惟一也라 中庸의 明善[11]은 惟精也요 誠身은 惟一也며 大學의 致知, 格物은 非惟精이면 不可[12]요 能誠意則惟一이라 學者는 只是學此理[13]요 孟子以後失其傳도 亦只是失此니라

朱子가 말씀하였다.

"堯舜 이래로 〈학문에 대한〉 논의가 있기 이전에 이미 이 말씀이 있었으니, 聖人의 心法이 이것을 바꿀 수 없다. 經文 가운데에 이 뜻이 매우 많으니, 이른바 擇善하여 固執한다는 것은, 擇善은 바로 惟精이고 固執은 바로 惟一이다. 또 博學·審問·愼思·明辨은 모두 惟精이고 篤行은 惟一이다. 《中庸》의 明善은 惟精이고 誠身은 惟一이다. 《大學》의 格物·致知는 惟精이 아니면 불가능하고 誠意는 惟一이다. 배운다는 것은 다만 이 이치를 배우는 것이요, 孟子 이후에 전함을 잃었다는 것도 다만 이것을 잃은 것일 뿐이다."

---

9)〔釋疑〕未有議論時 : 議論은 學問을 논하는 말이다.

10)〔釋疑〕經中 : 《中庸》과 《大學》이 본래 六經 中의 하나인 《禮記》의 한 篇이었으므로 經이라 말하였다. 四書라고 이른 것은 宋나라 때에 비롯되었다.

11)〔釋疑〕中庸明善 : '中庸' 두 글자가 《語類》에는 '又如'로 되어 있다.

12)〔刊補〕非惟精不可 : 묻기를 "惟精은 곧 格物致知의 일인데 지금 이 文勢를 보면 먼저 惟精을 말미암은 뒤에 格物致知를 할 수 있는 듯이 말하고, 또 致知가 뒤이고 格物이 앞인데 지금 致知를 앞에 놓았으니, 또한 어떻습니까?" 하니, 批에 이르기를 "朱子는 자세히 살펴 섞이지 않게 하는 것을 惟精으로 해석하였다. 자세히 살펴 섞이지 않게 하는 것은 바로 格物致知의 일이다. 그러므로 '惟精이 아니면 불가하다' 하였으니, 이는 致知格物을 하고자 한다면 精하게 이를 살피지 않으면 될 수 없다는 말일 뿐이요, 精을 말미암은 뒤에야 格物致知에 이를 수 있다는 말이 아니다. 또 致知를 格物의 앞에 놓은 것은 終으로부터 始로 거슬러 올라가서 합하여 하나의 일로 삼아 말한 것일 뿐이다." 하였다. ○ 살펴보건대 格物致知의 先後는 단지 文字가 우연히 이렇게 된 것일 뿐인 듯하다.

13)〔刊補〕學此理 : 此理는 精一을 가리킨다. 아래 失此의 此도 이와 같다.

○ 問人心道心을 伊川이 說天理人欲[14]便是라하시니이다 曰 固是어니와 但此不
是有兩物이라 只是一人之心이 合道理底 是天理요 徇情欲底 是人欲[15]이니
正當於其分界處에 理會[16]니라 五峯[17]云 天理人欲이 同行異情[18]이라하니 說
得最好[19]하니라

"人心과 道心을 伊川이 '天理와 人欲이 바로 이것이다' 하였습니다." 하고
묻자, 朱子가 말씀하였다.

"진실로 옳다. 다만 이것은 두 가지 물건이 있는 것이 아니다. 다만 한 사람
의 마음이 道理에 합하면 이것이 天理이고 情欲을 따르면 이것이 人欲이니, 바
로 그 分界點에서 이해하여야 한다. 五峯(胡宏)이 말씀하기를 '天理와 人欲이
행동은 같으나 實情은 다르다' 하였으니, 이 말이 매우 좋다."

潛室陳氏[20]曰 五峯此語를 儘當玩味니 如飮食男女之欲은 堯舜與桀紂同이어니와 但
中理中節이면 卽爲天理요 無理無節이면 卽爲人欲이니라

鹽室陳氏(陳埴)가 말하였다.

"五峯의 이 말씀을 깊이 玩味하여야 한다. 예컨대 飮食과 男女의 욕망 같은 것은
堯·舜과 桀·紂가 똑같으나 다만 이치에 맞고 절도에 맞으면 곧 天理가 되고, 이치
가 없고 절도가 없으면 곧 人欲이 되는 것이다."

○ 又曰 道心이 雜出於人心之間하여 微而難見이라 故必須精之一之[21]而後

---

14) 〔釋疑〕人心道心 …… 說天理人欲 : 伊川은 人心을 人欲이라 하였는데, 朱子는 이
　　를 따랐으나 말년에는 그 말씀을 改定하여 이르기를 "人心이 不善으로 흐른 뒤에
　　야 비로소 人欲이라 이른다." 하였다.

15) 〔刊補〕合道理底 …… 是人欲 : 底는 的字와 같으니, 音이 地이며 곳(것)이라는
　　뜻이다.

16) 〔刊補〕理會 : 정리하여 이해한다는 말과 같다.

17) 〔釋疑〕五峯 : 姓은 胡氏이고 이름은 宏이고 字는 仁仲이니, 文定公 胡安國의 막
　　내 아들이다.

18) 〔刊補〕同行異情 : 五峯 胡宏의 《知言》에 보인다. 〔補註〕同行異情은 외형상 나
　　타나는 행동은 같으나 속마음은 다름을 의미한다.

19) 〔釋疑〕說得最好 : 得은 어조사이다. 最好는 가장 좋은 것이다.

20) 〔釋疑〕潛室陳氏 : 이름은 埴이고 字는 器之이니, 朱子의 高弟이다.

에 中可執이나 然此又非有兩心也라 陸子靜[22]云 舜若以人心爲全不好면 則須說使人去之어늘 今止說危者는 不可據以爲安耳라 精者는 欲其精察而不爲所雜也라하니 此言이 亦自是[23]니라

朱子가 또 말씀하였다.

"道心은 人心의 사이에 섞여 나와서 미묘하여 보기가 어려우므로 반드시 모름지기 精하게 살피고 한결같이 지킨 뒤에야 中을 잡을 수 있다. 그러나 이는 또 두 마음이 있다는 것이 아니다. 陸子靜(陸九淵)이 말하기를 '舜임금이 만약 人心을 완전히 좋지 않은 것으로만 여겼다면 모름지기 사람들에게 버리라고 말씀하였을 터인데, 지금 다만 위태롭다고만 말씀하신 것은 의거하여 편안한 것으로 삼을 수 없어서일 뿐이다. 精이란 精하게 살펴서 섞여지지 않게 하려는 것이다' 하였으니, 이 말이 또한 진실로 옳다."

○ 問道心惟微한대 曰 義理는 精微難見[24]이요 且如利害는 最易見이니 是粗底로되 然鳥獸는 已有不知之者니라 又曰 人心道心이 只是爭些子[25]니 孟子

---

21) 〔釋疑〕道心 …… 故必須精之一之 : 일상생활하는 사이에 많이 발하고 흐르기 쉬운 것은 人心보다 더한 것이 없으며, 道心이 또한 그 사이에 나타나기 때문에 섞여 나온다고 한 것이다.

22) 〔釋疑〕陸子靜 : 이름은 九淵이고 號는 象山이니, 朱子는 일찍이 그가 禪學에 빠졌음을 비판하였다.

23) 〔釋疑〕亦自是 : 陸子靜의 다른 학설은 대부분 옳지 않으나 이 말은 옳기 때문에 이렇게 말한 것이다.

24) 〔釋疑〕義理 精微難見 : 새와 짐승은 利害의 淺近한 것도 알지 못하니, 이는 사람이 義理의 精微한 것을 알지 못하는 것과 같음을 말한 것이다. 〔刊補〕退溪가 趙士敬(趙穆)에게 답한 글에 "道心惟微에 대한 질문에 답하면서 義理의 精微함을 말하여 이를 깨우치고자 하였는데, 義理는 형상이 없어서 말로 설명하기 어렵기 때문에 우선 조잡하고 천근하여 밝게 드러나는 利害를 가지고 말하였으니, 이 보기 쉬운 것을 말하면 듣는 사람들이 이로 인해 저 알기 어려운 것도 알 수 있을 것이다." 하였다. 또 말씀하기를 "새와 짐승들은 이것(利害)도 알지 못하는 것들이 있다고 말한 것은, 새와 짐승들은 배고프면 먹고 목마르면 마실 줄은 알지만 利害를 알지 못하고, 뭇사람들은 利害는 알지만 義理를 알지 못하며, 오직 君子만이 새와 짐승들과 다른 점을 보존하고 있기 때문에 義理의 精微함을 알 수 있다는 것을 나타내기 위해서 한 말일 뿐이다." 하였다.

曰 人之所以異於禽獸者幾希[26]라하시니라

'道心惟微'를 묻자, 다음과 같이 말씀하였다.

"義理는 정미하여 보기 어려우며 우선 利害와 같은 것은 가장 보기 쉽다. 이것은 거친 것이지만 새와 짐승들은 이것도 알지 못하는 것들이 있다."

또 말씀하였다.

"人心과 道心은 단지 작은 것을 다툴 뿐이니, 孟子가 말씀하기를 '사람이 禽獸와 다른 것이 거의 드물다' 하였다."

○ 問危是危動難安否잇가 曰 不止是危動難安이라 大凡徇人欲이면 自是危險이라 其心이 忽然在彼하고 又忽然在四方萬里之外하니 莊子所謂其熱焦火하고 其寒凝冰[27]이라 凡苟免者는 皆幸也[28]니 動不動[29]에 便是墮坑落塹이니 危孰甚焉이리오

"危는 바로 위태롭게 動하여 편안하기 어려운 것입니까?" 하고 묻자, 다음과 같이 말씀하였다.

"위태롭게 動하여 편안하기 어려울 뿐만 아니라 대체로 人欲을 따르면 자연 위험해지는 것이다. 이 마음이 갑자기 저기에 있고 또 갑자기 四方과 萬里의 밖에 있으니,《莊子》의 이른바 '〈마음이 노하거나 조급하여〉 뜨거울 때에는 불이 타오르는 듯하고 〈마음이 전율을 느껴〉 차가울 때에는 얼음이 엉기는 듯하다'는 것이다. 무릇 구차히 화를 면하는 것은 모두 요행이다. 걸핏하면 곧 구덩이에 빠지고 참호로 떨어지니, 위태로움이 무엇이 이보다 심하겠는가."

---

25) 〔刊補〕些子 : 些는 작다는 뜻이고, 子는 어조사이다.

26) 〔刊補〕人之所以異於禽獸者幾希 : 살펴보건대 사람이 배고프면 먹고 목마르면 마시는 것은 禽獸와 다름이 없으나 오직 性命의 바름을 얻은 것이 작은 차이일 뿐이다. 그러므로 이를 인용하여 人心과 道心이 작은 것을 다툴 뿐임을 밝힌 것이다.

27) 〔釋疑〕其熱焦火 其寒凝冰 : 焦火는 사람이 노여워하는 것을 가리키고 凝冰은 사람이 두려워하는 것을 가리키니, 그 뜨거움이 불보다 심하고 그 차가움이 얼음보다 심함을 말한 것이다.

28) 〔釋疑〕凡苟免者 皆幸也 : 幸은《論語》에 "곧지 않으면서 사는 것은 요행으로 면한 것〔罔之生也 幸而免之〕"이라는 幸과 같다. 사람이 人欲을 따르면 動하는 사이에 곧 구덩이에 떨어질 것이니, 혹 死亡을 면하는 것은 요행임을 말한 것이다.

29) 〔釋疑〕動不動 : 動輒(언제나, 걸핏하면)의 뜻이다.

○ 問聖人亦有人心이라하니 不知亦危否잇가 曰 聖人은 全是道心主宰³⁰⁾라 故
其人心도 自是不危어니와 若只是人心이면 也危라 故曰 惟聖이라도 罔念이면 作
狂³¹⁾이라하니라

　"聖人도 人心이 있다고 하였으니, 聖人 또한 위태로운지 모르겠습니다." 하
고 묻자, 다음과 같이 말씀하였다.
　"聖人은 완전히 道心이 主宰(주관)하므로 人心도 저절로 위태롭지 않지만 만
약 단지 人心뿐이라면 또한 위태롭다. 그러므로 말하기를 '聖人도 생각하지 않
으면 狂人이 된다'고 한 것이다."

○ 勉齋黃氏³²⁾曰 以堯舜之聖으로 處帝王之尊하여 而所以自治其心者如此어
시늘 世之學者 不知此心之爲重하고 任情縱欲하여 驕逸放肆하고 念慮之頃에
或升而天飛하고 或降而淵淪하며 或熱而焦火하고 或寒而凝冰하여 如狂惑喪心
之人이 雖宮室之安과 衣服之適과 飮食之宜라도 亦茫然莫之覺也하니 豈不深
可憫哉아 聖賢垂訓이 炳然明白하니 學者亦盍深思而熟玩之哉리오

　勉齋黃氏(黃榦)가 말하였다.
　"堯·舜과 같은 聖人으로도 帝王의 높은 지위에 처하여 그 마음을 스스로 다
스린 것이 이와 같으신데, 세상의 배우는 자들은 이 마음이 소중함을 알지 못
하고 情欲에 내맡겨서 교만하고 방사하여, 생각하는 사이에 혹 올라가 하늘에
날기도 하고 혹 내려가 못에 빠지기도 하며, 혹 뜨거워져 불이 타오르는 듯하
고 혹 차가워져 얼음이 엉기는 듯하여, 마치 미치거나 혹하여 本心을 잃은 사
람이 비록 집이 편안하고 衣服이 잘 맞고 飮食이 마땅하더라도 아득히 깨닫지

---

30) 〔刊補〕道心主宰 : 묻기를 "道心은 마음이 발현된 곳에 나아가 말한 것인데, 지금
　　'道心이 主宰한다'고 말한 것은 어째서입니까?" 하니, 退溪는 답하기를 "主宰 또
　　한 마음이 발현된 곳에 나아가 말한 것이니, 주장이 되어서 이를 宰制한다는 말이
　　다." 하였다.

31) 〔譯註〕惟聖罔念作狂 : 《書經》〈多方〉에 "聖人도 생각하지 않으면 狂人이 되고 狂
　　人도 능히 생각하면 聖人이 된다.〔惟聖罔念作狂 惟狂克念作聖〕"는 내용이 보인다.

32) 〔釋疑〕勉齋黃氏 : 이름은 榦이고 字는 直卿이니, 朱子의 사위로 朱子의 학문을 전
　　하였다.

못하는 것과 같으니, 어찌 심히 안타깝지 않겠는가. 聖賢의 남기신 가르침이 찬란히 명백하니, 배우는 자가 또한 어찌 깊이 생각하고 익숙히 살펴보지 않을 수 있겠는가."

○ 西山眞氏曰 人心惟危以下十六字는 乃堯舜禹傳授心法이니 萬世聖學之淵源이라 先儒訓釋이 雖衆이나 獨朱子之說이 最爲精確이라 夫聲色臭味之欲은 皆發於氣하니 所謂人心也요 仁義禮智之理는 皆根於性[33]하니 所謂道心也라 人心之發은 如銛鋒하고 如悍馬하여 有未易制馭者라 故曰危요 道心之發은 如火始然하고 如泉始達하여 有未易充廣者라 故曰微라 惟平居에 莊敬自持하여 察一念之所從起하여 知其爲聲色臭味而發인댄 則用力克治하여 不使之滋長하고 知其爲仁義禮智而發인댄 則一意持守하여 不使之變遷이니 夫如是면 則理義常存而物欲退聽하여 以之酬酢萬變에 無往而非中矣리라

西山眞氏(眞德秀)가 말하였다.

"'人心惟危'이하의 열 여섯 글자는 바로 堯・舜・禹가 전수해 준 心法(마음을 수양하고 다스리는 방법)이니, 萬世 聖學의 淵源이다. 先儒들의 해석이 비록 많으나 유독 朱子의 말씀이 가장 정밀하고 확실하다. 聲色과 臭味의 욕망은 모두 기운에서 생겨나니 이른바 人心이요, 仁義禮智의 이치는 모두 본성에서 근원하니 이른바 道心이다. 人心이 발함은 날이 선 칼날과 같고 사나운 말〔馬〕과 같아서 쉽게 제어할 수가 없다. 그러므로 危라고 말하였고, 道心이 발함은 불이 처음 타오르는 것과 같고 샘물이 처음 나오는 것과 같아서 쉽게 확충할 수가 없다. 그러므로 微라고 말한 것이다. 오직 평소에 莊敬으로 스스로 지켜서 한 생각이 말미암아 일어나는 바를 살펴 聲色과 臭味 때문에 발한 것임을 알았으면 힘을 써서 이겨 다스려 불어나고 자라나지 못하게 하고, 仁義禮智 때문에 발한 것임을 알았으면 한 마음으로 잡아 지켜서 변하거나 옮겨가지 않게 하여야 하니, 이와 같이 하면 義理가 항상 보존되고 物慾이 물러나 따라서 이로써 만 가지 변화를 酬酢(수작)함에 가는 곳마다 中道가 아님이 없을 것이다."

○ 魯齋王氏[34]曰 朱子謂人心道心不同은 以其或生於形氣之私하고 或原於

---

33)〔釋疑〕皆根於性 : 仁義禮智가 바로 本性인데 지금 性에 근본하였다고 말한 것은 온당치 못한 듯하다.

性命之正이라하시니 旣曰私면 卽人欲矣어늘 又曰 人心을 不可謂之人欲은 何也오 蓋原字는 自外推入하니 知其本有라 故曰微요 生字는 感物而動하니 知其本無라 故曰危라 正字, 私字는 皆見于外者라 故人心을 不可謂之人欲이니 人心이 若便是人欲이면 聖人이 必不曰危라하시리니 危者는 謂易流於人欲也라 因手畫成圖하노라

魯齋王氏(王柏)가 말하였다.

"朱子가 '人心과 道心이 같지 않은 까닭은 혹은 形氣의 사사로움〔私〕에서 생겨나고 혹은 性命의 바름〔正〕에서 근원하였기 때문이다'라고 하였으니, 이미 私라고 말하였으면 곧 人欲인데 또 '人心을 人欲이라고 이를 수 없다'고 말씀한 것은 어째서인가? 原字는 밖으로부터 미루어 들어온 것이니, 본래 있는 것임을 알 수 있으므로 微라고 말하였고, 生字는 사물에 느껴 동한 것이니, 본래 없는 것임을 알 수 있으므로 危라고 말한 것이다. 正字와 私字는 모두 외면에 나타나기 때문에 人心을 人欲이라고 이를 수 없는 것이니, 人心이 만약 곧바로 人欲이라면 聖人은 반드시 危라고 말씀하지 않았을 것이다. 危란 人欲에 흐르기 쉬움을 말한 것이다. 인하여 손수 그림을 그려서 완성하였다."

人心道心圖※

※ 同一한 心인데, 道心은 性命의 正에서 곧바로 나와 미묘하여 보기가 어렵고, 人心은 形氣의 私에서 비스듬히 나와 위태로워 편안하지 못하다. 이것을 표현하기 위하여 心字 위에 形氣에서 나온 人心과 性命에서 나온 道心을 일직선상에 놓고 正과 微는 똑바로, 私와 危는 비스듬히 써놓은 것이다.

---

34) 〔釋疑〕魯齋王氏 : 이름은 柏이고 字는 會之이며 시호는 文憲이다. ○ 王氏의 이 말은 분명치 않은 점이 많다. '본래 있는 것임을 알 수 있으므로 微라 한다' 하였으니, 그 미묘함이 어찌 본래 있기 때문이겠는가. '正字와 私字는 모두 외면에 나타나기 때문에 人欲이라고 이를 수 없다'는 말은 더욱 이해할 수 없다.

2. 詩 上帝臨女章[1]

詩曰 上帝[2]臨女하시니 **無貳爾心**이라하고 **又曰 無貳無虞**[3]하라 **上帝臨女**[4]라하니라

《詩經》에 이르기를 "上帝가 너를 굽어보시니 네 마음을 두 가지로 하지 말라." 하였고, 또 이르기를 "두 마음을 품지 말고 근심하지 말라. 上帝가 너를 굽어보신다." 하였다.

【原註】

○ 毛氏[5]曰 言無敢懷貳心也라

毛氏(毛萇)가 말하였다.
"감히 두 마음을 품지 말라고 말한 것이다."

○ 朱子曰 知天命之必然하여 而贊其決也라

---

1) 앞의 두 句는 《詩經》〈大雅 大明〉에 보이고, 뒤의 두 句는 〈魯頌 閟宮〉에 보인다. 四庫全書本에는 뒤의 '又曰'條를 별행하였는데, 다만 한 字를 낮추어 썼다.

2) 〔釋疑〕上帝 : 하늘은 곧 理이니 만일 理가 물건마다 있지 않은 곳이 없고 때마다 그렇지 않음이 없다는 것을 안다면 上帝를 잠시도 떠날 수 없고 잠시도 소홀히 할 수 없음을 알 것이다. 上帝는 하늘이 主宰하는 것을 가리켜 말한 것이다.

3) 〔釋疑〕無貳無虞 : 貳는 의심하는 것이니 항상함이 없는 것이고, 虞는 생각함이다. 〔補註〕貳는 의심하여 이럴까 저럴까 망설이는 것이며, 또한 마음을 이랬다 저랬다 하여 일정(항상)함이 없음을 이른다.

4) 〔刊補〕詩曰 …… 上帝臨女 : 앞의 두 句는 《詩經》〈大雅 大明〉의 내용이고, 뒤의 두 句는 《詩經》〈魯頌 閟宮〉의 내용인데, 目次에는 두 편을 합하여 '魯頌 上帝臨女章'이라고만 표시되어 있으니, 우연히 자세하게 살펴보지 못한 듯하다.

5) 〔釋疑〕毛氏 : 이름은 萇이니, 漢나라 사람으로 《詩經》에 註를 내었다.

朱子가 말씀하였다.

"天命이 필연적임을 알아서 그 결단을 도운 것이다."

○ 愚謂[6] 詩意雖主伐紂而言이나 然學者平居에 諷詠其辭하여 凜然如上帝之實臨其上이면 則所以爲閑邪存誠之助가 顧不大哉아 又見義而無必爲之勇하고 或以利害得喪으로 二其心者도 亦宜味此言하여 以自決也니라

내가 생각하건대 詩의 뜻은 비록 紂王을 정벌함을 위주로 하여 말하였으나 배우는 자가 평소에 이 말을 읊어서 엄숙히 上帝가 실제로 그 위에서 굽어보시는 듯이 여긴다면 私를 막고 誠(진실)을 보존하는 데에 도움이 됨이 도리어 크지 않겠는가. 또 義를 보고도 반드시 실천하려는 용맹이 없거나 혹 利害와 得失로 두 마음을 품는 자도 이 말을 음미하여 스스로 결단하여야 할 것이다.

【附註】

○ 程子曰 毋不敬이면 可以對越上帝[7]니라

程子가 말씀하였다.

---

6) 〔釋疑〕愚謂 : 이 조항이 만약 西山의 말이라면 愚字는 마땅히 西山의 自稱이 되어야 할 것이다. 다만 이 篇 가운데에 이러한 凡例가 없으니, 여기에만 홀로 자신의 註를 넣었을 리가 없다. 또 그 말이 朱子의 말씀과 흡사하나 다만 상고한 바가 있지 못할 뿐이다. 《要解》에 "《發揮》에는 이 단락을 西山의 말이라고 하였으니, 다시 살펴보아야 한다." 하였다. 〔補註〕四庫全書本을 살펴보면 '愚謂'가 '眞西山讀書記曰'로 되어 있고 그 아래에 '此武王伐紂之事'라는 7字가 더 있는 바, 程篁墩이 附註를 내면서 眞西山의 말을 '愚謂'로 바꾸고 이 7字를 삭제한 것으로 보인다. 다만 우리나라 先賢들이 原本을 보지 못했기 때문에 이러한 억측이 있었던 듯하다. 이에 독자들이 本書와 《心經》原本과의 차이점을 알 수 있도록 本書 끝에 四庫全書本을 부록하였음을 밝혀둔다.

7) 〔刊補〕對越上帝 : 묻기를 "사람이 屋漏에 있으면서 어떻게 蒼蒼한 하늘을 대한다는 말입니까?" 하니, 退溪는 답하기를 "地上이 모두 하늘이니, 너와 함께 游衍(함께 놀고 여유있음)함에 어디를 간들 하늘이 아니겠는가. 하늘은 바로 理이다. 理가 있지 않은 물건이 없고 그러하지 않은 때가 없음을 진실로 안다면 上帝를 잠시라도 떠날 수 없고 잠시라도 소홀히 할 수 없음을 알게 될 것이다. 上帝는 하늘의 主宰處를 가리켜 말한 것이다." 하였다.

"공경하지 않음이 없으면 上帝를 대할 수 있다."

○ 龜山楊氏[8]曰 道無顯微之間하니 愼其獨은 所以對越在天[9]也라 詩曰 勿貳勿虞하라 上帝臨女라하니라

龜山楊氏(楊時)가 말하였다.

"道는 드러남과 은미함의 간격이 없으니, 그 홀로를 삼가는 것이 하늘에 계신 上帝를 대할 수 있는 것이다. 《詩經》에 '두 마음을 품지 말고 근심하지 말라. 上帝가 너를 굽어보신다' 하였다."

---

8) 〔釋疑〕龜山楊氏：이름은 時이고 자는 中立이니, 二程의 門人이다.

9) 〔釋疑〕對越在天：《詩經》〈大雅 文王〉의 내용이다. '하늘에 있다'는 것은 文王의 神을 가리킨 것이니, 楊氏가 이것을 빌어서 비유한 것이다. 〔補註〕《釋疑》에는 '對越在天'이 《詩經》〈大雅 文王〉의 내용이라고 하였으나 실제로는 〈周頌 淸廟〉에 보인다.

3. 視爾友君子章[1]

詩曰 視爾友君子[2]컨대 輯柔爾顔하여 不遐(何)有愆[3]가하나니 相在爾室컨대 尙不愧于屋漏[4]니 無曰不顯이라 莫予云覯라하라 神之格思[5]를 不可度(탁)思온 矧可射思[6]아

《詩經》에 이르기를 "네가 君子들과 벗하는 것을 살펴보면 너의 얼굴빛을 온화하고 유순하게 하여 혹시라도 잘못이 있지 않을까 한다. 하지만 네가 방에 있을 때를 살펴보아 이 때에도 방 귀퉁이에 부끄러움이 없게 하여야 하니, 드러나지 않는 곳이라서 나를 보는 이가 없다고 말하지 말라. 神이 이름을 헤아릴 수 없는데 하물며 神을 싫어할 수 있겠는가." 하였다.

【原註】
○ 鄭氏[7]曰 神見人之爲也하니 汝無謂是幽昧不明하여 無見我者라하라 神見汝矣니라

鄭氏(鄭玄)가 말하였다.

---

1) 《詩經》〈大雅 抑〉에 보인다.
2) 〔刊補〕視爾友君子 : 爾는 맹인(樂師)의 입장에서 衛武公을 가리켜 말한 것이고, 君子는 조정의 士大夫를 가리킨다.
3) 〔刊補〕不遐(何)有愆 : 遐는 何(어찌)와 통한다.
4) 〔刊補〕屋漏 : 朱子가 말씀하기를 "屋漏는 방의 서북쪽 모퉁이다." 하였으니, 집의 깊숙하고 은밀한 곳을 말한 것이다.
5) 〔刊補〕神之格思 : 思는 어조사이다.
6) 〔刊補〕矧可射(역)思 : 射은 音이 亦이니, 싫어한다는 뜻이다.
7) 〔釋疑〕鄭氏 : 이름은 玄이고 자는 康成이니 東漢 사람이다.

"神이 사람의 행위를 보고 있으니, 너는 어둡고 밝지 아니하여 나를 보는 자가 없다고 말하지 말라. 神이 너를 보고 있다."

○ 朱子曰 言視爾友於君子之時컨대 和柔爾之顔色하여 其戒懼之意 常若自省曰 豈不至於有過乎아하나니 蓋常人之情이 其修於顯者 無不如此나 然視爾獨居於室之時에도 亦當庶幾不愧于屋漏니 無曰此非顯明之處而莫予見也라하라 當知[8]鬼神之妙 無物不體[9]하니 其至於是를 有不可得而測者라 不顯亦臨하여 猶懼有失이온 況可厭射而不敬乎아 此[10]는 言不但修之於外라 又當戒謹恐懼乎其所不睹不聞[11]也니라

朱子가 말씀하였다.

"네가 君子와 벗할 때를 살펴보면 너의 얼굴빛을 온화하고 유순하게 하여, 戒懼하는 마음에 항상 스스로 살피기를 '어쩌면 혹시라도 잘못이 있음에 이르지 않을까'라고 하는 듯하니, 常人의 情은 드러나는 곳에서 닦음에 모두 이와 같이 한다. 하지만 네가 홀로 방에 거처할 때를 살펴보아도 또한 혹시라도 방 귀퉁이에 부끄러움이 없게 하여야 하니, 여기는 드러난 곳이 아니어서 나를 보는 이가 없다고 말하지 말라. 鬼神의 묘함이 사물마다 體(根幹)가 되지 않음이 없으니, 여기에 이르름을 헤아릴 수 없다는 사실을 알아야 한다. 그리하여 드러나지 않을 때에도 神이 또한 굽어보시는 듯이 여겨 오히려 잘못함이 있을까 두려워하여야 하는데, 하물며 神을 싫어하여 공경하지 않을 수 있겠는가. 이는 단지 밖에서 닦을 뿐만 아니라 또 보지 않고 듣지 않는 바에 있어서도 戒愼하고

---

8)〔刊補〕當知：臨字의 뒤에 해석해야 한다. ○ 살펴보건대 '測者'의 뒤에 있어야 할 듯하다.

9)〔釋疑〕無物不體：무릇 體라고 말한 것은 骨子라는 말과 같다.〔刊補〕體는 骨子라는 말과 같다. 《中庸》에 '사물의 본체가 되어 빠뜨릴 수 없다〔體物而不可遺〕'하였다.

10)〔譯註〕此：主一을 가리킨 것이다.

11)〔刊補〕不睹不聞：본래 自己가 보지 않고 듣지 않는 것을 이른다. 이 때문에 '其' 한 글자를 놓았으니, 其는 바로 自己를 이른다. 그러나 屋漏는 바로 남이 보지 않는 곳이니, 그렇다면 또한 남도 보지 않고 듣지 않는 뜻으로 겸하여 볼 수도 있다. 대체로 愼獨과 상대해서 말하면 남(不睹不聞)과 나(愼獨)를 구분하고, 한쪽만 말하면 겸하여 볼 수도 있는 것이다.

恐懼하여야 함을 말한 것이다."

【附註】

○ 朱子曰 衛武公學問[12]之功이 甚不苟라 年九十五歲에 猶命羣臣하여 使進規諫하니 至如抑詩는 是他自警之詩어늘 後人不知하여 遂以爲戒厲王[13]이라하니라 畢竟[14]周之卿士[15]는 去聖人近이라 氣象이 自是不同[16]하니라

朱子가 말씀하였다.

"衛 武公은 학문의 공부가 참으로 구차하지 않았다. 나이 95세가 되어서도 오히려 羣臣들에게 명하여 規諫(타이르고 간쟁함)을 올리게 하였으니, 〈抑〉詩와 같은 것은 그가 스스로 경계한 詩인데 후세 사람들이 이것을 알지 못하고서 마침내 厲王을 경계한 것이라고 여겼다. 필경 周나라의 卿士는 聖人(周公)과의 거리가 가까웠다. 그리하여 氣象이 자연 〈지금 사람들과는〉 같지 않은 것이다."

○ 西山眞氏曰 此는 武公自警之詩也라 人之常情이 祇敬於羣居者는 易하고 兢畏於獨處者는 難하니 子思作中庸에 推明其說曰 微之顯이니 誠之不可揜也라하시니 嗚呼라 武公은 其聖賢之徒與인저

西山眞氏가 말하였다.

"이는 武公이 스스로 경계한 詩이다. 사람들의 떳떳한(일반적인) 情은 여럿이 생활할 때에 공경하기는 쉽고 홀로 거처할 때에 조심하기는 어렵다. 子思가 《中庸》을 지을 적에 이 말을 미루어 밝히기를 '은미함이 드러나니 성실함을 은폐할 수 없다' 하였으니, 아! 武公은 聖賢의 무리일 것이다."

---

12) 〔釋疑〕學問 : 자신에게 배우고 남에게 묻는 것이다.

13) 〔譯註〕後人不知 遂以爲戒厲王 : 《毛詩》의 小序에 "〈抑〉은 衛 武公이 周나라 厲王을 풍자한 것이며 또한 스스로 경계하려고 지은 것이다.〔抑 衛武公刺厲王 亦以自警也〕" 하였으므로 말한 것이다.

14) 〔刊補〕畢竟 : 그 終末을 要約해서 말한다는 말과 같다.

15) 〔釋疑〕周之卿士 : 衛나라 武公을 가리킨 것이니, 武公이 제후로서 周나라에 들어가 王朝(天子國 朝廷)의 卿士가 되었다.

16) 〔釋疑〕不同 : 各別(특별)하다는 말과 같다.

疊山謝氏[17]曰 莊子云 爲不善於顯明之中者는 人得而非之하고 爲不善於幽暗之中
者는 鬼神得而責之니 君子는 無人非하고 無鬼責이라하니 亦此意也니라

疊山謝氏(謝枋得)가 말하였다.

"莊子가 이르기를 '밝은 가운데에서 不善을 하는 자는 사람들이 비난하고, 어두
운 가운데에서 不善을 하는 자는 鬼神이 꾸짖으니, 君子는 사람들의 비난도 없고
귀신의 꾸짖음도 없다' 하였으니, 또한 이 뜻이다."

---

17) 〔釋疑〕疊山謝氏 : 이름은 枋得이고 字는 君直이니, 宋나라가 망하자 節義를 지켜
　　文山 文天祥과 함께 일컬어진다.

4. 易 閑邪存誠章¹⁾

易乾之九二에 子曰 庸言之信하며 庸行之謹이요 閑邪存其誠²⁾이니라

《周易》의 〈乾卦 文言傳〉 九二爻에 孔子가 말씀하기를 "평소의 말도 미덥게 하고 평소의 행실도 삼가며 邪를 막고 誠(성실함)을 보존하여 야 한다." 하였다.

【原註】

○ 程子曰 庸信庸謹은 造次必於是³⁾也라

程子가 말씀하였다.

"평소의 말도 미덥게 하고 평소의 행실도 삼간다는 것은 造次라도 반드시 여 기에 하는 것이다."

○ 又曰 閑邪則誠自存이니 不是外面에 將一箇誠來存著⁴⁾이니라

또 말씀하였다.

"邪를 막으면 誠이 저절로 보존되니, 외면에 하나의 誠을 가져다가 보존하는

---

1)《周易》〈乾卦 文言傳〉에 보인다.

2)〔釋疑〕庸言之信 …… 閑邪存其誠 : 庸言庸行은 밖을 위주로 하여 말하였고, 閑邪 存誠은 안을 위주로 하여 말한 것이다.

3)〔譯註〕造次必於是 :《論語》〈里仁〉에 "군자는 밥 한 그릇을 다 먹는 시간도 仁을 떠남이 없으니, 造次에도 반드시 여기에 하며 顚沛(어려운 상황)에도 반드시 여기 에 한다.〔君子無終食之間違仁 造次必於是 顚沛必於是〕" 하였는데, 朱子는 "造次는 급박하고 구차한 때이다." 하였다. 일반적으로 경황이 없는 상황이나 짧은 시간을 의미하는 말로 쓰인다.

4)〔釋疑〕存著 : 著(착)은 語助辭이다.

것이 아니다.”

○ 又曰 如何是閑邪오 非禮勿視聽言動이면 邪斯閑矣리라

또 말씀하였다.

“어떻게 하는 것이 邪를 막는 것인가? 禮가 아니면 보지도 듣지도 말하지도 동하지도 않으면 邪가 막아질 수 있을 것이다.”

【附註】

○ 程子曰 閑邪를 更著甚(삼)工夫리오 惟是動容貌[5], 整思慮면 則自然生敬이니 敬은 只是主一이라 主一則旣不之東하고 又不之西니 如此則只是中이요 旣不之此하고 又不之彼니 如此則只是內[6]라 存此則天理自然明[7]이니 學者須是將敬以直內하여 涵養此意[8]니 直內是本이니라

---

5) 〔釋疑〕動容貌:《論語》에 “용모를 동할 적에 暴慢을 멀리한다.〔動容貌斯遠暴慢〕”하였는데, 註에 “朱子는 暴慢을 멀리하는 것을 공부로 삼았으니, 마땅히 ‘용모를 동함에 暴慢을 멀리해야 한다’고 해석해야 할 것이며, 程子는 용모를 동하는 것을 공부로 삼았으니, 마땅히 ‘용모를 동하면 暴慢함이 이에 멀어진다’고 해석해야 할 것이다.” 하였다. 〔補註〕工夫는 힘쓰는 것을 이르며, 힘을 써서 효과가 나타나는 것을 功效라 한다.《論語》〈泰伯〉에 “動容貌斯遠暴慢矣 正顏色斯近信矣 出辭氣斯遠鄙倍矣”라 하였는데, 이것을 해석함에 있어 程子는 “容貌를 바르게 동하면 거칠고 태만함이 저절로 멀어지며, 얼굴빛을 바르게 하면 성실함에 저절로 가까우며, 말소리를 잘 내면 비루하고 도리에 위배되는 말이 저절로 멀어진다.” 하여, 위의 세 句는 공부로, 아래의 세 句는 功效로 보았다. 이에 반하여 朱子는 “용모를 동할 적에는 거칠고 태만함을 멀리 해야 하며, 얼굴빛을 바룰 적에는 성실함에 가깝게 하여야 하며, 말소리를 낼 적에는 비루함과 도리에 위배되는 말을 멀리 해야 한다.”로 풀이하여 전체를 공부로 보았는 바, 이 글은 程子의 말씀이므로 朱子의 해석을 따르지 말고 程子의 해석을 따라야 함을 강조한 것이다.

6) 〔刊補〕旣不之此 …… 如此則只是內 : 葉氏(葉采)가 말하기를 “靜할 때에 마음이 한 가지를 주장하면 고요하고 움직이지 않아서 동쪽과 서쪽으로 흩어져 가지 않아 언제나 中에 있고, 動할 때에 마음이 한 가지를 주장하면 그칠 바를 알아 定함이 있어서 彼此에 얽매이지 않아 언제나 안에 있다.” 하였다.

7) 〔刊補〕天理自然明 : 살펴보건대 天理가 곧 誠(진실한 이치)이니, 밝아지면 天理가 이에 보존되는 것이다.

程子가 말씀하였다.

"邪를 막는 것을 다시 무슨 공부를 할 것이 있겠는가. 오직 容貌를 바르게 동하고 思慮를 정돈하면 자연히 공경심이 생기는 것이니, 敬은 단지 하나를 주장하는 것이다. 하나를 주장하면 이미 동쪽으로도 가지 않고 또 서쪽으로도 가지 않으니 이와 같이 하면 다만 中이요, 이미 여기로도 가지 않고 또 저기로도 가지 않으니 이와 같이 하면 다만 안〔內〕이다. 이것을 보존하면 天理가 자연히 밝아진다. 배우는 자는 모름지기 敬을 가지고 안을 곧게 하여 이 뜻을 涵養하여야 하니, 안을 곧게 하는 것이 바로 근본이다."

○ 又曰 閑邪則誠自存이라 如人有室에 垣牆不修하면 不能防寇니 寇從東來 어든 逐之則復有自西入하고 逐得一人이면 一人復至니 不如修其垣牆이면 則 寇自不至라 故欲閑邪也니라

또 말씀하였다.

"邪를 막으면 誠이 저절로 보존된다. 마치 사람이 집을 가지고 있을 적에 담장을 수리하지 않으면 도둑을 막을 수가 없으니, 동쪽으로 들어온 도둑을 쫓고 나면 다시 서쪽에서 들어오고 한 명을 쫓고 나면 한 명이 다시 이르는 것과 같으니, 담장을 수리하는 것만 못하다. 담장을 수리하면 도둑이 저절로 이르지 않는다. 그러므로 邪를 막고자 하는 것이다."

○ 又曰 敬是閑邪之道니 閑邪存其誠이 雖是兩事나 然亦只是一事라 閑邪 則誠自存矣니라 天下에 有一箇善, 一箇惡하니 去善이면 卽是惡이요 去惡이면 卽是善이라 譬如門이 不出이면 便入이니라

또 말씀하였다.

"敬은 바로 邪를 막는 方道이니, 邪를 막아 誠을 보존하는 것이 비록 두 가지(다른) 일이나 또한 단지 한 가지(같은) 일이어서 邪를 막으면 誠이 저절로 보존된다. 천하에 하나의 善과 하나의 惡이 있으니, 善을 버리면 곧 惡이요 惡을 버리면 곧 善이다. 비유하건대 문을 나가지 않으면 곧 들어오는 것과 같은 것이다."

---

8) 〔刊補〕涵養此意 : 살펴보건대 '此意'는 아마도 '敬以直內'를 가리킨 듯하다.

○ 朱子曰 常言旣信하고 常行旣謹이요 但用閑邪하여 怕他人來[9]니 此正是無射亦保[10]之意라 無射亦保는 雖無厭斁[11]이라도 亦當保也니   保者는 持守之意니라

朱子가 말씀하였다.

"평소의 말을 이미 미덥게 하고 평소의 행실을 이미 삼가고는 다만 邪를 막아서 저것이 들어올까 두려워하여야 하니, 이것이 바로 '싫어함이 없을 때에도 마땅히 보존해야 한다'는 뜻이다. 싫어함이 없을 때에도 보존한다는 것은 비록 싫어함이 없을 때라도 또한 마땅히 보존해야 한다는 것이니, 보존한다는 것은

---

9) 〔刊補〕但用閑邪 怕他人來 : 他는 邪를 가리킨다. 묻기를 "이는 初學者의 공부가 아닌 듯합니다." 하니, 批에 이르기를 "이는 乾卦 九二爻의 내용이니, 진실로 聖人의 學問이다. 그러나 또한 배우는 자들에게도 간절한 공부이다." 하였다.

10) 〔刊補〕無射亦保 : 射(역)은 厭射의 뜻이니, 厭射은 忌憚(두려워하고 조심함)이란 말과 같다. 보통 사람들의 情은 만약 남이 자신의 所行을 點檢함이 있으면 그 마음에 忌憚하는 바가 있어서 자신의 행실을 보존하려 하지만 聖人은 忌憚하는 바가 없으면서도 능히 스스로 보존한다. ○《考誤》에 "無射은《中庸》에 '여기에 있어도 싫어하는 사람이 없다〔在此無射〕'고 한 뜻과 같다. 厭射(厭斁)은 그 德이 깊지 못하여 남이 존경하지 않는다는 뜻이니, 스스로 기탄한다는 뜻은 아니다. 朱氏가 말하기를 '無射은 남에게 있는 것을 가지고 말한 것이니, 남이 나에 대해서 비록 싫어하는 바가 없더라도 마음을 잡아 보존하면 항상 지키는 바가 있게 된다' 했다." 하였다. ○ 살펴보건대 본래 嚴氏의 說을 인용하였으나 朱氏의 說이 비교적 명백하므로 바꾸어 기록하였다. 평소의 말을 미덥게 하고 평소의 행실을 삼가는 것이 바로 無射이며, 邪를 막는 것이 亦保의 뜻이다. 〔補註〕射(역)은 厭倦, 즉 싫증이 나고 게을러지는 것으로, 聖賢은 厭倦을 느낄 때에 더욱 마음을 가다듬어 用功하기 때문에 마음을 보전하기가 쉬우며, 싫증이 나지 않을 때에 마음을 보전하기가 도리어 어렵다 한다.

11) 〔釋疑〕雖無厭斁 :《中庸》의 註에 "斁은 싫증나고 게을러져서 공경하지 않음을 이른다." 하였다. 文王은 순수함이 또한 그치지 아니하여 그 마음이 비록 싫증나고 게을러져서 공경하지 않음이 없을 때라도 또한 항상 스스로 보존하여 지킴을 말한 것이다. ○ 또《詩經》에 "옛사람은 싫어함이 없었다." 하였는데, 朱子는 말씀하기를 "옛사람은 文王을 가리킨 것이니, 그 德이 순수하여 그치지 않은 것이다." 하였다. 이것을 근거하면 無斁을 곧바로 그 德이 순수하여 그치지 않음으로 여긴 것이니, 그 뜻이 더욱 분명하다.

잡아 지킨다는 뜻이다.”

○ 臨川吳氏[12]曰　程子謂思無邪者는　誠也라하시니　此邪字는　指私欲惡念而言이라　有理無欲하고　有善無惡이　是爲無邪니　無邪면　斯不妄이요　不妄之謂誠이니　以大學之目이면　則誠意之事也라　易文言傳曰　閑邪存其誠[13]이라하니　此邪字는　非私欲惡念之謂라　誠者는　聖人無妄眞實之心也니　物接乎外어든　閑之而不干乎內하여　內心이　不二不雜而誠自存이니　以大學之目이면　則正心之事也라　凡人이　昧然於理欲善惡之分者는　從欲作惡하여　如病狂之人이　蹈水入火하여　安然不以爲非하여　蚩蚩蠢蠢[14]하여　冥頑[15]不靈하여　殆與禽獸無異요　其次는　頗知此之爲理爲善과　彼之爲欲爲惡이로되　而志不勝氣하여　閑居獨處之際에　邪思興焉하나니　一有邪思에　卽遏制之가　乃不自欺之誠也라　夫旣無邪思면　則所思皆理皆善矣리라　然一念才(纔)起에　而一念復萌하고　一念未息에　而諸念相續이면　是二也요　是雜也라　匪欲匪惡이라도　亦謂之邪니　此易傳所謂閑邪之邪요　非論語無邪之邪也라　蓋必先能屛絶私欲惡念之邪而後에　可與治療二而且雜之邪라　誠意而正心이니　其等을　豈可躐哉리오

　臨川吳氏(吳澄)가 말하였다.

　“程子가 말씀하기를 ‘생각함에 간사함이 없는 것이 誠이다’하였으니, 이 邪字는 私慾과 惡念을 가리켜 말한 것이다. 天理만 있고 人欲이 없으며 善만 있고 惡이 없는 것, 이것이 간사함이 없는 것이다. 간사함이 없으면 망령되지 않으며 망령되지 않은 것을 誠이라 이르니,《大學》의 조목으로 말하면 誠意의 일이다.《周易》의〈文言傳〉에 ‘邪를 막아 그 誠을 보존한다’하였으니, 이 邪字는

---

12)〔釋疑〕臨川吳氏 : 이름은 澄, 字는 幼淸이고 號는 草廬이니, 禪學에 물들었다.

13)〔釋疑〕程子謂思無邪者 …… 閑邪存其誠 : 두 邪字를 나누어 말한 것은 先儒의 의논에 보이지 않고 말을 너무 자잘하게 분석한 듯하니, 聖賢의 本意가 아닌 듯하다. 또 外物을 막으면 안을 범하지 않는다는 것은 더욱 의심할 만하다. 대체로 사물 또한 마음의 用에서 벗어나지 아니하여 일상생활함에 없을 수 없는 것인데 일체 外物을 막아 끊는다면 되겠는가.

14)〔釋疑〕蚩蚩蠢蠢 : 蚩蚩는《詩經》〈衛風 氓〉의 註에 “無知한 모양이다.”하였고, 蠢蠢은《書經》〈周書 大誥〉의 註에 “움직이되 知覺이 없는 모양이다.”하였다.

15)〔釋疑〕冥頑 : 頑은 風濕이 手足에 침입하여 血氣가 통하지 않음을 이른다.

私慾과 惡念을 말한 것이 아니다. 誠이란 聖人의 망령됨이 없는 진실한 마음이다. 사물이 밖에서 접하거든 그것을 막아서 안을 범하지 않게 하여, 안의 마음이 두 갈래로 가지 않고 잡되지 아니하여 誠이 저절로 보존되는 것이니, 《大學》의 조목으로 말하면 正心의 일이다.

무릇 사람들이 天理와 人欲, 善과 惡의 구분에 어두운 것은 욕심을 따라 악행을 저질러서 마치 狂病을 앓는 사람이 물 속으로 뛰어들고 불 속으로 들어가면서도 편안하게 여기고 나쁘다고 생각하지 않는 것과 같아서, 어리석고 미련하여 어둡고 신령스럽지 못해서 거의 禽獸와 다름이 없는 것이요, 그 다음은 자못 이것이 天理가 되고 善이 됨과 저것이 人欲이 되고 惡이 됨을 알지만 意志가 기운을 이기지 못해서 한가로이 거처하고 홀로 있을 때에 간사한 생각이 일어나는 것이니, 한 번이라도 간사한 생각이 있을 때에 곧 막아 제어하는 것이 바로 스스로 속이지 않는 誠이다. 이미 간사한 생각이 없으면 생각하는 것이 모두 天理이고 모두 善인 것이다. 그러나 한 생각이 잠시 일어남에 또 한 생각이 다시 싹트고, 한 생각이 그치기도 전에 여러 생각이 서로 계속된다면 이것은 두 갈래이고 이것은 잡된 것이다. 人欲이 아니고 惡이 아니더라도 또한 이것을 邪라 이르니, 이것은 《易傳》에 이른바 '閑邪'의 邪이고 《論語》에 이른바 '思無邪'의 邪가 아니다. 반드시 먼저 私慾과 惡念의 邪를 물리쳐 끊은 뒤에야 두 갈래이고 또 잡된 邪를 치료할 수 있다. 뜻을 성실히 하고서 마음을 바루는 것이니, 그 등급을 어떻게 건너 뛸 수 있겠는가."

5. 敬以直內章¹⁾

易坤之六二曰²⁾ 君子敬以直內³⁾하고 義以方外하여 敬義立而德不孤하나니 直方大不習無不利는 則不疑其所行也⁴⁾니라

《周易》의 〈坤卦 文言傳〉六二爻에 〈孔子가〉 말씀하기를 "君子가 敬하여 안을 곧게 하고 義로워 밖을 방정하게 한다. 그리하여 敬과 義가 확립되면 德이 외롭지 않으니, '곧고 방정하고 커서 익히지 않아도 이롭지 않음이 없다'는 것은 행하는 바를 의심하지 않는 것이다." 하였다.

【原註】

○ 伊川先生曰 敬立而內直하고 義形而外方하나니 義形於外요 非在外也니라

伊川先生이 말씀하였다.

"敬이 서면 안이 곧아지고 義가 드러나면 밖이 방정해지니, 義는 밖으로 나타나는 것이요 밖에 있는 것이 아니다."

---

1) 《周易》〈坤卦 文言傳〉에 보인다.
2) 〔釋疑〕易坤之六二曰 : 曰字 앞에 마땅히 子字가 있어야 할 듯하다. 〔刊補〕'六二' 다음에 子字가 있어야 할 듯하다.
3) 〔講錄〕敬以直內 : '敬하야 內를 直하며'이다. 혹 '敬으로써'라고 해석하는데, 이는 옳지 않다.
4) 〔釋疑〕敬以直內 …… 則不疑其所行也 : 利는 利害의 利가 아니고 바로 순하여 막힘이 없는 것을 이른다. 敬하여 안을 곧게 하고 義로워 밖을 방정하게 해서 그 德이 외롭지 않음에 이르면 이에 큼이 되니, 이와 같이 하면 비록 때로 익히지 않더라도 자연히 이치에 순하여 통달해서 의심하고 막히는 바가 없을 것이다. 이는 또한 힘쓰지 않고도 道에 맞는다는 뜻이다. 〔刊補〕'直方大不習無不利'의 利는 順理대로 하여 막힘이 없음을 말하는 것이요, 利欲을 이르는 것은 아니다.

○ 又曰 主一之謂敬[5]이니 直內는 乃是主一之義라 至於不敢欺, 不敢慢, 尙不愧于屋漏는 皆是敬之事也니 但存此涵養하야 久之면 自然天理明이니라

또 말씀하였다.
"主一(한 가지를 주장함)을 敬이라 이르니, 안을 곧게 한다는 것은 바로 主一의 뜻이다. 감히 속이지 않고 감히 태만히 하지 않으며 혹시라도 방 귀퉁이에 부끄럽지 않게 한다는 것은 모두 敬의 일이니, 다만 이것을 보존하여 涵養해서 오래되면 저절로 天理가 밝아진다."

○ 又曰 心敬則內自直이니라

또 말씀하였다.
"마음이 공경하면 안이 저절로 곧아진다."

○ 龜山楊氏曰 盡其誠心而無僞焉이 所謂直也[6]요 若施之於事면 則厚薄隆殺(쇄) 一定而不可易이 爲有方矣라 所主者敬이요 而義則自此出焉이라 故有內外之辨이니라

龜山楊氏(楊時)가 말하였다.
"誠心을 다하여 거짓이 없는 것이 이른바 直이고, 만약 이것을 일에 시행하면 厚薄과 隆殺(높이고 낮춤)가 일정하여 바꿀 수 없으니, 이것이 방정함이 있는 것이 된다. 주장하는 것은 敬이고 義는 여기에서 나온다. 그러므로 內·外의 구분이 있는 것이다."

【附註】
○ 程子曰 學者不必遠求요 近取諸身하야 只明人理[7]하야 敬而已矣니 便是

---

5) 〔刊補〕主一之謂敬 : 退溪가 金而精(金就礪)에게 답하기를 "主一의 一은 곧 두 가지로 하지 않고 섞이지 않는다는 의미의 一이니, 또한 專一의 一이다." 하였다.

6) 〔刊補〕盡其誠心而無僞焉 所謂直也 : 楊氏는 거짓이 없는 것을 直이라 하였으니, 朱子의 '털끝 만한 사사로운 마음도 없어서 가슴 속이 확 트인 것'이라는 말씀과는 같지 않다.

約處라 易之乾卦에 言聖人之學하고 坤卦에 言賢人之學호되 惟言敬以直內하고 義以方外하여 敬義立而德不孤라하니 至于聖人하여도 亦止如是요 更無別途라 穿鑿繫累[8]는 自非道理[9]라 故有道有理면 天人이 一也라 更不分別이니 浩然之氣[10] 乃吾氣也라 養而不害면 則塞乎天地하고 一爲私心所蔽면 則欿然而餒[11]하여 知其小也[12]라 思無邪, 無不敬 只此二句를 循而行之면 安得有差리오 有差者는 皆由不敬不正也니라

程子가 말씀하였다.

---

7) 〔刊補〕只明人理 : 人理는 사람이 사람된 所以의 이치이니, 내 마음에 갖추어져 있다. 이것을 밝게 알면 萬事萬物의 이치가 또한 여기에서 벗어나지 않는다. ○ 理의 吐는 '하야'이다. 明은 知에 속하고 敬은 行에 속한다. ○ 살펴보건대 여기의 吐를 曹氏(曹好益)는 '이니'로 달았으니, 이와 같다면 明字는 '明德을 밝힌다〔明明德〕'는 明과 같으니, 반드시 知에 속하는 것만은 아니다.

8) 〔釋疑〕穿鑿繫累 : 《孟子》〈離婁 下〉에 이르기를 "지혜를 미워하는 까닭은 천착하기 때문이다.〔所惡於智者 爲其鑿也〕" 하였는데, 本註에 "鑿은 穿鑿함이다." 하였으니, 옆으로 뚫고 굽게 파서 평평하고 바르지 못한 뜻이다. 繫는 사물에게 속박당하는 것이고, 累는 사물에 얽매이는 것이니, 평평하고 바르지 못한 뜻을 말한 것이다.

9) 〔釋疑〕道理 : 통합하여 말하면 道라 이르고, 道 가운데에 條理가 있는 부분을 가리켜 말하면 理라 이른다.

10) 〔刊補〕浩然之氣 : 묻기를 "道와 理를 말하면서 뒤이어 氣를 말한 것은 어째서입니까?" 하니, 退溪는 답하기를 "理와 氣가 비록 다르나 실제는 서로 분리되지 않는다. 그러므로 理가 氣에 충만하면 氣가 浩然하게 되는 것이다. 氣가 만약 존재하지 않는다면 理도 붙어 의지할 곳이 없게 된다. 浩然之氣가 만일 天地 사이에 가득 차서 義와 道에 配合되면 비록 이것을 氣라고 하더라도 사실은 理가 充滿해서 그렇게 만든 것이다. 그렇다면 道와 理를 논하면서 뒤이어 浩然之氣를 말하는 것이 어찌 불가하겠는가." 하였다.

11) 〔釋疑〕欿然而餒 : 欿然은 부족함이고, 餒는 氣가 몸에 충만하지 못한 것이다. 〔刊補〕欿은 《韻會》에 "苦와 感의 反切音이니, 부족하다는 뜻이다." 하였다. 〔補註〕欿은 어떤 일을 행한 다음 良心에 부끄러움이 있어 快足하지 못하여 氣가 充滿하지 못함을 이른다. 《大學》의 〈誠意章〉에 自謙이란 말이 보이는데, 謙은 慊으로 快足의 뜻이어서 이와는 정반대라 할 것이다.

12) 〔釋疑〕知其小也 : '知其'가 《語類》에는 '却甚'으로 되어 있다.

"배우는 자들은 굳이 먼 데서 구할 필요가 없고, 가까이 자기 몸에서 취하여 다만 사람의 道理를 밝혀 敬할 뿐이니, 이것이 곧 간략한 곳이다. 《周易》의 〈乾卦〉에는 聖人의 학문을 말하였고 坤卦에는 賢人의 학문을 말하였는데, 오직 '敬하여 안을 곧게 하고 義로워 밖을 방정하게 하여 敬과 義가 확립되면 德이 외롭지 않다'고만 말하였으니, 聖人의 경지에 이르러서도 이와 같을 뿐이요 다시 딴 길이 없다. 穿鑿하고 얽매임은 자연 道理가 아니다. 그러므로 道가 있고 이치가 있으면 하늘과 인간이 하나여서 다시 분별되지 않으니, 浩然之氣가 바로 나의 기운이다. 이것을 기르고 해치지 않으면 天地에 충만하고, 조금이라도 私心에 가려지면 歉然히 줄어들어서 작아짐을 안다. 思無邪와 無不敬 다만 이 두 句를 따라서 행하면 어찌 어긋남이 있겠는가. 어긋남이 있는 것은 모두 공경하지 않고 바르지 않기 때문이다."

問必有事焉而勿正을 孟子本爲養氣設이어늘 程門에 乃轉作養心法하니 如何오 潛室陳氏曰 孟子一書는 持敬工夫少하니 如此二句[13]는 最細密이나 然亦只施於養氣하니 所謂事者는 指義直而言이라 大槩工夫較麤些[14]하니 所謂孟子有英氣[15]는 謂此라 程門이 愛此二句하여 借轉作養心法하니 養心以養氣라 故其所事者 持敬工夫니 其說이 爲細나 然其下工夫處는 亦不過如孟子之節度[16]耳니라

---

13) 〔譯註〕如此二句 : 孟子는 浩然之氣를 기르는 방법을 말씀하면서 "반드시 浩然之氣를 기르는 데에 일삼음이 있으나 미리 효과를 기대하지 말아 마음에 잊지도 말고 억지로 助長하지도 말아야 한다.〔必有事焉而勿正 心勿忘 勿助長也〕"고 말씀하였는 바, '必有事焉 而勿正'을 두 句로 볼 수도 있으며, 아래의 '心勿忘 勿助長'을 두 句로 볼 수도 있다. 왜냐하면 위의 必有事焉은 心勿忘에 해당하고, 勿正 역시 勿助長과 상관되기 때문이다. 助長한다는 것은 효과를 기대하다가 효과가 제대로 나타나지 않으면 人爲的으로 무리하게 助長함을 이른다.

14) 〔釋疑〕必有事焉 …… 大槩工夫較麤些 : '必有事焉' 한 句가 지극히 세밀한데, 孟子는 다만 集義와 養氣에 대해서만 말씀하고 持敬과 養心에 대해서는 말씀하지 않았다. 그러므로 비교적 거칠다고 말한 것이다. ○ 較는 두 물건을 대하여 그 長短과 多少를 비교함을 이르고, 麤는 精하지 못한 것을 칭하며 些는 적음이다. 〔刊補〕두 물건을 가지고 長短(길이)과 大小(크기)의 차이를 따질 때에 '較'라고 한다. '必有事焉' 한 句는 공부가 지극히 세밀한데, 孟子는 단지 養氣의 측면만 말씀하였으니, 程子의 養心法과 비교하면 조금 거칠다.

15) 〔釋疑〕英氣 : 過當(너무 지나침)과 같은 類이다.

"반드시 일삼음이 있으나 효과를 미리 기대하지 말라는 것을 孟子가 본래 浩然之氣를 기르기 위하여 말씀하였는데, 程門에서는 마침내 바꾸어 마음을 수양하는 방법으로 삼았으니 어떻습니까?" 하고 묻자, 潛室陳氏(陳埴)는 다음과 같이 대답하였다.

"《孟子》 한 책은 敬을 잡아 지키는 공부가 적으니, 이 한 句와 같은 것은 가장 세밀하나 또한 다만 浩然之氣를 기르는 데에만 시행하였으니, 이른바 '일삼는다〔事〕'는 것은 義와 곧음을 가리켜 말한 것이다. 대체로 공부하는 것이 비교적 조금 거칠으니, 〈程子가〉 이른바 '孟子가 英氣가 있다'는 것은 이것을 말한다. 程門에서 이 두 句를 좋아하여 빌어다가 마음을 수양하는 법으로 삼았으니, 마음을 길러 浩然之氣를 기른다. 그러므로 그 일삼는 것이 敬을 잡아 지키는 공부이니, 그 말은 세밀하나 공부를 하는 방법은 또한 孟子의 節度와 같음에 불과할 뿐이다."

○ 又曰 敬義夾持하면 直上達天德[17]이 自此니라

또 말씀하였다.
"敬과 義를 서로 잡아 지키면〔夾持〕 곧바로 올라가 天德을 통달함이 이로부터 시작된다."

問夾持之意한대 朱子曰 最下得此兩字好하니 敬主乎中하고 義防於外하여 二者相夾持하여 要放下霎然不得[18]이요 只得直上去라 故便達天德이니라 ○ 又曰 表裏夾持하여 更無東西走作去處하면 上面에 只有箇天德이니라 ○ 又曰 敬義를 內外交相養하여 夾定在這裏하여 莫教一箇有些走失이니 如此면 則下不染於物欲하고 只得上達天德也니라

夾持의 뜻을 묻자, 朱子가 말씀하였다.

---

16) 〔釋疑〕節度 : 법칙으로, 곧 이른바 '잊지도 말고 억지로 助長하지도 말라〔勿忘勿助長〕'는 법이다.

17) 〔釋疑〕直上達天德 : '바로 올라가 天德에 도달하다'로 읽으니, '上'은 마땅히 上聲이 되어야 한다. 그러나 一說에는 '다만 위로 天德에 도달한다'로 읽으니, 이와 같이 해석한다면 '上'은 마땅히 去聲이 되어야 한다. 아래 小註를 근거해 보면 朱子 또한 두 가지 뜻으로 설명하였다. 〔補註〕句讀 역시 直上을 위로 붙여 '敬義夾持 直上이면'으로 읽기도 한다.

18) 〔釋疑〕要放下霎然不得 : 要는 구함이고 霎은 音이 颯(삽)이니, 잠깐 동안 비가 내리는 모양으로 잠시의 뜻이다.

"이 두 글자를 놓은 것이 가장 좋으니, 敬은 마음속을 주장하고 義는 밖을 막아서 두 가지가 서로 잡아 지켜 잠시 놓아 두려 해도 될 수 없고 다만 곧바로 위로 올라간다. 그러므로 곧 天德을 통달할 수 있는 것이다."

○ 또 말씀하였다.

"表裏를 서로 잡아 지켜서 다시 東·西로 달려가는 곳이 없으면 上面에 다만 天德이 있을 뿐이다."

○ 또 말씀하였다.

"敬과 義를 內·外로 서로 길러 잡아 정하여 이 가운데에 있게 해서 하나라도 달아나지 말게 하여야 하니, 이와 같이 하면 아래로 物慾에 물들지 않고 다만 위로 天德을 통달하게 될 것이다."

○ 問丹書[19]의 敬勝怠者吉하고 怠勝敬者滅하며 義勝欲者從하고 欲勝義者凶한대 朱子曰 敬便竪立이요 怠便放倒며 以理從事是義요 不以理從事是欲이라 這敬義是體用이니 與坤卦說同[20]하니라

丹書에 '敬이 태만함을 이기는 자는 吉하고 태만함이 敬을 이기는 자는 滅하며 義가 욕심을 이기는 자는 순하고 욕심이 義를 이기는 자는 흉하다'는 내용을 묻자, 朱子가 말씀하였다.

"공경하면 곧 꼿꼿이 서고 태만하면 곧 방탕하여 쓰러지며 도리로 종사하면 義이고 도리로 종사하지 않으면 욕심이다. 이 敬과 義는 바로 體와 用이니, 坤卦의 말과 같다."

西山眞氏曰 武王之始踐阼也[21]에 訪丹書於太公하니 可謂急於聞道者矣어늘 而太公所告 不出敬與義之一言하니 蓋敬則萬善俱立하고 怠則萬善俱廢하며 義則理爲之主하고 欲則物爲之主라 吉凶存亡之所由分이니 上古聖人이 已致謹於此矣라 武王聞之하시고 惕若戒懼而銘之器物하여 以自警焉하시니 蓋恐斯須不存하여 而怠與欲이 得乘其隙

---

19) 〔譯註〕丹書 : 周나라 武王이 卽位할 때에 姜太公이 올린 경계의 말씀으로 《大戴禮》에 보인다.

20) 〔譯註〕與坤卦說同 :《周易》〈坤卦 文言傳〉六二爻의 '敬以直內 義以方外'를 가리킨 것이다.

21) 〔刊補〕武王之始踐阼也 : 阼는 동쪽 계단이니, 주인이 오르내리는 곳이다. 武王이 새로 卽位하였기 때문에 '始踐阼'라 한 것이다.

也라 其後에 孔子贊易[22]하실새 於坤之六二에 曰 敬以直內하고 義以方外라하여시늘 先儒釋之曰 敬立而內直하고 義形而外方이라하니 蓋敬則此心이 無私邪之累니 內之所以直也요 義則事事物物이 各當其分이니 外之所以方也라 自黃帝而武王하고 自武王而孔子 其實은 一道也시니라

西山眞氏가 말하였다.

"武王이 처음 즉위할 적에 太公에게 丹書를 물었으니 道를 듣는데 급한 자라고 이를 만한데, 太公이 아뢴 내용이 敬과 義의 한 마디 말을 벗어나지 않았으니, 敬하면 온갖 善이 모두 확립되고 태만하면 온갖 善이 모두 폐해지며, 의로우면 이치가 주장이 되고 욕심을 부리면 물건이 주장이 된다. 吉凶과 存亡이 이로 말미암아 나누어지니, 上古의 聖人이 이미 여기에 지극히 삼가셨다. 武王이 이 말씀을 들으시고 惕然히 戒懼하여 器物에 새겨서 스스로 경계하였으니, 잠시라도 이것을 보존하지 아니하여 태만함과 욕심이 그 틈을 탈까 두려워한 것이다.

그 뒤에 孔子가 《周易》을 贊하실 적에 坤卦의 六二爻에 이르기를 '敬하여 안을 곧게 하고 義로워 밖을 바르게 한다〔敬以直內 義以方外〕'하시자, 先儒들이 해석하기를 '敬이 확립되면 안이 곧아지고 義가 나타나면 밖이 방정해진다'하였다. 敬하면 이 마음이 사사롭거나 간사함의 얽매임이 없어지니 안이 이 때문에 곧아지는 것이요, 義로우면 모든 사물이 각각 그 분수에 합당하니 밖이 이 때문에 방정해지는 것이다. 黃帝로부터 武王에, 武王으로부터 孔子에 이르기까지 그 실제는 同一한 道이시다."

○ 問敬以直內, 義以方外한대 曰 說은 只恁地說[23]이어니와 須自去下工夫라야 方見得是如此니라 敬以直內는 是無纖毫私意하여 胸中洞然하여 徹上徹下하여 表裏如一이요 義以方外는 是見得是處엔 決定恁地하고 不是處엔 決定不恁地하여 截然[24]方方正正[25]이니 須是自將去做工夫니라 聖門學者問一句에 聖人이

---

22) 〔譯註〕孔子贊易 : 贊은 부연설명하여 뜻을 이해하는데 도움이 되게 하는 것으로, 孔子가 《周易》을 부연하여 설명한 열 권의 책을 이른다. 즉 〈象傳〉上·下, 〈象傳〉上·下, 〈繫辭傳〉上·下, 〈文言傳〉, 〈說卦傳〉, 〈序卦傳〉, 〈雜卦傳〉을 가리키는 바, 이것을 十翼이라 한다.

23) 〔刊補〕說只恁地說 : 위의 說字는 말한 내용을 가리키고 아래의 說字는 말한다는 뜻이다. 恁地는 如此라는 말과 같다. 말은 비록 이렇게 하였지만 모름지기 스스로 공부를 해야 비로소 진실로 이와 같음을 안다는 뜻이다.

答他一句어든 便領略將去[26]하여 實是要行이러니 如今[27]엔 說得儘[28]多나 只是
不曾將身己做하나니 若實把做工夫하면 只是敬以直內, 義以方外八箇字를 一
生用之不窮이니라

　‘敬以直內’와 ‘義以方外’를 묻자, 다음과 같이 말씀하였다.

　“말은 이렇게 하였지만 모름지기 스스로 가서 공부를 하여야 비로소 이와 같
음을 알 수 있는 것이다. ‘敬以直內’는 털끝 만한 사사로운 마음도 없어서 가슴
속이 환하여 위를 통하고 아래를 통해서 表裏가 한결같은 것이요, ‘義以方外’는
옳은 곳에는 결단코 이렇게 해야 하고 옳지 않은 곳에는 결단코 이렇게 하지
않아야 함을 見得해서(알아서) 절연히 方正하게 하는 것이니, 모름지기 스스로
가서 공부를 하여야 한다. 聖門의 배우는 자들은 한 句를 물어서 聖人이 한 句
를 답해 주시거든 곧 그것을 알아 가지고 가서 실제로 행하려고 하였는데, 지
금에는 말은 진실로 많이 하나 다만 일찍이 자기 몸을 가지고 실행하려고 하지
않는다. 만약 실제로 잡아 공부를 한다면 오직 ‘敬以直內 義以方外’여덟 글자
를 일생토록 사용하여도 다하지 않을 것이다.”

○ 朱子堂旁兩夾室[29]에 暇日默坐하여 讀書其間이러시니 名其左曰敬齋라하고
右曰義齋라하여 記之曰 嘗讀易而得其兩言하니 曰敬以直內, 義以方外라 以
爲爲學之要 無以易此로되 而未知所以用力之方也러니 及讀中庸[30]하여 見所
論修道之敎[31]而必以戒愼恐懼爲始然後에 得所以持敬之本하고 又讀大學하

---

24) 〔刊補〕截然 : 한 번 정해서 바꿀 수 없음이 마치 하나의 물건을 잘라 놓은 것과
　　같다는 뜻이다.
25) 〔刊補〕方方正正 : 方正을 말하면서 極言해서 말하느라 方方正正이라 하였으니, 마
　　치 分曉를 極言하여 分分曉曉라고 말하는 것과 같다.
26) 〔譯註〕領略將去 : 《釋疑》에 ‘거느려 가져가다’로 해석하였다. 그러나 領略은 안다
　　는 뜻이 있으므로 ‘알아 가지고 가다’로 해석하였다.
27) 〔釋疑〕如今 : 今은 今日이니, 朱子가 스스로 當時를 말씀한 것이다.
28) 〔釋疑〕儘 : 極字의 뜻이 많다.
29) 〔刊補〕夾室 : 朱子가 14세 되던 해에 부친인 韋齋公이 별세하였는데, 韋齋는 遺命
　　으로 妻子를 少傅 劉子羽에게 부탁하였다. 劉子羽는 屛山 아래에 집을 지어주어
　　朱子가 어머니를 모시고 살게 하였다. 그 후에 이 집을 ‘紫陽書堂’이라 이름하였
　　는데, 夾室은 바로 書堂 좌우의 夾室이다.

여 見所論明德之序而必以格物致知爲先然後에 得所以明義之端호라 既而觀
夫二者之功이 一動一靜이 交相爲用하여 又有合乎周子太極之論³²⁾하니 然後
에 知天下之理 幽明鉅細와 遠近淺深이 無不貫乎一者라 樂而玩之면 足以終
吾身而不厭이니 又何暇夫外慕³³⁾哉리오

朱子가 紫陽書堂 옆의 두 夾室에 한가로운 날 묵묵히 앉아 이 사이에서 책을
읽으셨는데, 그 왼쪽을 이름하여 敬齋라 하고 그 오른쪽을 義齋라 하고는 다음
과 같이 기록하였다.

"일찍이 《周易》을 읽다가 두 마디를 얻었으니, 바로 敬以直內와 義以方外이
다. 생각하기를 '학문하는 요점은 이것을 바꿀 수 없다'고 여겼으나 공부하는
방법을 알지 못하였는데, 《中庸》을 읽다가 修道之教를 논하면서 반드시 戒慎과
恐懼를 시작으로 삼은 것을 본 뒤에야 持敬의 근본을 알았으며, 또 《大學》을
읽다가 明德의 順序를 논하면서 반드시 格物과 致知를 우선으로 삼은 것을 본
뒤에야 義를 밝히는 단서를 알게 되었다. 이윽고 살펴보니 두 가지의 공부가
一動一靜이 서로 쓰임이 되어서 또 周子의 太極論에 부합함이 있었다. 그런 뒤
에야 천하의 이치가 幽·明과 鉅·細, 遠·近과 淺·深이 하나로 꿰지지 않음이
없음을 알았다. 즐거워하면서 이것을 완미하면 충분히 내몸을 마치도록 싫지
않을 것이니, 또 어느 겨를에 外物을 사모하겠는가."

---

30) 〔釋疑〕及讀中庸:《中庸》의 戒慎恐懼는 윗글의 修道之教를 이어 말씀한 것이다.
　　그러므로 여기에 인용하여 말한 것이다. ○《中庸》의 本註에는 오로지 聖人이 가
　　르침을 베푼 일만을 말하였으므로 禮樂과 刑政에 중함을 돌렸고, 여기서는 오로지
　　배우는 자들이 가르침을 말미암는 일을 말하였으므로 敬과 義에 근본을 미루었으
　　니, 말이 각각 해당하는 바가 있다.

31) 〔刊補〕所論修道之教:묻기를 "《中庸》首章에서 특별히 이 한 구절을 뽑아서 말한
　　것은 무엇 때문입니까?" 하니, 退溪는 답하기를 "《中庸》에 戒慎恐懼와 慎獨을 학
　　문이라고 한 것은 바로 修道之教에 종사하여 공부하는 것이므로 주자가 이와 같
　　이 말씀한 것이다." 하였다.

32) 〔釋疑〕合乎周子太極之論:마음은 사람의 太極이다. 靜할 때에는 敬이 확립되어
　　體가 되고 動할 때에는 義가 확립되어 用이 되니, 太極의 動靜이 서로 근원이 되
　　는 것과 같으므로 말한 것이다.

33) 〔刊補〕外慕:功名과 利祿을 가리킨다.

○ 程子曰 切要之道는 無如敬以直內니라

程子가 말씀하였다.
"간절하고 요긴한 방도는 敬以直內보다 더한 것이 없다."

○ 又曰 敬以直內라하니 有主於內則虛라 自然無非僻之心이요 必有事焉[34]이
라하니 須把敬來做件事著[35]이니 此道最是簡, 最是易요 又省(생)工夫라 爲此
語雖近似常人이나 然持之久면 必別이니라

또 말씀하였다.
"'敬하여 안을 곧게 한다' 하였으니, 안에 주장함이 있으면 마음이 비워져서
자연 그르거나 나쁜 마음이 없게 되고, '반드시 일삼음이 있다' 하였으니, 모름
지기 敬을 잡아 지켜서 한 가지 일을 하여야 하니, 이 方道가 가장 간략하고
가장 쉬우며 또 공부하기가 쉽다. 이 말은 비록 천근하여 常人에 해당되는 듯
하나 오랫동안 잡아 지키면 그 효험이 반드시 각별해질 것이다."

○ (又曰)[36] 有言未感時에 知如何所寓[37]잇가 曰 操則存하고 舍則亡하여 出
入無時하여 莫知其鄕(向)이니 更怎生尋所寓리오 只是操而已니 操之之道는
敬以直內也니라

"감동하지 않았을 때에는 마음을 어디에 붙여 두어야 합니까?" 하고 묻자,
다음과 같이 말씀하였다.
"〈마음은〉 잡으면 보존되고 놓으면 잃어서 출입하는 것이 일정한 때가 없어
그 방향을 알 수 없으니, 다시 어떻게 붙여 둘 곳을 찾겠는가. 다만 잡을 뿐이
니, 잡는 방도는 敬하여 안을 곧게 하는 것이다."

---

34) 〔釋疑〕敬以直內 …… 必有事焉:《周易》의 '敬以直內'는 오로지 靜만 말하였고,
《孟子》의 '必有事焉'은 動과 靜을 겸하여 말하였다.

35) 〔釋疑〕做件事著 : 做는 삼다(하다)의 뜻이고 著은 助辭이니, 한 가지 일을 삼는다
(한다)는 뜻이다.

36) 〔刊補〕(又曰) : '又曰'은 衍文인 듯하다.

37) 〔釋疑〕知如何所寓 : 知는 알지 못한다는 뜻이니, 바로 묻는 말이다. 漢語에는 不
知를 知他라 한다. ○《近思錄》에는 如字가 없다.

○ 尹和靖³⁸⁾이 嘗言 先生教人에 只是專令敬以直內하시니 若用此理면 則百事를 不敢妄作하여 不愧屋漏矣리니 習之旣久면 自然有所得也니라

尹和靖(尹焞)이 일찍이 말하였다.

“伊川先生이 사람을 가르치실 적에 다만 오로지 敬하여 안을 곧게 하도록 하였다. 만약 이 이치대로 한다면 모든 일을 감히 망령되게 하지 않아 屋漏에도 부끄럽지 않을 것이니, 오랫동안 이것을 익히면 자연 소득이 있을 것이다.”

【按】易言敬以直內, 義以方外는 誠學者希聖之樞要³⁹⁾라 然敬以直內 其本也니 若以上四條는 皆程子平日單言之하여 以教學者요 而其發明敬字之義尤詳일새 今撫如左하노라

《周易》에서 말한 敬以直內와 義以方外는 진실로 배우는 자가 聖人을 바라는 중요한 關鍵이다. 그러나 敬以直內가 근본이니, 이상의 네 조목과 같은 것은 모두 程子가 평소 간략히 말씀하여 배우는 자들을 가르친 것이요, 敬字의 뜻을 발명함이 더욱 상세하므로 이제 아래와 같이 뽑는다.

○ 程子曰 主一之謂敬이요 無適之謂一이니라

程子가 말씀하였다.

“主一(하나를 주장함)을 敬이라 이르고 無適(딴 데로 가지 않음)을 一이라 이른다.”

或曰 敬何以用功이닛고 程子曰 莫如主一이니라 蘇季明⁴⁰⁾曰 昞이 常患思慮不定하여 或思一事未了에 他事如麻又生이로소이다 曰 不可하니 此不誠之本也⁴¹⁾라 須是習이니

38)〔釋疑〕尹和靖 : 이름은 火字 옆에 享字가 붙은 字이고 字는 彦明이며 一字는 德充이니, 程子의 高弟이다. 欽宗이 和靖處士라는 칭호를 하사하였다.〔補註〕焞은 음이 순, 돈인데, 肅宗의 이름이기 때문에 諱하여 火字 옆에 享字가 붙은 자라고 말한 것이다.

39)〔釋疑〕樞要 : 樞는 문의 지도리이니, 문의 닫히고 열림은 문의 지도리에 달려 있다. 要는 간절하고 요긴하다는 뜻이다.

40)〔釋疑〕蘇季明 : 이름은 昞이니, 程子와 張橫渠의 門人이다.

習能專一時便好⁴²⁾하니 不拘思慮與應事하고 皆要求一이니라 ○ 問主一無適한대 朱子
曰 只是莫走作이니 如今人은 一事未了에 又要做一事하여 心下千頭萬緒니라 ○ 又曰
學問은 只要專一이니 如修養家想無成有⁴³⁾하고 釋氏想有成無⁴⁴⁾하니 只是專一이라 然
他底는 難이어니와 自家⁴⁵⁾道理는 本來是有라 只要人去理會니 甚順且易니라 又如莊子
用志不分이라야 乃凝於神⁴⁶⁾도 亦是如此敎人이어니와 但他는 只是箇空寂이요 儒者之學
은 則有許多道理하니 若看透徹이면 可以貫事物이요 可以洞古今이니라 ○ 又曰 古人은
自少小時로 便做了這工夫하니 如學射時에 心若不在면 何以能中이며 學御時에 心若
不在면 何以使得馬리오 書數亦然하니라 今旣自小로 不曾做得하니 不奈何⁴⁷⁾어니와 須

---

41) 〔刊補〕此不誠之本也 : 誠은 곧 一(한결같음)이다.

42) 〔釋疑〕須是習 習能專一時便好 : 習은 主一의 공부를 익히는 것이니, 처음 익힐 때
에는 어긋남을 면치 못하다가 이미 익숙히 익혀 專一함에 이르면 자연 어긋나는
병통이 없으므로 便好라고 말한 것이다. 〔刊補〕習은 主一하는 공부를 익힘을 이
른다. 처음 익힐 때에는 思慮가 삼대처럼 자꾸 생겨나는 병통을 면치 못하니, 익
히기를 익숙히 해서 專一함에 이르게 되면 자연스럽게 이러한 병통이 없어지므로
좋다고 한 것이다.

43) 〔釋疑〕修養家想無成有 : 修養家는 神仙術을 배우는 자이다. 想은 생각함이다. 《參
同契》를 살펴보면 사람의 형체는 처음에 水火로 말미암아 이루어졌다고 하여, 64
卦의 坎인 水와 離인 火를 藥物로 삼고 乾과 坤을 솥으로 삼으며, 그 나머지 60卦
를 30日에 나누어 정해서 날마다 각각 두 卦를 配定하고 또 두 卦의 12爻를 가지
고 12支에 나누어 배정한다. 그리하여 해당한 卦와 만난 爻를 마음속에 항상 생각
하고 잊지 않아서 조금도 어김이 없게 하며, 하늘의 기운을 자신의 기운에 합하게
하고 달의 차고 기우는 것을 보아 뽑아내고 더하되 달이 차면 뽑아내고 달이 기울
면 더해서 더하고 뽑아내는 것을 굳센 하늘의 운행과 일치하게 한다. 그리하여 불
로 물을 달여서 丹田에 응집되게 하기를 3년 동안 하면 몸이 가벼워지고 換骨奪
胎하여 대낮에 날아서 昇天하게 되니, 이것을 이름하여 煉內丹法이라 하는 바, 이
것이 無를 상상하여 有를 이루는 法이다.

44) 〔釋疑〕釋氏想有成無 : 佛敎에서는 君臣과 父子 등을 임시(잠시)로 합한 것이라
하여 寂滅의 가르침을 주장하니, 곧 이른바 ‘萬法이 모두 空’이라는 것이 이것이
다.

45) 〔釋疑〕自家 : 혹은 자신이 남을 가리켜 말하기도 하고 혹은 남이 나를 가리켜 말
하기도 한다.

46) 〔釋疑〕乃凝於神 : 凝은 맺힘이요, 定함이다. 〔刊補〕神은 神明의 神이다.

47) 〔釋疑〕今旣自小 …… 不奈何 : 어렸을 때에 이미 專一하게 하는 공부에 스스로 힘
쓰지 않아서 이때에 이르면 어쩔 수가 없는 것이다.

著從今做去니 若不做這工夫하고 却要讀書看義理하면 恰似立屋無基址하여 且無安頓⁴⁸⁾
屋柱處니 得此心有箇存主然後에 爲學이 便有歸著이니라 若此心이 雜然昏亂이면 自
無頭當⁴⁹⁾이니 却學從那處去며 又何處是收功處리오 故程先生이 須令於敬上做工夫하
시니 正爲此也니라

　혹자가 "敬을 어떻게 공부하여야 합니까?" 하고 묻자, 程子가 말씀하기를 "하나
를 주장하는 것만한 것이 없다." 하였다.

　蘇季明(蘇昞)이 말하기를 "저는 항상 思慮가 안정되지 못하여 혹 한 가지 일을
생각하여 마치기도 전에 다른 일이 삼처럼 또 생겨나는 것이 걱정입니다." 하자, 程
子가 말씀하였다.

　"그래서는 안 되니, 이는 성실하지 못함의 근본이다. 모름지기 익혀야 하니, 익힘
은 專一할 때에 좋게 된다. 思慮하거나 일에 대응함에 구애하지 말고 모두 專一하
기를 구하여야 한다."

○ '主一無適'의 뜻을 묻자, 朱子가 말씀하였다.

　"단지 마음이 딴 데로 달아나지 않게 하는 것이니, 지금 사람들은 한 가지 일이
끝나기도 전에 또 한 가지 일을 하려고 하여 마음속이 천 갈래 만 갈래이다."

○ 또 말씀하였다.

　"학문은 단지 專一하여야 하니, 예컨대 修養家들이 無를 생각하여 有를 이루고
釋氏가 有를 생각하여 無를 이루니, 이것은 단지 專一함이다. 그러나 저들의 공부
는 하기가 어렵지만 자신에게 있는 도리는 본래 있는 것이어서 단지 사람이 가서
이해하기만 하면 되니, 매우 순하고 또 쉽다. 또 莊子의 '마음을 씀이 분산되지 않
아야 神明에 응집할 수 있다'는 것도 이렇게 사람을 가르친 것인데, 다만 저들은 오
직 空寂일 뿐이요 儒者의 학문은 수많은 도리가 있으니, 만약 이것을 투철하게 본
다면 사물을 꿰뚫을 수 있고 古今을 통달할 수 있다."

○ 또 말씀하였다.

　"古人들은 어렸을 때부터 곧 이 공부를 하였으니, 예컨대 활쏘기를 배울 때에 마
음이 만약 여기에 있지 않으면 어떻게 과녁을 맞출 수 있으며, 말 모는 것을 배울
때에 마음이 만약 여기에 있지 않으면 어떻게 말을 부릴 수 있겠는가. 書와 數도
또한 그러하다. 이제 이미 어렸을 때부터 일찍이 〈專一하게 하는〉 공부를 하지 않
았으니 〈지금에〉 어쩔 수가 없으나 모름지기 이제부터라도 착수해 나가야 한다. 만
약 이 공부를 하지 않고 책을 읽어 의리를 알려고 한다면 흡사 집을 세울 적에 基

---

48) 〔釋疑〕安頓 : 물건을 편안히 놓아두는 것이다.
49) 〔刊補〕頭當 : 當頭라는 말과 같으니, 定處의 의미이다.

址가 없어서 우선 집의 기둥을 놓을 곳이 없는 것과 같으니, 이 마음이 存主함이 있게 한 뒤에야 학문함에 곧 귀착점이 있을 것이다. 만약 이 마음이 잡되어 혼란하면 자연 頭當(定處)이 없을 것이니, 어느 곳에서 배워 가며 또 어느 곳에서 공효를 거둘 수 있겠는가. 그러므로 程先生이 모름지기 〈배우는 자들로 하여금〉 敬 가운데에서 공부하게 하신 것은 바로 이 때문이다.”

○ 程子曰　整齊嚴肅⁵⁰⁾則心自一이니 一則無非僻之干矣니라 又曰　嚴威儼恪⁵¹⁾이 非敬之道어니와 但致敬을 須從此入이니라

程子가 말씀하였다.

“정제하고 엄숙하면 마음이 절로 한결같아지니, 한결같아지면 그르거나 나쁜 생각이 범하지 못할 것이다.”

또 말씀하였다.

“엄격하고 위엄스럽고 근엄하고 삼가는 것은 敬의 道가 아니나 다만 敬을 지극히 함을 모름지기 이것(嚴威儼恪)으로부터 들어가야 한다.”

朱子曰 伊川의 整齊嚴肅一段⁵²⁾은 是切至工夫를 說與人이시니라 ○ 又曰 比⁵³⁾因朋友講論하여 深究學者之病하니 只是合下⁵⁴⁾에 欠却持敬工夫라 所以事事滅裂⁵⁵⁾이니 其言敬者도 又只說能存此心이면 自然中理⁵⁶⁾라하여 至於容貌詞氣하여는 往往全不加功하니 設使眞能如此存得⁵⁷⁾이라도 亦與釋老何異리오 又況心慮荒忽하여 未必眞能如此存得邪아 程子言敬을 必以整齊嚴肅, 正衣冠, 尊瞻視⁵⁸⁾로 爲先하시고 又言未有箕踞

---

50) 〔釋疑〕整齊嚴肅 : 整齊는 事物을 위주로 하여 말하였고, 嚴肅은 행동거지를 위주로 하여 말하였다. 그러나 서로 바꾸어 보아도 된다. ○ 살펴보건대 整齊와 嚴肅을 朱子는 모두 용모로 말씀하였다.

51) 〔釋疑〕嚴威儼恪 : 嚴은 엄숙함이고 威는 위엄이고 儼은 사람들이 바라보고 두려워하는 것이고 恪은 공경하는 모양이니, 모두 공경함을 지극히 하는 방도일 뿐, 공경은 아니다.

52) 〔釋疑〕一段 : 一條, 一片과 같은 따위이다. 俗語에 벼 한 묶음을 한 단이라고 한다.

53) 〔刊補〕比 : 近字와 같다.

54) 〔刊補〕合下 : 本來라는 말과 같다.

55) 〔刊補〕事事滅裂 : 滅裂은 《莊子》의 註에 ‘輕薄’이라 하였다.

56) 〔刊補〕其言敬者 …… 自然中理 : 何叔京 등의 말이 이와 같았다.

而心不慢者⁵⁹⁾라하시니 如此라야 乃是至論이라 而先聖說克己復禮⁶⁰⁾를 尋常講說에 於禮字에 每不快意하여 必訓作理⁶¹⁾字然後已러니 今乃知其精微縝密⁶²⁾이 非常情所能及耳로라

---

57) 〔刊補〕眞能如此存得 : 容貌와 辭氣에 공부를 加하지 않아도 마음을 보존할 수 있음을 말한다.

58) 〔刊補〕正衣冠, 尊瞻視 : 程子는 말씀하기를 "儼然히 衣冠을 바르게 하고 시선을 공경히 하면 그 마음이 저절로 敬하게 된다." 하였다.

59) 〔刊補〕未有箕踞而心不慢者 : 혹자가 묻기를 "사람이 한가로이 있을 때에 용모는 나태하면서 마음은 태만하지 않을 수 있습니까?" 하니, 伊川先生이 대답하기를 "箕踞하면서 어찌 마음이 태만하지 않은 경우가 있겠는가." 하였다. 《禮記》〈曲禮〉註에 "箕는 두 다리를 쭉 뻗기를 마치 키처럼 하는 것이다." 하였고, 《字彙》에 "물건에 걸터앉는 것을 踞라 한다." 하였다.

60) 〔刊補〕克己復禮 : 묻기를 "顔子가 본래 仁을 물었는데 孔子께서 禮로 답한 것은 무엇 때문입니까?" 하니, 退溪는 답하기를 "仁은 마음의 德이고 禮는 理의 節度이니, 마음이 보존되지 않으면 理가 어떻게 절도에 맞으며, 理가 절도에 맞지 않으면 마음이 어떻게 보존될 수 있겠는가. 그러므로 夫子(孔子)께서 이미 禮로 답하시고, 그 조목을 묻자 단지 視·聽·言·動에 나아가 말씀하셨을 뿐이니, 배우는 자들로 하여금 밖에서 제재하여 그 안을 편안하게 하도록 한 것이다. 이것이 바로 聖人의 말씀이 精微하고 치밀한 이유이다." 하였다. ○ 살펴보건대 仁은 天理의 全體이면서 마음에 갖추어져 德이 되며, 禮는 天理의 節文이면서 일에 나타나 법칙이 된다. 마음에 갖추어진 것은 눈에 보이는 형상이 없지만 일에 나타난 것은 근거가 되는 地頭(지점)가 있으니, 밖에서 제재하는 것은 그 안을 기르기 위한 방법이다. 그러므로 禮로써 답하였으니, 이것이 정미하고 치밀함이 되는 이유이다. 《心經講錄》에는 心과 理를 번갈아 말하였는데, 이는 存心과 中節이 그 功效를 차례로 이룬다는 뜻이 아니요, 心과 理가 본래 두 가지가 아니므로 밖을 제재하면 안이 저절로 길러진다는 뜻이다.

61) 〔釋疑〕訓作理 : 朱子는 人道는 지극히 큰데 禮字는 작다고 여겼다. 그리하여 반드시 禮字를 理字로 해석하였으니, 이는 理字가 禮字보다 더 크다고 여겼기 때문이었다. 그런데 이제 禮字가 더욱 간절하고 요긴하다는 사실을 깨닫게 되었으니, 이제야 비로소 先聖이 '克己復理'라고 말씀하지 않고 '克己復禮'라고 말씀한 것이 精微하고 치밀하여 보통사람의 마음으로 미칠 수 있는 바가 아님을 알았다. 整齊嚴肅과 嚴威儼恪이 모두 禮의 일이므로 말씀한 것이다. ○ 仁은 本心의 全體이고, 禮는 天理의 節文이고, 己는 한 몸의 私欲이다. 사람은 누구나 이 心德을 가지고

朱子가 말씀하였다.

"伊川의 '整齊嚴肅'한 단락은 바로 간절하고 지극한 공부를 사람들에게 말씀해 주신 것이다."

○ 또 말씀하였다.

"근래에 붕우들의 강론을 통하여 배우는 자들의 병통을 깊이 연구해 보니, 다만 본래〔合下〕敬을 잡아 지키는 공부가 부족하였기 때문에 일마다 멸렬한 것이다. 敬을 말하는 것도 단지 '이 마음을 보존하면 자연 도리에 맞는다'하여, 容貌와 詞氣에 이르러서는 왕왕 전혀 공부를 가하지 않으니, 설사 참으로 이와 같이 마음을 보존할 수 있다 하더라도 또한 釋·老와 무엇이 다르겠는가. 또 하물며 마음과 생각이 거칠고 소홀하여 반드시 이와 같이 보존하지도 못함에랴. 程子가 敬을 말씀하시면서 '敬은 반드시 整齊嚴肅과 衣冠을 바르게 하고 시선을 공손히 하는 것을 먼저 하여야 한다'하였고, 또 말씀하기를 '두 다리를 뻗고 걸터앉아 있으면서 마음이 태만하지 않은 자는 있지 않다'하였으니, 이와 같이 하여야 비로소 지극한 의논이 된다. 나는 先聖이 말씀하신 克己復禮를 평소 강설할 적에 禮字에 대하여 말씀하면서 언제나 마음이 석연치 않아서 반드시 理字로 해석한 뒤에야 그만두곤 하였는데, 이제야 나는 비로소 그 정미하고 치밀함이 보통 사람의 마음으로는 미칠 수 있는 것이 아님을 알았노라."

○ 上蔡謝氏[63]曰 敬은 是常惺惺法이니라

있으나 仁하지 못한 까닭은 私欲이 그 사이에 끼어 있기 때문이니, 私欲을 제거하려고 하면 모름지기 몸과 마음을 정리해서 한결같이 禮를 따른 뒤에야 己를 이겨 仁을 회복할 수 있는 것이다. 禮는 몸과 마음을 단속하는 물건이니, 視·聽·言·動을 모두 하늘의 법칙을 따라, 動容하고 周旋함이 모두 節文에 맞는다면 心德이 온전해질 것이니, 이것이 바로 仁이다.

62) 〔刊補〕於禮字 …… 今乃知其精微縝密 : 朱子가 '禮字에 대하여 말씀하면서 늘 마음에 만족스럽지 못하여 꼭 하나의 理字를 가지고 해설한 뒤에 그만두었는데, 지금에 와서야 비로소 禮의 本語가 정미하고 치밀함을 알았다. ……'하였는 바, 趙士敬은 "이 말씀이 타당한 듯하다."하였다. ○ 살펴보건대《朱子語類》에 "禮라 하고 理라고 말하지 않은 까닭은 이 禮는 실로 準則이 있고 著實處(실제로 힘을 쓸 수 있는 곳)가 있기 때문이 아닙니까?"하고 묻자, 朱子는 "理만 말하면 공허해질 뿐이다. 이 禮는 天理의 節文이며 사람을 가르치는 표준이 된다."하였다.

63) 〔釋疑〕上蔡謝氏 : 이름은 良佐이고 자는 顯道이며 上蔡사람이다. 明道와 伊川에게 수학하여 程門四先生의 하나가 되었다.

上蔡謝氏(謝良佐)가 말하였다.

"敬은 항상 惺惺(마음이 깨어 있음)하는 법이다."

朱子曰 惺惺은 乃心不昏昧之謂니 只此便是敬이라 今人은 說敬을 以整齊嚴肅言之하니 固是나 然心若昏昧하여 燭理不明이면 雖强把捉[64]인들 豈得爲敬이리오 ○ 又曰 古人瞽史[65]誦詩之類는 是規戒警誨之意 無時不然이라 被他恁地聒後[66]에 自住不得이니 大抵學問은 須是警省이니라 又因言瑞巖[67]僧이 每日間[68]에 常自問主人翁이 惺惺否

---

64)〔刊補〕强把捉 : 退溪가 禹景善(禹性傳)에게 답하기를 "初學者가 억지로 마음을 붙잡으려는 생각이 어찌 곧바로 없을 수 있겠는가. 다만 지나치게 執捉(붙잡아 둠)해서는 안 되며, 단지 집착하는 것도 아니고 집착하지 않는 것도 아닌 그 중간에서 時習의 공부를 加해야 할 뿐이니, 오래하여 익숙하게 되면 차츰 動과 靜이 한결같아지는 의미를 알게 될 것이다. 절대로 하루아침에 빠른 효과를 기대해서는 안 된다." 하였다. 또 말씀하기를 "집착한다는 것은 곧 操存(붙잡아 보존함)을 말하니 좋지 않은 것은 아니나, 만약 活法을 얻지 못하면 도리어 揠(알)苗助長하는 병통이 될 뿐이다. 顔子의 '四勿'이나 曾子의 '三貴'는 視聽言動과 容貌辭氣 上에서 하는 공부이니, 이른바 '밖을 제재함은 안을 기르기 위함'이란 것이다. 그러므로 程子가 '整齊嚴肅'을 강조하였고, 朱子 또한 '衣冠을 바루고 생각을 전일하게 하라. ……' 말씀하였으니, 이에 대해서 더욱 생각하고 힘쓰는 것이 어떻겠는가?" 하였다.〔補註〕揠苗助長은 자신의 벼가 잘 자라지 않는 것을 염려하여 벼싹을 뽑아 키를 키우는 것으로 《孟子》의 〈公孫丑 上〉에 보이는 바, 마음을 수양하는 공부가 쉽게 이루어지지 못함을 걱정하여 무리하게 마음을 억제함을 비유한다. 四勿은 바로 非禮勿視 등의 네 가지를 이르며, 三貴는 정치가가 소중히 여기는 세 가지 일이다. 曾子는 魯나라의 執政大臣인 孟敬子가 문병오자, "군자는 道에 있어 소중히 여기는 것이 세 가지이니, 용모를 움직일 때에 거칠고 나태함을 멀리하며, 얼굴빛을 바르게 할 적에 성실함에 가깝게 하며, 말소리를 낼 적에 비루하고 도리에 위배되는 말을 멀리한다.〔君子所貴乎道者三 動容貌斯遠暴慢矣 正顔色斯近信矣 出辭氣斯遠鄙倍矣〕"고 말씀하였는 바, 《論語》〈泰伯〉에 보인다.

65)〔譯註〕瞽史 : 눈이 먼 樂師로 瞽師로도 쓰는 바, 옛날에는 이들을 시켜 아침저녁으로 詩를 외게 해서 경계하는 마음을 일깨웠다.

66)〔釋疑〕被他恁地聒後 : 他는 瞽史를 가리키고 聒은 떠들고 말하는 것이다. 後는 이와 같이 한 뒤라고 말하는 것과 같다.

67)〔釋疑〕瑞巖 : 地名이다.〔刊補〕절 이름이다. 僧侶의 名은 師彦이요 法號는 空寂이다.

아하고 自答曰惺惺이라하니 今時學者는 却不能如此니라 又引釋氏說心云 不得跳擧하며 不得昏沈이라하니 是他見得此心이 只有兩項이니 跳擧는 是走作時요 昏沈은 是放倒[69] 時니 惟敬則都無此病이니라 或問謝氏之說은 佛氏亦有此語로소이다 曰 其喚醒[70]此心 則同이나 而其爲道則異하니 吾儒는 喚醒此心하여 欲他照管[71]許多道理요 佛氏則空喚 醒在此하여 無所作爲니라

朱子가 말씀하였다.

"惺惺은 바로 마음이 昏昧하지 않음을 이르니, 다만 이것이 곧 敬이다. 지금 사 람들은 敬을 整齊嚴肅이라고 말하니, 참으로 옳으나 마음이 만약 昏昧하여 이치를 봄이 밝지 못하면 비록 억지로 마음을 잡은들 어찌 敬이라 할 수 있겠는가."

○ 또 말씀하였다.

"옛사람이 瞽師(樂師)로 하여금 시를 외게 한 것 따위는 바로 規戒하고 경계하 여 가르치는 뜻이 어느 때이고 이렇게 하지 않음이 없는 것이다. 저들이 이처럼 시 끄럽게 경계함을 당한 뒤에는 자연 안주할 수 없으니, 대저 학문은 모름지기 깨우 치고 살펴야 한다."

또 인하여 말씀하였다.

"승려인 瑞巖이 매양 日間(아침·저녁)에 항상 '主人翁(마음을 가리킴)은 惺惺한 가?'하고 自問하고는 '성성하다'하고 自答하곤 하였는데, 오늘날의 배우는 자들은 이렇게 하지 못한다."

또 釋氏가 마음을 해설하기를 '跳擧하지 말며 昏沈하지 말라'고 한 것을 인용하 여 말씀하였다.

"이는 저들이 이 마음이 단지 두 가지가 있음을 본 것이다. 跳擧는 마음이 딴 데 로 달려가는 때이고 昏沈은 放倒할 때이니, 오직 공경하면 이러한 병통이 모두 없 어지게 된다."

혹자가 "謝氏의 말은 佛氏에도 이러한 말이 있습니다."하고 힐문하자, 말씀하 였다.

"이 마음을 불러 깨우는 것은 같으나 그 방도는 다르니, 우리 儒家는 이 마음을

---

68) 〔釋疑〕日間 : 朝夕間이란 말과 같다.

69) 〔譯註〕放倒 : 마음을 놓아 정신이 혼몽함을 이른다. 위의 跳擧는 마음이 밖으로 달려가는 것으로 쓸데없는 생각을 이르며, 昏沈은 정신이 맑지 못하여 멍한 상태 를 이른다.

70) 〔刊補〕喚醒 : 불러서 정신을 깨운다는 뜻이다.

71) 〔釋疑〕照管 : 照察하고 管攝하는 것이다.

불러 깨워서 수많은 道理를 照管(비추어 보고 관리함)하려 하고, 佛氏는 공연히 불러 깨워 여기에 있게 하여 作爲(일함)하는 바가 없다.”

○ 和靖尹氏曰 敬者는 其心收斂하여 不容一物之謂니라

和靖尹氏(尹焞)가 말하였다.
“敬이란 이 마음을 수렴하여 한(어떠한) 물건도 용납하지 않음을 이른다.”

和靖이 自言 初見伊川先生時에 敎某看敬字어시늘 某請益한대 先生曰 主一則是敬이라하시니 當時에 雖領此語나 不若近時看得更親切이로라 ○ 祁寬[72]問 如何是主一이닛고 先生[73]曰 敬이 有甚(삼)形影이리오 只收斂身心이 便是主一이니라 且如人이 到神祠中하여 致敬時에 其心收斂하여 更着不得毫髮事하니 非主一而何오

尹和靖(尹焞)이 스스로 말하기를 “처음 伊川先生을 뵈었을 적에 나에게 敬字를 살펴보게 하시므로 내가 더 말씀해 주실 것을 청하였더니, 선생은 ‘主一하는 것이 바로 敬이다’ 하셨다. 나는 당시에 비록 이 말씀을 이해하였으나 근래에 본 것이 더욱 친절한 것만은 못하였다.” 하였다.
○ 祁寬이 “어떻게 하는 것이 主一입니까?” 하고 묻자, 尹先生이 말하였다.
“敬이 무슨 형체와 그림자가 있겠는가. 다만 몸과 마음을 수렴하는 것이 곧 主一이다. 우선 사람이 神祠 안에 들어가서 공경을 지극히 할 때에 그 마음이 수렴되어 다시 털끝 만한 일도 붙일 수가 없으니, 이것이 主一이 아니고 무엇이겠는가.”

○ 朱子曰 敬者는 聖學之所以成始成終者也라 觀程子謝氏尹氏數說하면 足以知其用力之方矣니라 或問三先生言敬之異[74]한대 曰 譬如此室이 四方皆入

---

72) 〔釋疑〕祁寬：字는 居之이니, 和靖의 門人이다.
73) 〔釋疑〕先生：和靖을 가리킨다.
74) 〔刊補〕三先生言敬之異：묻기를 “‘正衣冠’, ‘莊整’, ‘齊肅’, ‘不欺不慢’이 네 가지 가운데 무엇이 動에 속하고 무엇이 靜에 속합니까? 伊川先生의 ‘主一無適’, ‘整齊嚴肅’과 謝氏의 ‘惺惺’, 和靖의 ‘其心收斂 不容一物’, 朱子의 ‘近畏’ 가운데 어느 것을 먼저하고 어느 것을 뒤에 해야 합니까?” 하고 묻자, 退溪가 답하기를 “여러 설을 가지고 질문하였는데, 각각 본래의 말씀에 의거하여 설명하겠다. ‘正衣冠’한 구절은 본래 朱子가 方耕道에게 답한 편지 가운데의 내용이다. 그 윗문장에 ‘원컨대 더욱 일상생활 속에 일어나는 모든 언행의 사이에 스스로 規程을 세

得이니 若從一方하여 入至此하면 則三方入處 皆在其中矣니라

朱子가 말씀하였다.

"敬이란 聖學의 시작을 이루고 끝을 이루는 것이다. 程子와 謝氏(謝良佐), 尹氏(尹焞)의 몇 말씀을 살펴보면 공부할 방향을 충분히 알 수 있을 것이다."

혹자가 세 선생이 敬을 말씀한 내용의 차이점을 묻자, 다음과 같이 말씀하였다.

"비유하건대 이 방을 사방 어느 쪽에서든 모두 들어올 수 있는데 만약 그중 한 방위를 따라 들어와 이 곳에 이르면 세 방위로 들어오는 곳이 모두 그 가운데에 있는 것과 같다."

西山眞氏曰 持敬之道는 當合三先生之言而用力焉이니 然後內外交相養之功이 始備니라 ○ 勉齋黃氏曰 敬者主一無適之謂는 程子語也라 然師說에 又以敬字惟畏爲近之라하시니 蓋敬者는 此心肅然하여 有所畏之名이라 畏則心主於一이니 如入宗廟見君父之時엔 自無雜念이요 閑居放肆之際엔 則念慮紛擾而不主於一矣라 二說이 蓋相表裏하니 學者體之면 則可見矣리라 ○ 覺軒蔡氏[75]曰 敬字之義甚大하니 先師朱子 裒集程門論敬要語가 詳且密矣어시늘 黃氏又述先師敬字之義惟畏爲近之 尤精切하니 蓋人之一心이 虛靈知覺이 常肅然而不亂하고 炯然而不昏이면 則寂而理之體 無不存이요 感而理之用이 無不行이라 惟夫虛靈知覺이 旣不能不囿於氣하고 又不能不動於欲이면 則此心之體用이 亦將隨之而昏且亂矣리니 此所以不可不敬也라 苟能惕然悚然하여 常若鬼神父師之臨其上하고 深淵薄冰之處其下하면 則虛靈知覺者 自不容於昏且亂矣리라 此敬字之義 所以惟畏爲近之니 其說이 不可易矣라 嘗卽其本原而深思之호니 敬該動靜하고 主一亦該動靜하니 無事時에 此心湛然常存은 此靜而主一也요 有事時에

워 깊이 涵養해서 모름지기 氣質을 변화시키는 것으로 공부를 삼기 바란다.'는 말씀이 있다. 程夫子의 이른바 '敬'이라는 것도 '衣冠을 바루고 생각을 專一하게 하며, 莊整齊肅하고 속이지 말고 태만하지 말라.'고 한 것에 지나지 않는다." 하였다.

〔補註〕三先生은 程子(伊川)와 謝上蔡, 尹和靖을 가리킨다. 《刊補》에는 四先生言敬之異로 표시하고 여기에 朱子까지 포함하였으나 원래 이 내용은 朱子에게 물은 것이므로 三先生이 옳으며, 《刊補》에서 朱子를 추가한 것은 退溪門人의 自意에 의한 것으로 보인다.

75) 〔釋疑〕覺軒蔡氏 : 이름은 模이고 字는 仲覺이니, 西山 蔡元定先生의 손자이고 九峯 蔡沈의 아들이다. 朱子가 이름과 字를 지어 주었다.

心應此事하고 更不雜以他事는 此動而主一也라 靜而主一은 即中者天下之大本이요 動而主一은 即和者天下之達道라 若玩周子一者無欲之一과 程子涵養吾一之一과 朱子一者其心湛然하여 只在這裏之一이면 則知靜之主一이 其太極之境界與[76]인저 學者誠能盡取而融會하여 精思其實體하면 則庶乎得之矣리라

西山眞氏가 말하였다.

"敬을 잡아 지키는 방도는 마땅히 세 선생의 말씀을 합하여 공부하여야 할 것이니, 그런 뒤에야 內外가 서로 길러지는 공부가 비로소 완비된다."

○ 勉齋黃氏(黃榦)가 말하였다.

"敬을 主一無適이라고 한 것은 程子의 말씀이다. 그러나 스승(朱子)의 말씀에 또 '敬字는 오직 두려워함(조심함)이 가장 가깝다' 하였으니, 敬이란 이 마음이 肅然하여 두려워하는 바가 있는 것의 명칭이다. 두려워하는 바가 있으면 마음이 한 가지(하나)를 주장하게 되니, 예컨대 宗廟에 들어가고 君父를 뵐 때에는 자연 雜念이 없어지고, 한가로이 거처하여 방사할 때에는 생각이 분분하고 요란하여 한 가지를 주장하지 못한다. 두 말씀이 서로 表裏가 되니, 배우는 자가 體行한다면 이것을 알 수 있을 것이다."

○ 覺軒蔡氏(蔡模)가 말하였다.

"敬字의 뜻이 매우 크니, 先師인 朱子가 程門에서 敬을 논한 중요한 말씀을 모은 것이 상세하고 또 치밀한데, 黃氏가 또 '先師의 敬字의 뜻은 오직 두려워함이 가깝다'고 말하였으니, 더욱 정밀하고 간절하다. 사람의 한 마음에 虛靈·知覺이 항상 肅然하여 어지럽지 않고 밝아서 어둡지 않으면, 고요함에 이치의 體가 보존되지 않음이 없고 감동함에 이치의 用이 행해지지 않음이 없다. 다만 虛靈·知覺은 이미 氣에 간히지 않을 수 없고 또 욕심에 따라 동하지 않을 수 없으니, 이렇게 되면 이 마음의 體와 用이 따라서 어두워지고 또 어지러워지니, 이것이 敬하지 않으면 안 되는 이유이다. 만일 惕然하고 悚然하여 항상 鬼神과 父師가 그 위에 강림한 듯이 여기고 깊은 못과 얇은 얼음이 그 아래에 있는 듯이 여긴다면 虛靈·知覺한 것이 어둡고 어지러워짐을 저절로 용납하지 않을 것이다. 이는 '敬字의 뜻이 오직 두려워함이 가장 가깝다'는 이유이니, 그 말이 바뀔 수가 없다.

일찍이 그 本原에 나아가 깊이 생각해 보니, 敬은 動과 靜을 포함하고 主一 또한

---

76) 〔釋疑〕嘗即其本原而深思之 …… 其太極之境界與 : 蔡氏는 처음에 動靜으로 말했는데, 周子의 '一이란 욕심이 없는 것'이라는 부분에 이른 뒤에는 오로지 靜 한쪽에만 歸屬시켜 太極의 경계로 끝맺었으니, 이른바 本原은 太極을 가리켜 말한 것이다.

動과 靜을 포함한다. 일이 없을 때에 마음이 湛然하여 항상 보존되는 것은 靜할 때의 主一이요, 일이 있을 때에 마음이 이 일에 응하고 다시 다른 일을 뒤섞이지 않게 하는 것은 動할 때의 主一이다. 靜할 때에 主一함은 곧 '中은 天下의 大本'이란 것이요, 動할 때에 主一함은 곧 '和는 天下의 達道'란 것이다. 만약 周子의 '一이란 욕심이 없는 것이다'라는 一과 程子의 '나의 一을 함양한다'는 一과 朱子의 '一이란 그 마음이 湛然하여 다만 이 속에 있는 것이다'라는 一을 살펴본다면 靜할 때의 主一이 太極의 경계임을 알게 될 것이다. 배우는 자가 진실로 이것을 모두 취하여 融會(융통하게 이해함)해서 그 實體를 정밀하게 생각한다면 거의 알게 될 것이다."

○ 問人有專務敬以直內하고 不務方外하니 何如닛고 程子曰 有諸中者는 必形諸外하나니 惟恐不直內니 內直則外必方이니라

"어떤 사람은 오로지 敬以直內만 힘쓰고 方外를 힘쓰지 않으니 어떻습니까?" 하고 묻자, 程子가 말씀하였다.

"심중에 가지고 있는 것은 반드시 외면으로 나타난다. 오직 안을 곧게 하지 못할까 두려우니, 안이 곧으면 밖은 반드시 방정해진다."

【按】敬義之說을 先儒多對擧而互言之나 考程子此言及胡氏朱子之說하면 又有賓主輕重之辨하니 學者詳之니라

敬·義에 대한 내용을 先儒들이 相對하여 들어서 서로 말씀한 것이 많으나 程子의 이 말씀과 胡氏와 朱子의 말씀을 살펴보면 또 賓·主와 輕·重의 구분이 있으니, 배우는 자가 자세히 살펴야 할 것이다.

○ 五峯胡氏曰 居敬은 所以精義也[77]니라

五峯胡氏(胡宏)가 말하였다.
"居敬(마음을 敬에 둠)은 義를 정밀히 하는 것이다."

---

77) 〔刊補〕居敬所以精義也 : 살펴보건대 여기의 '精義' 두 글자는 곧 窮理의 의미이니, 밖을 바르게 하는 '義以方外'와는 같지 않은 듯하다. 또 이 단락은 중점이 精義에 있으니, 程篁墩이 이를 인용하여 敬이 義의 근본이 되는 뜻을 밝힌 것이다.

朱子曰 近世爲精義之說은 莫詳於正蒙이요 而五峯此言이 尤精切簡當하니 深可玩味니라

朱子가 말씀하였다.

"근세에 義를 정밀하게 하는 말은 〈張橫渠의〉《正蒙》보다 상세한 것이 없고, 五峯의 이 말씀은 더욱 정밀하고 간절하며 간략하고 합당하니, 깊이 완미할 만하다."

○ 朱子曰 敬以直內 最是緊切工夫니라 又曰 敬以直內면 便能義以方外니 非是別有箇義라 敬은 譬如鏡이요 義는 便是能照底니라

朱子가 말씀하였다.

"敬以直內가 가장 긴요하고 절실한 공부이다."

또 말씀하였다.

"敬하여 안을 곧게 하면 곧 義로워 밖이 방정하게 되니, 별도로 義가 있는 것이 아니다. 敬은 비유하면 거울과 같고 義는 곧 비출 수 있는 것이다."

○ 又曰 才(纔)敬以直內면 便義以方外니 義便有敬이요 敬便有義니 如居仁便由義요 由義便居仁이니라 或問敬은 莫只是涵養이요 義는 便分別是非닛고 曰 不須恁地說이니 不敬時엔 便是不義니라

또 말씀하였다.

"잠시라도 敬하여 안을 곧게 하면 곧 義로워 밖을 방정하게 할 수 있으니, 義로우면 곧 敬이 있고 敬하면 곧 義가 있는 것이다. 예컨대 마음을 仁에 두면 곧 義를 행하게 되고, 義를 행하면 곧 마음을 仁에 두게 되는 것과 같다."

혹자가 "敬은 다만 涵養하는 것이요 義는 곧 옳고 그름을 분별하는 것이 아닙니까?" 하고 묻자, 다음과 같이 말씀하였다.

"굳이 이렇게 말할 것이 없으니, 敬하지 않을 때에는 곧 義롭지 못하다."

6. 懲忿窒慾章[1]

損之象曰 山下有澤이 損[2]이니 君子以하여 懲忿窒慾하나니라

　損卦의 〈象傳〉에 이르기를 "山 아래에 못이 있는 것이 損이니, 君子가 이것을 보고서 분함을 징계하고 욕심(욕망)을 막는다." 하였다.

　【原註】
○ 伊川先生曰 修己之道에 所當損者는 惟忿與慾이라 故懲戒其忿怒하고 窒塞其意欲也니라

　伊川先生이 말씀하였다.

　"몸을 닦는 도리에 마땅히 덜어 내야 할 것은 오직 분함과 욕심(욕망)이다. 그러므로 그 분노를 징계하고 그 意欲(욕망)을 막는 것이다."

○ 龜山楊氏曰 九思[3]에 終於忿思難, 見得思義 以此니라

　龜山楊氏(楊時)가 말하였다.

───────────

1) 《周易》〈損卦 大象傳〉에 보인다.
2) 〔譯註〕山下有澤損 : 損卦는 위에는 山을 상징하는 艮이 있고 아래에는 澤을 상징하는 兌가 있으므로 말한 것이다.
3) 〔譯註〕九思 : 아홉 가지 생각해야 할 것으로 《論語》〈季氏〉에 "군자가 아홉 가지 생각함이 있으니, 볼 때에는 밝게 볼 것을 생각하고, 들을 때에는 귀밝게 들을 것을 생각하고, 얼굴빛은 온화할 것을 생각하고, 용모는 공손할 것을 생각하고, 말은 성실할 것을 생각하고, 일은 공경할 것을 생각하고, 의심스러운 것은 물을 것을 생각하고, 분노가 치밀 때에는 뒤에 어려움이 있을 것을 생각하고, 얻을 것을 보게 되면 의리를 생각한다.〔君子有九思 視思明 聽思聰 色思溫 貌思恭 言思忠 事思敬 疑思問 忿思難 見得思義〕" 하였다.

“九思에 ‘분할 때에는 어려울 것을 생각하고 얻을 것을 보면 義를 생각하라’ 는 것으로 끝마친 것은 이 때문이다.”

【附註】

○ 明道先生이 謂張子曰 人之情이 易發而難制者는 惟怒爲甚이니 第能於怒 時에 遽忘其怒하고 而觀理之是非하면 亦可見外誘之不足惡(오)요 而於道에 亦思過半矣[4]리라

明道先生이 張子에게 말씀하였다.

“사람의 情 가운데 격발하기 쉬워 제재하기 어려운 것은 오직 노여움이 심하 니, 다만 노여울 때에 그 노여움을 빨리 잊고 이치(도리)의 옳고 그름을 살피 면 또한 외물의 유혹을 미워할 것이 없음을 알 수 있고 道에 있어서도 생각함 이 반을 넘을 것이다.”

朱子曰 聖人之喜怒는 大公而順應하니 天理之極也요 衆人之喜怒는 自私而用智하니 人欲之盛也라 忘怒則公이요 觀理則順이니 二者는 所以爲自反而去蔽之方也라 夫張 子之於道에 固非後學所敢議나 然意其强探力取之意多하고 涵泳完養之功少라 故不 能無疑於此어늘 程子以是發之하시니 其旨深哉[5]로다

朱子가 말씀하였다.

“聖人의 喜怒(기쁨과 노여움)는 크게 公正하여 순히 응하니 天理의 極(표준)이 고, 衆人의 喜怒는 스스로 사사롭게 하여 지혜를 쓰니 人欲의 盛함이다. 노여움을 잊으면 公正해지고 이치를 살피면 순해지니, 이 두 가지는 스스로 돌이켜서 가려진 것을 제거하는 방법이다. 張子의 道에 대한 경지는 진실로 後學들이 감히 의논할

---

4)〔釋疑〕遽忘其怒 …… 亦思過半矣 : 張子가 明道에게 보낸 편지에 “정해진 성품이 동하지 않을 수가 없어서 아직도 外物에 얽매인다.〔定性未能不動 猶累於外物〕”고 하였다. 그러므로 程子가 답한 편지의 끝에 이로써 밝힌 것이다. 사람의 노여움은 반드시 외부의 逆境을 만나는데서 나온다. 그러나 노여움이 나올 때에 대번에 그 노여움을 잊고 이치를 살펴보면 저 외부에서 저촉된 것이 또한 미워할 것이 못되 며, 자신의 생각하는 바가 道에 있어 또한 많을 것이다.

5)〔刊補〕夫張子之於道 …… 其旨深哉 : 살펴보건대 本文은 張橫渠의 〈定性書〉 한 편을 總論하여 이 말로써 결론지은 것이요, 단지 ‘喜怒’ 한 단락만을 결론한 것 은 아니다.

수 있는 바가 아니나 짐작컨대 억지로 탐구하고 힘써 취하려는 뜻이 많고, 함양하여 완전하게 기르는 공부가 부족한 듯하다. 그러므로 이에 대해 의심이 없지 못하였는데, 程子가 이로써 말씀해 주었으니, 그 뜻이 깊도다."

○ 伊川先生曰 語云 棖也慾이어니 焉得剛이리오하니 甚哉라 慾之害人也여 人之爲不善은 欲이 誘之也니 誘之而弗知면 則至於滅天理而不反이라 故目欲色, 耳欲聲으로 以至鼻之於香, 口之於味, 四支之於安佚에 皆然하니 此皆有以使之也[6]라 然則何以窒其欲고 曰 思而已矣라 學者는 莫貴於思하니 惟思而能窒慾이니 曾子三省[7]은 窒慾之道也니라

伊川先生이 말씀하였다.

"《論語》에 이르기를 '申棖은 욕심(욕망)으로 하니 어떻게 剛함이 될 수 있겠는가' 하였으니, 심하다! 욕심이 사람을 해침이여. 사람이 不善을 하는 것은 욕심이 유인하기 때문이니, 유인하는데도 알지 못하면 天理를 멸함에 이르러 돌아오지 못한다. 그러므로 눈이 좋은 색을 욕망하고 귀가 좋은 음악을 욕망하는 것으로부터 코가 좋은 향기를, 입이 맛있는 음식을, 四肢가 안일을 욕망함에 이르기까지 모두 그러하니, 이는 모두 욕심이 그렇게 하도록 시키는 것이다. 그렇다면 어떻게 그 욕심을 막아야 하는가? 생각할 뿐이다. 배우는 자에게는 생각하는 것보다 더 소중한 것이 없으니, 오직 생각하면 욕심을 막을 수 있다. 曾子의 三省은 욕심을 막는 방도이다."

○ 伊川先生이 謂張思叔[8]曰 吾受氣甚薄하여 三十而浸盛하고 四十五十而後完하니 今生七十二年이로되 校其筋骨하면 於盛年에 無損也로라 思叔이 請曰 先生이 豈以受氣之薄而厚爲保生邪잇가 先生이 默然曰 吾以忘生徇欲으로 爲深恥[9]로라

---

6) 〔釋疑〕此皆有以使之也 : 使之는 욕심이 시킴을 이른다.

7) 〔譯註〕曾子三省 : 三省은 세 가지로 살핌을 이른다. 曾子는 일찍이 "나는 날마다 세 가지로 내 몸을 살피노니, '남을 위하여 일을 도모하면서 충성스럽지 않은가. 붕우와 사귀면서 信實하지 않은가. 스승에게 전수받은 것을 익히지 않았는가.〔吾日三省吾身 爲人謀而不忠乎 與朋友交而不信乎 傳不習乎〕'이다." 하였다. 《論語 學而》

8) 〔釋疑〕張思叔 : 이름은 繹이니, 程子의 高弟이다.

伊川先生이 張思叔(張繹)에게 말씀하였다.

"나는 타고난 기운이 매우 부족하여 30세가 되면서 점점 성해졌고 4, 50세가 되어서야 완전해졌으니, 지금 태어난 지가 72년인데도 筋骨을 비교하면 젊었을 때에 비하여 줄어든 것이 없다."

張思叔이 "先生께서는 아마도 타고난 기운이 부족하다고 여기시어 후하게 保生하신 것이 아닙니까?" 하고 묻자, 先生은 묵묵히 있다가 말씀하기를 "나는 생명을 잊고 욕심을 따르는 것을 심한 수치로 여긴다." 하였다.

○ 五峯胡氏曰 氣感於物에 發如奔霆하여 狂不可制[10]하니 惟明者能自反하고 勇者能自斷이니라

五峯胡氏가 말하였다.

"기운이 물건에 감동할 때에 빠른 번개처럼 폭발하여 미쳐서 제재할 수 없으니, 오직 지혜가 밝은 자는 스스로 반성하고 용맹한 자는 스스로 결단한다."

○ 朱子曰 觀山之象하여 以懲忿하고 觀澤之象하여 以窒慾이니 人怒時에 自是恁突兀起來라 故孫權云 令人氣湧如山[11]이라하니라 慾如汙澤然하여 其中穢濁하여 解汙染人이라 故窒慾을 如塡壑하고 懲忿을 如摧山이니라

朱子가 말씀하였다.

"山의 象을 보고서 분함을 징계하고 澤의 象을 보고서 욕심을 막으니, 사람

---

9) 〔刊補〕吾以忘生徇欲 爲深恥: 張思叔의 질문은 保生을 잘함을 위주로 해서 말하였으니, 지금 사람들이 藥物로 몸을 보하는 것과 같은 뜻이다. 伊川先生이 生을 잊고 욕심을 따르는 것으로 답한 것은 理를 위주로 하면서 氣도 겸하여 기른 것이다.

10) 〔釋疑〕氣感於物 …… 狂不可制: 上下의 문장으로 살펴보면 노여움〔怒〕을 말한 것인 듯하다. 그러나 統合하여 七情을 말한 것으로 보면 더욱 의미가 있다.

11) 〔釋疑〕令人氣湧如山: 魏나라 遼東太守 公孫淵이 吳나라에 表文을 올리고 臣이라 칭하였다. 吳나라의 孫權은 크게 기뻐하여 張彌와 許晏을 보내어 公孫淵을 燕王으로 봉해주었으나 공손연은 장미와 허안을 목베어 魏나라에 바쳤다. 손권은 이 말을 듣고 크게 노하여 말하기를 "내 나이 60세에 세상의 온갖 일을 모두 경험하였는데, 근래에 쥐새끼같은 무리에게 퇴각을 당하니, 사람으로 하여금 怒氣가 산처럼 솟게 한다." 하였다.

이 분노할 때에는 자연 이처럼 돌발적으로 일어난다. 그러므로 孫權이 '사람으로 하여금 怒氣가 산처럼 솟게 한다'고 말한 것이다. 욕심은 웅덩이나 못과 같아서 그 속이 더럽고 혼탁하여 사람을 오염시킨다. 그러므로 욕심을 막기를 구렁을 메우듯이 하고 분노를 징계하기를 산을 넘어뜨리듯이 하는 것이다."

○ 又曰 向見呂伯恭[12]하니 說少時에 性氣粗暴하여 嫌飮食不如意하야 便打破家事[13]러니 後日久病하여 只將一冊論語하여 早晩閑看이라가 至躬自厚而薄責於人하여 忽然覺得意思一時平了하여 遂終身無暴怒라하니 此可爲變化氣質法이니라

또 말씀하였다.

"지난번에 呂伯恭(呂祖謙)을 만났더니, 그가 말하기를 '젊었을 때에 性氣(성품과 기질)가 거칠고 포악해서 음식이 마음에 들지 않으면 불만스러워서 家事(집안의 살림살이)를 때려부수곤 하였는데, 후일에 오랫동안 병을 앓으면서 다만 《論語》 한 책을 가지고 아침저녁으로 익숙하게 보다가 「몸소 자책함은 후하게 하고 남에게 책함은 적게 한다」는 부분에 이르러서 갑자기 意思가 한순간에 화평해짐을 깨달아 마침내 종신토록 暴怒(갑작스러운 분노)함이 없다' 하였으니, 이는 氣質을 變化시키는 法으로 삼을 만하다."

---

12) 〔釋疑〕呂伯恭 : 呂祖謙의 字이니, 호가 東萊이다.

13) 〔釋疑〕家事 : 바로 지금 세속의 말에 器物이란 것이니, 무릇 한 집안의 살림살이를 이른다.

7. 遷善改過章[1]

益之象曰 風雷益[2]이니 君子以하여 見善則遷하고 有過則改하나니라

益卦의 〈象傳〉에 이르기를 "바람과 우레가 益이니, 君子가 이것을 보고서 善을 보면 옮겨 가고 허물이 있으면 고친다." 하였다.

【原註】

○ 新安王氏[3]曰 遷善改過[4]는 益莫大焉이니라

新安王氏(王炎)가 말하였다.
"善으로 옮겨 가고 허물을 고치는 것은 유익함이 이보다 더 큰 것이 없다."

○ 程子曰 見善能遷이면 則可以盡天下之善이요 有過能改면 則無過矣니 益於人者 莫大於是니라

程子가 말씀하였다.
"善을 보고 옮겨 가면 天下의 善을 다할 수 있고, 허물이 있을 적에 능히 고치면 허물이 없어지니, 사람에게 유익함이 이보다 더 큰 것이 없다."

---

1) 《周易》〈益卦 大象傳〉에 보인다.
2) 〔譯註〕風雷益: 益卦는 위에는 바람〔風〕을 상징하는 巽이 있고, 아래에는 우레〔雷〕를 상징하는 震이 있으므로 말한 것이다.
3) 〔釋疑〕新安王氏: 이름은 炎이고 자는 晦叔이다.
4) 〔刊補〕遷善改過: 退溪가 洪胖에게 답하기를 "자신에게 허물이 있기 이전에 남에게 善이 있음을 보고 옮겨가 따르는 것을 遷善이라 하고, 자신에게 허물이 있으면 징계하고 다스려서 고치는 것을 改過라 한다." 하였다.

【附註】

○ 明道先生曰 子路는 亦百世之師⁵⁾니라

明道先生이 말씀하였다.
"子路 또한 百世의 스승이다."

本註云 人告之以有過則喜하니라

本註에 이르기를 "子路는 사람들이 허물이 있음을 말해 주면 기뻐하였다." 하
였다.

○ 又曰　予年十六七時에　好田獵이러니　旣而自謂已無此好라한대　周茂叔曰
何言之易也오　但此心이　潛隱未發이니　一日萌動이면　復如初矣리라하시더니　後十
二年에　暮歸할새　在田野間하여　見田獵者하고　不覺有喜心하니　方知果未也로라

또 말씀하였다.
"나는 나이 16, 17세 때에 사냥을 좋아하였는데, 이윽고 스스로 이르기를
'이미 이러한 것을 좋아함이 없어졌다'고 하였더니, 周茂叔(周敦頤)이 말씀하
기를 '어떻게 그리 쉽게 말하는가. 다만 그러한 마음이 潛隱(잠복)하여 나오지
않았을 뿐이니, 어느 날 싹터서 動하면 다시 처음과 같을 것이다' 하셨다. 12
년이 지난 뒤 저녁에 돌아올 적에 田野 사이에서 사냥하는 자를 보고 자신도
모르게 기뻐하는 마음이 있었으니, 비로소 과연 그렇지 못하다는 것을 알게
되었다."

建安葉氏⁶⁾曰　周子用功之深이라　故知不可易言하고　程子治心之密이라　故能隨寓加
察⁷⁾하시니　在學者警省克治之力에　尤不可以不勉也⁸⁾니라

建安葉氏(葉采)가 말하였다.

---

5)〔譯註〕子路亦百世之師 : 百世의 스승은 오랫동안 後人들로부터 존경받고 본받을
　만한 스승을 이른다. 孟子가 일찍이 伯夷와 柳下惠를 百世의 스승이 될 만한 분이
　라고 칭찬하였으므로 자신의 허물을 말해주는 것을 좋아한 子路 역시 百世의 스
　승이 될 만하다고 한 것이다.
6)〔釋疑〕建安葉氏 : 이름은 采이고 자는 仲圭이니, 《近思錄》의 註를 내었다.
7)〔譯註〕隨寓加察 : 雪月堂 金富倫은 "寓는 遇의 誤字인 듯하다."하였다.

"周子는 공부함이 깊었기 때문에 쉽게 말할 수 없음을 알았고 程子는 마음을 다스림이 치밀하였기 때문에 곳에 따라 살핌을 가하였으니, 배우는 자의 警省하고 克治하는 공부에 있어서 더욱 힘쓰지 않으면 안 될 것이다."

○ 伊川先生曰 罪己責躬을 不可無나 然亦不當長留在心胸爲悔[9]니라

伊川先生이 말씀하였다.

"자기 자신을 罪責함이 없어서는 안 되나 또한 항상 心胸(가슴속)에 머물러 두고 뉘우쳐서도 안 된다."

朱子曰 悔字難說하니 旣不可常存在胸中爲悔요 又不可不悔라 若只說不悔면 則今番做錯且休하고 明番做錯又休리니 不成說話니라 問如何是著中底道理닛고 曰 不得不悔어니와 但不可留滯니 旣做錯此事어든 他時更遇此事어나 或與此事相類어든 便須懲戒하여 不可再做錯了니라

朱子가 말씀하였다.

"悔字는 설명하기가 어려우니, 이미 항상 가슴속에 보존하여 뉘우쳐서도 안 되고, 또 뉘우치지 않아서도 안 된다. 만약 다만 뉘우치지 않는다고 말하면 이번에 잘

---

8) 〔刊補〕在學者警省克治之力 尤不可以不勉也 : 묻기를 "在字는 응당 勉也의 뒤에서 새겨야 하는 것이 아닙니까?" 하니, 批에 이르기를 "마땅히 力字 다음에 새겨야 한다." 하였다. ○ 살펴보건대 在字는 아마도 學者의 뒤에서 새겨야 할 듯하다. 周子는 공부에 힘을 씀이 깊었기 때문에 쉽게 말할 수 없음을 알았고, 程子는 마음을 다스림이 치밀하였기 때문에 곳에 따라 살필 수 있었으니, 배우는 자에 있어 더욱더 경계하고 살펴서 이기고 다스리는 공부를 힘쓰지 않아서는 안 된다는 뜻이다.

9) 〔刊補〕罪己責躬 …… 然亦不當長留在心胸爲悔 : 退溪가 金惇敍(金富倫)에게 답하기를 "延平(李侗)이 일찍이 이 말을 들어 晦菴(朱子)을 훈계하기를 '만약 언제나 가슴속에 자책하는 마음을 두고 있으면 이는 도리어 한 덩어리의 사사로운 뜻을 쌓는 것이다. 本源處로 나아가 涵養하는 법을 미루어 다해서 마음이 점차 밝아지게 되면 이와 같이 꽉막힌 사사로운 뜻이 응당 차츰 바뀔 것이다' 하였다. 자기를 허물하고 자신을 책망하는 것은 선한 단서가 발로한 것으로 사사로운 뜻이 아니다. 그러나 이러한 일을 가슴속에 두고 잊지 않으면 또한 마찬가지로 사사로운 뜻과 인색한 습관으로 돌아간다. 반드시 天理와 融化하여 흠이 없어야 하니, 그런 뒤에야 마음이 그 올바름을 얻을 것이다." 하였다.

못 행동하고는 또 그만두고 다음 번에도 잘못하고는 또 그만둘 것이니, 말이 되지 않는다."

"어떻게 하는 것이 中道에 맞는 도리입니까?" 하고 묻자, 다음과 같이 말씀하였다.

"뉘우치지 않을 수 없으나 다만 마음속에 머물러 두어서는 안 되니, 이미 이 일을 잘못했거든 다른 때에 다시 이 일을 만나거나 또는 이 일과 서로 유사한 경우를 만났을 때에 모름지기 징계하여 두 번 다시 잘못해서는 안 된다."

○ 上蔡謝氏 與伊川先生別一年에 往見之한대 先生曰 做得甚(삼)工夫오 謝曰 只去得箇矜¹⁰⁾字니이다 曰 何故오 曰 子細點檢¹¹⁾來호니 病痛이 盡在這裏¹²⁾하니 若按伏得¹³⁾這箇罪過면 方有向進處하리이다 先生이 點頭¹⁴⁾하시고 語在坐曰 此人爲學이 切問近思¹⁵⁾者也니라

上蔡謝氏가 伊川先生과 작별한 지 1년 만에 찾아가 뵈었다. 선생이 "무슨 공부를 하였는가?" 하고 묻자, 謝氏는 대답하기를 "다만 矜字(자랑하고 과시함)를 제거하려 하였습니다." 하였다.

선생이 "무슨 연유인가?" 하고 묻자, 대답하기를 "자세히 점검해 보니 병통이 모두 이 가운데에 있었으니, 만약 이 罪過를 按伏(굴복)시킨다면 비로소 향하여 나아갈 곳이 있을 것입니다." 하였다. 선생은 머리를 끄덕이시고 자리에 있던 사람들에게 말씀하기를 "이 사람의 학문함은 간절히 묻고 가까이 생각하

---

10) 〔釋疑〕矜 : 교만하고 스스로 자랑함을 이르니, 교만하고 자랑하는 병통은 사사로운 마음이 가득히 쌓인 데에서 나오므로 말한 것이다.

11) 〔釋疑〕點檢 : 考察한다는 말과 같다.

12) 〔刊補〕病痛盡在這裏 : 朱子가 말씀하기를 "謝氏는 재주가 뛰어났기 때문에 교만하고 자랑하는 병통이 있었다." 하였다. 또 말씀하기를 "謝上蔡는 나중에도 여전히 옛날처럼 교만한 意思가 있었다." 하였다.

13) 〔刊補〕按伏得 : 按은 음이 遏(알)이다.

14) 〔釋疑〕點頭 : 머리를 끄덕이는 것이니, 허락하는 뜻을 보이는 것이다.

15) 〔釋疑〕切問近思 : 近思는 西山眞氏가 말하기를 "마음을 高遠한 데로 달리지 않고, 자신에게 간절하고 가까운 곳에 나아가 생각하는 것이다." 하였다. 〔補註〕切問은 자신에게 절실한 것을 묻는 것으로 《論語》〈子張〉에 "배우기를 널리 하고 뜻을 독실히 하며, 절실하게 묻고 가까이 생각하면 仁이 그 가운데에 있다.〔博學而篤志 切問而近思 仁在其中矣〕"라고 보인다.

는 것이다." 하였다.

○ 朱子曰 遷善을 當如風之速이요 改過를 當如雷之猛이니라

朱子가 말씀하였다.

"善에 옮겨 가기를 바람의 신속함과 같이 하고 허물을 고치기를 우레의 맹렬함과 같이 하여야 한다."

○ 問遷善이 便是改過否잇가 曰 不然하다 遷善字는 輕하고 改過字는 重하니 遷善은 如滲淡[16]之物을 要使之白이요 改過는 如黑之物을 要使之白이니 用力이 自是不同하니라 遷善者는 但見人做得一事强我[17]하고 心有所未安이어든 卽便遷之요 若改過는 須是大段勇猛이라야 始得이니라

"遷善이 곧 改過입니까?" 하고 묻자, 다음과 같이 말씀하였다.

"그렇지 않다. 遷善이라는 글자는 가볍고 改過라는 글자는 무거우니, 遷善은 滲淡(색깔이 옅음)한 물건을 희게 하는 것과 같고 改過는 까만 물건을 희게 하는 것과 같으니, 힘씀이 자연 똑같지 않다. 遷善이란 남이 한 가지 일을 하는 것이 나보다 나은 것을 보고 마음에 편안하지 못한 점이 있으면 즉시 옮겨 가는 것이요, 改過로 말하면 모름지기 대단히 용맹하여야 비로소 할 수 있는 것이다."

○ 勉齋黃氏曰 損益之義大矣어늘 聖人이 獨有取於懲忿窒慾遷善改過는 何哉오 正心修身[18]者는 學問之大端이요 而齊家治國平天下之本也라 古之學者는 無一念不在身心之中이러니 後之學者는 無一念不在身心之外하니 此賢愚所由分而聖人之所以爲深戒也시니라

---

16) 〔釋疑〕滲淡 : 滲은 물이 샌다는 뜻이다. 모든 물건이 새어나가면 적어지므로 세속의 말에 맛이 적은 것을 滲滲이라 이른다.

17) 〔刊補〕强我 : 强은 加(더하다, 낫다)와 같다.

18) 〔刊補〕正心修身 : 退溪가 鄭子中(鄭惟一)에게 답하기를 "懲忿窒慾은 正心과 유사하고 遷善改過는 修身과 유사하다. 그러나 또한 통괄하여 말할 수 있기 때문에 損卦의 〈象傳〉에 대하여 程子와 朱子가 모두 修身으로 말씀하였으니, 따라서 益卦의 〈象傳〉 역시 正心으로 말할 수 있음을 알 수 있다." 하였다.

勉齋黃氏가 말하였다.

"損卦와 益卦의 뜻이 큰데, 聖人이 오직 분노를 징계하고 욕심을 막으며 善에 옮겨 가고 허물을 고치는 것만을 취하였으니, 이는 어째서인가? 마음을 바르게 하고 몸을 닦는 것은 學問의 큰 단서이고 齊家·治國·平天下의 근본이기 때문이다. 옛날 배우는 자들은 한 생각도 身心의 가운데에 있지 않음이 없었는데, 후세의 배우는 자들은 한 생각도 身心의 밖에 있지 않음이 없으니, 이는 賢愚가 나누어지는 것으로 聖人이 이 때문에 깊이 경계하신 것이다."

8. 不遠復章[1]

復之初九曰 不遠復이라 無祗(抵)悔[2]니 元吉이라하여늘 子曰 顏氏之子
其殆庶幾乎[3]인저 有不善이면 未嘗不知하고 知之면 未嘗復行也하니라

　復卦 初九爻에 이르기를 "멀리 가지 않고 돌아오므로 후회함에 이르
지 않으니, 크게 善하고 吉하다." 하였는데, 孔子가 다음과 같이 말씀하
였다.

　"顏氏의 아들이 아마도 道에 가까울 것이다. 不善이 있으면 일찍이
알지 못한 적이 없고 알면 일찍이 다시 행한 적이 없었다."

【原註】

○ 伊川先生曰 失而後有復이니 不失則何復之有리오 惟失之不遠而復이면
則不至於悔니 大善而吉也니라

　伊川先生이 말씀하였다.

　"잃은 뒤에 회복함(돌아옴, 다시 되찾음)이 있는 것이니, 잃지 않으면 무슨
회복함이 있겠는가. 잃기를 멀리하지 않고 돌아오면 후회함에 이르지 않으니,
크게 善하고 吉한 것이다."

○ 又曰 不遠而復者는 君子所以修其身之道也라 學問之道는 無他라 惟知
其不善이면 則速改以從善而已니라

　또 말씀하였다.

---

1)《周易》〈繫辭傳 下〉에 보인다.
2)〔釋疑〕不遠復 無祗(抵)悔:《本義》에 "후회함에 이르지 않는 것이다." 하였다.
3)〔釋疑〕其殆庶幾乎: 朱子의 말씀을 근거하면 殆와 庶幾는 모두 가깝다는 뜻이니,
　道에 가까움을 말한 것이다.

"멀리 가지 않고 돌아온다는 것은 君子가 몸을 닦는 道이다. 學問하는 道는 다른 것이 없다. 오직 不善을 알았으면 속히 고쳐서 善을 따르는 것일 뿐이다."

○ 橫渠先生曰 知不善이면 未嘗復行이 不貳過也니라

橫渠先生(張載)이 말씀하였다.
"不善을 알면 일찍이 다시 행하지 않는 것이 不貳過(허물을 두 번 다시 저지르지 않음)이다."

【附註】
○ 程子曰 如顔子地位에 豈有不善이리오 所謂不善者는 只是微有差失이니 才(纔)差失이면 便能知之요 知之면 便更不萌作이라 顔子는 大率⁴⁾與聖人皆同이로되 只這⁵⁾便有分別이니 若無則便是聖人이라 曾子三省⁶⁾은 只是緊約束이니라

程子가 말씀하였다.
"顔子와 같은 지위(경지)에 어찌 不善이 있겠는가. 이른바 不善이란 것은 다만 조금 差失이 있는 것이니, 조금 差失이 있으면 곧 이것을 알고, 알면 다시 싹터 나오지 않는 것이다. 顔子는 대체로 聖人(孔子)과 모두 같았으나 다만 이 점에 곧 分別이 있었으니, 만약 이것이 없었다면 곧 聖人〈의 경지〉이다. 曾子의 三省은 다만 긴하게 단속한 것이다."

○ 邵子曰 言之於口 不若行之于身이요 行之于身이 不若盡之于心이니 言之于口는 人得而聞之하고 行之于身은 人得而見之하고 盡之于心은 神得而知之니 人之聰明도 猶不可欺은 況神之聰明⁷⁾乎아 是知無愧于口 不若無愧于身

---

4) 〔釋疑〕大率 : 大槪와 같은 뜻이다.
5) 〔釋疑〕只這 : 這는 이것으로 조금 差失이 있음을 가리켜 말한 것이다.
6) 〔釋疑〕曾子三省 : 顔子의 일을 말하면서 曾子를 언급한 것이다. ○ 曾子가 비록 孔子의 道統을 얻었으나 그 資質이 顔子에게는 미치지 못하였다. 그러므로 다만 三省으로 긴하게 약속한 것이라고 하였으니, 약속은 檢束함이다. 〔補註〕三省은 本書 1권 6, 〈懲忿窒慾章〉의 註에 자세히 보인다.

이요 無愧于身이 不若無愧于心이니 無口過는 易하고 無身過는 難하며 無身過는 易하고 無心過[8]는 難이니라

邵子(邵雍)가 말씀하였다.

"입으로 말하는 것이 몸으로 행하는 것만 못하고, 몸으로 행하는 것이 마음을 다하는 것만 못하니, 입으로 말하는 것은 사람들이 들을 수 있고 몸으로 행하는 것은 사람들이 볼 수 있고 마음을 다하는 것은 神만이 아니, 사람의 聰明도 오히려 속일 수 없는데 하물며 神의 聰明에랴. 입에 부끄러움이 없는 것이 몸에 부끄러움이 없는 것만 못하고 몸에 부끄러움이 없는 것이 마음에 부끄러움이 없는 것만 못함을 알 수 있으니, 입에 허물이 없기는 쉽고 몸에 허물이 없기는 어려우며, 몸에 허물이 없기는 쉽고 마음에 허물이 없기는 어렵다."

---

7) 〔釋疑〕神之聰明 : 神은 造化의 神이다. 비록 보아도 보이지 않고 들어도 들리지 않으나 모든 사물의 體가 되지 않음이 없으니, 이것이 바로 총명한 것이다.

8) 〔釋疑〕心過 : 心過를 한 생각의 잘못이라고 함은 진실로 마땅하다. 그러나 類推하여 말하면 《大學》의 自欺, 莫知, 四有, 五僻과 《論語》의 意, 必, 固, 我와 《孟子》의 內(納)交, 要譽, 惡其聲 따위도 모두 해당한다. 〔補註〕《大學》의 自欺는 스스로 속이지 않는 것이고, 莫知는 "사람들이 그 자식의 惡함을 알지 못하며, 그 苗의 큼을 알지 못한다.〔人莫知其子之惡 莫知其苗之碩〕"는 것이고, 四有는 "마음에 忿懥하는 바가 있으면 그 바름을 얻지 못하며, 恐懼하는 바가 있으면 그 바름을 얻지 못하며, 좋아하고 즐기는 바가 있으면 그 바름을 얻지 못하며, 憂患하는 바가 있으면 그 바름을 얻지 못한다.〔身(心)有所忿懥 則不得其正 有所恐懼 則不得其正 有所好樂 則不得其正 有所憂患 則不得其正〕"는 것이고, 五僻은 "사람들이 친애하는 바에 편벽되며, 천히 여기고 미워하는 바에 편벽되며, 두려워하고 존경하는 바에 편벽되며, 가엾게 여기고 불쌍히 여기는 바에 편벽되며, 거만하고 태만히 하는 바에 편벽된다.〔人 之其所親愛而辟焉 之其所賤惡而辟焉 之其所畏敬而辟焉 之其所哀矜而辟焉 之其所敖惰而辟焉〕"는 것이다. 《孟子》의 內(納)交, 要譽, 惡其聲은 〈公孫丑 上〉의 "이제 사람들이 갑자기 어린 아이가 장차 우물에 빠지려는 것을 보고는 모두 깜짝 놀라고 측은해 하는 마음을 가지니, 이것은 어린 아이의 부모와 교분을 맺으려고 해서도 아니며, 鄕黨과 朋友들에게 명예를 구해서도 아니며, 잔인하다는 명성을 싫어해서 그러한 것도 아니다.〔今人乍見孺子將入於井 皆有怵惕惻隱之心 非所以內交於孺子之父母也 非所以要譽於鄕黨朋友也 非惡其聲而然也〕"라고 한 것을 가리킨다.

○ 朱子曰 屛山先生[9]病時에 熹以童子로 侍疾이러니 一日에 請問平昔入道次第한대 先生이 欣然告曰 吾於易에 得入德之門焉호니 所謂不遠復者 乃吾之三字符[10]也니 汝尙勉之하라하시니라

朱子가 말씀하였다.

"屛山先生(劉子翬)이 병드셨을 때에 내가 童子로서 선생을 모시고 병을 간호하였는데 하루는 평소 道에 들어가는 차례를 물었더니, 先生은 欣然히 말씀하기를 '나는 《周易》에서 德에 들어가는 문을 얻었으니, 이른바 「멀리 가지 않고 돌아온다〔不遠復〕」는 것이 나의 三字符(세 글자의 비결)이다. 너는 장차 이것을 힘쓸지어다' 하셨다."

○ 又曰 今人은 只知顏子知之未嘗復行이 爲難하고 殊不知有不善未嘗不

---

9) 〔釋疑〕屛山先生 : 姓은 劉氏이고 이름은 子翬이고 자는 彦沖이다. 朱子의 아버지인 韋齋가 임종할 때에 아들인 朱子를 부탁하였다. 그리하여 朱子는 모친인 祝氏夫人을 받들고 劉氏에게 의지하여 潭溪 위에 거주하였는데, 40년 뒤에 비로소 考亭으로 이주하였다. 〔講錄〕屛山은 劉子翬의 호이다. 朱子의 부친인 韋齋公이 별세할 때에 처자를 屛山의 형님인 劉子羽에게 부탁하고 朱子에게 말하기를 "屛山 劉子翬와 白水 劉勉之와 籍溪 胡原仲(胡憲) 세 사람은 나의 친구이니, 네가 찾아가서 섬기고 이 분들의 말씀을 따른다면 내가 죽어도 여한이 없겠다." 하였다. 그러므로 朱子가 屛山이 병들었을 때에 모시게 된 것이다. 屛山은 아버지가 金나라에 죽은 것을 통분하게 여겨 3년 동안 시묘살이를 하고 喪制를 지키다가 병을 얻기도 하였다. 喪을 마치자 국가에서 興元軍 通判을 내렸으나 일을 감당하지 못한다고 사양하고 武夷山으로 들어갔다. 아내가 죽었으나 再娶하지 않고 어머니와 형님을 섬기는데 孝道와 友愛를 지극히 하였으며 講學을 멈추지 않았으므로 배우는 자들이 많이 따랐다. 屛山先生이라 부르니, 崇安縣 사람이다. 《一統志》에 보인다.

10) 〔釋疑〕三字符 : 符는 사람이 차는 信標이다. 屛山이 일찍이 '不遠復' 세 글자를 가슴속에 새겨 두었으므로 말한 것이다. 〔講錄〕모든 移文(公文)을 符라 하니, 符를 받으면 그 내용대로 奉行하고 감히 어기거나 태만히 하지 못하기 때문에 비유하여 符라 하였으니, 公文이 도착하면 즉시 施行한다는 말과 같다. ○ 符는 信標로 대나무 쪽에 글자를 써서 절반을 나누어 하나는 궁중에 두고 하나는 수령에게 주었다가 發兵하려고 하면 使臣에게 궁중에 보관한 符를 주어 현지에 가서 맞추어 보고 명령에 따르게 하는 것이다. 이는 곧 믿음을 가지고 봉행하는 뜻이니, 세 글자로 信을 삼아 봉행하고 감히 어기지 않는다는 말이다.

知[11] 是難處니라 今人이 亦有說道知得這道理호되 及事到面前하여는 又却只
隨私欲做去하여 前所知者를 都自忘了하나니 只爲是不曾知[12]라 有不善이면
未嘗不知하고 知之면 未嘗復行은 直是顔子天資好하여 如至淸之水 纖芥必
見이니라

또 말씀하였다.

"지금 사람들은 단지 顔子가 不善이 있음을 알면 다시는 행하지 않은 것이
어려운 줄만 알고, 不善이 있으면 일찍이 알지 못한 적이 없는 것이 어려운 부
분임을 전혀 알지 못한다. 지금 사람들도 또한 이 道理를 안다고 말하나 일이
面前에 닥쳐오면 또 다만 私慾을 따라 행하여 전에 알던 것을 모두 스스로 잊
어버리니, 이는 다만 일찍이 알지 못한 것이 된다. '不善이 있으면 알지 못한
적이 없고 알면 다시 행한 적이 없다'는 것은 다만 顔子의 天資가 좋아서 지극
히 맑은 물에서는 가는 지푸라기도 반드시 보이는 것과 같은 것이다."

○ 南軒張氏曰 夫習之有斷絶者는 心過有以害之也라 心過尤難防이니 一萌
于中이면 雖非視聽所及이라도 而吾時習之功이 已間斷矣니 察之緩則滋長矣라
惟人이 安於故常하여 以爲微而忽焉하나니 此豈可使之熟也哉리오 今日에 一
念之差를 而不痛以求改면 則明日에 玆念이 重生矣리니 積而熟이면 時習之功
이 銷矣하여 不兩立[13]也라 是以君子懼焉하여 萌于中이면 必覺하고 覺則痛懲
而絶之를 如分桐葉[14]然하여 不可復續이니 如此면 則過境이 自疎하고 時習之
功이 專하여 以至於德以凝道[15]하리니 顔子之不貳는 一絶不復生也라 故名吾

---

11) 〔譯註〕知之未嘗復行 …… 有不善未嘗不知 :《周易》〈繫辭傳 下〉의 "顔氏의 아들
(顔淵)은 …… 不善이 있으면 일찍이 알지 못한 적이 없고, 不善을 알면 일찍이
다시 행한 적이 없다.〔顔氏之子 …… 有不善未嘗不知 知之未嘗復行也〕"는 말을 인
용한 것이다.

12) 〔刊補〕只爲是不曾知 : 爲는 去聲이다.《韻會》에서는 被로 풀이하였으니, 단지 일
찍이 이 도리를 알지 못했기 때문이라는 뜻이다.

13) 〔釋疑〕不兩立 : 兩은 한 생각의 잘못과 때로 익히는 공부 두 가지를 가리킨 것이다.

14) 〔釋疑〕分桐葉 : 唐나라 李懷光이 배반하였는데, 얼마 후 다시 항복을 청하자 德宗은
이를 받아들이려 하였다. 이에 李泌은 오동나무잎을 칼로 잘라서 올리고 말하기를 "이
회광은 폐하에게 있어 신하이니, 임금과 신하의 분수는 이 오동잎처럼 분명합니다."
하였다. 張氏(張栻)는 이 말로써 다시는 이어 붙일 수 없다는 뜻을 밝힌 것이다.

室曰不貳라하노라

南軒張氏(張栻)가 말하였다.

"익힘에 斷絶이 있는 것은 마음의 허물이 해침이 있기 때문이다. 마음의 허물은 더욱 막기 어려우니, 한 번 마음속에 싹트면 비록 보고 들음이 미치는 바가 아니라도 나의 때로 익히는 공부가 이미 間斷하게 되니, 살피기를 느슨히 하면 점점 자라나게 된다. 사람들이 故常(예전에 하던 버릇)을 편안히 여겨 하찮은 일이라고 생각하여 소홀히 하니, 이 어찌 익숙하게 할 수 있겠는가. 오늘 한 생각의 잘못을 통렬히 고치려고 하지 않으면 내일 이 생각이 다시 생길 것이니, 쌓여서 익숙해지면 때로 익히는 공부가 사라져 양립하지 못한다. 이 때문에 君子가 두려워하여 마음속에 싹트면 반드시 깨닫고 깨달으면 통렬히 징계해서 끊기를 오동나무 잎을 가르듯이 하여 다시는 이어지지 않게 하는 것이니, 이와 같이 하면 잘못되는 일이 저절로 드물어지고 때로 익히는 공부가 전일해져서 德으로써 道를 응집함에 이를 것이니, 顔子의 不貳過는 한 번 끊어 다시는 생겨나지 않게 한 것이다. 그러므로 나의 書室을 이름하기를 不貳라 하노라."

西山眞氏曰 南軒之用力於遏絶心過也如此하니 可爲學者法이니라

西山眞氏가 말하였다.

"南軒이 마음의 허물을 끊음에 힘쓴 것이 이와 같았으니, 배우는 자들의 法이 될 만하다."

---

15) 〔釋疑〕德以凝道 : 《中庸》에 이르기를 "만일 지극한 德이 아니면 지극한 道가 응집되지 않는다.〔苟不至德 至道不凝焉〕" 하였는데, 註에 "凝은 모임이요, 이룸이다." 하였다.

9. 論語 子絶四章[1]

子絶四러시니 **毋意, 毋必, 毋固, 毋我**러시다

孔子는 네 가지를 끊으셨으니, 意(의도함)가 없고 必(기필함)이 없고 固(고집함)가 없고 我(사사로움)가 없으셨다.

毋는 史記에 作無하니라

毋는 《史記》에 無로 되어 있다.

【原註】

○ 朱子曰 意는 私意也요 必은 期必也요 固는 執滯也요 我는 私己也[2]니라

朱子가 말씀하였다.

"意는 사사로운 뜻으로 의도하는 것이요 必은 기필함이요 固는 고집함이요 我는 私己이다."

【附註】

○ 程子曰 敬이면 卽是禮라 無己可克이어니와 始則須絶四[3]니라

---

1) 《論語》〈子罕〉에 보인다.

2) 〔刊補〕意私意也……我私己也 : 비유하면 다음과 같다. 어떤 사람이 어떤 물건을 취하고자 하는 것이 意이고, 기필코 그것을 얻고자 하는 것이 必이며, 기필코 얻으려는 마음을 굳히는 것이 固이고, 결국은 그것을 얻어서 사사로이 하는 것이 我이다. ○ 金景仁이 말하기를 "朱子가 일이 이미 이루어진 것으로 固字를 설명하였으니, 이와 같지 않은 듯하다." 하였다. ○ 살펴보건대 固는 어떤 물건을 도리가 아닌 방법으로 취하려고 하는 것이다.

3) 〔刊補〕敬卽是禮 …… 始則須絶四 : 退溪가 崔見叔(崔應龍)에게 답하기를 "지금 보여준 《論語》의 내용은 곧 聖人의 일로, 程子가 말씀한 學者의 일이 바로 이와 같

程子가 말씀하였다.

"敬하면 곧 禮이니, 이길 만한 私慾이 없으나 처음에는 모름지기 이 네 가지를 끊어야 한다."

西山眞氏曰 絶四者는 克己之事니 能敬則禮復矣라 故曰無己可克이라하니라

西山眞氏가 말하였다.

"네 가지를 끊는 것은 克己의 일이니, 능히 공경하면 禮가 회복된다. 그러므로 이길 만한 私慾이 없다고 한 것이다."

○ 有人說無心한대 程子曰 無心이 便不是하니 只當云無私心이니라

어떤 사람이 마음이 없어야 함을 말하자, 程子가 다음과 같이 말씀하였다.

"마음이 없어야 한다는 것은 곧 옳지 않으니 마땅히 私心이 없어야 한다고 말해야 한다."

朱子曰 所謂毋意者는 是不任己意하고 只看道理如何하여 道理當如此어든 便順理做去하여 自家無些子私心이라 所以謂之毋意니 若纔有些安排布置[4]底心이면 便是任私意라 縱使發而偶然當理라도 也只是私意니라

다." 하였다. ○ 살펴보건대 이 敬字가 차지하는 지위가 매우 높다. 朱子가 말씀한 '이길 만한 私慾이 없다.〔無己可克〕'는 것은 敬하지 않는 바가 없기 때문에 克己할 필요가 없는 것이다. 이것은 큰 敬으로 '聖敬日躋'와 '於緝熙敬止'의 敬이다. 또 말씀하기를 "능히 敬에 순수하면 저절로 그릇되거나 편벽됨이 없을 것이니, 어찌 克己할 것이 있겠는가. 만약 간사하거나 편벽됨이 있다면 이는 단지 敬하는 마음이 순수하지 못해서이니, 敬하면 이길 만한 私慾이 없어진다. 初學者들은 모름지기 이러한 공부를 끝까지 하여야 할 것이다." 하였다. ○ 아래에 나오는 眞氏와 熊氏의 설은 모두 배우는 사람의 분수 상에 나아가 말한 것으로 程子와 같다. 〔補註〕聖敬日躋는 '聖敬이 날로 높아진다'는 뜻으로 《詩經》〈商頌 長發〉에 보이는데 湯王의 德을 찬미한 것이며, 於緝熙敬止는 '아, 敬을 계속해서 밝힌다'는 뜻으로 〈大雅 文王〉에 보이는데 文王의 德을 찬미한 것이다. 聖敬은 '聖과 敬'으로 해석하기도 하고, '聖스러운 敬'으로 해석하기도 한다.

4)〔釋疑〕安排布置 : 사사로운 마음으로 安置하고 배열하는 뜻이니, 이치를 따르지 않음을 이른다.

朱子가 말씀하였다.

"이른바 毋意라는 것은 자기의 뜻에 맡기지 않고 다만 道理가 어떠한가를 보아서 도리상 마땅히 이와 같이 해야 하면 곧 이치를 따라 해 나가서 스스로 조금의 私心도 없게 하는 것이다. 이 때문에 毋意라고 말한 것이니, 만약 조금이라도 安排하고 布置하려는 마음이 있다면 이는 사사로운 뜻에 맡기는 것이다. 비록 발하여 우연히 도리에 합당하다 하더라도 또한 사사로운 뜻일 뿐이다."

○ 問絶四한대 朱子曰 須知四者之相因이니 凡人作事에 必先起意하여 不問理之是非하고 必欲其成而後已하며 事旣成이면 又復執滯不化하니 是之謂固니 三者只成就得一箇我라 及至我之根源愈大하여는 少間에 三者又從這裏生出하나니 我生意하고 意又生必하고 必又生固하여 又歸宿於我라 正如元亨利貞이 元了亨하고 亨了又利하고 利了又貞하여 循環不已하니 但有善不善之分[5]이爾니라

네 가지를 끊는 것을 묻자, 朱子는 다음과 같이 말씀하였다.

"모름지기 네 가지가 서로 相關關係를 가짐을 알아야 한다. 무릇 사람이 일을 할 적에 반드시 먼저 意圖를 일으켜서 도리의 옳고 그름을 따지지 않고 기필코 이룬 뒤에 그만두고자 하며, 일이 이미 이루어지면 또다시 執滯하여 變化하지 못하니, 이것을 固라 이르니, 意·必·固 세 가지는 다만 하나의 我를 성취할 뿐이다. 我의 根源이 더욱 커지게 되면 잠깐 동안에 세 가지가 또 이 속으로부터 생겨나니, 我가 意를 낳고 意가 또 必을 낳고 必이 또 固를 낳아서 다시 我에 귀착된다. 이는 바로 元·亨·利·貞이 元이 끝나면 亨이 되고 亨이 끝나면 또 利가 되고 利가 끝나면 또 貞이 되어 순환하여 그치지 않는 것과 같으니, 다만 善과 不善의 구분이 있을 뿐이다."

勿軒熊氏[6]曰 此는 誠意章事[7]니 與顔子四勿章으로 最宜潛玩이니라 意는 是私意方起요 我는 是私意已成이니 聖人은 混(渾)化하여 更無査滓요 顔子則尙有些未盡하니 所

---

5) 〔釋疑〕善不善之分 : 善은 元·亨·利·貞이고, 不善은 意·必·固·我이다.

6) 〔釋疑〕勿軒熊氏 : 이름은 禾이고 자는 去非이다.

7) 〔釋疑〕誠意章事 : 絶四는 聖人의 일이므로, 張子가 말씀하기를 "네 가지 중에 한 가지라도 있으면 天地와 서로 같지 않다." 하였다. 이제 誠意章의 일을 가지고 말하면 誠意는 배우는 자의 일이니, 本文의 뜻이 아닌 듯하다. 이 위의 西山眞氏의 말도 또한 그러하다.

以未達一間[8]이니라

勿軒熊氏(熊禾)가 말하였다.

"이는 誠意章의 일이니 顏子의 四勿章과 함께 가장 마음을 두어 살펴보아야 한다. 意는 私意가 막 일어나는 것이요 我는 私意가 이미 이루어진 것이니, 聖人은 渾然히 化하여 다시 찌꺼기가 없고, 顏子는 아직 조금 미진한 것이 있으니, 이 때문에 한 칸을 도달하지 못한 것이다."

---

8) 〔譯註〕 未達一間 : 聖人의 경지에 한 칸을 도달하지 못함을 이른다. 聖人은 태어나면서부터 알고〔生而知之〕 힘쓰지 않아도 도리에 맞는데〔不勉而中〕 顏子는 아직 그렇지 못하여, 100칸을 가장 높은 聖人의 경지라고 가정한다면 顏子는 99칸만 도달하였음을 말한 것이다. 楊時는 일찍이 "可欲의 善人으로부터 채워서 大人에 이름은 力行을 쌓아서 될 수 있으나, 大而化之의 聖人에 있어서는 力行으로 미칠 수 있는 것이 아니다. 이 때문에 顏子가 한 칸을 도달하지 못한 것이다." 하였는바, 《論語》〈子罕〉의 顏淵喟然歎章 集註에 보인다.

10. 顔淵問仁章¹⁾

顔淵이 問仁한대 子曰 克己復禮爲仁이니 一日克己復禮면 天下歸仁焉²⁾
하나니 爲仁由己니 而由人乎哉아 顔淵曰 請問其目하노이다 子曰 非禮
勿視하며 非禮勿聽하며 非禮勿言하며 非禮勿動이니라 顔淵曰 回雖不敏
이나 請事斯語矣로리이다

　顔淵이 仁을 묻자, 孔子가 말씀하기를 "克己復禮(私慾을 이겨 禮로
돌아감)가 仁을 하는 것이니 하루만 克己復禮를 하면 천하가 仁하다고
허여할 것이다. 仁을 하는 것은 자신에게 달려 있으니 남에게 달려 있
겠는가." 하였다. 顔淵이 말하기를 "청컨대 그 條目을 묻습니다." 하니,
孔子는 말씀하기를 "禮가 아니거든 보지 말며 禮가 아니거든 듣지 말
며 禮가 아니거든 말하지 말며 禮가 아니거든 동하지 말라." 하였다.
顔淵이 말하기를 "제가 비록 不敏하오나 청컨대 이 말씀에 종사하겠습
니다." 하였다.

【原註】

　○ 揚子³⁾曰 勝己之私를 謂之克이니라

　揚子(揚雄)가 말하였다.

---

1) 《論語》〈顔淵〉에 보인다.

2) 〔刊補〕天下歸仁焉 : 그동안 諸儒들이 모두 이르기를 "천하가 다 나의 仁으로 돌아
　온다."고 해석하였는데, 程子는 이것을 옳지 않다고 비판하였다. 그러나 程子의
　門人으로 浙中에 사는 王蘋 信伯은 오로지 사람들에게 天下歸仁만을 가르쳐서 사
　람만 만나면 곧 天下歸仁을 말하고 다시 克己復禮는 말하지 않았다. 이에 朱子는
　그가 직접 伊川을 뵙고 직접 배웠으면서도 훗날의 說教가 이처럼 괴이함을 탄식
　하였다. ○ 歸는 許與(인정)함이니, 천하가 모두 그 仁을 許與한다는 말이다.

"자신의 私慾을 이김을 克이라 이른다."

○ 伊川先生曰 非禮處便是私意니 如何得仁이리오 凡人이 須是克盡己私하여 皆歸於禮라야 方始是仁이니라

伊川先生이 말씀하였다.

"禮가 아닌 곳은 곧 私意이니, 〈私意가 있으면〉 어떻게 仁이 될 수 있겠는가. 사람들이 자신의 私를 다 이겨서 모두 禮로 돌아가야 비로소 仁일 수 있는 것이다."

○ 謝氏曰 克己는 須從性偏難克處克將去[4]니라

謝氏가 말하였다.

"克己는 모름지기 성질이 편벽되어서 이기기 어려운 곳부터 이겨 나가야 한다."

【附註】

○ 伊川先生曰[5] 天地儲精에 得五行之秀者爲人이니 其本也眞而靜이라 其未發也에 五性具焉[6]하니 曰仁義禮智信이요 形旣生矣에 外物이 觸其形而動其中矣니 其中動而七情出焉[7]하나니 曰喜怒哀樂愛惡(오)欲이라 情旣熾而益

---

3) 〔釋疑〕揚子 : 이름은 雄이고 자는 子雲이다. 前漢 말기의 학자로, 일찍이 《太玄經》과 《法言》을 지었다.

4) 〔釋疑〕須從性偏難克處克將去 : 謝氏의 이 말은 자신이 경험한 것을 가지고 말한 것이다. 謝氏가 예전에는 두려워하는 마음이 많았는데 항상 높은 계단 위에서 두려워하지 않는 방법을 익혔으며, 또 집에 좋은 벼루가 있어서 매우 아꼈는데 뒤에 또한 이것을 남에게 주었다. 또 예전에는 병통이 矜字에 있었는데, 뒤에 伊川이 공부하는 내용을 묻자 謝氏는 대답하기를 "다만 矜字를 제거하는 것입니다." 하였다.

5) 〔刊補〕伊川先生曰條 : 安定先生 胡瑗이 일찍이 學官이 되어 '顔子가 좋아한 것은 무슨 학문인가에 대한 논〔顔子所好何學論〕'을 제목으로 삼았다. 그리하여 伊川이 이 글을 지었으니, 이때 나이가 18세였다. ○ 伊川先生이 18세 때에 太學에 있었는데, 그 당시 大儒였던 胡瑗이 學官이 되어 顔子가 좋아한 것은 어떤 배움이었는가에 대한 論文을 課題로 명하였다. 그리하여 伊川이 이 글을 지었는데, 끝내 科擧에 뽑히지 못하였다. 〔補註〕이 때문에 이 글을 顔子好學論이라 칭한다.

蕩하면 其性이 鑿⁸⁾矣라 故覺者는 約其情하여 使合於中하여 正其心, 養其性而已라 然必先明諸心하여 知所往然後에 力行以求至焉⁹⁾이니 若顔子之非禮勿視聽言動과 不遷怒貳過者는 則其好之篤而學之得其道也라 然其未至於聖人者는 守之也요 非化之¹⁰⁾也니 假之以年이면 則不日而化¹¹⁾矣라 今人은 乃謂聖本生知요 非學可至라하여 而所以爲學者 不過記誦文辭之間하니 其亦異乎顔子之學矣로다

伊川先生이 말씀하였다.

"天地가 精氣를 쌓아 萬物을 낳는데 五行의 빼어난 精氣를 얻은 것이 사람이니, 그 근본은 참되고 고요하다. 이것이 未發했을 때에는 五性이 구비되어 있으니 仁·義·禮·智·信이고, 形體가 이미 생기고 나면 外物이 그 형체에 접촉되

---

6) 〔釋疑〕天地儲精 …… 五性具焉 : 精은 곧 〈太極圖說〉에 말한 二氣五行의 精이라는 것이니, 여기서 유독 精만을 말한 것은 精을 말하면 無極의 眞(理)이 이 가운데에 있기 때문이다. 儲는 곧 이른바 묘하게 합하여 엉긴다는 뜻이다. 本은 본체이다. 眞은 사람의 거짓이 섞이지 않은 것이고, 靜은 사물에 감동되지 않았을 때이니, 五性(仁·義·禮·智·信)은 바로 眞이고 未發은 바로 靜이다. 〔講錄〕朱子는 말씀하기를 "本은 本體이고 眞은 인위적인 거짓이 아니며 靜은 사물에 感觸되지 않은 때이니, 五性은 바로 眞이고 未發은 바로 靜이다." 하였다.

7) 〔刊補〕其中動而七情出焉 : 묻기를 "好學論에서 四端을 말하지 않고 七情만 말한 것은 무엇 때문입니까?" 하니, 退溪는 답하기를 "이는 섞어서 말한 것이니, 七情을 말하면 四端은 이 안에 들어 있는 것이다." 하였다. ○ 묻기를 "《中庸》에서 '喜怒哀樂'을 말하고 '喜怒哀懼'를 말하지 않은 것은 어째서입니까?" 하니, 退溪는 답하기를 "子思는 《中庸》을 지으면서 '喜怒哀樂'만 말하고 '懼'를 뺐으며, 《禮記》에서 처음으로 '喜怒哀懼愛惡欲'을 말했다." 하였다. 또 말씀하기를 "각각 알맞게 들어서 말한 것이요, 그 사이에 특별히 깊은 의미가 있지는 않으니, 뜻이 그 가운데 합하기 때문이다." 하였다.

8) 〔釋疑〕鑿 : 나무의 구멍을 뚫는 끌이니, 감정이 性을 뚫어 해침은 끌이 물건을 해치는 것과 같다.

9) 〔釋疑〕約其情 …… 力行以求至焉 : 마음을 밝혀서 갈 곳을 아는 것은 窮理(知)의 일이고, 마음을 바루어 性을 기르는 것은 踐履(行)의 일이다.

10) 〔釋疑〕非化之 : 化는 힘쓰고 억지로 하는 바가 없이 저절로 예절에 맞는 것이다.

11) 〔譯註〕不日而化 : 不日은 不終日의 뜻으로 곧 짧은 시간내에 저절로 化하여 聖人의 경지에 도달함을 이른다.

어 마음이 움직인다. 마음이 움직여 七情이 나오니 喜·怒·哀·樂·愛·惡·欲이다. 情이 이미 성해져 더욱 방탕해지면 性이 해롭게 된다. 그러므로 先覺者는 情을 단속하여 中道에 합하게 해서 마음을 바루어 性을 기를 뿐이다. 그러나 반드시 먼저 마음을 밝혀서 갈 곳을 안 뒤에야 힘써 행하여 道에 이르기를 구할 수 있는 것이다. 예컨대 顔子의 禮가 아니거든 보고 듣고 말하고 동하지 않은 것과 노여움을 남에게 옮기거나 잘못을 다시 되풀이하지 않음과 같은 것이니, 이는 좋아함이 독실하고 배움에 그 방법을 얻은 것이다. 그러나 聖人의 경지에 도달하지 못한 것은 이를 지킨 것이고 저절로 化한 것이 아니기 때문이니, 몇 년만 수명을 연장해 주었다면 하루가 못되어 저절로 化하였을 것이다. 지금 사람들은 마침내 '聖人은 본래 태어나면서부터 아는 것이요, 배워서 도달할 수 있는 것이 아니다'라고 생각하여 學問하는 것이 단지 글을 기억하고 외며 문장을 짓는 데에 지나지 않으니, 이 또한 顔子의 學問과는 다르다."

西山眞氏曰 此章之要는 在覺者約其情使合於中一語하니 蓋情本善이로되 發不中節이면 乃流於不善이라 故必檢制其情하여 使合於中이니 所謂中者는 卽中庸所謂中節也요 約之爲言은 正中庸愼獨之功也라 心無不正하고 性無不善이로되 所以害其正, 喪其善者는 爲情所累也라 故必先約其情然後에 能正心而養性이라 下文에 又言必先明諸心知所往者는 蓋致知而後誠意하고 明善而後誠身이니 其序固如此也니라

西山眞氏가 말하였다.

"이 章의 요점은 '先覺者는 情을 단속하여 中道에 합하게 한다'는 한 마디에 있으니, 情이 본래 善하나 發할 때에 절도에 맞지 않으면 반드시 不善으로 흐른다. 그러므로 반드시 情을 檢制(억제)하여 中道에 합하게 하는 것이니, 이른바 中이란 곧 《中庸》의 이른바 '절도에 맞는다〔中節〕'는 것이요 約이란 말은 바로 《中庸》의 愼獨공부이다. 마음은 바르지 않음이 없고 性은 善하지 않음이 없으나 바름을 해치고 善을 잃는 까닭은 情에 얽매이기 때문이다. 그러므로 반드시 먼저 情을 단속한 뒤에야 마음을 바루어 性을 기를 수 있는 것이다. 下文에 또 반드시 먼저 마음을 밝혀서 갈 곳을 알아야 한다고 말한 것은 지식을 지극히 한 뒤에 뜻을 성실하게 하고 善을 밝힌 뒤에 몸을 성실하게 할 수 있는 것이니, 그 순서가 진실로 이와 같다."

○ 張子曰[12] 天體物而不遺는 猶仁體事而無不在也니 禮儀三百과 威儀三千[13]이 無一物之非仁也요 昊天曰明하사 及爾出王(往)하며 昊天曰旦하사 及

爾游衍¹⁴⁾이 無一物之不體也니라

張子가 말씀하였다.

"하늘이 事物의 體(根幹)가 되어 빠뜨릴 수 없음은 仁이 일의 本體가 되어
있지 않음이 없는 것과 같으니, 禮儀 3백 가지와 威儀 3천 가지가 어느 한 가
지 일도 仁 아님이 없고, 하늘이 밝으시어 너의 나가고 들어오는 데에 미치며
하늘이 밝으시어 너의 놀고 즐기는 데에 미치는 것이 어느 한 가지 일도 體가
되지 않음이 없다."

朱子曰 體物은 猶言爲物之體也니 蓋物物有箇天理요 體事는 謂事事是仁做出來¹⁵⁾니
如禮儀三百, 威儀三千이 須是仁做라야 始得이니 凡言體는 便是做他那骨子¹⁶⁾니라 ○

---

12) 〔刊補〕張子曰條 : 이 단락의 앞부분에는 天을 먼저 말하고 그 다음에 仁을 말하였
는데, 뒷부분에는 仁을 먼저 말하고 天을 나중에 말하였으니, 이것은 서로 바꾸어
말해서 철저히 發明한 것일 뿐이다. ○ 살펴보건대 이 단락의 本뜻은 하늘이 物의
體가 됨을 위주로 말하면서 仁을 가지고 天道를 밝혔다. 그러므로 뒷부분에는 결
국 天道로 歸結한 것이다.

13) 〔釋疑〕禮儀三百 威儀三千 : 禮儀는 큰 禮로 冠·婚·喪·祭와 大射禮와 鄕飮酒 따
위이고, 威儀는 나아가고 물러나며 올라가고 내려오는 소소한 예절 따위이다. 3천
이니 3백이니 한 것은 숫자가 반드시 여기에 이른 것이 아니고, 그 많음을 총괄하
여 말한 것이다.

14) 〔釋疑〕昊天曰旦 及爾游衍 : 旦은 《詩經》〈大雅 板〉의 本註에 "밝음이다." 하였다.
朝鮮朝에서는 太祖의 諱를 피하여 朝로 읽었으며, 아예 朝字로 바꾸어 쓰기도 하
였다. 衍은 너그럽다는 뜻이다.

15) 〔刊補〕事事是仁做出來 : 묻기를 "모든 일에는 각각 하나의 理致가 있어서 서로 빌
리지도 않고 서로 더하지도 않는데, 지금 仁으로부터 만들어져 나온다고 한 것은
어째서입니까?" 하니, 退溪가 답하기를 "理는 진실로 서로 빌릴 수 없으나 한 가
지 일을 하는데 있어 마음이 만약 보존되지 않으면 이 일을 이룰 수가 없다. 《大
學》의 '보아도 보이지 않고 들어도 들리지 않는다〔視而不見 聽而不聞〕'는 것과
《中庸》의 '誠하지 않으면 物이 없다〔不誠無物〕'는 것이 모두 이것을 말한 것이다.
마음이 보존되면 仁하고 보존되지 않으면 仁하지 못하니, 만약 仁하지 못하다면
어떻게 보고 들으며, 어떻게 物이 있겠는가." 하였다.

16) 〔釋疑〕做他那骨子 : 做는 짓다(하다)의 뜻이고, 他는 저것이니 일을 가리켜 말한
것이다. 骨子는 근본이다.

問此段이 莫是¹⁷⁾言人之所以爲人者 皆天之所爲라 故雖起居動作之頃이라도 而所謂
天者未嘗不在也잇가 曰 公說天體物不遺 旣說得是하니 則所謂仁體事而無不在者는
亦不過如此라 今所以理會不透는 祗¹⁸⁾是以天與仁으로 爲有二也라 今須將聖賢言仁
處하여 就自家身上思量하면 久之自見¹⁹⁾이리라 ○ 又曰 橫渠此語는 是將赤心하여 片
片說與人²⁰⁾이니 荀揚이 何曾有此²¹⁾리오 ○ 按張子此言은 正是發明克己復禮爲仁之
義니라

朱子가 말씀하였다.

"體物은 사물의 本體가 된다고 말함과 같으니 물건마다 天理가 있으며, 體事는
일마다 仁으로 해냄을 이르니 禮儀 3백 가지와 威儀 3천 가지가 모름지기 仁으로
하는 것처럼 하여야 비로소 되니, 무릇 體라고 말한 것은 곧 이 骨子가 되는 것
이다."

○ "이 단락은 사람이 사람된 所以가 모두 하늘이 한 것이므로 비록 起居하고 動作
하는 때라도 이른바 하늘이란 것이 일찍이 있지 않은 적이 없음을 말한 것이 아닙
니까?" 하고 묻자, 다음과 같이 말씀하였다.

"公이 하늘이 사물의 본체가 되어 빠뜨릴 수 없다고 말한 것은 이미 옳은 말이
니, 그렇다면 이른바 '仁이 사물의 본체가 되어 있지 않음이 없다'는 것 또한 이와
같음에 불과하다. 지금 通透하게 이해하지 못하는 까닭은 다만 하늘과 仁을 둘이라
고 여기기 때문이다. 이제 모름지기 聖賢이 仁을 말씀한 부분을 가지고 자신의 身
上에 나아가 생각해 보면 오래되면 저절로 알게 될 것이다."

○ 또 말씀하였다.

"橫渠의 이 말씀은 赤心(眞心)을 가져다가 낱낱이 사람들에게 말씀해 준 것이니,
荀子와 揚子가 어찌 일찍이 이러한 것이 있었겠는가."

○ 살펴보건대 張子의 이 말씀은 바로 克己復禮하여 仁을 하는 뜻을 發明하신 것
이다.

---

17) 〔釋疑〕莫是 : 의문사이다.

18) 〔刊補〕祗 : 只字와 같다.

19) 〔釋疑〕久之自見 : 하늘과 仁이 하나가 되는 이치를 스스로 보는 것을 이른다.

20) 〔釋疑〕是將赤心 片片說與人 : 將은 가짐이요 赤心은 誠心이다. 〔刊補〕그 마음(진
   심)을 다해서 남에게 말해 준다는 뜻이다.

21) 〔釋疑〕荀揚 何曾有此 : 漢나라와 唐나라 이래로 모두 荀子와 揚雄을 大儒라 하였
   기 때문에 특별히 두 사람을 든 것이다.

○ 又曰 學者且須觀禮니 蓋禮者는 滋養人德性하고 又使人有常業하여 守得定이니 非禮勿言, 非禮勿動이 卽是養之之術이니라

또 말씀하였다.

"배우는 자는 우선 모름지기 禮를 살펴보아야 하니, 禮라는 것은 사람의 德性을 기르고 사람으로 하여금 일정한 業(일)이 있게 하여 안정되게 지키는 것이니, 禮가 아니거든 말하지 말고 禮가 아니거든 동하지 마는 것이 바로 이것을 기르는 방법이다."

又曰 載所以使學者로 先學禮者는 只爲學禮면 則便除去世俗一副當[22] 習熟纏繞니 譬之延蔓之物을 解纏繞라야 將上去니 苟能除去世習이면 則自然脫灑也[23]라 ○ 程子曰 子厚以禮教學者最善하니 使學者先有所據守니라

또 말씀하였다.

"내(張載)가 배우는 자들에게 먼저 禮를 배우게 하는 까닭은 다만 禮를 배우면 곧 세속의 한 가지(一副) 習熟에 얽매임을 제거할 수 있기 때문이니, 비유하건대 뻗어 나가는 물건이 감긴 것을 풀어 주어야 위로 올라갈 수 있는 것과 같으니, 만일 세속의 습속을 제거한다면 자연 깨끗이 벗어날 것이다."
○ 程子가 말씀하였다.

"子厚(張橫渠)가 禮로써 배우는 자들을 가르친 것이 가장 좋으니, 배우는 자들에게 먼저 근거하여 지키는 바가 있게 하였다."

---

22) 〔釋疑〕一副當 : 모든 물건의 한 件을 一副라 이른다. 當은 語助辭이다.
23) 〔釋疑〕譬之延蔓之物 …… 則自然脫灑也 : 譬의 아래에 被字가 빠진 듯하다 하여 '蔓延(감김)당한 물건을 纏繞한 것을 풀어주면'으로 해석하였다. ○ 蔓延을 세속의 습관에 비유하였다. 배우는 자가 세상의 속박을 당했을 때에 만일 禮를 배워 이것을 제거하면 자연 깨끗이 벗어나 長足의 발전을 할 것이니, 草木이 칡 등의 물건에게 감김을 당했다가 만약 이것을 풀어주면 자연 자라서 위로 올라가는 것과 같은 것이다. ○ 살펴보건대 延蔓의 앞에 억지로 被字를 붙였으니 온당치 못한 듯하며, 또 草木이라는 글자를 끼워 넣었으니, 더욱 군더더기인 듯하다. 延蔓과 纏繞는 같은 뜻인데, 문자가 같지 않다. 삼가 생각하건대 만연하는 물건이란 칡덩굴과 등나무 따위이니, 이 물건이 저희들끼리 서로 감겨 있는 것을 이제 이미 풀어주면 저절로 위로 올라가는 것과 같은 것이다.

○ 朱子曰 顔子克己는 如紅爐上一點雪[24]이니라

朱子가 말씀하였다.

"顔子의 克己는 붉게 타오르는 화로 위의 한 점 눈과 같다."

○ 又曰 顔子生平에 只是受用克己復禮四箇字하시니라

또 말씀하였다.

"顔子는 평소에 다만 '克己復禮' 네 글자를 받아 쓰셨다."

○ 又曰 孔子告顔子以克己復禮하시니 語雖切이나 看見에 不似告樊遲의 居處恭, 執事敬, 與人忠이 更詳細하니 蓋爲樊遲未會見得箇己是甚, 禮是甚이라 只分曉說하여 教恁地做去하시니라

또 말씀하였다.

"孔子가 顔子에게 克己復禮를 고해 주셨으니, 이 말씀이 비록 간절하나 살펴봄에 樊遲에게 '거처할 적에 공손하게 하고 일을 집행할 적에 공경하고 남을 대할 적에 충성스럽게 하라'고 고해 준 말씀처럼 상세하지는 못하다. 이는 樊遲가 己가 무엇이고 禮가 무엇인지를 알지 못하였기 때문에 분명히 말씀해 주어서 그에게 이와 같이 해 나가게 한 것이다."

○ 又曰 禮는 是自家本有底라 所以說箇復이니 不是待克了己라야 方去復禮라 克得那一分人欲去면 便復得這一分天理來니라

또 말씀하였다.

"禮는 자신에게 본래 있는 것이다. 이 때문에 復(회복함)이라고 말씀한 것이니, 己를 완전히 이기기를 기다리고서야 비로소 禮로 돌아가는 것이 아니다. 일분의 人欲을 이기면 곧 일분의 天理를 회복하는 것이다."

○ 問尋常遇事時에 也知此爲天理, 彼爲人欲이로되 及到做時하여는 乃爲人欲引去라가 事已却悔하니 如何잇고 曰 此便是無克己工夫니 這樣處를 極要與他打疊[25]이라야 方得이라 如一條大路에 又有一條小路어든 明知合行大路로되

---

24) 〔刊補〕紅爐上一點雪 : 이는 본래 禪家의 말인데 선생(朱子)이 빌려서 밝힌 것이다.

然小路面前에　有箇物引著이면　自家不知不覺에　行從小路去라가　及至前面
荊棘蕪穢하여는　又却生悔하나니　此便是天理人欲交戰之機라　須是遇事之時에
便與克下요　不得苟且[26]放過니라

〈沈莊仲이〉"평소 일을 만날 때에는 이것이 天理가 되고 저것이 人欲이 됨을
알지만 일을 할 때에 이르러서는 마침내 人欲에 끌려갔다가 일이 끝나면 후회
하니, 어떻게 해야 합니까?" 하고 묻자, 다음과 같이 말씀하였다.

"이것은 곧 克己工夫가 없어서이니 이러한 부분을 완전히 打疊(打破)하여야
비로소 될 수 있는 것이다. 예컨대 한 갈래의 큰길에 또 한 갈래의 작은 길이
있으면 큰길로 가야 함을 분명히 알면서도 目前의 작은 길에 어떤 유인하는 물
건이 있으면 자신도 알지 못하고 깨닫지 못하는 사이에 작은 길로 따라 가다가
目前에 가시나무가 우거진 곳에 이르러서는 또다시 후회하는 마음이 생기는 것
과 같으니, 이는 곧 天理와 人欲이 서로 싸우는 시기이다. 모름지기 일을 만났
을 때에 곧 이겨낼 것이요 구차히 지나쳐 버려서는 안 된다."

○　又曰　說文[27]에　謂勿字似旗脚이라하니　此旗一麾에　三軍盡退하나니　工夫只
在勿字上이라　纔見非禮來면　則禁止之하여　便克去니　纔克去면　便能復禮니라

또 말씀하였다.

"《說文》에 '勿字는 깃발의 다리(갈기)와 같다'고 말하였으니, 이 깃발을 한
번 저으면 三軍이 모두 후퇴하니, 공부가 다만 勿字 上에 있다. 조금이라도 非
禮를 보면 곧 이를 금지해서 이겨내야 하니, 이겨내기만 하면 곧 禮로 돌아갈
수 있다."

西山眞氏曰　箕子陳洪範五事[28]曰　貌言視聽思어늘　顔淵問仁에　夫子告之以克己復

---

25) 〔刊補〕極要與他打疊 : 與는 當字와 같은 뜻으로 뒤에도 대부분 이와 같으며, 打疊
　　은 打去(타파)라는 말과 같다. 疊은 《大典》의 疊鍾과 뜻이 서로 비슷한 듯하다.
26) 〔釋疑〕苟且 : 불가한 줄 알면서도 그대로 따르고 고치지 않는 것을 이른다.
27) 〔釋疑〕說文 : 《說文解字》로 東漢 때 許愼이 지은 것이다.
28) 〔講錄〕箕子陳洪範五事 : 箕子가 九疇를 말씀할 적에 五行이 가장 먼저이고 다음이
　　五事로 되어 있다. 箕子의 思字와 西山의 心字는 모두 用으로 말씀한 것이다. 〔補
　　註〕洪範은 나라를 다스리는 큰 법이란 뜻이며 九疇는 아홉 가지 종류로 자세한
　　내용은 《書經》〈洪範〉에 보인다.

禮爲仁이라하시고 至問其目하여는 則又告之曰 非禮勿視聽言動이요 而思不與焉[29]은 何哉오 勿之爲言은 禁止之謂也니 耳目口鼻 因物而動하나니 非心爲之主宰면 其孰能止之리오 然則勿云者는 正指心而言也니 特學者弗之察耳니라

西山眞氏가 말하였다.

"箕子가 洪範의 五事(다섯 가지 일)를 말하기를 '모양〔貌〕과 말〔言〕과 봄〔視〕과 들음〔聽〕과 생각〔思〕'이라 하였는데, 顔淵이 仁을 묻자 夫子가 克己復禮가 仁을 하는 것이라고 말씀해 주시고, 그 조목을 묻자 또 禮가 아니거든 보지 말고 듣지 말고 말하지 말고 동하지 말라고 말씀하시어, 생각함〔思〕이 여기에 끼지 않은 것은 어째서인가? 勿이란 말은 금지함을 이른다. 耳目口鼻가 外物로 인하여 동하니, 마음이 主宰가 되지 않는다면 누가 이것을 금지하겠는가. 그렇다면 勿이라 한 것은 바로 마음을 가리켜 말한 것이니, 다만 배우는 자들이 이것을 살피지 못한 것일 뿐이다."

○ 或問[30]顔淵問仁而夫子告之以此는 何也오 曰 人受天地之中[31]以生하여 而仁義禮智之性이 具於其心하니 仁雖專主於愛나 而實心體之全德이요 禮則專主於敬이나 而實天理之節文也라 然人有是身이면 則耳目口體之間에 不能無私欲之累以違於理하여 而害夫仁하나니 人而不仁이면 則自其一身으로 莫適爲主하여 而事物之間에 顚倒錯亂하여 益無所不至矣[32]라 然己者는 人欲之私也요 禮者는 天理之公也니 一心之中에 二者不容竝立이로되 而其相去之間이

---

29) 〔釋疑〕思不與焉 : 程伊川의 四勿箴 중 動箴에 "명철한 사람은 기미를 알아 생각할 때에 성실히 한다." 하였다. 그리하여 程子는 생각함을 動에 속하였고, 眞氏는 勿字를 思字에 해당시켜 視聽言動을 겸하여 말하였으니, 程子의 뜻과는 약간 차이가 있는 듯하다. 또 비록 마음이 맡은 것은 생각하는 것이라고 하나 眞氏는 다만 心字만을 말하고 끝내 思字를 說破하지 아니하여, 말이 구비되지 못한 듯하다.

30) 〔釋疑〕或問條 : 이 단락은 《論語或問》에 보인다.

31) 〔釋疑〕人受天地之中 : 사람이 天地의 中을 받았다는 것은 《春秋左傳》의 劉子(劉康公)의 말이다. 《書經》〈湯誥〉에 또한 "下民에게 衷을 내렸다.〔降衷于下民〕" 하였다.

32) 〔刊補〕益無所不至矣 : 趙士敬이 益字는 蓋字가 되어야 할 듯하다고 의심하였는데, 批에 이르기를 "益字의 의미가 무궁하다." 하였다. ○《論語或問》의 이 條에는 위아래에 글이 더 있는데, 程篁墩이 손질하여 요약해서 문장을 만들었는 바, 益字가 옳다.

不能以毫髮이라　出乎此則入乎彼하고　出乎彼則入於此矣니　是其克與不克과　復與不復이　如手反(번)覆하고　如臂屈伸이라　誠欲爲之인댄　其機固亦在我而已니　夫豈他人之所得與哉리오　顔子之質은　幾於聖人이라　故其問仁에　夫子告之　獨爲要切而詳盡耳시니라　且非禮而勿視聽者는　防其自外入而動於內者也요　非禮而勿言動者는　謹其自內出而接於外者也니　內外交進에　爲仁之功이　不遺餘力矣라　顔子於是에　請事斯語而力行之하시니　所以三月不違而卒進乎聖人之域也라　然熟味聖言하여　以求顔子之所用力인댄　其機特在勿與不勿之間而已니　自是而反則爲天理요　自是而流則爲人欲이며　自是而克念則爲聖이요　自是而罔念則爲狂이니　特毫忽之間[33]耳라　學者可不謹其所操哉아

或者가 묻기를 "顔淵이 仁을 묻자, 夫子께서 이것으로 말씀해 주신 것은 어째서입니까?" 하고 묻자, 다음과 같이 말씀하였다.

"사람이 天地의 中(진리)을 받고 태어나 仁義禮智의 性이 마음속에 갖추어져 있으니, 仁은 비록 오로지 사랑을 주장하나 실로 心體의 全德이요, 禮는 오로지 敬을 주장하나 실로 天理의 節文이다. 그러나 사람이 이 몸을 가지고 있으면 耳目과 口體의 사이에 私慾에 얽매여서 이치를 어겨 仁을 해침이 없지 못하다. 사람으로서 仁하지 못하면 자기 한 몸으로부터 專的으로 주장하는 것이 없어서 사물의 사이에 전도되고 착란하여 더욱 이르지 못하는 바가 없게 된다. 그러나 己는 人欲의 私이고 禮는 天理의 公이니, 한 마음의 가운데에 두 가지가 병립할 수 없으나 그 서로간의 차이는 털끝만큼도 못된다. 여기에서 나오면 저기로 들어가고, 저기에서 나오면 여기로 들어오니, 이는 克과 不克, 復과 不復이 손을 뒤집는 것과 같고 팔뚝을 굽히고 펴는 것과 같이 쉽다. 그리하여 자신이 진실로 하고자 할진댄 그 기틀이 참으로 자신에게 달려 있을 뿐이니, 어찌 타인이 관여할 바이겠는가.

顔子의 資質은 聖人에 가까웠다. 그러므로 仁을 물음에 夫子께서 告해주심이 유독 요긴하고 간절하며 자세하고 극진한 것이다. 또 禮가 아니거든 보지 말고 듣지 말라는 것은 밖에서 들어와서 안을 동하는 것을 막는 것이요, 禮가 아니거든 말하지 말고 동하지 말라는 것은 안에서 나와서 밖을 접함을 삼간 것이니, 안팎으로 서로 나아감에 仁을 하는 공부가 여력을 남기지 않는다. 顔子가

---

33) 〔釋疑〕毫忽之間 : 누에가 실을 토해낼 때에 그 가늘기가 비할 데가 없으니, 누에 한 마리가 토해낸 것을 忽이라 하고 10忽을 絲라 하고 10絲를 毫라 한다.

이에 이 말씀에 종사할 것을 청하여 힘써 행하셨으니, 이 때문에 3개월 동안 仁을 떠나지 아니하여 마침내 聖人의 경지에 나아간 것이다. 그러나 聖人의 말씀을 익숙히 음미하여 顔子가 힘쓴 바를 찾아본다면 그 기틀이 다만 勿과 不勿의 사이에 있을 뿐이다. 이로부터 돌아오면 天理가 되고 이로부터 흘러가면 人欲이 되며, 이로부터 능히 생각하면 聖人이 되고 이로부터 생각하지 않으면 狂人이 되는 것이니, 다만 털끝 만한 차이일 뿐이다. 배우는 자가 어떻게 그 잡는 바를 삼가지 않을 수 있겠는가.”

西山眞氏曰 堯舜以及周孔히 其相傳之大槩 至孔子授顔子면 則本末[34]盡見(현)하니 聖人之蘊이 無復遺餘라 蓋希顔은 所以希孔이니 而堯舜禹湯文武周公之道를 從可知矣라 夫精一執中은 堯舜禹相傳之要指也요 克復爲仁은 孔顔相傳之要指也니 以言語求之하면 蓋甚不同矣나 然孔子之所謂己는 卽舜之所謂人心[35]이요 孔子之所謂禮는 卽舜之所謂道心이요 克而復은 卽精一之功이며 而仁之與中이 又名異而實同者也라 蓋合乎義理之正而無過不及者는 中也요 純乎義理之正而不雜之以私欲者는 仁也니 未有中而不仁이요 亦未有仁而不中者니 卽此推之하면 凡聖賢相傳之心法을 皆可一以貫之矣리라

西山眞氏가 말하였다.

“堯舜으로부터 周公과 孔子에 이르기까지 서로 전한 大槩가 孔子가 顔子에게 전수함에 이르면 本末이 모두 나타나니, 聖人의 蘊蓄함이 다시는 남은 것이 없게 되었다. 顔子를 바람은 孔子를 바라는 것이니, 堯, 舜, 禹, 湯, 文·武, 周公의 道를 따라서 알 수 있다. 精一執中은 堯, 舜, 禹가 서로 전수해 준 要指이고 克己復禮爲仁은 孔子와 顔子가 서로 전수해 준 要指이니, 言語를 가지고 찾아보면 심히 같지 않으나 孔子의 이른바 己는 곧 舜임금의 이른바 人心이고, 孔子의 이른바 禮는 곧 舜임금의 이른바 道心이고, 私慾을 이겨서 禮로 돌아온다는 것은 곧 精一의 공부이며, 仁과 中은 또 명칭은 다르나 실제는 같은 것이다. 義理의 바름에 합하여 지나치거나 미치지 못함이 없는 것은 中이고, 義理의 바름에 순수하여 사욕을 뒤섞이지 않

---

34) 〔釋疑〕本末 : 처음과 끝이니, 先後의 구분이 있는 것은 아니다.

35) 〔釋疑〕然孔子之所謂己 卽舜之所謂人心 : 己를 人心이라 한 것은 程子와 朱子의 初年說과 같으니, 전적으로 그르다고 할 수는 없다. 그러나 《中庸》의 序文은 바로 朱子의 晩年의 定論인데, 西山이 정론을 따르지 않고 초년설을 따랐으니, 이해할 수 없다.

게 한 것은 仁이니, 中하고서 仁하지 못한 경우는 있지 않고 또한 仁하고서 中하지 못한 경우는 있지 않다. 이로써 미루어 본다면 무릇 聖賢이 서로 전수한 心法을 모두 一以貫之(하나로 꿤)할 수 있을 것이다."

11. 仲弓問仁章[1]

仲弓이 問仁한대 子曰 出門如見大賓하고 使民如承大祭하며 己所不欲을 勿施於人이니 在邦無怨이요 在家無怨[2]이니라 仲弓曰 雍雖不敏이나 請事斯語矣리이다

　仲弓이 仁을 묻자, 孔子가 말씀하기를 "문을 나가서는 큰 손님을 뵙듯이 하고 백성을 부릴 때에는 큰 제사를 받들 듯이 하며, 자신이 원하지 않는 것을 남에게 베풀지 말아야 하니, 이렇게 하면 나라에 있어도 원망함이 없고 집안에 있어도 원망함이 없을 것이다." 하였다. 仲弓이 말하기를 "제가 비록 不敏하오나 청컨대 이 말씀에 종사하겠습니다." 하였다.

【原註】
○ 伊川先生曰 如見大賓, 如承大祭는 敬也니 敬則不私요 一不敬이면 則私欲萬端하여 害於仁矣니라

　伊川先生이 말씀하였다.
　"큰 손님을 뵙 듯이 하고 큰 제사를 받들 듯이 하는 것은 공경이니, 공경하면 사사롭지 않고, 한 번이라도 공경하지 않으면 사욕이 만 갈래로 일어나서

---

1)《論語》〈顔淵〉에 보인다.
2)〔刊補〕在邦無怨 在家無怨 : 敬과 恕가 그 道理를 얻으면 남과 내가 서로 접하는 즈음에 私意가 용납되지 않기 때문에 나라에서나 집안에서나 모두 원망이 없는 것이다. ○ 살펴보건대 敬하여 자기를 지키고 恕하여 남에게 미치면 사사로운 뜻이 안과 밖에 들어옴이 없어서 마음의 德이 온전해질 것이다. 그러므로 그 효험이 나라에서나 집안에서나 모두 원망이 없는 데에 이르는 것이니, 이것이 《集註》의 뜻이다.

仁을 해치게 된다."

○ 朱子曰 敬以持己하고 恕以及物³⁾이면 則私意無所容하여 而心德全矣리라

朱子가 말씀하였다.

"敬하여 자신을 지키고 恕하여 남에게 미치면 私意가 용납될 곳이 없어서 마음의 德(仁)이 온전해질 것이다."

【附註】

○ 程子曰 孔子言仁에 只說出門如見大賓, 使民如承大祭하시니 看其氣象하면 便須心廣體胖⁴⁾하여 動容周旋이 中禮니 唯愼獨이 便是守之之法⁵⁾이니라

程子가 말씀하였다.

"孔子가 仁을 말씀할 적에 다만 문을 나가서는 큰 손님을 뵐 듯이 하고 백성을 부릴 때에는 큰 제사를 받들 듯이 하라고만 하였으니, 그 기상을 보면 곧 모름지기 마음이 넓어지고 몸이 펴져서 動容하고 周旋함이 禮에 맞는 것이니, 오직 愼獨이 곧 이것을 지키는 방법이다."

○ 問出門使民之時엔 如此可也어니와 未出門使民之時엔 如之何잇고 曰 此儼若思⁶⁾時也라 有諸中而後에 見(현)於外니 觀出門使民之時에 其敬如此면 則前乎此者의 敬을 可知矣니 非因出門使民然後에 有此敬也니라

"문을 나가고 백성을 부릴 때에는 이와 같이 하는 것이 可하지만 문을 나가

___

3) 〔釋疑〕敬以持己 恕以及物 : '敬하여 자신을 지킨다〔敬以持己〕'는 것은 문을 나가서는 큰 손님을 뵐 듯이 하고 백성을 부릴 때에는 큰 제사를 받들 듯이 하는 것을 가리킨 것이며, '恕하여 남에게 미친다〔恕以及物〕'는 것은 자기가 원하지 않는 것을 남에게 베풀지 않음을 가리킨 것이다.

4) 〔刊補〕便須心廣體胖 : 須는 必字의 뜻이니, 뒤에도 이와 같다.

5) 〔釋疑〕唯愼獨 便是守之之法 : 出門, 使民, 勿施 등의 일은 모두 외면에 나타나는 것이다. 獨은 자기 마음에 홀로 알고 있는 것이니, 이것을 삼가지 않으면 物慾이 행해져서 天理가 끊길 것이다. 어찌 마음이 넓고 몸이 펴지는 기상을 보전할 수 있겠는가. 守는 마음이 넓어지고 몸이 펴지는 기상을 보전하여 지킴을 이른다.

6) 〔釋疑〕儼若思 : 《禮記》〈曲禮〉에 보이는 말이다.

지 않고 백성을 부리지 않을 때에는 어떻게 하여야 합니까?" 하고 묻자, 다음과 같이 말씀하였다.

"이것은 엄숙히 생각하는 것처럼 하는 때이다. 마음속에 있은 뒤에야 외면으로 나타나는 것이니, 문을 나가고 백성을 부릴 때에 공경함이 이와 같음을 본다면 이보다 앞서의 공경함을 알 수 있으니, 문을 나가고 백성을 부림으로 인한 연후에 이러한 敬이 있는 것이 아니다."

東嘉史氏[7]曰 出門使民은 雖人所同知之地나 敬之至與不至는 則己之所獨知者也라 程子以爲出門使民에 便有見賓承祀之敬하니 看其氣象하면 便須心廣體胖하여 動容周旋이 中禮라하시니라 然此[8]不能謹之於己所獨知之地면 則人所同知者는 特象恭色莊耳[9]니 此謹獨이 所以爲動時主敬者然也라 至於儼若思하여는 又未出門使民之前에 內主於敬하여 初無怠惰放肆之習하여 雖未與物接이나 常整齊嚴肅하여 若有所思耳니 非靜時主敬之謂乎아 要之컨대 二者正與中庸戒謹愼獨二節로 相類[10]하니라

東嘉史氏(史伯璿)가 말하였다.

"문을 나가고 백성을 부림은 비록 사람들이 똑같이 알고 있는 곳이나 공경이 지극하고 지극하지 않음은 자기만 홀로 아는 것이다. 程子가 이르기를 '문을 나가고

---

7) 〔釋疑〕東嘉史氏 : 이름은 伯璿이다. 〔刊補〕史伯璿을 가리킨다. 《一統志》에 "史伯璿은 平陽 사람이니, 四書를 정밀히 연구해서 朱子의 뜻을 터득했다. 著書로는 《四書管窺》와 《外編》이 있다." 하였다.

8) 〔譯註〕然此 : 《講錄》의 批에 이르기를 "然此의 此字는 而字의 誤字인 듯하다. 또 이 말은 程子의 本意가 아닌 듯하니, 다시 자세히 살펴보라." 하였다.

9) 〔刊補〕特象恭色莊耳 : 象恭은 《書經》〈堯典〉에 나오는 말로 形象만 공손함을 이르며, 色莊은 《論語》〈先進〉에 나오는 말로 낯빛만 莊嚴함을 이른다. 〔補註〕《講錄》의 批에 "程子가 말씀하기를 '큰 손님을 뵐 듯이 하고 제사를 받들 듯이 한다는 기상을 보면 이것은 학문이 이미 成就된 사람으로 和順이 中心에 쌓여 英華가 밖으로 나타나 從容히 道에 맞는 자이니, 처음 배우는 자가 대번에 미칠 수 있는 것이 아니다. 오직 愼獨이 이것을 지키는 방법이니, 이 방법을 지키면 후일 그 효험이 자연 이와 같다' 하였는데, 史氏는 '외면은 비록 이와 같더라도 안에 삼감을 지극히 하지 못하면 이는 다만 모양만 공손하게 하고 얼굴빛만 장엄하게 하는 것일 뿐이다' 하여, 程子의 本意를 크게 잃었다." 하였다.

10) 〔釋疑〕二者正與中庸戒謹愼獨二節 相類 : 《中庸》의 戒愼恐懼는 靜할 때의 공부이고, 愼獨은 動할 때의 공부이기 때문에 말한 것이다.

백성을 부릴 때에는 곧 손님을 뵙고 제사를 받들 듯이 하는 공경이 있어야 하니, 그 기상을 보면 곧 모름지기 마음이 넓어지고 몸이 펴져서 동용하고 주선함이 禮에 맞는다' 하였다. 그러나 자기만이 홀로 아는 곳에 삼가지 못하면 사람들이 함께 아는 것에 있어서는 다만 모양만 공손하고 얼굴빛만 장엄하게 하는 것일 뿐이니, 이는 謹獨이 動할 때에 敬을 주장함이 그러한 것이다. 엄숙히 생각하는 듯이 함에 이르러서는 또 문을 나가고 백성을 부리기 이전에 마음속에 敬을 주장하여 애당초 怠惰하고 放肆한 익힘이 없어서 비록 사물과 접하지 않더라도 항상 정제하고 엄숙하여 생각하는 바가 있는 것처럼 하는 것이니, 이는 靜할 때에 敬을 주장함을 말한 것이 아니겠는가. 요컨대 이 두 가지는 바로 《中庸》의 戒謹(戒愼恐懼)와 愼獨 두 節과 서로 유사하다."

○ 問己所不欲을 勿施於人이 是恕잇가 朱子曰 伊川云 恕字를 須兼忠字說이라하시니 蓋忠是盡己니 盡己而後爲恕라 今人은 不理會忠하고 而徒爲恕하니 其弊只是姑息이라 張子韶[11]中庸解云 聖人이 因己之難克하여 而知天下皆可恕之人이라하니 卽是論之컨대 因我不會做하여 皆使天下之人不做니 如此則相爲懈怠而已라 此言이 最害理하니라

"자신이 원하지 않는 것을 남에게 베풀지 않는 것이 恕입니까?" 하고 묻자, 朱子는 다음과 같이 말씀하였다.

"伊川이 말씀하기를 '恕字를 모름지기 忠字와 겸하여 설명하여야 한다' 하셨으니, 忠은 바로 자신을 다하는 것이니 자신을 다한 뒤에 恕가 된다. 지금 사람들은 忠을 알지 못하고 한갓 恕만 하려고 하니, 그 병폐가 다만 姑息일 뿐이다. 張子韶(張九成)의 《中庸解》에 '聖人이 己를 이기기 어려움으로 인하여 천하 사람들이 모두 용서할 만한 사람임을 알았다' 하였으니, 이것을 가지고 논한다면 자신이 하지 못함으로 인하여 천하 사람들을 모두 하지 않게 만드는 것이다. 이와 같다면 서로 게으르게 하는 것일 뿐이니, 이 말이 가장 도리에 해롭다."

○ 問克己復禮와 主敬行恕를 何以分乾道坤道[12]닛고 曰 公看顔子컨댄 多少

---

11) 〔釋疑〕張子韶 : 이름은 九成인데 禪學에 빠졌다.
12) 〔釋疑〕乾道坤道 : 朱子의 말씀인 바, 乾道는 분발하여 함이 있고 坤道는 靜하고 후중하여 잡아 지킨다.

大¹³⁾力量고 一克己復禮에 便了하고 仲弓은 只是循循¹⁴⁾做將去底하니 如何有
顔子之勇이리오 譬如賊來에 顔子는 是進步하여 與之廝殺이요 教仲弓¹⁵⁾은 是
堅壁清野¹⁶⁾하고 截斷路頭하여 不教賊來¹⁷⁾니라 又克己復禮는 是一服藥하여 打
疊了這病이요 主敬行恕는 是漸漸服藥하여 消磨了這病이니라

"克己復禮와 主敬行恕(敬을 주장하고 恕를 행함)를 어찌하여 乾道와 坤道로
나눕니까?" 하고 묻자, 朱子는 다음과 같이 말씀하였다. "公이 보건대 顔子의
力量이 얼마나 큰가? 顔子는 한 번 克己復禮를 함에 곧 끝났고, 仲弓은 다만
차근차근 순서를 따라 해 나갔으니 어떻게 顔子의 勇猛이 있겠는가. 비유하자
면 顔子는 賊이 올 적에 걸어 나아가서 적과 더불어 싸우는 것과 같고, 仲弓은
성벽을 굳게 쌓고 田野를 깨끗이 제거한 다음 도로를 차단하여 적이 오지 못하
게 하는 것과 같다. 또 克己復禮는 한 번 약을 복용하여 이 병을 타파하는 것
이요, 主敬行恕는 차츰차츰 약을 복용하여 이 병을 사라지게 하는 것이다."

---

13) 〔刊補〕多少大 : '얼마나'라는 말과 같다. 혹 '大小大'라 쓰기도 한다.

14) 〔刊補〕循循 : 次序가 있는 모양이다.

15) 〔釋疑〕與之廝殺 教仲弓 : 廝殺은 서로 죽이는 것이다. 教는 마땅히 아래 仲弓字
에 속하여야 한다. ○ 朱子가 朱飛卿에게 답한 편지에 "안자는 이겨 제거하여 다
하게 하였다.〔顔子克除教盡〕"는 말이 있으니, 이것을 근거하여 보면 의심컨대 教
字 아래에 盡字가 빠진 듯하다. 그러나 《語類》에는 "仲弓에게 敬과 恕를 가르쳤
으니, 이는 그에게 堅壁清野의 전술을 가르친 것이다." 하였다. 이것을 근거하면
教字는 마땅히 아래의 仲弓과 연하여 읽어야 한다. 〔講錄〕朱飛卿은 朱子의 門人
이니, 그의 이름과 住居는 알 수 없다. 廝는 相(서로)의 뜻이니, 廝殺은 서로 죽
임을 이른다.

16) 〔釋疑〕堅壁清野 : 堅壁은 성벽을 굳게 지키는 것이고, 清野는 田野의 곡식들을 깨
끗이 없애서 적으로 하여금 곡식을 얻을 수 없게 하는 것이다. 〔講錄〕堅壁清野는
守備戰術의 하나로, 堅壁은 城壁을 굳게 지키고 싸우지 않는 것이며, 清野는 들에
자라는 곡식이나 풀을 깨끗이 없애서 적이 물자를 취할 곳이 없어 스스로 물러가
게 하는 것이다.

17) 〔刊補〕不教賊來 : 教는 平聲으로 '하여금'이라는 뜻이다.

12. 中庸 天命之謂性章[1]

中庸에 天命之謂性이요 率性之謂道[2]요 修道之謂敎니라 道也者는 不
可須臾離也[3]니 可離면 非道也라 是故로 君子는 戒愼乎其所不睹하며
恐懼乎其所不聞[4]이니라 莫見(현)乎隱이며 莫顯乎微니 故로 君子는 愼

---

1) 《中庸章句》 1章에 보인다.

2) 〔刊補〕率性之謂道 : 朱子가 말씀하기를 "率性은 사람이 그것을 따라야 한다는 것
이 아니다." 하였고, 또 "이 率字는 힘을 쓰는 글자가 아니다." 하였으며, 또 "循
字는 道를 행하는 사람에 나아가 말한 것이 아니다." 하였다. ○ 살펴보건대 率性
이란 말은 人과 物을 통틀어 말한 것으로, 사람의 性을 따르면 사람의 道가 있고
사물의 性을 따르면 사물의 道가 있다는 말이다. 仁의 性을 따르면 親親·仁民·愛
物의 道가 되고 義의 性을 따르면 忠君·敬長·尊賢의 道가 되며, 禮는 恭敬·辭讓
의 道가 되고 智는 是非를 분별하는 道가 되니, 일상생활 사이의 모든 일들이 이
러한 性을 따라 이러한 道가 되지 않음이 없다. 벌과 개미의 君臣의 道와 승냥이
와 수달의 報本의 道, 그리고 닭이 때를 알아 울고 개가 집을 지키는 데에 이르기
까지 知覺과 運動, 榮華와 衰落이 모두 그 性을 따라서 각기 자연스러운 理致가
있지 않음이 없는 것이다.

3) 〔刊補〕道也者 不可須臾離也 : '道는 잠시도 떠날(떨어질) 수 없다.〔道也者 不可須
臾離〕'는 道字는 곧 上文의 '率性之道'를 가리킨 것이다. '떨어질 수 없다'는 것은
道를 행하는 사람의 입장에서 말한 것이 아니다. 만약 이 道를 떠나는 것이 불가
하다고 말한다면 이는 道를 행하는 사람의 입장에서 경계하는 말이니, 본뜻이 아
니다. ○ 만약 本註의 '만약 떨어질 수 있다면〔若其可離〕'과 《或問》의 '만약 잠깐
합쳐졌다가 잠깐 떨어졌다가 할 수 있다면〔若其可以暫合暫離云云〕……'을 따른다
면 마땅히 "떠날(떨어질) 수 있다면 道가 아니다〔可離則非道也〕"라고 해석해야
하며, 만약 《或問》 아래 小註에 나오는 藍田呂氏의 '道가 나에게 있는 것은 마치
飮食이나 居處와 같아서 떠나서는 안 되니, 떠나버릴 수 있는 것은 모두 外物이다
……'라는 說을 따른다면 마땅히 '떠나버릴 수 있는 것은 道가 아니다〔可離者 非
道也〕'라고 해석해야 하는데, 두 가지 說을 겸하여 보는 것이 옳다. ○ 살펴보건대

其獨也니라 喜怒哀樂之未發을 謂之中이요 發而皆中節을 謂之和니 中也者는 天下之大本也요 和也者는 天下之達道也니라 致中和하면 天地位焉하며 萬物育焉이니라

《中庸》에 이르기를 "하늘이 理를 命해 준 것을 性이라 이르고 性을 따르는 것을 道라 이르고 道를 品節해 놓은 것을 敎라 이른다. 道는 잠시도 떠날 수 없는 것이니, 떠날 수 있으면 道가 아니다. 이러므로 君子는 보지 않는 것(않을 때)에도 戒愼하며 듣지 않는 것(않을 때)에도 恐懼하는 것이다. 隱(어두운 곳)보다 더 잘 드러나는 것이 없으며 微(세미한 일)보다 더 잘 나타나는 것이 없으니, 그러므로 君子는 그 홀로를 삼가는 것이다. 喜怒哀樂의 情이 발하지 않은 것을 中이라 이르고 발하여 모두 節度에 맞는 것을 和라 이르니, 中은 천하의 大本(큰 根本)이고 和는 천하의 達道(공통된 道)이다. 中과 和를 지극히 하면 天地가 제자리를 편안히 하고 萬物이 잘 생육될 것이다." 하였다.

道라는 것은 물건마다 있지 않은 것이 없고, 그러하지 않은 때가 없어서 본래 떨어질 수 있는 것이 아니다.(이는 도를 위주로 해서 말한 것이다.) 그러나 사람이 이를 體行하면 합쳐지고 버리면 떨어지는데 떨어지고 합쳐지는 기틀은 나의 한 마음에 달려 있으니, 진실로 잠시라도 떠나서는 안 되는 것이다.(이는 도를 행하는 사람을 위주로 해서 말한 것이다.) 두 가지 說이 모두 있은 뒤에야 그 뜻이 비로소 구비되는데, 《章句》에서는 후자에 비중을 두고 있는 듯하니, 이것이 《講錄》 말단의 뜻이다.

4) 〔譯註〕 戒愼乎其所不睹 恐懼乎其所不聞 : 不睹와 不聞을 朱子 이전에는 남이 보지 않고 듣지 않는 것으로 해설하여 愼獨에 해당시켰으나, 朱子는 자신이 보지 않고 듣지 않는 것으로 해석하여 靜할 때를 말한 것으로 보았다. 艮齋 田愚는 이를 더욱 확대 발전시켜 '보지 않을 때에도 戒愼하고 듣지 않을 때에도 恐懼한다'로 해석하여, 보고 들을 때에는 말할 것도 없고, 보지 않고 듣지 않을 때에도 조심하여야 함을 강조하였다.

【原註】

○ 朱子曰　子思首明道之本原이　出於天而不可易과　其實體備於己而不可
離하시고　次言存養省察之要하시고　終言聖神功化之極[5]하시니　蓋欲學者於此에
反求諸身而自得之하여　以去夫外誘之私而充其本然之善이니라

朱子가 말씀하였다.

"子思가 첫 번째는 道의 본원이 하늘에서 나와 바뀔 수 없음과 그 실체가 자
기 몸에 갖추어져 있어 떠날 수 없음을 밝혔고, 다음에는 存養과 省察의 요점
을 말씀하였고, 끝에는 聖神의 功化의 極을 말씀하였으니, 배우는 자로 하여금
여기에서 자기 몸에 돌이켜 스스로 깨달아서 外誘의 私를 제거하여 本然의 善
을 채우게 하고자 한 것이다."

○ 又曰　君子之心이　常存敬畏[6]하여　雖不見聞이라도　亦不敢忽하니　所以存天
理之本然하여　而不使離於須臾之頃也니라

또 말씀하였다.

"君子의 마음은 항상 敬畏하는 마음을 보존하여 비록 보고 듣지 않더라도 또
한 감히 소홀히 하지 않으니, 이 때문에 天理의 本然을 보존하여 잠시라도 떠
나지 않게 하는 것이다."

○ 又曰　隱은　暗處也요　微는　細事也요　獨者는　人所不知而己所獨知之地也
라　言幽暗之中, 細微之事는　跡雖未形이나　而幾則已動[7]하고　人雖不知나　而
己獨知之[8]하니　則是天下之事　無有著見明顯而過於此者라　是以君子旣常戒

---

5) 〔釋疑〕道之本原 …… 終言聖神功化之極 : 道의 本原이 하늘에서 나와 바꿀 수 없
　다는 것은 天命之謂性을 해석한 것이고, 實體가 자기 몸에 갖추어져 있어 떠날 수
　없다는 것은 道는 잠시도 떠날 수 없음을 해석한 것이며, 存養은 戒愼恐懼를 해석
　한 것이고 省察은 愼獨을 해석한 것이다. 聖神功化의 極은 中和를 지극히 하면 天
　地가 자리를 잡고 萬物이 길러진다는 것을 해석한 것이다.
6) 〔釋疑〕常存敬畏 : 戒愼하고 恐懼함을 해석한 것이다.
7) 〔刊補〕跡雖未形 而幾則已動 : 程子의 뜻을 취하여 남이 아는 곳을 가지고 말하였다.
8) 〔刊補〕人雖不知 而己獨知之 : 游氏(游酢)와 楊氏(楊時)의 뜻을 취하여 자신이 아
　는 곳을 가지고 말하였다.

懼하고 而於此에 尤加謹焉하니 所以遏人欲於將萌하여 而不使其潛滋暗長於
隱微之中하여 以至離道之遠也니라

또 말씀하였다.

"隱은 어두운 곳이요 微는 세미한 일이요 獨은 남은 알지 못하고 자신만이
홀로 아는 곳이다. 幽暗의 가운데와 細微한 일은 자취가 비록 드러나지는 않았
으나 기미는 이미 동하였고 남은 비록 알지 못하나 자신은 홀로 알고 있으니,
그렇다면 천하의 일 중에 著見하고 明顯함이 이보다 더한 것이 없다. 이 때문
에 君子가 이미 항상 戒愼恐懼하고 이에 더욱더 삼가는 것이니, 人欲을 싹트려
할 때에 막아서 隱微한 가운데에 남몰래 불어나고 속으로 자라나 道를 떠나기
를 멀리함에 이르지 않게 하는 것이다."

【附註】

○ 問莫見乎隱, 莫顯乎微는 何也잇가 程子曰 人이 只以耳目所見聞者로 爲
顯見하고 所不見聞者로 爲隱微나 然不知理却甚顯이라 且如昔人彈琴에 見螳
螂捕蟬이러니 而聞者以爲有殺聲[9]이라하니 殺在心이어늘 人聞其琴而知之하니
豈非顯乎아 人有不善에 自謂人不知之나 然天地之理甚著하여 不可欺也니라
曰 如楊震四知[10]然否잇가 曰 亦是나 然而若說人與我인댄 固分得이어니와 若
說天地인댄 只是一箇知也[11]니라

---

9) 〔釋疑〕昔人彈琴 …… 而聞者以爲有殺聲：螳螂(당랑)은 사마귀(버마재비)이며, 有
殺聲은 殺氣가 있는 소리(음악)를 이른다. 後漢의 蔡邕이 陳留에 있을 적에 이웃
사람이 술과 음식을 마련하고 초대하므로 蔡邕이 갔었는데, 손님 중에 병풍 사이
에서 거문고를 타는 자가 있었다. 蔡邕은 거문고 소리를 듣고 속으로 생각하기를
"거문고 소리에 殺氣(죽이려는 마음)가 있음은 어째서인가?" 하고 마침내 돌아오
니, 주인이 좇아와 그 이유를 물었다. 蔡邕이 이러한 사실을 말하자, 거문고를 타
던 자가 대답하기를 "거문고를 탈 적에 螳螂이 매미를 잡으려고 다가가는 것을
보았습니다. 매미가 떠나려 하였으나 아직 날아가지 아니하여 螳螂과 一進一退를
거듭하니 나의 마음이 오싹해져서 螳螂이 매미를 놓칠까 두려워하였습니다." 하였
다. 蔡邕은 웃으면서 말하기를 "이것은 충분히 殺氣에 해당된다." 하였다.
10) 〔釋疑〕楊震四知：楊震은 자가 伯起이니, 後漢 때 사람이다. 그가 천거한 昌邑令
王密이 밤에 황금 10근을 가지고 와서 양진에게 주었다. 양진은 말하기를 "故人
(친구로 자신을 가리킴)은 그대를 아는데 그대는 고인을 알지 못하는구나." 하였

"隱보다 더 잘 드러나는 것이 없고 微보다 더 잘 나타나는 것이 없다는 것은 무엇입니까?" 하고 묻자, 程子가 말씀하였다.

"사람들은 다만 耳目으로 보고 듣는 것을 顯見으로 여기고, 보고 듣지 않은 것을 隱微로 여긴다. 그러나 이것은 이치가 매우 잘 드러난다는 사실을 알지 못한 것이다. 우선 예를 들면 옛사람이 거문고를 탈 적에 螳螂(사마귀)이 매미를 잡는 것을 보았는데 거문고 소리를 들은 자가 소리에 殺氣가 있다고 말한 것과 같으니, 죽이는 것은 마음속에 있는데 다른 사람이 거문고 소리를 듣고 알았으니, 어찌 드러난 것이 아니겠는가. 사람들은 不善이 있을 적에 남들이 알지 못할 것이라고 스스로 생각하나 天地의 이치는 매우 잘 드러나서 속일 수가 없는 것이다."

"이는 楊震의 四知와 같은 것입니까?" 하고 묻자, 다음과 같이 말씀하였다.

"그것도 옳다. 그러나 만약 남과 나로 말한다면 진실로 나눌 수가 있지만 만약 하늘과 땅으로 말한다면 다만 同一한 앎일 뿐이다."

問程子彈琴殺心事는 是就見﹙人﹚知處言하고 蘇楊氏[12]所說은 是就己知處言[13]이어늘 先生[14]이 合而論之하시니 是否잇가 曰[15] 兩事只一理니 幾纔動則己必知之요 己旣知

다. 왕밀은 말하기를 "어두운 밤중이어서 이것을 아는 자가 없습니다." 하니, 양진은 말하기를 "하늘이 알고 땅이 알고 내가 알고 그대가 아는데〔天知 地知 我知 子知〕, 어찌 아는 이가 없다고 말하는가." 하자, 왕밀은 부끄러워하며 나갔다. 四知는 바로 위의 天知, 地知, 我知, 子知의 네 가지를 가리킨 것이다.

11) 〔釋疑〕若說天地 只是一箇知也 : 天地와 사람의 앎이 다만 同一한 앎이라는 것을 말한 것이다. 朱子의 詩에 이르기를 "이 마음이 원래 天地와 통한다.〔此心元自通 天地〕" 하였다.

12) 〔釋疑〕蘇楊氏 : 蘇昞과 楊時이다. ○《語類》를 살펴보면 蘇는 마땅히 游가 되어야 하니, 바로 定夫(游酢)이다. 〔補註〕《中庸或問》에는 '呂游氏'로 되어 있는 바, 呂는 呂大臨을 가리킨 것으로 보인다.

13) 〔釋疑〕是就見﹙人﹚知處言 …… 是就己知處言 :《中庸》의 註에 "자취는 비록 나타나지 않았으나 기미는 이미 동하였다." 하였으니, 이는 상대방에게 알려지는〔見知〕苗脈이며, "남은 비록 알지 못하나 자신은 홀로 안다." 하였으니, 이는 자신이 아는 것이다. 〔刊補〕見知는 내가 남에게 알려짐을 말한다. ○《考誤》에 "見은 人字로 쓰는 것이 옳다. 여러 판본이 모두 人字로 되어 있다." 하였다.

14) 〔刊補〕先生 : 朱子를 가리킨다.

則人必知라 故程子論楊震四知曰 天知地知는 只是一箇知[16]라하시니라

"程子가 말씀한 거문고를 탈 적에 죽으려는 마음이 나타난 일은 남이 아는 곳을 가지고 말하였고, 蘇氏(游氏)와 楊氏가 말한 것은 자기가 아는 곳을 가지고 말하였는데, 先生(朱子)께서는 이것을 합하여 논하시니, 옳습니까?" 하고 묻자, 朱子가 말씀하였다.

"두 가지 일이 다만 한 이치이니, 기미가 조금이라도 동하면 자기가 반드시 알고 자기가 이미 알았으면 남이 반드시 안다. 그러므로 程子가 楊震의 四知를 논하기를 '하늘이 알고 땅이 아는 것은 다만 同一한 앎이다'라고 하신 것이다."

○ 道鄕鄒氏[17]曰 愼獨이 最爲入道之要니 所謂獨者는 非獨閒居靜處而已라 萌於心之謂獨이니 能於此著力이면 無由有過擧[18]라 故中庸에 以此言으로 爲篇首하니라

道鄕鄒氏(鄒浩)가 말하였다.

"愼獨이 道에 들어가는 가장 긴요한 요점이 되니, 이른바 獨이라는 것은 한가하고 고요하게 거처하는 것일 뿐만 아니라 마음에 싹트는 것을 獨이라 이르니, 이때에 힘을 쓰면 잘못되는 일이 있을 수 없다. 그러므로 《中庸》에 이 말을 책의 머리로 삼은 것이다."

西山眞氏曰 鄒氏之言愼獨이 最有深味하니라

西山眞氏가 말하였다.
"鄒氏가 말한 愼獨이 가장 깊은 의미가 있다."

---

15) 〔釋疑〕曰 : 曰字 앞에 마땅히 '朱子' 두 글자가 있어야 한다.

16) 〔釋疑〕己旣知則人必知 …… 只是一箇知 : 程子는 말씀하기를 "남과 나는 진실로 구분이 된다." 하였고, 朱子는 말씀하기를 "자기가 이미 알았으면 남이 반드시 안다." 하여, 정자는 일로 말하였고 주자는 이치로 말하였으니, 두 말씀이 비록 똑같지 않은 듯하나 실은 서로 해롭지 않다. 〔補註〕물은 자의 뜻은 남과 자기를 가지고 말한 것인데, 대답하는 말은 하늘이 알고 땅이 아는 것을 인용하여 말하였으니, 그 뜻은 하늘이 알고 땅이 아는 것이 同一한 앎이라면 남과 자기가 아는 것도 또한 마땅히 同一한 앎이 됨을 말한 것이다.

17) 〔釋疑〕道鄕鄒氏 : 이름은 浩이고 자는 志完이다.

18) 〔刊補〕過擧 : 擧는 事와 같다.

○ 蘇昞이 問於喜怒哀樂之前에 求中이 可否잇가 程子曰 不可하다 既思於喜怒哀樂未發之前하야 求之면 又却是思也라 既思면 即是已發이니 才(纔)發이면 謂之和요 不可謂之中也니라 問呂氏[19]言當求中於喜怒哀樂未發之前이라하니 信斯言也인댄 恐無著摸[20]로소니 如之何而可닛고 曰 言存養於喜怒哀樂未發之時[21]則可커니와 若言求中於喜怒哀樂未發之前則不可하니라

蘇昞이 "喜怒哀樂의 前에 中을 구하는 것이 可합니까?" 하고 묻자, 程子가 말씀하였다.

"불가하다. 이미 喜怒哀樂이 발하기 이전에 생각하여 구한다면 이 또한 생각함이다. 이미 생각하면 곧 已發이니, 조금이라도 발하면 和라 이르고 中이라 이를 수 없다."

"呂氏(呂大臨)가 '마땅히 喜怒哀樂이 발하기 전에 中을 구해야 한다' 하였으니, 진실로 이 말 대로라면 손을 대어 잡을 곳이 없을 듯하니, 어떻게 해야 합니까?" 하고 묻자, 다음과 같이 말씀하였다.

"喜怒哀樂이 발하지 않았을 때에 存養한다고 말하는 것은 可하지만 만약 喜怒哀樂이 발하지 않았을 때에 中을 구한다고 말한다면 불가하다."

朱子曰 程子才思即是已發一句는 能發明子思言外之意하시니 蓋言不待喜怒哀樂之發이요 但有所思면 即是已發이니 此意精微하여 到未發界至[22] 十分盡頭하니 不可以有加矣로다

朱子가 말씀하였다.

"程子의 '조금이라도 생각하면 곧 已發'이라는 한 句는 子思의 말씀 밖의 뜻을 發明하였으니, 喜怒哀樂이 발함을 기다리지 않고 다만 생각하는 바가 있으면 곧 已

---

19) 〔釋疑〕呂氏 : 이름은 大臨이고 자는 與叔이니, 程子와 張子의 門人이다.

20) 〔刊補〕著摸 : 著(착)은 著手이다. 摸는 음이 模인데, 莫으로도 읽으며 손으로 잡음이니, 곧 손을 대어 잡는다는 뜻이다.

21) 〔刊補〕存養於喜怒哀樂未發之時 : 時字가 《近思錄》에는 前字로 되어 있다. 그러나 《二程遺書》를 따라 時字로 쓰는 것이 옳을 듯하다.

22) 〔釋疑〕到未發界至 : 界至는 《語錄解》에 "아무 地界로부터 아무 地界까지이다." 하였다. 〔刊補〕至字를 아래 구절에 붙이는 것은 옳지 않다. 界至는 곧 地境이다. 어느 경계로부터 어느 경계까지라는 말이니, 이는 未發의 경계에 이름을 말한다.

發임을 말씀한 것이다. 이 뜻이 精微하여 未發의 界至(경계)에 이름이 십분 끝을
다하였으니, 이보다 더함이 있을 수 없다."

○ 或問喜怒哀樂之前에 下動字잇가 下靜字잇가 曰 謂之靜則可커니와 然靜中
에 須有物[23]이라야 始得이니 這裏便是難處[24]라 學者莫若且先理會得敬이니 能
敬則自知此矣리라

或者가 "喜怒哀樂의 前에는 動字를 놓아야 합니까? 靜字를 놓아야 합니까?"
하고 묻자, 다음과 같이 말씀하였다.

"靜이라고 이르는 것은 가하나 靜한 가운데에 모름지기 物(마음속에 지키는
일)이 있어야 비로소 되니, 이것이 곧 어려운 곳이다. 배우는 자가 우선 먼저
敬을 이해함만 못하니, 敬하면 자연 이것을 알게 될 것이다."

朱子曰[25] 未發之前에 不可尋覓[26]이요 已覺之後에 不容安排니 但平日莊敬涵養之功
이 至하여 而無人欲之私以亂之면 則其未發也에 鏡明水止하여 而其發也에 無不中節
矣리니 此是日用本領工夫[27]라 至於隨事省察, 卽物推明에도 亦必以是爲本하여 而於
已發之際에 觀之면 則其具於未發之前者를 固可嘿識이라 故程子之答蘇季明에 反覆
論辨이로되 而卒之엔 不過以敬爲言하시니 蓋爲此也라 向來講論思索에 直以心爲已發[28]

---

23) 〔釋疑〕靜中須有物 : 지극히 虛한 가운데 지극히 진실한 것이 있으므로 有物이라
한 것이다. 〔補註〕物은 知覺을 가리킨 것으로, 다만 知覺이 어둡지 않음을 말한
것이다.

24) 〔釋疑〕這裏便是難處 : 難은 알기가 어려운 것이다. 〔刊補〕難은 알기가 어렵다는
뜻이고 靜中有物에 이르기도 어렵다는 뜻이다. ○ 살펴보건대 未發의 전에는 형체
도 없고 손을 대어 잡을 것도 없으니, 이를 靜이라고 하면 可하지만 靜中에 모름
지기 物이 있어야 한다는 것은 말로 표현하기가 어렵다. 이 때문에 "우선 먼저 敬
을 이해함만 못하니, 敬하면 자연 이것을 알게 될 것이다."라고 한 것이다.

25) 〔刊補〕朱子曰條 : 이는 湖南의 諸公들에게 보낸 中和를 논한 편지의 내용이다. 精
密하고 切實하며 簡潔하고 合當해서 매우 啓發시키는 점이 있다. ○ 湖南의 諸公
들이란 南軒을 비롯한 五峯의 여러 門人들이다.

26) 〔刊補〕尋覓 : 助長하는 병통이다. ○《考誤》에 "곧 이른바 中을 구한다는 뜻이
다." 하였다.

27) 〔釋疑〕本領工夫 : 莊敬하여 涵養하는 공부를 가리키니, 나무의 뿌리와 같고 옷의
목부분과 같은 것이다.

하여 而日用工夫를 亦止以察識端倪[29]로 爲最初下手處라 以故로 闕却平日涵養一段 工夫하여 使人胸中擾擾하여 無深潛純一之味하고 而發之言語事爲之間도 亦常急迫浮 露하여 無復雍容深厚之風하니 蓋所見一差에 其害至此하니 不可不審也니라

朱子가 말씀하였다.

"未發의 전에 찾아서도 안 되고 已發의 뒤에 安排해서도 안 된다. 다만 평소 莊 敬하고 涵養하는 공부가 지극해서 人欲의 私로써 어지럽힘이 없으면 未發의 때에 거울처럼 밝고 물처럼 잔잔하여, 발할 적에 절도에 맞지 않음이 없을 것이니, 이것 이 일상생활에 있어 本領의 공부이다. 일을 따라 省察하고 사물에 나아가 미루어 밝힘에 이르러서도 또한 반드시 이것을 근본으로 삼아서 已發의 즈음에 이것을 살 펴본다면 未發의 전에 갖추어져 있음을 진실로 묵묵히 알 수 있을 것이다. 그러므 로 程子가 蘇季明에게 답한 글에 반복하여 논변하였으나 끝내는 敬으로써 말씀함에 불과하셨으니, 이 때문이다. 그 동안 강론하고 사색함에 다만 마음을 已發이라고 여겨서 일상생활의 공부를 또한 다만 端倪(단예)를 살피고 아는 것으로 가장 먼저 下手해야 할 곳이라고 여겼었다. 이 때문에 평소에 涵養하는 한 단락의 공부를 빠 뜨려서 사람으로 하여금 가슴속이 紛擾하여 深潛하고 純一한 맛이 없고, 言語와 事 爲의 사이에 발할 적에도 또한 항상 急迫하고 浮露하여 다시 雍容(여유로움)하고 深厚한 기풍이 없게 하였다. 소견이 한 번 잘못됨에 그 폐해가 이에 이르니, 살피지 않아서는 안 된다."

○ 或曰 當靜坐時에 物之過乎前者를 還[30]見이닛가 不見이닛가 曰 看事如何니 若是大事如祭祀에 前旒蔽明하고 黈纊[31]充耳면 凡物之過者를 不見不聞也어

---

28) 〔刊補〕直以心爲已發 : 直은 '다만'이라는 뜻이다. 묻기를 "程子가 '心은 已發이다' 하였다가 곧바로 또 말씀하기를 '옳지 않다' 하였는데,(《遺書》 등의 책에 보인 다.) 朱子가 어찌하여 初年에는 이렇게 인식하였다가 뒤에 와서야 바야흐로 잘못 을 깨닫고 이러한 의논을 하였습니까?" 하니, 批에 이르기를 "朱子의 初年의 所見 이 우연히 程子의 初年說과 합치했었는데, 뒤에 와서야 온당치 않음을 깨달아 과 감하게 잘못된 견해를 고치고 선을 따랐으니, 더욱 어려운 점이다." 하였다. ○ 살 펴보건대 程子의 '心은 已發이다'라는 말씀은 赤子心을 논한 데에서 나온 것이다.

29) 〔刊補〕端倪 : 發端의 즈음을 이르니, 이를테면 仁의 發端이 惻隱之心인 것과 같은 類이다.

30) 〔釋疑〕還 : 어조사이다.

31) 〔刊補〕黈纊 : 黈는 黃色이며, 또 면류관 옆의 솜을 이른다. 纊은 솜이다.

니와 **若無事時**엔 **目須見**이요 **耳須聞**[32)]이니라

或者가 말하기를 "靜坐할 때에 앞에 지나가는 사물을 보아야 합니까? 보지 말아야 합니까?" 하고 묻자, 〈程子는〉 다음과 같이 말씀하였다.

"어떠한 일인가를 살펴보아야 하니, 만약 祭祀와 같은 大事에 면류관의 앞술이 눈을 가리고 귀막이 솜이 귀를 막고 있을 때라면 지나가는 모든 사물을 보지도 않고 듣지도 않아야 하지만 만약 일이 없을 때에는 눈은 마땅히 보아야 하고 귀는 마땅히 들어야 한다."

呂子約[33)]이 **謂未有聞, 未有見**이 **爲未發**이라한대 **朱子曰 子思只說喜怒哀樂**이어시늘 **今却轉向見聞上去**하니 **所以說得愈多**에 **愈見支離紛冗**하여 **都無交涉**하니 **此乃程門請問記錄者之罪**[34)]요 **而後人**이 **亦不善讀也**라 **若必以未有見聞**으로 **爲未發處**인댄 **則只是**

---

32) 〔刊補〕目須見 耳須聞 : 退溪가 崔見叔(崔應龍)에게 답하기를 "이 말씀은 無聞·無見의 질문에 대답한 것이기 때문에 부득이 須字를 놓은 것이다. 그러나 굳이 必字의 의미로 깊게 볼 필요가 없고, 단지 當字의 의미로 類推해 보라." 하였다.

33) 〔釋疑〕呂子約 : 이름은 祖儉이고 호는 大愚니, 東萊 呂祖謙의 아우이다.

34) 〔刊補〕請問記錄者之罪 : 살펴보건대 蘇季明(蘇昞)이 伊川에게 배울 적에 未發에 관한 질문을 많이 하였는데, 말단에 이르러 묻기를 "中(未發)일 때에는 귀에 들리는 것이 없고 눈에 보이는 것이 없습니까?" 하니, 답하기를 "비록 귀는 듣는 것이 없고 눈은 보는 것이 없지만 보고 듣는 이치는 있어야 한다.……" 하였다.(《考誤》에 "呂子約의 說이 이로 인하여 잘못되었다."고 하였다.) 《中庸或問》에 "蘇季明의 後章의 記錄은 본래의 뜻이 많이 상실되어 질문과 대답이 서로 맞지 않는다." 하였다. 아래 문장의 "일이 없을 때에는 마땅히 보아야 하고 마땅히 들어야 한다." 는 내용을 가지고 참고해 보면 잘못됨이 틀림없다. ○《考誤》에 "朱子가 말씀하기를 '마음에 知覺이 있는 것은 귀에 들리는 것이 있고 눈에 보이는 것이 있는 것과 같이 同時에 일어나는 것이다. 비록 未發의 때라도 마음에 생각이 없는 적이 없으니, 곧 귀에 들리는 것이 있고 눈에 보이는 것이 있는 것과 같이 同時에 일어나는 일이니, 조금이라도 이것이 있으면 未發이 될 수 없다. 그러므로 程子가 「생각함이 있으면 已發」이라고 한 것은 옳지만, 기록하는 자가 「들리는 것이 없고 보이는 것이 없는 것을 未發」이라고 한 것은 옳지 않다' 했다." 하였다. ○ 살펴보건대 思慮가 아직 발하지 않았을 때엔 萬事가 모두 아직 생겨나지 않으니, 이는 곧 볼 만한 것이 없고 들을 만한 것이 없다는 것이요, 귀와 눈으로 보고 듣는 것을 가지고 말한 것이 아니다.

一種神識昏昧底人이 睡未足時에 被人驚覺하여 頃刻之間에 不識四到時節[35]에 有此氣象이라 聖賢之心은 湛然淵靜하여 聰明洞徹하니 決不如此니라 若必如此인댄 則洪範五事[36]에 當云 貌曰僵이요 言曰啞요 視曰盲이요 聽曰聾이요 思曰塞이라야 乃爲得其性이요 而致知居敬하여 費盡工夫 却只養得成一枚癡獃罔兩漢[37]矣리라

呂子約(呂祖儉)이 "들음이 있지 않고 봄이 있지 않은 것이 未發이다."라고 하자, 朱子는 다음과 같이 말씀하였다.

"子思는 단지 喜怒哀樂만을 말씀하셨는데 이제 다시 보고 듣는 것으로 향하여 간다. 이 때문에 말이 많을수록 더욱 지리하고 분분해져서 모두 交涉(관여)함이 없음을 보게 되니, 이는 바로 程門에 묻고 기록한 자의 책임이요 後人들이 또한 잘 읽지 못한 부분이다. 만약 반드시 보고 들음이 있지 않은 것을 未發한 곳이라고 한다면 단지 일종의 精神과 知識이 혼미한 사람이 잠이 부족할 때에 남에게 놀라 깨서 잠깐 동안 四到(四方)를 모르는 때에 이러한 기상이 있다. 聖賢의 마음은 담연히 깊고 고요하여 총명하고 통철하니, 결코 이와 같지 않다. 만약 이와 같을진댄 洪範의 五事에 마땅히 모습은 뻣뻣하고 말은 벙어리가 되고 보는 것은 소경이 되고 듣는 것은 귀머거리가 되고 생각은 막아야 한다고 말하여야 비로소 그 性을 얻음이 될 것이요, 知識을 지극히 하고 敬에 거하여 많은 공부를 허비하는 것이 단지 한 어리석은 罔兩의 사람을 양성하게 될 것이다."

○ 又曰 未發에 更怎生求리오 只平日涵養이 便是니 涵養久면 則喜怒哀樂이 發而中節이니라

또 말씀하였다.

---

35) 〔釋疑〕不識四到時節 : 四到는 四方을 이르니, 정신이 황홀하여 四方의 때를 알지 못함을 말한 것이다.

36) 〔刊補〕洪範五事 : 《書經》〈洪範〉에 "모습은 공손하고 말은 이치에 순하고 봄은 밝고 들음은 귀밝고 생각함은 지혜롭다.〔貌曰恭 言曰從 視曰明 聽曰聰 思曰睿〕" 하였는데, 지혜롭다〔睿〕는 것은 通明함을 이른다.

37) 〔釋疑〕一枚癡獃罔兩漢 : 一枚는 한 개라는 말과 같으며, 癡獃(치애)는 미련하고 어리석음이다. 罔兩은 《莊子》의 郭象註에 "그림자 밖의 희미한 그늘이다."라고 하였으니, 분명하지 않다는 뜻이다. 漢은 사람의 천한 칭호이니, 세속에서 '놈'이란 말과 같다. 〔補註〕罔兩은 그림자 옆에 생기는 엷은 그늘로 곧 半影을 이른다. 전설상 요괴의 이름으로 실제가 없는 허깨비 등을 이른다.

"未發에 다시 어떻게 찾겠는가. 다만 평소 涵養하는 것이 곧 이것이니, 함양하기를 오래하면 喜怒哀樂이 발할 적에 절도에 맞게 된다."

問不知無事時에 如何戒謹恐懼잇가 若只管如此면 恐執持[38]太過요 若不如此면 又恐都忘了로소이다 朱子曰 有甚矜持[39]리오 只不要昏了他니 便是戒懼니라

"일이 없을 때에는 어떻게 하는 것이 戒謹恐懼인지 모르겠습니다. 만약 단지 이와 같이 照管(管攝)하면 잡음이 너무 지나칠까 두렵고, 만약 이와 같이 하지 않으면 또 모두 잊을까 두렵습니다." 하고 묻자, 朱子가 말씀하였다.
"무슨 矜持함이 있겠는가. 다만 이 마음을 어둡게 하지 않을 뿐이니, 이것이 곧 戒懼이다."

○ 又曰 善觀者는 却於已發之際에 觀之니라

또 말씀하였다.
"잘 관찰하는 자는 已發의 즈음에서 관찰한다."

問涵養於未發之初하여 令不善之端旋消면 則易爲力이어니와 若發以後則難制로소이다 朱子曰 聖賢이 正要就發處制어늘 惟子思說喜怒哀樂未發謂之中이라하시니 孔孟敎人에 多從發處說이라 未發時에 固當涵養이어니와 不成[40]發後에 便都不管[41]이니라

"未發의 초기에 함양하여 不善한 단서(마음)를 곧 사라지게 하면 힘을 쓰기가 쉬우나 만약 발한 뒤에는 제재하기가 어렵습니다." 하고 묻자, 朱子가 말씀하였다.
"聖賢은 바로 발하는 곳에 나아가 제재하려 하였는데, 오직 子思가 '喜怒哀樂이 발하지 않은 것을 中이라고 이른다'고 말씀하였으니, 孔子와 孟子는 사람을 가르칠 적에 대부분 발한 곳으로부터 말씀하였다. 未發의 때에도 진실로 涵養을 해야 하지만 발한 뒤에 곧 모두 照管하지 않는다고 말하는 것은 될 수 없다."

○ 延平李氏[42]與朱子書曰 某曩時에 從羅先生學問할새 終日相對靜坐어시늘

---

38) 〔釋疑〕執持 : 助長하고 속박하고 얽매이는 병통이다.
39) 〔刊補〕有甚(삼)矜持 : 矜持는 矜嚴과 矜莊으로 모두 지나치게 엄함을 이른다. '무슨 矜持함이 있겠는가'라는 것은 拘迫해서는 안 된다는 뜻이다.
40) 〔釋疑〕不成 : 아랫글을 가리켜 말한 것이니, 이와 같이 될 수 없음을 말한 것이다.
41) 〔刊補〕不管 : 管은 照管이란 뜻과 같다.

某時未有知라 退入室中하여 亦只靜坐而已러니 先生이 令靜中에 看喜怒哀樂
未發之謂中의 未發을 作何氣象고하시니 此意不惟於進學에 有力이라 兼亦是
養心之要니라 元晦偶有心恙[43]하야 不可思索하니 更於此句內에 求之하여 靜
坐看如何면 往往에 不能無補也리라

---

42) 〔釋疑〕延平李氏 : 이름은 侗이고 자는 愿仲이니, 羅從彦의 門人이며 朱子의 스승
   이다.

43) 〔刊補〕偶有心恙 : 退溪가 이 부분을 강론하고 이어 李咸亨에게 말씀하기를 "내가
   17, 8세 때에 고장에 선배도 없고 찾아가 묻고 배울 데도 없었다. 그리하여 단지
   古書를 읽으면서 그 내용을 연구하다가 마음이 바깥으로 달리면 한 마음으로 집
   중하여 잡아 지키려 하였는데, 때로는 한밤중에 일어나서 꿇어앉아 잡아 지키기도
   하였다. 날마다 이와 같이 하다보니, 心力을 너무 써서 도리어 心疾이 생겨 失性
   할 뻔하였다. 그리하여 여러 가지 방법으로 병을 조리하고 다스리느라 젊은 나이
   에는 전혀 講讀하지 못했었는데, 老年에 이르러 聖學의 길을 분명하게 보고 나서
   야 겨우 늘그막에 수습할 수 있었다. 그러나 또한 專一하게 힘을 다하지 못하고
   있는 형편이다. 내가 그대를 보니, 말하고 행동하는 즈음에 急迫한 병통이 많이
   있고, 너그럽고 느긋한 뜻이 없다. 拘迫(얽매이고 급박함)하면 오래하기 어려우
   니, 敬하여 拘迫함에 이르지 않게 하여 虛明하고 한가로운 心體가 늘 보존되도록
   하면 해로움이 없고 공부가 날로 새로워질 것이다. 〈夙興夜寐箴〉에 '讀書하는 餘
   暇에 틈틈이 놀고 바람을 쐬어 精神을 펴고 性情을 쉬게 하라' 하였으니, 이것이
   본보기가 될 만하다." 하였다. ○ 退溪가 南時甫(南彦經)에게 답하기를 "心疾을
   치료하는 방법은 우선 窮通과 得失, 榮辱과 利害에 관계되는 世間의 일을 일체 버
   려두고, 酬酢을 줄이고 嗜欲을 절제해서 虛閒하고 편안한 마음으로 지내야 한다.
   圖書와 花草를 玩賞하거나 山水와 魚鳥를 즐김에 있어서도 늘 접하여 心氣를 항
   상 순한 경지에 있게 하여야 한다. 책을 볼 때에도 절대로 많이 보지 말고 단지
   뜻에 따라 그 의미를 즐기며, 이치를 연구할 때에도 되도록 일상생활의 平易하고
   明白한 곳에 나아가 간파하여 익숙하게 해서 이미 아는 것에 푹 젖게 해야 할 것
   이다. 그리하여 오직 집착하는 것도 아니고 집착하지 않는 것도 아닌 사이에서 살
   피고 잊지도 않아야 하니, 이렇게 하면 자연 진리를 알게 되어 소득이 있을 것이
   다. 거기에 집착하고 얽매여 빠른 효험을 보려고 해서는 절대로 안 된다." 하였다.
   ○ 退溪가 鄭子中(鄭惟一)에게 답하기를 "마음의 병을 만약 마음을 가지고 없애
   려 한다면 없애려 할수록 더욱 얽매이게 되니, 억지로 찾거나 안배할 필요가 없
   다. 이른바 '操存과 省察'이란 것을 우선 염두에 두지 말고, 다만 일상생활의 평범
   하고 명백한 곳을 보아 느긋한 마음으로 이 사이에서 虛閒하고 편안한 마음으로

延平李氏(李侗)가 朱子에게 준 편지에 다음과 같이 말씀하였다.

"내가 지난날 羅先生(羅從彦)을 따라 배울 적에 종일토록 마주 대하고 靜坐하였는데, 나는 이때 앎이 없어서 물러가 방안에 들어가 또한 다만 정좌할 뿐이었다. 그런데 先生이 나로 하여금 '고요한 가운데에 喜怒哀樂未發之謂中의 未發을 어떠한 기상으로 지어 보아야 하는가?' 하셨으니, 이 뜻은 단지 학문을 진전함에 효력이 있을 뿐만 아니라 또한 마음을 수양하는 요점을 겸한 것이다. 元晦(朱子의 字)는 우연히 마음의 병이 있어 사색할 수가 없으니, 다시 이 句 안에서 찾아 靜坐하며 어떠한가를 본다면 왕왕 도움이 없지 않을 것이다."

朱子答何叔京[44]書曰 李先生教人에 大抵令於靜中에 體認[45]大本未發時氣象을 分明하면 卽處事應物에 自然中節이라하시니 乃龜山門下相傳旨訣이라 然當時親炙[46]之時에 貪聽講論하고 又方竊好章句訓詁之習하여 不得盡心於此라 至今에 若存若亡하여 無一的實見處하여 辜[47]負教育之意하니 每一念此에 未嘗不愧汗沾衣也로라 ○ 西山眞氏曰 朱子於呂氏求中之說과 楊氏體所謂中之說에 皆深非之로되 及爲延平行狀하여는 謂其危坐終日하여 驗未發時氣象而求其所謂中[48]이라하시니 則亦呂氏之說也라 又云

길러야 하니, 오랫동안 쌓고 나면 마음의 병에 효험이 있을 뿐만 아니라 收斂과 操存 또한 여기에서 힘(효과)을 얻을 수 있을 것이다." 하였다. 〔補註〕心恙은 心疾과 같은 뜻으로, 사람이 수양이나 진리 탐구에 너무 정신을 써서 신경 쇠약이나 정신 이상의 병을 얻음을 이른다. 失性 역시 미친 것을 의미한다.

44) 〔釋疑〕何叔京 : 이름은 鎬이고 호는 臺溪이니, 朱子의 門人이다.

45) 〔釋疑〕體認 : 體는 곧 이른바 '저 骨子가 된다'는 體이고 認은 분변하여 아는 것이다. ○ 살펴보건대 朱子가 延平의 體驗이란 글자를 논하여 말씀하기를 "이는 思量함이 있다." 하였으니, 이 體認이란 글자는 또한 마땅히 思量으로 보아야 한다. 이른바 '저 骨子가 된다'는 것은 여기에는 적합하지 않을 듯하다.

46) 〔刊補〕親炙 : 炙는 훈훈하게 굽는 것이다.

47) 〔釋疑〕辜 : 孤와 통하니, 저버린다는 뜻이다.

48) 〔釋疑〕求其所謂中 : 羅從彦과 李侗 두 선생은 성품이 본래 침착하고 고요하여 구하지 않는 것으로 구하였으므로 병통이 없는 것이다. ○《語類》를 살펴보면 羅先生이 배우는 자들에게 고요한 가운데에 未發之中을 구하도록 가르친 것을 묻자, 朱子가 대답하기를 "羅先生의 말씀은 끝내 병통이 있을 듯하다." 하였고, 또 延平이 未發의 前에 氣象을 보고자 한 것을 묻자, 朱子가 말씀하기를 "이 또한 약간의 병통이 있다. 體驗이라는 글자는 思量하는 뜻이 있으니, 思量하면 곧 已發이다."

先生教人에 於靜中에 體認大本未發時氣象이라하시고 其後與學者書에 又謂大本達道를 二先生⁴⁹⁾이 蓋屢言之而龜山所謂未發之際에 能體所謂中하고 已發之際에 能得所謂和라하니 此語爲近之라하사 其說이 又不同하니 將何所適從邪아 蓋嘗思之컨대 未發之前에 但當敬以存養而不可有心求나 然思慮未形而知覺不昧하여 性之體段이 自有不可揜者하니 程子所謂靜中有物者라 蓋謂凡學者深味而實驗之하면 自當有見이니 未可專以言語求也니라 ○【按】宋儒樂平程時登⁵⁰⁾이 嘗類聚程朱所論已發未發者하여 爲中和說集編六卷하니 學者宜詳考之라 茲不盡錄하노라

朱子가 何叔京(何鎬)에게 답한 편지에 다음과 같이 말씀하였다.

"延平 李先生이 사람을 가르칠 적에 '대체로 고요한 가운데에 大本인 未發일 때의 기상을 體認하기를 분명하게 하면 일을 처리하고 사물에 응함에 자연 절도에 맞는다'하셨으니, 이는 바로 龜山(楊時)의 門下에서 서로 전해 온 旨訣(중요한 말씀)이다. 그러나 당시 親炙(직접 수학함)할 때에 講論을 듣기를 탐하고 또 章句와 訓詁를 익히기를 좋아하여 여기에 마음을 다하지 못하였다. 지금에는 있는 듯 없는 듯하여 한 가지도 的實히 본 곳이 없어서 스승의 교육하신 뜻을 저버리니, 언제나 이것을 한 번 생각할 때마다 부끄러워 땀이 흘러서 옷을 적시지 않은 적이 없노라."

○ 西山眞氏가 말하였다.

"朱子는 呂氏의 '中을 구한다'는 말씀과 楊氏(楊時)의 '이른바 中을 체인한다'는 말씀을 모두 깊이 비판하였으나 延平의 行狀을 지을 때에는 '무릎 꿇고 앉아 하루를 마쳐서 未發할 때의 기상을 징험하여, 이른바 中이란 것을 구하였다'하셨으니, 그렇다면 이 또한 呂氏의 말인 것이다."

또 다음과 같이 말하였다.

"선생이 사람을 가르칠 적에 고요한 가운데에 大本인 未發의 기상을 體認하라 하셨고, 그 뒤에 배우는 자들에게 보낸 편지에 또 '大本과 達道를 두 선생이 여러 번 말씀하였다. 龜山(楊時)이 말씀한 「未發의 즈음에 이른바 中이란 것을 體認하고 已

하였다. 그리고 또 말씀하기를 "다만 이와 같음을 보고자 했을 뿐이다. 그러나 이 역시 병통이 있다." 하였으니, 이제 이러한 말씀을 가지고 관찰해보면 여기에서 병통이 없다고 말씀한 것은 朱子의 本意가 아닌 듯하다.

49)〔譯註〕二先生:羅從彦과 李侗을 가리킨 것으로 보인다. 朱子는 李侗에게 수학하였고, 李侗은 羅從彦에게, 羅從彦은 楊時에게, 楊時는 二程에게 수학하였다.

50)〔刊補〕樂平程時登:樂平은 饒州의 屬縣이며, 字는 登庸이다. 鄱陽程氏로 일컬어지며, 朱子의 〈齋居感興〉詩를 註釋하였다.

發의 즈음에 이른바 和란 것을 터득하여야 한다」는 것이니, 이 말씀이 近理하다'
하시어 그 말씀이 또 똑같지 않으니, 장차 무엇을 주장하여 따라야 하는가? 일찍이
생각해 보건대 未發의 前에는 다만 공경하여 存養할 뿐이요 마음을 두어 구해서는
안 된다. 그러나 思慮가 나타나기 전에 知覺이 어둡지 않아서 性의 體段이 자연 가
릴 수 없으니, 程子의 이른바 '고요한 가운데에 사물이 있다'는 것이다. 이는 모든
배우는 자들이 깊이 음미하여 실제로 체험하면 스스로 알게 될 것이니, 오로지 언
어로써 찾아서는 안됨을 이른 것이다."

○【按】宋儒인 樂平 程時登이 일찍이 程子와 朱子가 已發·未發을 논한 것을 종류
별로 모아서《中和說集編》6권을 만들었으니, 배우는 자들은 마땅히 자세히 상고해
야 할 것이다. 여기에 다 기록하지는 않는다.

○ 問謹獨은 是念慮初萌處否잇가 朱子曰 此是通說이나 不止念慮初萌이라
只自知處니 如小可沒緊要處에 胡亂51)去면 便是不謹이니 謹獨은 是已接物
了라 戒謹不睹, 恐懼不聞은 是未有事在니 相在爾室컨대 尙不愧于屋漏之時
요 謹獨은 便已有形迹了니 潛雖伏矣나 亦孔之昭라 詩人言語는 只是大綱說
이어늘 子思就裏面하여 剔出這話來敎人52)하시니 又較緊密이니라

"謹獨은 생각이 처음 싹트는 곳〈을 삼가는 것〉입니까?"하고 묻자, 朱子가
말씀하였다.

"이것이 通說이나 생각이 처음 싹틀 뿐만 아니라 다만 혼자 알고 있는 곳도
獨이다. 만일 조금 긴요함이 없는 곳이라도 어지럽게 하면 곧 삼가지 않는 것
이니, 謹獨은 이미 사물을 접한 것이다. 보지 않을 때에 戒謹하고 듣지 않을 때
에 恐懼한다는 것, 이것은 아직 일이 있지 않을 때이니,《詩經》에 '네가 방에
있는 것을 살펴보건대 혹시라도 屋漏에 부끄럽지 않게 한다'는 때이며, 謹獨은

---

51) 〔釋疑〕胡亂 : 雜亂의 뜻이다.

52) 〔刊補〕子思就裏面 剔出這話來敎人 : 裏面은 詩의 가운데(내용)라는 말이다. 剔은
혹 肆字로 쓰기도 한다.《周禮》에 '肆는 고기(살)를 해부하는 것이다'하였고,
《詩經》의 註에는 '肆는 뼈를 발라내는 것이다'하였는데, 이는 고기를 해부하여
뼈를 발라낸다는 뜻일 것이다. 〔補註〕'相在爾室 尙不愧于屋漏'는《詩經》〈大雅
抑〉의 내용이며, '潛雖伏矣 亦孔之昭'는〈大雅 正月〉의 내용인데, 모두《中庸》의
끝부분에 인용되었는 바,《中庸》은 子思가 지은 것으로 보기 때문에 이렇게 말한
것이다. 위의 내용은 이 卷 끝부분에 자세히 보인다.

이미 形迹이 있는 것이니 《詩經》에 '물 속에 잠겨 비록 엎드려 있으나 또한 심히 밝다'는 것이다. 詩人의 言語는 단지 대강만 말하였는데, 子思가 裏面에 나아가서 이 말씀을 뽑아 내어 사람을 가르치셨으니, 또 더욱 긴요하고 치밀하다."

○ 又曰 戒愼恐懼를 不須說太重이라 孟子曰 操則存이라하시니 亦不是著力把持요 只是操一操[53]면 便在這裏니 如人之氣 呼便出이요 吸便入[54]이라 所不睹, 所不聞은 不是閉耳合眼時요 只是萬事 皆未萌芽에 自家便先恁地戒愼恐懼라 不睹不聞之時는 便是喜怒哀樂未發處니 常要提起此心在這裏하여 防於未然이니 所謂不見是圖[55]也니라

또 말씀하였다.

"戒愼과 恐懼를 굳이 너무 重하게 말할 것이 없다. 孟子가 말씀하기를 '잡으면 보존된다' 하였으니, 또한 힘을 써서 잡는 것이 아니요 다만 그저 한 번 잡을 뿐이니, 〈한 번 잡으면〉 곧 이 속에 있는 것이다. 예컨대 사람이 숨을 쉬는 것이 불면 곧 나가고 들이마시면 곧 들어오는 것과 같다. 보지 않고 듣지 않는 바라는 것은 귀를 막고 눈을 감고 있는 때가 아니요, 다만 萬事가 모두 싹트지 않았을 때에 자신이 곧 먼저 이처럼 戒愼하고 恐懼하는 것이다. 보지 않고 듣지 않는 때는 곧 喜怒哀樂이 未發할 때이니, 항상 이 마음을 提起(깨워 일으킴)하여 이 속에 있게 해서 未然에 방지하는 것이니, 이른바 나타나지 않았을 때에 도모한다는 것이다."

問喜怒哀樂未發之初에 不知戒懼心을 何處著落[56]이닛고 潛室陳氏曰 此問이 最精하니 前輩 於此境界에 最難下言語라 旣是未發이라 才(纔)著工夫면 便是發了니 蓋雖是未發之初나 體已含具萬用하여 在此[57]하니 不比禪家의 寂如空如[58]라 所以惺惺主人[59]

---

53)〔刊補〕操一操 : 看一看이나 審一審이란 말과 동일한 句法이니, 모두 가벼운 정도의 의미로 쓴 말이다. ○ 단지 그저 한 번 잡는다는 정도의 뜻일 것이다.

54)〔刊補〕如人之氣 …… 吸便入 : 잡기만 하면 보존되고 잡지 않으면 없어진다는 뜻을 비유한 말이다.

55)〔譯註〕不見是圖 : 《書經》〈五子之歌〉와 《左傳》 成公十五年條에 보인다.

56)〔刊補〕何處著落 : '어느 곳에 붙일 것인가'라는 말과 같다. 《語錄解》에 "著落은 歸宿의 뜻이 있다." 하였다.

이 常在冥漠中照管하여 都不曾放下了니 蓋雖是持守體段이나 却不露痕跡[60]이니라

"喜怒哀樂이 未發한 초기에는 戒懼하는 마음을 어느 곳에 붙여 두어야 할지 모르겠습니다." 하고 묻자, 潛室陳氏가 말하였다.

"이 물음이 가장 精하니, 선배들은 이 경계(경지)에 대해서 말하는 것을 가장 어려워하였다. 이미 未發이라서 조금이라도 공부를 하면 곧 발한 것이 된다. 비록 未發의 초기이나 體는 이미 만 가지 用을 포함하여 갖추고서 여기에 있으니, 禪家의 寂如·空如와는 같지 않다. 이 때문에 惺惺한 主人(마음)이 항상 어둡고 아득한 가운데에 있어 照管하여 모두 일찍이 놓아버리지 않는 것이니, 비록 잡아 지키는 體段(상태)이나 흔적을 드러내지 않는다."

○ 又曰 謹獨은 是就中에 有一念萌動處하여 雖至隱微하여 人所不知나 而己所獨知에 尤當致謹이니 如一片止水 中間에 有一點動處라 此最緊要著工夫處니라

또 말씀하였다.

"謹獨은 이 가운데에 한 생각이 싹터 움직이는 곳이 있어서 비록 지극히 隱微하여 남들은 알지 못하고 자신만 홀로 아는 바에 더욱 삼감을 지극히 하는 것이니, 예컨대 한 쪽의 잔잔한 물이 중간에 한 점의 움직이는 곳이 있는 것과 같다. 이것이 가장 긴요하게 공부하여야 할 부분이다."

○ 胡氏季隨[61]曰 戒懼者는 所以涵養於喜怒哀樂未發之前이요

---

57) 〔釋疑〕蓋雖是未發之初 …… 在此 : 만 가지 運用하는 이치가 이미 未發의 前에 갖추어져 있는 것이다.

58) 〔譯註〕寂如空如 : 如는 助辭이다.

59) 〔釋疑〕惺惺主人 : 主人은 마음을 가리킨다. 〔補註〕惺惺은 마음을 일깨워 어둡지 않게 하는 것이며, 主人은 한 몸을 지휘할 수 있는 마음의 본체를 가리킨다.

60) 〔釋疑〕常在冥漠中照管 …… 却不露痕跡 : 冥漠은 고요하여 조짐이 없는 것이니, 비록 조용하여 발하지 않았다 하더라도 照管하여 그대로 놓아버리지 않는 것이요, 禪家의 寂滅과 같은 것은 아니다.

61) 〔刊補〕胡氏季隨 : 名은 大時이며, 五峯(胡宏)의 아들이다. 南軒은 五峯에게 배웠고 季隨는 南軒에게 배웠는데, 南軒이 별세한 뒤에 季隨는 朱子에게 質疑하였다. ○ 이는 季隨가 여러 벗들과 학문을 논한 다음 선생(朱子)에게 質正한 것이다. 살

胡季隨(胡大時)가 말하기를 "戒懼라는 것은 喜怒哀樂이 발하기 전에 함양하는 것이요,

元注[62]云 當此之時하여 寂然不動이라 只下得涵養功夫니 涵養者는 所以存天理也라

　元注에 이르기를 "이때를 당하여 마음이 고요하여 동하지 않는다. 다만 涵養공부를 할 뿐이니, 함양은 天理를 보존하는 것이다." 하였다.

愼獨者는 所以省察於喜怒哀樂已發之後라한대

　愼獨은 喜怒哀樂이 이미 발한 뒤에 省察하는 것입니다." 하였는데,

元注云 當此之時하여 一毫放過면 則流於欲矣니 判別義利 全在此時하니 省察者는 所以遏人欲也라

　元注에 이르기를 "이런 때를 당하여 털끝만치라도 놓아 버리면 욕심으로 흘러간다. 義와 利를 판별하는 것이 전적으로 이 때에 달려 있으니, 성찰함은 人欲을 막는 것이다." 하였다.

朱子曰 此說甚善이로다

　朱子가 말씀하기를 "이 말이 매우 좋다." 하였다.

西山眞氏曰 自昔諸儒之釋中庸에 皆以戒謹恐懼與謹獨云者로 通爲一事러니 至朱子하여 乃析而二之하시니 蓋以爲不睹不聞者는 我之所不睹不聞也요 獨者는 人之所不睹不聞也니 其義不容不二라 又以見平常之時와 要切之處에 無所不用其謹이면 則天理存而人欲泯이니 是乃所謂致中和之功也니라

　西山眞氏가 말하였다.

　펴보건대 《朱子大全》의 이 조목 아래에 友恭의 字는 恭叔이라 한 말이 있으니, 그렇다면 이는 실로 潘恭叔의 말인데 篁墩이 우연히 살피지 못하고 季隨의 말이라고 한 것이다. ○ 살펴보건대 이 말은 비록 潘恭叔의 말이지만 季隨가 朱子에게 質正한 것이다.

62) 〔刊補〕元注 : 本註이다.

"예로부터 여러 儒者들이 《中庸》을 해석할 때에 모두 戒謹恐懼와 謹獨을 통하여 한 가지로 여겼는데, 朱子에 이르러 마침내 나누어 둘로 만들었으니, 보지 않고 듣지 않는 것은 내 자신이 보지 않고 듣지 않는 것이요, 獨이라는 것은 남이 보지 않고 듣지 않는 것이니, 그 뜻이 두 가지가 아닐 수 없다. 또 평상시(靜을 가리킴)와 중요하고 간절한 곳(動을 가리킴)에 그 삼감을 쓰지 않는 바가 없으면 天理가 보존되고 人欲이 없어짐을 볼 수 있으니, 이것이 바로 이른바 中和를 지극히 하는 공부라는 것이다."

13. 詩云潛雖伏矣章[1]

詩云 潛雖伏矣나 亦孔之昭라하니 故君子는 內省不疚하여 無惡於志[2]하나니 君子之所不可及者는 其惟人之所不見乎인저 詩云 相在爾室컨대 尙不愧于屋漏라하니 故君子는 不動而敬하며 不言而信이니라

《詩經》에 이르기를 "물고기가 비록 물속에 잠겨 엎드려 있으나 또한 심히 밝게 드러난다." 하였다. 그러므로 군자는 안으로 살펴서 瑕疵(하자)가 없어 마음에 부끄러움이 없으니, 군자의 미칠 수 없는 점은 오직 사람들이 보지 않는 바일 것이다. 《詩經》에 이르기를 "네가 방안에 있는 것을 살펴보건대 오히려 屋漏(방안의 구석)에도 부끄럽지 않다." 하였다. 그러므로 군자는 動하지 않아도 공경하며 말하지 않아도 믿는 것이다.

【原註】
○ 程子曰 學은 始於不欺暗室이니라

程子가 말씀하였다.

---

1) 《中庸章句》 33章에 보인다.
2) 〔釋疑〕內省不疚 無惡(오)於志：《中庸》의 首章은 먼저 體를 말하고 나중에 用을 말하였으며, 마지막 章은 먼저 用을 말하고 뒤에 體를 말하였다. 首章의 體는 戒愼恐懼와 存養으로 天理를 보존하는 것이고, 用은 愼獨과 省察로 人欲을 막는 것이다. 마지막 章의 用은 '물고기가 물속에 잠겨 엎드려 있으나 또한 심히 밝게 드러난다〔潛雖伏矣 亦孔之昭〕'는 것으로 省察이고, 體는 '네가 방안에 있는 것을 살펴보건대 오히려 屋漏에도 부끄럽지 않다〔相在爾室 尙不愧于屋漏〕'는 것으로 存養이다. 〔補註〕앞에 인용한 시는 《詩經》〈小雅 正月〉에 보이고, 뒤에 인용한 시는 〈大雅 抑〉에 보인다.

"學問은 어두운 방에서 속이지 않는 것으로부터 시작된다."

○ 又曰[3] 不愧屋漏與謹獨은 是持養[4]氣象이니라

또 말씀하였다.
"屋漏에 부끄럽지 않은 것과 愼獨은 마음을 잡아 기르는 기상이다."

○ 朱子曰 人之所不見은 此君子謹獨之事也라 承上文하여 又言[5]君子之戒謹恐懼 無時不然하여 不待言動而後敬信[6]하니 則其爲己之功이 益加密矣로다

朱子가 말씀하였다.
"사람들이 보지 않는 바는 군자가 愼獨하는 일이다. 上文을 이어서 君子의 戒謹恐懼가 어느 때이고 그렇지 않음이 없어서 말하고 동하기를 기다린 뒤에 공경하고 믿는 것이 아님을 말하였으니, 그렇다면 자신을 위하는 공부가 더욱 더 치밀한 것이다."

【附註】

○ 司馬溫公이 嘗言吾無過人者어니와 但平生所爲 未嘗有不可對人言者耳

---

3) 〔刊補〕又曰條 : 살펴보건대 宋나라의 諸儒들은 모두 戒愼과 恐懼를 愼獨의 일로 여겼는데, 朱子에 와서야 비로소 나누어 두 가지 공부로 삼았다. 朱子는 일찍이 말씀하기를 "程子가 '不愧屋漏與謹獨'이라 말씀하였으니, 두 단어 사이에 특별히 與字를 놓은 것은 진실로 이미 두 가지 일로 나눈 것인데, 당시에 그 말을 들은 자들이 살피지 못했을 뿐이다." 하였다. 〔補註〕朱子의 集註를 근거하면 戒愼과 恐懼는 마음이 靜할 때의 存天理工夫로 致中에 속하는 바 《大學》의 正心에 해당 하고, 愼獨은 마음이 動할 때의 遏人欲工夫로 致知에 속하는 바 《大學》의 誠意에 해당한다.

4) 〔釋疑〕持養 : 敬을 지켜 涵養하는 것이다.

5) 〔刊補〕承上文 又言 : 살펴보건대 承字 위에 圈點을 치고 '又曰' 두 글자가 있어야 한다.

6) 〔譯註〕不待言動而後敬信 : 말하고 동하기를 기다리지 않고도 공경하고 믿는 것으로 위에 보이는 不動而敬과 不言而信을 합하여 말한 것이다. 그러나 이렇게 해석할 경우 而後의 後字가 생략되므로 '말하고 동하기를 기다린 뒤에 공경하고 믿는 것이 아님'으로 풀이하였음을 밝혀둔다.

라하니라

司馬溫公(司馬光)이 일찍이 말씀하기를 "내 남보다 나은 것이 없지만 다만 평소 행한 바가 일찍이 남을 대하여 말할 수 없는 것은 없다." 하였다.

○ 朱子曰 三國朱然이 終日欽欽하여 如在行陣[7]하니 學者持此면 則心常不放矣리라

朱子가 말씀하였다.

"三國時代에 朱然이 종일토록 공경하고 공경하여 마치 行陣에 있는 듯이 하였으니, 배우는 자가 이러한 마음을 갖는다면 마음을 항상 잃지 않을 것이다."

【按】愼獨은 乃學者第一義而不可忽者라 誠能體溫公之事하여 爲力行之師하고 味朱子之言하여 爲持守之地면 則庶乎有以得之矣리라

愼獨은 바로 배우는 자들의 첫 번째 義로서 소홀히 할 수 없는 것이다. 진실로 司馬溫公의 일을 體行하여 힘써 행하는 스승으로 삼고, 朱子의 말씀을 음미하여 잡아 지키는 터전으로 삼는다면 거의 얻음이 있을 것이다.

○ 西山眞氏曰 人心至靈하니 毫髮之微라도 少有自欺면 必有不能慊於中者니 此所謂疚也요 此所謂惡(오)也라 惟夫處幽如顯하고 視獨如衆하여 反之於己에 無所疚惡焉이니 此君子之所以大過人而人之所不能及也라 又引詩하여 謂處室之時에 當無愧於屋漏니 故君子靜而常敬하고 嘿(默)而常信하여 不待動作言語而後에 見也라 存養之功이 至此하니 非盛德이면 其孰能之乎리오

西山眞氏가 말하였다.

"사람의 마음이 지극히 신령스러우니 털끝 만한 작은 것이라도 조금만 스스로 속이는 것이 있으면 반드시 心中에 만족하지 못함이 있는 것이니, 이것이 이른바 疚(하자)이고 이것이 이른바 惡(부끄러움)이다. 오직 그윽한 곳에 처하기를 드러난 곳과 같이 하고, 홀로를 보기를 사람들 가운데에 있는 것과 같이 여겨, 자기 몸에 돌이켜 봄에 하자와 부끄러움이 없게 할 것이니, 이것이 군자

---

7)〔釋疑〕三國朱然 …… 如在行陣:朱然은 三國時代 吳나라의 장수이니, 《三國志》에 보인다. 자질이 보통사람보다 뛰어났기 때문에 그러한 것이다.

가 보통 사람들보다 크게 뛰어나서 보통 사람들이 미칠 수 없는 것이다. 또
《詩經》을 인용하여 방안에 거처할 때에 마땅히 屋漏에 부끄러움이 없어야 한
다. 그러므로 군자는 고요할 때에도 항상 공경하고 침묵할 때에도 항상 믿게
하여 動作과 言語를 기다린 뒤에 나타나는 것이 아님을 말하였다. 存養의 공부
가 이에 이르니, 盛德이 아니면 그 누가 이에 능하겠는가.”

臨川吳氏曰 夫易以溺人汙人者는 色與貨也라 非理非義之事는 雖甚不良之人이라도
往往畏人之知而不敢肆어니와 苟人所不知之地에 一時不勝其利欲之私면 則於所不
當爲에 保其不爲之乎아 若顏叔子之達朝秉燭[8]과 楊伯起之暮夜卻(却)金과 司馬君
實趙閱道之所爲[9] 無一不可與人言, 無一不可與天知는 眞能愼獨者也라 然斯事也
를 儒者도 猶或難之니라 莊子曰 爲不善乎顯明之中이면 人得而誅之요 爲不善於幽闇
之中이면 鬼得而誅之라하니 君子는 言人하고 不言鬼하며 言是非하고 不言禍福이어늘 而
莊子云爾는 將以警夫中人以下者與인저

　臨川吳氏(吳澄)가 말하였다.
　“사람을 쉽게 빠뜨리고 사람을 쉽게 더럽히는 것은 女色과 財貨이다. 도리가 아
니고 義가 아닌 일은 비록 심히 불량한 사람이라도 왕왕 남들이 알까 두려워하여
감히 제멋대로 하지 못하지만 만일 남들이 알지 못하는 곳에 일시적으로 利慾의 사
사로움을 이기지 못하면 마땅히 하지 않아야 할 것을 하지 않음을 보장할 수 있겠
는가. 顏叔子가 날이 새도록 촛불을 잡고 있었던 것과 楊伯起(楊震)가 늦은 밤에
황금을 물리친 것과 司馬君實(司馬光)과 趙閱道(趙抃)가 행한 바를 한 가지도 남
에게 말할 수 없는 것이 없고 한 가지도 하늘에게 알리지 못할 것이 없었던 것은
참으로 홀로를 삼간 것이다. 그러나 이러한 일은 儒者들도 오히려 혹 하기가 어
렵다. 莊子가 말하기를 ‘드러나고 밝은 가운데에서 不善을 하면 사람들이 주벌할

---

8)〔釋疑〕顏叔子之達朝秉燭:《史記》에 顏叔子가 홀로 한 방에 앉아 있었는데, 밤에
　　큰 비가 오자 한 여자가 投宿하였다. 顏叔子는 그녀로 하여금 촛불을 밝히게 하였
　　으며, 촛불이 다 타버리자 집의 기둥을 쪼개 계속해서 불을 밝혀 날이 새도록 멈
　　추지 않았다.

9)〔釋疑〕楊伯起之暮夜卻(却)金 司馬君實趙閱道之所爲:楊伯起는 楊震으로 伯起는
　　그의 字이며 司馬君實은 司馬光으로 君實은 그의 字인데, 내용이 위에 보인다. 閱
　　道는 宋나라의 명재상인 趙抃의 字이다. 그는 날마다 자기가 행한 일을 밤이면 반
　　드시 衣冠을 갖추고 노천에 앉아 香을 사르고 아홉 번 절하며 하늘에 아뢰었으니,
　　바르지 못하여 하늘에 고할 수 없는 일은 감히 하지 않은 것이다.

수 있고, 어두운 가운데에 不善을 하면 귀신이 주벌할 수 있다' 하였으니, 군자는
사람을 말하고 귀신을 말하지 않으며 옳고 그름을 말하고 禍와 福을 말하지 않
는데, 莊子가 이와 같이 말한 것은 장차 中人 이하의 사람들을 깨우치고자 해서
였을 것이다."

心經附註 제2권

14. 大學 誠意章¹⁾

大學所謂誠其意²⁾者는 毋自欺也니 如惡惡臭하며 如好好色이 此之謂
自謙(慊)이니 故君子는 必愼其獨³⁾也니라 小人閒居에 爲不善호되 無所

---

1) 《大學章句》 傳6章에 보인다.
2) 〔釋疑〕誠其意 : 性은 마음의 體이니, 펴져서 시행하고 發用하는 것은 情이고, 情이
   발함으로 인하여 경영하고 헤아려서 주장하여 이와 같이 하려고 하는 것은 意이
   다. 그러나 情은 자연히 나오는 것이어서 힘쓸 곳이 없고, 意는 헤아리고 운용하
   는 것이어서 사람의 힘을 용납한다. 그러므로 誠情이라고 말하지 않고 다만 誠意
   라고 말한 것이다.
3) 〔刊補〕愼其獨 : 묻기를 "첫 구절에 愼其獨을 말한 다음, 아래 문단에서 또 거듭
   이것을 말하였습니다. 지금 사람들은 위의 獨字는 '마음의 獨'으로 해석하고 아래
   의 獨字는 '몸의 獨'으로 해석하는데, 張謹은 '이는 아마 옳지 않을 듯하다. 첫 구
   절 獨字의 訓詁 아래에 陳定宇(陳櫟)는 이르기를 「이 獨字는 마음이 홀로 아는
   것을 가리켜 말한 것이고, 몸이 홀로 거처하는 곳을 가리켜 말한 것이 아니다」라고
   하였으며, 또 閒居에 대한 訓詁 아래에 「이는 몸이 홀로 거처하는 곳이니, 윗문장
   의 己所獨知의 獨과는 같지 않다」라고 하였다. 지금 사람들이 대부분 이 말에 현
   혹되어 本意를 살피지 않고 억지로 이러한 주장을 하는데, 이는 陳定宇의 두 說이
   애당초 위아래 獨字의 뜻을 辨別한 것이 아니요, 단지 閒居의 뜻과 愼獨의 獨에
   구별이 있음을 辨別한 것임을 전혀 몰라서이다. 만약 그렇게 말한다면 陳定宇의
   本意가 아닐 뿐만 아니라 朱子 《章句》의 뜻도 잃게 된다. 다음 구절에서 愼其獨
   한 句를 訓詁하여 「君子는 그런 까닭에 거듭 경계하여 반드시 그 홀로를 삼간다
   〔君子所以重以爲戒而必謹其獨也〕」하였으니, 지금 이 所以字와 重字, 必字를 자세
   히 살펴보면 첫구절에서는 愼其獨을 毋自欺의 工夫로 삼았고, 아래 문단에서는 小
   人이 自欺하는 폐단을 말해서 삼가지 않을 수 없음을 경계한 뜻임을 알 수 있다.

不至하다가　見君子而后에　厭然揜其不善하고　而著其善하나니　人之視己
如見其肺肝然[4]이니　則何益矣리오　此謂誠於中이면　形於外니　故君子는
必愼其獨也니라　曾子曰[5]　十目所視며　十手所指[6]니　其嚴乎인저　富潤
屋이요　德潤身[7]이라　心廣體胖하나니　故君子는　必誠其意니라

　　《大學》의 이른바 '그 뜻을 성실히 한다'는 것은 스스로 속이지 마는
것이니, 惡을 미워하기를 惡臭를 싫어하듯이 하고 善을 좋아하기를 好色
을 좋아하듯이 하여야 하니, 이것을 自慊이라 이른다. 그러므로 君子는
반드시 홀로를 삼가는 것이다. 小人은 한가로이 거처할 때에 不善한 짓
을 하되 이르지 못하는 바가 없다가 君子를 본 뒤에는 겸연쩍게 不善함
을 가리고 善함을 드러낸다. 남들이 자기를 보기를 그의 肺腑를 보듯이
할 것이니, 그렇다면 무슨 유익함이 있겠는가. 이것을 일러 '中心에 진실
(가득)하면 外面에 나타난다'고 하는 것이다. 그러므로 君子는 반드시 홀
로 있을 때를 삼가는 것이다. 曾子가 말씀하기를 "열 눈이 보는 바이며
열 손가락이 가리키는 바이니, 무섭구나!" 하였다. 富는 집을 윤택하게
하고 德은 몸을 윤택하게 하니, 德이 있으면 마음이 넓어지고 몸이 펴진

　　그러므로 마지막에 愼其獨으로 결론 지은 것이니, 별도로 다른 뜻이 있는 것이 아
니다'하였는데, 이 말이 믿을 만합니까?"하니, 退溪는 답하기를 "誠意章의 두
獨字에 대해서 지금 사람들은 陳定宇의 말을 잘못 보고 몸과 마음으로 분별하는
데, 나 역시 과거에는 그 말을 따르다가 근래에야 그것이 잘못임을 깨달았다. 張
謹의 말이 옳다." 하였다.

4) 〔釋疑〕人之視己　如見其肺肝然 : 己와 肺肝은 모두 小人을 가리킨다. 〔補註〕사람
　들이 자기(小人)를 보기를 그(小人)의 肺肝을 보듯이 함을 이른다. 栗谷은 일찍
　이 其字를, 보는 사람으로 해석하여 '善한 사람들이 小人을 보기를 자신(善人)의
　肺肝을 보듯이 한다'로 해석하였다.
5) 〔釋疑〕曾子曰 : 이것은 曾子가 일찍이 경계한 말씀이요, 經文을 해석한 것이 아니
　다. 그러므로 門人들이 특별히 '曾子曰'을 붙여 구별한 것이다.
6) 〔刊補〕十目所視　十手所指 : 열 사람이 보고 열 사람이 가리킨다 함은 보고 듣는
　사람이 많음을 말한 것이다.
7) 〔釋疑〕富潤屋　德潤身 : 富를 德과 상대하여 말하였으니, 지극히 거친 일을 들어서
　지극히 진실한 이치를 발명한 것이다.

다. 그러므로 君子는 반드시 뜻을 성실히 하는 것이다.

謙은 讀爲慊이니라
謙은 慊으로 읽는다.

【原註】
○ 朱子曰 獨者는 人所不知而己所獨知之地也라 言欲自修者 知爲善以去
其惡이어든 則當實用其力하야 而禁止其自欺하야 使其惡惡則如惡惡臭하고 好
善則如好好色하야 皆務決去而求必得之하야 以自快足於己요 不可徒苟且以
徇外而爲人也라 然其實與不實은 蓋有他人所不及知而己獨知之者라 故必
謹之於此하야 以審其幾焉[8]이니라

朱子가 말씀하였다.

"獨은 남은 알지 못하고 자기만 홀로 아는 곳이다. 스스로 닦고자 하는 자가
〈格物致知하여〉 善을 하고 惡을 제거해야 함을 알았으면 마땅히 실제로 그 힘
을 써서 自欺함을 금지하여, 가령 惡을 미워함에는 惡臭를 싫어하듯이 하고 善
을 좋아함에는 好色을 좋아하듯이 하여, 모두 힘써 결단하여 버리고 구함에 반
드시 얻어서 스스로 자신에게 만족하게 해야 할 것이요, 한갓 구차하게 外面을
따라 남을 위해서는 안 된다. 그러나 성실하고 성실하지 못함은 남은 미처 알
지 못하고 자기만이 홀로 아는 것이다. 그러므로 반드시 이것을 삼가서 그 幾
微를 살펴야 함을 말씀한 것이다."

○ 鄭氏曰 厭은 讀爲黶이니 黶은 閉藏貌也라

鄭氏(鄭玄)가 말하였다.
"厭은 黶(암)으로 읽으니, 黶은 은폐하고 감추는 모양이다."

○ 朱子曰 厭然은 銷沮閉藏之貌라 此는 言小人이 陰爲不善而陽欲揜之하니
則是非不知善之當爲與惡之當去也로되 但不能實用其力하야 以至此爾라 然
欲揜其惡而卒不可揜하고 欲詐爲善而卒不可詐하니 則亦何益之有哉리오 此

---
8) 〔釋疑〕以審其幾焉 : 審은 살펴서 삼가는 뜻이 있고 幾는 動함의 은미함이니, 진실
하고 진실하지 않음이 처음 나누어지는 곳이다.

君子所以重以爲戒하야 而必謹其獨也니라

朱子가 말씀하였다.

"厭然은 銷沮(의기소침)하여 은폐하고 감추는 모양이다. 이는 小人이 속으로 不善한 짓을 하고는 겉으로 이것을 감추고자 함을 말하였으니, 그렇다면 이것은 善을 해야 함과 惡을 제거해야 함을 모르는 것이 아니나 다만 실제로 힘을 쓰지 못하여 이에 이른 것이다. 그러나 惡을 가리려고 해도 끝내 가릴 수가 없고 거짓으로 善을 하려고 해도 끝내 속일 수가 없으니, 그렇다면 또한 무슨 유익함이 있겠는가. 이것이 君子가 거듭 경계하여 반드시 홀로 있을 때를 삼가는 까닭인 것이다."

○ 又曰 心無愧怍이면 則廣大寬平하야 而體常舒泰니라

또 말씀하였다.

"마음에 부끄러움이 없으면 廣大하고 寬平하여 몸이 항상 펴지고 편안하다."

【附註】

○ 程子曰 有天德이라야 便可語王道니 其要는 只在謹獨이니라

程子가 말씀하였다.

"天德이 있어야 곧 王道를 말할 수 있으니, 그 요점은 다만 愼獨에 있다."

朱子曰 有天德이면 便是天理니 便做得王道요 無天德이면 便是私意라 是計較니 人多無天德이라 所以做王道不成이니라 ○ 雙峯饒氏[9]曰 天德은 卽正心修身之謂요 王道는 卽齊家治國平天下之謂요 謹獨은 卽誠意之謂니 此章은 乃大學一篇緊要之處니라

朱子가 말씀하였다.

"天德이 있으면 곧 天理이니 王道를 행할 수 있고, 天德이 없으면 곧 사사로운 마음이어서 〈利害를〉 計較하는 것이니, 사람들이 대부분 天德이 없기 때문에 王道를 이루지 못하는 것이다."

---

9)〔釋疑〕雙峯饒氏 : 이름은 魯이고 자는 仲元이니, 勉齋 黃榦에게 수학하였다.〔刊補〕《一統志》에 "名이 魯이고 字가 仲元이며 號가 雙峰으로, 饒州 餘干 사람이다. 어려서부터 黃勉齋를 찾아가 배웠으며, 성품과 행실이 단정하고 근엄하며 學術이 정밀하고 분명하였다. 여러 차례 추천을 받았으나 벼슬길에 나가지 않았는데, 별세하자 門人들이 文元이라 私諡하였다." 하였다.

○ 雙峯饒氏(饒魯)가 말하였다.

"天德은 곧 正心과 修身을 이르고 王道는 곧 齊家와 治國·平天下를 이르며 謹獨
은 곧 誠意를 이르니, 이 章은 바로 大學 한 편의 요긴한 부분이다."

○ 又曰 有人이 胸中에 常若有兩人焉하야 欲爲善엔 如有惡以爲之間하고 欲
爲不善엔 又若有羞惡之心者하니 本無二人이요 此正交戰之驗也라 持其志하야
使氣不能亂이니 此大可驗[10]이라 要之[11]컨댄 聖賢必不害心疾[12]이시니라

程子가 또 말씀하였다.

"어떤 사람이 가슴속에 항상 두 사람이 있는 듯하여, 善을 하려고 하면 惡이
가로막는 듯하고 不善을 하려고 하면 또 羞惡하는 마음이 있는 듯하니, 본래
두 사람이 있는 것이 아니라 이는 바로 善과 惡이 서로 싸우는 징험이다. 뜻
을 잡아 지켜서 氣로 하여금 혼란하지 않게 하여야 하니, 이것을 여기에서
크게 징험할 수 있다. 요컨대 聖賢은 반드시 마음의 병에 해로움을 당하지
않는다."

或問 方持志之時에 二者猶交戰于胸中이면 則奈何잇가 南軒張氏曰 持志者는 主一
之謂니 若持志之時에 二者猶交戰于胸中이면 是는 不能主一也니 志不立也일새니라

혹자가 "막 뜻을 잡아 지키고 있을 때에 두 가지가 오히려 가슴속에서 서로 싸우
면 어찌 해야 합니까?" 하고 묻자, 南軒張氏가 말하였다.

"뜻을 잡아 지킨다는 것은 한 가지를 주장함을 이르니, 만약 뜻을 잡아 지키고

---

10)〔釋疑〕此大可驗 : 此字는 서로 싸우는 곳을 가리켜 말한 것이다. 다만 서로
싸우는 징험은 事理로써 말하였고, 持其志 이하는 공부로써 말하였으니, 뜻을
잡아 지켜서 氣가 어지럽지 못하게 하고자 한다면 마땅히 서로 싸우는 곳
에 나아가서 天理가 과연 人欲을 이기는가의 여부를 징험해야 함을 말한 것
이다.

11)〔刊補〕要之 : '결론적으로 말하면'이라는 뜻이다.

12)〔釋疑〕聖人必不害心疾 : 害는 憂患의 뜻으로 보아야 할 것이다.〔刊補〕생각
하건대 이때 어떤 사람이 마음의 병에 대한 일을 먼저 말하였으므로 아울러
거론하여 답한 것인 듯하다. '不害心疾'이란, 마음의 병을 가지고 스스로 해로
움을 당하지 않는다는 말과 같다. ○ 살펴보건대 心疾은 良心과 私心이 서로
싸우는 것을 가리키는 바, 聖人은 그러한 병폐가 없음을 말한 것이다.

있을 때에 두 가지가 오히려 가슴속에서 서로 싸운다면 이는 한 가지를 주장하지 못한 것이니, 뜻이 서지 못하였기 때문이다."

○ 又曰 欲知得與不得인댄 於心氣上에 驗之니 思慮有得에 中心悅豫하야 沛然有裕者는 實得也요 思慮有得에 心氣勞耗者는 實未得也니 强揣度(탁)耳라 嘗有人이 言 比因學道思慮하야 心虛라한대 曰 人之血氣 固有虛實[13]하니 疾病之來는 聖賢도 所不免이어니와 然未聞自古聖賢이 因學而致心疾者로라

程子가 또 말씀하였다.

"得(터득함)과 不得(터득하지 못함)을 알고자 한다면 心氣 上에서 징험하여야 하니, 사려하여 터득함이 있을 적에 中心이 기뻐져서 沛然하게 여유가 있는 것은 실제로 터득한 것이고, 사려하여 터득함이 있을 적에 心氣가 피로한 것은 실제로 터득하지 못한 것이니, 억지로 헤아린 것일 뿐이다."

일찍이 어떤 사람이 "근래에 道를 배우고 사려함으로 인하여 마음이 허약해졌다."고 말하자, 程子가 말씀하였다.

"사람의 血氣는 진실로 허약하고 충실한 차이가 있으니, 질병이 오는 것은 聖人도 면할 수 없는 것이다. 그러나 예로부터 聖賢이 학문으로 인하여 마음의 병을 얻었다는 말은 듣지 못하였다."

【按】所撫二條는 皆誠意章事라 然皆以心病爲言하니 蓋恐學者持之太過而又不可失其所有事라 必如孟子所謂勿忘勿助하야 而馴致于心廣體胖이라야 乃有得耳니라

위에 뽑은 두 조목은 모두 誠意章의 일이다. 그러나 모두 마음의 병을 가지고 말하였으니, 이는 배우는 자가 마음을 잡아 지키기를 너무 지나치게 할까 두렵고, 또 일삼음이 있는 것을 잃어서도 안 되기 때문이다. 반드시 孟子의 이른바 '잊지도 말고 助長하지도 말라'는 것과 같이 하여 마음이 넓어지고 몸이 펴짐을 점점 이루어야 비로소 얻음이 있을 것이다.

○ 劉忠定公[14]이 見溫公하고 問盡心行己之要에 可以終身行之者한대 公曰

---

13)〔釋疑〕人之血氣 固有虛實 : 血氣가 허하면 병들고 실하면 병들지 않는다.

14)〔釋疑〕劉忠定公 : 이름은 安世이고 자는 器之이며 忠定은 시호이니, 바로 이른바 元城이란 분이다.

其誠乎인저 又問行之何先이닛고 公曰 自不妄語始[15]니라 劉初甚易之러니 及退而自隱括[16]日之所行과 與凡所言하니 自相掣肘矛盾[17]者多矣라 力行七年而後成하니 自此로 言行一致하고 表裏相應하야 遇事坦然하야 常有餘裕러라

劉忠定公(劉安世)이 司馬溫公을 뵙고는 마음을 다하고 몸을 행하는 요점 중에 종신토록 행할 만한 것을 묻자, 公은 "誠일 것이다." 하고 대답하였다. 또다시 "이것을 행하려면 무엇을 먼저 해야 합니까?" 하고 묻자, 公은 "말을 함부로 하지 않음으로부터 시작하여야 한다." 하였다. 劉忠定公이 처음에 이것을 매우 쉽게 여겼는데, 물러 나와서 스스로 날마다 행하는 바와 말하는 바를 법도에 맞춰 보니, 서로 제지당하고 모순되는 것이 많았다. 그리하여 7년 동안 힘써 행한 뒤에야 완성되었으니, 이로부터 말과 행실이 일치되고 안과 밖이 서로 응해서 일을 만나면 평탄하여 항상 여유가 있었다.

---

15) 〔釋疑〕其誠乎 …… 自不妄語始 : 사람이 허망함에 잘못되기 쉬운 것은 오직 言語가 심하다. 그러므로 聖人이 사람을 가르칠 적에 信(진실)을 言語의 법칙으로 삼았으니, 信과 誠이 한 이치이다. 그러므로 誠을 보존하는 방법은 말을 함부로 하지 않음으로부터 시작해야 하는 것이다. 더구나 말을 함부로 하지 않는 것은 반드시 말과 행실이 서로 돌아본 뒤에야 가능하니, 이는 溫公이 잘 가르친 것이요, 劉公이 잘 배운 것이다.

16) 〔釋疑〕隱括 : 括은 마땅히 木邊을 따라야 한다. 《韻會》에 "굽게 휘는 것을 隱이라 하고, 곧고 방정하게 하는 것을 栝이라 한다." 하였고, 또 隱은 혹 隱으로도 쓰니 살핀다는 뜻이요, 栝은 檢栝이니 곧 邪曲한 것을 바로잡는 기구이다. ○ 荀子가 말하기를 "隱栝의 곁에 굽은 나무가 많다." 하였다.

17) 〔釋疑〕掣肘矛盾 : 掣肘(철주)는 팔뚝을 잡아당기는 것으로 글씨 쓰는 사람의 팔뚝을 잡아당겨 글씨를 제대로 쓰지 못하게 함을 이르며, 盾은 방패이니 창으로 찌르고 방패로 막아서 서로 들어가지 못하는 것이다. 魯나라에서 宓子賤을 單父(선보)의 縣令으로 임명하자, 복자천은 글씨를 잘 쓰는 사람 두 명을 데려다 놓고 글씨를 쓰게 한 다음 이들이 글씨를 쓰면 그때마다 옆에서 팔뚝을 잡아당겼다. 그러고는 글씨가 잘못되면 성을 내고 글씨를 잘 쓰려고 하면 또 팔뚝을 잡아당기니, 글씨 쓰는 자가 사양하고 돌아갔다. 이 사실을 魯나라 군주에게 아뢰자, 魯나라 군주는 말하기를 "복자천은 내가 그를 방해해서 善政을 베풀지 못할까 염려해서 이러한 비유를 한 것이다." 하고는 선보의 백성들을 함부로 徵發하지 말도록 명하였다.

朱子曰 誠之爲言은 實也라 然經傳用之에 各有所指하니 不可一槩論이라 如周子謂誠
者聖人之本은 蓋指實理而言이니 即中庸所謂天下至誠者니 指人之實有此理者而言
也요 溫公所謂誠은 即大學所謂誠其意者니 指人之實其心而不自欺者也니라 ○ 西山
眞氏曰 溫公之所謂誠은 主於不欺詐, 無矯僞하니 正學者立心之初에 所當從事者요
非指誠之至者而言也니라

朱子가 말씀하였다.

"誠이란 말(글자)은 성실함이다. 그러나 經傳에서 이를 사용함에 각각 가리킨 바
가 있으니, 일괄적으로 논할 수는 없다. 예컨대 周子가 '誠은 聖人의 근본'이라고
한 것은 진실한 이치를 가리켜 말씀한 것인 바, 바로 《中庸》의 이른바 '천하에 지
극히 성실한 자'라는 것이니, 사람이 실제로 이 이치를 가지고 있음을 가리켜 말한
것이요, 司馬溫公이 말한 誠이라는 것은 바로 《大學》의 이른바 '그 뜻을 성실하게
한다'는 것이니, 사람이 그 마음을 성실하게 하여 스스로 속이지 않음을 가리킨 것
이다."

○ 西山眞氏가 말하였다.

"司馬溫公의 이른바 誠이라는 것은 속이지 않고 거짓으로 꾸미지 않는 것을 주장
하였으니, 바로 배우는 자가 마음을 세우는 초기에 마땅히 종사하여야 하는 것이요,
誠이 지극한 자를 가리켜 말한 것이 아니다."

○ 蘭溪范氏[18]曰 人心이 至難測也라 孰不欲謂己君子리오마는 而多不免爲
常人하고 或陷于大惡者는 患在心違其貌而安於自欺也라 夫人이 有殺心에
輒形於聲[19]하고 有欲炙心에 輒形於色[20]하고 有懼心에 目動而言肆[21]하고 有
異心에 視遠而足高[22]하니 其心一動이 雖甚微也나 而形於外者를 已不可揜이

---

18) 〔釋疑〕蘭溪范氏 : 이름은 浚이고 자는 茂明이다.

19) 〔譯註〕有殺心 輒形於聲 : 樂師가 사마귀가 매미를 잡아먹으려는 것을 보고 거문고
　　　를 탔는데, 그 거문고 소리에 殺氣가 있었다는 蔡邕의 故事를 든 것으로, 本書 1
　　　卷 12,〈天命之謂性章〉註 9)에 자세히 보인다.

20) 〔釋疑〕有欲炙心 輒形於色 : 晉나라 顧榮이 잔치를 열어 술을 마실 적의 일이다.
　　　고기를 굽는 자가 불고기를 먹고 싶어 하는 기색이 있자, 顧榮은 불고기를 잘라서
　　　그에게 먹이며 말하기를 "어찌 종일토록 음식을 잡고 있으면서 그 맛을 알지 못
　　　한단 말인가." 하였다. 그후 趙王倫의 난리에 顧榮이 붙잡혔는데, 그 사람이 마침
　　　감독하는 병사가 되어서 顧榮을 구해 주어 죽음을 면할 수 있었다.

如此어늘 彼小人은 乃欲揜其不善於君子之前하니 當其念已不善而思揜之면
則不善之念이 已誠乎中이라 既誠乎中이면 則必有自匿不慊之微情이 呈露于
言意態度之間하리니 自以爲人莫我知也나 而不知人已得其所謂不可揜者를
如見其肺肝이니 嗚呼라 自欺孰甚焉고 此予之所以爲懼而思戒하야 必以愼獨
名座右也로라

蘭溪范氏(范浚)가 말하였다.

"사람의 마음은 지극히 헤아리기 어렵다. 누군들 자기를 君子라고 말하고 싶
지 않겠는가마는 대부분 보통사람이 됨을 면치 못하고 혹은 大惡에 빠지는 것
은 마음이 용모와 어긋나 스스로 속이는 것을 편안히 여기는 데에 병통이 있
다. 사람이 죽으려는 마음이 있으면 곧 소리(음악)에 나타나고 불고기를 먹고
싶어하는 마음이 있으면 곧 얼굴빛에 나타나며, 두려워하는 마음이 있으면 눈
동자가 움직이고 말소리가 제멋대로 나오며 딴 마음이 있으면 먼 곳을 바라보
고 발을 높이 드니, 마음이 한 번 동하는 것이 비록 매우 미미하나 밖으로 나
타나는 것을 은폐할 수 없음이 이와 같다. 그런데 저 小人들은 마침내 자신의
不善을 君子의 앞에서 은폐하려고 하니, 그 생각이 이미 不善한데 은폐할 것을
생각한다면 不善한 생각이 이미 마음속에 진실(가득)한 것이다. 이미 마음속에
진실하면 반드시 스스로 속여서 만족스럽지 못한 隱微한 實情이 말뜻과 태도에
드러남이 있을 것이니, 사람들이 자신을 알지 못할 것이라고 스스로 생각하지

---

21) 〔釋疑〕有懼心 目動而言肆 : 春秋時代에 秦나라가 晉나라를 정벌할 적의 일이다.
秦나라 行人(외교관)이 밤에 와서 晉나라 군사들에게 말하기를 "두 나라 군대가
만나 싸우는 것을 두 나라 군사들이 모두 싫어하지 않으니,〔皆不憗〕내일 싸움터
에서 서로 만나자.〔相見〕" 하고 도전하였다. 그러자 臾騈(유병)은 말하기를 "秦나
라 使者가 눈빛이 동요하고 말을 함부로 하니, 우리를 두려워하는 것이다." 하였
는데, 과연 秦나라 군대가 밤에 도망하였다. ○ 憗(은)은 마음에 하고 싶지 않으
면서 억지로 하는 뜻이니, '모두 싫어하지 않는다〔皆不憗〕'는 것은 그 마음에 모
두 싸우고자 함을 말하고, '서로 만난다〔相見〕'는 것은 서로 싸움을 이른다.
22) 〔釋疑〕有異心 視遠而足高 : 春秋時代 柯亭의 會盟에서 單襄公(선양공)이 魯成公
에게 이르기를 "晉나라 임금이 먼 곳을 바라보고 발을 높이 들어 눈이 몸에 있지
않고 발이 눈에 있지 않으니, 그 마음이 반드시 이상하다. 눈과 몸이 서로 따르지
않으니, 어찌 오래가겠는가." 하였다. ○ 선양공은 周나라 大夫이고 晉나라 임금
은 厲公이다.

만 사람들이 이른바 '은폐할 수 없다'는 것을 알기를 그 肺肝을 들여다보듯이 한다는 사실을 알지 못한다. 아! 스스로 속임이 무엇이 이보다 더 심하겠는가. 이 때문에 나는 두려워하여 경계할 것을 생각해서 반드시 愼獨을 座右銘으로 삼는 것이다."

【按】范氏는 莫知其師承이나 而朱子於其心箴에 有取焉[23]하시니 其學이 誠有得于孟子라 故於論心處에 多警切하야 與濂洛之語로 相出入하니 蓋不獨心箴也니라

　范氏는 스승의 傳承을 알 수 없으나 朱子가 그의 〈心箴〉을 취함이 있었으니, 그의 학문은 진실로 孟子에게서 얻은 바가 있었다. 그러므로 마음을 논한 부분에 경계하고 절실한 것이 많아 濂洛의 말과 서로 出入하니, 비단 〈心箴〉뿐만이 아니다.

○ 問劉棟[24]하시되 看大學自欺之說을 如何오 曰 不知義理하고 却道我知義理 是自欺니이다 朱子曰 自欺는 是箇半知半不知底人이 知道善我所當爲로되 却又不十分去爲善하고 知道惡不可作이로되 却又是自家所愛라 舍他不得이니 這便是自欺라 不知不識[25]은 只喚做不知不識이요 却不喚做自欺[26]니라

　朱子가 劉棟에게 "《大學》의 自欺라는 말을 어떻게 보는가?" 하고 물으니, "義理를 알지 못하면서 도리어 내가 의리를 안다고 말하는 것이 自欺입니다." 하고 대답하였다. 이에 朱子는 다음과 같이 말씀하였다.

　"自欺는 반은 알고 반은 알지 못하는 사람이 善을 자신이 마땅히 해야 한다는 것을 알지만 또 十分 가서 善을 하지 않고, 惡을 해서는 안 된다는 것을 알지만 또 자신이 좋아하는 것이어서 이것을 버리지 못하는 것이니, 이것이 바로

---

23) 〔譯註〕朱子於其心箴 有取焉 : 〈心箴〉은 '마음을 경계한 글'이란 뜻으로 이 글은 本書 4卷에 수록되어 있다. 朱子가 일찍이 이 〈心箴〉을 《孟子集註》〈告子 上〉의 章下註에 수록하였으므로 '취했다'고 말한 것이다.

24) 〔釋疑〕問劉棟(련) : 물음은 朱子가 물은 것이다. 劉棟은 朱子의 門人이니, 棟은 柬을 따른다. 〔補註〕棟은 音이 '동'이고 棟은 音이 '련'이어서 서로 다른 字인데, 세속에서 일반적으로 같이 쓰기 때문에 말한 것이다.

25) 〔釋疑〕不知不識 : 《孟子》의 註에 "知는 이 일을 아는 것이고 覺은 이 이치를 깨닫는 것이다." 하였으니, 知와 識 두 글자도 또한 이렇게 보면 된다.

26) 〔刊補〕却不喚做自欺 : 喚做는 '이 일이라고 칭한다'는 말과 같다. ○ 이 문단과 다음 문장의 不知不覺條에서 말한 自欺는 얕고 깊은 차이가 있다.

自欺이다. 알지 못하고 인식하지 못하는 것은 다만 알지 못하고 인식하지 못한다고 말할 뿐이요 自欺라고 부르지는 않는다."

又曰[27] 自欺는 只是自欠了分數[28]니 恰如淡底金[29]을 不可不謂之金이로되 只是欠了分數라 如爲善에 有八分欲爲하고 有兩分不爲면 此便是自欺니 是自欠了分數라 荀子曰 心臥則夢하고 偸[30]則自行하고 使之則謀라하니 某自十六七讀時에 便曉得此意호니 蓋偸心은 是不知不覺에 自走去하야 不由自家使底라 佛家에 亦有所謂流注想[31]하니 他最怕這箇하나니 潙山禪師云 某參禪幾年이로되 至今不會[32]斷得流注想이라하니 此卽荀子所謂偸則自行之心也니라

또 말씀하였다.

"自欺는 다만 스스로 分數가 부족한 것이니, 흡사 純度가 낮은 金을 金이라고 말하지 않을 수는 없으나 다만 푼수가 부족한 것과 같다. 만약 善을 할 적에 8分은 善을 하려 하고 2分은 善을 하지 않으려는 마음이 있으면 이것이 곧 自欺이니, 이는 스스로 分數가 부족한 것이다. 荀子가 말하기를 '마음은 누워 있으면 꿈을 꾸고, 몰래 도망가면 제멋대로 돌아다니고, 부리면 도모(생각)한다' 하였다. 나는 16, 17

---

27) 〔釋疑〕又曰條 : 篁墩이 이 조목에 대한 《語類》의 問答 가운데에서 많은 부분을 삭제하고 합하여 한 가지 說을 만들었기 때문에 말이 서로 이어지지 않는 것이다. 이한 단락을 만일 〈操存章〉에 옮겨 붙인다면 온당할 듯하다. 〔刊補〕'又曰' 이하는 李敬子의 질문에 대한 朱子의 답변으로 《朱子語類》〈誠意章〉에 보인다. 그 답변은 '是自欠了分數'까지이며, 그 아래에 어떤 사람의 질문에 대해 荀子의 말을 인용하여 답한 것이 있는데, 篁墩이 구절을 잘라서 한 문단으로 만들었기 때문에 뜻이 서로 통하지 않는다. 荀子의 한 문단을 〈操存章〉으로 옮겨 붙이면 온당할 듯하다.

28) 〔釋疑〕只是自欠了分數 : 金 한 냥 가운데에 납이나 쇠가 1, 2푼 섞여 있으면 금은 다만 8, 9푼이 있을 뿐이니, 이것이 바로 分數가 부족한 것이다. 〔補註〕欠은 부족의 뜻이고 分數는 지금의 %와 같은 뜻이다.

29) 〔釋疑〕淡底金 : 金 가운데에 납이나 쇠가 섞여 있으면 금색깔이 옅어진다. 〔補註〕淡은 농도나 색깔이 옅음을 이른다.

30) 〔釋疑〕偸 : 도둑이 몰래 도둑질하는 것이니, 사람의 마음이 자신을 따르지 않고 流注하여 제멋대로 돌아다니는 것이 도둑질하는 것과 같다 하여 붙인 것이다.

31) 〔譯註〕流注想 : 流注는 이리저리 돌아다니는 것으로, 곧 쓸데없는 생각이 일어남을 이른다.

32) 〔釋疑〕不會 : 不能이라는 말과 같다.

세에 이 글을 읽을 때부터 곧 이 뜻을 깨달았으니, 몰래 도망가는 마음이란 자신도 모르는 사이에 스스로 도망가서 자신의 부림을 따르지 않는 것이다. 佛家에 또한 이른바 '流注想'이란 것이 있으니, 저들은 이것을 가장 두려워(싫어)한다. 潙山禪師가 말하기를 '내가 몇 년동안 參禪하였으나 지금까지도 유주상을 끊지 못하였다' 하였으니, 이것이 바로 荀子의 이른바 '몰래 도망가면 제멋대로 돌아다닌다'는 마음이다."

○ 問自欺한대 曰 謂心之所發이 不知不覺地에 陷於自欺니 非是陰有心於爲惡而詐於爲善하야 以自欺也라 如公之言인댄 須是鑄私錢, 做官會[33]라야 方爲自欺니 無狀小人이라 豈自欺之謂邪리오 此處工夫 極細在하니 未便說到粗處[34]라 所以前後學者 多說差了는 蓋爲賺(잠)却下文小人閒居爲不善一段하야 看了[35]일새니라

自欺를 묻자, 다음과 같이 말씀하였다.

"마음이 발하는 것이 자신도 알지 못하는 사이에 自欺에 빠지는 것을 이르니, 속으로 惡을 하는 데에 마음을 두고서 거짓으로 善을 하여 스스로 속이는 것은 아니다. 公의 말 대로라면 반드시 私錢을 鑄造하고 官會(관청에서 만드는 지폐)를 僞造하여야 비로소 自欺가 되는 것이니, 이는 不肖한 小人이다. 어찌

---

33) 〔釋疑〕做官會 : 做는 위조이다. 官會는 관청에서 만든 會子이니, 宋나라의 화폐 이름으로 지금의 楮貨와 같은 것이다.

34) 〔釋疑〕粗處 : 私錢을 鑄造하고 官會를 위조하는 따위를 가리킨다. 〔補註〕粗處는 거친 곳(부분)으로 세미하거나 은미하지 않아 쉽게 할 수 있는 일을 가리킨다.

35) 〔釋疑〕多說差了 …… 看了 : 賺은 물건을 팔 때에 진실함을 잃은 것이다. 自欺는 지극히 세미한 일인데, 마침내 한가로이 거처할 때에 不善을 하는 小人으로 지극히 거친 곳을 연결하여 보니, 이는 마치 물건을 파는 자가 진실함을 잃은 것과 같다. 〔補註〕賺은 속여서 물건을 파는 것으로 싸게 사서 비싸게 파는 것을 가리키는 바, 여기서는 속여서 팔기보다는 속고 사는 것으로 보는 것이 타당할 듯하다. 이 때문에 '속아서 잘못 보기 때문'으로 해석하였음을 밝혀둔다. 自欺는 남은 모르고 자신만이 아는 것에 성실하지 못하여 良心에 부끄러움이 있는 것으로 지극히 정미한 것이며, 한가로이 거처할 때에 不善을 하는 小人은 남들이 보지 않는다고 해서 함부로 나쁜 짓을 하는 자로 지극히 거친 것이다. 그런데 위의 自欺를 아래의 小人과 연관시켜 自欺 역시 지극히 거칠고 나쁜 小人의 행위로 착각함을 말한 것이다.

自欺라고 이를 수 있겠는가. 이 공부는 지극히 세미한 것이 있으니, 곧바로 거
친 부분을 말하지 않았다. 前後의 학자들이 잘못 말하는 경우가 많은 까닭은
아랫글의 '小人이 한가로이 거처할 때에 不善한 짓을 한다'는 한 단락에 속아
서 잘못 보기 때문이다."

○ 又曰[36] 誠於中이면 形於外라 那箇形色氣貌之見於外者 決不能欺人이니
祗[37]自欺而已라 這樣底는 永無緣做得好人이니 爲其無爲善之地也니라

또 말씀하였다.

"마음속에 진실하면 外面에 나타난다. 이 形色과 氣貌가 외면에 나타나는 것
은 결코 남을 속일 수가 없으니, 다만 자신을 속일뿐이다. 이러한 사람은 영원
히 좋은 사람이 될 수 없으니, 善을 행할 곳이 없기 때문이다."

○ 又曰 學者須是爲己니 譬如喫飯에 寧可逐些喫令飽 爲是乎[38]아 寧可鋪
攤放門外[39]하고 報人道호되 我家有許多飯이 爲是乎아 近來學者 多是以自
家合做底事로 報與人하고 只是將義理하야 略從肚裏[40]過하야 却翻出許多說
話하나니 如此者는 只是不爲己요 圖好看[41]이니 如南越王이 黃屋左纛(독)으로
聊以自娛耳[42]니라

---

36) 〔刊補〕又曰條 : 살펴보건대 이 말은 '閒居'한 문단에 관계되는 사항인데 '다만
　　스스로 속일 뿐이다.〔祗自欺而已〕'라고 하였으니, 앞 註의 해석과 약간 다르다.

37) 〔刊補〕祗 : 祗로 쓰기도 하고 秖로 쓰기도 하는데, 모두 아래에 한 획이 없다.〔補
　　註〕祗는 只와 통하는 바, 辭典에는 祗와 秖가 서로 通하며 秖로 쓰는 것이 옳은
　　것으로 되어 있다.

38) 〔釋疑〕寧可逐些喫令飽 爲是乎 : 이것으로써 爲己의 學問은 내면에 마음을 써서 한
　　눈금씩 쌓고 한 치씩 쌓아 얻음이 있음을 비유한 것이다.

39) 〔刊補〕鋪攤放門外 : 鋪와 攤(탄)은 모두 펼친다는 뜻이며, 放門外는 문 밖에 둔다
　　(내놓다)는 뜻이다.

40) 〔刊補〕肚裏 : 뱃속이란 뜻이다.

41) 〔釋疑〕只是不爲己 圖好看 : 《語類》에는 "다만 자신을 위하지 아니하여 유익함을
　　구하지 않고 단지 명예를 좋아하여 보기 좋은 것을 도모하다.〔只是不爲己 不求益
　　只是好名 圖好看〕"로 되어 있다.

42) 〔釋疑〕如南越王 …… 聊以自娛耳 : 漢나라 趙佗(조타)가 黃屋과 左纛을 사용하여

또 말씀하였다.

"배우는 자는 반드시 자신을 위한 학문을 하여야 하니, 비유하면 밥을 먹을 적에 조금씩 먹어서 배부르게 하는 것이 옳겠는가. 밥을 헤쳐 문밖에 늘어놓고 남에게 '우리 집에 밥이 많이 있다'고 말하는 것이 옳겠는가. 근래에 배우는 자들은 대부분 자신이 당연히 해야 할 일을 남에게 미루어 주고는 다만 義理를 가져다가 간략히 가슴속을 통과하고 허다한 말을 이리저리 만들어낼 뿐이니, 이와 같은 자는 다만 자신을 위하지 않고 보기 좋은 것만을 도모하는 것이니, 예컨대 南越王이 黃屋과 左纛으로 애오라지 스스로 즐길 뿐인 것과 같다."

○ 又日 誠意는 是人鬼關[43]이니 過此一關이라야 方會進이니라

또 말씀하였다.

"誠意는 바로 人·鬼의 關門이니, 이 한 관문을 통과하여야 비로소 전진할 수 있다."

雲峯胡氏[44]曰 此章에 分別君子小人이 甚嚴하니 蓋誠意爲善惡關이니 過得此關이라야 方是君子요 過不得此關이면 猶是小人이니 傳末章에 長國家而務財用之小人은 卽此 閒居爲不善之小人也라 意有不誠이면 已害自家心術이니 他日用之면 爲天下國家害 也 必矣니라

나갈 때에 경계하고 들어올 때에 辟除하니, 文帝가 陸賈를 시켜 명령을 전하기를 "하늘에는 두 해(태양)가 없고 백성에게는 두 王이 없으니, 백성들로 하여금 塗炭의 고통에 빠지지 않게 하라." 하였다. 조타가 말하기를 "나는 황옥과 좌독으로 애오라지 스스로 즐길 뿐이다." 하였다. 〔補註〕黃屋은 노란 비단으로 만든 수레의 덮개를 이르며, 左纛은 검정색 들소 꼬리로 만든 纛旗로 크기가 말〔斗〕 만한데, 왼쪽 곁말의 멍에 위에 매달기 때문에 左纛이라 하는 바, 黃屋과 左纛은 황제의 수레를 꾸미는 물건으로 제왕의 수레를 일컫는 말로 쓰인다. 당시 南越王으로 있던 趙佗가 참람하게 황제의 수레를 타고 다니자, 文帝는 "전쟁을 일으켜 백성들을 도탄에 빠뜨리지 말라."고 경고하였는데, 이에 대하여 趙佗는 "나는 참으로 황제노릇을 하려는 것이 아니고 단지 보기 좋아서 이렇게 치장하고 다닐 뿐입니다." 라고 해명하였다. 이는 마치 학자들이 입으로만 義理를 말하여 아름답게 꾸미는 것과 같으므로 비유한 것이다.

43) 〔譯註〕人鬼關 : 사람과 魔鬼의 關門으로, 誠意를 하지 못하면 惡魔에 빠지고 마는 것을 비유한다. 이 때문에 誠意工夫를 善惡關이라 하기도 한다.

44) 〔釋疑〕雲峯胡氏 : 이름은 炳文이고 자는 仲虎이다.

雲峯胡氏(胡炳文)가 말하였다.

"이 章에서 君子와 小人을 분별함이 매우 엄격하다. 誠意는 善惡의 關門이 되니, 이 관문을 통과하여야 비로소 君子가 되고, 이 관문을 통과하지 못하면 그대로 小人이다. 傳文의 마지막 章에 '국가의 우두머리가 되어서 財用을 힘쓰는 小人'이란 바로 '한가로이 거처할 때에 不善한 짓을 하는 小人'이다. 뜻이 성실하지 못함이 있으면 이미 자신의 心術을 해치니, 후일에 그를 등용하면 天下와 國家의 폐해가 될 것이 틀림없다."

○ 趙致道[45]問於朱子曰 周子云 誠無爲요 幾善惡이라하시니 此는 明人心未發之體而指已發之端이라 蓋欲學者 致察於萌動之微하야 知所決擇而去取之하야 以不失乎本心之體而已어늘 或疑之하야 以謂有類於胡子[46]同體異用之云者일새 遂妄以意로 揣量爲圖如后하노이다 善惡이 雖相對나 當分賓主요 天理人欲이 雖分派나 必省宗孽이니 自誠之動而之善이면 則如木之自本而榦, 自榦而末하야 上下相達者는 則道心之發見과 天理之流行이니 此心之本主而誠之正宗也라 其或旁榮側秀하야 若寄生疣贅[47]者는 此雖亦誠之動[48]이나 則人心之發見[49]이요 私欲之流行이니 所謂惡也니 非心之固有요 蓋客寓也며 非

---

45) 〔釋疑〕趙致道 : 이름은 師夏이니, 朱子의 門人으로 朱子의 孫女를 아내로 맞이하였다.

46) 〔釋疑〕胡子 : 五峯이니, 그가 지은 《知言》이라는 책에 "天理와 人欲이 體는 같으나 用은 다르다." 하였다.

47) 〔刊補〕寄生疣贅 : 寄生은 나무 위의 겨우살이이며, 疣는 사마귀로 본래 肬丘라고 쓰니, 이는 피부 위에 불룩 솟아난 것이 마치 땅에 구릉이 있는 것과 같아서이며, 贅는 뭉쳐있는 살로 혹이다. 《莊子》에 "매달린 사마귀와 붙어있는 혹이다.〔縣肬附贅〕" 하였다.

48) 〔釋疑〕此雖亦誠之動 : 善은 하늘이 명하여 부여해 준 바른 이치이고 惡은 物慾에서 생겨난 간사하고 더러운 것인데, 이제 惡을 또한 誠의 동함이라고 말한 것은 어째서인가? 朱子는 일찍이 말씀하기를 "天理 가운데에는 본래 人欲이 없고, 오직 不善으로 흘러가 마침내 人欲이 생겨나게 된다." 하였다. 그리고 程子는 "善과 惡이 모두 天理이니, 惡이라고 한 것은 본래 악한 것이 아니고 다만 過하거나 不及하면 곧 이와 같이 되는 것이다." 하였다.

49) 〔釋疑〕人心之發見 : 人心이 私欲이 아님을 朱子가 이미 말씀하였는데, 지금 趙致道가 人心을 私欲이라고 하였는데도 朱子가 맞는다고 하였으니, 이는 반드시 初年

誠之正宗이요　蓋庶孽也라　苟辨之不早하고　擇之不精이면　則客或乘主하고　孽
或代宗矣리라　學者能於萌動幾微之間에　察其所發向背하야　凡直出者爲天理
요　旁出者爲人欲이며　直出者爲善이요　旁出者爲惡하야　而於直出者에　利道
(導)之하고　旁出者에　過絶之하야　功力旣至면　則此心之發이　自然出於一途而
保有天命矣리라　於此에　可見未發之前에　有善無惡이니　而程子所謂不是性中
에　元有此兩端이　相對而生者　蓋謂此也라　若以善惡으로　爲東西相對하고　彼
此角立이면　則是天理人欲이　同出一原하야　未發之前에　已具兩端이니　所謂天
命之性이　亦甚汙雜矣리라　此胡氏同體異用之說也라한대　朱子曰〈此說〉得之
50)니라

의 問答일 것이다.〔刊補〕묻기를 "人心은 人欲이 아니라고 朱子가 이미 말씀하였
습니다. 그러나 여기에 趙致道가 '人心의 發見이요 私欲의 流行이다'라고 하였는
데도 朱子가 '이 말이 맞는다'하였으니, 이 또한 朱子 初年의 확정되지 않은 말
씀입니까?"하니, 退溪는 답하기를 "아직 상고한 바가 없다."하였다.

50)〔刊補〕此雖亦誠之動 …… 朱子曰 得之 : 묻기를 "善은 하늘이 부여한 바른 이치이
고 惡은 물욕에서 생겨난 사악하고 더러운 것이니, 惡을 誠의 動이라고 이를 수가
없습니다. 趙氏가 이와 같이 말하였는데도 朱子가 '옳다'고 하였으니, 여기에는
반드시 그럴 만한 이유가 있을 것입니다. 이것을 듣고 싶습니다."하자, 退溪는 답
하기를 "趙氏가 '惡도 誠의 動함이다'라고 말하였는 바, 이 말씀이 나온 유래가
멀다. 何叔京이 일찍이 편지로 이것을 논하고, 또 '어디로부터 이 人欲이 생겨나
오게 되었는지 모르겠습니다'라고 말하자, 朱子는 답하기를 '이 물음이 매우 긴
요하고 간절하다. 내가 생각하건대 人欲이란 天理의 반대이니, 「天理로 인하여 人
欲이 있게 되었다.」고 말하는 것은 괜찮지만 「人欲 또한 天理」라고 말한다면 옳지
않다. 天理 가운데에는 본래 人欲이 없고, 오직 흐름에 잘못이 있어서 마침내 人
欲이 생겨 나오게 되는 것이다. 程子는 「善과 惡이 모두 天理이다」라고 하였으니,
(이 句는 매우 놀랄 만하다.) 惡이라고 이르는 것은 본래 惡이 아니요, (이 句는
모두 뜻을 돌려 바꾼 것이다.) 다만 過하거나 不及하여 곧 이와 같이 되었다'하
였으니, (어디로부터 이 人欲이 생겨 나오게 되었는지 모르겠다는 질문에 대한 답
은 여기까지이다. 이상의 두 小註도 모두 朱子의 말씀이다.) 여기에 인용한 '惡
또한 性이라고 이르지 않을 수 없다'는 것도 뜻이 또한 이와 같으니, 이것이 趙氏
의 말이 나오게 된 이유이다."(程子의 말씀은《近思錄》에 보인다. ○'惡 또한
性이라 이르지 않을 수 없다'는 것도 程子의 말씀이니, 何叔京이 이것을 인용하였
으므로 朱子가 함께 거론하여 답한 것이다.)

趙致道가 朱子에게 다음과 같이 물었다.

"周子가 말씀하기를 '誠은 함이 없고 幾는 善惡이 있다' 하셨으니, 이는 人心
이 未發했을 때의 體를 밝혀 已發했을 때의 단서를 가리킨 것입니다. 이는 배
우는 자들로 하여금 마음이 싹터 동하는 은미한 데에서 살피기를 지극히 하여,
결정하고 선택할 바를 알아서 버리고 취하여 本心의 體를 잃지 않게 하고자 하
였을 뿐입니다. 그런데 혹자는 이를 의심하여 胡子(胡宏)의 '體는 같으나 用은
다르다'는 말과 유사하다고 여기므로 마침내 망령되이 마음대로 헤아려서 다음
과 같이 그림을 만들었습니다.

誠 幾 圖

惡^幾

誠	幾	善幾	此明周子之意
誠	幾	善幾	此證胡氏之說[51]
		惡幾	

善과 惡이 비록 상대가 되나 賓과 主를 나누어야 하고, 天理와 人欲이 비록
派를 나누나 宗(종자)과 孼(서자)을 살펴야 할 것입니다. 誠이 동함으로부터
善으로 가면 나무가 뿌리에서 줄기에 이르고 줄기에서 끝에 이르러 上下가 서
로 통함과 같으니, 이는 道心의 발현이요 天理의 유행이니, 이는 마음의 本主이
고 誠의 正宗입니다. 혹 옆에서 나와 꽃이 피고 곁에서 빼어나 寄生하는 겨우
살이나 사마귀와 혹과 같은 것은 이것도 비록 誠이 동한 것이기는 하나 人心의
발현이요 私慾의 유행이니, 이른바 惡이라는 것입니다. 이는 마음에 固有한 것
이 아니고 나그네가 붙어 있는 것이며, 誠의 正宗이 아니고 庶孼입니다. 만일
일찍 분변하지 않고 精하게 선별하지 않으면 객이 혹 주인을 타고 서얼이 혹
종자를 대신할 것입니다. 배우는 자가 마음이 싹터 동하는 幾微의 사이에 발한
바의 向背를 살펴서, 무릇 곧게 나온 것은 天理가 되고 곁에서 나온 것은 人欲
이 되며 곧게 나온 것은 善이 되고 곁에서 나온 것은 惡이 됨을 알아서, 곧게
나온 것은 순히 인도하고 곁에서 나온 것은 끊어버려 功力이 이미 지극하면 이
마음의 발함이 자연 한 길에서 나와 天命을 保有하게 될 것입니다. 여기에서

---

51) 〔釋疑〕胡氏之說 : '說'이 《通書》에는 '失'로 되어 있다.

未發의 전에는 善만 있고 惡이 없음을 볼 수 있으니, 程子의 이른바 '性 가운
데에 원래 善·惡 두 가지가 상대하여 생기는 것이 아니라'는 것은 이것을 말씀
한 것입니다. 만약 善과 惡을 東과 西가 상대하고 彼와 此가 버티고 서 있는
것처럼 여긴다면 이는 天理와 人欲이 함께 한 근원에서 나와 未發의 전에 이미
두 가지 단서를 갖추고 있는 것이니, 이른바 '天命의 性'이라는 것도 또한 매우
더럽고 잡될 것입니다. 이것이 바로 胡氏의 '體는 같으나 用은 다르다'는 말입
니다."

　朱子가 말씀하기를 "이 말이 맞는다." 하였다.

【按】周子之所謂誠은 雖與大學指異[52]나 然其所謂幾善惡은 與朱子所謂謹獨而審其
幾로 一也라 此圖極有益于誠意之學者일새 謹附著之하노라

　周子가 말씀한 '誠'은 비록 大學 의 誠과 뜻이 다르나, 이른바 '幾善惡'이라는 것
은 朱子의 이른바 '홀로를 삼가서 그 기미를 살핀다'는 것과 똑같다. 이 그림은 뜻
을 성실히 하는 학문에 지극히 유익하므로 삼가 붙인다.

---

52) 〔釋疑〕周子之所謂誠 雖與大學指異 : 周子가 말씀한 誠은 진실한 이치가 자연스러
　　움을 가지고 말하였으니 이것은 體이고, 《大學》에 말한 誠은 성실하게 하는 일이
　　니 이것은 用이다. 그러므로 다르다고 말한 것이다.

15. 正心章[1]

所謂修身이　在正其心者는　身{心}有所忿懥(치)면　則不得其正[2]하며
有所恐懼면　則不得其正하며　有所好樂(요)면　則不得其正하며　有所憂
患[3]이면　則不得其正이니라　心不在焉[4]이면　視而不見하며　聽而不聞하며

---

1) 《大學章句》傳7章에 보인다.

2) 〔釋疑〕不得其正 : 朱克履는 말하기를 "經文에 말한 正心은 體用을 겸하여 말하였
고, 傳文에 말한 正心은 오로지 用만 가지고 말했다." 하였다. 胡雲峯(胡炳文)은 말
하기를 "正其心의 正字는 마음을 바루는 공부를 말하였고, 不得其正의 正字는 마음의
體를 말했다." 하였다. 羅整庵(羅欽順)은 말하기를 "이른바 不得其正이란 마음의 體
를 가리켜 말한 듯하다." 하였다. ○ 徽菴程氏는 《章句》와 《或問》에 근거하여 朱克
履, 胡雲峯, 羅整庵 세 사람의 說을 비판하기를 "《章句》에는 '用의 행하는 바가 혹
그 바름을 잃는다'고 하였고, 《或問》에도 '이 마음의 用이 그 바름을 얻지 못한다'고
하여, 일찍이 體의 바르고 바르지 않음을 말하지 않았다." 하였다.

3) 〔釋疑〕身{心}有所忿懥……有所憂患 : 忿懥, 恐懼, 好樂, 憂患 네 가지는 七情에서
세 가지를 뽑은 것인데, 七情 중에 오직 憂患이라는 것은 없다. 그러나 또한 七情
밖에 있는 것은 아니다. 〔補註〕七情은 喜·怒·哀·樂·愛·惡·欲, 또는 喜·怒·
哀·樂·愛·惡·懼인 바, 忿懥는 怒이고, 恐懼는 懼, 好樂는 樂이므로 七情에서 세
가지를 뽑았다고 한 것이다.

4) 〔刊補〕心不在焉 : 或者는 마음이 '軀殼(몸) 안에 있다'하고, 或者는 '視聽上에
있다'하는데, 이 두 가지 說을 합하여 보아야 한다. 이는 마음이 軀殼에 있어야 비
로소 視聽上에 있을 수 있으니, 곧 內에 主하여 外에 應하는 것이요 양쪽에 있는 것
이 아니다. 만약 마음이 軀殼에 있지 않다면 視聽上에 있을 수 있는 이치가 없으니,
마음이 이미 外物을 쫓아 가버려 主宰할 수 없기 때문이다. 本文인 '心不在焉'의 의
미와 《章句》의 '心有不存'의 說을 자세히 玩味해 보건대 '만약 마음을 보존하지 못
하면〔若不能存心〕'으로 해석한다면 온당치 못하고, '마음이 만약 있지 아니하면〔心
若不在〕'이라고 해석해야 옳다. 옛날에도 이러한 해석이 있었는데, 이는 마음이 主宰
를 상실했을 때를 곧바로 가리켜 그 병통을 말한 것일 뿐이요, 애당초 사람이 마음

食而不知其味니라 此謂修身이 在正其心이니라

　이른바 ‘몸을 닦는 것이 그 마음을 바루는 데에 있다’는 것은 마음에 분노하는 바가 있으면 바름을 얻지 못하며, 두려워하는 바가 있으면 바름을 얻지 못하며, 좋아하는 바가 있으면 바름을 얻지 못하며, 근심하는 바가 있으면 바름을 얻지 못하는 것이다. 마음이 있지 않으면 보아도 보이지 않고 들어도 들리지 않고 먹어도 그 맛을 알지 못한다. 이것을 일러 ‘몸을 닦는 것이 그 마음을 바루는 데에 있다’고 하는 것이다.

【原註】

○ 朱子曰　四者는　皆心之用而人所不能無者[5]나　然一有之[6]而不能察이면 則欲動情勝하야 而其用之所行이 或不能不失其正矣리라

　　을 잡지 못하면 이러한 병통이 생김을 경계한 말은 아니다. 그러므로《章句》에서는 단지 ‘마음이 보존되지 않음이 있으면 그 몸을 檢束할 수가 없다〔心有不存則無以檢其身〕’라는 말로 곧장 바른 뜻을 해석하였고, 뒤이어 “이 때문에 君子는 반드시 이를 살펴서 敬하여 마음을 곧게 한다……”고 하여, 이에 이르러서야 비로소 本文에 쓰여져 있지 않은 뜻을 미루어 말해서 사람으로 하여금 省察하고 操存하는 功夫를 加하여 마음이 主宰를 상실하는 병통을 구제하게 하였으니,《章句》의 정밀하고 자세함이 이와 같다.〔補註〕‘이러한 해석’이란 마음이 ‘軀殼 안에 있다’ 하고, 또는 ‘視聽上에 있다’는 혹자의 해석을 가리킨 것으로 보인다.

5) 〔釋疑〕人所不能無者 : 없을 수 없는 것은 天理의 바름이니, 조금이라도 有所에 해당하면 이미 人欲의 私로 흐른 것이다.〔補註〕有所는 하는 바가 있는 것으로,《大學》原文의 有所忿懥, 有所恐懼 등 네 가지를 가리킨 것이다.

6) 〔釋疑〕然一有之 : 一有는 조금 있는 것이다. 마음의 體가 虛明하여 밝은 거울과 잔잔한 물과 같으니, 기쁨〔喜〕과 노여움〔怒〕, 근심〔憂〕과 두려움〔懼〕이 올 적에 뜬구름이 지나가는 것과 같아서 조금이라도 마음속에 두어서는 안 된다. 一有란 말은 다른 책에도 자주 보인다.《中庸》의 12章 註에 “조금이라도 不誠이 있으면 人欲이 틈탄다.〔一有不誠 則人欲間之〕”하였고, 또 이르기를 “조금이라도 不誠이 있으면 이 아홉 가지가 모두 虛文이 된다.〔一有不誠 則是九者爲虛文〕”하였으니, 이것은 모두 조금 있다는 뜻이다.

朱子가 말씀하였다.

"네 가지는 모두 마음의 用이니, 사람이 없을 수 없는 것이나 한 번(조금)이
라도 이것을 두고(가지고 있고) 살피지 못한다면 욕심이 동하고 情이 치우쳐서
用의 행하는 바가 혹 바름을 잃지 않을 수 없을 것이다."

○ 又曰 心有不存이면 則無以檢其身이라 是以君子必察乎此하야 而敬以直
之[7]하니 然後此心常存而身無不修也니라

또 말씀하였다.

"마음이 보존되지 않음이 있으면 몸을 檢束할 수가 없다. 이 때문에 君子는
반드시 이를 살펴서 敬하여 마음을 곧게 하는 것이니, 그런 뒤에야 이 마음이
항상 보존되어 몸이 닦아지지 않음이 없는 것이다."

【附註】

○ 程子曰 中有主則實이니 實則外患不能入하야 自然無事니라 又曰 有主則
虛니 虛는 謂邪不能入이요 無主則實[8]이니 實은 謂物來奪之니라

程子가 말씀하였다.

"마음속에 主宰가 있으면 實(진실)해지니, 實하면 밖의 근심이 들어오지 못
하여 자연 일이 없게 된다."

또 말씀하였다.

"주재가 있으면 虛해지니 虛는 邪가 들어오지 못함을 이르고, 주재가 없으면
實해지니 實은 外物(物慾)이 와서 빼앗음을 이른다."

朱子曰 今一念之間에 中無私主면 便謂之虛요 事皆不妄이면 便謂之實이니 不是兩件
事니라 ○ 又曰 敬則內欲不萌하고 外誘不入이니 自其內欲不萌而言이면 則曰虛요 自其
外誘不入而言이라 故曰實이니 只是一時事라 不可作兩截看也니라 一時에 擧林用中[9]

---

7) 〔釋疑〕敬以直之 : 本章에서는 敬을 말하지 않았는데, 《章句》에서 말하였으니, 마음
을 바루는 중요한 法을 열어 보여서 後學들을 경계하고 채찍질한 뜻이 지극하다.

8) 〔釋疑〕中有主則實 …… 無主則實 : 위의 '有主則實'의 實字는 성실함이고 아래
'無主則實'의 實字는 꽉찬 것이니, 有主의 實은 이치가 진실한 것이고 無主의 實
은 욕심이 꽉찬 것이다.

主一銘하야 以告學者曰 有主則虛라 神守其郭이요 無主則實이라 鬼闞其室[10]이니라 ○
【按】此下所撮程張論心之說이 雖非正釋傳意나 然心存而有所偏勝[11]하고 心亡而無
所知識[12]者 皆不可不致謹乎此也니라

朱子가 말씀하였다.

"이제 한 번 생각하는 사이에 마음속에 사사로운 주장이 없으면 곧 이것을 虛
라 이르며, 일이 모두 망령되지 않으면 곧 이것을 實이라 이르니, 두 가지 일이
아니다."

○ 또 말씀하였다.

"공경하면 안의 욕심이 싹트지 않고 外物의 유혹이 들어오지 않으니, 안에 욕심
이 싹트지 않는 것을 가지고 말하면 虛라 하며, 外物의 유혹이 들어오지 않는 것을
가지고 말하였으므로 實이라 한 것이니, 다만 한 때의 일이다. 이것을 두 가지로 잘
라 보아서는 안 된다. 언젠가 (한번은) 林用中(林擇之)의 主一銘을 들어서 배우는
자들에게 말씀하기를 '주재가 있으면 虛하여 神이 그 城郭(집)을 지키고 주재가
없으면 實하여 귀신이 그 방안을 엿본다' 하였다."

○【按】이 아래에 뽑은 程子와 張子의 마음을 논한 말씀은 비록 傳文의 뜻을 바로
해석한 것이 아니나, 마음이 있어서(留滯되어) 편벽된 바가 있고 마음이 없어서 아
는 바가 없는 자들은 다 여기에 삼감을 지극히 하지 않으면 안 될 것이다.

○ 又曰 心은 不可有一事[13]니라

또 말씀하였다.

---

9) 〔釋疑〕林用中 : 字는 擇之이니 朱子의 門人이다.

10) 〔釋疑〕鬼闞其室 : 揚子(揚雄)가 말하기를 "高明한 집에 귀신이 그 방을 엿본다."
하였다.

11) 〔刊補〕心存而有所偏勝 : 〈正心章〉 제1절에 해당된다.

12) 〔刊補〕心亡而無所知識 : 〈正心章〉 제2절에 해당된다.

13) 〔刊補〕心不可有一事 : 退溪가 金惇敍에게 답하기를 "衆理를 갖추어 萬事에 응하
는 것이 마음이다. 그런데 지금 '한 가지 일도 마음속에 두어서는 안 된다'라고
하였으니, 의심하는 것이 당연하겠다. 또 선한 일도 마음속에 항상 두어서는 안
된다는 것도 의심스러우니, 이것을 알기는 더욱 쉽지 않다. 일 자체는 마음의 병
통이 되지 않으나 이것을 마음속에 머물러 두면 병통이 된다. 이러한 까닭에 善事
와 惡事, 大事와 小事를 불문하고 한 가지도 마음속에 머물러 두어서는 안 되는
것이다." 하였다.

"마음에는 한 가지 일(사물)도 머물러 두어서는 안 된다."

明道先生이 在澶州[14]하야 修橋할새 少一長梁[15]하야 曾博求之民間이러시니 後因出入하야 見林木之佳者하면 必起計度(탁)之心이어늘 因以此語로 戒學者하시니라 ○ 問凡事를 須思而後에 通이니 安可謂心不可有一事잇가 朱子曰 事를 如何不思리오 但事過則不留於心이 可也니라 ○ 東萊呂氏曰 所謂無事者는 非棄事也라 但視之를 如早起晏寢, 飢食渴飲하야 終日爲之而未嘗爲也라 大抵胸次를 常令安平和豫면 則事至應之에 自皆中節하야 心廣體胖하고 百疾俱除하리니 蓋養生養心이 同一法也라 荀子言喜事至則和而理하고 憂事至則靜而理[16]라하니 理者는 有條理而不亂之謂니라

明道先生이 澶州에 부임해 있으면서 다리를 보수할 적에 긴 들보감 한 개가 부족하여 일찍이 民間에 널리 구하였는데, 뒤에 출입함으로 인하여 山林의 나무 중에 아름다운 것을 보면 반드시 헤아려보는 마음이 일어나곤 하였다. 인하여 이 말씀을 가지고 배우는 자들을 경계한 것이다.

○ "모든 일을 반드시 생각한 뒤에야 통하니, 어찌 마음에는 한 가지 일도 두어서는 안 된다고 말할 수 있습니까?" 하고 묻자, 朱子가 말씀하였다.

"일을 어떻게 생각하지 않을 수 있겠는가. 다만 일이 지나가면 마음에 머물러 두지 않음이 옳은 것이다."

○ 東萊呂氏가 말하였다.

"이른바 '일이 없다'는 것은 일을 버리는 것이 아니요, 다만 보기를 아침에 일어나고 저녁에 자며 배고프면 먹고 목마르면 마시듯이 하여 종일토록 하여도 일찍이 의식적으로 하려고 하지 않는 것이다. 대저 가슴속을 항상 평안하고 즐겁게 하면 일이 이르러 응함에 자연히 모두 節度에 맞아서 마음이 넓어지고 몸이 펴지며 온갖 병이 모두 제거될 것이니, 養生과 養心이 똑같은 방법이다. 荀子가 말하기를 '기쁜 일이 이르면 화하게 다스리고 근심스러운 일이 이르면 고요히 다스린다' 하였으니, 理란 조리가 있어서 어지럽지 않음을 이른다."

○ 又曰 閑機事之久면 機心必生[17]하나니 蓋方其閑時에 心必喜니 旣喜則如

---

14) 〔釋疑〕澶州:明道가 일찍이 이 고을의 幕官(막료)이 되었었다.

15) 〔釋疑〕少一長梁:少는 無와 같다.

16) 〔釋疑〕憂事至則靜而理:만약 부모의 걱정스러운 일을 당한다면 비록 범연한 憂患과는 대처하는 방법이 다르겠으나, 또한 事理의 分限을 따라 각각 그 道理를 다해서 동요하거나 혼란함이 없다면 또한 고요히 다스린다고 이를 수 있는 것이다.

種下種子니라 又曰 疑病者는 未有事至時에 先有疑端在心이요 周羅事[18]者는
先有周事之端이 在心이니 皆病也니라

또 말씀하였다.

"機事를 보기를 오랫동안 하면 機心이 반드시 생겨나게 된다. 그리하여 機事
를 볼 때에 마음이 반드시 기뻐질 것이니, 이미 기뻐하면 나쁜 種子를 심어 놓
는 것과 같다."

또 말씀하였다.

"의심스러운 병이 있는 자는 일이 이르지 않았을 때에 먼저 의심하는 단서가
마음속에 있고, 일을 周羅(두루 망라함)하는 자는 먼저 일을 망라하려는 단서
가 마음속에 있으니, 모두 병통이다."

朱子曰 心은 不可有一物이라 外面에 酬酢萬變을 都只是隨其分限應去니 纔繫於物이면
心便爲其所動하나니라 其所以繫於物者 有三하니 或事未來而自家先有期待底心하며
或事已應去了에 又却長存在胸中하야 不能忘却[19]하며 正應事之時에 意有偏重이니 這

---

17) 〔釋疑〕閱機事之久 機心必生：機事는 일에 機巧한 것이고, 機心은 利害에 관계되
는 일에 꾀를 쓰고 재주를 써서 대응함을 이른다.

18) 〔刊補〕周羅事：두루두루 망라한다는 뜻과 같다.

19) 〔刊補〕或事未來而自家先有期待底心 …… 不能忘却：退溪가 金惇敍에게 다음과
같이 답하였다. 이 두 가지는 '한 가지 일도 마음속에 두어서는 안 된다'는 것과
동일한 心法이다. 晦菴先生이 일찍이 이것을 延平先生에게 질문하였는데, 답하기를
"上蔡가 '저는 일찍이 잊는 법을 익혀서 養生을 합니다'하자, 明道는 '이것을 養
生이나 養氣에 적용하면 무방하지만 道에 적용하면 폐해가 있다. 孟子의 「반드시
여기에 일삼되(從事하되) 미리 효과를 기대하지 말라.〔必有事焉而勿正〕」는 것은
무엇을 이르는가? 또 出入하고 起居하는데 차라리 일삼음이 없는 것이 낫다는 것
은 무엇인가? 마음에 미리 효과를 기대하여 기다린다면 일에 앞서 맞이하는 것이
며, 잊으면 생각을 버림에 해당하고 助長하면 마음을 둠에 가깝다. 그러므로 聖人
의 마음은 거울과 같으니, 이것이 釋氏의 마음과 다른 이유이다'하였다. 평소 고
요한 곳에서는 體認하여 공부를 하고 시끄러운 곳에서는 나타나지 않게 하니, 일
찍이 이와 같이 힘을 쓰지 않은 것이다. 자네는 오직 일상생활 하는 곳에서 공부
를 하여야 거의 점점 합하여 자신의 일이 될 것이다." 하였다. 사람들은 한갓 마
음이 事物에 의해 물드는 弊害만을 보고는 마침내 '事物은 마음의 해가 된다'고
생각하여, 일을 싫어하고 잊으려고 하며 動을 싫어하고 靜에 빠져드니, 上蔡와 같

都是爲物所繫縛이라 旣爲所繫縛이면 便有這箇物事니 及別事來到面前에 應之便差
了하나니 這如何會得其正이리오 聖人之心은 瑩然虛明하야 無纖毫形迹하야 事物之來에
若小若大를 四方八面으로 莫不隨物隨應하니 此心이 元不曾有這箇物事니라 ○ 東萊
呂氏曰 喜事면 則方寸不凝定이라 故擇義不精하고 衛生不謹이니라

朱子가 말씀하였다.

"마음에는 한 가지 일도 있어서는 안 된다. 外面에 만 가지 변화를 酬酢함을 모
두 다만 그 分限(分數)에 따라 응할 뿐이니, 조금이라도 사물에 얽매이면 마음이
곧 동요되고 만다. 사물에 얽매이는 것은 세 가지가 있으니, 혹은 일이 오기 전에
자신이 먼저 기대하는 마음이 있으며, 혹은 일에 이미 응한 뒤에 또 항상 가슴속에
두고 있어서 잊지 못하며, 바로 일에 응할 때에 뜻에 偏重함이 있는 것이니, 모두
사물에 매이고 속박당하는 것이다. 이미 매이고 속박 당하면 곧 이러한 사물이 있
게 되니, 딴 일이 면전에 왔을 때에 응하면 곧 잘못된다. 어떻게 그 바름을 얻을 수
있겠는가. 聖人의 마음은 환하게 비고 밝아서 털끝 만한 形迹도 없어 사물이 올 적
에 작은 것과 큰 것을 四方과 八面으로 사물에 따라 응하지 않음이 없으니, 이 마
음에 원래 이러한 사물이 있는 것은 아니다."

○ 東萊呂氏가 말하였다.

"일을 좋아하면 方寸(마음)이 凝定하지 못한다. 이 때문에 義를 택함에 정밀하지
못하고 生을 보전함에 삼가지 못하는 것이다."

○ 張子曰 正心之始에 當以己心爲嚴師하야 凡有動作에 則知所懼[20]니 如此
一二年間에 守得牢固면 則自然心正矣리라 又曰 定然後有光明이니 若常移
易不定이면 何由光明이리오 易에 大抵以艮爲止[21]하니 止라야 乃光明이라 故大

은 賢人으로서도 오히려 이를 면치 못하였다. 明道는 養氣說을 인용하여 存心法으
로 삼았는데, 만약 여기에 從事하여 얻는 바가 있으면 마음이 事物에 대하여, 오
기 전에는 미리 맞이하지 않을 것이요, 오면 제대로 살필 것이며, 응한 뒤에는 마
음에 머물러 두지 않을 것이다. 그리하여 本體가 明鏡止水와 같이 담담하여 비록
날마다 萬事를 접하더라도 마음속에는 한 가지 사물도 머물러 있지 않을 것이니,
어찌 마음의 해로움이 될 것이 있겠는가.

20) 〔釋疑〕凡有動作 則知所懼 : 이는 마음의 발함과 발하지 않음, 일의 응함과 응하지
않음을 막론하고 엄숙하여 上帝가 강림한 듯이 공경하는 것이다.

21) 〔釋疑〕以艮爲止 : 그침은 艮의 德이니, 한 陽이 두 陰의 위에 멈춰 있다. 그러므로
그치는 것이다.

學에 定而至於能慮[22]하니 人이 心多면 則無由光明이니라

張子가 말씀하였다.

"마음을 바루는 초기에는 자신의 마음을 엄한 스승으로 삼아서 무릇 동작함이 있을 적에 두려워(공경)할 줄을 알아야 하니, 1, 2년 동안 이와 같이 하는 사이에 지킴이 견고해지면 자연 마음이 바루어질 것이다."

또 말씀하였다.

"마음이 안정된 뒤에야 光明함이 있으니, 만약 항상 옮기고 바뀌어 안정되지 못한다면 어떻게 광명할 수 있겠는가. 《周易》에 대저 艮卦를 그침(머물러 안정함)으로 삼았으니, 그쳐야 비로소 광명해진다. 그러므로 《大學》에 定하여 생각함에 이르렀으니, 사람이 마음이 많으면 광명할 수가 없다."

西山眞氏曰 多者는 思慮紛雜之謂니라

西山眞氏가 말하였다.
"마음이 많다는 것은 思慮가 분분하고 번잡함을 이른다."

○ 問大學誠意에 如何便可以平天下잇가 龜山楊氏曰 後世에 自是無人正心이니 正得心이면 其效自然如此니라 心一念之間에 毫髮有差면 便是不正이니라

"《大學》에 뜻을 성실히 함에 어떻게 곧 천하를 평할 수 있습니까?" 하고 묻자, 龜山楊氏가 말씀하였다.
"후세에는 진실로 마음을 바룬 사람이 없으니, 마음을 바루면 그 효험이 자연 이와 같은 것이다. 마음은 한 번 생각하는 사이에 털끝만큼이라도 差失이 있으면 곧 바르지 못한 것이다."

○ 朱子曰 古人言志帥心君[23]이라하니 須心有主張[24]이라야 始得이니라

---

22) 〔譯註〕定而至於能慮：《大學》 經文 1章의 "그칠 데를 안 뒤에 定함이 있으니, 定한 뒤에 능히 고요하고, 고요한 뒤에 능히 편안하고, 편안한 뒤에 능히 생각하고, 생각한 뒤에 능히 얻는다.〔知止而后有定 定而后能靜 靜而后能安 安而后能慮 慮而后能得〕"한 것을 가리킨다.

23) 〔釋疑〕志帥(수)心君：孟子가 말씀하기를 "뜻은 기운의 장수이다." 하였고, 荀子가 말하기를 "마음은 형체의 군주이다." 하였다.

朱子가 말씀하였다.

"古人이 '뜻은 장수이고 마음은 군주'라고 말하였으니, 모름지기 마음에 주장함이 있어야 비로소 되는 것이다."

○ 又曰 人只有箇心하니 若不降伏得이면 更做甚(삼)麽人이리오

또 말씀하였다.

"사람이 다만 한 마음을 가지고 있으니, 만약 항복시키지 못한다면 다시 어떠한 사람이 되겠는가."

○ 又曰 世俗之學이 所以與聖賢不同者는 亦不難見이라 聖賢은 直是眞箇去做하시니 說正心엔 直要心正하고 說誠意엔 直要意誠하고 修身齊家 皆非空言이러니 今之學者는 說正心에 但將正心하야 吟詠一餉[25]하고 說誠意에 又將誠意하야 吟詠一餉하고 說修身에 又將聖賢許多說修身處하야 諷誦而已오 或掇拾言語하고 綴緝時文하나니 如此爲學이면 却於自家身上에 有何交涉이리오 這裏[26]에 須用著意理會니라 今之朋友 固有樂聞聖賢之學이나 而終不能去世俗之陋者는 無他하니 只是志不立耳라 學者는 大要立志니 纔學에 便做聖人[27]이 是也니라

또 말씀하였다.

"세속의 학문이 聖賢과 다른 까닭은 또한 알기가 어렵지 않다. 聖賢은 곧바로 진실하게 하시니, 正心을 말할 때에는 곧 마음이 바르고 誠意를 말할 때에

---

24)〔刊補〕主張 : 主宰하여 편다는 말과 같다.

25)〔釋疑〕一餉 : 한 번 밥을 먹는 짧은 시간을 이른다.

26)〔釋疑〕這裏 : 上文의 聖賢부터 空言까지를 가리켜 말한 것이다.

27)〔釋疑〕纔學 便做聖人 : 孟子가 曹交에게 이르기를 "그대가 堯임금의 의복을 입고 堯임금의 행실을 행한다면 이는 堯임금일 뿐이다." 하였고, 顏淵은 말하기를 "훌륭한 일을 하는 자는 또한 이 舜임금과 같게 된다." 하였으니, 모두 이 뜻이다.
〔補註〕顏淵은 일찍이 "舜임금은 어떠한 사람이며 나는 어떠한 사람인가. 훌륭한 일을 하는 자는 누구나 이 舜임금과 같게 된다." 하였는데, 이 말씀을 축약하여 쓴 것으로 《孟子》〈滕文公 上〉에 보이며, 孟子가 曹交에게 한 말씀은 〈告子 下〉에 보인다.

는 곧 뜻이 성실하고 修身과 齊家도 모두 빈말이 아니었는데, 지금에 배우는 자들은 正心을 말할 때에는 다만 正心을 가지고 잠시 읊을 뿐이요, 誠意를 말할 때에도 誠意를 가지고 잠시 읊을 뿐이요, 修身을 말할 때에도 聖賢이 허다하게 修身을 말씀한 부분을 가지고 입으로만 욀 뿐이며 혹은 言語를 주워 모으고 時文(科文)을 엮어 지으니, 이와 같이 학문을 하면 자기 身上에 무슨 交涉(상관)이 있겠는가. 여기에 반드시 뜻을 써서 理會하여야 한다. 지금의 朋友 중에 진실로 聖賢의 학문을 듣기 좋아하는 자가 있으나 끝내 세속의 누추함을 버리지 못하는 것은 딴 이유가 없으니, 다만 뜻이 서지 못했기 때문일 뿐이다. 배우는 자는 대저 뜻을 세워야 하니, 잠시라도 배우면 곧 聖人이 되려고 하는 것이 바로 이것이다."

○ 一日에 因論讀大學하야 諸生이 答以每爲念慮攪擾한대 曰 只是不敬이니 敬은 是常惺惺法이라 以敬爲主면 則百事皆從此做去니라 今人은 都不理會我底[28]라 自不知心所在하고 都要理會他事하며 又要齊家治國平天下하나니 心者는 身之主也라 撑船에 須用篙(호)요 喫飯에 須使匙[29]니 不理會心이면 是不用篙, 不使匙之謂也라 攝心[30]이 只是敬이니 才(攙)敬이면 看做甚麼事니 登山에 亦只這箇心이요 入水亦只這箇心[31]이니라

────────────

28) 〔刊補〕都不理會我底 : 윗 글에 '敬을 爲主로 한다'는 말이 있기 때문에 사람들은 이 구절을 볼 때에 敬의 說로 보려고 한다. 그러나 이 말의 뜻을 자세히 살펴보면 단지 '사람들은 모두 자신에게 있는 일을 힘쓰지 않고 자신의 마음이 어떠한지를 알지도 못하면서 한결같이 남을 다스리는 일만을 힘쓴다'고 말한 것일 뿐이요, 敬에 대해 말한 것은 볼 수가 없다. 敬으로 말하면 이는 자신을 理會할 때에 마음을 보존하는 방법일 뿐이다.

29) 〔釋疑〕撑(탱)船 …… 須使匙 : 이 조목의 뜻은 사람을 다스리고자 하면서 마음을 다스리지 않는 것은 마치 상앗대 없이 배를 운행하는 것과 같고 수저 없이 밥을 먹는 것과 같으니, 아래의 이른바 敬字는 마음을 理會하는 方道이다.

30) 〔釋疑〕攝心 : 攝은 檢攝(檢察하고 조심)함이다.

31) 〔釋疑〕才(攙)敬 …… 入水亦只這箇心 : 마음을 잡아 지키는 것은 다만 敬이니, 조금이라도 敬하면 마음이 보존되고 마음이 보존되면 다만 하는 일이 어떤 것인가를 보아서 모두 이 마음으로 해 나가니, 산에 오르고 물에 들어가는 것도 모두 이 마음을 위주로 한다.

하루는 《大學》을 읽는 방법을 논하다가 諸生들이 언제나 생각이 요란하다고
대답하자, 다음과 같이 말씀하였다.

"이는 다만 공경하지 않기 때문이니, 敬은 항상 마음을 깨우는 법이다. 敬으
로써 주장을 삼으면 모든 일이 다 이로부터 해나가게 된다. 지금 사람들은 모
두 자신을 理會하지 못한다. 그리하여 스스로 자신의 마음이 있는 곳을 알지
못하고 모두 딴 일을 理會하려고 하며 또 집안을 가지런히 하고 나라를 다스리
고 천하를 평하려고 하니, 마음은 몸의 주장이다. 배를 부리려면 모름지기 상앗
대를 사용하여야 하고 밥을 먹으려면 모름지기 수저를 사용하여야 하니, 마음
을 理會하지 못한다면 이는 배를 부림에 상앗대를 사용하지 않고 밥을 먹음에
수저를 사용하지 않는 것이라고 말할 수 있다. 마음을 잡는 것은 단지 敬이니,
조금(잠시)만 敬하면 무슨 일을 하는가를 알 수 있다. 산에 오르는 것도 다만
이 마음이요 물에 들어가는 것도 다만 이 마음인 것이다."

○ 問忿懥章한대 曰 這心之正이 却如秤一般[32]하니 未有物時에 秤無不平이라
가 纔把一物在上面이면 便不平了하고 鏡中에 先有一人在裏面이면 別一箇來
에 便照不得하나니라 這心이 未有物之時에 先有箇主張하야 說道我要如何處
事라하면 便是不正[33]이라 且如今人이 說我做官이면 要抑强扶弱[34]이라하야 及遇
著當强底事[35]에도 也去抑他면 這便是不正이니라 又問公私之別한대 曰 譬如
一件事 若係公衆이면 便心下에 不大管하고 若係私己면 便只管橫在胸中하야
念念不忘하나니 只此便是公私之辨이니라

《大學》의 忿懥章을 묻자, 다음과 같이 말씀하였다.
"이 마음의 바름은 저울과 똑같으니, 〈저울 위에〉 물건이 놓여 있지 않았을

---

32) 〔釋疑〕却如秤一般 : 秤(칭)은 稱과 같으니, 저울의 총칭이다. 〔刊補〕一般은 서로
   같다라는 말과 같다. 또 一種이라는 뜻도 된다.

33) 〔釋疑〕說道我要如何處事 便是不正 : 이는 먼저 기대하는 마음이 있으므로 바르지
   않은 것이다.

34) 〔刊補〕抑强扶弱 : 强은 지금의 豪强이란 말과 같다.

35) 〔釋疑〕及遇著當强底事 : 사람이 관원이 되기 전에 먼저 豪强을 억제하려는 마음을
   두고 있으면 관원이 되었을 때에 관청의 하급관리들이 마땅히 강하게 대처해야
   할 일을 만나 강하게 하는 것을 보고는 마침내 이것을 豪强이라고 여겨서 억제하
   니, 이것을 일러 바르지 못하다고 하는 것이다.

때에는 저울이 평평하지 않음이 없다가 조금이라도 한 물건을 그 위에 놓으면 곧 평평하지 못하게 된다. 거울 속에 먼저 한 사람의 모습이 그 속에 있으면 딴 것이 올 적에 제대로 비출 수가 없는 것이다. 이 마음이 사물이 있지 않을 때에 먼저 하나의 주장이 있어서 내가 어떻게 일을 처리하려 한다고 말하면 곧 바르지 못하게 된다. 우선 예를 들면 지금 사람들이 내가 벼슬살이를 하면 강한 자를 억제하고 약한 자를 붙들어주겠다고 말하여, 〈아랫사람이〉 마땅히 강하게 해야 할 일을 〈강하게 함을〉 만났을 경우에도 저를 〈강한 사람이라 하여〉 억제한다면 이는 곧 바르지 못한 것이다.”

또 公私의 구별을 묻자, 다음과 같이 말씀하였다.

“비유하건대 한 가지 일이 만약 公衆에 관계되면 마음에 크게 상관하지 않고, 만약 자신에게 관계되면 이것만은 가슴속에 걸려 있어서 생각하고 생각하여 잊지 못하니, 다만 이것이 곧 公과 私의 구별이다.”

○ 問憂患恐懼四字 似一般이로소이다 曰 不同하니 恐懼는 是目下逼來得緊底라 使人恐懼失措요 憂患은 是思慮預防將來有大禍福利害니라 又問 忿懥好樂(요)는 在我之事니 可以勉强不做어니와 如憂患恐懼는 是外面來底니 不由自家로소이다 曰 都不得이라 便是外面來底[36]라도 須是自家有箇道理하야 處置得下하면 恐懼憂患이 只是徒然[37]이니라 孔子畏匡人하시고 文王囚羑(유)里에 死生在前了로되 聖人이 處之恬然하시니 只看此便是[38]니 要見得道理分明이면 自然無此患이리라

“憂患과 恐懼 네 글자는 똑같은 뜻인 듯합니다.” 하고 묻자, 다음과 같이 말씀하였다.

---

36) 〔刊補〕便是外面來底 : 退溪가 趙士敬에게 답하기를 “비록 外面에서 오는 것이라도 응당 자기에게 道理가 있어서 이를 處置하여야 옳다는 말이니, 단지 喜怒는 나에게 있는 것이어서 힘써 억제해야 하고 憂懼는 나로부터 말미암지 않는 것이어서 힘쓰지 않아도 된다는 것은 아니다.” 하였다. ○ 便是는 ‘雖是’의 語勢로 풀이해야 된다.

37) 〔釋疑〕只是徒然 : 徒然은 한갓, 또는 헛되다는 뜻이니, 恐懼와 憂患은 나에게 害가 되지 못하고 다만 헛된 것일 뿐임을 말한 것이다.

38) 〔刊補〕只看此便是 : 단지 聖人의 이러한 일을 보면 恐懼憂患도 空然한 것임을 말한 것일 뿐이다.

"똑같지 않으니, 恐懼는 目下(당장)에 핍박함이 긴급한 것이어서 사람으로 하여금 恐懼하여 어찌할 줄을 모르게 하는 것이요, 憂患은 장래에 큰 禍福과 利害가 있음을 思慮하여 미리 방비하는 것이다."

또 "忿懥와 好樂는 나에게 있는 일이니, 억지로 힘써서 하지 않을 수 있으나 憂患과 恐懼같은 것은 외면에서 오는 것이니, 자신에게 말미암지 않습니다." 하고 묻자, 다음과 같이 말씀하였다.

"모두 그렇지 않다. 곧 (비록) 외면에서 오는 것이라도 모름지기 자신에게 알맞는 道理가 있어서 제대로 處置하면 恐懼와 憂患도 단지 空然한 것일 뿐이다. 孔子는 匡땅 사람들을 경계하시고 文王은 羑里에 갇혀 있었는데, 죽고 사는 것이 눈앞에 있었으나 聖人이 태연히 대처하셨다. 다만 이것을 보면 곧 그러하니, 요컨대 道理를 봄이 분명하면 자연 이러한 근심이 없을 것이다."

仁山金氏[39]曰 忿懥恐懼好樂憂患四者는 喜怒哀樂之發이니 乃心之用而人所不能無者어늘 則何惡於是而便以爲不得其正哉아 蓋當怒則怒라 怒而不遷이요 當懼則懼라 懼而非懾이요 可好則好라 好而非欲이요 可憂則憂라 憂而非傷이라야 是爲得此心體用之正이니 而非可以有無言之也라 今以傳文觀之컨대 一則曰有所라하고 二則曰有所라하니 則是心之所主者 在此하니 其失也固矣로다 忿而曰忿懥[40]라하고 懼而曰恐懼라하고 好而曰好樂라하고 憂而曰憂患이라하니 卽其重疊之辭[41]컨댄 則是情之所勝者 至此하니 其滯也深矣로다 夫以心主於此而失之固하고 情勝至此而滯之深이면 則此心이 能得其正乎아 夫無所喜怒憂懼而歸於寂滅이 固非心之正體요 有所喜怒憂懼而失之滯固도 亦非心之正用이니 惟事至而隨應하고 物去而不留 其斯以爲正乎인저 非聖賢이면 其孰能若此리오

---

39) 〔釋疑〕仁山金氏 : 이름은 履祥이고 자는 吉父이니, 南宋 말기의 학자로 宋나라가 망하자, 節義를 지켜 元나라에 벼슬하지 않고 은거하면서 강학하였다.

40) 〔釋疑〕忿而曰忿懥 : 《章句》와 다르다. 이 章의 병통은 네 가지에 있지 않고 有所에 있다. 그러므로 《章句》에 "忿懥는 노여움이다." 하였으니, 忿과 懥가 모두 병통이 되지 않음을 알 수 있다. 분노를 만일 노여워하는 뜻으로 보지 않는다면 바로 忿이라는 한 글자가 이미 병통이 되니, 어찌 懥字를 거듭 놓기를 기다릴 것이 있겠는가. 아래의 세 가지도 이와 같다.

41) 〔刊補〕重疊之辭 : 살펴보건대 忿懥·恐懼·好樂·憂患 이 네 가지는 본래는 병통이 없으나 '有所' 두 글자에 병통이 있다는 金氏의 말은 따로 한 가지 뜻이 된다.

仁山金氏(金履祥)가 말하였다.

"忿懥·恐懼·好樂·憂患 네 가지는 喜·怒·哀·樂이 발한 것이니, 바로 마음의 用이어서 사람이 없을 수 없는 것인데 어찌하여 이것을 미워하여 그 바름을 얻지 못한다고 말하였는가. 마땅히 노해야 하면 노하되 노하면서도 옮기지 않으며, 마땅히 두려워해야 하면 두려워하되 두려워하면서도 공포에 떨지 않으며, 좋아할 만하면 좋아하되 좋아하면서도 욕심 내지 않으며, 근심할 만하면 근심하되 근심하면서도 상심하지 않아야 이 마음의 體와 用이 바름을 얻은 것이 되니, 있고 없음을 가지고 말할 수 있는 것이 아니다. 이제 傳文을 가지고 관찰하면 첫 번째도 有所라고 말했고 두 번째도 有所라고 말하였으니, 이는 마음의 주장하는 바가 여기에 있는 것이니, 그 잘못됨이 확고하다. 분함을 忿懥라 하고 두려움을 恐懼라 하고 좋아함을 好樂라 하고 근심함을 憂患이라 하였으니, 중첩한 말을 가지고 보건대 情의 이김이 이에 이른 것이니, 執滯함이 깊다. 마음이 이것을 주장하여 잘못됨이 확고하고 情의 이김이 이에 이르러 執滯함이 깊으면 이 마음이 바름을 얻을 수 있겠는가. 기뻐하고 노하고 근심하고 두려워하는 바가 없어서 寂滅로 돌아가는 것도 진실로 마음의 올바른 體가 아니요, 기뻐하고 노하고 근심하고 두려워하는 바가 있어서 執滯하고 固執함에 잘못되는 것도 또한 마음의 올바른 用이 아니니, 오직 사물이 이르면 따라서 응하고 사물이 가면 머물러 두지 않는 것이 이것이 바름이 될 것이다. 聖賢이 아니면 그 누가 이와 같이 할 수 있겠는가."

① 張思叔이 詬詈(구매)僕夫어늘 伊川先生曰 何不動心忍性[42]고하신대 思叔이 慙謝하니라

張思叔(張繹)이 僕夫(마부)를 심하게 꾸짖자, 伊川先生이 말씀하기를 "어찌하여 마음을 動(분발)하고 성질을 참지 않는가?" 하시니, 張思叔은 부끄러워하여 사죄하였다.

【按】 此下所摭六條[43]는 記伊川先生正心之學하니라

---

42) 〔釋疑〕動心忍性 :《孟子》〈告子 下〉에 나오니, 여기의 性은 氣質之性을 가리켜 말한 것이다.

43) 〔譯註〕此下所摭六條 : 六條는 위의 '張思叔詬詈僕夫'條부터 그 아래 '伊川先生曰'條, '問獨處一室'條, '伊川涪陵之行'條, '又曰古人'條, '伊川歸自涪州'條까지의 여섯 조목을 가리키는 바, 구별하기 쉽도록 순서대로 번호를 붙여 표시하였다.

이 아래에 뽑은 여섯 조목은 伊川先生의 마음을 바루는 학문을 기록한 것이다.

② 伊川先生曰 呂與叔有詩云 學如元凱方成癖[44]이요 文似相如殆類俳[45]라
獨立孔門無一事하니 只輸顏氏得心齋[46]라하니 古之學者는 惟務養性이요 其他
則不學이러니 今爲文者는 專務章句하야 悅人耳目하나니 旣務悅人이면 非俳優
而何오.

伊川先生이 말씀하였다.

"呂與叔의 詩에 '배움은 元凱(杜預)와 같으면 비로소 癖을 이루고 문장은 司
馬相如와 같으면 자못 배우와 같네. 오직 孔門에는 한 가지 일도 없으니, 다만
顏氏의 마음을 공경함만 못하다네' 하였다. 옛날에 배우는 자들은 性을 기름을
힘썼고 그 나머지는 배우지 않았는데, 지금에 문장을 짓는 자들은 오로지 章句
에 힘써서 사람들의 耳目을 기쁘게 하니, 이미 남을 기쁘게 하기를 힘쓴다면
배우가 아니고 무엇이겠는가."

③ 問 獨處一室[47]이어나 或行闇中에 多有驚懼는 何也오 曰 只是燭理不明이
니 若能燭理면 則知所懼者妄이니 何懼焉이리오 有人雖知此나 然不免有懼心
者는 只是氣不充이라 須是涵養이니 久則氣充하야 自然物動不得이리라 然有懼
心은 亦是敬不足이니라

"홀로 한 방안에 거처하거나 혹은 어둠 속을 다닐 때에 놀람과 두려움이 많
은 것은 어째서입니까?" 하고 묻자, 다음과 같이 말씀하였다.

---

44) 〔釋疑〕學如元凱方成癖 : 元凱는 杜預의 字이니, 晉나라 사람으로 《左傳》을 좋아하
   는 癖이 있어 註解를 지었다.
45) 〔釋疑〕文似相如殆類俳 : 相如는 성은 司馬이고 字는 長卿이니, 漢代의 文章家이다.
46) 〔釋疑〕只輸顏氏得心齋 : 輸는 致〔바치다〕, 爲〔하다〕와 같다. 혹자는 "輸는 지는
   것이니, 勝負를 贏輸라 한다." 라고 말한다. 心齋는 《莊子》에 보이니, 大意는 뜻을
   한결같이 하고 마음을 비움을 이른다. ○ 이 詩는 배우는 자가 오직 章句와 文詞
   에만 얽매이니, 顏子가 마음을 공경하여 일이 없는 것만 못함을 말한 것이다.
47) 〔刊補〕問獨處一室條 : 살펴보건대 程子의 이 문단에는 세 가지 뜻이 있다. 理致를
   밝힘이 분명하지 못하다는 것이 첫 번째이고, 氣가 몸에 充滿하지 못하다는 것이
   두 번째이고, 恭敬心이 부족하다는 것이 세 번째이다.

"다만 이치를 밝힘이 분명하지 못해서이니, 만약 이치를 밝게 안다면 두려움이 망령된 것임을 알 것이니, 어찌 두려워하겠는가. 사람들이 비록 이것을 아나 두려운 마음이 있음을 면치 못하는 것은 다만 氣가 充滿하지 못해서이다. 모름지기 涵養을 하여야 하니, 오래되면 氣가 충만해져서 자연 물건이 동요시키지 못할 것이다. 그러나 두려운 마음이 있는 것은 또한 공경심이 부족하기 때문이다."

④ 伊川涪(부)陵之行에 過灎澦[48]할새 波濤洶湧하니 舟中之人이 皆驚愕失措로되 獨伊川은 凝然不動이러시니 岸上에 有樵者厲聲問曰 舍去如斯아 達去如斯아하니 欲答之而舟已行[49]이러라

---

48) 〔刊補〕灎澦 : 蜀지방은 지대가 높기 때문에 물 흐름이 매우 빠르다. 下流로 내려오면서 三峽을 경유하는데, 瞿塘峽의 灎澦(염여)는 바로 매우 험준한 곳이어서 배를 전복시키는 경우가 많았다. 伊川이 涪陵으로 유배갈 때에 배가 이곳을 지나가면서 거의 위험한 고비를 만났으나 伊川은 동요하지 않고 태연히 있었다.

49) 〔釋疑〕伊川涪陵之行 …… 欲答之而舟已行 : 이 일은 《二程全書》에 세 번 보인다. 하나는 邵氏의 기록에 보이니 배를 함께 타고 가던 老人이 "마음에 誠敬을 보존하는 것이 無心한 것만 못하다."는 등의 말을 한 것이고, 하나는 震澤의 기록에 보이니 바로 이 주석이며, 하나는 汪端明의 기록에 보이니 震澤의 기록과 같은데 다만 두 去字를 모두 後字로 썼다. ○ 살펴보건대《朱子語類》에는 震澤의 기록을 옳지 않다고 하여, 말하기를 "風波가 사나울 때에 나무섶을 지고 가는 자가 程伊川이 두려워하지 않는 것을 어떻게 볼 수 있겠으며, 말하는 것을 또 어떻게 자세히 들을 수 있겠는가. 하물며 達과 舍는 한 가지 일이니, 어찌 분별이 있을 수 있겠는가." 하였다. 또 邵氏의 기록을 의심하여 말하기를 "隱者가 빨리 걸어가서 피했다고 말하는 것은 괜찮지만 홀연히 보이지 않았다고 말했다면 이는 마치 귀신과 같이 여긴 것이니, 반드시 그렇지 않을 것이다." 하였다. 그러나 邵氏의 기록에는 다만 '老父가 빨리 갔다'고만 말하였는데, '이제 홀연히 보이지 않았다'고 말하였으니,《語類》에 기록한 것은 혹 자세히 살피지 못한 듯하다." 하였다. ○《鶴林玉露》에는 達을 '朝聞道〔아침에 道를 들음〕'라 하고, 舍를 '夕死〔저녁에 죽음〕'라 하였다. 〔刊補〕《鶴林玉露》에 "達은 智이고 舍는 勇이니, 道를 얻어들은 것은 達이 되고 죽어도 괜찮은 것은 舍이다." 하였다. 이의 본뜻은 "그대가 이와 같이 위험한 처지를 당하여 죽음을 보기를 편안한 집으로 돌아가는 것처럼 여기니, 이는 반드시 평소에 道를 얻어들어 天命을 알기 때문일 것이다." 라는 것이다. 朱子의 뜻도 이와 같음에 지나지 않는다. 〔補註〕《論語》〈里仁〉에 "아침에 道를 들으면 저녁에 죽어도 괜찮다.〔朝聞道 夕死可矣〕"라고 한 말을 인용한 것이다. 위와 같이

伊川이 涪(부)陵으로 유배갈 적에 灩澦堆(염여퇴)를 지나가는데 파도가 사납게 일자, 배안에 있던 사람들이 모두 놀라 어찌할 줄 몰랐으나 홀로 伊川은 凝然히(태연히) 동요하지 않았다. 江岸에서 나무하던 자가 큰 소리로 묻기를 "목숨을 버릴 작정을 하여 이러한 것인가? 道理를 통달하여 이러한 것인가?" 하였는데, 이에 답하고자 하였으나 배가 이미 떠나가서 대답하지 못하였다.

⑤ 又曰 古人은 有捐軀隕命者하니 若不實見得이면 則烏能如此리오 須是實見得生不重於義, 生不安於死也라 故殺身成仁하나니 只是成就一箇是而已니라

또 말씀하였다.

"옛사람들은 몸을 버리고 목숨을 버린 자가 있었으니, 만약 실제로 보지 못하였다면 어찌 이와 같이 할 수 있겠는가? 모름지기 사는 것이 義보다 중하지 못하고 사는 것이 죽음보다 편안하지 못함을 실제로 보았다. 그러므로 몸을 죽여 仁을 이룬 것이니, 다만 하나의 옳음을 성취할 뿐이다."

⑥ 伊川이 歸自涪州에 氣貌容色髭髮[50]이 皆勝平昔이어시늘 門人이 問何以得此닛고 曰 學之力也로라 大凡學者는 學處患難貧賤이니 若富貴榮達은 卽不須學이니라

伊川이 涪州에서 돌아옴에 氣貌와 容色과 수염이 모두 평소보다 나아졌다. 門人이 어떻게 하여 이렇게 되셨느냐고 묻자, 다음과 같이 말씀하였다.

"學問의 힘이다. 대체로 배우는 자는 患難과 貧賤에 대처함을 배워야 하니, 富貴와 榮達로 말하면 굳이 배울 필요가 없다."

太常臧格[51]이 撰諡議[52]曰 伊川先生之學이 專以敬爲主하야 充養旣至하시니 固宜粹

해석할 경우 '舍去如斯는 達去如斯리라'로 懸吐하여, '이와 같이 목숨을 버릴 수 있는 것은 이와 같이 이치를 통달하였기 때문일 것이다'라고 해석해야 할 것이다.

50) 〔刊補〕髭髮 : 입 위의 수염이 髭(자)이고, 아래에 있는 것이 鬚(수)이고 뺨에 있는 것이 髥(염 : 구렛나루)이다.

51) 〔刊補〕臧格 : 未詳이다.

52) 〔譯註〕諡議 : 諡號를 내리기 위하여 그 사람의 學行을 기록한 글로, 諡狀이란 말과 같다.

然一出於正也라 夫一恚詈(에리)之微 若未過也로되 則戒其動心忍性하시니 蓋有所忿
懥則不得其正일새요 一警{驚}⁵³⁾懼于暗室之頃이 未爲失也로되 則斥其燭理不明하시니
蓋有所恐懼則不得其正일새요 以至溺文章則惡其玩物하시고 遇患難則憫其不能舍生하
시니 蓋有所好樂憂患이면 則俱不得其正일새라 夫人而能盡去其累면 奚患不盡復其全
乎아 ○【按】臧氏所論敬이 與章句不合⁵⁴⁾이나 然深有警于學者니라

太常 臧格이 撰한 諡議에 다음과 같이 말하였다.

"伊川先生의 학문은 오로지 敬을 주장하여 充養함이 이미 지극하니, 진실로 순수
하게 한결같이 바름에서 나오는 것이 당연하다. 한 번 성내고 꾸짖는 하찮은 것은
허물이 되지 않을 듯하나 마음을 동하고 성질을 참으라고 경계하였으니, 마음에 忿
懥하는 바가 있으면 그 바름을 얻지 못하기 때문이요, 어두운 방에 있을 때에 한
번 놀라고 두려워하는 것이 잘못이 되지 않지만 이치를 밝힘이 분명하지 못함을 배
척하였으니, 이는 恐懼하는 바가 있으면 그 바름을 얻지 못하기 때문이다. 文章에
빠짐에는 물건을 좋아하여 뜻을 잃음을 미워하고 患難을 만남에는 生命을 버리지
못함을 민망히 여겼으니, 좋아하고 걱정하는 바가 있으면 모두 그 바름을 얻지 못
하기 때문이다. 사람이 마음의 累(사물에 얽매임)를 모두 제거한다면 그 온전함을
다 회복하지 못함을 어찌 걱정하겠는가."

○【按】臧氏가 논한 敬은《章句》와 부합하지 않으나 배우는 자들에게 깊이 경계됨
이 있다.

① 朱子曰 某之氣質有病이 多在忿懥로라

朱子가 말씀하였다.
"나의 氣質의 병통은 대부분 忿懥에 있노라."

【按】此下所摭九{八}條⁵⁵⁾는 記朱子正心之學이니 當與伊川先生事參觀이니라

---

53)〔釋疑〕一警 : 警字는 馬邊을 따른 글자여야 한다.〔補註〕곧 驚字를 가리킨 것이다.
54)〔釋疑〕與章句不合 :《章句》에서는 敬을 가지고 三不의 부분에 대해서 말했는데,
    臧氏는 敬을 가지고 四有의 부분에 대해서 말했다. 그러므로 부합하지 않는다고
    한 것이다.〔補註〕三不은《大學》本文의 視而不見, 聽而不聞, 食而不知其味를 이
    르며, 四有는 有所忿懥, 有所恐懼, 有所好樂, 有所憂患을 이르는 바, 三不은 마음
    (本心인 體)이 보존되지 않아서 생기는 병통이고, 四有는 마음(感情인 用)이 있
    어서 생기는 병통이다.

이 아래에 뽑은 여덟 조목은 朱子의 마음을 바루는 學問을 기록하였으니, 마땅히 伊川先生의 일과 참고해 보아야 할 것이다.

② 王幼觀⁵⁶⁾曰 先生이 一日에 說及受贓者라가 怒形於言曰 某見此等人이면 只與大字面하야 配去⁵⁷⁾호리라

王幼觀(王過)이 말하였다.

"先生(朱子)이 하루는 贓物을 받는 자를 언급하시다가 怒氣가 말씀에 나타나 이르기를 '나는 이런 사람들을 보면 다만 얼굴에 큰 글자로 墨刑을 가하여 유배 보내리라' 하였다."

徐又曰 今說公吏不合取錢이라호되 爲知縣者 自要錢矣라하시고 節節言之하사 爲之吁嘆하시니라

천천히 또 말씀하기를 "지금 公吏들은 돈을 취해서는 안 된다고 말하나 知縣(縣令)이 된 자가 스스로 돈을 요구한다."고 하시고는 句句節節 이를 말씀하면서 한탄하였다.

③ 朱子曰 某舊時에 亦要無所不學하야 禪道文章楚詞詩兵法을 事事要學하야 出入時에 無數文字를 事事有兩冊⁵⁸⁾이러니 一日에 忽思之曰 且慢⁵⁹⁾이라 我只有一箇渾身⁶⁰⁾하니 如何兼得許多리오하고 自此로 逐時去了로라 大凡人이 知箇用心處면 自無緣及得外事니라

---

55) 〔譯註〕此下所摭九{八}條 : 九條는 '八條'의 잘못인 듯하다. '朱子曰某之氣質有病' 條부터 그 아래 '王幼觀曰'條, '朱子曰某舊時'條, '問每有喜好適意底事'條, '又曰風俗尙鬼'條, '問人患多懼'條, '僞學黨作'條, '有一朋友微諷云'條까지의 여덟 조목을 가리키는 바, 구별하기 쉽도록 순서에 따라 번호를 붙였다.

56) 〔釋疑〕王幼觀 : 이름은 過이니, 朱子의 門人이다.

57) 〔釋疑〕某見此等人 …… 配去 : 大字面은 옛날에 부정 축재한 죄를 지으면 贓字를 얼굴에 刺字하는 것이다. 配는 유배이다.

58) 〔釋疑〕某舊時 …… 事事有兩冊 : 서책이 많아서 다 가지고 갈 수 없으므로 일마다 요약하여 뽑아서 두 책으로 만든 것이다. ○ 事事는 禪道와 兵法 등과 같은 일이다.

59) 〔釋疑〕且慢 : 慢은 긴요하지 않은 것이다.

朱子가 말씀하였다.

"나는 옛날에 또한 배우지 않는 것이 없고자 하여, 禪道와 文章, 楚詞와 詩, 兵法을 일마다 모두 배우고자 해서 출입할 때에 무수한 文字를 일마다 기록하려고 두 책을 장만해 두었는데, 하루는 갑자기 생각하기를 '우선 긴요치 않다. 나는 다만 하나의 渾身(온전한 몸)이 있을 뿐이니, 어떻게 허다한 것을 겸할 수 있겠는가' 하고는 이로부터 그때마다 제거하였다. 대체로 사람이 마음을 써야 할 곳을 알면 자연 밖의 일에는 미칠 수가 없게 된다."

④ 問每有喜好適意底事면 便覺有自私之心하니 若欲見理인댄 莫當⁶¹⁾便與克下否잇가 曰 此等事 見得道理分明이면 自然消磨了니 似此迫切이면 却生病痛이니라

"언제나 기쁘고 좋아서 뜻에 맞는 일이 있으면 곧 스스로 사사로이 하려는 마음이 있음을 깨달으니, 만약 이치를 보고자 한다면 이것을 곧 이겨나가야 하지 않겠습니까?" 하고 묻자, 다음과 같이 말씀하였다.

"이러한 일은 道理를 봄이 분명하면 자연 사라지게 되니, 이와 같이 절박하게 하면 도리어 병통이 생겨난다."

⑤ 又曰 風俗尙鬼하니 如新安⁶²⁾等處는 朝夕如在鬼窟이라 鄕里에 有所謂五通廟하니 最靈怪라 某初還⁶³⁾에 被宗人⁶⁴⁾煎迫令去호되 不往이러니 是夜에 會族人하야 往官司打酒⁶⁵⁾할새 有灰하야 乍飮에 遂動臟腑⁶⁶⁾終夜하고 次日에 又

---

60) 〔釋疑〕渾身 : 온몸을 들어 말한 것이다. ○ 朱子가 자신의 學問이 장차 범람하고 잡박한 데로 흘러감을 깨닫고는 용감하게 끊어버린 것이니, 이는 바로 사람들이 마땅히 본받아야 할 바이다.

61) 〔刊補〕莫當 : 莫은 莫是라는 말과 같다.

62) 〔釋疑〕新安 : 곧 婺(무)源을 가리킨다. 婺源은 徽州에 속하는데, 徽州의 別號가 新安이므로 말한 것이다.

63) 〔釋疑〕某初還 : 朱子는 閩中에 거주하였는데, 婺源이 바로 고향이므로 돌아왔다고 말한 것이다.

64) 〔釋疑〕宗人 : 宗族이다.

65) 〔釋疑〕打酒 : 打는 술을 받아오는 것이니, 당시 관청에 権場(專賣酒店)을 설치하고 술을 팔았다.

偶有一蛇在階旁하니 衆人閧(홍)然하야 以爲不謁廟之故라하야늘 某告以臟腑는
是食物不著이니 關他甚事⁶⁷⁾리오 莫枉了五通⁶⁸⁾하라 中有某人하니 是向學之人
이로되 亦來勸往하고 云亦是從衆이라하야늘 某以⁶⁹⁾從衆何爲오 不意公亦有此語
라호라

또 다음과 같이 말씀하였다.

"풍속이 鬼神을 숭상하니, 新安지방과 같은 곳은 아침저녁으로 귀신의 굴속
에 있는 듯하다. 鄕里에 이른바 五通廟라는 것이 있는데, 가장 영험하고 괴이하
다고 소문이 났다. 내가 처음 고향으로 돌아오자 宗人(일가친족)들이 핍박하여
이곳에 가게 하였으나 나는 가지 않았다. 이날 밤에 집안 사람들이 모여 官司
에 가서 술을 받아다가 마셨는데, 술에 灰(재)가 들어 있어 조금 마시자 마침
내 五臟六腑가 뒤틀려 밤새도록 배앓이를 하였으며, 다음 날 또 우연히 뱀 한
마리가 나와 계단 옆에 있으니, 사람들은 시끄럽게 떠들며 五通廟를 배알하지
않은 탓이라고 하였다. 이에 나는 말하기를 '五臟六腑가 뒤틀린 것은 음식이
맞지 않아서이니, 저것과 무슨 상관이 있겠는가. 五通廟를 억지로 끌어다 대지
말라' 하였다. 이 가운데 어떤 사람이 있었는데, 그는 學問을 지향하는 사람이
었으나 또한 와서 나더러 가라고 권하고, 또한 '사람들을 따르라'고 권하였다.
이에 나는 말하기를 '어찌하여 사람들을 따른단 말인가? 公마저도 이러한 말을
할 줄은 나는 생각하지 못했다' 하였다."

⑥ 問人患多懼하야 雖明知其不當懼나 然不能克하니 莫若且强制此心하야 使
不動否잇가 曰只管⁷⁰⁾强制면 也無了期니 只是理明了면 自是不懼니라

"사람이 두려움이 많음을 걱정하여 비록 두려워해서는 안 됨을 분명히 아나
이겨내지 못하니, 우선 이 마음을 억지로 제재하여 동하지 않게 하는 것이 낫

---

66) 〔釋疑〕臟腑 : 臟은 五臟으로 肝·心·脾·肺·腎이고, 腑는 六腑로 膽·胃·小腸·大
    腸·膀胱·三焦이다.

67) 〔釋疑〕關他甚事 : 他는 五通廟를 가리킨다.

68) 〔釋疑〕莫枉了五通 : 枉은 억지로 끌어다 대는 것이니, 억지로 五通廟를 끌어다 대
    어 말하지 말라고 한 것이다.

69) 〔釋疑〕某以 : 以는 바로 以爲의 뜻이다. 〔補註〕以爲는 以謂로도 쓰는 바, '말하
    다' '생각하다'의 뜻이다.

70) 〔刊補〕只管 : 一向, 一切라는 말과 같다.

지 않습니까?" 하고 묻자, 다음과 같이 말씀하였다.

"다만 억지로 제재하면 끝날 때가 없으니, 다만 이치가 밝아지면 자연히 두려워하지 않게 된다."

⑦ 僞學黨[71]이 作에 或勸先生散學徒하고 閉戶省事하야 以避禍者어늘 先生曰 禍福之來는 命也라 其默足以容[72]이라하니 只是不去擊鼓訟寃[73]이 便是默이니 不成屋下合說底話를 亦不敢說이니라

僞學黨이 일어나자, 혹자가 先生에게 學徒들을 해산하고 문을 닫고 일을 줄여서 禍를 피할 것을 권하였다. 이에 先生이 말씀하였다.

"禍福이 오는 것은 天命이다. '침묵함이 몸을 용납할 수 있다' 하였으니, 다만 가서 申聞鼓를 두드려 억울함을 하소연하지 않는 것이 바로 침묵이니, 집안에서 마땅히 해야 할 말도 또한 감히 말하지 못하는 것은 말이 되지 않는다."

⑧ 有一朋友微諷云 先生이 有天生德於予底意思하시고 却無微服過宋之意[74]

---

71) 〔譯註〕僞學黨 : 거짓 학문을 하는 무리란 뜻으로, 당시 권력을 잡고 있던 韓侂冑(한탁주)가 丞相인 趙汝愚를 모함하여 축출하고 朱子와 그 門生들을 僞學이라 하여 배척하였다. 僞學이란 곧 탐욕을 부리고 멋대로 행동하는 것이 사람의 진정이요 청렴결백하고 행실을 닦는 것은 모두 거짓이라는 것으로, 朱子는 이 때문에 큰 곤경을 겪었다.

72) 〔譯註〕其默足以容 : 《中庸》에 "國有道 其言足以興 國無道 其默足以容"이라고 보인다.

73) 〔釋疑〕擊鼓訟寃 : 宋나라 때에 登聞鼓를 설치하여 억울한 자가 있으면 이 북을 쳐서 하소연하게 하였다.

74) 〔譯註〕有天生德於予底意思 却無微服過宋之意 : 天生德於予는 하늘이 자신에게 큰 德을 내려주어 간직하게 했다는 뜻으로, 《論語》〈述而〉에 "하늘이 나에게 큰 덕을 내려 주었으니 桓魋(환퇴)가 나에게 어쩌겠는가.〔天生德於予 桓魋其如予何〕"라고 보이며, 微服은 화를 피하기 위하여 미천한 사람의 복장으로 변장하는 것으로 《孟子》〈萬章 上〉에 "孔子는 …… 宋나라 司馬인 桓魋가 장차 죽이려 함을 만나 미복으로 宋나라를 지나갔다.〔孔子 …… 遭宋桓司馬將要而殺之 微服而過宋〕"라고 보인다. 이는 곧 孔子가 자신을 살해하려는 桓魋에 대하여 '하늘이 나에게 德을 내려 주시어 내가 큰 덕을 간직하고 있으니, 환퇴가 어떻게 하늘의 뜻을 어기고 나를 살해하겠는가'라고 말씀하여 환퇴를 두려워하지 않았으나 또한 미천한

로소이다 先生曰 某又不曾上書自辨하고 又不曾作詩謗訕⁷⁵⁾하고 只是與朋友로 講習古書하야 說這道理하노니 更不敎做면 却做何事리오 論語首章에 言人不知而不慍이면 不亦君子乎아하고 斷章에 言 不知命이면 無以爲君子라하니 今人開口에 亦解說一飮一啄이 自有定分⁷⁶⁾이라호되 及遇小小利害하야는 便生趨避計較之心하나니라 古人이 刀鋸在前하고 鼎鑊在後⁷⁷⁾라도 視之如無物者는 蓋緣只見得這道理요 都不見那刀鋸鼎鑊일새라 如今朋友 都信不及⁷⁸⁾하니 覺見此道日孤라 令人意思不佳로라

한 朋友가 은미하게 諷諫하기를 "先生은 하늘이 나에게 德을 내려 주었다는 意思만 있으시고 微服으로 宋나라를 지나가는 뜻이 없으십니다." 하고 말하자, 先生은 다음과 같이 말씀하였다.

"내가 일찍이 글을 올려 스스로 변명하지도 않았고, 또 일찍이 詩를 지어 비방하지도 않았으며, 다만 朋友들과 옛책을 講習하여 이 道理를 말할 뿐이니, 다시 이것을 하지 못하게 한다면 무슨 일을 하겠는가. 《論語》의 首章에 '사람이 알아주지 않더라도 서운해 하지 않으면 君子가 아니겠는가' 하였고, 마지막 章에 '天命을 알지 못하면 君子가 될 수 없다'고 하였는데, 지금 사람들은 입만

─────────────

사람의 복장으로 변장하여 화를 피했음을 들어, 朱子는 이렇게 하지 않고 너무 禍를 두려워하지 않음을 비판한 것이다.

75) 〔刊補〕作詩謗訕 : 東坡의 사례와 같은 類이다. 〔補註〕東坡는 蘇軾의 號로 烏臺詩案을 이른다. 烏臺는 御史臺를 이르며 詩案은 詩 때문에 생긴 罪案이다. 東坡는 王安石의 新法을 반대하다가 뒤에 通判杭州로 좌천되고 湖州知事로 옮겼는데, 풍자하는 詩를 지었다가 言官들로부터 朝廷을 비방한 詩라 하여 탄핵을 받고 御史臺로 잡혀간 일이 있었으니, 이 사건을 가리킨다.

76) 〔釋疑〕亦解說一飮一啄 自有定分 : 解는 아는 것이다. 飮啄은 禽獸를 가지고 말한 것이다. 〔補註〕解는 能의 뜻으로 보아도 되며, 飮啄은 원래 새가 물을 마시고 먹이를 쪼아먹는 것을 이르는데, 여기서는 사람이 한 번 마시고 한 번 먹는 것을 의미한다.

77) 〔釋疑〕刀鋸在前 鼎鑊在後 : 鑊은 가마솥이니, 삶는 도구로 옛날 刑具의 하나이다. 〔補註〕刀鋸와 鼎鑊은 모두 죄인을 처형하는 도구로, 이러한 것이 전후 좌우에 널려 있음을 의미한다.

78) 〔釋疑〕都信不及 : 聖人의 말씀을 잘 믿고 돈독히 지키는 것을 信得及이라 하고, 이렇게 하지 못하는 것을 信不及이라 한다.

열면 또한 한 번 마시고 한 번 먹는 것에도 자연 정해진 分數가 있다고 말할 줄을 알지만 小小한 利害를 당하게 되면 곧 이익을 따르고 해를 피하여 計較하는 마음을 낸다. 옛사람이 칼과 톱이 앞에 있고 솥과 가마솥이 뒤에 있어도 이러한 물건을 보기를 없는 것처럼 여긴 것은 다만 이 道理만을 보고 저 칼과 톱과 솥과 가마솥 따위는 전혀 보지 않았기 때문이다. 오늘날 朋友들은 모두 이것(聖人의 말씀)을 믿지 않으니, 이 道가 날로 외로워짐을 깨닫는다. 그리하여 사람으로 하여금 생각이 좋지 못하게 한다.”

勉齋黃氏撰行狀[79]曰 先生爲學에 窮理以致其知하고 反躬以踐其實하시니 其存之也 虛而靜하고 其發之也果而確하며 其用之也應事接物而不窮하고 其守之也歷變履險而 不易이라 至其養深積厚하야는 矜持者純熟하고 嚴厲者和平하야 心不待操而存하고 義不 待索而精이로되 猶以爲義理無窮하고 歲月有限이라하야 常慊然有不足之意하시니라 從遊 之士 誦習質疑에 務學篤則喜見於言하고 進道難則憂形于色하시되 然爲己務實[80], 辨

---

79) 〔釋疑〕行狀 : ‘踐其實’ 아래에 ‘居敬’ 一段이 있는 바, 실로 知行을 겸하여 말했는데 篁墩이 삭제하였으니, 그 의도가 자세하지 않다.

80) 〔釋疑〕然爲己務實 : ‘然爲己’ 이하는 原文을 근거해 보면 마땅히 ‘從遊之士’의 앞에 있어야 한다. 然字 앞에서 먼저 사람에게 독서하는 방법을 가르치는 것을 논하여 비록 지극함을 다하였으나 자신을 위하고 실제를 힘쓰는〔爲己務實〕경계에 있어 일찍이 뜻을 다하지 않은 적이 없었다. 그러므로 然字가 붙을 곳이 있었는데, 이제 이것을 ‘憂形于色〔근심이 얼굴에 나타남〕’의 아래로 옮겨 놓았으니, 다만 차례가 바뀌었을 뿐만 아니라, 然字 또한 의미가 없어지게 되었다. 〔補註〕行狀의 原文을 살펴보면 “배우는 자들로 하여금 독서할 적에 또 반드시 音과 訓을 구분하고 章句를 바로잡으며 그 문장을 살펴보고 그 뜻을 찾게 하였다. 정밀하게 연구하고 깊이 생각하여 알기 어려운 것을 궁구하고, 마음과 기운을 화평하게 하여 스스로 터득하도록 내버려두셨다. 그러나 자신을 위하고 실제를 힘쓰며 義·利를 분별하고 스스로 속이지 않으며 홀로를 삼가는 경계에 있어서는 일찍이 세 번 뜻을 다하지 않음이 없으셨으니, 이는 또한 배우는 자들이 이치를 연구하고 몸에 돌이켜 敬으로써 지키게 하고자 해서였다. 從遊하는 선비들이 차례로 익힌 것을 외고 의심스러운 것을 질문할 적에 뜻을 깨닫지 못하는 것이 있으면 간곡히 일러주어 일찍이 게을리 하지 않았으며, 질문에 간절하지 않은 것이 있으면 반복하여 경계하고 일찍이 숨기신 적이 없었다. 학문을 힘쓰는 것이 독실하면 기뻐하는 기색이 말씀에 나타났고 道에 나아가는 것이 어려우면 걱정하는 기색이 얼굴빛에 나타나셨다.〔其 於讀書也 又必使之辨其音釋 正其章句 玩其辭 求其義 硏精覃思 以究其所難知 平心 辨

別義利, 毋自欺, 謹其獨之戒엔 未嘗不三致意焉하시니라 ○【按】黃氏所記朱子心學
이 甚精하니 最宜體玩이니라

　　勉齋黃氏가 撰한 〈朱子의〉 行狀에 다음과 같이 말하였다.

　　"先生은 학문을 할 적에 이치를 궁구하여 지식을 지극히 하고 자기 몸에 돌이켜
실제를 행하시니, 마음에 보존함은 虛하고 고요하며, 외면에 발함은 과단하고 확고
하며, 씀은 사물을 응접하여 다하지 않고, 지킴은 변고와 험한 일을 당해도 변치 않
았다. 存養함이 깊고 쌓임이 두터움에 이르러서는 억지로 矜持하던 것이 순수해지
고 익숙해지며 엄하던 것이 화평해져서 마음을 굳이 잡으려고 하지 않아도 보존되
고 義를 굳이 찾으려고 하지 않아도 精해졌으나 오히려 생각하기를 '義理는 무궁하
고 歲月은 유한하다'하여 항상 慊然히 부족하게 여기는 뜻이 있으셨다. 從遊하는
선비들이 講習하고 질문할 적에 학문을 힘쓰는 것이 독실하면 기뻐하는 기색이 말
씀에 나타났고, 道에 나아가는 것이 어려우면 걱정하는 기색이 얼굴빛에 나타나셨
다. 그러나 자신을 위하고 실제를 힘쓰며 義·利를 분별하고 스스로 속이지 않으며
홀로를 삼가는 경계에 있어서는 일찍이 세 번 뜻을 다하지 않음이 없으셨다."

○【按】黃氏가 기록한 朱子의 心學이 매우 정밀하니, 가장 잘 체험하고 살펴보아
야 할 것이다.

　　易氣 以聽其所自得 然爲己務實 辨別義利 毋自欺 謹其獨之戒 未嘗不三致意焉 盖亦
欲學者窮理反身而持之以敬也 從遊之士 迭誦所習 以質其疑 意有未諭則委曲告之而
未嘗倦 問有未切則反覆戒之而未嘗隱 務學篤則喜見於色 進道難則憂形於色〕"로 되
어 있다.

16. 禮記 禮樂不可斯須去身章¹⁾

樂記에 君子曰²⁾ 禮樂은 不可斯須去身이니 致樂以治心이면 則易直³⁾ 子諒⁴⁾之心이 油然生矣요 易直子諒之心이 生則樂하고 樂則安하고 安 則久하고 久則天이요 天則神이니 天則不言而信하고 神則不怒而威하나니 致樂以治心者也니라 致禮以治躬則莊敬하고 莊敬則嚴威하나니 中心⁵⁾이 斯須不和不樂而鄙詐之心入之矣요 外貌斯須不莊不敬而易慢之心入 之矣라 故樂也者는 動於內者也요 禮也者는 動於外者也니 樂極和하고 禮極順하야 內和而外順이면 則民瞻其顏色⁶⁾而弗與爭也요 望其容貌⁷⁾ 而民不生易慢焉이라 故德輝動於內⁸⁾하야 而民莫不承聽하고 理發諸外 하야 而民莫不承順이라 故曰 致禮樂之道면 擧而錯⁹⁾之天下에 無難矣 라하니라

〈樂記〉에 말하였다.

---

1) 《禮記》〈樂記〉에 보인다.
2) 〔釋疑〕君子曰 : 《左傳》에도 이와 같은 例가 많이 있으니, 당시 군자들의 말이 이 와 같다고 한 것이다.
3) 〔釋疑〕易直 : 易는 평이하고 평탄한 것이고, 直은 白直하여 험함이 없는 것이다.
4) 〔釋疑〕子諒 : 慈良으로 앞의 〈心經贊〉 註에 보인다.
5) 〔釋疑〕中心 : 《禮記》에는 心中으로 되어 있다.
6) 〔刊補〕顏色 : 顏面을 가리켜 말한 것이다.
7) 〔釋疑〕容貌 : 온몸을 들어 말한 것이다.
8) 〔釋疑〕德輝動於內 : 和順함이 마음속에 쌓여서 英華가 외면에 나타나는 것이다.
9) 〔釋疑〕擧而錯 : 이것을 들어 저기에 더하는 것이다. ○ 위에서는 다만 '백성들이 다투지 않고 태만하지 않다'고만 말하였으니 그 효험이 오히려 얕고, 아래에서는 '백성들이 받들어 따르고 받들어 순히 하지 않는 이가 없다'고 말하였으니 그 효 험이 더욱 깊고 또 원대하다.

　　"君子가 말하기를 '禮樂은 斯須(잠시)라도 몸에서 떠나서는 안 되니, 樂을 지극히 하여 마음을 다스리면 易直(평화롭고 정직함)과 子諒(慈諒 : 자애롭고 신실함)의 마음이 油然히(크게, 아름답게) 생겨나고 易直과 子諒의 마음이 생겨나면 즐겁고 즐거우면 편안하고 편안하면 오래하고 오래하면 천연적이고 천연적이면 신묘해지니, 천연적이면 말하지 않아도 믿고 신묘해지면 노여워하지 않아도 두려워하니, 이것이 樂을 지극히 하여 마음을 다스리는 것이다. 禮를 지극히 하여 몸을 다스리면 莊敬하고 장경하면 위엄이 있으니, 中心이 斯須라도 和樂하지 않으면 鄙詐(비루하고 속임)한 마음이 들어오고 外貌가 斯須라도 莊敬하지 않으면 易慢(함부로 함)한 마음이 들어온다. 그러므로 樂은 안에서 動하고 禮는 밖에서 動하니, 樂이 和함을 지극히 하고 禮가 順함을 지극히 하여 안이 화하고 밖이 순하면, 백성들이 그 안색을 바라보고 서로 다투지 않으며 그 용모를 바라보고 감히 易慢하는 마음을 내지 않는다. 그러므로 德의 빛남이 안에서 동하여 백성들이 받들어 따르지 않는 이가 없고, 이치가 밖에서 발하여 백성들이 받들어 순종하지 않는 이가 없는 것이다. 그러므로 禮樂의 道를 지극히 하면 들어서 天下에 둠에 어려움이 없다'고 말한 것이다."

【原註】

○ 孔氏[10]曰 和易, 正直, 子愛, 諒信이니라

　　孔氏가 말하였다.
　　"和易하고 正直하고 子愛(慈愛)롭고 誠實한 것이다."

○ 鄭氏曰 致는 猶深審也요 油然은 新生好貌也라 善心生則寡於利欲이요 寡於利欲則樂矣니라

　　鄭氏(鄭玄)가 말하였다.

---

10) 〔釋疑〕孔氏 : 唐나라 孔穎達이다. 〔補註〕唐나라 초기의 學者로 字는 仲達인데 총명하고 박학하였으며 經學에 밝았다. 國子監에 있으면서 太宗의 명을 받아 《五經正義》를 지어 유명하다.

"致는 깊이 살핌과 같고 油然은 새로 생겨나 아름다운 모양이다. 善한 마음이 생기면 利慾이 적어지고 利慾이 적어지면 즐거워진다."

○ 又曰 樂由中出이라 故治心이요 禮自外作이라 故治躬이니라

또 말하였다.

"樂은 心中으로부터 나오므로 마음을 다스리고 禮는 밖으로부터 일어나므로 몸을 다스리는 것이다."

○ 又曰 鄙詐入之는 謂利欲生이니라

또 말하였다.

"鄙詐한 마음이 들어온다는 것은 利慾이 생김을 이른다."

【附註】

○ 程子曰 學은 只要鞭辟近裏著己而已라 故切問而近思면 則仁在其中矣[11]라하며 言忠信하고 行篤敬이면 雖蠻貊之邦이라도 行矣어니와 言不忠信하고 行不篤敬이면 雖州里나 行乎哉아 立則見其參於前也요 在輿則見其倚於衡也[12]니 夫然後行[13]이라하시니 只此是學이라 質美者[14]는 明得盡[15]하면 查滓便渾化却[16]하야 與天地同體요 其次[17]는 惟莊敬[18]持養이니 及其至則一也니라

---

11) 〔釋疑〕切問而近思 則仁在其中矣 : 《論語》〈子張〉에 나오는 子夏의 말이니, 배우기를 널리 하고 뜻을 돈독히 하며 묻기를 간절히 하고 생각을 가까이 하면 마음이 보존되어 이치가 익숙해지므로 '仁이 이 가운데에 있다'고 한 것이다. 〔刊補〕○ 朱子가 말씀하기를 "여기(切問·近思)에 종사하면 마음이 밖으로 치달지 아니하여 보존하는 것이 절로 익숙해진다. 그러므로 '仁이 그 가운데 있다'고 한 것이다." 하였다.

12) 〔釋疑〕立則見其參於前也 在輿則見其倚於衡也 : 혹자가 묻기를 "忠信과 篤敬을 생각하고 생각하여 잊지 않아서 〈말을 충신하게 하고 행실을 독경하게 하는 모습이〉 서 있으면 눈앞에 어른거리고 수레에 있으면 가로댄 나무에 기대고 있을 때에 보인다면 이것은 편벽되이 매이는 병통이 아닙니까?" 하자, 朱子는 말씀하기를 "이와 같기 때문에 程子가 '뜻을 붙여서도 안 되고, 또한 뜻을 붙이지 않아서도 안 된다'고 한 것이다." 하였다.

程子가 말씀하였다.

"학문은 다만 鞭辟(채찍질)하여 안(裏面)을 가까이 해서 자신에게 붙게 하기를 要할 뿐이다. 그러므로 '간절히 묻고 가까이 생각하면 仁이 그 가운데에 있다'고 하였으며, '말이 忠信하고 행실이 篤敬하면 비록 蠻貊의 나라라도 행해질 수 있거니와, 말이 忠信하지 못하고 행실이 篤敬하지 못하면 비록 자기가 사는 州里(고향마을)라도 행해지겠는가. 서 있으면 이것(言忠信과 行篤敬)이 앞에 참여함을 보고, 수레에 있으면 이것이 멍에에 의지할 때에 보여야 하니, 그런 뒤에야 행해진다' 하셨으니, 다만 이것이 學問이다. 資質이 아름다운 자는 밝히기를 다하면 찌꺼기가 곧 완전히 變化하여 天地와 體가 같아지고, 그 다음 사람은 오직 莊敬하여 잡아 기를 뿐이니, 그 지극함에 이르러서는 똑같다."

問鞭辟如何오. 朱子曰 此是洛中語니 一處에 說作鞭約하니 大抵是要鞭督向裏去라 今人은 皆不是鞭督向裏하고 心都向外하니 恰似一隻船이 覆在水中이라 須是去翻將轉

---

13) 〔刊補〕言忠信 …… 夫然後行 : 子張이 行을 묻자, 孔子가 이에 답한 말씀으로 《論語》〈衛靈公〉에 보인다. ○ 묻기를 "心學에서는 마음 가운데 한 물건도 있어서는 안 된다고 하였는데, 말을 충성스럽고 신실하게 하며 행실을 돈독하고 공경할 것을 항상 생각하고 생각하여 잊지 않아서 이것이 앞에 참여함을 보고 수레의 멍에에 의지할 때에도 보이게 한다면 이것은 너무 치우치거나 얽매이는 병통이 아닙니까?" 하니, 退溪는 답하기를 "이와 같은 까닭에 程子는 '집착해서도 안 되고, 또 생각하지 않아서도 안 된다'고 하신 것이다." 하였다. 〔補註〕行은 모든 일이 뜻대로 행해짐을 이른다.

14) 〔釋疑〕質美者 : 顔子와 같은 분이다.

15) 〔釋疑〕明得盡 : 앎이 분명(극진)한 것이다.

16) 〔釋疑〕查滓便渾化却 : 查滓는 渣滓로도 쓰는 바, 찌꺼기로 곧 氣質이 거칠고 탁한 것을 이르며, 渾化는 완전히 變化한 것으로 行(실천)의 효험이다. 却은 語辭인데, 혹은 위로 붙여 읽기도 하고 혹은 아래로 붙여 읽기도 한다. 〔刊補〕渾化却는 찌꺼기가 渾化하여 없어짐을 말한다. 찌꺼기가 渾化함은 이를 實行한 효과이다. 却은 어조사이다. 世間에는 却字를 뒤로 붙여 '却與天地……'라고 읽는데, 이것은 옳지 않다. 〔補註〕위의 '明得盡'은 知工夫가 지극한 것이고, '查滓便渾化却'은 찌꺼기가 완전히 없어진 것으로 行이 지극하면 나타나는 효험이다.

17) 〔釋疑〕其次 : 仲弓과 같은 사람이다.

18) 〔釋疑〕莊敬 : 莊은 용모를 위주로 하고 敬은 마음을 위주로 한다. 그러나 서로 바꾸어 보아도 된다.

來라야 便得使니 吾輩는 須勇猛著力이니라

　"鞭辟은 어떠한 것입니까?" 하고 묻자, 朱子가 말씀하였다.

　"이것은 洛陽지방의 말이니, 어떤 곳에서는 鞭約이라고도 하는 바, 대체로 채찍질하여 안을 향해 가는 것이다. 지금 사람들은 모두 채찍질하여 안을 향하지 않고 마음이 모두 밖을 향하니, 흡사 한 척의 배가 물 속에 엎어져 있는 것과 같다. 모름지기 가서 뒤집어 놓아야만 곧 부릴 수 있으니, 우리들은 모름지기 용맹하게 힘을 써야 한다."

○ 李端伯[19]이 問每日常遇事엔 卽能知操存之意어니와 無事時엔 如何存養得熟이닛고 曰 古之人이 耳之於樂과 目之於禮와 左右起居盤盂几杖에 有銘有戒하야 動息에 皆有所養이러니 今皆廢此하고 獨有理義之養心耳라 但存此涵養意니 久則自熟矣리라 敬以直內는 是涵養意니 言不莊不敬이면 則鄙詐之心生矣요 貌不莊不敬이면 則怠慢之心生矣니라

　李端伯(李籲)이 "매일 항상 일을 만날 때에는 操存하여야 하는 뜻을 알겠으나 일이 없을 때에는 어떻게 하여야 存養함이 익숙해질 수 있습니까?" 하고 묻자, 다음과 같이 말씀하였다.

　"옛사람은 귀가 樂(음악)에 있어서와 눈이 禮에 있어서와 左右와 起居하는 곳과 盤盂(세수 그릇과 밥사발)와 几杖(안석과 지팡이)에 銘이 있고 경계하는 글이 있어서 동하고 쉼에 모두 기르는 바가 있었는데, 지금은 이것을 모두 폐하고 오직 義理로 마음을 기르는 것만이 있을 뿐이다. 다만 이 涵養하는 뜻을 보존하여야 하니, 오래되면 저절로 익숙해질 것이다. 敬하여 안을 곧게 한다는 것이 바로 涵養의 뜻이니, 말이 莊敬하지 않으면 鄙詐한 마음이 생기고 외모가 莊敬하지 않으면 태만한 마음이 생김을 말한 것이다."

○ 又曰 古者에 玉不去身하며 無故어든 不徹琴瑟하고 自成童入學하야 四十而出仕하니 所以敎養之者備矣라 理義以養其心하고 禮樂以養其血氣라 故其才高者는 爲聖賢하고 下者亦爲吉士하니 由養之至也니라

　또 말씀하였다.

---

19) 〔釋疑〕李端伯 : 이름은 籲(유)이니, 程門의 高弟이다.

"옛날에는 玉을 몸에서 제거하지 않았으며 연고가 없으면 거문고와 비파를 치우지 않았고, 成童의 때로부터 학교에 들어가서 40세가 되어야 나와서 벼슬하였으니, 敎養한 것이 구비되었다. 義理로써 마음을 기르고 禮樂으로써 血氣를 길렀다. 이 때문에 재주가 높은 자는 聖賢이 되고 낮은 자도 착한 선비가 되었으니, 이는 기르기를 지극히 한 때문이다."

○ 伊川先生이 甚愛表記의 君子莊敬日强, 安肆日偸(투)之語하더시니 蓋常人之情[20]은 纔放肆則日就曠蕩하고 自檢束則日就規矩니라

伊川先生은 《禮記》〈表記〉의 '君子가 莊敬하면 날로 강해지고 安肆(편안하고 방사)하면 날로 게을러진다'는 말을 매우 좋아하였으니, 보통사람의 마음은 조금만 放肆하면 날로 曠蕩(방탕)한 데로 나아가고, 스스로 檢束하면 날로 規矩(법도)로 나아간다.

問 强은 是志强否잇가 朱子曰 志도 也强이요 氣力도 也强이니 今人放肆면 則日怠惰一日[21]하나니 那得强이리오 伊川云 人莊敬則日就規矩라하시니 莊敬이면 自是耐得辛苦하야 自不覺其日就規矩也리라

"强함은 뜻이 강한 것입니까?" 하고 묻자, 朱子가 말씀하였다.
"뜻도 강하고 氣力도 강한 것이니, 지금 사람들은 放肆하면 날마다 하루보다 더 게을러지니, 어찌 강할 수 있겠는가. 伊川이 말씀하기를 '사람이 莊敬하면 날로 規矩로 나아간다'고 하였으니, 莊敬하면 저절로 辛苦를 인내하여 날로 規矩로 나아감을 스스로 깨닫지 못할 것이다."

○ 又曰 學者有所得이 不必在談經論道間이라 當於行事動容周旋中禮에 得之니라

또 말씀하였다.
"배우는 자가 소득이 있는 것은 굳이 經傳을 말하고 道를 논하는 사이에 있는 것이 아니다. 마땅히 일을 행하고 용모를 동하며 주선함이 禮에 맞는 데에서 얻어야 한다."

---

20) 〔釋疑〕蓋常人之情 : '常人之情' 이하는 呂本中의 말이다.
21) 〔釋疑〕日怠惰一日 : '날마다 한 날에서 더 怠惰하니'로 諺解하였다.

○ 又曰 懈意一生이면 便是自暴自棄니라

또 말씀하였다.

"게으른 뜻이 한 번 생기면 곧 自暴自棄이다."

朱子曰 孟子云 言非禮義를 謂之自暴라하시니 言非禮義는 是專道禮義是不好라 世上에 有這般人이 惡(오)人做好事하야 只道人做許多模樣[22]이라하나니 這是他自恁地䰞暴了하야 更不通與他說이라 到得自棄底[23]하야는 也自道義理是好라하고 也聽人說호되 只是我做不得이라 任儞如何[24]라하나니 這箇是自棄니 終不可與有爲라 故伊川說 自暴者는 拒之以不信하고 自棄者는 絶之以不爲라하시니 自暴는 是剛惡이요 自棄는 是柔惡이니라 ○ 問向所說自暴를 作自䰞暴하야 與今集註暴害也로 不同이로소이다 曰 害底是하니 如暴其民甚[25]이니라 言非禮義를 謂之自暴는 如今人이 要罵道學一般이니 只說道這許多做好事之人이 自做許多模樣이라하나니 不知這道理是人人合有底하야 他自恁地非議하니 是他自害了這道理니라 ○ 又曰 今人이 不肯做工夫하니 有是覺得難後에 遂不肯做하며 有自知不可爲하고 公然遜與他人하야 如退產相似하야 甘伏批退[26]하고 自己不願要니라

---

22) 〔釋疑〕人做許多模樣 : 실제가 없으면서 헛되이 儀形만 하는 것을 이른다.

23) 〔刊補〕到得自棄底 : '自棄로 말하면'이란 말과 같다.

24) 〔釋疑〕任儞如何 : 네가 善을 하도록 맡겨 두고(내버려두고) 나는 하지 못한다고 말하는 것이다.

25) 〔譯註〕暴其民甚 :《孟子》〈離婁 上〉에 "暴其民甚 則身弒國亡"이라고 보인다.

26) 〔釋疑〕如退產相似 甘伏批退 : 批退는 批를 받고 재산을 물려주는 것으로, 批는 지금에 所志(청원서)를 올리는 것과 같다. ○ 중국 사람들은 財産을 交易(매매나 증여)할 때에 반드시 관청에 아뢰어 뜻을 써서 글을 올린다. 그러므로 만약 재산을 물려주고자 하는 자는 所志를 관청에 올리고 批를 받은 뒤에 물려주었으니, 재산을 물려준다는 말은 여기에서 나온 것이다. ○ 이 단락은《語類》의 襲盖卿의 기록과 廖謙의 기록에 보이는 바, "지금 交易할 적에 情願批退帳(학문을 남에게 미루고 하지 않는 것)을 내어 他人이 사도록 하는 것과 같으니, 지금 사람들은 情願批退學問하는 사람이 많다." 하였다. 帳은 세속의 이른바 所志와 같으니, 甘伏批退는 마음에 좋게 여겨서 스스로 원치 않음을 이른다. 〔補註〕産은 재산이며, 甘伏은 달게(좋게) 여겨 승복(허락)하는 것으로 情願(청원)과 같은 뜻이다.

朱子가 말씀하였다.

"孟子가 '말함에 禮義를 그르다 하는 것을 自暴라 한다' 하셨으니, 말함에 禮義를 그르다고 하는 것은 오로지 禮義가 좋지 않다고 말하는 것이다. 세상에는 이러한 사람들이 있어서 남이 좋은 일을 하는 것을 싫어하여 다만 '사람들이 허다한 겉모양만 한다'고 비난하여 말하니, 이는 그 스스로 이렇게 거칠고 포악한 것이어서 다시는 그와 더불어 말하는 것이 통하지 않는다. 自棄에 이르러서는 또한 스스로 義理가 좋다고 말하고 또 남의 말을 들으나 다만 '나는 하지 못한다. 네가 어떻게 하든 맡긴다'고 말한다. 이것이 바로 自棄이니, 끝내 그와 더불어 훌륭한 일을 할 수 없다. 그러므로 伊川이 말씀하기를 '自暴하는 자는 거절하여 믿지 않고 自棄하는 자는 끊어서(체념하여) 하지 않는다' 하였으니, 自暴는 강한 惡이요 自棄는 유약한 惡이다."

○ "지난번에 말씀할 때에는 自暴를 스스로 거칠고 포악한 것이라 하여, 지금 《集註》에 '暴는 해치는 것'이라는 것과 같지 않습니다." 하고 묻자, 다음과 같이 말씀하였다.

"해친다는 것이 옳으니, 백성을 해롭게 함이 심하다는 것과 같은 것이다. 말함에 禮義를 그르다고 하는 것을 自暴라 한다는 것은 지금 사람들이 道學을 罵倒(매도)하는 것과 똑같으니, 다만 허다하게 좋은 일을 하는 사람을 보고는 스스로 허다한 모양만 한다고 비난하여 말한다. 이 道理를 사람마다 가지고 있는 것임을 알지 못하여 이처럼 비난하는 것이니, 이는 스스로 이 道理를 해치는 것이다."

○ 또 말씀하였다.

"지금 사람들은 공부를 하려고 하지 않는데, 여기에는 공부의 어려움을 깨달은 뒤에 마침내 하지 않으려는 자도 있고, 스스로 할 수 없음을 알고는 공공연히 他人에게 양보해서 재산을 물려주듯 하여 기꺼이 批退하고 자신은 하려고 하지 않는 것과 같이 하는 자도 있다."

○ 張子曰 有潛心於道라가 忽忽爲他慮引去者는 此氣也라 舊習纏繞하야 未能脫灑면 畢竟無益[27]이요 但樂於舊習耳라 古人이 欲得朋友與琴瑟簡編은 常使心在於此니라

張子가 말씀하였다.

"道에 마음을 잠겨 두고 있다가 갑자기 딴 생각에 이끌려 가는 것은 바로 氣

---

27) 〔釋疑〕畢竟無益 : 비록 道에 潛心하고 있으나 끝내 유익한 바가 없음을 이른다.

이다. 옛습관에 얽매여서 깨끗이 벗어나지 못하면 필경 유익함이 없고 다만 옛습관만을 좋아할 뿐이다. 옛사람이 朋友와 琴瑟과 簡編을 얻고자 한 것은 항상 마음을 이 속에 두고자 해서였다."

○ 朱子曰 聖賢之敎 無一言一句不是入德門戶어니와 如所謂禮樂不可斯須去身者는 尤爲深切하니 眞當佩服存省하야 以終其身也니라

　朱子가 말씀하였다.

　"聖賢의 가르침은 한 말씀과 한 글귀가 德에 들어가는 門戶 아님이 없지만 이른바 '禮樂은 斯須(잠시)라도 몸에서 떠날 수 없다'는 말씀은 더욱 깊고 간절하니, 진실로 가슴속에 새겨두고 살펴서 몸을 마쳐야 할 것이다."

○ 問 樂以治心, 禮以治躬한대 曰 心要平易하야 無艱深險阻니 所以說不和不樂則鄙詐之心入之矣요 不莊不敬則易慢之心入之矣니라

　樂으로써 마음을 다스리고 禮로써 몸을 다스리는 것을 묻자, 다음과 같이 말씀하였다.

　"마음이 平易하여 어렵고 깊고 險阻함이 없어야 하니, 이러한 연유로 마음이 和樂하지 않으면 鄙詐한 마음이 들어오고 莊敬하지 않으면 易慢한 마음이 들어온다고 말한 것이다."

○ 南軒張氏曰 李季修[28]問所謂敬之說을 當用力이니 誠不可怠惰어니와 而嚮晦宴息[29]에 亦當隨時라하야늘 某以爲嚮晦入宴息이 乃敬也니 知嚮晦宴息之爲非怠惰라야 乃可論敬之理矣라호라

---

28) 〔釋疑〕李季修 : 출처가 보이지 않으나 張南軒의 門人인 듯하다.

29) 〔釋疑〕嚮晦宴息 : 우레가 못 가운데에 감추어져 있어서 때에 따라 휴식하는 것이니, 하늘을 체행하여 일함이 바로 공경하는 것이다. 〔補註〕《周易》〈隨卦 象傳〉에 "못 가운데 우레가 있는 것이 隨이니, 君子가 이것을 보고서 날이 어둠으로 향하거든 방안에 들어가 편안히 쉰다.〔澤中有雷隨 君子以 嚮晦入宴息〕"하였는 바, 이 말을 인용한 것이다. 隨卦는 못을 상징하는 兌가 위에 있고 우레를 상징하는 震이 아래에 있으므로 못 가운데 우레가 있다 한 것이며, 이는 군자가 때에 따라 휴식하는 象이라 한다.

南軒張氏가 말하였다.

"李季修가 묻기를 '이른바 敬의 말씀을 마땅히 힘을 써야 하니, 진실로 게을리 할 수 없지만 嚮晦(날이 저묾)하여 宴息(편안히 쉼)하는 것도 마땅히 때를 따라야 합니다' 하기에 나는 대답하기를 '嚮晦하여 들어가 宴息함이 바로 공경이니, 嚮晦하여 宴息하는 것이 태만함이 아닌 것을 알아야 비로소 敬의 이치를 논할 수 있다' 하였다."

○ 東萊呂氏曰 敬之一字 固難形容이니 古人所謂心莊則體舒, 心肅則容敬 此兩語를 當深體也니라

東萊呂氏가 말하였다.

"敬 한 글자는 진실로 형용하기 어려우니, 옛사람의 이른바 '마음이 장엄하면 몸이 펴지고 마음이 엄숙하면 용모가 공경해진다'는 이 두 말을 마땅히 깊이 체득하여야 할 것이다."

西山眞氏曰 莊은 謂嚴而重이요 肅은 謂靜而恭이니 氣象이 固不同也라 心嚴重則體安舒하고 心輕肆則體躁擾하니 以身驗之하면 斯可見矣리라

西山眞氏가 말하였다.

"莊은 장엄하고 중후함을 이르고 肅은 靜肅하고 공손함을 이르니, 氣象이 똑같지 않다. 마음이 엄중하면 몸이 편안하고 펴지며 마음이 가볍고 방사하면 몸이 조급하고 紛擾하니, 몸으로써 징험해 보면 이것을 알 것이다."

① 節孝徐公[30]이 初從安定胡先生[31]學하더니 自言初見先生하고 退에 頭容少偏이러니 安定이 忽厲聲云 頭容直이라하야시늘 某因自思호니 不獨頭容直이라 心亦要直也라하야 自此로 不敢有邪心호라

節孝徐公(徐積)이 처음 安定 胡先生(胡瑗)을 따라 배웠는데, 스스로 말하기를 "처음 선생을 뵙고 물러나올 적에 머리 모양이 조금 기울자, 安定이 갑자기 큰 소리로 '머리 모양은 곧아야 한다'고 말씀하였다. 내가 이로 인하여 스스로 생각해 보니, 단지 머리 모양만 곧을 것이 아니라 마음 또한 곧아야 한다고 여

---

30) 〔釋疑〕節孝徐公 : 이름은 積이고 자는 仲車이며 節孝는 私諡이다.
31) 〔釋疑〕安定胡先生 : 이름은 瑗이고 자는 翼之이다.

겨져서 이로부터 감히 간사한 마음을 두지 못하였다." 하였다.

【按】經云 禮樂不可斯須去身은 卽孔子所謂君子無終食之間違仁이니 造次必於是하고 顚沛必於是[32]者라 聖學之基 必謹於此니 蓋制於外는 所以養其中也라 今稍摘其事以附하야 用自警焉하니 凡得十八條[33]라

經(《禮記》)에 '禮樂은 斯須라도 몸에서 떠나서는 안 된다'고 말한 것은 곧 孔子의 이른바 '군자는 밥 한 그릇을 다 먹는 사이도 仁을 떠남이 없으니, 造次라도 이에 반드시 하고 顚沛라도 이에 반드시 한다'는 것이다. 聖學의 터전은 반드시 이것을 삼가니, 밖을 제재함은 속마음을 기르기 위한 것이다. 이제 대략 이 일을 뽑아붙여서 스스로 경계하려 하는 바, 모두 18조목을 얻었다.

② 元城劉氏 嘗擧司馬公讀三國志曹操遺令事[34]하야 以語客한대 客曰 非溫

---

32)〔譯註〕君子無終食之間違仁 …… 顚沛必於是:《論語》〈里仁〉에 보인다.

33)〔譯註〕凡得十八條:十八條는 '節孝徐公'條부터 그 아래 '元城劉氏'條, '上蔡謝氏曰'條, '明道先生曰'條, '藍田呂氏曰'條, '龜山楊氏曰'條, '程子曰'條, '又曰朱公掞'條, '朱子曰和靖尹公'條, '朱子曰陳才卿'條, '先生病中'條, '廖晉卿'條, '陳才卿'條, '葉賀孫'條, '有學者每相揖畢'條, '有侍坐而困睡者'條, '先生看糊窓云'條, '西山眞氏曰'條까지의 열 여덟 조목을 가리킨다.

34)〔釋疑〕曹操遺令事:溫公이 曹操가 죽을 때에 명령한 일을 읽고서 그 거짓을 간파하여 말하기를 "曹操는 生前에 나갈 때에는 경호하고 들어올 때에는 辟除(벽제)하여 天子의 禮를 행해서 漢나라를 찬탈한 지가 이미 오래이다. 다만 天命을 두려워하고 惡名을 받을까 싫어하였기 때문에 죽을 때에 이 말로써 하늘과 사람을 속인 것이니, 자신이 天子가 되었으면 宮女의 생활은 걱정할 바가 아니다. 그러므로 이와 같이 거짓말을 늘어놓은 것이다." 하였다. ○ 살펴보건대 司馬溫公이 일찍이 曹操가 遺令한 일을 논하기를 "이는 曹操의 은미한(숨겨진) 뜻이다. 遺令은 세상의 이른바 遺囑이란 것이니, 遺囑하는 일은 반드시 긴요한 것을 가려서 말하고, 긴요하지 않은 하찮은 일에 있어서는 말할 겨를이 없다. 또 曹操가 죽은 뒤의 일은 皇帝의 자리를 차지하는 것보다 더 큰 것이 있겠는가. 그런데 이제 曹操가 여러 말을 간곡히 늘어놓아 아래로 香을 나누어 주고 신을 파는 일까지 언급하여 집안 식구들과 婢妾들을 모두 자세히 조처하였으면서도 황제의 자리를 차지하는 일에 대해서는 한 마디도 언급한 것이 없었다. 그 의도는 '황제의 자리를 차지하는 일은 내 일찍이 시킨 적이 없음'을 보인 것이니, 이는 실제로는 자손에게 天下를

公識見이면 不及此니라 劉氏曰 此無他라 乃一誠字爾라 老先生이 讀書에 必
具衣冠하고 正坐莊色하야 不敢懈怠하야 惟以誠意讀之하시니 誠之至者는 可以
開金石이어든 況此虛蕩³⁵⁾之事는 一看에 卽解散³⁶⁾也니라

　元城劉氏(劉安世)가 일찍이 司馬溫公(司馬光)이 《三國志》에 曹操가 遺命한
일을 읽고 말씀한 것을 들어 客에게 말하자, 객이 말하기를 "溫公의 識見이 아

　　물려주면서 자신은 漢나라의 신하라는 명분을 누린 것이다." 하였다. ○ 또 살펴
　　보건대 이는 바로 朱子의 이른바 '귀를 막고 鍾을 훔친다'는 것이어서 그 죄가 더
　　욱 큰데, 司馬溫公은 마침내 은미한 뜻이라고 하였으니, 지나치게 용서함에 잘못
　　되었다고 이를 만하다. 〔刊補〕《考誤》에 "元城劉氏(劉安世)가 말하기를 ' 司馬溫
　　公이 하루는 나에게 말씀하기를 「曹操가 遺令(遺命)한 일이 어떠한가?」하기에
　　나는 대답하기를 「曹公의 평생의 간사함이 이에 이르러 다 나타났습니다. 그러므
　　로 죽음에 임하여 간곡히 이러한 명령을 내린 것입니다」하였더니, 溫公은 말씀하
　　기를 「그렇지 않다. 이것은 바로 曹操의 숨겨진 뜻이다. 遺令이란 세상의 이른바
　　遺囑이란 것으로, 반드시 긴요한 말을 가려서 자손들에게 부탁하는 것인 바, 曹操
　　가 죽은 뒤의 일 중에 禪代(황제의 자리를 대신 차지함)하는 것보다 더 큰 것이
　　있겠는가. 지금 曹操는 遺令을 함에 여러 말을 간곡히 늘어놓았다. 아래로는 향을
　　나누어 주고 신발을 파는 일에 이르기까지 집안 식구들과 婢妾을 모두 자세히 조
　　처하였는데, 禪代하는 일에 대해서는 한 마디도 언급한 것이 없으니, 그의 뜻은
　　대체로 禪代는 자연 子孫들이 할 일이니, 내가 일찍이 가르칠 것이 없다고 여긴
　　것이다. 이는 실제로는 天下를 子孫에게 물려주면서 자신은 漢나라 臣下라는 이름
　　을 누리려고 한 것이니, 이것이 遺令의 本意이다. 千百年이 지나도록 누구도 그의
　　숨은 뜻을 간파하지 못하였는데, 어제 저녁에 내가 우연히 간파하였다.」고 하였다.
　　이렇게 말씀한 溫公은 기뻐하는 기색이 있는 듯하였으며, 또 나에게 경계하기를
　　「識見이 높은 선비가 아니면 이것을 말할 수 없다.……」했다." 하였다. 〔補註〕향
　　을 나누어 주고 신을 파는 일이란 조조가 죽을 때에 자신이 보관해 두었던 좋은 향
　　을 여러 첩과 계집종들에게 나누어 주었으며, 또 그들에게 당부하기를 "내가 죽거
　　든 너희들은 부지런히 여자의 일을 배워서 비단신 등을 만들어 팔아먹고 생활하
　　라."고 하였는 바, 이는 마치 자신이 죽고 나면 비첩들이 살아갈 방도가 없음을
　　염려하여 말한 듯하다. 그러나 실제로는 자기 자식이 황제의 자리에 있으면서 아
　　비의 비첩들을 굶주리게 할 리가 있겠는가. 이 역시 조조가 교묘하게 자신이 漢나
　　라의 신하라는 것을 나타내어 말한 것일 뿐이다.

35) 〔釋疑〕虛蕩:蕩은 一本에는 僞字로 되어 있다.
36) 〔譯註〕解散:확연히 알아서 숨김이 없음을 이른다.

니면 이에 미치지 못한다.” 하였다. 이에 劉氏는 다음과 같이 말하였다.

“이는 딴 이유가 없다. 바로 한 誠字 때문이다. 老先生(司馬光)이 책을 읽을 적에 반드시 衣冠을 갖추고는 바르게 앉아 얼굴빛을 장엄하게 하여 감히 게을리 하지 않고 오직 誠意로써 책을 읽으셨으니, 정성이 지극한 자는 金石도 열수 있는데, 하물며 이 虛蕩한 일쯤은 한 번 보면 곧 풀 수 있는 것이다.”

③ 上蔡謝氏曰 明道先生이 終日端坐하야 如泥塑[37]人이러시니 及至接人하야는 則渾是一團[38]和氣시니 所謂望之儼然하고 卽之也溫[39]이니라

上蔡謝氏(謝良佐)가 말하였다.

“明道先生이 종일토록 단정히 앉아서 진흙으로 만든 塑像과 같으셨는데, 사람을 접견함에 이르러서는 완전히 한 덩어리의 온화한 기운이셨으니, 이른바 ‘바라보면 엄숙하고 나아가면 온화하다’는 것이다.”

先生謂學者曰 賢看顥如此하라 顥煞用[40]工夫로라

先生이 배우는 자들에게 이르기를 “그대들은 내가 이와 같이 하는 것을 보라. 나는 크게 공부(힘)를 쓰노라.” 하였다.

④ 明道先生曰 某書字甚敬[41]하니 非是欲字好라 只此是學이며 只此求放心이니라

---

37) 〔刊補〕泥塑:《韻會》에 “흙으로 빚은 인형이다.” 하였다.

38) 〔釋疑〕一團 : 一段이라는 말과 같다.

39) 〔釋疑〕所謂望之儼然 卽之也溫 :《近思錄》을 근거해 보면 이 10字는 葉氏의 註釋 내용인데, 여기에 연결하여 썼으니, 마땅히 바로잡아야 한다. 〔補註〕葉氏는 葉采이며 ‘望之儼然 卽之也溫’은《論語》〈子張〉에 보이는 子夏의 말이다. 謝良佐의 말은 ‘一團和氣’에서 끝났으며 ‘所謂’ 이하는 葉采가《近思錄》을 주석하면서 자신의 말로《論語》의 내용을 인용한 것인데, 지금 篁墩이 이를 구분하여 밝히지 않고 《近思錄》의 내용을 그대로 인용하여 마치 謝良佐의 말이 끝까지 이어진 것처럼 하였음을 지적한 것이다.

40) 〔刊補〕煞用 : 煞는 殺(쇄)와 같으니, ‘가장’ ‘특히’라는 뜻이다.

41) 〔刊補〕明道先生曰 某書字甚敬 : 退溪가 金惇敍에게 답하기를 “明道先生은 진실로 글자를 아름답게 쓰려고 하신 것도 아니요, 또한 글자를 아름답지 않게 쓰려고 하

明道先生이 말씀하였다.

"내가 글자를 쓰기를 매우 공경히 하니, 이는 글자를 아름답게 쓰려고 해서 가 아니요, 다만 이것이 배움이며 다만 이것이 放心을 찾는 일이다."

⑤ 藍田呂氏⁴²⁾曰 橫渠先生이 終日危坐一室하사 左右簡編을 俯而讀하고 仰而思하야 有得則識(지)之호되 或中夜起坐하야 取燭以書하시니 其志道精思 未始須臾息이요 亦未嘗須臾忘也시니라

藍田呂氏(呂大臨)가 말하였다.

"橫渠先生이 종일토록 한 방에 무릎을 꿇고 앉아서 좌우의 簡編을 머리를 숙여 읽고 우러러 생각하여 터득함이 있으면 기록하되 혹은 한밤중에 일어나 앉아서 촛불을 밝히고 쓰셨으니, 道에 뜻을 두고 생각을 정밀하게 함이 일찍이 잠시도 그친 적이 없었고 또한 일찍이 잠시도 잊은 적이 없으셨다."

⑥ 龜山楊氏曰⁴³⁾ 翟霖⁴⁴⁾이 送伊川西遷⁴⁵⁾할새 道宿僧舍러니 坐處背塑(소)像이어늘 先生이 令轉椅勿背하신대 霖曰 豈以⁴⁶⁾其徒敬之故로 亦當敬邪잇가 先生曰 但具人形貌면 便不當嫚이라하시니라 因賞此語曰⁴⁷⁾ 孔子云 始作俑者

신 것도 아니며, 단지 글씨를 씀에 공경히 했을 뿐이다. 이것이 바로 '반드시 養氣에 종사하되 미리 효과를 기대하지 말아서 마음에 잊지도 말고 助長하지도 말라'는 것이 일에 나타난 것이니, 글씨 쓰는 것만 이러할 뿐이 아니다. 보내 온 편지에 '배우는 자들로 하여금 굳이 書藝에 힘쓰지 않게 하고자 한다'하였는데, 이는 程子의 본뜻이 아니며, 또 '일부러 아름답지 않게 쓴다'하였는데, 이것은 程子의 뜻과 더욱 거리가 멀다." 하였다.

42) 〔釋疑〕藍田呂氏 : 바로 呂與叔이다.

43) 〔釋疑〕龜山楊氏曰 : '楊氏曰' 세 자는 '語錄' 두 자로 고쳐야 마땅할 듯하다.

44) 〔釋疑〕翟霖 : 나오는 곳이 없다.

45) 〔釋疑〕西遷 : 涪州로 유배갈 때를 이른다.

46) 〔釋疑〕豈以 : 豈는 豈不이다.

47) 〔釋疑〕因賞此語曰 : 이는 楊龜山이 伊川의 말씀에 감탄한 것이다. 〔刊補〕賞은 玩味하여 嘉尙하게 여김을 이른다. 이는 龜山이 伊川의 말씀에 歎賞한 것이다. 혹자는 "伊川이 孔子의 말씀에 歎賞한 것이다."라고 하기도 하고 "翟霖이 伊川의 말씀에 歎賞한 것이다."라고 하기도 하는데, 앞의 말이 옳다.

其無後乎인저하시니 爲其象人而用之也[48]라 蓋象人而用之면 其流必至於用人
이니 君子無所不用其敬이라 見似人者하고 不忽이면 於人을 可知矣니 若於似
人而萌輕忽之心이면 其流必至於輕忽人이니라

龜山楊氏가 말하였다.

"翟霖(적림)이 서쪽으로 귀양가는 伊川을 전송할 적에 도중에 僧房에서 유숙
하였는데, 앉은 자리가 塑像(佛像)과 등지게 되어 있자, 선생은 의자를 돌려 등
지지 않게 하였다. 翟霖이 말하기를 '그 무리(승려)들이 불상을 공경하기 때문
에 또한 공경해야 하는 것이 아닙니까?'하자, 선생은 '다만 사람의 形貌를 갖
추고 있으면 곧 함부로 대해서는 안 된다'고 말씀하였다. 나(龜山)는 인하여 이
말씀을 歎賞하며 말하기를 '孔子께서 처음에 俑을 만든 자는 後孫이 없을 것이
라고 말씀하셨으니, 이는 사람과 똑같이 만들어 장례에 썼기 때문이다. 사람과
똑같이 만들어 장례에 사용하면 그 末流에는 반드시 산 사람을 사용함에 이를
것이니, 君子는 공경을 쓰지 않는 바가 없다. 사람과 비슷한 것을 보고도 소홀
히 하지 않는다면 사람에게 대하는 것을 알 수 있으니, 만약 사람과 유사한 것
에 경홀히 하는 마음이 싹튼다면 그 末流에는 반드시 사람을 경홀히 하는 데에
이를 것이다'하였다."

⑦ 程子曰 呂與叔이 六月中에 來緱氏[49]어늘 閒居中에 某常(嘗)窺之러니 必
見其儼然危坐하니 可謂敦篤矣라 學者須恭敬이어니와 但不可令拘迫이니 拘迫
則難久也[50]니라

程子가 말씀하였다.

---

48) 〔譯註〕孔子云 …… 爲其象人而用之也 : 이 내용은 《孟子》〈梁惠王 上〉에 보이는
바, '始作俑者 其無後乎'까지만 孔子의 말씀이고 그 아래는 孟子가 孔子의 뜻을
부연 설명한 것이다. 俑은 나무를 깎아 만든 장승 따위이다. 옛날 장례할 때에 풀
단을 묶어 사람의 모습과 비슷하게 만들어서 장례에 사용하였는데, 중간에 俑으로
바꾸니, 俑은 얼굴과 눈이 있고 몸을 움직일 수가 있어 인형과 매우 유사하였다.
그러다가 후세에는 직접 산 사람을 殉葬하였다. 이 때문에 孔子는 처음 俑을 만든
자는 큰 罪惡을 저질러 後孫이 없을 것이라고 말씀한 것이다. 옛날에는 사람이 생
전에 죄악을 저지르면 그 殃禍가 子孫에게 미쳐 후손이 끊어진다고 생각하였기
때문에 말씀한 것이다.

49) 〔釋疑〕緱氏 : 산 이름이니, 洛陽에 있다.

"呂與叔(呂大臨)이 6월에 緱氏(구지)에 오셨는데 한가히 거처하는 중에 내 일찍이 엿보니, 반드시 엄숙히 무릎꿇고 앉아 계신 것을 보았으니, 돈독하다고 이를 만하다. 배우는 자는 모름지기 공경해야 한다. 다만 拘迫(억지로 구속하고 압박함)해서는 안되니, 구박하면 오래하기 어렵다."

朱子曰 學者常用提省此心하야 使如日之升이면 則羣邪自息이니 他本自⁵¹⁾光明廣大라 自家只著些子力去하야 提省照管他便了요 不要苦著力이니 苦著力이면 反不是니라

朱子가 말씀하였다.

"배우는 자가 항상 이 마음을 提省하여(일깨워) 떠오르는 太陽처럼 밝게 하면 여러 간사한 마음이 저절로 그칠 것이니, 이 마음은 본래 스스로 光明하고 廣大하다. 자신이 다만 조금만 힘을 붙여 나아가서 이것을 提省하고 照管하면 되는 것이요 굳이 괴롭게 힘을 쓸 것이 없으니, 괴롭게 힘을 쓰면 도리어 옳지 못하다."

⑧ 又曰 朱公掞⁵²⁾이 在洛에 有書室호되 兩旁에 各一牖요 牖各三十六橋이러니 一은 書天道之要하고 一은 書仁義之道하고 中以一榜으로 書毋不敬, 思無邪하고 中處之하니 此意亦好니라

또 말씀하였다.

"朱公掞(朱光庭)이 洛陽에 있을 때에 書室을 장만하였는데, 양곁에 각각 창문이 하나씩 있고 창문에는 각각 36개의 창살이 있었다. 한 창문에는 天道의 요점을 쓰고 다른 창문에는 仁義의 道를 쓰고 가운데에는 한 榜에다가 '毋不敬〔공경하지 않음이 없음〕'과 '思無邪〔생각함에 간사함이 없음〕'를 쓰고는 이 가운데에 거처하였으니, 이 뜻이 또한 좋다."

⑨ 朱子曰 和靖尹公이 一室을 名三畏齋라하니 取畏天命, 畏大人, 畏聖人之言⁵³⁾之意라 晚歲片紙에 手書聖賢所示治氣養心之要하야 粘之屋壁하야 以

---

50) 〔釋疑〕拘迫則難久也 : 너무 구속하면 氣體가 피로하고 상하여 싫어하고 괴로워하는 마음이 생기며, 너무 박절하면 心神이 번거로워 편안하지 못하니, 이 때문에 오래하기 어려운 것이다.

51) 〔釋疑〕他本自 : 他는 마음을 가리키니, 아래도 이와 같다.

52) 〔釋疑〕朱公掞(주공염) : 이름은 光庭이니, 程子의 門人이다.

自警戒하니 熹竊念前賢은 進修不倦하야 死而後已하니 其心炯炯을 猶若可識이니라

朱子가 말씀하였다.

"和靖 尹公(尹焞)이 한 書室을 三畏齋라 이름하였으니, 이는 天命을 두려워하고 大人을 두려워하고 聖人의 말씀을 두려워한다는 뜻을 취한 것이다. 말년에 작은 종이에 聖賢이 보여주신 '기운을 다스리고 마음을 기르는 요점'을 손수 써서 집의 벽에 붙여 놓고 스스로 경계하였다. 내가 삼가 생각하건대 先賢들은 德을 진전시키고 業을 닦기를 게을리 하지 아니하여 죽은 뒤에야 그만두었으니, 그 마음의 밝고 밝음을 오히려 알 수 있을 듯하다."

⑩ 朱子曰 陳才卿[54]이 問程先生이 如此謹嚴이어시늘 何故로 諸門人이 皆不謹嚴이닛고하야늘 某答云 是程先生自謹嚴하시고 諸門人自不謹嚴이니 干程先生何事오하니 某所以發此者는 正欲才卿이 深思而得하야 反之於己하야 如針之箚身하야 皇(惶)恐發憤[55]하고 無地自存하야 思其所以然之故니라

朱子가 말씀하였다.

"陳才卿(陳文蔚)이 '程先生이 이처럼 근엄하셨는데 무슨 연고로 여러 門人들은 모두 근엄하지 않았습니까?'하고 묻자, 내가 대답하기를 '程先生은 그분대로 근엄하셨고 여러 門人들은 그들대로 근엄하지 않은 것이니, 程先生과 무슨 상관이 있겠는가'하였으니, 내가 이 말을 한 것은 바로 才卿으로 하여금 깊이 생각하여 터득해서 자기 몸에 돌이켜 針이 몸을 찌르는 듯이 황공하고 분발

---

53) 〔譯註〕畏天命 …… 畏聖人之言:《論語》〈堯曰〉에 "君子有三畏 畏天命 畏大人 畏聖人之言"이라고 보인다.

54) 〔釋疑〕陳才卿:이름은 文蔚(문울)이다.

55) 〔釋疑〕發憤:憤은 忿字와 뜻이 똑같지 않으니, 性이 발한 것이다.〔刊補〕憤은 忿字와는 조금 다르다.(性의 發임)《論語》〈述而〉의 '분발하지 않으면 열어 주지 않는다.〔不憤不啓〕'의 註에 '憤은 마음속으로 통하려고 하나 되지 않아 애태우는 뜻이다' 하였는데, 마땅히 이러한 憤字로 보아야 한다.〔補註〕憤은 善한 일을 하려고 분발하는 것이므로 性의 發이라 하였으며, 忿은 분노로 감정에서 나온 것이어서 心의 發이라 할 수 있다. 그러나 性發·理發은 退溪의 理氣一原論的 입장에서 말하는 것일 뿐, 栗谷은 性發·理發이 모두 性理가 직접 發하는 것이 아니고 단지 원리상으로 말한 것일 뿐임을 강조하였다.

하며 스스로 몸둘 곳이 없어서 所以然의 연고를 생각하게 하고자 해서였다.”

【按】程門高弟에 如上文所記楊呂朱尹愼獨之事 可謂謹嚴矣어늘 陳氏乃有此問하니 當時必有所指로되 今不可考矣니라

　程門의 高弟 중에 윗글에 기록한 바 楊氏(楊時), 呂氏(呂大臨), 朱氏(朱光庭), 尹氏(尹焞)의 愼獨한 일이 근엄하다고 이를 만한데, 陳氏가 마침내 이러한 질문이 있었으니, 당시에 반드시 〈어떤 일을〉 가리켜 말한 바가 있었을 것이나 지금 상고할 수가 없다.

⑪ 先生病中에 接應不倦이어시늘 左右請少節之[56]한대 先生이 厲聲曰 儞懶惰하니 教我也懶惰로다

　先生(朱子)이 병환 중에도 사람들을 응접하기를 게을리 하지 않자, 左右 사람들이 조금 節制할 것을 청하니, 선생은 큰 소리로 말씀하기를 “너희들이 게으르니, 나까지도 게으르라고 가르치는구나.” 하였다.

朱子曰 某平生에 不會懶라 故雖甚病이라도 亦一心欲向前做事로라 今人所以懶는 未必眞箇怯弱이라 自是先有畏事之心하야 纔見一事에 便料其難而不爲하니 所以習成怯弱而不能有所爲也니라

　朱子가 말씀하였다.

　“나는 평소에 게으르지 않았다. 그러므로 비록 병을 심하게 앓더라도 또한 한 마음으로 예전처럼 일을 하려 하노라. 지금 사람들이 게으른 까닭은 반드시 참으로 겁내고 나약해서가 아니요, 본래 먼저 일을 두려워하는 마음이 있어서 겨우 한 가지 일을 보면 곧 그 어려움을 생각하여 하지 않으니, 이 때문에 겁내고 나약한 습관을 이루어서 훌륭한 일을 하지 못하는 것이다.”

⑫ 廖晉卿[57]이 請讀何書한대 曰 公이 心放已久하니 可且收斂精神이라 玉藻九容[58]處를 子細體認하야 待有意思어든 却好讀書니라 辨姦論[59]에 謂事之不近人情者는 鮮不爲大姦慝이라하니 每常嫌此句過當이러니 今見得亦有此樣人

---

56)〔釋疑〕請少節之 : 應接을 줄이는 것이다.
57)〔釋疑〕廖晉卿 : 이름은 자세하지 않다.

호라 某向年過江西할새 與陸子壽[60]對語러니 而劉淳叟獨去後面角頭[61]하야 學道家打坐[62]라가 被某罵云 便是某與陸丈이 言不足聽이어니와 亦有數年之長하니 何故恁地作怪[63]오호라

廖晉卿이 "무슨 책을 읽어야 합니까?" 하고 묻자, 朱子가 말씀하였다.

"公은 마음을 놓은 지가 이미 오래되었으니, 우선 정신을 수렴하여야 한다. 《禮記》〈玉藻〉의 九容을 자세히 體認하여 意思가 있기를 기다린 다음 책을 읽는 것이 좋다. 〈辨姦論〉에 '人情에 가깝지 않은 일은 큰 간악함이 되지 않는 경우가 드물다' 하였으니, 나는 언제나 항상 이 句가 過當(지나침)하다고 혐의하였는데, 이제 보니 또한 이러한 사람이 있었다. 내가 지난 해 江西를 지날 적에 陸子壽(陸九齡)와 마주 앉아 이야기하고 있었는데, 劉淳叟(劉堯夫)가 홀로 뒷편의 구석으로 가서 道家의 打坐(跏趺坐)하는 法을 배우다가 나에게 꾸짖음을 당하였다. 그때 나는 꾸짖기를 '곧 나와 陸丈의 말이 들을 만하지 못하지만 또한 몇 살이 더 많으니, 무슨 연고로 이처럼 괴이한 짓을 하는가' 하였노라."

⑬ 陳才卿이 一日侍食이러니 先生曰 只易中節飲食[64]三字를 人不曾行得이니라

陳才卿이 하루는 朱先生을 모시고 음식을 먹었는데, 先生이 말씀하기를 "다

---

58) 〔刊補〕九容 : "발 모양을 무겁게 하고, 손 모양을 공손히 하고, 눈 모양을 단정히 하고, 입 모양을 그치고, 소리 모양을 조용히 하고, 머리 모양을 곧게 하고, 숨쉬는 모양을 엄숙하게 하고, 서 있는 모양을 덕스럽게 하고, 얼굴 모양을 장엄하게 한다.〔足容重 手容恭 目容端 口容止 聲容靜 頭容直 氣容肅 立容德 色容莊〕"는 것을 말한다.

59) 〔釋疑〕辨姦論 : 老泉 蘇洵이 지은 것으로 姦人을 알아낸다는 뜻인데, 姦人은 王介甫(王安石)를 가리킨다.

60) 〔釋疑〕陸子壽 : 이름은 九齡이니, 학문이 陸象山(陸九淵)과 다름이 없었다.

61) 〔釋疑〕劉淳叟獨去後面角頭 : 劉淳叟는 이름은 堯夫이니, 오랫동안 朱子의 門下에 있었으나 후일에 지극히 낭패하였다. 後面角頭는 앉은 자리의 뒷모퉁이를 이른다.

62) 〔釋疑〕學道家打坐 : 打는 거듭 포개는 것이다. 道家에 跏趺坐(가부좌)가 있으니, 바로 打坐이다.

63) 〔刊補〕某與陸丈 …… 何故恁地作怪 : "나와 陸丈(陸九淵)의 말은 들을 것이 못되지만 나이로 보면 너보다 몇 살이 많은데, 무슨 까닭으로 방자히 괴이한 짓을 하는가."라는 말씀이다.

만 《周易》의 '節飲食〔음식을 절제하라〕' 세 글자를 사람들이 일찍이 이행하지 못한다." 하였다.

⑭ 葉賀孫[65]이 請問에 語聲이 末後低어늘 先生이 不聞하시고 因云 公의 仙鄉[66]人은 何故聲氣都恁地하야 說得箇起頭하고 後面懶將去오 孔子曰 聽其言也厲[67]라하시니 公只管恁地하면 下稍에 見道理不分明하야 將漸入於幽暗하야 含含胡胡(糊糊)[68]하야 不能到得正大光明之地리니 說話는 須是一字是一字요 一句是一句하야 便要見得是非니라

葉賀孫이 물을 적에 말소리가 끝부분이 낮아지자, 先生이 듣지 못하고 인하여 다음과 같이 말씀하였다.

"公의 仙鄉사람들은 무슨 연고로 목소리가 모두 이와 같아서 起頭만 말하고 後面에는 게을러지는가? 孔子가 말씀하기를 '〈君子는〉 말소리를 들어보면 분명하다' 하셨으니, 公이 다만 이렇게 어물어물하면 下稍(종말)에는 道理를 봄이 분명치 못하여 장차 점점 幽暗한 데로 들어가서 含含胡胡(흐리멍텅)하여 正大하고 光明한 곳에 이르지 못할 것이다. 말은 모름지기 한 字는 한 字가 되고 한 句는 한 句가 되게 해서 곧 옳고 그름을 볼 수 있어야 한다."

⑮ 有學者每相揖畢에 輒縮左手袖中이어늘 先生曰 公常常縮著一隻手하니 是如何오 也似不是擧止模樣[69]이로다

---

64) 〔釋疑〕節飲食 : 《周易》〈頤卦〉의 내용이다. 朱子는 말씀하기를 "음식을 절제함은 몸을 기르는 간절한 일이다." 하였다. 〔補註〕《周易》〈頤卦 象傳〉에 "山 아래에 우레가 있는 것이 頤이니, 君子가 보고서 言語를 삼가며 飲食을 절제한다.〔山下有雷頤 君子以 愼言語 節飲食〕"라고 보인다.

65) 〔釋疑〕葉賀孫 : 字는 味道이다.

66) 〔釋疑〕仙鄉 : 貴鄉이란 말과 같으니, 당시의 俗語이다. 〔補註〕貴鄉은 상대방이 사는 고장을 높여 칭한 것이다.

67) 〔譯註〕聽其言也厲 : 厲는 분명한 것으로 《論語》〈子張〉에 "君子有三變 望之儼然 卽之也溫 聽其言也厲"라고 보인다.

68) 〔釋疑〕含含胡胡 : 매우 분명치 않음을 이른다. 〔補註〕含胡를 더욱 강조하기 위하여 중복하여 쓴 것으로 胡는 糊로도 쓴다.

69) 〔刊補〕擧止模樣 : '행동거지의 儀則'이란 말과 같다.

배우는 자가 매번 相揖禮(서로 揖하는 예)가 끝나면 곧 왼손을 소매 속에 움츠려 넣자, 선생이 말씀하기를 "公은 항상 한 쪽 손을 움츠리고 있으니, 어째서인가? 또한 擧止하는 모양(올바른 행동거지)이 아닌 듯하다." 하였다.

⑯　有侍坐而困睡者어늘　先生責之러시니　沈敬子[70]曰　僧家言　常常提起此志하야　令堅强이면　則坐得自直하고　亦不昏困이요　纔一縱肆면　則嗒然[71]頹放矣라하더이다　曰固是니라

모시고 앉았다가 피곤하여 조는 자가 있으므로 先生이 꾸짖었다. 이에 沈敬子가 말하기를 "僧家(佛家)에서 말하기를 ' 항상 이 마음을 提起하여(일깨워) 견고하고 강하게 하면 앉는 자세가 저절로 곧아지고 정신 또한 어둡거나 피곤하지 않으며, 잠시라도 한 번 방종하면 멍하니 쓰러진다' 하였습니다." 하자, 선생은 "참으로 옳은 말이다." 하였다.

⑰　先生이　看糊窓云　有些子不齊整이면　便不是他道理라하야시늘　朱季繹[72]云　要好看인댄　却從外糊로소이다　黃直卿云　此自欺之端也[73]니라

先生이 창문을 바르는 것을 보고는 말씀하기를 "조금이라도 가지런하지 못한 것이 있으면 곧 道理가 아니다." 하였다. 朱季繹이 "보기 좋게 하려면 밖에서 발라〈사람들이 가지런하지 못한 것을 보지 못하게 하여야〉 합니다." 하자, 黃直卿이 말하기를 "이는 스스로 속이는 단서이다." 하였다.

【按】先正[74]이 於師友尋常日用之間에 一毫不敢自肆如此하니 類聚而觀에 有不惕然自警于心者면 眞所謂自暴自棄之人이니 不可與有爲矣니라

---

70) 〔釋疑〕沈敬子 : 자세하지 않다.
71) 〔釋疑〕嗒然 :《韻會》에 "嗒然(탑연)은 解體하는 것이다." 하였다.《莊子》에 "嗒然하여 그 짝을 잃은 듯하다." 하였는데, 註에 "탑연은 無心한 모양이다." 하였다.
72) 〔釋疑〕朱季繹 : 자세하지 않다.
73) 〔釋疑〕要好看 …… 此自欺之端也 : 朱季繹의 뜻은 밖에서 풀을 발라 사람들로 하여금 정돈되지 않은 모양을 보지 못하게 하려는 것이었으니, 이는 허물을 은폐하고 잘못을 숨기는 일이므로 自欺의 단서라고 한 것이다.
74) 〔釋疑〕先正 : 先賢이란 말과 같다.

先正(先賢)들은 師友들이 심상한(대단치 않은) 일상생활의 사이에 있어 一毫라도 감히 스스로 放肆하지 않음이 이와 같았다. 이것을 類로 모아 보면서도 惕然히 스스로 마음에 경계하지 않음이 있다면 참으로 이른바 自暴自棄하는 사람이란 것이니, 더불어 훌륭한 일을 하지 못할 것이다.

⑱ 西山眞氏曰 古之君子 以禮樂爲治身心之本이라 故斯須不可去之니 致者는 極其至之謂也라 樂之音이 和平中正이라 故致此以治心이면 則易直子諒이 油然而生하야 自不能已니 生則樂은 善端之萌에 自然悅豫也요 樂則安은 樂之然後에 安也요 安則久는 安之然後에 能久也요 久則天은 渾然天成하야 無所作爲也요 天則神은 變化無方[75]하야 不可度(탁)思也라 天雖何言[76]이리오마는 人自信之는 以其不忒也요 神雖不怒나 人自畏之는 以其不測也라 生樂久安은 猶孟子所謂善信美大也니 至於天且神이면 則大而化之矣[77]니라 禮는 以恭儉退遜爲本而有節文度數[78]之詳이라 故致此以治身이면 則自然莊敬이요 敬則自然嚴威니라 夫禮樂은 一也로되 以禮治身은 至于嚴威而止하야 不若樂之治心이 能至于天且神은 何也오 蓋天者는 自然之謂라 治身而至于嚴威면 則亦自然矣니 其效未嘗不同也라 但樂之於人에 能變化其氣質하야 消融其查滓라 故禮以順之於外하고 而樂以和之於中이니 此表裏交養之功而養於中者 實爲之主라 故聖門之敎 立之以禮而成則以樂[79]이니 記禮者 推明其效를

---

75) 〔釋疑〕無方 : 方體(방소와 형체)가 없는 것이다. 〔刊補〕方所가 없다는 뜻이다.

76) 〔釋疑〕天雖何言 : 《論語》〈陽貨〉에 "하늘이 무슨 말씀을 하겠는가."라고 하였는데, 眞氏가 이에 근본하여 말한 것이다.

77) 〔譯註〕孟子所謂善信美大也 …… 則大而化之矣 : 《孟子》〈盡心 下〉에 "可欲스러움을 善人이라 이르고, 善을 자기 몸에 소유함을 信人이라 이르고, 充實함을 美人이라 이르고, 充實하여 光輝가 있음을 大人이라 이르고, 大人이면서 저절로 化함을 聖人이라 이르고, 聖스러워 알 수 없는 것을 神人이라 이른다.〔可欲之謂善 有諸己之謂信 充實之謂美 充實而有光輝之謂大 大而化之之謂聖 聖而不可知之之謂神〕"라고 보인다.

78) 〔刊補〕度數 : 度는 制度이고 數는 品數이다.

79) 〔譯註〕聖門之敎 立之以禮而成則以樂 : 聖門은 孔子의 門下를 가리키는 바, 《論語》〈泰伯〉에 "詩에서 興起하며 禮에 서며 樂에서 완성한다.〔興於詩 立於禮 成於樂〕" 하였으므로 이것을 들어 말한 것이다.

亦若是其至也라　於是에　又言身心無主면　則邪慝易乘이라　中心斯須而不和
樂이면　則鄙詐入之하고　外貌斯須而不莊敬이면　則易嫚入之라하니　善惡之相爲
消長이　如水火然하야　此盛則彼衰也라　鄙詐易嫚이　皆非本有로되　而謂之心者
는　和樂不存이면　則鄙詐入而爲之主하고　莊敬不立이면　則易嫚入而爲之主니
夫旣爲主於內면　非心而何오　猶汙泥非水也로되　撓而濁之도　是亦水矣니　此
禮樂所以不可斯須去身也니라

　西山眞氏가 말하였다.

　"옛날 君子는 禮樂으로써 몸과 마음을 다스리는 근본을 삼았다. 그러므로 禮
樂을 斯須(잠시)라도 몸에서 떠나지 않게 한 것이니, 致는 지극함을 다함을 이
른다. 음악 소리가 和平하고 中正하므로 이것을 지극히 하여 마음을 다스리면
易直과 子諒(慈諒)의 마음이 油然히 생겨서 저절로 그치지 않는 것이다. ' 생기
면 즐겁다〔生則樂〕'는 것은 善한 마음이 싹틈에 자연 기뻐지는 것이요, '즐거
우면 편안하다〔樂則安〕'는 것은 즐거운 뒤에 편안한 것이요, ' 편안하면 오래다
〔安則久〕'는 것은 편안한 뒤에 오래할 수 있는 것이요, '오래하면 天然〔久則
天〕'이라는 것은 渾然(완전)히 天然으로 이루어져서 作爲하는 바가 없는 것이
요, ' 天然이면 신묘해진다〔天則神〕'는 것은 변화가 일정한 方體(方所와 形體)
가 없어서 헤아릴 수 없는 것이다. 하늘이 무슨 말을 하겠는가마는 사람들이
스스로 믿는 것은 어긋나지 않기 때문이요, 神이 비록 노여워하지 않지만 사람
들이 스스로 두려워하는 것은 측량할 수 없기 때문이다. 生·樂·久·安은 孟子
의 이른바 善·信·美·大와 같으니 天然이 되고 또 신묘함에 이르면 大人이 되
어서 化하는 것이다. 禮는 恭儉과 退遜(겸손)을 근본으로 삼고 節文과 度數의
상세함이 있다. 그러므로 이것을 지극히 하여 몸을 다스리면 자연 莊敬해지고,
莊敬하면 자연 威嚴이 있는 것이다.

　禮와 樂은 똑같은 것인데 禮로써 몸을 다스림은 威嚴에 이르고 그칠 뿐이어
서 樂의 마음을 다스림이 天然하고 神妙함에 이름만 못한 것은 어째서인가? 天
이란 自然을 이른다. 몸을 다스려 威嚴에 이르면 또한 自然이니, 그 효험이 일
찍이 다르지 않다. 다만 樂은 사람에게 있어서 氣質을 변화하여 그 찌꺼기를
사라지게 하고 녹인다. 그러므로 禮로써 외면을 순하게 하고 樂으로써 마음을
화하게 하는 것이니, 이는 겉과 속을 서로 기르는 공부인데 마음속에 기름이
실로 主가 되는 것이다. 그러므로 聖門의 가르침이 서는 것은 禮로써 하고 완
성은 樂으로써 하는 것이니, 禮를 기록하는 자가 그 효험을 미루어 밝히기를

또한 이와 같이 지극히 하였을 뿐이다.

이에 또 말하기를 '몸과 마음이 주장이 없으면 사특함이 틈타기가 쉽다. 中心이 斯須라도 和樂하지 않으면 鄙詐한 마음이 들어오고 외모가 斯須라도 莊敬하지 않으면 易慢한 마음이 들어온다' 하였으니, 善과 惡이 서로 사라지고 자라남은 마치 물과 불과 같아서 이것이 성하면 저것이 쇠한다. 鄙詐와 易慢은 모두 마음속에 본래 있는 것이 아닌데도 이것을 마음이라 이른 것은 和樂한 마음이 보존되지 않으면 鄙詐가 들어와서 주장이 되고, 莊敬한 마음이 보존되지 않으면 易慢이 들어와서 주장이 되기 때문이니, 이미 안에 주장이 된다면 마음이 아니고 무엇이겠는가. 진흙은 물이 아니나 흔들어서 흐려진 것도 이 또한 물인 것과 같으니, 이것이 禮樂을 斯須라도 몸에서 떠나게 해서는 안 되는 이유이다."

17. 君子反情和志章¹⁾

君子反情以和其志_{하고} 比類以成其行_{하야} 姦聲亂色_을 不留聰明_{하며}
淫樂慝禮_를 不接心術_{하며} 惰慢邪僻之氣_를 不設於身體_{하야} 使耳目鼻
口心知百體²⁾_로 皆由順正_{하야} 以行其義_{니라}

　君子는 性情의 바름을 회복하여 뜻을 和하게 하고 類를 나란히 비교
하여 행실을 이루어서, 간사한 소리와 어지러운 색을 聰明(耳目)에 머
물러 두지 않으며, 음탕한 음악과 간사한 禮를 마음속에 접하지 않으
며, 태만하고 邪僻(간사)한 기운을 신체에 베풀지 아니하여, 耳目口鼻
와 마음의 知覺과 온몸으로 하여금 모두 순하고 바름을 따르게 하여
義를 행한다.

【原註】
○ 孔氏曰³⁾ 反情_은 反去情欲也_요 比類_는 比擬善類也_라

　孔氏가 말하였다.
　"反情은 情慾을 돌이켜 제거하는 것이요 比類는 善한 類에 견주는 것이다."

【附註】
○ 張子曰 戲言_은 出於思也_요 戲動_은 作於謀也_니 發於聲_{하고} 見乎四支_{어늘}
謂非己心_{이면} 不明也_요 欲人無己疑_면 不能也_{니라} 過言_은 非心也_요 過動_은
非誠也_니 失於聲_{하고} 繆迷其四體_{어늘} 謂己當然_{이면} 自誣也_요 欲他人己從_{이면}

---

1)《禮記》〈樂記〉에 보인다.

2)〔釋疑〕百體 : 온몸을 다 들어 말한 것이다.

3)〔釋疑〕孔氏曰條 : 이 註는 東匯(陳澔)의《集說》만큼 정밀하고 간절하지 못하다.

誣人也니라 或者謂出於心者를 歸咎爲己戲하고 失於思者를 自誣爲己誠[4]이라 하야 不知戒其出汝者[5]하고 歸咎其不出汝者[6]하나니 長敖[7]요 且遂非[8]라 不知(智)孰甚焉이리오

張子가 말씀하였다.

"희롱하는 말은 생각에서 나오고 희롱하는 행동은 계획에서 나온다. 소리에 나타나고 四肢에 나타나는데, 자기의 마음(진심)이 아니라고 하면 지혜가 밝지 못한 것이고 사람들이 자기를 의심하지 않기를 바란다면 될 수 없는 것이다. 잘못된 말은 眞心이 아니고 잘못된 행동은 誠心(眞心)이 아니다. 소리에 실수하고 四體(四肢)를 잘못하였는데, 자기의 잘못이 당연하다고 한다면 자기를 속이는 것이고 타인이 자기를 따르기를 바란다면 남을 속이는 것이다.

혹자는 마음에서 나온 것을 허물을 돌려 자기의 희롱이라 하고, 생각에서 잘못된 것을 스스로 속여 자기의 誠心이라고 하여, 너(자기)에게서 나온 것을 경계하고 너에게서 나오지 않은 것에 허물을 돌릴 줄을 알지 못하니, 오만함을 자라게 하고 또 非行을 이룬다. 지혜롭지 못함이 무엇이 이보다 심하겠는가."

朱子曰 橫渠學力絶人하야 尤勇於改過하시되 獨以戲爲無傷이러시니 一日에 忽曰 凡人之過는 猶有出於不知而爲之者어니와 至戲則皆有心爲之也니 其爲害尤甚이라하시고 遂作東銘[9]하시니라 ○【按】戲言戲動이 雖與姦聲亂色으로 有間이나 然一向流蕩而不知

---

4) 〔釋疑〕或者謂出於心者 …… 自誣爲己誠 : '허물을 돌려 자기의 희롱이라 함〔歸咎爲己戲〕'은 바로 윗글에 자기의 마음이 아니라고 함을 이르고, '스스로 속여 자기의 진실이라고 함〔自誣爲己誠〕'은 바로 윗글에 자기의 잘못이 당연하다고 함을 이른다. 그러나 윗글은 그 이치를 평범하게 말하였고, 이것은 사람 중에 혹 이와 같은 자가 있음을 말하여 반복해서 미루어 밝힌 것이다.

5) 〔釋疑〕出汝者 : 희롱하는 말과 희롱하는 행동을 가리킨다.

6) 〔釋疑〕歸咎其不出汝者 : 不出汝者는 잘못된 말과 잘못된 행동을 가리킨다. ○ 윗글에 不知의 뜻이 여기에서 끝난다. 〔補註〕反歸咎其不出汝者로 표기하여 反字가 더 있는 本이 있으나 이는 잘못된 것이다.

7) 〔釋疑〕長敖 : 허물을 돌려 자기의 희롱이라고 함을 이른다.

8) 〔釋疑〕遂非 : 스스로 속여 자기의 진실이라고 함을 이른다.

9) 〔釋疑〕東銘 : 처음에는 砭愚라고 이름하였으니, 침으로 병을 치료하는 것을 砭이라고 이르는 바, 이 銘으로 어리석은 병통을 치료하기 때문에 砭愚라고 이름한 것이

檢이면 則求其能反情和志하야 以底(지)于順正之域이나 不可得矣니 此張子所以痛絶
之니 而學者尤不可不自警也니라

　朱子가 말씀하였다.

　"橫渠는 학문한 공력이 일반인들보다 뛰어나서 허물을 고치는 데에 더욱 용감하
였으나 오직 희롱하는 것만은 해로울 것이 없다고 여겼는데, 하루는 갑자기 말씀하
기를 '무릇 사람의 허물은 오히려 不知에서 나와〈無心히〉하는 것이지만 희롱에
이르러서는 모두 마음을 두어 하는 것이니, 그 폐해가 더욱 심하다' 하고는 마침내
〈東銘〉을 지으셨다."

○【按】희롱하는 말과 희롱하는 행동은 비록 간사한 소리와 어지러운 색과는 간격
(차이)이 있으나 한결같이 흘러가서 檢束할 줄을 모르면 性情의 바름을 돌이켜 뜻
을 화하게 해서 순하고 바른 경지에 이르기를 구하나 될 수가 없다. 이 때문에 張
子가 통렬히 끊으신 것이니, 배우는 자는 더욱 스스로 경계하지 않으면 안 된다.

○ 又曰 戲謔은 不惟害事라 志亦爲氣所流하나니 不戲謔은 亦是持氣[10]之一
端이니라

　또 말씀하였다.

　"戲謔은 비단 일을 해칠 뿐만 아니라 心志 또한 기운에 흘러가게 되니, 희학
하지 않는 것도 기운(뜻)을 지키는 한 가지 방법이다."

　西山眞氏曰 韓子與張籍書[11]云 昔者에 夫子猶有所戲[12]하시고 詩曰 善戲謔兮여 不

다. 또 〈西銘〉을 〈訂頑(證頑)〉이라 하였으니, 완악함을 바로잡는 것이다. 그리하여
〈訂頑〉은 仁의 體를 밝히고, 砭愚는 智의 術(방법)을 밝혔다. 그런데 伊川은 이러한
명칭을 보고 "이는 논쟁의 단서를 불러 일으킬 것이다."라고 말씀하자, 橫渠는 마침
내 〈西銘〉과 〈東銘〉으로 이름을 고쳤으니, 이 銘文을 동쪽과 서쪽 벽에 걸어 두었
기 때문에 이렇게 명칭한 듯하다.〔補註〕위에 소개한 글이 바로 〈東銘〉이다.

10)〔釋疑〕持氣：氣字는 의심컨대 志字의 잘못인 듯하다.

11)〔譯註〕韓子與張籍書：韓子는 唐나라의 학자이며 문장가인 韓愈를 가리키며, 張籍
　은 그의 門人이다. 張籍이 쓸데없이 잡박한 말씀을 하지 말라고 충고하자, 이를
　해명하여 쓴 편지로 '重答張籍書'에 보인다.

12)〔譯註〕夫子猶有所戲：夫子는 孔子를 가리킨다. 孔子의 제자인 子游가 武城의 邑宰
　가 되어 백성들에게 禮樂을 가르쳤다. 孔子는 武城에 갔다가 백성들이 樂器를 연주
　하여 노래하는 소리를 듣고는 내심으로 기뻐하며 농담으로 子游에게 "닭을 잡는데

爲虐兮[13]라하고 記曰 張而不弛면 文武不能也[14]라하니 惡(오)害其爲道哉리오마는 而張子乃云爾는 何邪오 蓋牛刀之言은 夫子特以發子游而非正言이라 故曰戲爾라하시고 武公[15]之戲는 曰善, 曰不爲虐이라하니 則和而有節을 可知요 百日之蜡에 一日之澤[16]은 蓋是日也에 恣民之燕樂하야 以休其勞니 非文武自爲戲也라 若張子則持志養氣之功

어이하여 소 잡는 칼을 사용하는가?" 하고 반문하였다. 즉 禮樂은 나라를 다스리는 도구이므로 소를 잡는 큰 칼에 비유하여, 이 작은 고을을 다스리는데 禮樂이 무슨 필요가 있느냐고 한 것이다. 이에 대하여 子游는 농담으로 받아들이지 않고 "제가 예전에 선생님에게 듣자오니, '윗사람이 道를 배우면 백성을 사랑하고 백성들이 道를 배우면 부리기 쉽다'고 하셨습니다." 하고 대답하였다. 이에 孔子는 제자들을 불러 "제자들아! 子游의 말이 옳으니, 내가 방금 전에 한 말은 희롱하여 한 말이다." 하였는 바, 이 내용을 인용한 것이다.

13) 〔譯註〕詩曰 …… 不爲虐兮：《詩經》〈衛風 淇奧(기욱)〉에 보인다.

14) 〔釋疑〕記曰 …… 文武不能也：子貢이 臘享(납향)제사를 구경할 적에 孔子가 말씀하기를 "賜야! 즐거우냐?" 하니, 대답하기를 "온 나라 사람들이 모두 미친 듯이 열광하니, 저는 즐거운 줄을 알지 못하겠습니다." 하였다. 孔子가 말씀하기를 "百日의 납향제사에 하루의 은택을 받은 것이니, 네가 알 바가 아니다. 활줄을 당기기만 하고 풀어놓지 않으면〔張而不弛〕文王과 武王도 나라를 제대로 다스리지 못한다." 하였다. ○ 살펴보건대 납향제사를 지낼 적에 들쥐를 잡아 먹게 하기 위하여 고양이를 맞이해서 제사하고, 멧돼지를 잡아먹게 하기 위하여 범을 맞이해서 제사하는 바, 蘇氏는 "고양이를 맞이할 때에는 고양이의 尸(神主)를 만들고 범을 맞이할 때에는 범의 尸를 만들어서 광대들의 놀이에 가깝다. 이 때문에 子貢이 온 나라 사람들이 모두 미친 듯이 열광한다고 말한 것이다." 하였다.

15) 〔釋疑〕武公：衛나라 武公이다. 〔刊補〕武公은 곧 衛나라 武公이니, 《詩經》〈國風 衛風〉에 나온다.

16) 〔釋疑〕百日之蜡 一日之澤：百日은 耕作하는 때(기간)이니, 봄부터 여름까지 백일이 넘는데 백일이라고 말한 것은 큰 수만을 든 것이다. 군주는 납향제사하는 날에 백성들로 하여금 하루 동안 즐겁게 놀게 하니, 이것이 바로 은택이다. 蜡(사)는 《禮記》〈郊特牲〉에 "蜡란 찾음이니, 12월에 萬物의 神을 찾아서 합하여 祭享하는 것이다." 하였다. 〔刊補〕《禮記》〈雜記〉에 보이는 내용으로, 孔子가 子貢(段木賜)과 함께 蜡祭(臘享祭祀)를 구경하다가 말씀하기를 "賜야! 즐거우냐?" 하니, 대답하기를 "온 나라 사람들이 모두 미친 듯이 열광하니, 그 즐거움을 모르겠습니다." 하였다. 공자가 말씀하기를 "百日의 臘享제사와 하루의 우리 임금의 恩澤은 네가 알 수 있는 것이 아니다. 활줄을 당기기만 하고 풀어놓지 않으면 文王·

이 嚴하야 惟恐戱言戱動以害之라 故旣爲東銘하시고 又發此語하시니 學者誠以身體之하
야 當戱謔時에 志¹⁷⁾能不爲氣所流否然後에 知張子眞藥石之言이니 未可以夫子武公
自誘也니라

西山眞氏가 말하였다.

"韓子(韓愈)가 張籍에게 준 편지에 '옛날에 夫子도 오히려 희롱한 바가 있었고
《詩經》에 「희학을 잘함이여! 지나침이 되지 않는다」 하였고, 《禮記》에 「조이기만
하고 풀어놓지 않으면 文王과 武王도 나라를 제대로 다스리지 못한다」 하였으니,
〈희롱하는 것이〉 어찌 道를 행함에 해롭겠는가' 하였다. 그런데도 張子가 이처럼
말씀한 것은 어째서인가? 소 잡는 칼을 말씀한 것은 夫子가 다만 子游에게 말씀하
신 것이요 바르게 말씀한 것이 아니기 때문에 희롱이라고 하신 것이며, 武公의 희
롱은 '잘한다' 하고 '지나침이 되지 않는다'고 하였으니 和하면서 절도가 있음을
알 수 있으며, 百日의 臘享제사와 하루의 은택은 이 날에 백성들이 마음껏 잔치하
고 즐기도록 내버려두어서 수고로움을 쉬게 한 것이니, 文王·武王이 스스로 희롱한
것이 아니다. 張子로 말하면 뜻을 지키고 기운을 기르는 공부가 엄격하여 행여 희
롱하는 말과 희롱하는 행동으로 해칠까 두려워하였다. 그러므로 이미 〈東銘〉을 지
으시고 또 이 말씀을 하신 것이니, 배우는 자가 진실로 몸으로 체행하여 戱謔할 때
에 心志가 기운에 흘러가는 바가 되지 않는가를 살핀 뒤에야 張子의 말씀이 참으로
藥石임을 알 것이니, 夫子와 武公의 말씀을 가지고 스스로 핑계대어서는 안 된다."

○ 上蔡謝氏曰 巧言令色¹⁸⁾을 知之亦難이라 禮曰¹⁹⁾ 情欲信, 辭欲巧라하고

武王도 나라를 제대로 다스리지 못하고, 풀어놓기만 하고 당기지 않는 것은 文王·
武王은 하지 않으며, 한 번 당기고 한 번 풀어놓는 것이 文王·武王의 道이다." 하
였다. ○ 옛날에는 새해가 오기 전에 미리 날짜를 잡아서 마을에 있는 社 및 國都
의 社稷에 蜡祭를 지냈는데,(蜡는 만물의 神이다.) 이 날은 백성들에게 마음놓고
즐기도록 허락하였다. ○ 先王은 백성들이 일년 내내 고생하는 것을 민망히 여겨
이 날이 되면 마음놓고 마시고 즐기도록 허락하였다. 그러므로 '百日의 臘享제사
와 하루의 임금의 은택……'이라고 한 것이다. 百日은 범연히 일년의 날짜 수가
많음을 말한 것이다. 〔補註〕활은 평소 사용하지 않을 때에는 줄을 풀어놓았다가
사용하게 되면 줄을 매어 팽팽히 당겨서 발사하는 바, 이로써 정치할 적에 때로는
백성들을 풀어놓기도 하고 때로는 법을 준엄하게 적용하기도 하여 기강을 세워야
함을 비유한 것이다.

17)〔釋疑〕當戱謔時 志 : 이 사이에 빠진 글이 있는 듯하다.

詩稱仲山甫之德曰　令儀令色이라하니　然禮所謂辭欲巧　亦鮮仁乎아　仲山甫
之德이　亦鮮仁乎아　至於聖人所謂孫(遜)以出之하야는　辭亦巧矣요　逞顔色하
야　怡怡如也²⁰⁾도　色亦令矣니　豈以好其言語, 善其顔色으로　直以爲鮮仁也哉
아　至於小人하야는　蓋嘗訐以爲直矣²¹⁾니　言何嘗巧며　雖內荏而色厲²²⁾하니　色
何嘗令이리오　然則何者爲巧言이며　何者爲令色고　若能知出辭氣可遠鄙倍
(背)²³⁾면　則知之矣니　此宜學者深思力索이요　不可以言語道也니라

上蔡謝氏(謝良佐)가 말하였다.

---

18)〔刊補〕巧言令色 : 《書經》〈皐陶謨〉에 나온다. 《論語》〈學而〉에도 "말을 잘하고
얼굴빛을 좋게 하는 사람 중에는 어진이가 드물다.〔巧言令色鮮矣仁〕" 하였다.

19)〔刊補〕禮曰 : 《禮記》〈表記〉에 보이는 孔子의 말씀이다.

20)〔刊補〕聖人所謂孫(遜)以出之 …… 怡怡如也 : 모두 《論語》에 보이는데,〈衛靈公〉
에는 "君子는 義를 바탕으로 삼고, 禮로써 이것을 행하며 孫(恭遜)으로써 이것을
내며 信으로써 이것을 이루니, 이것이 君子이다.〔君子 義以爲質 禮以行之 孫以出
之 信以成之 君子哉〕" 하였고,〈鄕黨〉에는 "孔子는 殿上에서 나와 한 계단을 내
려서서는 얼굴빛을 펴서 화평하게 하셨다.〔出降一等 逞顔色 怡怡如也〕" 하였다.

21)〔刊補〕訐以爲直矣 : 訐은 남의 비밀이나 약점을 들추어내는 것이다.〔補註〕《論
語》〈陽貨〉에 "惡訐以爲直者"라고 보인다.

22)〔刊補〕內荏而色厲 : 荏은 柔弱하다는 뜻이다.〔補註〕色厲는 얼굴빛만 엄숙한 것
으로 《論語》〈陽貨〉에 "얼굴빛은 위엄이 있으면서 마음이 유약한 것을 小人에게
비유하면 벽을 뚫고 담을 넘는 도적과 같을 것이다.〔色厲而內荏 譬諸小人 其猶穿
窬之盜也與〕"라고 하였는데, 이것을 바꾸어 쓴 것이다.

23)〔刊補〕鄙倍 : 鄙는 범범하고 비루하다는 뜻이고 倍는 背와 통하는 바, 이치에 어
긋난다는 뜻이다. ○ 살펴보건대 이 아래에 '正顔色'이란 한 구절이 있어야 할 듯
하다.〔補註〕'正顔色'이란 한 구절은 "얼굴빛을 바룰 때에는 성실함에 가깝게 한
다.〔正顔色 斯近信〕"는 내용을 가리킨다. 《論語》〈泰伯〉에 "새가 장차 죽으려 할
때에는 울음소리가 애처롭고, 사람이 장차 죽으려 할 때에는 그 말이 착한 법이
다. 君子가 귀중히 여기는 道가 세 가지가 있으니, 용모를 동할 적에는 거칠고 태
만함을 멀리 해야 하며, 얼굴빛을 바룰 적에는 성실함에 가깝게 해야 하며, 말소
리를 낼 적에는 비루함과 도리에 위배되는 말을 멀리 해야 한다.〔鳥之將死 其鳴也
哀 人之將死 其言也善 君子所貴乎道者三 動容貌 斯遠暴慢矣 正顔色 斯近信矣 出
辭氣 斯遠鄙倍矣〕"라고 보이는 바, 이는 曾子가 병환이 위독할 때에 문병 온 孟敬
子에게 告한 말씀이다.

"巧言令色(말을 잘하고 얼굴빛을 좋게 함)을 알기가 또한 어렵다. 《禮記》 〈表記〉에 '情은 信實하고자 하고 말은 잘하고자 한다' 하였고, 《詩經》 大雅 〈蒸民〉에 仲山甫의 德을 칭찬하기를 '威儀를 좋게 하고 얼굴빛을 좋게 한다' 하였으니, 그렇다면 《禮記》의 '말은 잘하고자 한다'는 것도 仁한 자가 적은 것인가? 仲山甫의 德도 仁한 자가 적은 것인가? 聖人의 이른바 '공손히 하여 낸다'는 것도 말을 또한 잘하는 것이요, '얼굴빛을 펴서 화하게 한다'는 것도 얼굴빛을 좋게 하는 것이니, 어찌 말을 잘하고 얼굴빛을 좋게 하는 것을 곧바로 仁한 자가 적다고 말하겠는가. 小人에 이르러서는 일찍이 고자질하는 것을 곧다고 여기니 어찌 일찍이 말을 잘하겠으며, 비록 안은 나약하나 얼굴빛이 엄숙하니 어찌 일찍이 얼굴빛을 좋게 하겠는가. 그렇다면 어떤 것이 巧言이 되며 어떤 것이 令色이 되는가? 만약 辭氣를 낼 때에 비루함과 도리에 위배되는 것을 멀리 할 줄 안다면 이것을 알 것이니, 이는 마땅히 배우는 자가 깊이 생각하고 힘써 찾아야 할 것이요, 言語로써 말할 수 있는 것이 아니다."

朱子曰 容貌辭氣之間은 正學者持養用力之地니 然有意於巧令하야 以悅人之觀聽이면 則心馳於外而鮮仁矣라 若是就此持養하야 發禁躁妄하고 動必溫恭하야 只要體當[24] 自家直內方外之實事라야 乃是爲己之功이요 求仁之要니 復何病乎리오 故夫子告顔淵以克己復禮之目이 不過視聽言動之間이요 而曾子將死之善言도 亦不外乎容貌顔色辭氣三者而已[25]니 夫子所謂孫以出之, 辭欲巧者 亦其一事也라 仲山甫之德이 柔嘉[26] 維則(칙), 令儀令色은 則大賢成德之行而進乎此[27]者요 夫子之逞顔色, 怡怡如也는 乃聖人動容周旋中禮之事니 又非仲山甫之所及矣라 至於小人訐以爲直, 色厲而內荏하야는 則雖與巧言令色者로 不同이나 然考其矯情飾僞之心이면 則實巧言令色之尤者라 聖人惡之하시니라 上蔡於此에 不肯明言其所以然者는 將使學者로 深求而得之也라 然今學者 反求之於冥漠不可知之中하야 失之愈深이라 故詳論之하야 使學者無淫思[28] 力索之苦而有以審夫用力之幾焉이로라　○【按】聖賢所論巧言令色與姦聲亂色處를

---

24)〔釋疑〕體當 : 體得이란 말과 같다.

25)〔譯註〕曾子將死之善言 亦不外乎容貌顔色辭氣三者而已 : 《論語》〈泰伯〉에 나오는 바, 앞의 註 23)에 자세히 보인다.

26)〔刊補〕柔嘉 : 嘉는 善하다는 뜻이다.

27)〔釋疑〕進乎此 : 此는 上面에 이른바 '공손히 하여 낸다.〔遜以出之〕'는 것을 가리킨 것이니, 仲山甫의 德行은 이보다 더하다.

宜參觀이니라

朱子가 말씀하였다.

"容貌와 辭氣의 사이는 바로 배우는 자가 持養(잡아 기름)하여 힘쓰는 곳이나 巧言令色에 뜻을 두어서 사람들의 耳目을 기쁘게 하려 한다면 마음이 밖으로 달려서 仁한 자가 적게 된다. 만일 여기에 나아가 持養하여, 發說함에 조급함과 경망함을 금하고 動함에 반드시 온순하고 공손하여 다만 자신의 敬以直內·義以方外하는 실제 일을 體當(체득)하여야 바로 자신을 위한 공부이고 仁을 찾는 요점이니, 다시 무슨 병폐가 있겠는가. 그러므로 夫子가 顔淵에게 克己復禮의 조목을 말씀해 준 것이 視·聽·言·動의 사이에 지나지 않았고, 曾子가 장차 임종할 적에 하신 善言도 容貌와 顔色과 辭氣의 세 가지에서 벗어나지 않았으니, 夫子의 이른바 '공손히 내고 말을 잘하고자 한다'는 것도 이 한 가지 일이다. 仲山甫의 德이 유순하고 아름다워 법이 될 만하며 威儀를 잘하고 얼굴빛을 잘한 것은 大賢의 成德한 행실로 이보다 더 나아간(진보한) 자이고, 夫子의 얼굴빛을 펴서 화하게 한 것은 바로 聖人의 動容周旋이 禮에 맞은 일이니, 또 仲山甫가 미칠 수 있는 바가 아니다. 小人들이 고자질하는 것을 정직하다고 여기며 얼굴빛은 엄숙하나 속마음이 나약함에 이르러서는 비록 巧言令色하는 자와는 똑같지 않으나 실정을 속여서 거짓을 꾸미는 마음을 상고해 보면 실로 巧言令色함이 심한 자이다. 이 때문에 聖人이 이것을 미워하신 것이다.

謝上蔡가 이에 대하여 그 所以然을 분명히 말씀하지 않은 것은 장차 배우는 자들로 하여금 깊이 찾아서 스스로 알게 하고자 한 것이다. 그러나 지금 배우는 자들이 아득하여 알 수 없는 가운데에 돌이켜 찾아서 잃음이 더욱 심하다. 그러므로 이것을 자세히 논하여 배우는 자들로 하여금 지나치게 생각하고 힘써 찾는 수고로움이 없이 힘쓰는 기미를 살필 수 있게 한 것이다."

○【按】聖賢이 巧言令色과 姦聲亂色을 논한 부분을 참고해 보아야 할 것이다.

○ 朱子曰 非禮勿視勿聽은 卽所謂姦聲亂色不留聰明이요 淫樂慝禮不接心術이니 非是耳無所聞, 目無所視니라

朱子가 말씀하였다.

"禮가 아니면 보지 말고 듣지 마는 것은 곧 이른바 간사한 소리와 어지러운 색을 聰明에 머물러 두지 않는다는 것이요 음탕한 음악과 간사한 禮를 心術에

---

28)〔刊補〕淫思 : 淫은 지나치다는 뜻이다. 〔補註〕이 글은 《朱子大全》〈巧言令色說〉에 보이는 바, 一本에는 '深思'로 되어 있으나 원본에 따라 '淫思'로 바로잡았다.

접하지 않는다는 것이니, 이는 귀로 듣는 바가 없고 눈으로 보는 바가 없는 것이 아니다."

○ 南軒張氏曰 古人衣冠容止之間에 不是要作意矜持요 只是循他天則合如是라 爲尋常因循怠弛라 故須著勉强自持니 外之不肅而謂能敬於內 可乎아

南軒張氏가 말하였다.

"옛사람들이 衣冠과 容止의 사이에 뜻을 두어 矜持하려고 한 것이 아니요, 다만 저 하늘의 법칙이 마땅히 이와 같아야 함을 따른 것이다. 평소 因循하고 怠弛하기 때문에 모름지기 勉强하여 스스로 잡아 지키는 것이니, 외모가 엄숙하지 못하면서 속마음에 공경한다고 이르는 것이 될 수 있겠는가."

○ 又曰[29] 詳考從古聖賢論下學處하면 莫不以正衣冠, 肅容貌爲先하니 蓋必如此然後에 得所存[30]而不流於邪僻이니 易所謂閑邪存其誠과 程氏所謂制之於外以養其中者[31] 此也니라

또 말씀하였다.

"예로부터 聖賢들이 下學을 논한 곳을 자세히 상고해 보면 의관을 바루고 용모를 엄숙히 하는 것을 우선으로 삼지 않은 것이 없었으니, 반드시 이와 같이한 뒤에야 〈마음이〉 보존하는 바를 얻어서 邪僻함에 흐르지 않을 수 있는 것이다. 《周易》의 이른바 '邪를 막아 誠을 보존한다'는 것과 程氏(伊川)의 이른바 '밖을 제재하여 마음을 기른다'는 것이 이것이다."

○ 西山眞氏曰 君子之所以自養者는 無他라 內外交致其功而已라 故姦聲亂色을 不留聰明者는 所以養其外也요 淫樂慝禮를 不接心術者는 所以養其內也니 外無聲色之誘면 則內亦正矣요 內無淫慝之惑이면 則外亦正矣라 惰

---

29) 〔刊補〕又曰條 : 이는 朱子가 呂伯恭에게 답한 편지인데, 篁墩이 이를 잘못 張南軒의 말이라고 한 것이다.

30) 〔刊補〕得所存 : 朱子書의 본문에는 得字 위에 心字가 있다.

31) 〔譯註〕易所謂閑邪存其誠 程氏所謂制之於外以養其中者 : 程氏는 程伊川으로 위의 내용은 《周易》〈乾卦 文言傳〉에 보이고, 아래의 내용은 程伊川의 〈四勿箴〉序에 보인다.

嫚之氣는 自內出者也요 邪僻之氣는 自外入者也니 二者不得設於身體라 如
是면 則外而耳目鼻口四肢百體와 內而心知가 皆由順正하야 以行其義니 自
養之功이 畢矣니라

西山眞氏가 말하였다.

"君子가 스스로 기르는 바는 딴 것이 없다. 안과 밖이 서로 그 공부를 지극
히 할 뿐이다. 그러므로 간사한 소리와 어지러운 색을 耳目에 머물러 두지 않
는 것은 밖을 기르는 것이요, 음탕한 음악과 간사한 禮를 心術에 접하지 않는
것은 안을 기르는 것이니, 밖에 소리와 색의 유혹이 없으면 안이 또한 바르게
되고, 안에 음탕하고 간사한 유혹이 없으면 밖이 또한 바르게 될 것이다. 태만
한 기운은 안에서 나오고 사벽한 기운은 밖에서 들어오는 것이니, 이 두 가지
를 신체에 베풀지 않아야 한다. 이와 같이 하면 밖으로 耳目口鼻와 四肢·百體
와 안으로 마음의 知覺이 모두 순하고 바름을 따라서 그 義를 행할 것이니, 스
스로 기르는 공부가 다하게 된다."

○ 東匯澤陳氏[32]曰 反情은 復其情性之正也니 情不失其正이면 則志無不和
요 比類는 分次善惡之類也니 不入於惡類면 則行無不成이니라 曰不留, 不接,
不設은 如論語四勿之謂니 皆反情比類之事라 如此면 則百體從令而義之與
比[33]矣리니 此一節은 乃學者修身之要法이니라

東匯澤 陳氏(陳澔)가 말하였다.

"反情은 性情의 바름을 회복하는 것이니 情이 그 바름을 잃지 않으면 뜻이
화하지 않음이 없고, 比類는 善惡의 類를 나누어 차등하는 것이니 惡한 類에
들어가지 않으면 행실이 이루어지지 않음이 없을 것이다. 머물러 두지 말라 하
고 접하지 말라 하고 베풀지 말라 한 것은 《論語》의 四勿이란 말과 같으니, 모
두 性情의 바름을 회복하고 類를 나누어 차등하는 일이다. 이와 같이 하면 百
體가 명령을 따라서 義를 따르게 될 것이니, 이 한 節은 바로 배우는 자가 몸
을 닦는 중요한 법이다."

---

32) 〔釋疑〕東匯澤陳氏 : 이름은 澔이니, 《禮記》에 註(集說)를 내었다.

33) 〔釋疑〕義之與比 : 比는 따름이다. 〔補註〕《論語》〈里仁〉에 "君子는 天下의 일에
   있어서 오로지 주장함도 없으며, 그렇게 하지 않는다는 것도 없어서 義를 따를 뿐
   이다.〔君子之於天下也 無適也 無莫也 義之與比〕"라고 보인다.

18. 君子樂得其道章[1]

君子는 樂得其道하고 小人은 樂得其欲하나니 以道制欲이면 則樂而不亂하고 以欲忘道면 則惑而不樂이니라

君子는 道를 얻는 것을 즐거워하고 小人은 욕망을 얻는 것을 좋아하니, 道로써 욕망을 제재하면 즐거우면서도 어지럽지 않고, 욕망으로써 道를 잊으면 미혹하고 즐겁지 못하다.

【原註】

○ 鄭氏曰 道는 謂仁義요 欲은 謂淫邪也라

鄭氏(鄭玄)가 말하였다.
"道는 仁義를 이르고 欲은 淫邪를 이른다."

○ 程子曰 人雖不能無欲이나 然當有以制之니 無以制之而惟欲之從이면 則人道廢而入於禽獸矣리라

程子가 말씀하였다.
"사람이 비록 욕망이 없을 수 없으나 마땅히 제재함이 있어야 하니, 제재함이 없이 오직 욕망을 따르면 人道가 폐해져서 禽獸의 경지에 들어간다."

【附註】

○ 呂與叔曰 嘗有一朝士 久不見伯淳이라가 謂曰 以伯淳如此聰明으로 因何許多時에 終不肯回頭來[2]오 伯淳答云 蓋恐回頭錯耳니라

呂與叔(呂大臨)이 말하였다.

---

1) 《禮記》〈樂記〉에 보인다.

"일찍이 한 朝士가 오랫동안 伯淳(明道)을 만나지 못하다가 〈伯淳을 만나〉 말하기를 '伯淳의 이와 같은 聰明으로 무엇 때문에 허다한 때에 끝내 머리를 돌려 朝廷에 오려고 하지 않는가?'하니, 伯淳은 대답하기를 '머리를 돌렸다가 어그러질까 두려워해서이다'하였다."

【按】樂得其欲者는 其意不過安放縱而賤名檢이나 然所謂罔念作狂이 實基於此라 今撫附四條하노니 學者不可不痛以爲戒니라

욕망을 얻음을 즐거워한다는 것은 그 뜻이 방종함을 편안히 여기고 名檢(名節)을 천히 여김에 불과하나 《書經》〈多方〉에 이른바 '聖人이라도 생각하지 않으면 狂人이 된다'는 것이 실로 여기에 基因한다. 이제 네 조목을 뽑아 붙이니, 배우는 자가 통렬히 경계하지 않으면 안 될 것이다.

○ 有人勞伊川曰 先生謹於禮 四五十年이니 亦甚勞且苦矣로소이다 先生曰 吾日履安地하니 何勞苦之有리오 他人은 日踐危地하니 乃勞苦也니라

어떤 사람이 伊川先生을 위로하기를 "선생이 禮를 삼가신 지가 40, 50년이니, 또한 매우 수고롭고 또 괴로우실 것입니다." 하자, 선생이 말씀하였다.

"나는 날마다 편안한 곳을 밟으니, 어찌 수고롭고 괴로움이 있겠는가. 딴 사람들은 날마다 위험한 곳을 밟으니, 이것이 바로 수고롭고 괴로운 것이다."

○ 朱公掞이 爲御史에 端笏正立하야 嚴毅不可犯이라 班列肅然이러니 蘇子瞻[3] 語人曰 何時에 打破這敬字[4]오하니라

---

2) 〔釋疑〕以伯淳如此聰明 …… 終不肯回頭來 : 才質의 아름다움이 이와 같으면서 禮法을 지키고 조금도 잘못함이 없어서 머리를 돌려 세속을 따르려고 하지 않으니, 이것이 盡善하지 못하다고 말한 것이다. 〔補註〕伯淳은 明道 程顥의 字이다.

3) 〔刊補〕蘇子瞻 : 蜀의 眉州 출신으로 名은 軾이고 號는 東坡이며, 老泉 蘇洵의 長子이다. 進士試에 급제하고 다시 制科에 우등으로 급제하여 仁宗, 英宗, 神宗, 哲宗을 섬겼으며, 관직이 禮部尙書에 이르렀다. 아우 轍과 함께 三父子가 唐宋八大家에 들어 文名을 날렸으며, 政治와 學問에도 특출하였으나 程伊川과 사이가 나빠 蜀黨·洛黨으로 나뉘어 黨爭을 일삼았다.

4) 〔釋疑〕打破這敬字 : 程子의 학문은 敬을 宗旨로 삼았다. 그리하여 특히 방사함을 좋아하는 蘇東坡學派의 미움을 받았는 바, 蘇東坡學派가 이 主敬의 학문을 타파하고자 한 것이다.

朱公掞(朱光庭)이 御史가 되어 笏을 단정히 잡고 바르게 서서 엄숙하고 굳세어 범할 수가 없었다. 그리하여 班列들이 숙연해지니, 蘇子瞻(東坡)이 사람들에게 말하기를 "어느 때에나 이 敬字를 타파하겠는가." 하였다.

○ 王信伯[5]曰 伊川先生이 一日偶見秦少游[6]하야 問天若知也和天瘦[7] 是公詞否아하신대 少游意伊川稱賞之라하야 拱手遜謝어늘 伊川云 上穹[8]이 尊嚴하시니 安得易而侮之리오하시니 少游面色이 騂然[9]이러라

王信伯(王蘋)이 말하였다.

"伊川先生이 하루는 우연히 秦少游(秦觀)를 만나서 '하늘이 만약 아신다면 하늘도 수척하리라는 것이 公의 글인가?'하고 묻자, 少游는 伊川이 자신의 글을 칭찬하는 것이라고 생각하여 손을 모으고 사양하였다. 이에 伊川이 말씀하기를 '上穹(上天)이 존엄하시니 어찌 함부로 업신여길 수 있겠는가'하니, 少游는 얼굴빛이 붉어졌다."

○ 張子曰 鄭衛之音은 悲哀하야 令人意思留連하고 又生怠惰之意하야 從而

---

5) 〔釋疑〕王信伯 : 이름은 蘋이니, 程子의 門人이다.
6) 〔釋疑〕秦少游 : 이름은 觀이니, 東坡의 門徒로 경박하고 詩를 잘하였다.
7) 〔釋疑〕天若知也和天瘦 : 秦少游가 妓生에게 준 歌辭에 "佩玉소리 울리며 작별한 뒤에, 슬퍼라 아름다운 기약 어긋나 다시 만나기 어렵네.〔玉佩丁東別後 恨佳期參差難〕"하였으며, 또 "하늘이 아신다면 하늘도 수척해질 것이니, 꽃아래 이중문과 버드나무 가의 깊은 골목에 머리를 돌릴 수 없네.〔天還知道 和天也瘦 花下重門 柳邊深巷 不堪回首〕"하였다. 〔刊補〕退溪가 金彦遇(金富弼)에게 답하기를 "이는 두 가지 해설이 있다. 하나는 '吉凶禍福이 오는 것은 天運이니, 사람이 참여하여 알 수 있는 것이 아니다. 그러므로 하늘 또한 어쩔 수가 없는 것이다. 만약 사람이 미리 길흉화복이 올 것을 안다면 기도하여 복을 구하고 화를 면하려고 하여 분분함을 다 말할 수 없을 것이니, 하늘도 그 고통을 견디지 못하여 수척해진다'는 것이요, 다른 하나는 '秦少游가 말한 일을 하늘도 만약 안다면 하늘도 슬퍼하고 괴로워 이 때문에 수척해진다'는 것인 바, 앞의 말이 옳은 듯하다." 하였다. ○ 살펴보건대 秦少游가 기생에게 준 글의 뜻을 자세히 음미해 보면 뒤의 말에서 나온 듯하다. 和는 '아울러' '더불어'의 뜻이다.
8) 〔刊補〕上穹 : 하늘이다.
9) 〔刊補〕騂然 : 얼굴이 붉은 모양이다.

致驕淫之心하나니 雖珍玩奇貨라도 其始惑人也 亦不若是切이니 從而生無限嗜好라 故孔子必放之10)하시니 亦是聖人經歷過11)라 但聖人은 能不爲物所移耳니라

張子가 말씀하였다.

"鄭나라와 衛나라의 음악은 슬퍼서 사람으로 하여금 意思가 留連(머물러 떠나가지 못함)하게 하고 또 게으른 뜻이 생겨나게 하여, 따라서 교만하고 음탕한 마음을 이루게 한다. 비록 진귀한 보배와 기이한 재물이라도 처음에 사람을 혹하게 함이 또한 이와 같이 간절하지는 않으니, 따라서 (이로 말미암아) 무한한 嗜好가 생겨나게 한다. 그러므로 孔子께서 반드시 이것을 추방하신 것이니, 또한 聖人이 經歷(경험)하신 것이다. 다만 聖人은 물건에게 옮김을 당하지 않을 뿐이다."

○ 武夷胡氏12)曰 左氏에 公孫敖奔莒는 從己氏也13)라하니 男女는 人之大欲이 存焉이라 寡欲者는 養心之要니 欲而不行이 可以爲難矣라 然欲이 生於色

---

10) 〔刊補〕孔子必放之 : 《論語》〈衛靈公〉에 보이는 孔子의 말씀으로 "鄭나라의 음탕한 음악을 추방하라.〔放鄭聲〕" 하였다. 〔補註〕放之의 之는 위에 말한 鄭衛之音을 가리킨다. 《禮記》〈樂記〉에 "治世의 음악은 편안하고 즐거우니 정사가 화평하기 때문이고, 亂世의 음악은 원망하고 분노하니 정사가 괴리되기 때문이고, 亡國의 음악은 애처롭고 그리워하니 백성이 곤궁하기 때문이다.〔治世之音 安以樂 其政和 亂世之音 怨以怒 其政乖 亡國之音 哀以思 其民困〕" 라고 하였으며, 또 "鄭·衛의 音은 亂世의 음이니 태만함에 가까우며, 桑間·濮上 지역의 音은 亡國의 음이니 정사가 산만하여 백성들이 流離한다.〔鄭衛之音 亂世之音也 比於慢矣 桑間濮上之音 亡國之音也 其政散 其民流〕" 하였다. 또 孔子는 治國의 大道를 물은 顔淵의 질문에 "鄭나라의 음악을 추방하고 말을 잘하는 사람을 멀리해야 하니, 鄭나라의 음악은 음탕하고 말을 잘하는 사람은 위태롭다.〔放鄭聲 遠佞人 鄭聲淫 佞人殆〕" 하였는 바, 여기서는 위에 소개한 〈樂記〉와 《論語》의 내용을 합하여 말한 것이다. 桑間과 濮上 역시 衛나라 땅으로 뽕나무숲 사이와 濮水 가를 이르는데, 이들 지역에 음탕한 음악이 유행하였다 한다.

11) 〔刊補〕聖人經歷過 : 張橫渠는 일찍이 "孔子는 태어나면서부터 안 분이 아니고 또한 배움을 통해서 이르신 분이다.……" 하였는데, 이 뜻 또한 그러하다.

12) 〔釋疑〕武夷胡氏 : 바로 文定公(胡安國)이다.

而縱於淫하나니 色出於性[14]하니 目之所視 有同美焉[15]하야 不可掩也요 淫出
於氣하니 不持其志면 則放辟趨蹶(궤)를 無不爲矣라 夫以志徇氣하야 肆行淫
欲而不能爲之帥(수)하야 至於棄其家國하고 出奔而不顧하니 此天下之大戒라
春秋에 謹書其事하니 於敖與에 何誅[16]리오마는 使後人爲鑑하야 必持其志케하니
修身窒欲之方也니라

武夷胡氏(胡安國)가 말하였다.

"《春秋左氏傳》에 '公孫敖가 莒나라로 달아난 것은 己氏를 따른 것이다'하였
으니, 男女間은 사람의 큰 욕심(욕망)이 있는 것이다. 욕심을 적게 하는 것은
마음을 기르는 요점이니, 욕심이 있는데도 행하지 않게 하는 것이 어렵다. 그러
나 욕심은 色에서 생겨나와 음탕함에 방종하게 된다. 色은 天性에서 나오니 눈
으로 보는 바는 똑같이 아름답게 여기는 것이 있어서 가릴 수가 없고, 음탕함
은 기운에서 나오니 그 心志를 잡아 지키지 않으면 放辟하고 달려감을 하지 않
음이 없을 것이다. 心志로써 기운을 따라 淫慾을 마음대로 행하고 將帥가 되지
못하여, 집과 나라를 버리고 도망하여 돌아보지 않음에 이르렀으니, 이는 천하
의 큰 경계이다. 《春秋》에 삼가 이 일을 기록하였으니, 公孫敖에게 무엇을 꾸짖
을 것이 있겠는가마는 後人들로 하여금 거울로 삼아 반드시 그 뜻을 잡아 지키
게 한 것이니, 몸을 닦고 욕심을 막는 좋은 방법이다."

○ 致堂胡氏[17]曰 唯酒無量不及亂[18]이라하니 亂者는 內昏其心志하고 外喪其

---

13) 〔釋疑〕公孫敖奔莒 從己氏也 : 公孫敖는 春秋時代 魯나라의 宗室인 仲孫敖이다.
魯나라 大夫 襄仲이 莒나라 己氏에게 장가들었는데, 미처 그녀를 데려오지 못하였
다. 公孫敖가 國事 때문에 莒나라에 사신을 가자, 襄仲은 그에게 己氏를 데려다
줄 것을 부탁하였는데, 公孫敖는 그녀의 미모에 반하여 그녀와 간통하였다. 뒤에
사람들의 비난을 받자, 公孫敖는 그녀를 莒나라로 送還하였으나 얼마후 국가를 버
리고 己氏를 따라갔다.

14) 〔釋疑〕色出於性 : 告子가 말하기를 "食色은 性이다."하였으니, 이 性은 氣質을
가리켜 말한 것이다.

15) 〔刊補〕目之所視 有同美焉 : 《孟子》〈告子〉에 나오는 말로 "눈이 色에 있어서 똑
같이 아름답게 여김이 있다.〔目之於色也 有同美焉〕"하였다.

16) 〔刊補〕於敖與 何誅 : 誅는 질책으로, 公孫敖는 질책할 가치조차 없음을 말한 것이다.

17) 〔釋疑〕致堂胡氏 : 이름은 寅이고 자는 明仲이니, 文定公(胡安國) 아우의 아들인데,
文定公의 養子가 되었다.

威儀니 甚則班伯所謂淫亂之原이 皆在於酒也[19]라 聖人은 飮無定量하사되 亦
無亂態하시니 蓋從心所欲不踰矩[20]라 是以如此어니와 學者는 未能然이니 當知
戒 可也니라

致堂胡氏(胡寅)가 말하였다.

"' 오직 술은 일정한 量이 없으나 어지러움에 이르지 않게 하였다' 하였으니,
어지럽다는 것은 안으로 心志를 어둡게 하고 밖으로 威儀를 잃는 것이니, 심하
면 班伯의 이른바 '음란의 근원이 모두 술에 있다'는 것이다. 聖人(孔子)은 술
을 마심에 일정한 양이 없었으나 또한 어지러운 태도가 없으셨으니, '마음에
하고자 하는 바를 따르되 법도를 넘지 않는다'는 것이다. 이 때문에 이와 같이
할 수 있지만 배우는 자들은 그렇지 못하니, 마땅히 경계할 줄을 알아야 할 것
이다."

○ 朱子曰 樂記云 好惡無節於內하고 知誘於外[21]하야 不能反躬이면 天理滅
矣[22]라하니 此는 言情所以流而性之所以失也라 情之好惡 本有自然之節이로되

---

18) 〔刊補〕唯酒無量不及亂 : 《論語》〈鄕黨〉에 보이는 내용으로 '無量'을 世儒들은
'술을 마시는데 한량이 없다'고 해석하나 옳지 않다. 몇 잔으로 한량을 삼지 않고
오직 기운에 맞게 마실 뿐인 것이다.

19) 〔釋疑〕班伯所謂淫亂之原 皆在於酒也 : 班伯은 班彪의 叔父이다. '淫亂'이하는 班
伯이 漢 成帝에게 간한 말이다.

20) 〔譯註〕從心所欲不踰矩 : 從心은 마음을 따른다는 뜻으로, 孔子는 일찍이 "나는 15
세에 학문에 뜻하였고 30세에 확립하였고 40세에 의혹하지 않았고 50세에 천명을
알았고 60세에 귀로 남의 말을 들으면 저절로 알아졌고 70세에 마음에 하고싶은
것을 따라도 법도를 넘지 않았다.〔吾十有五而志于學 三十而立 四十而不惑 五十而
知天命 六十而耳順 七十而從心所欲不踰矩〕" 하였다. 《論語 爲政》

21) 〔釋疑〕知誘於外 : 지각이 外物에게 유혹 당함을 말한 것이다.

22) 〔刊補〕樂記云 …… 天理滅矣 : 살펴보건대 朱子가 林擇之(林用中)에게 답한 편
지에 이르기를 "《中庸》과 《禮記》〈樂記〉의 말은 疏略하고 緻密한 차이가 있다.
《中庸》은 처음부터 끝까지 謹獨工夫를 말하였으니, 곧 이른바 恭敬하여 잃음이 없
다는 것으로 평소에 涵養하는 뜻이고,〈樂記〉는 好惡에 절도가 없음을 들어 자신
에게 돌이키지 못하면 天理가 소멸됨을 곧바로 말하였다. 그러나 事物에 感應하기
전에 만약 主宰가 없다면 또한 靜함을 편안히 여기지 못할 것이니, 이렇게 되면

惟其不自覺知[23]하야　無所涵養하야　而大本不立이라　是以天則이　不明於內하고
外物이　又從而誘之하니　此所以流濫放逸而不自知也라　苟能於此에　覺其所
以然者하야　而反躬以求之면　則其流를　庶乎其可制也리라　不能如是하고　而惟
情是徇이면　則人欲熾盛而天理滅息이　尙何難之有哉리오　此一節은　正天理人
欲之機라　間不容息處니라

朱子가 말씀하였다.

"樂記에 ' 좋아하고 미워함이 안에 절제가 없고 마음의 知覺(욕망)이 밖에서
유혹하여 자기 몸에 돌이키지 못하면 天理가 멸한다' 하였으니, 이는 情이 흘러
가 性을 잃게 됨을 말한 것이다. 情의 좋아하고 미워함은 본래 自然의 節度가
있으나 다만 스스로 깨닫지 못하여 涵養하는 바가 없어서 大本이 서지 못한다.
이러한 까닭에 하늘의 법칙이 안에 밝지 못하고 外物이 또 따라서 유혹하니,
이 때문에 흘러 넘치고 放逸(방탕)한데도 스스로 알지 못하는 것이다. 만일 이
에 대하여 그러한 까닭을 깨달아서 몸에 돌이켜 찾는다면 그 흐름을 거의 제재
할 수 있을 것이다. 이와 같이 하지 못하고 오직 情을 따른다면 人欲이 熾盛하
여 天理가 滅息하는 것도 무슨 어려움이 있겠는가. 이 한 구절은 天理와 人欲
의 기미로서 숨쉴 틈을 용납할 수 없는 곳이다."

【按】樂記於天理人欲에　推極言之어늘　而朱子之訓이　尤爲警切[24]하니　學者不能以道
制欲하야　而以欲忘道면　則程子所謂人道廢而入于禽獸者를　可立致矣리라

〈樂記〉에 天理와 人欲을 미루어 극진히 말하였는데 朱子의 가르침이 더욱 警切
함이 되니, 배우는 자가 道로써 욕망을 제재하지 못하여 욕망으로써 道를 잊는다면
程子의 이른바 '人道가 폐해져서 禽獸의 경지에 들어간다'는 것을 당장 이루게 될
것이다.

곧 절로 天性을 어둡게 하여 外物이 誘引하기를 기다리지 않고도 잘못된다. 그러
나 사람들이 이것을 전혀 알지 못한다." 하였다.

23) 〔釋疑〕覺知 : 《朱子大全》에는 知覺으로 되어 있다.

24) 〔譯註〕警切 : 警策과 같은 뜻으로 경계하고 策勵(채찍질)함을 이른다.

19. 孟子 人皆有不忍人之心章[1]

孟子曰　人皆有不忍人之心[2]하니라　先王이　有不忍人之心하사　斯有不
忍人之政矣시니　以不忍人之心으로　行不忍人之政이면　治天下는　可運
之掌上이니라　所以謂人皆有不忍人之心者[3]는　今人이　乍見孺子將入於
井하고　皆有怵惕惻隱之心하나니　非所以內(納)交於孺子之父母也며
非所以要譽於鄕黨朋友也며　非惡其聲[4]而然也니라　由是觀之컨대　無惻
隱之心이면　非人也며　無羞惡之心이면　非人也며　無辭讓之心이면　非人
也며　無是非之心이면　非人也니라　惻隱之心은　仁之端也요　羞惡之心은
義之端也요　辭讓之心은　禮之端也요　是非之心은　知(智)之端也니라　人
之有是四端[5]也　猶其有四體也니　有是四端而自謂不能者는　自賊者

---

1) 《孟子》〈公孫丑 上〉에 보인다.
2) 〔釋疑〕不忍人之心 : 朱子가 말씀하기를 "이는 곧 惻隱之心이다." 하였다.
3) 〔刊補〕所以謂人皆有不忍人之心者 : 이는 孟子가 '心統性情'을 잘 형용한 부분이
   다. 〔補註〕마음이 性과 情을 모두 갖고 있음을 의미한다. 統은 통솔, 통합의 뜻이
   있는 바, '마음이 性과 情을 통솔한다.'로 해석하는 學派가 있는가 하면 단지 마음
   이 性과 情을 통합한 것으로 보아야 한다고 주장하는 學派가 있다.
4) 〔釋疑〕惡其聲 : 聲은 赤子를 구원하지 않았다는 나쁜 소문을 이른다. 〔刊補〕聲은
   소문(이름)으로, 우물에 들어가는 아이를 구원하지 않았다는 나쁜 소문을 이른다.
5) 〔釋疑〕四端 : 情의 발함이 혹은 理를 위주하고 혹은 氣를 위주하니, 氣의 발함은
   七情이 이것이고 理의 발함은 四端이 이것이다. 천하에 理가 없는 氣가 없고 氣가
   없는 理가 없으니, 四端은 理가 발하여 氣가 따르고 七情은 氣가 발하여 理가 탄
   것이다. 理에 氣의 따름이 없으면 물건(情)이 만들어져 나올 수가 없고, 氣에 理
   의 탐이 없으면 狂妄한 물건이 될 뿐이니, 이는 바꿀 수 없는 정해진 이치이다.
   만약 混淪(混合)하여 말한다면 未發之中을 大本이라 하고 七情을 大用이라 하니,
   程子의 好學論과 《中庸》의 首章같은 것이 이것이다. 그리고 《孟子》의 이 章은 홀

也요 謂其君不能者는 賊其君者[6]也니라 凡有四端於我者를 知皆擴而
充之矣[7]면 若火之始然하며 泉之始達이니 苟能充之면 足以保四海[8]요
苟不充之면 不足以事父母니라

로 理를 위주하여 말씀하였으니, 人心은 七情이 이것이고 道心은 四端이 이것이
니, 두 가지 도리가 있는 것이 아니다. ○ 臣(尤菴)이 살펴보건대 文純公(退溪)의
이 단락은 비록 定論이 되지는 못하나 실로 일생 동안 論辨한 큰 의논이므로 감히
곧바로 삭제하지 못하고 이 아래에 文成公(栗谷)의 말씀을 이어서 참고에 대비하
게 하였습니다. ○ 臣이 살펴보건대 文成公이 일찍이 말씀하기를 "七情은 마음의
동함을 통합하여 말한 것이고, 四端은 이 七情 가운데에서 善한 한 쪽만을 가려서
말한 것이다. 四端과 七情을 막론하고, 발하는 것은 氣이고 발하게 하는 所以는
理이니, 이제 만약 四端은 理가 발하여 氣가 따른 것이고 七情은 氣가 발하여 理
가 탄 것이라고 한다면 이는 理와 氣 두 물건이 혹 먼저하고 혹 뒤에 하여 상대해
서 두 갈래가 되어 각각 나오는 것이니, 이는 어찌 마음에 두 근본이 있다는 것이
아니겠는가." 하였습니다. ○ 臣이 또 살펴보건대 文成公의 이 말씀이 진실로 옳
습니다. 그러나 朱子의 말씀을 살펴보면 "惻隱과 羞惡에도 절도에 맞고 절도에 맞
지 않는 것이 있다." 하였고, 또 말씀하기를 "惻隱은 善한 情이나 측은하게 여겨
서는 안 될 경우에 측은해 한다면 곧 이는 惡이다." 하였으니, 반드시 이러한 뜻
을 가지고 보충한 뒤에야 비로소 완비될 것입니다. 聖賢이 性을 말씀할 적에 오로
지 本然之性만을 가리킨 경우가 있고 氣質之性을 겸하여 가리킨 경우가 있으니,
이미 氣質之性이 있다면 性이 발함에 또한 어찌 善과 不善의 차이가 없겠습니까.
지금 文成公은 孟子의 말씀으로 인하여 오로지 선한 쪽만을 말씀하였으니, 이는
바로 程子의 이른바 '孟子는 구비하지 못했다〔孟子不備〕'는 것과 같은 것이요, 朱
子는 惻隱과 羞惡에도 善과 惡이 있음을 겸하여 말씀하였으니, 이는 바로 朱子의
이른바 '程子가 더 치밀하다〔程子爲密〕'는 것과 같은 것이니, 이는 後學들이 알지
않으면 안 될 것입니다. 〔補註〕孟子는 일찍이 '사람의 性도 善하고 才(材質)도
善하다' 하였는데, 이에 대하여 程伊川은 "性은 곧 理이니, 理는 堯舜으로부터 길
가는 일반인에 이르기까지 같지만 才는 氣를 받음에서 생겨나니, 氣는 淸濁이 있
어 淸한 氣를 받은 자는 賢明한 사람이 되고 濁한 氣를 받은 자는 어리석은 사람
이 된다." 하였으며, 또 "性만 논하고 氣를 논하지 않으면 구비하지 못하고, 氣만
논하고 性을 논하지 않으면 분명하지 못하다.〔論性不論氣 不備 論氣不論性 不明〕"
하였다. 이에 대하여 朱子는 《孟子》의 集註에 程子의 말씀을 인용하고 다음과 같
이 결론지었다. "孟子께서는 오로지 性에서 발한 것을 가리켜 말씀하였기 때문에
'才質이 不善함이 없다'고 하셨고, 程子는 氣에서 받은 것을 겸하여 가리켜 말씀

孟子가 말씀하였다.

"사람은 모두 사람을 차마 해치지 못하는 마음[不忍人之心]을 가지고 있다. 先王이 사람을 차마 해치지 못하는 마음을 간직하여 사람을

하였으니, 그렇다면 사람의 才質은 진실로 昏明과 强弱의 같지 않음이 있는 것이니, 張子가 말씀한 '氣質之性'이란 것이 이것이다. 孟子와 程子의 두 말씀이 비록 다르나, 각기 해당하는 바가 있다. 그러나 事理로써 상고해 보면 程子의 말씀이 더욱 치밀하다.〔蓋孟子專指其發於性者言之 故以爲才無不善 程子兼指其禀於氣者言之 則人之才固有昏明强弱之不同矣 張子所謂氣質之性是也 二說雖殊 各有所當 然以事理考之 程子爲密〕"

6) 〔刊補〕有是四端而自謂不能者 …… 賊其君者 : 묻기를 "'이 四端을 가지고 있으면서도 스스로 仁義를 행할 수 없다고 말하는 자는 자신을 해치는 자이다'라는 이 말씀만으로도 이미 할 말을 다했는데, 이어 '자기 君主가 仁義를 행할 수 없다고 말하는 자는 君主를 해치는 자이다'라고 말씀한 것은 어째서입니까?" 하니, 退溪는 답하기를 "사람은 자기 몸을 닦고 난 뒤에 이것을 미루어 행하는데, 임금을 섬기는 것이 가장 먼저이다. 당시 사람들이 대부분 우리 임금은 仁義를 행할 수 없다고 말하였기 때문에 孟子는 일찍이 그 잘못을 지적하곤 하였는데, 지금 이 말씀을 하면서 아울러 언급한 것일 뿐이다." 하였다.

7) 〔釋疑〕知皆擴而充之矣 : 四端의 善함을 알아서 확충함을 말한 것이다. ○ 一說에는 '확충할 줄을 알면'으로 해석하기도 한다. ○ 살펴보건대 朱子는 이에 대하여 두 가지 해석을 하였는데, "'능히 알아 확충한다'고 하면 文勢가 매우 순하다." 하였고, 또 말씀하기를 "知字는 다만 擴充에만 연결하여 말한 것이다." 하였다.

8) 〔刊補〕苟能充之 足以保四海 : 擴充하여 四德(仁·義·禮·智)의 量을 充足시키는 것이니, 四德의 量은 그 크기가 본래 天地와 같아 限量할 수 없다. 그러므로 그 효과가 충분히 四海를 보호할 수 있는 것이다. 退溪는 또 말씀하기를 "理가 形體가 없고 限量이 없기 때문에 仁·義·禮·智의 性이 限量이 없으며, 發해서 用(四端)이 됨도 限量이 없는 것이다. 惻隱之心이 發하면 단지 한 가지 일에 그 道를 다할 뿐만 아니라 惻隱히 여겨야 할 天下의 일에 있어서도 하나하나 미루어 넓혀서 그 無限한 量을 채워야 하는 것이다. 羞惡之心과 辭讓之心, 是非之心 또한 그러하니, 惻隱 한 가지 단서에만 미루어 채우라는 말이 아니다. 孟子는 "사람들은 모두 차마 못하는 마음을 가지고 있으니, 차마 하는 바에까지 도달한다면 仁이요, 사람들은 모두 하지 않는 바가 있으니, 하는 바에까지 도달한다면 義이다. 사람이

차마 해치지 못하는 정사를 시행하였으니, 사람을 차마 해치지 못하는 마음으로 사람을 차마 해치지 못하는 정사를 행한다면 천하를 다스림은 손바닥 위에 놓고 움직이듯이 쉽게 할 것이다. 사람들이 모두 사람을 차마 해치지 못하는 마음을 가지고 있다고 말하는 까닭은 지금에 어떤 사람이 갑자기 어린아이가 장차 우물로 들어가려는 것을 보게 되면 모두 깜짝 놀라고 측은해 하는 마음을 가지니, 이것은 어린아이의 父母와 交分을 맺으려고 해서도 아니며 鄕黨과 朋友들에게 명예를 구해서도 아니며 잔인하다는 소리(소문)를 듣기 싫어해서 그러한 것도 아니다. 이로 말미암아 본다면 惻隱之心(측은해 하는 마음)이 없으면 사람이 아니며, 羞惡之心(不義를 부끄러워하고 미워하는 마음)이 없으면 사람이 아니며, 辭讓之心(사양하는 마음)이 없으면 사람이 아니며, 是非之心(옳고 그름을 구분하는 마음)이 없으면 사람이 아니다. 惻隱之心은 仁의 단서요, 羞惡之心은 義의 단서요, 辭讓之心은 禮의 단서요, 是非之心은 智의 단서이다. 사람이 이 四端을 가지고 있음은 四體(四肢)를 가지고 있는 것(누구나 다 갖고 있음)과 같으니, 이 四端을 가지고 있으면서도 스스로 仁義를 행할 수 없다고 말하는 자는 자신을 해치는 자요, 자기 군주가 仁義를 행할 수 없다고 말하는 자는 군주를 해치는 자이다. 무릇 四端이 나에게 있음을 알아서 다 넓혀 채운다면 마치 불이 처음 타오르고 샘물이 처음 나오는 것과 같을 것이니, 만일 이것을 채운다면 충분히 四海를 보호할 수 있고, 만일 채우지 못한다면 父母도 섬길 수 없을 것이다."

【原註】

○ 朱子曰 人之所以爲心이 不外乎是四者라 故因其惻隱而悉數之[9]하야 言

남을 해치려고 하지 않는 마음을 채운다면 仁을 이루 다 쓰지 못할 것이며, 사람이 잘못을 저지르고 천대를 받지 않으려는 실제를 채운다면 가는 곳마다 義를 하지 않음이 없을 것이다." 하였다. ○ 살펴보건대 四端은 모두 本然의 量이 있으니, 채우면 비록 먼 四海라도 충분히 보호할 수 있고, 채우지 않으면 가까운 父母도 섬길 수 없는 것이다.

人若無此면 則不得謂之人이라하시니 所以明其必有也시니라

朱子가 말씀하였다.

"사람이 마음을 삼는 것이 이 네 가지에서 벗어나지 않는다. 그러므로 惻隱
之心을 논함으로 인하여 이것을 모두 세어서 '사람이 만일 이것이 없으면 사람
이라고 이를 수 없다'고 말씀하였으니, 사람이 반드시 가지고 있음을 밝히신 것
이다."

○ 又曰 擴은 推廣之意요 充은 滿也라 四端在我하야 隨處發見하나니 知皆卽
此推廣之하야 以滿其所賦之量이면 則其日新又新하야 將有不能自已者리니 能
由此而遂充之면 雖保四海라도 可也니라

또 말씀하였다.

"擴은 미루어 넓히는 뜻이요, 充은 가득히 채움이다. 四端이 내 마음속에 있
어서 곳에 따라 발현되니, 모두 이에 나아가 미루어 넓힐 줄을 알아서 부여받
은 바의 本然의 量을 充滿하게 한다면 날로 새롭고 또 새롭게 하여 장차 스스
로 그만두지 못하게 될 것이다. 이로 말미암아 마침내 채운다면 비록 四海를
보호하는 것도 가할 것이다."

○ 又曰 此章所論人之性情과 心之體用이 最爲詳密하니 讀者宜深味之니라

또 말씀하였다.

"이 章에서 논한 사람의 性·情과 마음의 體·用이 가장 상세하고 정밀하니,
읽는 자들은 마땅히 깊이 음미하여야 한다."

○ 程子曰 人皆有是心이로되 惟君子爲能擴而充之니 不能然者는 皆自棄也
라 然其充與不充은 亦在我而已矣니라

程子가 말씀하였다.

"사람들이 모두 이 마음(仁心)을 가지고 있으나 오직 君子만이 넓혀서 채울

---

9) 〔釋疑〕因其惻隱而悉數之 : 朱子는 말씀하기를 "仁은 義·禮·智 三德을 포함하고
惻隱은 羞惡·辭讓·是非의 三端을 관통하기 때문에 이 惻隱으로 인하여 다 든 것
이다." 하였다.

수 있으니, 그렇지 못한 자는 모두 自棄하는 것이다. 그러나 채우고 채우지 못함은 또한 자신에게 달려 있을 뿐이다.”

【附註】

○ 龜山楊氏曰 孟子一部[10]는 只是要正人心이니 教人存心養性하야 收其放心이라 至論仁義禮智하야는 則以惻隱羞惡辭讓是非之心으로 爲之端하고 論邪說之害하야는 則曰生於其心하야 害於其政이라하고 論事君하야는 則欲格君心之非라하야 千變萬化 只說從心上來하니 人能正心이면 則事無足爲[11]者矣니라

龜山楊氏가 말하였다.

“《孟子》 한 책은 다만 사람의 마음을 바로잡으려 한 것이니, 사람으로 하여금 마음을 보존하고 性을 길러 放心을 거두게 한 것이다. 仁·義·禮·智를 논함에 이르러서는 惻隱·羞惡·辭讓·是非의 마음으로 단서를 삼고, 邪說(부정한 학설)의 폐해를 논함에는 ‘그 마음에서 생겨나 그 정사를 해친다’고 하였고, 군주를 섬기는 것을 논함에는 ‘ 임금의 마음의 그름을 바로잡고자 하여야 한다’하여, 천만 가지 변화가 다만 心上으로부터 말씀해 왔으니, 사람이 능히 마음을 바룬다면 일을 〈힘들여〉 할 것이 없을 것이다.”

朱子曰 四端은 乃孔子所未發이라 人只道孟子有闢楊墨之功이요 不知他就人心上發明大功이 如此하나니 闢楊墨은 是扞邊境之功이요 發明四端은 乃安社稷之功이니라

朱子가 말씀하였다.

“四端은 바로 孔子가 미처 발명하지 못하신 것이다. 사람들은 다만 孟子가 楊朱·墨翟(묵적)을 물리친 功이 있음만 말하고, 저 人心上에 나아가 발명한 큰 공이 이와 같음은 알지 못한다. 楊朱·墨翟을 물리친 것은 변경의 침입을 막은 공이요, 四端을 발명한 것은 바로 社稷을 편안하게 한 공이다.”

○ 朱子曰 孔子不說心하시고 只就事實上說이러시니 孟子始說心하시니라

朱子가 말씀하였다.

“孔子는 마음을 말씀하지 않고 다만 事實上에 나아가 말씀하였는데, 孟子가

---

10) 〔刊補〕一部 : 한 책 전체를 다 들어서 한 말이다. 〔補註〕一帙과 같은 말로 쓰인다.
11) 〔釋疑〕事無足爲 : 일을 하기 어려울 것이 없음을 말한 것이다.

비로소 마음을 말씀하였다.”

西山眞氏曰 孔子雖不言心이나 然敎人於言忠信, 行篤敬, 居處恭, 執事敬上에 用功하시니 則所謂存心, 收放心이 固在其中矣요 又四勿, 三戒, 絶四[12]는 正心上工夫라 又四勿三戒에 知其非禮而勿之者는 心也요 知其當戒而戒之도 亦心也라 子絶四하시니 意必固我는 皆心之病也요 好仁惡不仁者[13]는 心之正也니 則孔子未嘗不言心이로되 特不指言其本體耳시니 此孔孟所以同道也시니라

西山眞氏가 말하였다.

“孔子가 비록 마음을 말씀하지 않았으나 사람들로 하여금 말을 忠信하게 하고 행실을 篤敬하게 하며 거처함에 공손하고 일을 잡음(집행함)에 공경하는 것에 功力을 쓰게 하셨으니, 이른바 ‘마음을 보존하고 放心을 거둔다’는 것이 진실로 이 안에 들어 있으며 또 四勿과 三戒, 絶四는 마음을 바루는 공부이다. 또 四勿과 三戒에서 禮가 아님을 알아 하지 않는 것은 마음이요, 마땅히 경계할 줄을 알아 경계하는 것도 마음이다. 孔子는 네 가지를 완전히 끊으셨으니 意·必·固·我는 모두 마음의 병이요, 仁을 좋아하고 不仁을 미워하는 것은 마음의 바름이니, 孔子가 일찍이 마음을 말씀하지 않은 것이 아니다. 다만 그 本體를 가리켜 말씀하지 않았을 뿐이니, 이것이 孔子와 孟子가 道가 같은 이유이다.”

○ 問存心한대 曰 存心은 不在紙上寫底라 且體認自家心이 是何物이니라 聖

---

12)〔釋疑〕四勿 三戒 絶四：四勿은 非禮勿視 非禮勿聽 非禮勿言 非禮勿動으로, 本書 1권의 10,〈顏淵問仁章〉에 자세히 보인다. 三戒는 세 가지 경계로 《論語》〈季氏〉에 孔子는 일찍이 “君子에게 세 가지 경계함이 있으니, 젊을 때엔 血氣가 정해지지 않았으므로 경계함이 女色에 있고, 장성해서는 血氣가 한창 강하므로 경계함이 싸움에 있고, 늙어서는 血氣가 쇠하므로 경계함이 얻음에 있다.〔君子有三戒 少之時 血氣未定 戒之在色 及其壯也 血氣方剛 戒之在鬪 及其老也 血氣既衰 戒之在得〕”하였다. 絶四는 意·必·固·我의 네 가지 나쁜 것이 없는 것으로, 本書 1권의 9,〈子絶四章〉에 자세히 보인다.

13)〔譯註〕好仁惡不仁者：好仁은 仁을 좋아하는 것이고 惡不仁은 不仁을 미워하는 것으로, 《論語》〈里仁〉에 “나는 仁을 좋아하는 자와 不仁을 미워하는 자를 보지 못하였다. 仁을 좋아하는 자는 그보다 더할 수 없고, 不仁을 싫어하는 자는 仁을 행할 때에 不仁한 것으로 하여금 그 몸에 가해지지 못하게 한다.〔我未見好仁者 惡不仁者 好仁者 無以尙之 惡不仁者 其爲仁矣 不使不仁者加乎其身〕”라고 보인다.

賢說得이 極分曉어늘 孟子恐後人不識하야 又說四端하시니 於此에 尤好玩索이니라

存心을 묻자, 朱子가 말씀하였다.

"存心은 종이 위에 쓰여진 글씨에 있는 것이 아니다. 우선 자신의 마음이 어떤 물건인가를 體認하여야 한다. 聖賢의 말씀이 지극히 분명한데, 孟子는 後人들이 알지 못할까 두려워하시어 또 四端을 말씀하였으니, 이에 대해 玩索하는 것이 더욱 좋다."

○ 問 人心陷溺之久에 四端이 蔽於利欲之私하니 初用工에 亦未免間斷이로소이다 曰 固是어니와 然義理之心이 纔勝이면 則利欲之念이 便消하나니 如惻隱之心勝이면 則殘虐之意自消하고 羞惡之心勝이면 則貪冒無恥之意自消하고 恭敬之心勝이면 則驕惰之意自消하고 是非之心勝이면 則含胡(糊)苟且頑冥昏繆之意自消니라

"人心이 物慾에 빠진 지 오래되어 四端이 利慾의 사사로움에 가려지니, 처음 공부할 때에 또한 間斷함을 면치 못합니다." 하고 묻자, 朱子가 말씀하였다.

"진실로 옳다. 그러나 義理의 마음이 조금이라도 이기면 利慾의 생각이 곧 사라지니, 예컨대 측은해 하는 마음이 이기면 잔학한 뜻이 절로 사라지고, 羞惡하는 마음이 이기면 탐하고 염치없는 뜻이 절로 사라지고, 恭敬하는 마음이 이기면 교만하고 태만한 뜻이 절로 사라지고, 是非하는 마음이 이기면 含糊(흐리멍덩)하고 구차하며 완악하고 어두운 뜻이 절로 사라진다."

北溪陳氏[14]曰 四者端緒 日用間에 常常發見이로되 只是人看理不明이라 故茫然不知得이니라

北溪陳氏(陳淳)가 말하였다.

"네 가지 단서가 일상생활 하는 사이에 항상 발현되나 다만 사람들이 이치를 봄이 분명하지 못하므로 아득히 알지 못하는 것이다."

○ 又曰 學問之道는 無他라 求其放心而已[15]라하시고 又曰 有是四端於我者

___

14) 〔釋疑〕北溪陳氏 : 이름이 淳이고 자가 安卿이니, 朱子의 高弟이다.

를 知皆擴而充之라하시니 孟子之言이 甚善이라 人之一心이 在外者는 要取入
來요 在內者는 又要推出去니 孟子一部書 無非此意니라

또 말씀하였다.

"〈孟子는〉 '學問의 道는 딴 것이 없다. 放心을 찾을 뿐이다' 하였고, 또 말씀
하기를 '나에게 四端이 있는 것을 알아서 넓혀 채운다' 하였으니, 孟子의 말씀
이 매우 좋다. 사람의 한 마음이 밖에 있는 것은 거두어서 들어오게 하고, 안에
있는 것은 또 미루어 나가야 하니, 《孟子》 한 책은 모두가 이 뜻이다."

西山眞氏曰 收之使入者는 大本之所以立이요 推之使出者는 達道之所以行이니 不收
면 是謂無體요 不推면 是謂無用이라 太極之有動靜과 人心之有寂感16)이 一而已矣니라

西山眞氏가 말하였다.

"거두어서 들어오게 하는 것은 大本(中)이 서는 것이요 미루어서 나가게 하는
것은 達道(和)가 행해지는 것이니, 거두지 않으면 이것을 일러 '體가 없다' 하고,
미루지 않으면 이것을 일러 '用이 없다' 한다. 太極에 動靜이 있는 것과 人心에 寂
感이 있는 것이 똑같을 뿐이다."

○ 勉齋黃氏曰 人莫不有是氣라 則莫不有是理하고 莫不有是體라 則莫不有
是用하니 此天之所以予我而人之所以爲人者也라 天下倀倀然於覆載之間17)
하니 亦嘗反諸吾身而思之乎인저 飢食而渴飮과 趨利而避害는 則知之矣로되
至於天之予我而人之所以爲人者하야는 乃反不知焉은 何哉오 孟子憫斯人之
愚而莫之覺也라 故爲之反覆開示之하사 旣啓之以孺子入井之端하시고 又告
之以火然泉達之始하사 知是理而充之면 則足以保四海요 不充之면 則不足

---

15) 〔釋疑〕學問之道 …… 求其放心而已 : 《孟子》 〈告子 上〉에 보인다.

16) 〔譯註〕寂感 : 寂은 고요한 것으로 喜怒哀樂의 감정이 아직 나오지 않은 未發의 상
태이고, 感은 마음에 느낌이 있는 것으로 喜怒哀樂의 감정이 이미 나온 已發의 상
태를 이르는 바, 寂은 大本인 中을 感은 達道인 和를 가리킨 것이다.

17) 〔釋疑〕天下倀倀然於覆(부)載之間 : 倀倀然은 길을 잃은 모양이다. 혹자는 말하기
를 "범에게 물려 죽은 사람의 귀신이 범을 따라 다니는 것이다." 한다. 〔補註〕覆
載는 '하늘이 덮어주고 땅이 실어주다〔天覆地載〕'의 줄임말로 여기서는 곧 하늘과
땅을 가리킨 것이다.

以事父母_{라하시니} 充不充之間而功用之遼絶_이 乃如此_{하니} 其敎人之意 亦切
矣_{로다} 世之學者 未有不讀七篇之書者也_{로되} 而莫有知其言之爲切者_는 何
哉_오 習俗之所汩(골)_과 利欲之所昏_에 旣無明師良友以示之_{하고} 又無誠心堅
志以求之_{하니} 譬如大明當天_{이로되} 而瞽者莫之見也_니 豈不甚可憫也哉_아

勉齋黃氏가 말하였다.

"사람은 이 氣를 가지고 있지 않은 이가 없으므로 이 理를 가지고 있지 않은
이가 없고, 이 體를 가지고 있지 않은 이가 없으므로 이 用을 가지고 있지 않
은 이가 없으니, 이는 하늘이 나에게 주신 것이요 사람이 사람이 된 이유이다.
天下 사람들이 覆載(天地)의 사이에서 倀倀(갈 길을 잃은 모양)하니, 또한 일
찍이 자신의 몸에 돌이켜 생각하여야 할 것이다. 〈사람들이〉 굶주릴 때에 밥을
먹고 목마를 때에 물을 마시며 이로움에 나아가고 해로움을 피할 줄은 알면서
도 하늘이 나에게 주어 사람이 사람이 된 까닭에 이르러서는 도리어 알지 못함
은 어째서인가? 孟子는 사람들이 어리석어서 깨닫지 못함을 민망하게 여기셨
다. 그러므로 이들을 위해 반복하여 열어 보여 주어서 이미 孺子가 우물에 들
어가는 단서를 가지고 열어 주시고, 또 불이 타오르고 샘물이 나오는 시초를
가지고 말씀하시어, 이 理를 알아서 채우면 四海를 보전할 수 있고 채우지 않
으면 父母를 섬길 수 없다고 말씀하셨다. 채우고 채우지 않는 사이에 功用의
遼絶(현격)함이 마침내 이와 같으니, 사람을 가르친 뜻이 또한 간절하다. 세상
의 배우는 자들이 《孟子》 7篇을 읽지 않은 자가 없으나 그 말씀의 간절함을 아
는 자가 없음은 어째서인가? 習俗에 빠지고 利慾에 어두워짐에 이미 밝은 스승
과 어진 벗들이 보여줌이 없고 또 진실한 마음과 견고한 뜻으로 찾음이 없어서
이니, 비유하건대 大明(태양)이 하늘에 떠있으나 봉사가 보지 못하는 것과 같
다. 어찌 심히 안타깝지 않겠는가."

20. 矢人函人章¹⁾

孟子曰 矢人이 豈不仁於函人哉리오마는 矢人은 惟恐不傷人하고 函人은
惟恐傷人하나니 巫匠亦然²⁾이라 故術不可不愼也니라 孔子曰 里仁이 爲
美하니 擇不處仁이면 焉得智³⁾리오하시니 夫仁은 天之尊爵也요 人之安宅
也어늘 莫之禦而不仁하니 是不智也니라 不仁不智라 無禮無義⁴⁾면 人役
也니 人役而恥爲役은 由(猶)弓人而恥爲弓하며 矢人而恥爲矢也니라
如恥之인댄 莫如爲仁이니라 仁者는 如射하니 射者는 正己而後發하야 發
而不中이라도 不怨勝己者요 反求諸己而已矣니라

孟子가 말씀하였다.

"화살 만드는 사람이 어찌 갑옷 만드는 사람보다 仁하지 못하겠는가
마는 화살 만드는 사람은 행여 사람을 상하지 못할까 두려워하고 갑옷
만드는 사람은 행여 사람을 상할까 두려워하니, 무당과 棺을 만드는 목

---

1) 《孟子》〈公孫丑 上〉에 보인다.

2) 〔釋疑〕矢人 …… 巫匠亦然 : 먼저 矢人·函人과 巫·匠을 말한 것은 詩의 興과 같
다. 〔補註〕《詩經》의 서술 방식에는 興·賦·比의 세 가지 유형이 있는 바, 興은
어떠한 일을 말하려 하면서 먼저 다른 일을 서술함을 이르며, 賦는 곧바로 서술하
는 것이고, 比는 비유법을 쓰는 것이다.

3) 〔釋疑〕孔子曰 …… 焉得智 : 孔子는 人心이 좋은 마을을 가려서 거주해야 함을 말
씀하였는데, 孟子는 이것을 인용하여 사람이 技術을 가려 배워야 함을 밝히신 것
이다. 〔補註〕위의 내용은 《論語》〈里仁〉에 보이는데, 孟子가 다시 인용한 것으로
《孟子》〈公孫丑 上〉에 보인다.

4) 〔釋疑〕不仁不智 無禮無義 : 本註(孟子集註)에 "仁하지 못하기 때문에 지혜롭지
못하고, 지혜롭지 못하기 때문에 禮義의 소재를 알지 못하는 것이다.〔以不仁故不
智 不智故不知禮義之所在〕"하였으니, 마땅히 附註 제1조와 참고해서 보아야 할
것이다.

수도 그러하다. 그러므로 技術을 선택함에 삼가지 않으면 안 되는 것이다. 孔子가 말씀하기를 '마을에 仁厚한 풍속이 있는 것이 아름다우니, 사람이 좋은 마을을 가려 仁에 처하지 않는다면 어찌 지혜로움이 될 수 있겠는가' 하였으니, 仁은 하늘의 높은 벼슬이고 사람의 편안한 집이다. 그러나 이것을 막는 이가 없는데도 仁하지 못하니, 이것은 지혜롭지 못한 것이다. 仁하지 못하여 지혜롭지 못하다. 그리하여 禮가 없고 義가 없으면 사람에게 使役을 당하니, 사람에게 사역 당하면서 사역하는 것을 부끄러워함은 마치 활 만드는 사람이 활 만드는 것을 부끄러워하고 화살 만드는 사람이 화살 만드는 것을 부끄러워하는 것과 같다. 만일 이것을 부끄러워한다면 仁을 행하는 것만 못하다. 仁한 자는 활쏘기 하는 것과 같으니, 활을 쏘는 자는 자신을 바로잡은 뒤에 발사하는데, 발사하여 명중하지 못하더라도 자신을 이긴 자를 원망하지 않고 돌이켜 자신에게서 찾을 뿐이다."

【原註】

○ 朱子曰 仁義禮智는 皆天所與之良貴[5]而仁者는 天地生物之心이라 得之最先而兼統四者하니 所謂元者善之長[6]也라 故曰尊爵이요 在人則爲本心全體之德이니 有天理自然之安이요 無人欲陷溺之危하니 人當常處其中而不可須臾離者也라 故曰安宅이라하니라

朱子가 말씀하였다.

---

5) 〔刊補〕良貴 : 《孟子》〈告子〉의 '人之所貴者非良貴也' 註에 "良은 本然의 善이다." 하였다. 〔補註〕良貴는 本然(天然)의 貴함으로, 사람이 仁義禮智의 훌륭한 행실이 있어 사람들로부터 존경받음을 이른다.
6) 〔刊補〕元者善之長 : 《周易》〈乾卦 文言傳〉에 나오는 말로, 하늘에 있어서는 元이라 하고, 사람에 있어서는 仁이라 한다. 朱子의 《本義》에는 "元은 만물을 낳는 시초로 天地의 德이 이보다 앞서는 것이 없다. 그러므로 四時에 있어서는 봄이 되고 사람에 있어서는 仁이 되니, 衆善의 으뜸이다." 하였다. 小註에 朱子가 말씀하기를 "元·亨·利·貞이 모두 善이나 元은 곧 네 가지 가운데 으뜸이니, 이는 善의 단서가 처음 發하는 곳이다." 하였으며, 또 말씀하기를 "仁은 兄長(우두머리)으로서 義·禮·智를 거느리기 때문에 元은 善의 으뜸이라고 한 것이다." 하였다.

"仁·義·禮·智는 모두 하늘이 주신 바의 良貴인데, 仁은 天地가 萬物을 내는 마음으로 얻기를 가장 먼저 하고 네 가지(仁·義·禮·智)를 겸하여 통합하니, 《周易》乾卦〈文言傳〉에 이른바 '元이란 善의 으뜸'이라는 것이다. 그러므로 尊爵이라 말한 것이다. 사람에게 있어서는 本心의 全體의 德이 되어 天理에 自然의 편안함이 있고 人欲에 빠지는 위태로움이 없으니, 사람들이 마땅히 항상 이 가운데에 있어야 하고 잠시라도 떠나서는 안 된다. 그러므로 安宅이라 말한 것이다."

○ 又曰 此亦因人愧恥之心而引之하야 使志於仁也라 不言智禮義者는 仁該全體하니 能爲仁이면 則三者在其中矣니라

또 말씀하였다.

"이 또한 사람들이 부끄러워하는 마음을 인하여 이끌어서 仁에 뜻하게 하신 것이다. 智·禮·義를 말하지 않은 것은 仁은 全體를 포함하니, 능히 仁을 행하면 세 가지가 이 가운데에 들어있기 때문이다."

【附註】

○ 問 仁兼四端意한대 朱子曰 上蔡見明道先生하고 擧史書成誦이러니 明道謂其玩物喪志[7]라하신대 上蔡汗流浹背하고 面發赤色이어늘 明道云 此便是惻隱之心이라하시니 且道[8]하라 上蔡聞過惶惶이 自是羞惡之心이어늘 如何却說惻隱고 是有惻隱之心이라야 方會動[9]이니 動了에 始有羞惡, 有恭敬, 有是非니 動處便是惻隱이니라 若不會動이면 却不成人이니 天地生生之理는 這些動意

---

7) 〔釋疑〕玩物喪志 : 玩物은 좋아하는 물건이나 일에 탐닉하는 것으로, 마음이 여기에 빠지기 때문에 그 뜻을 잃는 것이다. 〔補註〕《書經》〈旅獒〉에 "사람을 하찮게 여기면 德을 잃고 물건을 좋아하면 뜻을 잃는다.〔玩人喪德 玩物喪志〕" 하였다.

8) 〔釋疑〕且道 : 道는 말함이다. 朱子가 이미 程子와 謝氏의 일을 인용하고 인하여 그 門人에게 묻기를 "公들은 우선 말해보라. 程子가 어찌하여 羞惡之心을 惻隱이라 하였는가?" 하였다. 이윽고 문인들 중에 대답하는 자가 없자, 마침내 말씀하기를 "이는 惻隱之心이 있어야 羞惡之心이 나오기 때문이다." 하였으니, 이 아래의 몇 말씀은 측은히 三端을 관통하고 있음을 볼 수 있다. 〔補註〕'且道컨대'로 吐를 붙여 '또 말하건대' '우선 말하건대'로 해석하기도 한다.

9) 〔釋疑〕方會動 : 會는 '능하다' '알다'와 같다.

未嘗止息이니라

仁이 四端을 겸한 뜻을 묻자, 朱子가 말씀하였다.

"上蔡(謝良佐)가 明道先生을 뵙고 역사책을 들어 줄줄 외자, 明道가 '물건을 좋아하면 뜻을 잃는다'고 말씀하시니, 上蔡는 부끄러워 땀이 흘러 등을 적시고 얼굴에 붉은 빛이 나타났다. 이에 明道는 '이것이 곧 측은해 하는 마음이다'하였으니, 우선 말해보라. 上蔡가 과실을 듣고서 부끄러워하고 황송해 함은 본래 羞惡하는 마음인데, 어찌 도리어 惻隱이라고 말씀하였는가? 이는 측은해 하는 마음이 있어야 비로소 動할 수 있는 것이니, 動하여야 비로소 羞惡之心이 있고 恭敬之心이 있고 是非之心이 있는 바, 動하는 곳이 곧 惻隱이다. 만약 動하지 못한다면 사람을 이루지 못한다. 天地가 낳고 낳는 이치는 이 動하는 뜻이 일찍이 그치는 적이 없다."

○ 南軒張氏曰 矢人與函人과 巫與匠이 俱人也로되 而其所欲之異者는 以其操術然也라 故夫人이 自處不仁하야 爲忌忮, 爲殘忍하야 至於嗜殺人而不顧하나니 夫豈獨異於人哉리오 惟其所處 每在乎人欲之中하야 安習滋長하야 以至於此라 其性은 本同이나 而其習은 霄壤之異하니 可不畏與아

南軒張氏가 말하였다.

"矢人(화살 만드는 사람)과 函人(갑옷 만드는 사람), 무당과 목수가 모두 사람인데, 하고자 하는 바가 다른 것은 잡은 기술이 그렇게 만든 것이다. 그러므로 사람이 不仁에 自處하여 시기하고 해치는 짓을 하며 잔인한 짓을 해서 사람을 죽이기를 좋아하여 돌아보지 않는 지경에까지 이르니, 어찌 유독 일반인과 달라서이겠는가. 오직 그 처한 바가 언제나 人欲의 가운데에 있어 편안히 익히고 점점 자라나서 이에 이른 것이다. 그 性은 본래 같으나 그 익힘은 하늘과 땅처럼 다르니, 두려워하지 않을 수 있겠는가."

新安陳氏[10]曰 此章은 以尊爵安宅으로 論仁하니 其理甚精微하고 勉人爲仁하니 其意甚切至라 旣言莫之禦而不仁이라하시고 又言反求諸己라하시니 皆言其機在我不在人也라 仁固包義禮智나 然人所以不爲仁者는 由於是非之心不明과 與羞惡之心不正耳라 故孟子先言是不智也하시니 欲人以是非之智而擇爲仁之術이요 繼言如恥之하시니 欲

---

10)〔釋疑〕新安陳氏 : 이름이 櫟이고 호가 定宇堂이다.

人以羞惡之義而決爲仁之機也시니라

新安陳氏(陳櫟)가 말하였다.

"이 章은 尊爵과 安宅으로 仁을 논하였으니 그 이치가 매우 정미하고, 사람에게 仁을 하도록 권면하였으니 그 뜻이 매우 간절하고 지극하다. 이미 '막는 이가 없는 데도 仁하지 못하다'고 말씀하였고, 또 '자기 몸에 돌이켜 찾으라'고 말씀하였으니, 이는 모두 그 기틀이 자신에게 있고 남에게 있지 않음을 말씀한 것이다. 仁은 진실로 義·禮·智를 포괄하나 사람이 仁을 하지 않는 까닭은 是非의 마음이 밝지 못하고 羞惡의 마음이 바르지 못한 데에서 연유된다. 그러므로 孟子께서 먼저 '이것은 지혜롭지 못한 것'이라고 말씀하셨으니, 사람들이 是非하는 智로써 仁을 행하는 방법을 택하게 하고자 한 것이요, 뒤이어 '만일 부끄러워한다면'이라고 말씀하였으니, 사람들이 羞惡하는 義로써 仁을 행하는 기틀을 결단하게 하고자 하신 것이다."

21. 赤子之心章[1]

孟子曰 大人者는 不失其赤子之心[2]者也니라

孟子가 말씀하였다.

"大人이란 赤子의 마음을 잃지 않은 자이다."

【原註】

○ 朱子曰 大人은 智周萬物하고 赤子는 全未有知하니 其心이 疑若甚不同矣나 然其不爲物誘而純一無僞는 則未嘗不同也라 故言其所以爲大人者 特在於此하시니라

朱子가 말씀하였다.

"大人은 지혜가 萬物을 두루 하고 赤子는 전혀 아는 것이 없으니, 그 마음이 심히 다를 듯하다. 그러나 물건에 유혹 당하지 않아서 純一하여 거짓이 없는 것은 일찍이 다르지 않다. 그러므로 大人이 된 까닭이 다만 여기에 있음을 말씀한 것이다."

【附註】

○ 或問雜說[3]中에 以赤子之心爲已發이라하니 是否잇가 程子曰 已發而去道

---

1) 《孟子》〈離婁 下〉에 보인다.
2) 〔釋疑〕赤子之心 : 程子는 말씀하기를 "喜怒哀樂이 발하지 않은 것을 中이라 이르니, 赤子의 마음이란 情이 발하여 中에서 멀지 않은 것이다." 하였다.
3) 〔釋疑〕雜說 : 추측컨대 程子의 門人들이 스승과 문답한 말씀을 기록하고 이것을 雜說이라 이름한 듯하니, 이는 아마도 呂大臨과 문답한 말씀일 것이다. 〔刊補〕생각하건대 그 당시 門人들이 問答한 말을 기록하여 책으로 만들어 《雜說》이라고 한 듯하다. ○ 혹자는 말하기를 "《雜說》이란 程子의 門人이 만든 것이 아니고, 王

未遠也니라 大人이 不失其赤子之心은 如何잇가 曰 取其純一近道也니라 曰
赤子之心與聖人之心[4]이 若何잇가 曰 聖人之心은 如明鏡하고 如止水하니라

或者가 "雜說 가운데에 赤子의 마음을 已發이라 하였으니, 옳습니까?" 하고
묻자, 程子는 "〈情이〉 이미 발하여 道와 거리가 멀지 않기 때문이다." 하였다.

"大人이 赤子의 마음을 잃지 않았다는 것은 어떠한 것입니까?" 하고 묻자,
程子는 "純一하여 道에 가까움을 취한 것이다." 하였다.

"赤子의 마음과 聖人의 마음이 어떻습니까?" 하고 묻자, 程子는 "성인의 마
음은 밝은 거울과 같고 고요히 있는 물과 같다." 하였다.

或問 程子以赤子之心爲已發은 何也오 朱子曰 衆人之心이 莫不有未發之時하고 亦
莫不有已發之時하니 不以老稚賢愚而有別也라 但孟子所指赤子之心은 純一無僞者
라 乃因其發而後可見이니 若未發則純一無僞를 又不足以名之也니라 曰 程子明鏡止
水之云은 固以聖人之心이 異乎赤子之心矣니 然則此其爲未發者邪잇가 曰 聖人之心
은 未發則爲水鏡之體요 既發則爲水鏡之用이니 亦非獨指未發而言也니라

혹자가 "程子가 赤子의 마음을 已發이라 하신 것은 어째서입니까?" 하고 묻자,
朱子가 말씀하였다.

"衆人의 마음도 모두 未發의 때가 있고 또 모두 已發의 때가 있으니, 老少와 賢
愚를 가지고 구별이 있는 것이 아니다. 다만 孟子가 가리키신 赤子의 마음은 純一
하여 거짓이 없는 것이다. 마침내 그 발함을 인한 뒤에야 볼 수 있으니, 만약 발하
지 않았다면 純一하여 거짓이 없는 것을 또 이름할 수 없는 것이다."

"程子의 밝은 거울과 고요히 있는 물과 같다는 말씀은 진실로 聖人의 마음이 赤
子의 마음과는 다른 것이니, 그렇다면 이는 未發이 되는 것입니까?" 하고 묻자, 다
음과 같이 말씀하였다.

"聖人의 마음은 발하지 않으면 물과 거울의 體가 되고 이미 발하면 물과 거울의
用이 되니, 또한 다만 未發만을 가리켜 말씀한 것이 아니다."

○ 朱子曰 赤子는 無所知, 無所能이니 大人者는 是不失其無所知, 無所能
之心이라 若失了此心하야 使些子機關[5]하고 計些子利害하면 便成箇小底人了

介甫(王安石)의 《雜說》과 같은 것인 듯하다."라고 하는데, 그 말이 옳은지 알지
못하겠다.

4) 〔刊補〕聖人之心 : '大人心'과는 또한 구별이 있다.

니 **大人心下**에 **沒許多事**⁶⁾니라

朱子가 말씀하였다.

"赤子는 아는 것이 없고 능한 것이 없으니, 大人은 바로 이 아는 것이 없고 능한 것이 없는 마음을 잃지 않은 것이다. 만약 이 마음을 잃어서 조금이라도 機關(꾀나 권모술수)을 부리고 조금이라도 利害를 계산한다면 곧 小人이 되고 마니, 大人의 마음에는 이러한 허다한 일이 없다."

雙峯饒氏曰 赤子는 如飢要乳 便是欲이어니와 但飢便啼, 喜便笑 皆是眞情이요 全無巧僞하나니 大人은 只是守此純一無僞之心而充廣之니 所謂蒙以養正이 聖功也⁷⁾니라

雙峯饒氏(饒魯)가 말하였다.

"赤子가 굶주리면 젖을 먹으려고 하는 것이 곧 欲(욕망)이나 다만 굶주리면 울고 기쁘면 웃는 것이 모두 眞情이요 전혀 교묘하게 꾸미거나 거짓됨이 없다. 大人은 다만 이 純一하여 거짓이 없는 마음을 지켜서 채워 넓히니, 이른바 '어릴 때에 바름을 기르는 것이 聖人이 되는 공부'라는 것이다."

---

5) 〔釋疑〕使些子機關: 機는 쇠뇌의 機牙이고 關은 문을 잠그는 빗장이니, 모두 마음이 교묘하게 꾀를 내는 것을 말한다. 〔刊補〕機는 機檻(틀이나 덫)의 機이고, 關은 門關의 關이니, 모두 마음에 교묘한 계략이나 꾀를 씀을 이른다. 〔補註〕些子는 매우 작은 것으로 약간의 교묘한 꾀를 부림을 이른다.

6) 〔刊補〕沒許多事: 沒은 없다는 뜻이다.

7) 〔釋疑〕所謂蒙以養正 聖功也:《周易》〈蒙卦〉에 "어릴 때에 바름으로 기르는 것이 聖人이 되는 功이다." 하였는데, 註에 "聖人이 되는 功夫이다.〔作聖之功〕" 하였다. 〔刊補〕《周易》〈蒙卦 象傳〉에 나오는 말이다.

心經附註 제3권

22. 牛山之木章[1]

孟子曰 牛山[2]之木이 嘗美矣러니 以其郊[3]於大國也라 斧斤이 伐之어니
可以爲美乎아 是其日夜之所息[4]과 雨露之所潤에 非無萌蘗之生焉이언
마는 牛羊이 又從而牧之라 是以로 若彼濯濯[5]也하나니라 人見其濯濯也
하고 以爲未嘗有材焉이라하나니 此豈山之性也哉리오 雖存乎人者인들 豈
無仁義之心[6]哉리오마는 其所以放其良心者 亦猶斧斤之於木也에 旦旦
而伐之어니 可以爲美乎아 其日夜之所息과 平旦之氣에 其好惡與人相

---

1) 《孟子》〈告子 上〉에 보인다.

2) 〔釋疑〕牛山 : 齊나라 都城의 동쪽에 있는 산이다.

3) 〔刊補〕郊 : 邑의 밖을 郊라 하니, 都城의 10里 밖이다. 郊의 밖을 牧이라 하고 牧
   의 밖을 野라 하고 野의 밖을 林이라 한다.

4) 〔刊補〕日夜之所息 : 息은 生長한다는 뜻이다. 饒氏(饒魯)가 말하기를 "息字의 訓
   詁는 본래 止息인데, 물건은 쉬기만 하면 자라기 때문에 息字를 生長의 뜻으로도
   풀이한다." 하였다. 吐를 '이(是)'로 달아야 하니, '과(果)'로 다는 것은 잘못이다.
   〔補註〕日夜는 밤낮의 뜻이나 여기서는 특히 밤을 위주하여 말하였는 바, 아래 夜
   氣에서 보면 이것을 알 수 있다. 《刊補》에는 吐를 '이'로 달아야 함을 강조하였으
   나 內閣本 諺解와 栗谷의 諺解 및 艮齋(田愚)의 懸吐에 모두 '과'로 표시되었으므
   로 그대로 따랐음을 밝혀둔다. '日夜之所息이'로 懸吐할 경우 '日夜에 生長한 것
   이 비와 이슬의 적셔줌에'로 해석하여야 할 것이다.

5) 〔釋疑〕濯濯 : 草木이 없어 깨끗한 모양이다.

6) 〔釋疑〕仁義之心 : 仁·義·禮·智의 四德 중에 다만 仁과 義만을 말하였으니, 이 두
   글자를 들면 禮와 智는 이 가운데에 들어 있는 것이다. 朱子는 말씀하기를 "禮는
   仁의 드러난 것이요, 智는 義의 감추어진 것이다." 하였다.

近⁷⁾也者 幾希어늘 則其旦晝之所爲 有梏亡⁸⁾之矣나니 梏之反覆이면 則其夜氣不足以存⁹⁾이요 夜氣不足以存이면 則其違禽獸不遠矣리라 人見其禽獸也하고 而以爲未嘗有才焉者라하나니 是豈人之情也哉¹⁰⁾리오 故苟得其養이면 無物不長이요 苟失其養이면 無物不消니라 孔子曰 操則存하고 舍則亡하야 出入無時하야 莫知其鄕(向)은 惟心之謂與인저하시니라

孟子가 말씀하였다.

"牛山의 나무가 일찍이 아름다웠는데 大國의 郊外이기 때문에 도끼와 자귀로 매일 나무를 베어 가니, 재목이 아름다울 수 있겠는가. 그

---

7) 〔釋疑〕好惡與人相近 : 곧 사람의 마음에 똑같이 옳게 여기는 것〔人心之所同然〕이니, 바로 仁義의 良心이다. 〔補註〕好惡는 善을 좋아하고 惡을 미워하는 올바른 마음을 가리킨다. '사람의 마음에 똑같이 옳게 여긴다'함은 義理의 良心을 누구나 옳게 여기는 것으로 《孟子》〈告子 上〉에 "입이 맛에 있어서 똑같이 즐김이 있으며, 귀가 소리에 있어서 똑같이 들음이 있으며, 눈이 色에 있어서 똑같이 아름답게 여김이 있다고 하는 것이니, 마음에 이르러서만 홀로 똑같이 옳게 여기는 바가 없겠는가. 마음에 똑같이 옳게 여긴다는 것은 어떤 것인가. 理와 義를 말한다. 聖人은 우리 마음에 똑같이 옳게 여기는 바를 먼저 아셨다. 그러므로 理·義가 우리 마음에 기쁨은 芻豢이 우리 입에 좋음과 같은 것이다.〔口之於味也 有同耆焉 耳之於聲也 有同聽焉 目之於色也 有同美焉 至於心 獨無所同然乎 心之所同然者何也 謂理也 義也 聖人先得我心之所同然耳 故理義之悅我心 猶芻豢之悅我口〕"라고 보인다.

8) 〔釋疑〕梏亡 : 良心을 梏亡하는 것이다.

9) 〔刊補〕夜氣不足以存 : 氣로써 理를 담고 있으니, 存은 바로 仁義의 良心을 보존하는 것이다. 氣가 만약 桎梏하여 망하게 되면 理도 따라서 망하게 된다. ○ 살펴보건대 낮에 하는 소행이 이 良心을 梏亡하니, 반복해서 梏亡하면 精神이 소모되고 氣가 흩어져서 良心을 보존하지 못하는 것이다. 〔補註〕夜氣는 사람이 새벽에 잠을 자고 일어나서 맑고 깨끗한 기운(마음)으로 뒤에 인용한 日夜之所息의 夜와 平旦之氣의 氣를 합하여 말한 것이다.

10) 〔釋疑〕此豈山之性也哉 …… 是豈人之情也哉 : 山에는 性이라고 말하고 사람에게는 情이라고 말하였으니, 性은 곧 情의 근본이고 情은 바로 性의 苗脈이다. 性을 말하면 情이 이 가운데에 들어 있고 情을 말하면 性이 이 가운데에 들어 있으니, 서로 바꾸어 말한 것이다. 그러나 산은 情이 없고 사람은 性과 情을 갖추고 있으므로 산에는 性이라고 말하고 사람에게는 情이라고 말한 것이다.

日夜(밤낮)에 자라나는 바와 雨露가 적셔 주는 바에 싹이 나오는 것이 없지 않지마는 소와 양이 또 따라서 放牧되므로 이 때문에 저와 같이 헐벗게 되었다. 사람들은 그 헐벗은 것을 보고는 〈牛山에는〉 일찍이 훌륭한 재목이 있지 않았다고 여기니, 이것이 어찌 山의 本性이겠는가. 사람에게 보존된 것인들 어찌 仁義의 마음이 없겠는가마는 그 良心을 잃어버리는 것이 또한 도끼와 자귀가 나무에 있어서 아침마다 베어 가는 것과 같으니, 이렇게 하고서도 아름다울 수 있겠는가. 日夜에 자라나는 바와 平旦의 맑은 기운에 그 좋아하고 미워함이 사람들과 서로 가까운 것이 얼마 되지 않는데, 낮에 하는 소행이 이것을 梏亡(질곡하여 망하게 함)하니, 반복해서 梏亡하면 夜氣가 보존될 수 없고, 夜氣가 보존될 수 없으면 禽獸와 거리가 멀지 않게 된다. 사람들은 그 禽獸와 같은 것을 보고는 일찍이 훌륭한 材質이 있지 않았다고 여기니, 이것이 어찌 사람의 實情이겠는가. 그러므로 만일 잘 기름을 얻으면 물건마다 자라지 않는 것이 없고, 만일 기름을 잃으면 물건마다 사라지지 않는 것이 없는 것이다. 孔子께서 말씀하시기를 ' 잡으면 보존되고 놓으면 잃어서 나가고 들어옴이 일정한 때가 없어서 그 방향을 알 수 없는 것은 오직 사람의 마음을 말함일 것이다' 하셨다."

【原註】

○ 朱子曰 良心者는 本然之善心이니 卽所謂仁義之心也라 平旦之氣는 謂未與物接之時에 淸明之氣也라 好惡與人相近은 言得人心之同然[11]也라 幾希는 不多也라 梏은 械也라 反覆은 展轉也라 言人之良心이 雖已放失이나 然其日夜之間에 亦必有所生長이라 故平旦未與物接하야 其氣淸明之際에 此心이 必猶有發見者로되 但其發見至微而旦晝所爲之不善者 又已隨而梏亡之하니 如山木旣伐이나 猶有萌蘖이로되 而牛羊又牧之也라 晝之所爲旣熾면 則必有以害其夜之所息이요 夜之所息이 旣薄이면 則愈不能勝其晝之所爲라 是以로 展轉相害하야 至於平旦之氣亦不能淸하야 而不足以存其仁義之良心也니라

---

11) 〔釋疑〕人心之同然 : 朱子는 말씀하기를 "然은 곧 옳다, 아니다 할 경우의 然이니, 사람의 마음이 똑같이 옳게 여기는 것은 바로 義理이다." 하였다.

朱子가 말씀하였다.

"良心은 本然의 善한 마음이니, 곧 이른바 仁義之心이란 것이다. 平旦之氣는 사물과 접하지 않았을 때의 淸明한 기운을 이른다. '좋아하고 미워함이 사람들과 서로 가깝다'는 것은 사람의 마음에 똑같이 옳게 여기는 바를 얻음을 말한다. 幾希는 많지 않음이다. 梏은 형틀이다. 反覆은 展轉함이다. 사람의 良心이 비록 이미 放失되었으나 日夜의 사이에 또한 반드시 生長하는 것이 있다. 그러므로 平旦에 사물과 접하지 않아서 그 기운이 淸明할 때에는 이 良心이 반드시 發見되는 것이 있다. 다만 그 發見됨이 지극히 미미한데 낮에 하는 바의 不善이 또 이미 따라서 梏亡하니, 이것은 마치 山의 나무를 이미 베어가나 오히려 싹이 돋아나지만 소와 양이 또 따라서 放牧되는 것과 같다. 낮에 하는 행위가 이미 熾盛하면 반드시 밤에 자라는 바를 해치고, 밤에 자라는 바가 이미 적어지면 또 낮에 하는 바의 나쁜 행위를 이기지 못한다. 이 때문에 展轉하여 서로 해쳐서 平旦의 기운도 淸明하지 못해서 仁義의 良心을 보존할 수 없는 데에 이르는 것이다."

○ 又曰 孔子言心操之則在此하고 捨之則失去하야 其出入이 無定時하고 亦無定處라하시니 孟子引之하야 以明心之神明不測하야 危動難安이 如此하니 不可頃刻失其養也[12]시니라

또 말씀하였다.

"孔子께서 말씀하기를 '마음은 잡으면 여기에 있고 놓으면 잃어버려서 그 出入이 일정한 때가 없고 또한 定處가 없다'고 하셨는데, 孟子가 이것을 인용하여 마음이 神明하고 측량할 수 없어 위태롭게 동하여 편안하기 어려움이 이와 같으니, 잠시라도 그 기름을 잃어서는 안됨을 밝히신 것이다."

---

12) 〔刊補〕神明不測 …… 朱其養也 : 살펴보건대 《孟子》의 本註에는 '神明不測'의 아래에 '得失之易而保守之難'으로 이었고, '失其養'의 아래에 '學者當無時而不用其力'으로 이었으니, 出入과 得失 및 學者는 어느 때나 힘을 쓰지 않음이 없어야 한다는 말을 겸하여야 뜻이 비로소 완전히 갖추어진다. 그런데 지금 위태롭게 동하여 편안하기 어렵다고만 말하였으니, 어떠한지 모르겠다. 〔補註〕《孟子》本註(朱子의 集註)의 내용은 다음과 같다. "孟子引之 以明心之神明不測 得失之易而保守之難 不可頃刻失其養 學者當無時而不用其力 使神淸氣定 常如平旦之時 則此心常存 無適而非仁義矣"

○ 程子曰 心豈有出入이리오 亦以操舍而言耳니 操之之道는 敬以直內而已
니라

程子가 말씀하였다.

"마음이 어찌 出入이 있겠는가. 또한 잡고 놓음을 가지고 말씀하였을 뿐이니,
마음을 잡는 방법은 敬하여 마음을 곧게 하는 것일 뿐이다."

○ 愚聞之師하니 曰 此章之指 最爲要切하니 學者宜熟玩而深省之니라

내가 스승에게 들으니, 다음과 같이 말씀하였다.

"이 章의 뜻이 가장 요긴하고 절실하니, 배우는 자들은 마땅히 익숙하게 음
미하고 깊이 살펴야 할 것이다."

【附註】
○ 范純夫之女[13] 讀孟子操存章하고 曰 孟子不識心이로다 心豈有出入이리오
한대 伊川先生이 聞之하시고 曰 此女雖不識孟子나 却能識心이라하시니라

范純夫의 딸이 《孟子》의 〈操存章〉을 읽고 말하기를 "孟子는 마음을 모르셨
다. 마음이 어찌 出入이 있겠는가." 하였는데, 伊川先生은 그 말을 듣고 말씀하
기를 "이 여자가 비록 孟子는 몰랐으나 도리어 마음은 알았다." 하였다.

或問 伊川言純夫女 却能識心一段한대 朱子曰 心却易識이니 只是不識孟子之意라
心은 不是死物이니 須把做活看이니 不爾면 則是釋氏入定坐禪樣이니라 存者는 只是於
應事接物之時에 事事中理 便是存이니 若只是兀然守在這裏면 忽有事至吾前에 操底
便散了리니 却是舍則亡也니라 ○ 又曰 純夫女知心而不知孟子하니 此女當是實不勞
攘[14]이라 故云無出人이라하야 而不知人有出人하니 猶無病者 不知人之疾痛也니라

혹자가 伊川이 '范純夫의 딸이 도리어 마음은 알았다'고 말씀한 한 단락을 묻자,
朱子가 말씀하였다.

"마음은 알기가 쉬우니, 다만 孟子의 뜻을 알지 못하였다. 마음은 죽은 물건이

---

13)〔刊補〕范純夫之女 : 뒤에 耿氏에게 시집갔는데, 일찍 죽었다.
14)〔釋疑〕勞攘 : 勞는 수고로움이요 攘은 쫓아다님이다.

아니니, 모름지기 잡아 活看하여야 한다. 그렇지 않으면 이는 佛家에서 入定하고 坐禪하는 모양이다. 存이란 다만 사물을 응접할 때에 일마다 道理에 맞게 하는 것이 곧 存이니, 만약 다만 오똑히 지켜서 이 속에 있게 하기만 한다면 갑자기 어떠한 일이 자신의 앞에 닥쳤을 때에 잡은 것이 곧 흩어질 것이니, 이것은 도리어 '놓으면 잃는 것'이 된다."

○ 또 말씀하였다.

"范純夫의 딸은 마음은 알았으나 孟子는 몰랐으니, 이 여자는 실제로 수고롭게 쫓아다니지 않았기 때문에 出入이 없다고 말하여, 딴 사람들의 마음이 出入이 있음을 알지 못한 것이니, 병이 없는 자가 남의 질병을 모르는 것과 같다."

○ 蘭溪范氏曰 君子之學이 本於心하니 心不在焉이면 則視簡不見하고 聽諷不聞이니 此其於口耳之學[15]에도 猶莫之入也온 況窮理致知乎아 是以學者必先存心이니 心存則本立이니 本立而後可以言學이라 蓋學者는 覺也니 覺由乎心하나니 心且不存이면 何覺之有리오 孟子曰 人之所以異於禽獸者 幾希하니 庶民은 去之하고 君子는 存之라하시니 是心不存이면 殆將晦昧僻違하고 觸情從欲하야 不能自別於物이니 尙安所覺哉아 然心雖未嘗不動也로되 而有所謂至靜하니 彼紛紜于中者는 浮念耳요 邪思耳라 物交而引之耳니 雖百慮煩擾而所謂至靜者 固自若也[16]라 君子論心에 必曰存亡云者는 心非誠亡也라 以操

---

15) 〔譯註〕口耳之學 : 학문을 함에 있어 몸과 마음으로 실천하지 않고, 단지 입으로 말하고 귀로 듣기만 하는 것을 이른다.

16) 〔刊補〕所謂至靜者 固自若也 : 退溪가 崔見叔(崔應龍)에게 답하기를 "蘭溪의 말은 朱子가 인용한 胡文定의 '백 번 일어났다가 백 번 없어지더라도 마음은 진실로 그대로이다'라는 말과 같으나, 이 말은 더욱 의심스러울 만하다. 한 번 動하고 한 번 靜하는 것은 마음의 體와 用이니, 지극히 고요한 한 마음이 별도로 있어서 분분한 잡념 속에 그대로 있는 것은 아니다.……"하고는 아래의 두 絶句를 지어 그 뜻을 논하였다. 이 詩에 "明鏡止水는 마음과 같아 고요함이 體가 되니, 動할 때에 파도가 일면 고요함을 찾기 어렵네. 비록 고요하지 않더라도 고요함이 없는 것은 아니니, 파도가 그치면 예전 그대로 물은 고요히 깊다네.〔止水如心靜爲體 動時波洶靜難尋 縱饒不靜非無靜 浪息依然水靜深〕"하였으며, 또 "體가 用을 따라 잘못되면 고요함이 없는 듯하지만, 본성은 끝내 없어지지 아니하여 그대로 있다네. 고요하면 원래 그대로라고 말할 뿐이니, 蘭溪의 이 말은 너무 심한 것이 아니겠는가.〔體隨用失如無靜 性不終亡本固存 只說靜爲元自若 蘭溪無乃太深言〕"하였다.

捨言之耳니 人能知所以操之면 則心存矣리라 孟子曰 養心이 莫善於寡欲이라 하시니 養以寡欲하야 使不誘於外 此存心之權興¹⁷⁾也니라

蘭溪范氏(范浚)가 말하였다.

"君子의 學問은 마음에 근본하니, 마음이 있지 않으면 책을 보아도 보이지 않고 간하는 말을 들어도 들리지 않으니, 이는 口耳의 學問에도 오히려 들어갈 수가 없는데 하물며 이치를 궁구하여 지식을 지극히 할 수 있겠는가. 이 때문에 배우는 자는 반드시 먼저 마음을 보존하여야 하는 것이다. 마음이 보존되면 근본이 서니, 근본이 선 뒤에야 학문을 말할 수 있다. 배움이란 깨닫는 것이니, 깨달음은 마음에 말미암는데 마음도 보존하지 못한다면 무슨 깨달음이 있겠는가. 孟子가 말씀하기를 '사람이 禽獸와 다른 것이 별로 없으니, 庶民은 이것을 버리고 君子는 이것을 보존한다' 하였으니, 이 마음이 보존되지 못하면 장차 어두워지고 편벽되고 어긋나서 情이 나오는 대로 욕심(욕망)을 따라 스스로 사물과 구별되지 못할 것이니, 오히려 무엇을 깨닫겠는가. 그러나 마음은 비록 일찍이 動하지 않는 적이 없으나 이른바 '지극히 고요하다'는 것이 있으니, 저 마음 속에 분분한 것은 浮念(잡념)이며 간사한 생각일 뿐이다. 물건이 사귀면 끌려갈 뿐이니, 비록 여러 가지 생각이 번거로우나 이른바 '지극히 고요하다'는 것은 진실로 그대로이다. 君子가 마음을 논할 때에 반드시 '보존되었다' '없다'라고 말하는 것은 마음이 참으로 없다는 것이 아니요 잡고 놓는 것을 가지고 말하였을 뿐이니, 사람이 마음을 잡는 방법을 안다면 마음이 보존될 것이다. 孟子가 말씀하기를 '마음을 기름은 욕심을 적게 하는 것보다 더 좋은 것이 없다' 하였으니, 욕심을 적게 하는 것으로 마음을 길러서 外物에 유혹 당하지 않게 하는 것이 마음을 보존하는 權興(시초)일 것이다."

〔補註〕이 시는 《退溪集》에 보이는 바, 詩序에 "蘭溪范氏가 이르기를 '여러 가지 생각이 번거로우나 지극히 고요한 것은 진실로 그대로이다' 하였는데, 府伯인 崔見叔이 이를 의심하였다. 나는 생각하건대 이러한 이치가 없는 것은 아니나, 단지 '自若' 두 글자가 의심스러울 뿐이다. 두 絶句로써 그 뜻을 논한다.〔范蘭溪云 百慮煩擾 至靜者自若 崔見叔府伯以爲疑 某謂非無此理 但自若二字 可疑耳 以二絶論其旨〕" 하였다.

17) 〔釋疑〕權興 : 저울을 만들 때에는 반드시 저울대〔權〕부터 시작하고, 수레를 만들 때에는 반드시 수레 판〔興〕부터 시작하므로 일의 시초를 이르는 말로 쓰인다.

【按】范氏此段에 謂學者覺也와 及謂心非誠亡이라 以操捨言之는 皆有合于程子之說이요 又謂存心이 在至靜而權輿于寡欲은 亦有合于周子之說이니라

　　范氏의 이 단락에 '배움이란 깨달음'이라는 것과 '마음이 참으로 없다는 것이 아니요 잡고 놓는 것을 가지고 말한 것'이라는 내용은 모두 程子의 말씀에 부합되며, 또 마음을 보존함이 지극히 고요한 데에 있고 욕심을 적게 하는 데에서 權輿가 된다고 말한 것은 또한 周子의 말씀에 부합된다.

○ 朱子答石子重[18]書曰 孔子言操存, 舍亡하야 出入無時, 莫知其鄕四句하시고 而以惟心之謂一句로 結之하시니 正是直指心之體用하야 而言其周流變化 神明不測之妙也라 若謂其舍亡이 致得如此走作인댄 則孔子言心體者 只說得心之病矣리니 聖人立言命物之意 恐不如此라 兼出入兩字 有善有惡[19]하니 不可皆謂舍亡所致也니라 又謂心之本體를 不可以存亡言이라하면 此亦未安이라 若所操而存者 初非本體면 則不知所存者果爲何物이며 而又何必以其存爲哉아 偶記胡文定公所謂不起不滅은 心之體요 方起方滅[20]은 心之用이니 能常操而存이면 則雖一日之間에 百起百滅이라도 而心固自若者 自是好語라 但讀者當知所謂不起不滅者 非是塊然不動하야 無所知覺也요 又非百起百滅之中에 別有一物이 不起不滅也라 但此心瑩然하야 全無私意면 是則寂然不動之本體요 其順理而起하고 順理而滅이면 斯乃所以感而遂通天下之故[21]者云爾니라

────────────────

18) 〔釋疑〕石子重 : 이름은 㙀(돈)이고 호는 克齋이니, 朱子의 門人이다.

19) 〔釋疑〕兼出入兩字 有善有惡 : 兼은 又字와 且字의 뜻이 있다. 石子重은 '마음은 놓아버리면 없어지기 때문에 출입하는 것이 일정한 때가 없어서 그 방향을 알지 못한다'고 잘못 말하였다. 이에 朱子는 말씀하기를 "들어와 보존된 것은 善이고 나가 없어진 것은 惡이니, 어찌 보존되어 善한 것까지 아울러 모두 놓아버리면 없어지는 소치로 본단 말인가." 하였다.

20) 〔釋疑〕方起方滅 : 막 없어지는 것〔方滅〕도 마음의 用이라고 말한 것은 어째서인가? 막 일어나는 것〔方起〕은 마음이 처음 동할 때이고 막 없어지는 것은 마음이 이미 동하여 靜으로 돌아가는 때여서이다.

21) 〔釋疑〕寂然不動之本體 …… 斯乃所以感而遂通天下之故 :《周易》〈繫辭傳〉에 "생각함이 없고 함이 없어서 고요하여 동하지 않다가 感하면 마침내 天下의 故(所以然)를 통한다.〔無思也 無爲也 寂然不動 感而遂通 天下之故〕" 하였다.

朱子가 石子重에 답한 편지에 다음과 같이 말씀하였다.

"孔子가 '잡으면 보존되고 놓으면 없어져서 나가고 들어옴이 일정한 때가 없어 그 방향을 알 수 없다'는 네 句를 말씀하시고, '오직 마음을 이른다'는 한 句로 끝맺으셨으니, 바로 마음의 體와 用을 곧바로 가리켜서 두루 流行하여 변화하고 神明하여 측량할 수 없는 묘함을 말씀한 것이다. 만약 '놓으면 잃는 것이 이처럼 마음이 달아나게 만들었다'고 말한다면 孔子가 마음의 體를 말씀한 것은 다만 마음의 병통을 말씀한 것일 뿐이니, 聖人이 글을 써서 물건을 命名(형용)한 뜻이 이와 같지는 않을 듯하다. 또 出入이란 두 글자는 善이 있고 惡이 있으니, 모두 놓으면 잃는 것이 초래한 것이라고 말해서는 안 된다. 또 '마음의 本體는 存亡으로 말할 수 없다'고 한다면 이 또한 온당치 못하다. 만약 잡아서 보존되는 것이 애당초 本體가 아니었다면 보존된 것이 과연 무슨 물건인지 모르겠으며 또 하필 보존할 필요가 있겠는가. 우연히 기억하건대 胡文定公(胡安國)의 이른바 '일어나지도 않고 없어지지도 않는 것은 마음의 體이며 막 일어나고 막 없어지는 것은 마음의 用이니, 항상 마음을 잡아 보존하면 하루 사이에 비록 백 번 일어났다가 백 번 없어지더라도 마음은 진실로 그대로이다'라는 것이 진실로 좋은 말씀이다. 다만 읽는 자들은 마땅히 이른바 '일어나지도 않고 없어지지도 않는다'는 것이 흙덩이처럼 꼼짝도 하지 않아서 知覺하는 바가 없는 것이 아니요, 또 백 번 일어났다가 백 번 없어지는 가운데에 별도로 한 물건이 있어서 일어나지도 않고 없어지지도 않는 것이 아님을 알아야 한다. 다만 이 마음이 밝아서 사사로운 마음이 전혀 없으면 이는 고요하여 動하지 않는 本體요, 이치를 따라 일어나고 이치를 따라 없어지면 이것이 바로 감동하여 마침내 天下의 故(所以然)를 통하는 것이다."

○ 或問牛山之木一章한대 朱子曰 夜氣는 如雨露之潤이요 良心은 如萌蘖之生이니 人之良心이 雖是有梏亡이나 而彼未嘗不生[22]이라 梏은 如被他禁械하야 在那裏하야 更不容他[23]轉動이요 亡은 如將自家物失去了니라 又曰 日夜之所

---

22) 〔刊補〕彼未嘗不生 : 彼는 日夜를 가리킨다.

23) 〔釋疑〕如被他禁械 …… 更不容他 : 위의 他字는 바로 낮에 하는 나쁜 일이고, 아래의 他字는 바로 良心이니, 械梏의 일로 말하면 위의 他字는 桎梏을 가리켜 말한 것이고, 아래의 他字는 바로 몸이다. 〔補註〕他는 저것이라는 뜻으로 지시대명사이며, 械梏은 형틀이다.

息이 却是心이니 夜氣淸하야 不與物接平旦之時 卽此良心發處로되 惟其所發者少요 而旦晝之所梏亡者展轉反覆이라 是以로 夜氣不足以存矣니 如睡를 一覺起來[24]면 依前無狀[25]이니라 又曰 良心이 當初本有十分이언마는 被他展轉梏亡이라 則他長一分이면 自家止有九分하고 明日他又進一分이면 自家又退하야 止有八分하니 他日會進이면 自家日會退니라 此章은 極精微하니 非孟子면 做不得이라 別人은 縱有此意라도 亦形容不得이니라

혹자가 牛山之木章에 대해 묻자, 朱子가 말씀하였다.

"夜氣는 雨露의 적셔 줌과 같고 良心은 나무의 싹이 나오는 것과 같으니, 사람의 良心이 비록 梏亡함이 있으나 저것(夜氣)이 일찍이 생겨나지 않은 적이 없다. 梏은 禁戒(형틀)를 쓰고서 이곳에 갇혀 있어 다시는 이 몸이 움직일 수 없는 것과 같고, 亡은 자신의 물건을 잃어 버리는 것과 같다."

또 말씀하였다.

"日夜(밤)에 자라나는 것이 마음(良心)이니, 夜氣가 맑아서 外物과 접하지 않은 平旦의 때가 바로 이 良心이 나오는 곳이나 다만 發하는 바가 적고, 낮에 梏亡하는 바가 展轉하여 반복된다. 이 때문에 夜氣가 보존되지 못하는 것이니, 마치 잠을 한 번 깨어 일어나면 예전처럼 아무 일이 없는 것(잠을 자지 않음)과 같은 것이다."

또 말씀하였다.

"良心이 당초에는 본래 10分이 있었지만 저것(욕심)이 展轉하여 梏亡을 加한다. 그리하여 저것이 1分 자라면 自家(자신의 양심)는 다만 9分만 있고, 다음날 저것이 또 1分 진보하면 自家는 또 후퇴하여 다만 8分만 있을 뿐이니, 저것은 날마다 나아가고 自家는 날마다 물러간다. 이 章은 지극히 精微하니, 孟子가 아니면 말씀하지 못하였을 것이다. 딴사람은 비록 이러한 뜻이 있더라도 형용하여 말하지 못한다."

仁山金氏曰 此章은 孟子切於救人하시니 山木一段이 與良心一段相對하고 養與失養이

---

24) 〔刊補〕如睡 一覺起來 : 다음 날 아침이 온다(된다)는 뜻과 같다.
25) 〔釋疑〕依前無狀 : 잠을 자다가 깨면 다시는 잠을 잘 생각이 없어서 잠들기 전과 똑같은 것이다. 良心이 나오는 때는 비유하면 잠잘 때와 같고, 良心이 없어진 때는 비유하면 잠을 깨었을 때와 같은 것이다.

亦相對하고 而養之得失이 又在操舍之間하며 程子又發敬以直內一句하야 指示操存之
方하시니 可謂切要로다 學者讀之에 急宜警省이니 存得則人이요 存不得則禽獸니 吁라
可畏哉인저

仁山金氏(金履祥)가 말하였다.

"이 章은 孟子가 사람을 구원함에 간절한 것이니, 山木 한 단락은 良心 한 단락
과 상대가 되고, 기름과 기름을 잃는 것이 또한 상대가 되며, 기름의 得失은 또 잡
고 놓는 사이에 달려 있다. 程子가 또 敬以直內 한 句를 發明하여 操存하는 방법을
가리켜 보여 주었으니, 간절하고 요긴하다고 이를 만하다. 배우는 자가 이것을 읽
을 적에 급히 경계하고 살펴야 할 것이니, 이것을 보존하면 사람이요 이것을 보존
하지 못하면 禽獸이다. 아! 두려울 만하다."

○ 問人心紛擾時에 難把捉이로소이다 曰 眞箇是難이라 持把不能久에 又被事
物及閑思慮[26]引將去하니 孟子牛山之木一章을 最要看이니라 又曰 這箇는
不干別人事니 雖是難이나 亦須自著力이라 常惺惺하야 不要放倒하며 覺得物
欲來에 便著緊하야 不要隨他去라 若說把持不得, 勝他不去[27]라하면 是自壞
也니 更說甚爲仁由己而由人乎哉아

"사람의 마음이 紛擾할 때에는 마음을 잡기가 어렵습니다." 하고 묻자, 다음
과 같이 말씀하였다.

"참으로 어렵다. 잡기를 오래하지 못하면 또다시 사물이나 쓸데없는 생각에
끌려가게 되니,《孟子》의 牛山之木章을 가장 잘 보아야 한다."

또 말씀하였다.

"이것은 다른 사람과는 상관이 없는 일이니, 아무리 어렵더라도 모름지기 스
스로 힘써야 한다. 마음이 항상 깨어 있어서 放倒하지 않게 하며, 物慾이 옴을
깨달으면 곧 긴장하여 저것(물욕)을 따라가지 않게 하여야 한다. 만일 '마음을
잡을 수 없고 저것을 이길 수 없다'고 말한다면 이는 스스로 무너뜨리는 것이

---

26) 〔刊補〕閑思慮 : 쓸데없는 생각이란 말과 같다.

27) 〔釋疑〕便著緊 …… 勝他不去 :《語類》에 이 일을 비유하여 이르기를 "한 사람은
   문안에 있고 한 사람은 문 밖에 있어 서로 끌어당길 적에 만약 문안에 있는 사람의
   힘이 약하면 이기지 못하여 문 밖에 있는 사람에게 끌려가고, 만약 힘이 세어 제어
   할 수 있으면 끌려가지 않는다. 만약 잡아당길 수가 없어서 문 밖에 있는 사람을 이
   길 수 없다면 이 집이 타인의 집이 되지 않는 것도 다행일 것이다." 하였다.

니, 다시 어찌 '仁을 함은 자신에게 말미암으니(달려 있으니), 남에게 달려 있는 것이겠는가'라고 말할 수 있겠는가."

① 程子曰 學者患心慮紛亂하야 不能寧靜하니 此則天下公病이라 學者只要立箇心이니 此上頭에 儘有商量[28]이니라

　程子가 말씀하였다.

　"배우는 자들은 마음과 생각이 紛亂하여 편안하고 고요하지 못함을 염려하니, 이는 天下의 공통된 병이다. 배우는 자는 단지 이 마음을 세워야 하니, 이 위에 참으로 헤아릴 것이 있다."

【按】人心之不能操存이 多出于思慮紛擾라 故先儒屢屢言之나 然求其所以操而存者컨대 豈有他術哉리오 亦曰靜以養之, 敬以持之而已라 今撫其論操存之說十一條如左[29]하고 靜敬은 別見(현)하노라

　사람의 마음을 잡아서 보존하지 못함은 대부분 思慮가 紛擾함에서 나온다. 그러므로 先儒들이 누누이 말씀하였으나 마음을 잡아 보존하는 방법을 찾아보면 어찌 딴 방법이 있겠는가. 또한 고요히 기르고 공경히 잡을 뿐이다. 이제 잡아 보존함에 관한 내용 열한 조목을 아래와 같이 뽑고, 靜을 주장하고 敬을 잡는 것에 대해서는 별도로 나타내었다.

② 又曰 人多思慮하야 不能自寧은 只是作心主不定이라 惟是止於事[30]니 爲

---

28)〔釋疑〕商量：비유하면 집을 짓는 자가 먼저 터를 평평하게 고른 뒤에 집 짓는 일을 商量(헤아림)하는 것과 같다.

29)〔譯註〕今撫其論操存之說十一條如左：十一條는 위의 '程子曰'條부터 그 아래 '又曰人多思慮'條, '又曰人心'條, '又曰君實'條, '又曰有謂'條, '又曰司馬子微'條, '又曰人於夢寐間'條, '張子曰'條, '朱子曰'條, '又曰李先生'條, '又曰人有一正念'條까지의 열한 조목을 가리킨다.

30)〔刊補〕止於事：事字는 그 理를 겸하여 말한 것이다. ○ 退溪가 崔見叔에게 답하기를 "思慮가 紛擾함은 배우는 자들의 공통된 병통이다. 지금 이것을 고치고자 한다면 程子의 '일에 그친다〔止於事〕'는 말씀보다 더 좋은 것이 없다. 그러므로 《大學》에서도 그칠 데를 안 뒤에 定하고 고요하고 편안한 효과가 있다고 한 것이다. 그러나 한갓 이 한 마디만 지켜서는 또한 일을 이루지 못한다. 그리하여 朱門

人君止於仁³¹⁾之類라 如舜之誅四凶³²⁾에 四凶已作惡이어늘 舜從而誅之하시니
舜何與焉³³⁾이리오 人不止於事는 只是攬他事하야 不能使物各付物³⁴⁾이니 物各
付物이면 則是役物이요 爲物所役이면 則是役於物이라 有物必有則(칙)이니 須
是止於事니라

또 말씀하였다.

"사람들이 思慮가 많아서 스스로 편안하지 못함은 다만 마음의 주장을 정하
지 못했기 때문이다. 오직 일에 그쳐야 하니, 임금이 되어서는 仁에 그치는 따
위이다. 舜임금이 四凶을 誅罰할 때에 四凶이 이미 惡을 행하였으므로 舜임금
이 따라서 주벌한 것이니, 舜임금이 어찌 관여하였겠는가. 사람이 일에 그치지
않는 것은 다만 딴 일을 잡고 있어서 사물을 각각 사물에 맡겨두지 못하기 때
문이니, 사물을 각각 사물에 맡겨두면 이는 사물을 부리는 것이요, 사물에게 부
려지는 바가 되면 이는 사물에게 부림을 당하는 것이다. 사물이 있으면 반드시
법칙이 있으니, 모름지기 일에 그쳐야 한다."

西山眞氏曰 程子又嘗言 人有四百四病하니 皆不由自家³⁵⁾어니와 只是心은 須教由自

에서는 居敬(尊德性)을 중시하면서도 窮理(道問學)를 귀하게 여기는 것을 학문의
첫 번째 義理로 여긴 것이다. 程子 또한 '익힘이 專一할 때에야 바야흐로 좋게 된
다'하였으니, 이 말씀이 더욱 맛이 있다." 하였다.

31) 〔譯註〕爲人君止於仁 :《大學》에 보이는 내용으로 文王의 德行을 표현한 것이다.
32) 〔譯註〕四凶 : 堯임금 때의 네 흉악한 사람으로 共工과 驩兜, 三苗와 鯀(곤)을 이
르는 바, 공공은 관명이고 삼묘는 삼묘의 군주인데 이름은 전하지 않는다. 舜임금
은 섭정을 하면서 공공을 幽州로 귀양보내고 환도를 崇山으로 추방하고 삼묘를
三危에 가두고 곤을 羽山에 가두었는데, 죄가 있어 처벌하였을 뿐이요, 개인의 감
정이 개입(관여)되지 않았음을 말한 것이다.
33) 〔釋疑〕舜何與焉 : 사람의 예쁘고 미운 것이 저절로 거울에 나타나 거울이 예쁘게
만들거나 밉게 만들 수가 없고 다만 그 形體에 따라 응할 뿐이니, 舜임금이 四凶
을 誅罰한 따위가 바로 이것이다.
34) 〔刊補〕物各付物 : 사물에는 각기 당연한 이치가 있으니, 그 이치를 따라 대응하고
자기의 사사로운 마음으로 적당히 안배하지 않음을 이른다. 〔補註〕사물이 지니고
있는 原則대로 그 사물에 대처함을 이르는 바, 나쁜 사람에게는 그대로 벌을 주고
좋은 사람에게는 그대로 상을 주며, 가난하면 가난한 대로 살아가고 부유하면 부
유한 대로 살아가는 것이다.

家라하시니 此卽做心主之謂也니라

西山眞氏가 말하였다.

"程子가 또 일찍이 말씀하기를 '사람에게는 4백 4가지의 질병이 있는데, 이것은 모두 자신에게 말미암지 않지만 다만 마음은 모름지기 자신에게 말미암게 해야 한다' 하였으니, 이는 바로 마음의 주장을 삼음을 말씀한 것이다."

③ 又曰 人心作主不定은 正如一箇翻車[36]라 流轉動搖하야 無須臾停하니 所感萬端이니 若不做一箇主면 怎生奈何리오 張天祺[37]嘗言 約數年을 自上著牀[38]하야 便不得思量[39]이라하니 才(纔)不思量後에 須强把這心來制縛이어나 亦須寄寓在一箇形象[40]이리니 皆非自然[41]이니라

---

35) 〔譯註〕人有四百四病 皆不由自家 : 鄭萬陽·鄭葵陽 兄弟가 지은 《塤篪別集》 일명 《兩先生別集》의 〈心經釋疑補遺〉에 다음과 같이 기록되어 있다. "黃仲擧(黃俊良)가 묻기를 '사람들의 4백 4가지 질병은 모두 外感에서 오는 것으로 모두 자신에게 말미암지 않으나 오직 마음만은 操存함이 자신에게 달려 있으니, 모름지기 자신에게 말미암도록 하여야 한다고 합니다. 그러나 一說에는 사람의 4백 4가지 질병은 모두 마음에 말미암고 몸에 말미암지 않으므로 모름지기 자신에게 말미암도록 통제하여야 한다고 말합니다' 하니, 退溪는 '앞의 해석이 맞는다' 하였다. 내가 일찍이 《維摩經》을 보니, '이 몸이 재앙이 되어 1백 1가지 질병과 번뇌가 생겨난다' 하였는데, 僧肇의 註에 '한 번 크게 增損하면 1백 1가지의 질병이 생기고 네 번 크게 增損하면 4백 4가지의 질병이 동시에 함께 일어난다' 하였으니, 이것을 가지고 보면 4백 4가지의 질병은 참으로 모두 자신에게 말미암지 않는 바, 退溪가 '앞의 해석이 맞는다'고 답하신 것이 십분 옳아 의심할 것이 없다."

36) 〔釋疑〕翻車 : 물을 퍼 올리는 기구로 水車라 이름한다. 陳簡齋(陳興義)의 詩에 "황폐한 마을에 종일토록 수차가 울린다.〔荒村終日水車鳴〕" 하였다.

37) 〔釋疑〕張天祺 : 이름은 戩(전)이니, 張橫渠의 아우로 修養功夫에 苦心하여 힘을 다한 學者였다.

38) 〔釋疑〕自上著牀 : 牀은 寢牀이니, 中原(中國) 사람들은 앉고 눕는 것을 반드시 침상에서 한다.

39) 〔釋疑〕便不得思量 : 張天祺의 말은 여기까지이다.

40) 〔釋疑〕亦須寄寓在一箇形象 : 이 조목은 아랫글에 君實(司馬光)이 잠을 자지 않았다는 조목과 같은 뜻이다. 이른바 形象은 하나의 好字와 같은 類이니, 禪家에도 이러한 話頭가 있다. 혹자는 이르기를 "항상 思量하지 않을 것을 생각하면 思量하

또 말씀하였다.

"사람 마음의 주장함이 안정되지 못함은 바로 하나의 翻車(水車)가 돌고 요동하여 須臾(잠시)도 정지할 때가 없는 것과 같아서 감동하는 바가 만 가지이니, 만약 하나의 주장을 삼지 않는다면 아무리 한들 어쩌겠는가. 張天祺가 일찍이 말하기를 '몇 년 동안 平牀(침상)에 올라 가서 思量하지 않기로 약속했다' 하였는데, 조금(잠시)이라도 思量하지 않으려 한 뒤에는 모름지기 이 마음을 억지로 잡아서 제재하고 속박하거나 또는 모름지기 하나의 形象에 붙여두어야 할 것이니, 이는 모두 자연스러운 것이 아니다."

④ 又曰 君實이 嘗患思慮紛亂하야 有時中夜而作하야 達旦不寐하니 可謂良自苦⁴²⁾로다 人都來多少血氣오 若此則幾何而不摧殘以盡也리오 其後告人曰 近得一術하니 常以中爲念이라하니 則又是爲中所亂이라 中又何形이완대 如何念得이리오 也只是於名言之中에 揀得一箇好字니 與其爲中所亂으론 却不如與一串數珠之愈也⁴³⁾니라 夜以安身하고 睡則合眼이니 不知苦苦思量箇甚(삼)고 只是不以心爲主일새니라

지 않는 것도 형상이다." 하였고, 혹자는 이르기를 "이 마음을 억지로 속박해서 항상 몸속에 있게 하면 몸도 하나의 형상이다." 하였다.

41) 〔釋疑〕强把這心 …… 皆非自然 : 위에서는 모름지기 이 마음을 억지로 잡아서 속박하라고 하였고, 아래에서는 또한 모름지기 하나의 形象에 붙여 두어야 한다고 하였으니, 두 가지 일이기 때문에 皆라고 한 것이다. 〔刊補〕黃仲擧(黃俊良)가 묻기를 "張天祺가 침상에 올라가서 思量하지 않기로 작심했는데, 잠시라도 思量하지 않으려면 모름지기 이 마음을 잡아서 제재하고 속박하거나, 또는 혹 하나의 形象에 붙여 두어야 할 것이니, 이는 마치 司馬溫公이 中字를 찾는 것을 염두에 둔 것과 같습니다. 두 가지가 모두 자연스러운 것이 아닙니다." 하니, 退溪는 답하기를 "나쁜 思慮뿐만 아니라 비록 좋은 思慮라도 만약 마음을 두어 억지로 몰아내거나 제재하고 속박하여 동요하지 않게 하려고 하면 모두 병통이 된다." 하였다. ○ 살펴보건대 억지로 제재하고 속박하는 것과 形象에 붙여 두는 것은 각각 하나의 병통이다. 조금이라도 思量하지 않으려 하면 이는 마음을 제재하고 속박하는 것이요, 또 思量하지 않을 것을 思量하는 것은 곧 하나의 形象을 잡아서 여기에 붙여 두는 것이니, (朱子는 말씀하기를 "思量하지 않을 것을 思量하는 것은 하나의 形象에 붙여두는 것이다." 하였다.) 모두 자연스러운 것이 아니다.

42) 〔刊補〕良自苦 : 良은 儘(진실로)과 같은 뜻이다.

또 말씀하였다.

"君實(司馬光)이 일찍이 思慮가 紛亂함을 염려하여 때로는 한밤중에 일어나 아침이 되도록 잠을 자지 못하였으니, 진실로 스스로 괴로워했다고 이를 만하다. 사람들이 대체로 血氣가 얼마나 되는가. 이와 같이 한다면 얼마 안 가서 血氣가 꺾이고 쇠잔하여 다하지 않겠는가. 그후 君實은 사람들에게 말하기를 ' 근래에 한 가지 방법을 얻었으니, 항상 中을 생각하는 것이다' 하였는데, 이는 또 中에게 어지럽힘을 당하는 것이다. 中이 또 무슨 형체가 있기에 어떻게 생각한단 말인가? 또한 다만 名言(좋은 말) 가운데에서 한 좋은 글자를 가려낸 것일 뿐이니, 中에게 어지럽힘을 당하기보다는 한 꿰미 數珠(염주)를 주는 것이 나음만 못하다. 밤에는 몸을 편안히 하고 잘 때에는 눈을 감아야 하니, 알지 못하겠으나 괴롭고 괴롭게 무엇을 생각한단 말인가. 이는 다만 마음을 주장으로 삼지 않기 때문일 뿐이다."

他日에 又曰 君實이 近年에 病漸較煞(쇄)放得下也니라 ○【按】此言은 則知大賢德業之進과 日新之功이 不以壯而健, 老而衰니 學者所當深省也니라

후일에 또 말씀하기를 "君實이 근년에 병통을 점점 크게 놓아 없앴다." 하였다. ○【按】이 말씀에서 大賢의 德業의 진전과 日新(날로 새로워짐)의 공부가 젊다고 하여 굳세고 늙었다고 하여 쇠하지 않음을 알 수 있으니, 배우는 자가 마땅히 깊이 살펴야 할 것이다.

⑤　又曰 有謂因苦學而至失心者하니 學은 本是治心이니 豈有反爲心害리오 某氣不盛이나 然而能不病, 無惓怠者는 只是一箇愼生不恣意[44]니 其於外事[45]엔 思慮儘悠悠[46]로라

또 말씀하였다.

"학문에 애씀으로 인하여 마음(정신)을 잃은 데에 이르렀다고 말하는 자가

---

43) 〔釋疑〕却不如與一串數珠之愈也 : 數珠는 佛家의 念珠이다. 이 염주를 셀 때에는 생각이 염주에 있어서 마음이 다른 데로 가지 않는다.

44) 〔釋疑〕愼生不恣意 : 生(衛生 또는 生命)을 해치는 일을 하지 않음을 말한다.

45) 〔釋疑〕外事 : 飮食과 男女 따위이다.

46) 〔刊補〕悠悠 : 한가하여 긴요함이 없다는 말과 같다.

있으니, 학문은 본래 마음을 다스리는 것인데, 어찌 도리어 마음에 해가 된단 말인가. 나는 기운이 왕성하지는 못하나 병이 없고 권태로움이 없는 것은 다만 攝生을 삼가고 마음을 함부로 하지 않기 때문이니, 〈飮食이나 女色과 같은〉 밖의 일에 생각이 참으로 한가롭노라.”

⑥ 又曰 司馬子微作坐忘論⁴⁷⁾하니 是所謂坐馳也니라

또 말씀하였다.
“司馬子微(司馬承禎)가 坐忘論을 지었으니, 이것은 이른바 ‘앉아서 생각이 달려간다〔坐馳〕’는 것이다.”

朱子曰 人心至靈하야 主宰萬變하야 而非物所能宰라 故才(纔)有執持之意면 卽是此心이 先自動了니 此程夫子每言坐忘은 卽是坐馳라하시고 而其指示學者操存之道에 雖曰敬以直內⁴⁸⁾나 而又有以敬直內⁴⁹⁾便不直矣之云也시니라

朱子가 말씀하였다.

---

47) 〔釋疑〕司馬子微作坐忘論 : 司馬子微는 이름이 承禎이니, 煉丹術을 한 자이다. 坐忘論은 그가 지은 것인데, 그 내용은 대략 다음과 같다. “坐忘이란 생각을 함으로 인하여 얻고, 생각을 함으로 인하여 잊는 것이다. 길을 가면서도 길 가는 것을 보지 못하는 것이 坐의 뜻이 아니겠는가. 보이는 것이 있는데도 보지 않는 것이 忘의 뜻이 아니겠는가. 어째서 가지 않는다고 이르는가? 마음이 동하지 않기 때문이요, 어째서 보지 않는다고 이르는가? 형체가 모두 없어졌기 때문이다. 혹자가 ‘어떻게 하여야 마음이 동하지 않을 수 있습니까?’하고 묻자, 天隱子는 입을 다물고 대답하지 않았다. 또 ‘어떻게 하여야 형체를 모두 없앨 수 있습니까?’하고 묻자, 天隱子는 눈을 감고 보지 않았다. 이에 혹자는 道를 깨닫고 물러가며 말하기를 ‘道는 과연 나에게 있다’하였다. 이에 彼와 我를 모두 잊어서 전혀 照會하는 바가 없었다.” ○ 살펴보건대 이에 근거해 보면 坐와 忘이 자연 두 가지 일이요, 坐馳(앉아서 달림)의 說로 살펴보면 자연 한 가지 일이다. 坐馳는 몸은 여기에 앉아 있으나 마음은 밖으로 달려가는 것으로, 《莊子》의 註에 “몸이 비록 이곳에 앉아 있으나 마음이 밖으로 달려간다면 또 어찌 坐忘(앉아서 잊음)이라 할 수 있겠는가.” 하여 坐馳 두 글자로 도리어 坐忘을 설명하였다. 〔補註〕坐忘과 坐馳는 《莊子》〈大宗師〉와 〈人間世〉에 보인다.

48) 〔釋疑〕敬以直內 : ‘敬하여 써 內를 直하다’로 해석한다. ○ 마음이 스스로 敬하면 저절로 곧아짐을 말한 것이다.

　　"사람의 마음은 지극히 신령스러워서 온갖 변화를 主宰하여, 사물이 주재할 수
있는 것이 아니다. 그러므로 조금이라도 잡아 지키려는 뜻이 있으면 곧 이 마음이
먼저 스스로 동요하는 것이니, 이는 바로 程夫子가 언제나 '坐忘은 곧 坐馳'라고
말씀한 이유이고, 배우는 자들에게 操存하는 방법을 가리켜 보이실 적에 비록 '敬
하여 안을 곧게 한다〔敬以直內〕'고 말씀하였으나 또 '敬으로써 안을 곧게 하면〔以
敬直內〕곧 곧아지지 않는다'는 말씀이 있는 것이다."

⑦ 又曰 人於夢寐間에 亦可以卜自家所學之淺深이니 如夢寐顚倒면 卽是心
志不定이요 操存不固니라

　　또 말씀하였다.
　　"사람이 잠자고 꿈꾸는 사이에도 자신이 배운 바의 깊고 얕음을 징험할 수
있으니, 예컨대 꿈속에서 顚倒하면 이는 곧 心志가 안정되지 못하고 操存이 견
고하지 못한 것이다."

　　朱子曰 魂與魄交[50]而成寐하니 心在其間하야 依舊能思慮라 所以做出夢이니 若心神
安定이면 夢寐亦不至顚倒니라

　　朱子가 말씀하였다.
　　"혼과 넋이 사귀어 잠을 이루니, 마음이 이 사이에 있으면 예전처럼 思慮한다.
이 때문에 꿈을 만들어 내는 것이니, 만약 마음과 정신이 안정되었으면 꿈에서도
顚倒함에 이르지 않는다."

⑧ 張子曰 心이 淸時少하고 亂時多하니 其淸時엔 視明聽聰하고 四體不待羈
束而自然恭謹하며 其亂時엔 反是하니 何也오 蓋用心未熟하야 客慮多而常心
少也며 習俗之心未去而實心未完也일새라 人又要得剛이니 剛則守得定不回하
야 進道勇敢이니라

---

49)〔釋疑〕以敬直內 : '敬으로써 內를 直하다'로 해석한다. ○ 한 마음으로 敬을 지켜
　　서 마음을 곧게 함을 이르니, 이는 마음으로 마음을 부려서 도리어 분분하고 소요
　　함을 보게 된다. 그러므로 곧지 못하다고 말한 것이다.
50)〔釋疑〕魂與魄交 : 魂은 陽이니, 깨어 있을 때에는 밖으로 나타났다가 잘 때에는
　　陰精인 魄에 칩거한다.

張子가 말씀하였다.

"마음이 깨끗할 때는 적고 혼란할 때는 많으니, 깨끗할 때에는 보는 것이 분명하고 듣는 것이 밝고 四肢가 속박하지 않아도 자연 공손하고 삼가며, 혼란할 때에는 이와 반대가 되니, 이는 어째서인가? 마음을 씀이 익숙하지 못하여 客慮(잡념)가 많고 떳떳한 마음이 적으며, 習俗의 마음이 제거되지 못하여 진실한 마음이 완전하지 못하기 때문이다. 사람은 또 剛하여야 하니, 剛하면 지킴이 안정되고 回曲하지 않아서 道에 나아감이 용감하게 된다."

朱子曰 橫渠說做工夫處 便精切似二程[51]하니 二程은 資稟이 高潔淨하야 不大段用工夫하고 橫渠는 資稟이 有偏駁夾雜處라 他大段用工夫來하니 觀此言컨대 說得來大段精切이니라 ○ 又曰 客慮는 是泛泛底思慮요 習俗之心은 便是從來習熟偏勝等心이요 實心은 是義理底心이니라

朱子가 말씀하였다.

"橫渠가 공부하는 곳을 말씀한 것이 二程보다 정밀하고 간절하니, 二程은 資稟이 높고 깨끗하여 대단하게 공부하지 않았고, 橫渠는 자품이 편협하고 박잡한 부분이 있었다. 그리하여 저가 대단하게 공부를 하였으니, 이 말씀을 보면 말씀한 것이 대단히 정밀하고 간절하다."

○ 張子가 또 말씀하였다.

"客慮는 범범한 사려이고, 習俗의 마음은 곧 종래에 익히고 익숙한 편벽되고 치우친 마음이고, 實心은 義理의 마음이다."

⑨ 朱子曰 今日에 學者不長進은 只是心不在焉이라 嘗記少年時에 在同安[52]하야 夜聞鐘聲할새 聽其一聲未絶에 此心이 已自走作이어늘 因是警省하니 乃知爲學이 須是致志[53]로라

---

51) 〔釋疑〕便精切似二程 : 似는 於이니, 二程보다 정밀하고 간절함을 말한 것이다. 〔刊補〕似字는 於字와 같다. 張橫渠의 말씀이 二程보다 더욱 정밀하고 간절하다는 뜻이다.

52) 〔釋疑〕同安 : 縣의 이름이니, 朱子가 이 縣의 主簿가 되었었다.

53) 〔釋疑〕致志 : 《孟子》〈告子 上〉에 '專心致志(마음을 오로지 하고 뜻을 지극히 함)'란 말이 보인다.

朱子가 말씀하였다.

"오늘날 배우는 자들이 크게 진전하지 못하는 이유는 다만 마음이 여기에 있지 않기 때문이다. 일찍이 기억하건대 소년 시절 同安에 있으면서 밤에 종소리를 들었는데, 한 종소리를 들어 채 끝나기도 전에 이 마음이 이미 스스로 달려가곤 하였다. 이로 인하여 경계하고 살폈으니, 학문을 함은 모름지기 뜻을 지극히 해야 함을 비로소 알게 되었다."

⑩ 又曰 李先生이 說人心中大段惡念은 却易制伏이어니와 最是那不大段計利害로 乍往乍來底念慮 相續不斷이 難爲驅除라하시니 今看得來[54]에 是如此로라

또 말씀하였다.

"李先生(李侗)이 '사람의 마음속에 대단히 惡한 생각은 도리어 제어하고 굴복시키기가 쉬우나 대단하게 利害를 따지는 것도 아니면서 별안간 갔다가 별안간 오는 생각이 서로 이어져서 끊이지 않는 것이 가장 몰아내기 어렵다' 하였으니, 지금 경험하여 봄에 참으로 이와 같노라."

⑪ 又曰 人有一正念이 自是分曉로되 又從旁別生一小念하야 漸漸放闊去하나니 不可不察이니라

또 말씀하였다.

"사람이 한 올바른 생각이 있는 것이 자연 분명하나 또 옆에서 별도로 한 작은 생각이 생겨나서 점점 퍼져 나가니, 이것을 살피지 않아서는 안 된다."

① 謝顯道從明道先生於扶溝[55]러니 明道一日謂之曰 爾輩在此相從에 只是學某言語라 故其學이 心口不相應하니 盍若行之오 請問焉한대 曰且靜坐[56]하라

---

54) 〔釋疑〕看得來 : 得來는 語助辭이다.
55) 〔釋疑〕扶溝 : 地名이니, 明道가 이곳의 主簿가 되었었다.
56) 〔釋疑〕靜坐 : 無思無念의 상태로 앉아 있는 것인 바, 朱子는 말씀하기를 "靜坐는 무릎꿇고 앉는 것과 다리를 포개고 앉는 것을 굳이 구분할 필요가 없다." 하였다.

謝顯道가 明道先生을 扶溝에서 수행하였는데, 하루는 明道先生이 이르기를 "그대들이 이곳에 있으면서 서로 따름에 다만 나의 말만 배운다. 이 때문에 그 학문하는 것이 마음과 입이 서로 응하지 않으니, 어찌 실행하는 것만 하겠는 가." 하였다. 謝顯道가 청하여 묻자, "우선 靜坐하라." 하였다.

【按】先儒論主靜者를 自明道先生以下凡得九條[57]로라

先儒들이 靜을 주장함을 논한 것을 明道先生으로부터 이하 모두 아홉 조목을 얻 었다.

② 伊川先生이 每見人靜坐하시면 便歎其善學이러시다

伊川先生은 언제나 사람이 靜坐하는 것을 보면 학문을 잘한다고 감탄하곤 하 였다.

③ 邵康節先生이 於百原(源)深山[58]中에 闢書齋[59]하고 獨處其中이러니 王勝 之[60]常乘月訪之할새 必見其燈下에 正襟危坐하야 雖夜深이라도 亦如之러라

邵康節先生이 百原山의 깊은 산중에 書齋를 열고는 홀로 이 가운데에 거처하 였다. 王勝之(王益柔)가 항상 달밤에 방문하곤 하였는데, 반드시 등잔불 아래 에 옷깃을 바르게 하고 무릎 꿇고 앉아서 아무리 밤이 깊어도 이와 같이 하고 있는 것을 보았다.

---

57) 〔譯註〕自明道先生以下凡得九條 : 九條는 '謝顯道從明道先生'條부터 그 아래 '伊 川先生'條, '邵康節先生'條, '朱子曰'條, '問程子常教人靜坐'條, '又曰延平先生' 條, '又曰今人'條, '先生問伯羽'條, '又曰心未嘗遇事時'條까지의 아홉 조목을 가 리킨다.

58) 〔釋疑〕百原(源)山 : 共城縣에 있으니, 康節이 講學하던 곳이다.

59) 〔釋疑〕闢書齋 : 闢은 造(만들다), 開(열다)와 같다.

60) 〔釋疑〕王勝之 : 이름은 益柔이다.

朱子曰 看康節컨대 這人이 須極會處置事하니 被他神閑氣定하야 不動聲氣[61]라 須處置得精明하니 他氣質이 本淸明이어늘 又養得純厚하고 又不曾枉用了心하야 他用那心이 都在緊要上하니 被他靜極了라 所以看得天下事理를 如此精明이니라

朱子가 말씀하였다.

"康節先生을 보건대 이 분은 모름지기 지극히 일을 잘 처치하였으니, 저가 정신이 한가롭고 기운이 안정되어 음성과 정신 기운을 동하지 않았으므로 처치함이 정밀하고 분명하였다. 그 기질이 본래 청명한 데다가 또 수양하기를 순수하고 후하게 하였으며, 또 일찍이 마음을 헛되이 쓰지 아니하여, 그 마음을 쓰는 것이 모두 긴요한 데에 있었으니, 그의 고요함이 지극하였다. 이 때문에 천하의 事理를 보기를 이와 같이 정하고 밝게 한 것이다."

④ 朱子曰 主靜을 夜氣一章에 可見이니라

朱子가 말씀하였다.

"靜을 주장함을 《《孟子》의》 夜氣 한 章에서 볼 수 있다."

⑤ 問程子常敎人靜坐하시니 如何오 曰 亦是他見人要多慮[62]라 且敎人收拾此心耳시니 初學이 亦當如此니라

"程子가 항상 사람들에게 靜坐하게 하셨으니, 어떻습니까?" 하고 묻자, 朱子가 말씀하였다.

"또한 程子는 사람들이 생각을 많이 하려고 함을 보았으므로 우선 사람들로 하여금 이 마음을 수습하게 하신 것이니, 처음 배우는 자들은 또한 마땅히 이와 같이 해야 한다."

⑥ 又曰 延平先生이 嘗言道理를 須是日中理會하고 夜裏에 却去靜處하야 坐地思量이라야 方始有得이라하시니 某依此說去做하니 眞箇是不同[63]이로라

---

61)〔釋疑〕聲氣 : 音聲과 神氣(정신기운)이다.

62)〔釋疑〕亦是他見人要多慮 :《語類》에는 慮字 위에 思字가 있다. ○ 他는 程子를 가리킨다.

63)〔釋疑〕眞箇是不同 : 不同은 自別(각별, 특별)함이다.

또 말씀하였다.

"延平先生이 일찍이 말씀하기를 '道理를 모름지기 낮 동안에 이해하고 밤에 는 조용한 곳에 가서 앉은자리에서 생각하고 헤아려야 비로소 얻음이 있을 것 이다' 하셨으니, 내가 이 말씀을 따라 해 보니, 효과가 참으로 각별하였다."

⑦ 又曰 今人이 皆不肯於根本上理會라 如敬字를 只是將來說하고 更不做將 去하야 根本不立이라 故其他零碎工夫 無湊泊處⁶⁴⁾라 明道, 延平이 皆教人靜 坐하시니 看來에 須是靜坐러라

또 말씀하였다.

"지금 사람들은 모두 根本上에서 이해하려고 하지 않는다. 예컨대 敬字를 가 져다가 다만 말만 할 뿐이고 다시는 공부해 나가지 아니하여 근본이 서지 못한 다. 그러므로 기타 자질구레한 공부가 머무를 곳이 없는 것이다. 明道와 延平이 모두 사람들로 하여금 靜坐하게 하셨으니, 내가 보건대 모름지기 靜坐하여야 하겠더라."

⑧ 先生이 問伯羽⁶⁵⁾호되 如何用工고 曰 且學靜坐하야 痛抑思慮로소이다 曰 痛抑도 也不得이니 只是放退⁶⁶⁾ 可也니라 若全閉眼而坐면 却有思慮矣니라 又 言也不可全無思慮니 無邪思耳니라

先生(朱子)이 伯羽(董蜚卿)에게 "어떻게 공부하는가?" 하고 묻자, 대답하기 를 "우선 靜坐를 배워 사려를 통렬히 억제하고 있습니다." 하였다. 이에 선생은 다음과 같이 말씀하였다.

"통렬히 억제하는 것도 옳지 않으니, 다만 놓아 물러가게 해야 한다. 만약 눈 을 완전히 감고 앉아 있으면 도리어 사려가 있게 될 것이다."

또 말씀하기를 "또한 전혀 사려가 없을 수 없으니, 간사한 생각이 없을 뿐이 다." 하였다.

---

64) 〔刊補〕零碎工夫 無湊泊處:零은 餘雨(가랑비)이고, 碎는 잘게 부순다는 뜻이다. 湊泊은 혹 '揍泊'이라 쓰기도 하는데, 모여들어 정박한다는 말이다.

65) 〔釋疑〕伯羽:董蜚卿의 字이다.

66) 〔釋疑〕痛抑 …… 只是放退:痛抑은 억지로 제재하는 뜻이고, 放退는 놓아 물러가 게 하는 것이다.

⑨ 又曰 心未嘗遇事時에 須是靜이라야 臨事方用에 便有氣力이니 如當靜時에 不靜하야 思慮散亂이면 及至臨事에 已先倦了라 伊川解靜專[67]處云 不專一 則不能直遂라하시니 閑時에 須是收斂이라야 做事에 便有精神이니라

또 말씀하였다.
"마음이 일찍이 일을 만나지 않았을 때에 모름지기 고요하여야만 일을 당하여 막 쓰려고 할 때에 곧 기력(효력)이 있는 것이니, 만약 고요하여야 할 때에 고요하지 아니하여 사려가 산란하다면 일을 당했을 때에 이르러 이미 먼저 피곤해진다. 伊川이 '고요함이 專一함'을 해석한 곳에 이르기를 '專一하지 않으면 곧바로 이루지 못한다'하였으니, 한가로울 때에 모름지기 수렴하여야 일을 할 때에 곧 精神이 있는 것이다."

① 程子曰 操約者는 敬而已矣니라

程子가 말씀하였다.
"잡음이 간략한 것은 敬일 뿐이다."

【按】先儒論持敬者를 自程子以下凡得十條[68]로라

先儒들이 敬을 잡음을 논한 것을 程子로부터 이하 모두 열 조목을 얻었다.

② 邵伯溫[69]이 問心術最難하니 如何執持잇가 程子曰 敬이니라

邵伯溫이 "心術이 가장 어려우니, 어떻게 잡아야 합니까?"하고 묻자, 程子는 "敬이다."하였다.

---

67) 〔釋疑〕靜專:《周易》〈繫辭傳〉에 "乾은 그 靜함은 전일하고 그 動함은 곧다. 이 때문에 大가 생겨난다.〔乾 其靜也專 其動也直 是以大生焉〕"하였다.
68) 〔譯註〕自程子以下凡得十條:十條는 '程子曰'條부터 그 아래 '邵伯溫'條, '又曰入道'條, '又曰大凡'條, '橫渠先生'條, '又曰學者'條, '朱子曰'條, '又曰敬'條, '又曰敬'條, '問居常持敬'條까지의 열 조목을 가리킨다.
69) 〔釋疑〕邵伯溫:字는 子文이니, 康節(邵雍)의 아들이다.

又曰 敬勝百邪니라 ○ 朱子曰 程先生所以有功於後學者는 最是敬之一字 有力이니라

그리고 또 말씀하기를 "敬은 온갖 간사함을 이겨낸다." 하였다.

○ 朱子가 말씀하였다.

"程先生이 後學들에게 功이 있는 까닭은 이 한 敬字가 가장 功力이 있어서이다."

③ 又曰 入道莫如敬이니 未有能致知而不在敬者니라 今人은 主心不定하야 視心如寇賊而不可制하나니 不是事累心[70]이라 乃是心累事니 當知天下無一物是合少得者라 不可惡也[71]니라

〈程子가〉 또 말씀하였다.

"道에 들어가는 것은 敬보다 더한 것이 없으니, 致知를 하면서 敬에 있지 않는 자는 있지 않다. 지금 사람들은 주장하는 마음이 안정되지 못하여 마음을 보기를 도적처럼 여겨 제재하지 못하니, 이는 일이 마음을 얽매는 것이 아니요 바로 마음이 일에 얽매이는 것이다. 천하에는 한 물건도 없어서는 안 되니 미워해서는 안 됨을 알아야 할 것이다."

問程子謂格物窮理를 但立誠意以格之라하시고 又曰 入道莫如敬이라하시니 愚以爲誠意工夫 在格致後어늘 今乃云 先立誠意라야 始去格物이라하시니 毋乃反經意與잇가 潛室陳氏曰 程門此類甚多하니 如致知用敬도 亦是先侵了正心誠意地位[72]라 蓋誠敬二字通貫動靜始末하니 不是於格致之先에 更有一敬工夫在라 只是欲立箇主人翁耳니 不然이면 皆妄이니라 ○ 西山眞氏曰 一事有一事之理하니 人能安定其心하야 順其理以

---

70) 〔釋疑〕不是事累心 : 佛老는 일이 마음을 얽매는 것만 알고 마음이 일에 얽매임은 알지 못하였다. 그러므로 모두 寂滅과 玄妙를 추구한 것이다.

71) 〔釋疑〕當知天下無一物是合少得者 不可惡(오)也 : 天下의 事物이 모두 없을 수 없음을 말한 것이다. 得字는 굳이 해석할 필요가 없다. 〔補註〕合은 當과 같고 少는 無(없음)와 같은 바, 合少得은 '마땅히 없어야 할 것'이란 뜻이다.

72) 〔釋疑〕如致知用敬 亦是先侵了正心誠意地位 : 마음을 바르게 하고 뜻을 성실히 할 때에 마땅히 持敬(경을 지킴) 공부를 써야 하고, 지식을 지극히 할 때에도 마땅히 敬을 써야 하므로 말한 것이다. 〔補註〕致知는 知工夫이고 正心·誠意는 行工夫인 바, 敬은 몸과 마음을 공경하는 것으로 行工夫에 해당한다. 그러나 致知 역시 敬과 誠意가 없이는 안 되므로 行工夫인 正心·誠意의 지위(경계)를 침범한다고 말한 것이다.

應之면 則事皆得所하고 心亦不勞어니와 若擾擾焉以私心處之면 則事必不得其當이요 而其心亦無須臾之寧이니 人徒知爲事之累心이요 不知乃心之累事也니라

　"程子는 '格物과 窮理를 다만 誠意를 세워 궁구하는 것이다' 하였고, 또 '道에 들어감은 敬보다 더한 것이 없다'고 하였습니다. 어리석은 제 생각에는 誠意공부는 格物·致知의 뒤에 있는데, 이제 마침내 誠意를 세워야 비로소 가서 格物을 할 수 있다고 하였으니, 經傳의 뜻과 반대되는 것이 아니겠습니까?"하고 묻자, 潛室陳氏(陳埴)는 다음과 같이 말하였다.

　"程門에는 이러한 類가 매우 많으니, 예컨대 致知에 敬을 쓰는 것도 正心과 誠意의 지위(경계)를 먼저 침범(점령)하였다. 誠·敬 두 글자는 動과 靜, 始와 末을 관통하니, 格物·致知하기 전에 다시 하나의 敬工夫가 따로 있는 것이 아니다. 다만 主人翁(心)을 세우고자 할 뿐이니, 그렇지 않으면 모두 망령된 것이다."
○ 西山眞氏가 말하였다.

　"한 일에는 한 일의 이치가 있으니, 사람이 그 마음을 안정시켜 이치를 따라 응하면 일이 모두 제자리를 얻고 마음 또한 수고롭지 않지만 만약 紛擾하여 사사로운 마음으로 대처한다면 일이 반드시 마땅함을 얻지 못할 것이요 마음 또한 잠시도 편안함이 없을 것이니, 사람들은 다만 일이 마음을 얽매는 것만 알고 바로 마음이 일에 얽매이는 것은 알지 못한다."

④ 又曰 大凡人心을 不可二用이니 用於一事면 則他事不能入者는 事爲之主也라 事爲之主라도 尙無思慮紛擾之患이어든 若主於敬이면 又焉有此患乎아

　또 말씀하였다.
　"대체로 사람의 마음을 두 가지로 써서는 안 되니, 한 가지 일에 쓰면 다른 일이 들어오지 못하는 것은 그 일이 주장이 되기 때문이다. 일이 주장이 되어도 오히려 思慮가 紛擾해지는 걱정(병폐)이 없는데, 만약 敬을 주장한다면 또 어찌 이러한 걱정이 있겠는가."

或問 事爲之主一段은 疑當使心爲事主요 不可使事爲心主니이다 〔朱子〕曰 事爲[73]之主는 只是此心이 收在一事上하야 不走作耳니 伊川이 欲以數珠與溫公之類니라

　혹자가 묻기를 "일이 주장이 된다는 한 단락은 의심컨대 마음으로 하여금 일의

73)〔釋疑〕曰事爲 : 앞에 마땅히 '朱子' 두 글자가 있어야 한다.

주장이 되게 하고 일로 하여금 마음의 주장이 되게 해서는 안 되는 것인 듯합니다.” 하자, 朱子가 말씀하였다.

“일이 주장이 된다는 것은 다만 이 마음이 수렴되어 한 가지 일 위에 있어서 다른 데로 달려가지 않게 하는 것일 뿐이니, 伊川이 溫公에게 염주를 주고자 한 것과 같은 따위이다.”

⑤ 橫渠先生이 嘗言吾十五年을 學箇恭而安[74]이나 不成이로라 明道先生曰 可知是學不成이 有多少病在[75]로다

橫渠先生이 일찍이 말씀하기를 “내 15년 동안 ‘공손하면서도 편안함’을 배웠으나 이루지 못하였다.”라고 하자, 明道先生이 말씀하기를 “학문이 이루어지지 못함은 이처럼 수많은 병통이 있기 때문임을 알 수 있다.” 하였다.

謝氏曰 凡恭謹이면 必勉强不安肆하고 安肆면 必放縱不恭하나니 恭如勿忘이요 安如勿助長[76]이니 正當勿忘勿助長之間에 子細體認取니라 ○ 問橫渠只是硬把[77]라 故不安否잇가 朱子曰 他只是學箇恭하야 自驗見不曾熟이니 不是學箇恭하고 又學箇安이니라

謝氏가 말하였다.

“무릇 공손하고 삼가면 반드시 억지로 힘써 편안하지 못하고 편안하면 반드시 방종하여 공손하지 못하다. 공손함은 ‘잊지 말라는 것’과 같고, 편안함은 ‘助長하지 말라는 것’과 같으니, 바로 잊지도 말고 조장하지도 않는 사이에 자세히 體認하여야 한다.”

---

74) 〔譯註〕恭而安 : 공손하면서도 불안하지 않고 자연스러운 것으로《論語》〈述而〉에 “子溫而厲 威而不猛 恭而安”이라고 보인다.

75) 〔刊補〕可知是學不成 有多少病在 : 有多少病在는 허다한 병통이 있다는 말이다. 知字는 在字 다음에 새겨야 한다.

76) 〔釋疑〕恭如勿忘 安如勿助長 :《孟子》에 “반드시 일삼음이 있으면서도 효과를 미리 기대하지 말아서 마음에 잊지도 말고 조장하지도 말라.〔必有事焉而勿正 心勿忘 勿助長〕” 하였으니, ‘잊는다〔忘〕’는 것은 그 일을 내버려두고 하지 않음을 이르고, ‘조장한다〔助〕’는 것은 공부는 하지 않고 망령되이 효험만을 바람을 이른다. 孟子는 비록 浩然之氣를 길러야 한다고 말씀하였으니, 이와 같이 〈잊지도 말고 조장하지도 말고〉 공부하여 오래되면 자연 節度에 맞아 편안해지는 것이다.

77) 〔刊補〕硬把 : 굳고 강하게 잡는다는 뜻이다.

○ "橫渠는 다만 굳게 잡기만 하였기 때문에 편안하지 못한 것입니까?" 하고 묻자, 朱子가 말씀하였다.

"그는 다만 공손함만 배워서 스스로 일찍이 익숙하지 못함을 경험하여 본 것이니, 공손함을 배우고 또다시 편안함을 배우는 것이 아니다."

⑥ 又曰 學者須敬守此心하야 不可急迫이요 當栽培深厚하야 涵養[78]於其間然後에 可以自得이니 但急迫求之면 只是私己라 終不足以達道니라

또 말씀하였다.

"배우는 자는 모름지기 이 마음을 공경히 지켜서 급박하게 하지 말 것이요, 마땅히 栽培하기를 깊고 후하게 하여 이 사이에서 함양한 뒤에야 自得할 수가 있으니, 다만 급박하게 구하면 다만 사사로움일 뿐이어서 끝내 道에 도달하지 못한다."

或問 持敬이 覺不甚安이로소이다 朱子曰 初學이 如何便得安이리오 除是[79]孔子라야 方恭而安이니라 初要持敬에 也須勉强하야 但覺見有些子放去어든 便收斂提掇起하면 敬便在這裏니 常常相接이면 久後自熟이리라 ○ 問今於下工夫之時에 不痛自警策하고 而遽栽培涵泳이면 恐或近於放倒로소이다 南軒張氏曰 敬守此心하야 栽培涵泳이면 正是下工夫處니 若近於放倒면 則何栽培涵泳之有리오

혹자가 "敬을 잡아 지키는 것이 심히 편안하지 못함을 깨달았습니다." 하고 묻자, 朱子가 말씀하였다.

"초학자가 어떻게 곧 편안할 수 있겠는가. 오직 孔子라야 비로소 공손하면서도 편안할 수 있는 것이다. 처음 공경을 잡아 지키려고 할 때에는 모름지기 힘써서 다만 조금이라도 놓아버림이 있음을 깨닫거든 곧 거두어들이고 提起(깨워 일으킴)하면 敬이 곧 이 가운데에 있게 되니, 항상 서로 이어지게 하면 오랜 뒤에는 저절로 익숙해질 것이다."

○ "이제 공부할 때에 통렬히 스스로 警策하지 않고 대번에 栽培하고 涵泳하면 혹 放倒함(뒤집어짐)에 가까울까 두렵습니다." 하고 묻자, 南軒張氏가 말씀하였다.

"이 마음을 공경히 지켜서 재배하고 함영하면 이것이 바로 공부하는 곳이니, 만

---

78) 〔釋疑〕涵養 : 養字가 《近思錄》에는 泳字로 되어 있다.

79) 〔釋疑〕除是 : '是非를 덜고'로 해석한다. 〔補註〕除是非의 줄임말로 除非라고도 쓰는 바, '이 말 저 말 할 것 없이' 또는 ' 여하튼(如何間에)'과 같은 뜻이다.

약 放倒함에 가깝다면 어찌 재배하고 함영함이 있겠는가."

⑦ 朱子曰 敬은 乃聖門第一義니 徹頭徹尾[80]라 不可頃刻間斷이니라

朱子가 말씀하였다.

"敬은 바로 聖門에 제일의 義이니, 철두철미하다. 頃刻(잠시)이라도 間斷함이 있어서는 안 된다."

⑧ 又曰 敬은 所以抵敵人欲[81]이니 人常敬이면 則天理自明하야 人欲이 上來不得이니라

또 말씀하였다.

"敬은 人欲을 대적하는 것이니, 사람이 항상 공경하면 天理가 저절로 밝아져서 人欲이 올라올 수가 없다."

⑨ 又曰 敬은 是箇扶策[82]人底道理니 人當放肆怠惰時에 才(纔)敬이면 便扶策得此心起니 常常恁地면 雖有些放僻邪侈意思라도 也自退聽이니라

또 말씀하였다.

"敬은 사람을 붙들어 주고 警策하는 道理이다. 사람이 방사하고 나태할 때에 조금만 공경하면 곧 이 마음을 붙들고 警策하여 일으킬 수 있으니, 항상 이와 같이 하면 비록 약간의 放僻하고 邪侈한 意思가 있더라도 저절로 물러가 명령을 들을 것이다."

⑩ 問居常持敬[83]할새 於靜時엔 最好라가 及臨事면 則厭倦하고 或於臨事時著力이면 則覺紛擾요 不然이면 則於正存敬時에 忽忽爲思慮引去하니 是三者를

---

80) 〔釋疑〕徹頭徹尾 : 始終을 일관한다는 말과 같다.
81) 〔釋疑〕所以抵敵人欲 : 소나 양이 뿔로 물건을 받는 것을 抵라고 하니, 人欲이 올 적에 이 마음을 공경히 지켜서 대적하는 것은 마치 뿔로 물건을 받아서 물건이 나오지 못하게 하는 것과 같다.
82) 〔釋疑〕扶策 : 扶持하고 警策하는 것이다.
83) 〔刊補〕問居常持敬 : 《朱子語類》에 나오는 楊道夫의 疑目 九條 가운데 하나이다.
    〔補註〕楊道夫는 字가 仲思이며 建寧府 사람이다.

將何以勝之잇가 曰 今人이 將敬來하야 別做一事라 所以有厭倦하며 爲思慮引去하나니 敬은 只是自家一箇心常惺惺이 便是라 不可將來別做一事니 又豈可指擎跽曲拳[84]하야 塊然在此而後에 爲敬이리오

"평소 敬을 잡아 지킬 적에 고요할 때에는 매우 좋다가 일을 당하게 되면 싫어지고 게을러지며, 혹은 일을 당했을 때에 힘을 쓰면 紛擾함을 깨닫고, 그렇지 않으면 바로 敬을 보존할 때에 갑자기 思慮에 끌려가곤 하니, 이 세 가지를 장차 어떻게 이겨야 합니까?" 하고 묻자, 다음과 같이 말씀하였다.

"지금 사람들은 敬을 가져다가 별도로 한 가지 일로 삼는다. 이 때문에 싫어지고 게을러지는 마음이 있으며 사려에 끌려가는 것이니, 敬은 다만 자신의 한 마음을 항상 깨우는 것이 바로 이것이다. 敬을 가져다가 별도로 한 가지 일로 삼아서는 안 되니, 또 어찌 손을 들고 무릎을 꿇고 허리를 굽히고서 흙덩이처럼 여기에 있은 뒤에야 敬을 한다고 가리켜 말할 수 있겠는가."

西山眞氏曰 秦漢以下諸儒 皆不知敬爲學問之本이러니 至程子하야 指以示人하시고 而朱子又發明之하야 極其切至하시니 二先生[85]有功于聖門이 此其最大者也니라 ○ 魯齋許氏[86]曰 爲學之初에 先要持敬이니 敬則身心收斂하야 氣不粗暴하야 淸者愈淸而濁者不得長하고 美者愈美而惡者不得行이라 靜而敬에 常念天地鬼神臨之하야 不敢少忽하고 動而敬에 自視聽色貌言事疑忿得[87]을 一一省察하야 不要逐物去了하야 雖在千萬人中이라도 常知有己니 此持敬之大略也라 禮記一書 近千萬言이로되 最初一句曰 毋不敬이라하니 天下古今之善이 皆從敬字上起하고 天下古今之惡이 皆從不敬上生하나니 在小學에 便索要敬[88]이요 在大學에도 也索要敬이요 爲子爲臣爲君爲父에 皆索要敬이

---

84) 〔釋疑〕擎跽曲拳：《莊子》의 註에 "擎은 손을 드는 것이고, 跽는 무릎을 꿇는 것이다. 拳은 卷과 같으니, 또한 굽힌다는 뜻으로 모두 공경하여 절하고 무릎꿇는 모양이다." 하였다. 〔補註〕《莊子》〈人間世〉에 보인다.

85) 〔釋疑〕二先生：程子와 朱子를 가리킨다.

86) 〔釋疑〕魯齋許氏：이름은 衡이고 자는 平仲이니, 南宋의 進士로 元나라에서 벼슬하였다.

87) 〔譯註〕自視聽色貌言事疑忿得：九思의 조목인 視思明·聽思聰·色思溫·貌思恭·言思忠·事思敬·疑思問·忿思難·見得思義의 앞에 나오는 글자를 든 것으로 《論語》〈季氏〉에 보인다.

88) 〔釋疑〕便索要敬：索과 要는 모두 求字와 欲字의 뜻이다.

요 以至當小事, 當大事에도 都索要敬이니 這一件을 先能著力然後에 可以論學이요 學
은 又先要窮理니라 ○【按】許氏生裔戎俶擾之秋[89]하야 無所師承이로되 而獨有得于
程朱之心學하니 惜乎라 言語文字를 不能盡見이요 其可見者는 若居敬窮理之類 皆至
論也라 然則民彝物則(칙)이 固不與世爲存亡이요 而非豪傑之士면 則亦豈能奮起乎
百世之下也哉아

西山眞氏가 말하였다.

"秦·漢이후로 여러 학자들은 모두 敬이 學問의 根本인 줄을 몰랐는데, 程子에 이
르러 사람들에게 가리켜 보여주었고 朱子가 또 發明하여 지극히 간절하게 하였으
니, 두 선생이 聖門에 功이 있음은 이것이 그 가장 큰 것이다."

○ 魯齋許氏(許衡)가 말하였다.

"학문하는 초기에는 먼저 敬을 잡아 지켜야 하니, 敬하면 몸과 마음이 수렴되어
서 氣가 거칠고 사납지 아니하여, 맑은 것은 더욱 맑아져 탁한 것이 자라나지 못하
고, 아름다운 것은 더욱 아름다워져 악한 것이 행해지지 못한다. 靜할 때에 敬하여
항상 天地鬼神이 강림하고 있음을 생각하여 감히 조금이라도 소홀히 하지 않고, 動
할 때에 敬하여 보고 들음, 얼굴빛과 모양, 말과 일, 의심과 분함, 얻음에서부터 일
일이 성찰해서 外物을 따라가지 않게 하여 비록 千萬人의 속에 있더라도 항상 자신
이 있음을 알아야 하니, 이것이 敬을 잡아 지키는 대략이다. 《禮記》한 책은 千萬
字에 가까운데 最初의 한 句는 '毋不敬(敬하지 않음이 없음)'이니, 天下 古今의 善
이 모두 敬字에서 나오고 天下 古今의 惡이 모두 不敬에서 생겨난다. 《小學》에 있
어서도 곧 敬을 찾아야 하고, 《大學》에 있어서도 敬을 찾아야 하며, 자식이 되고
신하가 되고 군주가 되고 부모가 되었을 때에도 모두 敬을 찾아야 하고, 작은 일을
당하거나 큰 일을 당함에 이르러서도 모두 敬을 찾아야 하니, 이 한 가지 일에 먼
저 힘을 쓴 뒤에야 학문을 논할 수 있으며, 학문은 또 먼저 이치를 연구해야 한다."

○【按】許氏(許衡)는 裔戎(변방의 오랑캐)이 처음 中國을 어지럽히던 시기에 태
어나서 스승에게서 傳受받은 바가 없었는데도 홀로 程朱의 心學에 얻음이 있었으
니, 애석하다. 그의 言語와 文字를 다 볼 수 없고, 볼 수 있는 것은 居敬과 窮理 같
은 類인데 모두 지극한 말씀이다. 그렇다면 백성의 떳떳한 성품과 사물의 법칙은

---

89)〔釋疑〕許氏生裔戎俶擾之秋 : 裔는 먼 변방이다. 俶은 시작이다. 金나라와 元나라
가 中國을 어지럽혀 衣冠과 文物이 모두 大江(揚子江) 이남으로 옮겨갔는데, 許氏
는 江北인 懷孟에서 출생하였다. 〔補註〕秋는 시기를 이른다. 가을은 수확하는 시
기이므로 중요한 시기를 秋라고 하는 바, 諸葛亮의 出師表에도 '危急存亡之秋'라
고 보인다.

진실로 세상에 따라 존재하거나 없어지지 않는 것이며, 豪傑의 선비가 아니라면 또한 어찌 〈이처럼〉百世의 뒤에 분발하여 일어날 수 있었겠는가.

① 程子曰 人心은 常要活이니 則周流無窮而不滯於一隅니라

程子가 말씀하였다.

"사람의 마음은 항상 살아 있어야 하니, 살아 있으면 두루 流行하여 다함이 없어서 한 귀퉁이에 막히지 않는다."

【按】聖賢論心이 固以出入操存爲難하시고 而程子又以周流不滯로 爲貴하시니 蓋心具寂感[90]하고 敬兼動靜하니 非欲爲坐禪攝念之一於靜者라 正毫釐千里之辨[91]이니 學者所當謹也라 先儒論敬兼動靜者를 凡得十一條하야 具列如左[92]하노라

聖賢이 마음을 논한 것은 진실로 나가고 들어옴과 잡아 보존함을 어렵게 여겼고, 程子는 또 두루 流行하여 막히지 않는 것을 귀하게 여겼다. 마음은 寂·感을 갖추고 敬은 動·靜을 겸하니, 坐禪하여 생각을 잡는 것처럼 靜에 한결같이 하고자 하는 것은 아니다. 이는 바로 털끝 만한 것에서 千里의 차이가 생기는 구분이니, 배우는 자가 마땅히 삼가야 할 바이다. 先儒들이 敬이 動靜을 겸함을 논한 것을 모두 열한 조목을 얻어 아래에 자세히 나열하노라.

② 又曰 呂與叔이 疑養氣爲有助[93]하니 蓋爲前日思慮紛擾어늘 今要虛靜이라

---

90) 〔釋疑〕心具寂感 : 위의 朱子가 石子重에게 답한 조목에 이미 보인다.

91) 〔釋疑〕正毫釐千里之辨 : 이른바 털끝 만한 차이가 종말에는 千里나 어긋난다는 것이다. 마음은 두루 유행하여 막히지 않는 것을 소중하게 여기니, 만약 靜에만 한결같이 한다면 반드시 禪學으로 빠져 들어갈 것이니, 이는 다만 털끝 만한 차이를 다툴 뿐이다.

92) 〔譯註〕凡得十一條 具列如左 : 十一條는 '程子曰'條부터 그 아래 '又曰呂與叔'條, '張子曰'條, '上蔡謝氏曰'條, '朱子答楊子直書曰'條, '問敬通貫動靜'條, '問一向把捉'條, '問當官事多'條, '黃直卿'條, '朱子答許順之書曰'條, '答張敬夫書曰'條까지의 열한 조목을 가리킨다.

93) 〔釋疑〕疑養氣爲有助 : 이 養氣는 바로 老莊에서 마음을 맑게 하고 욕심을 적게 하는 학문이요, 孟子의 이른바 養氣(浩然之氣를 기름)가 아닌데, 呂與叔은 性理學에 도움이 있다고 의심한 것이다.

故以爲有助라 前日思慮紛擾는 又非義理요 又非事故라 如是則只是狂妄人
耳니 懲此以爲病이라 故要得虛靜이어니와 其極엔 欲得如槁木死灰하니 又却不
是라 蓋人은 活物也니 又安得槁木死灰리오 旣活則須有動作이요 須有思慮라
忠信所以進德⁹⁴⁾者는 何也오 閑邪則誠自存이니 誠者存이면 斯忠信也라 如何
是閑邪오 非禮而勿視聽言動이면 邪斯閑矣니 以此言之하면 又幾時要身如枯
木이며 心如死灰리오 又如絶四後에 畢竟如何⁹⁵⁾오 又幾時에 須如枯木死灰⁹⁶⁾
리오 敬以直內면 則須君則是君이요 臣則是臣이라 凡事如此하니 大小大直截
也⁹⁷⁾니라

또 말씀하였다.

"呂與叔은 〈老莊의〉 養氣가 儒學에 도움이 된다고 의심하였으니, 이는 前日
에는 思慮가 紛擾하였는데, 이제 虛靜(비고 고요함)하려 하므로 도움이 있다고
여긴 것이다. 전일에 사려가 분요함은 또 義理가 아니고 또 事故가 아니다. 이
와 같다면 미치고 망령된 사람일 뿐이니, 이것을 징계하여 병으로 여겼기 때문
에 마음이 虛靜하려고 한 것이나 그 지극함에 이르러서는 마른나무와 꺼진 재
와 같아지려고 하였으니, 이는 또 옳지 않다. 사람은 살아 있는 물건이니, 또
어찌 마른나무와 죽은 재와 같아질 수 있겠는가. 이미 살아 있으면 반드시 動
作이 있고 반드시 思慮가 있다. 忠信이 德을 진전시킴은 어째서인가? 邪를 막
으면 誠(진실)이 저절로 보존되니, 誠이 보존되면 忠信이다. 어떻게 하는 것이
邪를 막는 것인가? 禮가 아니거든 보지 않고 듣지 않고 말하지 않고 동하지 않

94) 〔釋疑〕忠信所以進德:《周易》〈乾卦 文言傳〉에 "忠信은 德을 진전하는 것이다."
하였는데, 그 註에 "忠信은 마음을 주장하니, 한 생각도 성실하지 않음이 없는 것
이다." 하였다.

95) 〔釋疑〕又如絶四後 畢竟如何:'네 가지(意·必·固·我)를 끊은 뒤에 그 氣象
이 마땅히 어떠하겠는가. 반드시 枯木死灰와 같지는 않을 것'이라고 말함과
같다.

96) 〔釋疑〕枯木死灰:마른나무와 죽은(꺼진) 재로,《莊子》에 보이는데, 頑然하여 知
覺이 없는 모양이다. 〔補註〕《莊子》〈齊物論〉에 보인다.

97) 〔釋疑〕大小大直截也:大小大는 多少라는 말과 같고 直截은 분명하다는 뜻과 같
다. '君則是君'이하는 바로 '義以方外'를 해석한 것이다. 〔補註〕多少는 때로는
많음을 의미하기도 하고 때로는 적음을 나타내기도 하는 바, 여기서는 매우 많음
(큼)을 의미한다.

으면 邪가 막아지니, 이것을 가지고 말한다면 또 어느 때에 몸이 마른나무와
같고 마음이 꺼진 재와 같아지겠는가. 또 네 가지(意·必·固·我)를 끊은 뒤에
는 마침내 〈그 기상이〉 어떠한가. 또 어느 때에 모름지기 마른나무와 꺼진 재
와 같아지겠는가. 敬하여 안을 곧게 하면 모름지기 군주는 군주답고 신하는 신
하다워지는 것이다. 모든 일이 이와 같으니, 얼마나 크게 直截(간단하고 분명
함)한가.”

人惡(오)多事하야 或人憫之어늘 程子曰 世事雖多나 盡是人事니 人事를 不敎人做면
更責誰做리오 ○【按】此는 言學者於動時에 宜無所不用其敬也니라

　사람들이 일이 많음을 싫어하여 혹자가 이를 고민하자, 程子가 말씀하였다.
　“세상일이 비록 많으나 모두 사람의 일이니, 사람의 일을 사람으로 하여금 하게
하지 않으면 다시 누가 해주기를 바란단 말인가.”
○【按】이는 배우는 자가 動할 때에 마땅히 敬을 쓰지 않는 바가 없어야 함을 말
한 것이다.

③ 張子曰 言有敎요 動有法이요 晝有爲요 宵有得이요 瞬有養이요 息有存[98]이
니라

　張子가 말씀하였다.
　“말함에는 가르침이 있고 동함에는 법이 있고 낮에는 함이 있고 밤에는 얻
음이 있고 눈 깜짝할 사이에도 기름이 있고 숨 쉴 때에도 보존함이 있어야
한다.”

朱子曰 橫渠此語極好하니 君子終日乾乾하야 不可食息間이며 亦不必盡日讀書니라 或
靜坐存養이 皆是用功處라 天地生物에 以四時運動하니 春生夏長이 固是不息이어니와
雖秋冬凋落이라도 生意[99]未嘗不在其中하니 學者常喚令此心不死면 則日有進이니라
○【按】張子動靜交修之功이 如此하시니 眞學者法守也니라

　朱子가 말씀하였다.

---

98)〔刊補〕瞬有養 息有存:《韻會》에 “瞬은 눈을 자주 깜빡거리는 것이다.”하였다.
　○ 살펴보건대 원문(橫渠集)에는 ‘瞬有存 息有養’으로 되어 있다.
99)〔譯註〕生意:萬物을 낳는 뜻, 또는 萬物의 살려는 뜻을 가리킨다.

"橫渠의 이 말씀이 지극히 좋으니, 君子는 종일토록 부지런히 힘써서 밥 먹을 때나 숨 쉴 때에도 間斷하지 않으며, 또한 굳이 종일토록 책만 읽지 않는다. 혹 고요히 앉아서 存養하는 것이 모두 공부하는 곳이다. 天地가 만물을 낼 적에 四時로써 운동하니, 봄에 낳고 여름에 자라는 것은 진실로 쉬지 않는 것이요, 비록 가을과 겨울에 초목이 말라 잎이 떨어지더라도 生意가 일찍이 그 가운데에 있지 않은 적이 없으니, 배우는 자가 항상 불러 깨워서 이 마음으로 하여금 죽지 않게 하면 날로 진보함이 있을 것이다."

○【按】張子의 動과 靜을 서로 닦는 공부가 이와 같았으니, 참으로 배우는 자가 본받아 지켜야 할 것이다.

④ 上蔡謝氏曰 事至應之[100]요 不與之往이 非敬乎아 萬物變而此常存[101]하니 奚紛擾之有리오 夫子曰 事思敬[102]이 正謂此耳니라

上蔡謝氏가 말하였다.

"일이 이르면 응하고 마음이 일을 따라 함께 가지 않는 것이 敬이 아니겠는가. 만물은 변화하여도 이 마음은 항상 보존되니, 어찌 紛擾함이 있겠는가. 夫子께서 '일할 적에는 공경함을 생각한다'고 하신 것은 바로 이것을 이른 것이다."

⑤ 朱子答楊子直[103]書曰 身心內外 初無間隔하니 所謂心者固主乎內나 而凡視聽言動出處語默之見於外者 亦卽此心之用이라 未嘗離也어늘 今於其空虛不用之處엔 則操而存之하고 於其流行運用之實엔 則棄而不省하면 此於心之全體에 雖得其半이나 而失其半矣라 然其所得之半도 又必待有所安排布置然後能存이라 故存則有揠苗助長[104]之患하고 否則有舍而不芸之失[105]하니 是則其所得之半도 又將不足以自存而失之라 孰若一主於敬而此心卓然하야 內外動靜之間에 無一毫之隙, 一息之停哉리오

100)〔釋疑〕事至應之: 應之는 마음이 응함을 이른다.
101)〔釋疑〕此常存: 此는 마음을 가리킨다.
102)〔譯註〕夫子曰 事思敬: 夫子는 孔子를 가리키며 事思敬은 九思의 하나로《論語》〈季氏〉에 보인다.
103)〔釋疑〕楊子直: 이름은 方이니, 朱子의 門人이다.
104)〔釋疑〕揠苗助長: 孟子는 助長하는 잘못을 논하면서 苗(벼싹)를 뽑는 것을 들어 증명하였는 바,《孟子》〈公孫丑 上〉의 浩然之氣章에 자세히 보인다.

朱子가 楊子直(楊方)에게 답한 편지에 다음과 같이 말씀하였다.

"身心과 內外가 애당초 간격이 없으니, 이른바 마음이라는 것이 진실로 안을
주장하나 밖에 나타나는 모든 視聽言動과 出處語默 또한 이 마음의 用이어서
일찍이 떨어져 있지 않다. 그런데 지금 공허하여 쓰지 않는 곳에 있어서는 잡
아서 보존하고 流行하여 運用하는 실제에 있어서는 버리고 살피지 않는다면,
이는 마음의 전체에 비록 반은 얻었으나 반은 잃은 것이다. 그러나 얻은 반도
반드시 安排하고 布置함이 있은 뒤에야 보존할 수 있을 것이다. 그러므로 보존
하면 싹을 뽑아 助長하는 병폐가 있고, 보존하지 않으면 버리고 김매지 않는
잘못이 있는 것이다. 이렇게 되면 그 얻은 바의 반도 장차 스스로 보존하지 못
하여 잃게 될 것이니, 어찌 한결같이 敬을 주장해서 이 마음이 우뚝하여 內外
와 動靜의 사이에 털끝 만한 틈과 잠깐동안의 停滯도 없는 것만 하겠는가."

⑥ 問敬이 通貫動靜而言이나 然靜時少하고 動時多하니 恐易得撓亂이로소이다
朱子曰 如何都靜得이리오 有事에 須著應이니 人在世間에 未有無事時節하야
自早至暮히 有許多事하니 不成說事多撓亂我라 且去靜坐[106]니 敬은 不是如
此라 若事至前而自家却要主靜하야 頑然不應이면 便是心都死了라 無事時에
敬在裏面하고 有事時에 敬在事上하야 有事無事에 吾之敬이 未嘗間斷也라 故
程子說學到專一時方好[107]라하시니 蓋專一則有事無事에 皆是如此니 程子此
段[108]에 這一句[109] 是緊要處니라

---

105) 〔譯註〕存則有揠苗助長之患　否則有舍而不芸之失 : 揠苗助長과　舍而不芸은　모두
《孟子》〈公孫丑 上〉의 浩然之氣章에 보이는 내용으로, 孟子는 浩然之氣를 기르는
방법을 논하면서 "반드시 浩然之氣를 기르는데 종사하되 효과를 기대하지 말라.
효과를 기대하다가 성과가 없어 억지로 助長하면 이는 마치 농부가 벼를 가꾸다
가 잘 자라지 않는 것을 걱정하여 벼싹을 뽑아 올려놓는 것과 같으며, 또 浩然之
氣를 내버려 두고 기르지 않으면 이는 마치 벼를 내버려 두고 김매지 않는 것과
같다." 한 말씀을 인용한 것이다.

106) 〔刊補〕不成說事多撓亂我　且去靜坐 : 일이 많아 나를 요란하게 하므로 우선 가서
靜坐한다고 말해서는 안 된다는 뜻이다.

107) 〔刊補〕學到專一時方好 : 이 말은 蘇季明과의 問答 가운데 있는 말로, 〈敬以直內
章〉에 보인다.

108) 〔釋疑〕程子此段 : 蘇季明이 喜怒哀樂의 未發을 물은 한 단락이다.

"敬이 動·靜을 관통한다고 말하나 靜할 때는 적고 動할 때는 많으니, 요란해지기 쉬울까 두렵습니다." 하고 묻자, 朱子가 말씀하였다.

"마음이 어찌 모두 靜할 수 있겠는가. 일이 있으면 마음이 모름지기 응해야 한다. 사람이 세상에 살면서 일이 없을 때가 없어서 아침부터 저녁까지 허다한 일이 있으니, 일이 많아 나를 요란하게 하므로 우선 가서 靜坐한다고 말하는 것은 되지 않는다. 敬은 이와 같이 하는 것이 아니다. 만일 일이 앞에 닥쳤는데도 자신이 도리어 靜을 주장하고자 하여 頑然히 응하지 않는다면 이는 곧 마음이 모두 죽은 것이다. 일이 없을 때에는 敬이 裏面에 있고 일이 있을 때에는 敬이 일 위에 있어서 일이 있던 일이 없던 나의 敬이 일찍이 間斷하지 않아야 한다. 그러므로 程子가 말씀하기를 '學問은 專一함에 이르렀을 때에야 비로소 좋다' 하였으니, 專一하면 일이 있던 일이 없던 모두 이와 같이 할 수가 있으니, 程子의 이 단락에 이 한 句가 바로 긴요한 부분이다."

⑦ 問一向把捉이라가 待放下하야는 便覺恁衰颯[110]하니 不知當如何잇가 曰 這箇也不須只管恁地把捉이라 若要去把捉이면 又添一箇心이니 公若知得放下不好인댄 提掇起來 便是敬[111]이니라 曰 靜坐久之에 一念이 不免發動하니 如何잇가 曰 也須看一念이 是要做甚麼事니 若是好事當做인댄 須去幹了[112]요 或此事를 思量未透어든 須著思量教了[113]며 若是不好底事인댄 便不要做니 自家纔覺得如此면 這敬이 便在這裏니라

"한결같이 마음을 잡다가 마음을 놓아버리면 곧 이처럼 衰颯(쓸쓸함)을 느끼

---

109) 〔釋疑〕這一句 : '學問은 專一함에 이르렀을 때에 비로소 좋다'는 한 구이다.

110) 〔刊補〕衰颯(쇠삽) : 쓸쓸한 모양이다.

111) 〔刊補〕這箇也不須只管恁地把捉 …… 便是敬 : 살펴보건대 '這箇'에서 '一箇心'까지는 마음을 잡는데 따르는 병통을 구원한 것이고, '公若知得'에서 '便是敬'까지는 마음을 놓아버리는 데 따르는 병통을 구원한 것이다.

112) 〔刊補〕須去幹了 : 幹은 《周易》〈蠱卦〉에 말한 '幹蠱'의 幹이다. 《周易》의 註에 "나무에 큰 줄기가 있는 것과 같다." 하였다. 〔補註〕幹蠱는 일을 주관하는 것으로, 나무의 큰 줄기를 幹이라 하는 바, 사람이 중한 임무를 맡아 일을 처리함은 나무의 큰 줄기와 같다 하여 붙인 이름이다.

113) 〔釋疑〕思量教了 : 了는 끝마침이다. 〔補註〕教는 '하여금'이니, 思量하여 끝마치게 함을 말한다.

니, 어떻게 해야 할지 모르겠습니다." 하고 묻자, 다음과 같이 말씀하였다.

"이것 또한 다만 이렇게 잡을 필요가 없다. 만약 가서 잡으려고 한다면 또다시 하나의 마음을 더하게 되니, 그대가 만약 마음을 놓아버리는 것이 좋지 않다는 것을 알았으면 마음을 들어(깨우쳐) 일으키는 것이 바로 敬이다."

"靜坐를 오래하면 한 생각이 발동함을 면치 못하니, 어떻게 해야 합니까?" 하고 묻자, 다음과 같이 말씀하였다.

"또한 모름지기 한 생각이 무슨 일을 하려는 것인가를 살펴보아야 하니, 만약 좋은 일로 마땅히 해야 할 것이라면 모름지기 가서 주관할 것이요, 혹 이 일을 思量하여 아직 通透하지 못했으면 모름지기 思量하여 끝낼 것이며, 만약 좋지 못한 일이라면 하지 말아야 하니, 자신이 잠시라도 이와 같음을 깨달으면 이 敬이 곧 이 안에 있는 것이다."

⑧ 問當官事多하야 膠膠擾擾[114]하니 奈何잇가 曰 他自膠擾니 我何與焉이리오 濂溪云 定之以中正仁義而主靜[115]이라하시니 中與仁은 是發動處요 正은 是當然定理處요 義는 是截斷處라 常要主靜이니 豈可只管放出하야 不收斂이리오 截斷二字 最緊要[116]니라

"관직을 맡아 일이 많아서 어지러우니, 어떻게 해야 합니까?" 하고 묻자, 다음과 같이 말씀하였다.

"저 스스로 어지러운 것이니, 나와 무슨 상관이 있겠는가. 周濂溪가 말씀하기를 '中·正과 仁·義로써 定하되 靜을 주장한다' 하였으니, 中과 仁은 발동하는 곳이고 正은 당연한 定理의 곳이고 義는 截斷하는 곳이다. 항상 靜을 주장하여야 하니, 어찌 다만 마음을 놓아버리고 수렴하지 않을 수 있겠는가. '截斷'이라는 두 글자가 가장 긴요하다."

⑨ 黃直卿이 勸先生且謝賓客하고 數月將息病[117]한대 先生曰 天生一箇人에

---

114) 〔釋疑〕膠膠擾擾 : 《莊子》의 註에 "擾는 어지러움이다." 하였다. 膠膠 또한 擾擾의 뜻이다. 〔補註〕《莊子》〈天道〉에 보인다.

115) 〔釋疑〕定之以中正仁義而主靜 : 〈太極圖說〉에 보인다.

116) 〔釋疑〕截斷二字 最緊要 : 물은 자가 思慮가 많음을 걱정하였으므로 이 두 글자를 긴요함으로 삼은 것이다.

117) 〔釋疑〕將息病 : 將은 기름(요양)이요, 息은 調息(조리함)이다.

便須著管天下事니 若要不管인댄 須是如楊氏爲我[118]라야 方得이니 某却不曾
去學得這般學[119]이로라

黃直卿(黃榦)이 朱先生에게 우선 빈객을 사절하고 몇 달동안 요양하여 신병
을 조리할 것을 권하자, 선생은 다음과 같이 말씀하였다.

"하늘이 한 사람을 낼 적에 모름지기 천하의 일을 주관하게 하였으니, 만약
주관하지 않으려고 한다면 모름지기 楊氏(楊朱)의 爲我와 같이 하여야만 될 것이
다. 나는 일찍이 이러한 학문은 배우지 않았노라."

又曰 人每欲不見客하나니 不知他是如何오 若使某一月日[120]不見客이면 必須大病一
月似라 今日에 與客說話一日하니 却覺得意思舒暢이라 不知他門[121]關著門不見人底는
是如何過日고 ○【按】朱子以楊氏爲我로 答黃直卿은 與程子以槁木死灰로 答呂與
叔同意하고 見客一事는 亦與程子世事須敎人做로 同意하니 皆言動之不可不敬也니라

또 말씀하였다.

"사람들이 언제나 빈객을 만나보지 않으려 하니, 저들이 어찌하여 그러는지 모르
겠다. 만약 나로 하여금 한 달 동안 빈객을 만나보지 못하게 한다면 반드시 한 달
동안 큰 병을 앓는 것과 같을 것이다. 오늘 빈객과 하룻동안 말을 나누니, 意思가
펴지고 通暢함을 깨닫겠다. 저 문을 닫고 사람을 만나보지 않는 자들은 어떻게 날
을 보내는지 모르겠다."

○【按】朱子가 楊氏의 爲我를 가지고 黃直卿에게 답한 것은 程子가 마른나무와 꺼
진 재로 呂與叔에게 답한 것과 뜻이 같고, 빈객을 만나보는 한 가지 일은 또한 程
子가 세상일은 모름지기 사람으로 하여금 하게 한다는 것과 뜻이 같으니, 모두 動
할 때에 敬하지 않을 수 없음을 말씀한 것이다.

---

118) 〔譯註〕楊氏爲我 : 楊氏는 戰國時代의 思想家인 楊朱이며 爲我는 자신만을 위하
   는 것으로《孟子》〈滕文公 下〉에 "楊氏는 자신만을 위하니, 터럭 하나를 뽑아 천
   하를 이롭게 할 수 있어도 하지 않는다." 라고 보인다.
119) 〔釋疑〕這般學 : 이까짓 학문이란 뜻으로 楊氏의 學問을 가리킨다.
120) 〔釋疑〕一月日 : 한 달의 어느 날을 이른다. 〔補註〕번역에서는 日字를 풀이하지
   않았음을 밝혀둔다.
121) 〔釋疑〕他門 : 門은 們과 통하는 바, 他人을 지칭한다. 〔補註〕他們은 ' 저 사람들'
   이란 뜻이다.

⑩ 朱子答許順之[122]書曰 來諭에 欲棲心淡泊하야 與世少求하고 玩聖賢之言하야 以資吾神, 養吾眞者는 無一字不有病痛이라 夫人心은 活物이라 當動而動하고 當靜而靜하야 不失其時면 則其道光明이니 是乃本心全體大用이라 如何須要棲之澹泊然後에 爲得이리오 且此心이 是箇什麽[123]완대 又如何其可棲也邪아

朱子가 許順之(許升)에게 답한 편지에 다음과 같이 말씀하였다.

"보내온 편지에 '마음을 담박함에 깃들여 세상에 구하는 것을 적게 하고, 聖賢의 말씀을 살펴보아 나의 精神을 자뢰하고 나의 眞理(性)를 기르고자 한다'고 하였는데, 이는 한 글자도 병통이 없는 것이 없소. 사람의 마음은 살아 있는 물건이니, 動해야 할 때에는 動하고 靜해야 할 때에는 靜하여 때를 잃지 않으면 道가 光明해지니, 이것이 바로 本心의 全體와 大用이오. 어떻게 모름지기 담박함에 깃들인 뒤에야 얻음이 되겠소. 또 이 마음은 어떤 것이기에 또 어떻게 깃들게 할 수 있단 말이오."

⑪ 答張敬夫書曰 來諭에 謂靜則溺於虛無라하니 此二{一}字[124]如佛老之論인댄 誠有此患이어니와 若以天理觀之면 則動之不能無靜은 猶靜之不能無動也며 靜之不可不養은 猶動之不可不察也라 但見一動一靜이 互爲其根하고 敬義夾持하야 不容間斷之意면 則雖下靜字라도 元非死物이라 至靜之中에 自有動之端焉하니 是乃所以見天地之心者而先王之所以至日閉關[125]이라 蓋當此

---

122) 〔釋疑〕許順之 : 이름은 升이니, 朱子의 門人이다.

123) 〔刊補〕什麽(십마) : 甚麽(삼마)와 같은 말로, '무엇'이라는 뜻이다.

124) 〔釋疑〕此二{一}字 : 二는 의심컨대 一이 되어야 할 듯하니, 靜字를 가리킨 것이다. 〔刊補〕二는 마땅히 一이 되어야 할 듯하다.

125) 〔釋疑〕是乃所以見天地之心者而先王之所以至日閉關 : 《周易》〈復卦〉에 자세히 보인다. 冬至에 한 陽이 여러 陰의 아래에서 생기니, 이는 물건을 낳는 단서로 이른바 '天地의 마음'이란 것이다. 그러나 陽氣가 처음 생김에 마땅히 안정하여 길러야 한다. 그러므로 이날 關門을 닫아서 장사꾼과 여행자들이 통행하지 않게 하고 군주도 지방을 巡狩하지 않으니, 모두 어린 陽을 고요히 기르기 위한 것이다. 〔補註〕《周易》〈復卦 象傳〉에 '復其見天地之心'이라 하였고, 〈象傳〉에 '先王以 至日閉關'이라고 보이는 바, 復卦는 한 陽爻가 처음 아래에서 생겨 冬至에 해당하는 바, 한 陽爻가 아래에서 생김은 바로 天地가 물건을 낳는 마음이라 한다. 한 陽爻

時면 則安靜以養乎此耳니 固非遠事絶物하고 閉目兀坐[126]하야 而偏於靜之謂라 但未接物時에 便有敬以主乎中이면 則事至物來에 善端昭著하야 所以察之者益精明耳리라 又謂某言以靜爲本이 不若遂言以敬爲本이라하니 此固然也어니와 然敬字工夫 貫動靜[127]而必以靜爲本하니 今若遂易爲敬이면 雖若完全이나 却不見敬之所施 有先有後하니 亦未爲的當[128]也라 必如所謂要須靜以涵動之所本하고 察夫動以見靜之所存하야 動靜相須[129]하고 體用不離而後에 爲無滲漏也[130]라 此數語卓然하야 意語俱到하니 當書之座右하야 出入觀省이로라

〈朱子가〉 張敬夫(張栻)에게 답한 편지에 다음과 같이 말씀하였다.

가 처음 생겨 매우 미약하기 때문에 이것을 고요히 기르기 위하여 동짓달에 관문을 닫아 여행자나 상인들이 통행하지 못하게 하는 것이다.

126)〔釋疑〕兀坐 : 오똑히 앉아 움직이지 않는 것이니, 佛家의 參禪과 같다.

127)〔釋疑〕貫動靜 : 貫字 앞에 본래 通字가 있다.

128)〔釋疑〕的當 : 正當의 뜻이다.

129)〔釋疑〕相須 : 《周易》의 註에 須字를 사용할 때에 待(기다리다, 필요로 하다)의 뜻으로 많이 해석하였다.

130)〔釋疑〕要須靜以涵動之所本 …… 爲無滲漏也 : 이는 본래 張南軒의 말씀인데, 朱子가 인용한 것이다. 南軒의 本文에는 "모름지기 動으로써 靜의 보존한 바를 보고 靜으로써 動의 근본한 바를 함양하도록 살펴야 한다." 하여, 要須察夫의 뜻이 滲漏에까지 이르렀다. 朱子는 먼저 動을 말하고 뒤에 靜을 말한 것이 온당치 못하다 하여 이것을 바꾸려 하였다. 그러므로 篁墩이 이것을 바꾸어 놓았는데, 要須를 靜에 속하고 察夫를 動에 속하게 하여 本旨를 크게 잃었다.〔刊補〕살펴보건대 이 부분은 곧 南軒(張栻)의 말로, 본래는 '要須察夫動以見靜之所存 靜而涵動之所本 ……'이라 하였는데, 眞西山이 〈太極圖說〉을 論하면서 朱子의 뜻에 따라 動·靜 두 구절의 위치를 바꾸어 놓고 '要須察夫'네 자를 動·靜에 分屬시켰는데, 篁墩이 이를 그대로 받아들였다. 晦齋先生(李彦迪)이 曹忘機堂(曹漢輔)에게 답한 편지에도 이를 인용하면서 '存諸靜以涵…… 察夫動以見……'이라 하였다.〔補註〕《釋疑》에는 "篁墩이 이것을 바꾸어 놓았다." 하였으나 篁墩은 眞西山의 《讀書記》를 그대로 인용하였을 뿐이니, 《刊補》의 내용이 옳다. 그러나 《刊補》에 '眞西山이 〈太極圖說〉을 논하면서'라고 한 것은 誤記로 보인다. 이 내용은 《西山讀書記》 권 19의 "程子曰 靜後見萬物自然皆有春意" 아래에 보인다. 그리고 南軒의 原文은 '要須察夫動以見靜之所存 靜以涵動之所本 動靜相須 體用不離'로 되어 있는데, 만일 이것을 朱子의 뜻에 따라 動靜을 靜動의 순서로 바꾼다면 마땅히 '要須察夫靜以涵動

"보내온 편지에 '靜하면 허무에 빠진다'고 하였으니, 이 한 靜字를 佛老의 말과 같이 여긴다면 진실로 이러한 병통이 있거니와 만약 天理로 본다면 動에 靜이 없을 수 없는 것은 靜에 動이 없을 수 없는 것과 같으며, 靜을 기르지 않을 수 없음은 動을 살피지 않을 수 없는 것과 같습니다. 다만 한 번 動하고 한 번 靜하는 것이 서로 뿌리가 되고 敬과 義를 양쪽으로 잡아서 間斷함을 용납하지 않는 뜻을 본다면 비록 靜字를 놓더라도 원래 죽은 물건이 아니어서 지극히 靜한 가운데에 자연 動의 단서가 있으니, 이것이 바로 天地의 마음을 볼 수 있는 것으로 先王이 冬至에 關門을 닫은 까닭입니다. 이때를 당하면 安靜하여 이것(陽)을 기를 뿐이니, 진실로 사물을 멀리 끊고 눈을 감고 오똑히 앉아서 靜에 편벽되게 함을 말하는 것이 아닙니다. 다만 사물을 접하지 않았을 때에 곧 敬을 두어 마음을 주장하면 사물이 올 적에 착한 마음이 밝게 드러나서 살피는 것이 더욱 정밀해지고 분명할 것입니다. 또 말씀하기를 '제가 靜을 근본으로 삼는다고 말한 것은 마침내 敬을 근본으로 삼는다고 말하는 것만 못하다'고 하셨는데, 이는 참으로 옳습니다. 그러나 敬字의 공부가 動·靜을 관통하되 반드시 靜을 근본으로 삼으니, 이제 만약 敬字로 바꾼다면 비록 완전한 듯하나 敬의 베푸는 바가 先·後가 있음을 볼 수 없으니, 또한 的當(正當)하지 못합니다. 반드시 보내온 편지에 말씀한 대로 '모름지기 靜으로써 動의 근본한 바를 함양하고 動을 살펴 靜의 보존한 바를 보아서 動·靜이 서로 필요하고 體·用이 떨어지지 않게 한다'는 것과 같이 한 뒤에야 물샐 틈이 없게 될 것입니다. 이 몇 말씀은 드높아서 뜻과 말이 모두 지극하니, 마땅히 이것을 자리 오른쪽에 써 붙여서 출입할 때에 보며 살피겠습니다."

○ 南軒張氏曰 程子敎人以敬이 卽周子主靜之意[131]니라

南軒張氏가 말하였다.

"程子가 사람들에게 敬을 하라고 가르친 것은 곧 周子의 靜을 주장한다는 뜻

之所本 動以見靜之所存 動靜相須 體用不離'로 하여 '모름지기 靜으로써 動의 근본을 涵養하고 動으로써 靜의 보존한 바를 보아서 動과 靜이 서로 필요로 하고 體와 用이 떠나지 않음을 살펴야 한다'로 해석하여야 할 것이다.

131)〔釋疑〕周子主靜之意 : 공경하면 마음이 어지럽지 않기 때문에 곧 靜을 주장하는 것이다.〔補註〕〈太極圖說〉에 "聖人이 中·正·仁·義로써 定하되 靜을 주장하여 사람의 極(法)을 세웠다.〔聖人 定之以中正仁義而主靜 立人極焉〕"라고 보인다.

이다.”

○ 又曰 一二年來에 頗專於敬字上勉力호니 愈覺周子主靜之意 爲有味라
程子謂於喜怒哀樂未發之前에 更怎(즘)生求리오 只平日涵養이 便是라하시니
此意를 當深體之也니라

　또 말씀하였다.
　“1, 2년 동안에 자못 오로지 敬字 上에 힘을 써보니, 周子의 靜을 주장한다는
뜻이 재미가 있음을 더욱 깨닫겠다. 程子가 이르시기를 ‘喜怒哀樂이 발하기 이
전에 다시 무엇을 구한단 말인가. 다만 평소에 涵養하는 것이 곧 이것이다’ 하
였으니, 이 뜻을 마땅히 깊이 체득해야 할 것이다.”

西山眞氏曰 南軒此言은 蓋合敬靜爲一[132]이니 學者宜深味之니라

　西山眞氏가 말하였다.
　“南軒의 이 말씀은 敬과 靜을 합하여 하나로 만든 것이니, 배우는 자가 마땅히
깊이 음미해야 할 것이다.”

---

132) 〔釋疑〕敬靜爲一 : 敬과 靜은 본래 두 가지 물건이나 靜을 주장하고자 하면 반드
　시 敬으로써 해야 하기 때문에 敬과 靜을 합하여 하나라고 한 것이다.

23. 仁人心章[1]

孟子曰 仁은 人心也요 義는 人路也어늘 舍其路而不由하며 放其心而
不知求하나니 哀哉라 人有雞犬放이면 則知求之호되 有放心而不知求하나
니 學問之道는 無他라 求其放心而已矣니라

孟子가 말씀하였다.

"仁은 사람의 마음이요 義는 사람의 길이다. 그 길을 버리고 따르지
않으며 그 마음을 잃고 찾을 줄을 모르니, 애처롭다. 사람들은 닭과 개
가 도망가면 찾을 줄을 알지만 마음을 잃고서는 찾을 줄을 알지 못하
니, 學問하는 방법은 딴 것이 없다. 그 放心을 찾는 것일 뿐이다."

【原註】

○ 程子曰 心本善而流於不善하니 所謂放也라

程子가 말씀하였다.

"마음이 본래 善한데 不善함에 흐르니, 이것이 이른바 放이란 것이다."

○ 朱子曰 仁者는 心之德也니 程子所謂心譬如穀種이요 生之性乃仁也[2] 卽
此意也라 然但謂之仁이면 則不知其切於己라 故反而名之曰人心이라하니 則可
見其爲此身酬酢萬變之主하야 而不可須臾失矣니라 義者는 行事之宜니 謂之
人路라하니 則可見其爲出入往來必由之道하야 而不可須臾舍矣니라

---

1) 《孟子》〈告子 上〉에 보인다.

2) 〔釋疑〕心譬如穀種 生之性乃仁也 : 곡식의 씨앗을 마음에 비유하였으니, 곡식이 生
하는 性은 바로 仁이고, 싹이 나오는 곳은 곧 惻隱이다. 〔補註〕生之性이란 生之
理로, 발생하는(나오는) 이치를 말한 것이다.

朱子가 말씀하였다.

"仁은 마음의 德이니, 程子의 이른바 '마음은 곡식의 씨와 같고 낳는(발생하
는) 性(理)이 바로 仁이다'라는 것이 이것이다. 그러나 다만 仁이라고만 말하
면 사람들이 자기에게 절실한 것인 줄을 알지 못한다. 그러므로 돌이켜 人心이
라 이름하였으니, 그렇다면 만 가지 변화에 酬酢(수작)하는 이 몸의 주장이 되
어서 잠시라도 잃어서는 안 됨을 볼 수 있을 것이다. 義는 行事의 마땅함인데
이것을 人路라고 일렀으니, 그렇다면 出入하고 往來할 때에 반드시 경유해야
할 길이어서 잠시라도 버려서는 안 됨을 볼 수 있을 것이다."

○ 又曰 至貴在我而自失之하니 是可哀已니라

또 말씀하였다.

"지극히 귀한 것이 자신에게 있는데 스스로 잃으니, 이는 애처롭게 여길 만
하다."

○ 又曰 學問之事[3] 固非一端이나 然皆以求夫不失本心之正而已요 無他道
也니라

또 말씀하였다.

"학문하는 일이 진실로 한 가지가 아니나 모두 本心의 바름을 잃지 않음을
구하려고 할 뿐이요, 딴 방도가 없다."

○ 程子曰 聖賢千言萬語 只是欲人將已放之心約之하야 使反復入身來니
自能尋向上去[4]하야 下學而上達也니라

程子가 말씀하였다.

"聖賢의 천 마디 말씀과 만 마디 말씀이 다만 사람들로 하여금 이미 잃어버
린 마음을 가져다가 거두어서 돌이켜 몸에 들어오게 하고자 하였을 뿐이니, 이

---

3) 〔刊補〕又曰 學問之事 : 살펴보건대 朱子가 《孟子》의 이 단락을 논한 것에 두 가지
   說이 있다. 하나는 學問을 求放心의 공부로 삼은 것이고, 또 하나는 求放心을 學
   問의 근본으로 삼은 것이니, 《朱子語類》를 상고해보면 알 수 있다.
4) 〔釋疑〕尋向上去 : 向上을 찾아간다는 뜻으로 向上은 上이니, 向字는 굳이 깊이 해
   석하지 않아도 된다.

렇게 하면 자연히 위를 찾아가서 아래로 〈人間의 일을〉 배워 위로 〈天理를〉 통달하게 될 것이다.”

○ 此章은 孟子指示學者用力之方이 最爲深切하시니 學者所宜服膺而勿失也니라

이 章은 孟子가 배우는 자들에게 힘쓰는 방법을 지시한 것이 가장 깊고 간절하니, 배우는 자들이 마땅히 가슴속에 새겨두어 잃지 말아야 할 것이다.

【附註】
○ 程子曰 心은 要在腔子5)裏니라

程子가 말씀하였다.
“마음은 〈밖으로 달려가지 말고〉 腔子(몸) 속에 있어야 한다.”

又曰 只外面에 有些罅隙이면 便走了6)니라 ○ 問心如何라야 在腔子裏닛가 朱子曰 敬이면 便在腔子裏니라

또 말씀하였다.
“다만 外面에 조그마한 틈이라도 있으면 마음은 곧 달아난다.”
○ “마음이 어떠하여야 腔子 속에 있습니까?” 하고 묻자, 朱子가 말씀하였다.
“敬하면 곧 腔子 속에 있게 된다.”

○ 又曰 若不能存養이면 只是說話니라

또 말씀하였다.
“만약 存養하지 못하면 이는 단지 말로만 할 뿐이다.”

---

5) 〔釋疑〕腔子 : 軀殼이란 말과 같으니, 껍질(몸통) 안을 통틀어 腔子라고 이른다.
6) 〔釋疑〕只外面 …… 便走了 : 罅隙(하극)은 용모가 태만한 때이니, 흘겨보거나 귀기울여 들으며 두 다리를 뻗거나 걸터앉고 외발로 서거나 몸을 기울이는 따위의 不敬한 행동거지이다. 走는 마음이 달아나는 것이니, 비유하면 물이 그릇 속에 있을 때에 그릇에 조금이라도 틈이 있으면 물이 곧 새어 나가는 것과 같다.

朱子曰 專做時文⁷⁾底人은 他說底 都是聖賢說話라 且如說廉에 他且會說得好⁸⁾하고
說義에 他也會說得好로되 待他身上處에는 只自不廉하고 只自不義하나니 緣將許多話하야
只是就紙上說이라 廉은 是題目上合說廉이요 義는 是題目上合說義니 都不關自家身
上些子事니라

朱子가 말씀하였다.

"오로지 時文(科文)만 공부하는 사람은 그들이 〈글을 지어〉 말하는 것은 모두
聖賢의 말씀이다. 우선 예를 들면 청렴을 말할 적에 저들도 좋다고 말하고 義를 말할
적에 저들도 좋다고 말할 줄 아나 자기 身上을 대하는 곳에는 단지 청렴하지도 못하
고 의롭지도 못하니, 이는 허다한 말을 가져다가 다만 종이 위에 나아가 말할 뿐이기
때문이다. 청렴은 제목 상으로 청렴해야 한다고 말하고 義는 제목 상으로 의로워야
한다고 말할 뿐이니, 모두 자신의 身上에는 조그마한 일도 관계되지 않는다."

○ 又曰 今之學者 往往以游夏爲小하야 不足學이라하나 然游夏는 一言一事
却總是實이러니 後之學者는 好高하니 如人游心千里之外나 然自身은 却只在
此니라

또 말씀하였다.

"지금 배우는 자들은 왕왕 子游와 子夏를 하찮게 여겨 배울 것이 없다고 말
하나 子游와 子夏는 한 마디 말과 한 가지 일이 모두 실제였는데, 후세의 배우
는 자들은 高遠한 것을 좋아하니, 마치 사람이 마음은 천리밖에 놓고 있으나
그 몸은 단지 여기에 있는 것과 같다."

邢和叔⁹⁾이 問伊川호되 先生이 謂二周¹⁰⁾與楊時似同志어니와 恕恐二周未可望楊時라하
노니 如何잇가 曰 周孚先兄弟 氣象純明하야 可以入道라 頤每勸楊時勿好著書하노니 好
著書則多言이요 多言則害道니 學者要當察此니라 ○ 問延平先生言行한대 朱子曰 他

---

7) 〔釋疑〕時文 : 科文이다. 〔補註〕科文은 科擧及第에 필요한 詩賦나 對策文 따위를
   이른다.
8) 〔釋疑〕且如說廉 他且會說得好 : 說은 科文에 늘어놓아 청렴해야 함을 강조하여 말
   한 것이다.
9) 〔刊補〕邢和叔 : 名은 恕이며 和叔은 字이다. 자세한 것은 뒤의 〈魚我所欲章〉에 보인다.
10) 〔釋疑〕二周 : 周孚先은 字가 伯忱이니, 아우 恭先 伯溫과 함께 程子의 문하에서 수학하
   였다.

却不曾著書하고 充養得極好라 凡爲學이 不過是恁地涵養將去요 初無異義하니 只是 先生睟面盎背[11]를 自然不可及이니라

邢和叔(邢恕)이 伊川에게 묻기를 "선생이 二周(周孚先, 周恭先 형제)가 楊時와 同志인 듯하다고 말씀하셨으나 제 생각에는 二周가 楊時를 따라갈 수 없을 듯합니 다. 어떠합니까?" 하자, 다음과 같이 말씀하였다.

"周孚先 형제는 氣象이 순수하고 밝아서 道에 들어갈 수 있다. 나는 언제나 楊時 에게 著書를 좋아하지 말라고 권고하였다. 저서를 좋아하면 말을 많이 하고 말을 많이 하면 道를 해치니, 배우는 자는 마땅히 이것을 살펴야 한다."
○ 延平(李侗)先生의 言行을 묻자, 朱子가 말씀하였다.

"그 분은 일찍이 著書를 하지 않고 充養하기를 지극히 잘하였다. 무릇 학문을 함 은 이렇게 함양해 가는 것에 불과하고 애당초 딴 義理가 없으니, 다만 선생의 얼굴 이 온화하고 〈德容이〉 등이 가득한 것은 자연 따라갈 수가 없다."

○ 又曰 解義理를 若一向靠書冊이면 何由得居之安, 資之深[12]이리오 不惟自 失이라 兼亦誤人이니라

또 말씀하였다.

"義理를 이해하는 것을 만일 한결같이 서책에만 의지한다면 어떻게 거처함이 편안하고 자뢰함이 깊음을 얻을 수 있겠는가. 스스로 잃을 뿐만 아니라 겸하여 또한 남도 그르치게 된다."

朱子曰 學者喫緊[13]이 是要理會這一箇心이니 那紙上說底는 全然靠不得이니라 ○ 鄭 仲禮[14]問學問之道한대 朱子曰 若無存養實踐이요 但欲曉解文義면 雖盡通諸經하야 不錯一字라도 亦何所益이리오

朱子가 말씀하였다.
"배우는 자에게 긴요한 것은 이 하나의 마음을 이해하는 것이니, 저 종이 위에

---

11) 〔釋疑〕睟面盎背:《孟子》에 보이니, 睟는 淸和하고 溫潤한 뜻이고, 盎은 豐厚하고 가득 넘치는 뜻이다. 〔補註〕《孟子》〈盡心 下〉에 "仁義禮智根於心 其生色也 睟然 見於面 盎於背"라 한 것을 축약한 것이다.
12) 〔譯註〕居之安 資之深:《孟子》〈離婁 下〉의 深造之以道章에 보인다.
13) 〔釋疑〕喫緊:喫은 語助辭에 가깝다.
14) 〔釋疑〕鄭仲禮:張南軒(張栻)의 문인이다.

말한 것은 전혀 힘을 붙일(쓸) 수가 없다."

○ 鄭仲禮가 학문하는 방도를 묻자, 朱子가 말씀하였다.

"만약 存養과 實踐은 없고 다만 글 뜻만을 이해하고자 한다면 비록 여러 經書를 다 통달하여 한 글자도 틀리지 않는다 하더라도 무슨 유익함이 있겠는가."

○ 朱子曰 學問之道를 孟子斷然說在求放心이라하시니 學者須先收拾這放心이라 不然하야 此心放了면 博學도 也是閑이요 審問도 也是閑이니 如何而明辨이며 如何而篤行이리오 蓋身은 如一屋子요 心은 如一家主라 有此家主然後에 能灑掃門戶하고 整頓事務니 若是無主면 則此屋이 不過一荒屋爾니라

朱子가 말씀하였다.

"학문하는 방도를 孟子는 단연코 放心을 찾는 데에 있다고 말씀하였으니, 배우는 자는 모름지기 먼저 이 放心을 수습하여야 한다. 그렇게 하지 않고 이 마음을 놓아버리면 博學도 쓸데없는 짓이고 審問도 쓸데없는 짓이니, 어떻게 밝게 분별하며 어떻게 독실히 행하겠는가. 몸은 하나의 집과 같고 마음은 한 집안의 주인과 같다. 이 집의 주인이 있은 뒤에야 門戶를 청소하고 事務를 정돈할 수 있으니, 만약 주인이 없다면 이 집은 황폐한 집에 불과할 뿐이다."

又曰 陳烈[15]이 初年讀書할새 不理會得하고 又不記러니 因讀孟子求放心一段하야 遂謝絶人事하고 靜坐室中이라가 數月後에 看文字하니 記性이 加數倍하고 又聰明하니라

또 말씀하였다.

"陳烈이 初年에 책을 읽을 적에는 이해하지 못하고 또 기억하지 못하였는데, 《孟子》의 求放心 한 단락을 읽고는 마침내 人間의 일을 사절하고 방안에 靜坐하였다가 몇 달 후에 文字를 보니, 기억력이 몇 배나 증가하였고 또 총명해졌다."

○ 又曰 或者錯看明道之語[16]하야 謂是收拾放心을 遂如釋氏守箇空寂이라하나니 不知其意謂收心이 只要存得善端하야 漸能充廣이요 非如釋氏徒使空寂而已니라

---

15) 〔釋疑〕陳烈 : 字는 季慈이니 周濂溪와 동시대의 유명한 선비이다.

16) 〔釋疑〕明道之語 : 곧 윗글의 '聖賢千言萬語 只是欲人將已放之心約之 使反復入身來' 云云한 단락이다.

또 말씀하였다.

"혹자가 明道의 말씀을 잘못 보아 '放心을 수습한다'고 한 말씀을 마침내 釋氏(佛教)의 空寂을 지키는 것과 같다고 여기니, 그(明道) 뜻이 마음을 거두는 것은 다만 착한 마음을 보존하여 점점 채워 넓힘을 말한 것이요, 釋氏의 한갓 空寂하게 할뿐인 것과는 같지 않음을 알지 못한 것이다."

○ 又謂門人[17]曰 自古聖賢教人이 也只就這理上用功하시니 所謂放心者는 不是走作向別處去라 瞬目間에 便不見이라가 纔覺得이면 便又在面前이니 不是苦難收拾이라 公且去提撕하라 便見得이리라 又曰 如今에 要下工夫인댄 且須端莊存養하야 獨觀昭曠之原[18]이요 不須枉費工夫하야 鑽紙上語[19]니 待存養得此中[20]하야 昭明洞達이면 自覺無許多窒礙라 恁時[21]에 方取文字來看이면 則自然有意味하야 道理自然透徹하고 遇事時에 自然迎刃而解[22]하야 皆無許多病痛이리라

또 門人들에게 말씀하였다.

"예로부터 聖賢들이 사람을 가르친 것은 다만 이 이치 상에 나아가 공부하게 하였으니, 이른바 放心이라는 것은 마음이 달아나 딴 곳을 향해 가는 것이 아니다. 눈을 감았을 때에는 곧 보이지 않다가 조금이라도 정신을 차리면 곧 또 面前에 있는 것이니, 괴롭고 어렵게 수습하는 것이 아니다. 公은 우선 가서 마음을 깨우고 일으켜라. 곧 보게 될 것이다."

또 말씀하였다.

"지금에 공부하려고 할진댄 우선 모름지기 端莊하고 存養하여 홀로 밝고 넓은 마음의 근원을 보아야 할 것이요, 굳이 공부를 허비하여 종이 위의 말(文字)만 연구할 것이 없으니, 이 中을 存養하여 밝아지고 통달하기를 기다리면 자연

---

17) 〔刊補〕又謂門人 : 門人은 石洪慶으로 字는 子餘이니, 그가 집으로 돌아갈 때에 朱子가 불러들여 말씀한 것이다.

18) 〔釋疑〕昭曠之原 : 昭明하고 曠達한 근원으로, 바로 마음의 本體이다.

19) 〔釋疑〕鑽紙上語 : 鑽은 뚫는 것이니, 貫穿 또는 羅穿의 뜻이다.

20) 〔釋疑〕此中 : 心中을 가리킨다.

21) 〔釋疑〕恁時 : 此時(이 때)와 같은 말이다.

22) 〔釋疑〕迎刃而解 : 대나무를 쪼갤 적에 몇 마디를 쪼갠 뒤에는 저절로 칼날을 맞자마자 쪼개지는 것과 같은 것이다.

허다한 막힘이 없어짐을 깨닫게 될 것이다. 이때에 비로소 文字를 가져다가 보면 자연 의미가 있어서 道理가 자연 通透해지고 일을 만났을 때에 자연 칼날을 맞아 풀리듯(대나무가 쪼개지듯) 하여 허다한 병통이 모두 없어질 것이다."

○ 又曰 學者爲學에 未問眞知與力行[23]하고 且要收拾此心하야 有箇頓放[24]處니 若收斂하야 都在義理上安頓하야 無許多胡思亂想이면 則久久自於物欲上輕하고 於義理上重이리라

또 말씀하였다.

"배우는 자가 학문을 할 적에 眞知와 力行을 따지지 말고 우선 이 마음을 수습하여 편안히 놓아둘(머물) 곳이 있게 하여야 하니, 만약 수렴하여 모두 義理上에 편안히 두어 허다한 어지러운 생각을 없앤다면 오래될 경우 저절로 物慾上에는 가벼워지고 義理上에는 중하게 될 것이다."

○ 又曰 學者工夫 只在喚醒上이니라

또 말씀하였다.

"배우는 자의 공부는 다만 마음을 불러 깨우는 데에 있다."

嘗謂林恪[25]曰 放心은 不獨是走作을 喚做放이라 纔昏睡去도 也卽是放이니라

일찍이 林恪에게 다음과 같이 말씀하였다.

"放心은 다만 달아나는 것만을 放이라고 부르는 것이 아니요, 마음이 조금이라도 어두워지고 조는 것도 放이다."

○ 又曰 人常須收斂箇身心하야 使精神常在這裏하야 似擔百十斤擔相似하야 須硬著筋骨擔[26]이니라

---

23) 〔釋疑〕未問眞知與力行 : 未問은 無論(막론)이란 말과 같다. 〔刊補〕問은 따지는 것으로, 眞知와 力行을 따지지 말고 모두 이 마음을 수습하는 것을 근본으로 삼으라는 말이다.
24) 〔釋疑〕頓放 : 安置한다는 말과 같다. 〔刊補〕安置라는 말과 같으니, 곧 마음이 머물러 있을 곳을 말한다.
25) 〔釋疑〕林恪 : 字는 叔恭이니, 朱子의 문인이다.

또 말씀하였다.

"사람은 항상 모름지기 몸과 마음을 수렴하여 정신이 항상 이 속에 있게 해서 百十斤의 짐을 진 것처럼 하여 모름지기 筋骨을 꿋꿋하게 하여 짊어져야 한다."

○ 又謂一學者[27]曰 今公이 掀然有飛揚之心하야 以爲治國平天下 如指諸掌이라호되 不知自家一箇身心이 都安頓未有下落하니 如何說功名事業이리오 古時英雄豪傑은 須先立其本이오야 方以次推及其餘어늘 今公問{門}[28]은 學이 都倒了하야 緩其所急하고 先其所後하니 少間에 使得這身心飛揚悠遠하야 全無收拾處하리라 而今[29]에 人不知學底는 他心雖放이나 然猶放得近이어니와 今公은 雖曰知爲學이나 然却放得遠[30]하여 少間에 會失心去하니 不可不覺[31]이니라

또 한 배우는 자에게 일러 말씀하였다.

"지금 公은 掀然(흔들리는 모양)히 飛揚하는 마음이 있어서 治國·平天下를 손바닥을 가리키는 것처럼 쉽게 여기나 자신의 한 몸과 마음은 모두 安頓하여 놓아둘 곳이 없음을 알지 못하니, 이러고서 어떻게 功名과 事業을 말하는가. 옛날의 英雄豪傑들은 모름지기 먼저 그 根本을 세우고서 비로소 차례로 미루어 그 나머지에 이르렀는데, 지금 公들은 학문이 모두 顚倒되어 급한 것을 늦추고 뒤에 할 것을 먼저 하니, 잠깐 사이에 이 몸과 마음이 먼 곳으로 날아가서 전

---

26) 〔釋疑〕似擔百十斤擔相似 須硬著筋骨擔 : '百千斤의 짐을 짊어진 것과 같은 듯하니'로 해석한다. 위아래의 擔字는 짊어지는 것이니 平聲이고, 가운데의 擔字는 짐이니 去聲이다.

27) 〔釋疑〕一學者 : 沈莊仲에게 고한 것이다.

28) 〔釋疑〕今公問{門} : 問은 마땅히 《語類》를 따라 門字가 되어야 한다. 《語類》의 또한 조목에 沈莊仲에게 이르기를 "公들은 마음이 모두 거칠고 크다.〔公們心都麤大〕"하였으니, 말뜻이 바로 이와 같다. 〔補註〕公門은 公們과 같다.

29) 〔刊補〕而今 : 今字가 句이다. 혹 人字에 붙이기도 하는데, 옳지 않다. 《朱子語類》에 이와 같은 유형이 많이 있다.

30) 〔釋疑〕人不知學底 …… 然却放得遠 : 學問을 알지 못하는 자들은 전혀 아는 것이 없기 때문에 마음을 잃어버린 것이 오히려 가깝지만(크게 멀지 않지만), 지금 沈莊仲은 비록 학문을 안다고 말하나 마음이 먼저 천하의 일에 달려가기 때문에 잃어버림이 먼 것이다.

31) 〔釋疑〕不可不覺 : 覺은 察과 같다.

혀 수습할 곳이 없게 될 것이다. 지금에 학문을 모르는 사람들은 그 마음을 비록 잃었으나 오히려 잃은 것이 가깝거니와 지금 公은 비록 학문을 할 줄 안다고 말하나 도리어 잃은 것이 멀어 잠깐 사이에 마음을 잃어버리기를 잘하니, 이것을 깨닫지 않으면 안 된다.”

○ 西山眞氏曰 仁者는 心之德也어늘 而孟子直以爲人心者는 蓋有此心이면 卽有此仁이니 心而不仁이면 則非人矣라 孔門之言仁이 多矣로되 皆指其用功處而言이어늘 此則徑擧全體하야 使人知心卽仁, 仁卽心하야 而不可以二視之也라 義者는 人所當行之路니 跬步³²⁾而不由乎此면 則陷於邪僻之徑矣어늘 世之人이 乃有舍其路而弗由하고 放其心而不知求者는 正猶病風喪心之人이 猖狂妄行而不知反也니 豈不可哀也哉아 雞犬은 至輕也로되 放則知求之하고 人心은 至重也로되 放而不知求라하야 借至輕而喩至重하시니 所以使人知警也라 然則人心之放은 何也오 欲汩之則放하고 利誘之則放하나니 心旣放이면 則其行必差라 故孟子始以人心人路並言하사되 而終獨諄諄於放心之求하시니 能求放心이면 則中有主而行不失矣니 求之匪他라 以敬自持하야 而一念을 不敢肆而已니라 心本非外언마는 縱之則放하고 求之則存하야 猶反覆手也니 心存則仁存하고 仁存則動無非理라 卽所謂義人路也니 聖學之要 孰先乎此리오

　西山眞氏가 말하였다.

　“仁은 마음의 德인데 孟子가 곧바로 人心이라고 말씀하신 것은 이 마음이 있으면 이 仁이 있으니, 마음이 仁하지 못하면 사람이 아니기 때문이다. 孔門에서 仁을 말한 것이 많으나 모두 공부하는 곳을 가리켜 말씀하였는데, 여기서는 곧바로 全體를 들어서 사람들로 하여금 마음이 곧 仁이요 仁이 곧 마음이어서 두 가지로 보아서는 안 됨을 알게 한 것이다. 義는 사람이 마땅히 행해야 할 길이니, 반 걸음이나 한 걸음이라도 이것을 따르지 않으면 邪僻한 길로 빠지는데, 세상 사람들이 마침내 그 길을 버리고 따르지 않으며 그 마음을 잃고 구할 줄을 모르는 것은 바로 風病을 앓고 喪心(失性)한 사람이 미쳐 날뛰어 제멋대로 행동해서 돌아올 줄 모르는 것과 같으니, 어찌 애처로울 만하지 않겠는가. ‘닭과 개는 지극히 가벼운 것인데 잃으면 찾을 줄을 알고, 사람의 마음은 지극히 중한 것인데 잃어도 찾을 줄을 모른다’ 하여, 지극히 가벼운 것을 빌어

---

32)〔刊補〕跬步：跬는 半步이다. 蹞로도 쓴다.

서 지극히 중한 것을 비유하였으니, 이는 사람들로 하여금 경계할 줄을 알게 한 것이다.

그렇다면 人心을 잃어버림은 어째서인가? 욕심이 어지럽히면 잃고 이익이 유혹하면 잃으니, 마음이 이미 잃어지면 행실이 반드시 어그러진다. 그러므로 孟子가 처음에는 人心과 人路를 아울러 말씀하였으나 끝에는 오직 放心을 찾는 것에 간곡히 말씀하였으니, 放心을 찾는다면 마음이 주장이 있어서 행실이 잘못되지 않을 것이다. 放心을 찾는 것은 다른 방법이 없으니, 敬으로 스스로 잡아서 한 생각도 감히 함부로 하지 않을 뿐이다. 마음은 본래 밖에 있는 것이 아니나 놓으면 잃고 찾으면 보존되어 손을 뒤집는 것처럼 쉬우니, 마음이 보존되면 仁이 보존되고, 仁이 보존되면 행동이 모두 이치에 맞는다. 이는 곧 이른바 '義는 사람의 길'이라는 것이니, 聖學의 요점이 무엇이 이보다 먼저이겠는가."

24. 無名之指章[1]

孟子曰 今有[2]無名之指 屈而不信(伸)이 非疾痛害事也언마는 如有能信之者면 則不遠秦楚之路하나니 爲指之不若人也니라 指不若人이면 則知惡之호되 心不若人이면 則不知惡하나니 此之謂不知類니라

孟子가 말씀하였다.

"지금에 無名指가 굽어서 펴지지 않는 것이 아프거나 일에 해가 되지 않건마는 만일 이것을 펴 주는 자가 있으면 秦·楚의 길을 멀다고 여기지 않고 찾아가니, 이것은 손가락이 남들과 똑같지 않기 때문이다. 손가락이 남들과 똑같지 않으면 이것을 싫어할 줄 알되 마음이 남들과 똑같지 않으면 이것을 싫어할 줄 모르니, 이것을 일러 類를 알지 못한다고 하는 것이다."

【原註】

○ 朱子曰 不知類는 言其不知以類而推之니라

朱子가 말씀하였다.

"不知類는 類로써 미루어 나갈 줄을 알지 못함을 말한 것이다."

【附註】

○ 程子曰 人於外物奉身者엔 事事要好호되 只有自家一箇身與心은 却不要好하나니 苟得外物好時엔 却不知道自家身與心이 已自不好了也니라

程子가 말씀하였다.

---

1)《孟子》〈告子 上〉에 보인다.

2)〔刊補〕今有 : 有字는 새기지 않는다.

"사람들이 몸을 봉양하는 外物에 있어서는 일마다 좋은 것을 요구하되 다만 자신의 한 몸과 마음에 있어서는 도리어 좋게 하려고 하지 않는다. 만일 外物이 좋은 것을 얻었을 때에는 도리어 자신의 몸과 마음이 이미 스스로 좋지 않게 됨을 알지 못한다."

○ 永嘉鄭氏[3]曰　覽鏡하야　面目有汙면　則必滌之하고　振衣而領袖有垢면　則必濯之하고　居室而几案窓壁有塵이면　則必拂之하야　不如是면　則不能安焉이로되　至於方寸之中　神明之舍[4]하야는　汙穢垢塵이　日積焉이로되　而不知滌濯振拂之하야　察小而遺大하고　察外而遺內하니　其爲不能充其類　不亦甚乎아

永嘉鄭氏가 말하였다.

"거울을 보아 面目에 더러운 것이 있으면 반드시 씻어내고, 옷을 털면서 옷깃과 소매에 때가 있으면 반드시 세탁하고, 집에 거하면서 책상과 창과 벽에 먼지가 있으면 반드시 털어서 이와 같이 하지 않으면 마음에 편안히 여기지 못하나, 方寸의 가운데 神明의 집(心)에 이르러서는 더러운 것과 때와 먼지가 날로 쌓이는데도 씻어내고 세탁하며 털 줄을 몰라서 작은 것은 살피면서도 큰 것은 빠뜨리고 밖은 살피면서도 안은 버리니, 그 類를 채우지 못함이 심하지 않은가."

西山眞氏曰[5]　程子鄭氏之言이　皆足以警學者라　故附見焉하노라

西山眞氏가 말하였다.

"程子와 鄭氏의 말씀은 모두 배우는 자들을 경계할 만하다. 그러므로 덧붙여서 나타내는 바이다."

---

3)〔釋疑〕永嘉鄭氏 : 未詳이다.

4)〔譯註〕方寸之中　神明之舍 : 마음을 가리킨다. 方寸은 사방 한 치란 뜻으로, 마음이 가슴 한 치쯤 되는 곳에 있다 하여 붙여진 명칭이다.

5)〔釋疑〕西山眞氏曰 : 程子와 鄭氏의 말은 실로 篁墩이 붙인 것인데 西山眞氏라고 칭하였으니, 이 '西山眞氏曰' 다섯 글자는 按字로 고쳤으면 한다.

25. 人之於身也兼所愛章[1]

孟子曰 人之於身也에 兼所愛니 兼所愛則兼所養也라 無尺寸之膚를 不愛焉이면 則無尺寸之膚를 不養也니 所以考其善不善[2]者는 豈有他哉리오 於己에 取之而已矣[3]니라 體有貴賤[4]하며 有小大하니 無以小害大하며 無以賤害貴니 養其小者爲小人이요 養其大者爲大人이니라 今有場師 舍其梧檟하고 養其樲棘이면 則爲賤場師焉이니라 養其一指하고 而失其肩背而不知也면 則爲狼疾人也니라 飮食之人을 則人賤之矣나니 爲其養小以失大也니라 飮食之人이 無有失也면 則口腹이 豈適爲尺寸

---

1)《孟子》〈告子 上〉에 보인다.

2) 〔釋疑〕考其善不善 : 善은 잘하는 것으로, 기른 바의 잘하고 잘하지 못함을 상고하는 것이다.

3) 〔釋疑〕於己 取之而已矣 : 他人이 말하기를 기다리지 않고 스스로 자기 몸을 돌이켜보아 기르는 바의 大小와 貴賤을 살핌을 말한 것이다.

4) 〔釋疑〕體有貴賤 : 이 章은 본래 口腹을 小體로 삼고 心志를 大體로 삼았으며, 다시 梧檟(오동나무와 가래나무), 樲棘(가시나무)을 가지고 貴賤과 大小를 나누었다. 그러나 이는 멀리 물건에서 취한 것이니, 오히려 간절하지 못하다. 이 때문에 또다시 자신의 몸 중에 小體로서 알기 쉬운 것을 가지고 스스로 大小를 나누었으니, 한 손가락의 작음과 肩背(어깨와 등)의 큼은 判然히 알기가 쉽다. 사람이 만약 한 손가락만 기르고 肩背를 잃는다면 어찌 狼疾의 사람이 되지 않겠는가. 한 손가락과 肩背가 똑같이 小體이지만 오히려 작은 것을 기르고 큰 것을 잃어서는 안 되는데, 하물며 口腹의 小體만 기르고 心志의 大體를 잃음에 있어서이겠는가. 〔補註〕狼疾은 이리(승냥이)가 병든 것으로, 이리는 뒤를 잘 돌아보는데 병들면 돌아보지 못한다. 이 때문에 큰 병통이 있는 사람을 狼疾의 사람이라 한 것이다. 一說에는 疾을 빠름으로 해석하여 '이리가 급히 달리면 뒤를 돌아보지 못한다'고 풀이하기도 한다.

之膚哉⁵⁾리오

孟子가 말씀하였다.

"사람이 자기 몸에 있어서는 사랑하는 바를 겸하였으니, 사랑하는 바를 겸하였으면 기르는 바를 겸하여야 한다. 한 자나 한 치의 살을 사랑하지 않음이 없다면 한 자나 한 치의 살을 기르지 않음이 없을 것이니, 잘 기르고 잘못 기름을 상고하는 것이 어찌 다른 방법이 있겠는가. 자신에게서 취할 뿐이다. 몸에는 貴·賤이 있고 大·小가 있으니, 작은 것을 가지고 큰 것을 해치지 말며 천한 것을 가지고 귀한 것을 해치지 말아야 하니, 작은 것을 기르는 자는 小人이 되고 큰 것을 기르는 자는 大人이 된다. 지금 場師(원예사)가 오동나무와 가래나무를 버리고 가시나무를 기른다면 값어치 없는 場師가 되고 만다. 한 손가락만 기르고 어깨와 등을 잃으면서도 모른다면 狼疾의 사람이 되고 만다. 飮食을 밝히는 사람을 사람들이 천히 여기니, 이는 작은 것(口腹)을 기르고 큰 것(心志)을 잃기 때문이다. 음식을 밝히는 사람이 잃음(잘못함)이 없다면 口腹이 어찌 다만 한 자나 한 치의 살이 될 뿐만이겠는가."

【原註】

○ 朱子曰 賤而小者는 口腹也요 貴而大者는 心志也니라

朱子가 말씀하였다.

"천하고 작은 것은 口腹이요 귀하고 큰 것은 心志이다."

【附註】

○ 張子曰 湛一은 氣之本이요 攻取는 氣之欲이니 口腹於飮食과 鼻口於臭味에 皆攻取之性也라 知德者는 屬饜⁶⁾而已요 不以嗜欲累其心하나니 不以小害

---

5)〔刊補〕口腹豈適爲尺寸之膚哉:"口腹이 어찌 다만 한 자나 한 치의 살만 될 뿐이겠는가." 하였으니, 또한 관계되는 바가 적지 않음을 말한 것이다. ○ 살펴보건대 《孟子集註》의 말미에 "다만 작은 것을 기르는 사람은 그 큰 것을 잃지 않음이 없다. 그러므로 口腹을 비록 마땅히 길러야 하나, 끝내 작은 것으로써 큰 것을 해치거나 천한 것으로써 귀한 것을 해쳐서는 안 된다." 한 것이다.

大, 末喪本焉爾니라

張子가 말씀하였다.

"湛一은 氣의 本然이요 攻取(다투어 취함)는 氣의 욕망이니, 입과 배가 음식에 있어서와 코와 입이 냄새와 맛에 있어서는 모두 攻取의 性이다. 德을 아는 자는 만족함에 이르게 할 뿐이요 嗜慾으로 마음에 누를 끼치지 않으니, 이는 작은 것으로 큰 것을 해치거나 末로 本을 상하지 않는 것이다."

朱子曰 湛一은 是未感物時湛然純一이니 此是氣之本이요 攻取는 如目之欲色, 耳之欲聲이니 便是氣之欲이니라

朱子가 말씀하였다.

"湛一은 사물에 감동되지 않았을 때의 湛然히 순수하고 한결같은 것이니 이는 氣의 本然이요, 攻取는 눈이 좋은 색을 바라고 귀가 좋은 소리를 바라는 것과 같은 것이니 곧 氣의 욕망이다."

○ 武夷胡氏曰 治心修身을 以飲食男女爲切要[7]라 從古聖賢이 自這裏做工夫하시니 其可忽乎아

武夷胡氏(胡安國)가 말하였다.

"마음을 다스리고 몸을 닦음은 飲食과 男女를 간절하고 요긴한 것으로 삼는다. 예로부터 聖賢들이 이로부터 공부를 하셨으니, 어찌 소홀히 할 수 있겠는가."

又曰 人於一切[8]世味에 淡薄이라야 方好니 不要有富貴相[9]이니라 孟子謂堂高數仞과

---

6) 〔釋疑〕屬饜(촉염):《左傳》에 보인다. 屬은 음이 촉이니, 만족함에 다다른다는 뜻이다.

7) 〔刊補〕治心修身 以飲食男女爲切要:退溪가 李宏仲(李德弘)에게 답하기를 "飲食과 男女에는 지극한 理致가 깃들어 있으며 큰 욕망이 여기에 들어 있다. 君子가 人欲을 이기고 天理를 회복하는 것도 이로 말미암으며, 小人이 天理를 없애고 人欲을 끝까지 쫓는 것도 이로 말미암는다. 그러므로 마음을 다스리고 몸을 닦음에 있어 이것을 간절하고 요긴함으로 삼는 것이다." 하였다.

8) 〔釋疑〕一切:칼로 물건을 자르는 것과 같은 것이니, 整齊함을 취한 것이다.

9) 〔釋疑〕富貴相:곧 위에서 말한 堂의 높이가 몇 길이 되고 음식이 밥상 앞에 한 길씩 쌓여 있고 侍妾이 수백 명이라는 따위이다. 〔刊補〕相은 形相의 相이다.

食前方丈을 我得志不爲[10]라하시니 學者須先除去此等이요 常自激昂[11]이라야 便不到得墜墮[12]니라

또 말씀하였다.

"사람은 일체 世味(세상의 재미)에 담박하여야 비로소 좋으니, 부귀한 相이 있어서는 안 된다. 孟子가 말씀하기를 '堂의 높이가 몇 길이 되고 음식이 앞에 한 길씩 쌓여 있는 것을 나는 뜻을 얻더라도 하지 않겠다' 하였으니, 배우는 자는 모름지기 먼저 이러한 마음을 제거하고 항상 스스로 격앙하여야 物慾에 빠지지 않을 것이다."

○ 朱子曰 飮食之人이 無有失也면 則口腹이 豈適爲尺寸之膚哉리오하시니 此數句 被恁說得倒了[13]하야 也自難曉라 意謂使飮食之人이 眞箇無所失이면 則口腹之養이 本無害어니와 然人屑屑[14]理會口腹이면 則必有所失이 無疑라 是以로 當知養其大體니 而口腹底는 他自會去討喫[15]이라 不到得餓了也니라

朱子가 말씀하였다.

"〈孟子는〉'飮食을 밝히는 사람이 잘못함이 없다면 입과 배가 어찌 다만 한 자나 한 치의 살이 될 뿐이겠는가'라고 하였으니, 이 몇 句는 말을 倒置되게 하여 또한 스스로 깨닫기 어렵다. 이 뜻은 가령 飮食을 밝히는 사람이 참으로 잘못하는 바가 없다면 입과 배를 기름이 본래 해될 것이 없으나 사람이 급급하게 口腹만 채울 줄 안다면 반드시 잃는 것이 있음은 의심할 것이 없다. 이 때문에 마땅히 그 大體를 기를 줄을 알아야 하니, 口腹은 제 스스로 가서 찾아먹을 수 있으므로 굶주림에 이르지 않는 것이다."

○ 南軒張氏曰 何以爲大且貴오 人心이 是已요 小且賤은 則血氣是已라 血

---

10) 〔譯註〕孟子謂 …… 我得志不爲 : 이 내용은 《孟子》〈盡心 下〉에 보인다.

11) 〔釋疑〕激昂 : 激厲와 같으니, 樹立한다는 뜻이다.

12) 〔釋疑〕墜墮 : 墮落과 같은 말로 物慾에 떨어지는 것이다.

13) 〔釋疑〕被恁說得倒了 : 만약 순하게 말한다면 '마땅히 口腹은 단지 한 자나 한 치의 피부가 될 뿐만이 아니다. 그러나 만약 오로지 이 口腹만을 기르면 大體를 잃는다. 그러므로 하지 않는다'고 한 것이다.

14) 〔刊補〕屑屑 : 《孟子集註》에 "屑은 潔(깨끗함)이다." 하였고, 또 "切切(급급)해 하는 뜻이다." 하였는 바, 이것을 깨끗하게 여겨 여기에 급급해 함을 말한다.

15) 〔釋疑〕討喫 : 討는 구함이니, '討하여 喫하다'로 해석한다.

氣亦稟於天하니 非可賤也로되 而心則爲之宰者也니 不得其宰면 則倍(背)天遁情[16]하야 流爲一物이니 斯爲可賤矣라 人惟不知天理之存이라 故憧憧[17]然獨以養其口腹爲事하나니 自農工商賈之競乎利로 以至公卿大夫士之競乎祿仕히 皆然也라 良心日喪하야 人道幾息而不自知하니 此豈不類於場師之舍梧檟而從事於樲棘이며 治疾者養其一指而失其肩背者與리오 雖然이나 失其大者는 則役於血氣而爲人欲이요 先立乎其大者는 則本諸天命而皆至理라 一飮一食之間에 亦莫不有則焉하니 此人之所以成身而通乎天地者也라 然則可不謹其源[18]哉아

南軒張氏가 말하였다.

"무엇이 크고 또 귀한 것이 되는가? 사람의 마음이 이것이요, 작고 또 천한 것은 血氣가 이것이다. 血氣 또한 하늘에서 받았으니 천히 여길 수 있는 것이 아니나, 마음은 主宰하는 것이니 〈血氣가〉 主宰를 얻지 못하면 天理를 배반하고 情을 어겨 흘러서 한 물건이 되고 마니, 이는 천히 여길 만한 것이다. 사람들은 天理를 보존할 줄 모른다. 이 때문에 憧憧然히(끊임없이) 오직 口腹을 기르는 것을 일삼으니, 農·工·商·賈가 이익을 다툼으로부터 公·卿·大夫·士가 녹봉과 벼슬을 다툼에 이르기까지 모두 그러하다. 良心이 날로 상실되어 人道가 거의 끊기는 데도 스스로 알지 못하니, 이 어찌 場師(원예사)가 오동나무와 가래나무는 버리고 가시나무를 기르는 데 종사하며 병을 치료하는 자가 한 손가락만 기르고 어깨와 등을 잃는 것과 같지 않겠는가. 그러나 그 큰 것을 잃는 자는 血氣에 사역되어 人欲이 되고, 먼저 그 큰 것을 세우는 자는 天命에 근본하여 모두 지극한 이치이다. 한 번 마시고 한 번 먹는 사이에도 모두 법칙이 있으니, 이는 사람이 몸을 이루어 天地에 통하는 이유이다. 그렇다면 그 근원을 삼가지 않을 수 있겠는가."

---

16) 〔釋疑〕倍(背)天遁情 : 倍天은 天理를 위배하는 것이고, 遁은 離叛함이다. 살펴보건대 이 네 글자는 본래 《莊子》에 보이는데, 《莊子》에는 '遁天倍情'으로 되어 있으나 여기서는 뒤바꿨으니, 아마도 기록한 자의 잘못인 듯하다. 〔補註〕《莊子》 〈養生主〉에 보인다.

17) 〔釋疑〕憧憧 : 왕래하여 끊이지 않는 뜻이다.

18) 〔釋疑〕謹其源 : 源(근원)은 天理를 가리킨다.

26. 釣是人也章[1]

公都子問曰 釣是人也로되 或爲大人하며 或爲小人은 何也잇가 曰 從
其大體爲大人이요 從其小體爲小人이니라 曰 釣是人也로되 或從其大
體하며 或從其小體는 何也잇가 曰 耳目之官은 不思而蔽於物하나니 物
交物[2]則引之而已矣요 心之官則思라 思則得之하고 不思則不得也니
此天之所與我者라 先立乎其大者면 則其小者弗能奪也니 此爲大人
而已矣니라

公都子가 물었다. "똑같은 사람인데 혹은 大人이 되고 혹은 小人이
되는 것은 어째서입니까?"

孟子가 말씀하였다. "大體를 따르는 사람은 大人이 되고 小體를 따르
는 사람은 小人이 되는 것이다."

"똑같이 사람인데 혹은 大體를 따르고 혹은 小體를 따르는 것은 어
째서입니까?"

孟子가 말씀하였다. "귀와 눈의 기능[官]은 생각하지 못하여 물건에
가려지니 물건(外物)이 물건(耳目)과 사귀면 거기(외물)에 끌려갈 뿐
이요, 마음의 기능은 생각할 수 있으니 생각하면 얻고 생각하지 못하면
얻지 못한다. 이것(耳目과 心志)은 하늘이 우리 인간에게 부여해 주신
것이니, 먼저 그 큰 것(心志)을 세운다면(확립한다면) 그 작은 것(耳
目)이 빼앗지 못할 것이니, 이것이 大人이 되는 이유일 뿐이다."

---

1)《孟子》〈告子 上〉에 보인다.

2)〔釋疑〕物交物 : 위의 物字는 外物이고 아래의 物字는 耳目이다.

【原註】

○ 朱子曰 官之爲言은 主也³⁾니 耳主聰하고 目主視나 而不能思라 是以蔽於
外物하고 心則主思하야 而外物이 不得蔽하나니 此耳目所以爲小體而心所以爲
大體也라 耳目이 旣爲小體而蔽於物이면 則亦一物耳니 以外物로 交於此物이
면 則引之而去 必矣라 心雖大體而能不蔽於物이나 然或不思면 則不得於理
而耳目用事하야 終亦不免爲物所引而去也니 此二者⁴⁾ 所以雖皆出於天賦나
而其大者를 又不可以不先立也니라

朱子가 말씀하였다.

"官이란 말은 맡는다는 뜻이니, 귀는 듣는 것을 맡고 눈은 보는 것을 맡았으나
생각하지는 못한다. 이 때문에 外物에 가려지며, 마음은 생각하는 것을 맡아서 外
物이 가리우지 못하니, 이는 귀와 눈은 小體가 되고 마음은 大體가 되는 이유이다.
귀과 눈이 이미 소체가 되어 外物에 가려지면 또한 한 물건일 뿐이니, 外物로써
이 물건(耳目)과 사귀게 되면 거기에 끌려갈 것이 틀림없다. 마음은 비록 大體여
서 물건에게 가려지지 않으나 혹 생각하지 않으면 道理를 얻지 못하여 귀와 눈이
用事해서 마침내 물건에게 끌려감을 면치 못하니, 이 두 가지는 비록 모두 하늘이
부여해 준 것에서 나왔으나 그 큰 것을 먼저 세우지 않으면 안 된다."

---

3) 〔譯註〕官之爲言主也 :《孟子集註》에는 '主'가 모두 '司'로 되어 있으므로 '맡다'
로 해석하였다. 그러나 主는 주장(주관)함이고 司는 맡는 것이어서 서로 큰 차이
가 없다.

4) 〔刊補〕此二者 :《孟子集註》에는 본래 '三者'로 되어 있다. 〔補註〕이 글은 朱子의
《孟子集註》를 인용한 것인데, 原文 그대로가 아니고 축약한 부분이 많다.《集註》
에는 '此三者 皆天之所以與我者而心爲大'라 하여, 세 가지 즉 귀와 눈 그리고 마
음은 모두 하늘이 우리 인간에게 부여해 주신 것인데, 그 중에 마음이 가장 훌륭
하다고 되어 있다. 그러나 여기서는 이 글을 그대로 인용하지 않고 귀와 눈 두 가
지만 들었기 때문에 '此二者'로 줄인 것으로 보인다. 참고로《集註》의 原文을 아
래에 싣는다. "官之爲言司也 耳司聽 目司視 各有所職而不能思 是以蔽於外物 旣不
能思而蔽於外物 則亦一物而已 又以外物交於此物 其引之而去不難矣 心則能思而以
思爲職 凡事物之來 心得其職 則得其理而物不能蔽 失其職 則不得其理而物來蔽之
此三者 皆天之所以與我者 而心爲大 若能有以立之 則事無不思 而耳目之欲不能奪之
矣 此所以爲大人也"

【附註】

○ 荀子曰 耳目口鼻能各有接而不相能[5]也니 夫是之謂天官이요 心居中虛하야 以治五官[6]하니 夫是之謂天君이라 聖人은 淸其天君하야 正其天官이니라

荀子가 말하였다.

"耳目口鼻는 각기 접함이 있으나 서로 보거나 듣지 못하니 이것을 天官이라 이르고, 마음은 가슴속 공허한 곳에 있으면서 五官(耳·目·口·鼻·形)을 다스리니 이것을 天君이라 이른다. 聖人은 天君을 맑게 하여 天官을 바르게 한다."

○ 又曰 虛壹而靜을 謂之淸明이니 心者는 形之君也요 而神明之主[7]也라 出令而無所受令이니라

〈荀子가〉 또 말하였다.

"虛하고 한결같으며 靜함을 淸明이라 이르니, 마음은 形體의 군주이고 神明의 주인이다. 명령을 내기만 하고 명령을 받는 곳은 없는 것이다."

新安倪氏[8]曰 先師[9]云 荀卿이 以耳目爲天官하고 心爲天君이라하고 又曰 心者는 形之君也니 出令而無所受令이라하니 卽此語以看孟子此章이 甚切이라하시니 能先立乎其大者면 則此心卓然하야 能爲耳目之君而從其大體니 所謂天君泰然하야 百體從令者也요 不能先立乎其大者면 則退然方聽命於耳目而從其小體하리니 所謂心爲形役[10]者也라 立之如何오 亦曰操而存之하야 使得其能思之職而已니라

---

5) 〔釋疑〕不相能 : 눈은 듣지 못하고 귀는 보지 못하는 것이다.

6) 〔釋疑〕五官 : 耳·目·鼻·口·形이다.

7) 〔釋疑〕神明之主 : 神明한 주인이란 뜻이다.

8) 〔釋疑〕新安倪氏 : 이름은 士毅이다. 〔刊補〕《一統志》에 "名은 士毅이니, 休寧 사람이다. 潛心하여 道를 구하였으며, 일찍이 陳櫟과 朱敬興에게 배웠다." 하였다. ○ 살펴보건대 《孟子》 小註에는 이 조목을 雲峯胡氏의 말이라고 하였다. 그러나 《理學通錄》을 상고해 보면 雲峯은 傳授받은 스승이 없는데 지금 '先師云'이라 하였으니, 新安倪氏의 말이 옳은 듯하다.

9) 〔釋疑〕先師 : 바로 新安陳氏이니, 호는 定宇이고 이름은 櫟이다.

10) 〔譯註〕所謂天君泰然 …… 所謂心爲形役 : 모두 范浚의 〈心箴〉에 보이는 내용으로 《孟子》의 이 章의 章下註에 실려 있으며, 本書 4卷에도 大文(本文)으로 수록되어 있다.

新安倪氏(倪士毅)가 말하였다.

"先師(陳櫟)께서 이르기를 '荀卿이 耳目을 天官이라 하고 마음을 天君이라 하였고, 또 마음은 형체의 군주이니 명령을 내리기만 하고 명령을 받는 곳은 없다고 하였으니, 이 말을 가지고 孟子의 이 章을 보는 것이 매우 간절하다' 하셨으니, 먼저 그 큰 것을 세우면 이 마음이 우뚝하여 耳目의 군주가 되어 大體를 따를 것이니 이른바 '天君이 태연하여 온갖 몸이 명령을 따른다'는 것이요, 먼저 그 큰 것을 세우지 못하면 마음이 물러가 耳目에게 명령을 들어서 小體를 따를 것이니, 이른바 '마음이 형체에게 사역 당한다'는 것이다. 큰 것을 세우기를 어떻게 하여야 하는가? 또한 마음을 잡아서 보존하여 생각하는 직분을 얻게 할 뿐이다."

○ 朱子曰 心은 元有思하니 須是人이 自家主張起來니 此最要緊이니라

朱子가 말씀하였다.

"마음은 원래 생각함이 있으니, 모름지기 사람이 스스로 주장하여 일으켜야 하는 바, 이것이 가장 요긴하다."

○ 又曰 心之虛靈이 無有限量하니 如六合[11]之外를 思之卽至하고 前乎千百世之已往과 後乎千萬世之方來가 皆在目前이로되 人爲利欲所昏이라 所以不見此理니라

또 말씀하였다.

"마음의 虛靈이 한량이 없으니, 예컨대 六合의 밖을 생각하면 즉시 이르고, 앞서 千百世의 이미 지나간 것과 뒤로 千萬世의 미래가 모두 눈앞에 있으나 사람들이 利慾에 어두워지기 때문에 이 이치를 보지 못하는 것이다."

○ 又曰 孟子說先立乎其大者라하시니 此語最有力하니 且看他下一箇立字니라 昔有人이 問譙先生[12]爲學之道한대 譙曰 某只是先立乎其大者라하니 他之學이 亦自有要라 卓然竪起自心이 便是立이니 所謂敬以直內也니라

또 말씀하였다.

"孟子가 말씀하기를 '먼저 그 큰 것을 세우라' 하셨으니, 이 말씀이 가장 힘

---

11) 〔釋疑〕六合 : 四方(東西南北)과 上下를 이른다.

12) 〔釋疑〕譙先生 : 이름은 定이고 자는 天授이다.

(功效)이 있으니, 우선 여기에 한 立字를 놓은 것을 보아야 한다. 옛날 어떤 사람이 譙先生(譙定)에게 학문하는 方道를 묻자, 譙先生은 '나는 다만 그 큰 것을 먼저 세운다'고 하였으니, 그의 학문 또한 스스로 요점이 있었다. 자기 마음을 우뚝히 세우는 것이 곧 立이니, 이른바 '敬以直內'라는 것이다."

27. 飢者甘食章[1]

孟子曰 飢者甘食하고 渴者甘飮하나니 是未得飮食之正也라 飢渴이 害
之也니 豈惟口腹이 有飢渴之害리오 人心이 亦皆有害하니라 人能無以
飢渴之害로 爲心害[2]면 則不及人을 不爲憂矣리라

　　孟子가 말씀하였다.

　　"굶주린 자는 달게 먹고 목마른 자는 달게 마시니, 이는 飮食의 올바
른 맛을 알지 못하는 것이다. 굶주림과 목마름이 올바른 맛을 해치기
때문이니, 어찌 오직 口腹만이 굶주리고 목마른 해로움이 있겠는가. 사
람의 마음도 또한 모두 해로움이 있는 것이다. 사람이 飢渴의 해로움으
로써 마음의 해로움을 받지 않는다면 남에게 미치지 못함을 걱정할 것
이 없을 것이다."

【原註】

　○ 朱子曰 口腹이 爲飢渴所害라 故於飮食에 不暇擇而失其正味요 人心이
爲貧賤所害라 故於富貴에 不暇擇而失其正理也니라

　　朱子가 말씀하였다.

　　"口腹이 굶주림과 목마름에 해로움을 당하기 때문에 飮食을 가릴 겨를이 없
어 올바른 맛을 잃는 것이요, 人心이 貧賤에 해로움을 당하기 때문에 富貴를

---

1)《孟子》〈盡心 上〉에 보인다.

2)〔刊補〕人能無以飢渴之害爲心害 : 살펴보건대 이 章은 굶주림과 목마름이 올바른
맛을 해치는 것을 가지고 貧賤이 사람의 마음(양심)을 해치는 것을 비유하였다.
'飢渴의 해로움으로써 마음의 해로움을 받지 않는다면'이라는 말은, 굶주림과 목
마름이 올바른 맛을 해치듯이 貧賤이 사람의 마음을 해치지 말아야 함을 이른 것
이다.

가릴 겨를이 없어 그 正理를 잃는 것이다.”

○ 又曰　人能不以富貴之故而厭貧賤이면　則過人이　遠矣리라　此章은　言人不可以小害大요　不可以末害本이니라

또 말씀하였다.

“사람이 富貴의 이유 때문에 貧賤을 싫어하지 않는다면 남보다 뛰어남이 월등할 것이다. 이 章은 사람이 작은 것을 가지고 큰 것을 해쳐서는 안 되고, 末을 가지고 本을 해쳐서는 안 됨을 말한 것이다.”

【附註】

○ 朱子曰　人心亦皆有害一句를　趙氏[3]謂人心爲利欲所害라하니　此說이　甚善이라　蓋飢渴이　害其知味之性이면　則飮食이　雖不甘이나　亦以爲甘하고　利欲이　害其仁義之性이면　則所爲雖不可나　亦以爲可也니라

朱子가 말씀하였다.

“사람의 마음 또한 모두 해로움이 있다는 한 句를 趙氏(趙岐)는 ‘사람의 마음이 利慾에 해로움을 당하는 것’이라고 말하였으니, 이 말이 매우 좋다. 飢渴이 맛을 아는 성품을 해치면 飮食이 비록 달지 않으나 또한 달다고 여기고, 利慾이 仁義의 本性을 해치면 하는 바가 비록 옳지 않으나 또한 옳다고 여긴다.”

---

3) 〔釋疑〕趙氏 : 이름은 岐이고 자는 邠卿이니, 《孟子》를 주석하였다.

28. 魚我所欲章[1]

孟子曰 魚도 我所欲也며 熊掌도 亦我所欲也언마는 二者를 不可得兼인댄 舍魚而取熊掌者也로리라 生亦我所欲也며 義亦我所欲也언마는 二者를 不可得兼인댄 舍生而取義者也로리라 生亦我所欲이언마는 所欲이 有甚於生者라 故不爲苟得[2]也하며 死亦我所惡언마는 所惡有甚於死者라 故患有所不辟(避)也니라 如使人之所欲이 莫甚於生이면 則凡可以得生者를 何不用也며 使人之所惡 莫甚於死者면 則凡可以辟患者를 何不爲也리오 由是라 則生而有不用[3]也며 由是라 則可以辟患而有不爲[4]也니라 是故로 所欲이 有甚於生者하며 所惡 有甚於死者하니 非獨賢者有是心也라 人皆有之언마는 賢者는 能勿喪耳니라 一簞食(단사)와 一豆羹을 得之則生하고 弗得則死라도 嘑(호)爾而與之면 行道之人도 弗受하며 蹴爾而與之[5]면 乞人도 不屑也니라 萬鍾則不辨禮義而受之[6]하나니 萬鍾이 於我何加焉이리오 爲宮室之美와 妻妾之奉과 所識窮乏者得我

---

1) 《孟子》〈告子 上〉에 보인다.

2) 〔刊補〕苟得 : 구차하게 얻는다는 뜻이다.

3) 〔釋疑〕生而有不用 : 伯夷, 叔齊와 같은 경우이다.

4) 〔釋疑〕辟患而有不爲 : 張巡, 許遠과 같은 경우이다. 〔補註〕張巡과 許遠은 모두 唐나라 玄宗 때의 忠臣이다. 安祿山이 반란을 일으키자, 眞源縣令으로 있던 장순은 雍丘에서 起兵하여 저항하였으며, 757년인 至德 2년 睢(수)陽太守 허원과 함께 睢陽城을 끝까지 지키다가 중과부적으로 사로잡혔으나 굴복하지 않고 죽임을 당하였다.

5) 〔釋疑〕嘑爾而與之 …… 蹴爾而與之 : 爾는 語助辭이다.

6) 〔釋疑〕萬鍾則不辨禮義而受之 : 馮道와 같은 경우이다. 〔補註〕馮道는 五代時代 사람으로 성품이 純厚하고 學問을 좋아하였으나 20여 년간 정승이 되어 四姓十君을 섬겼다. 이 때문에 지조 없는 사람으로 알려지게 되었다.

與인저 鄕爲身死而不受[7]라가 今爲宮室之美하야 爲之하며 鄕爲身死而不受라가 今爲妻妾之奉하야 爲之하며 鄕爲身死而不受라가 今爲所識窮乏者得我而爲之하나니 是亦不可以已乎아 此之謂失其本心[8]이니라

孟子가 말씀하였다.

"魚物도 내가 원하는 바요 熊掌(곰의 발바닥살)도 내가 원하는 바이지만 이 두 가지를 겸하여 얻을 수 없을진댄 魚物을 버리고 熊掌을 취하겠다. 삶도 내가 원하는 바요 義도 내가 원하는 바이지만 이 두 가지를 겸하여 얻을 수 없을진댄 삶을 버리고 義를 취하겠다. 삶도 내가 원하는 바이지만 원하는 바가 삶보다 더 심한 것이 있다. 그러므로 삶을 구차히 얻으려고 하지 않는 것이며, 죽음도 내가 싫어하는 바이지만 싫어하는 바가 죽음보다 더 심한 것이 있다. 그러므로 患難을 피하지 않는 바가 있는 것이다. 가령 사람들이 원하는 바가 삶보다 더 심한 것이 없다면 모든 삶을 얻을 수 있는 방법을 어찌 쓰지 않겠으며, 가령 사람들이 싫어하는 바가 죽음보다 더 심한 것이 없다면 모든 患難을 피할 수 있는 방법을 어찌 쓰지 않겠는가. 이 때문에 살 수 있는데도 그 방법을 쓰지 않음이 있으며, 이 때문에 禍를 피할 수 있는데도 하지 않음이 있는 것이다. 이러므로 원하는 바가 삶보다 더 심한 것이 있으며 싫어하는 바가 죽음보다 더 심한 것이 있으니, 다만(오직) 賢者만이 이 마음을 가지고 있는 것이 아니요 사람마다 모두 가지고 있건마는 賢者는 이것을 잃지 않을 뿐이다. 한 그릇의 밥과 한 그릇의 국을 얻으면 살고 얻지 못하면 죽더라도 혀를 차고 꾸짖으며 주면 길가는 사람도 받지 않으며, 발로 밟고 주면 乞人도 좋게 여기지 않는다. 그런데 萬鍾의 祿은 禮義를 분별하지 않고 받으니, 萬鍾의 祿이 나에게 무슨 보탬이 있겠는가. 宮室의 아름다움과 妻妾의 받듦과 내가 알고 지내는 궁핍한 자가 나를 고맙게 여김을 위해서일 것이다. 지난번 자신의 죽음을

---

7) 〔釋疑〕鄕爲身死而不受 : '身死를 위하여도'로 해석한다. 〔補註〕官本 《孟子諺解》 에는 '鄕爲身엔 死而不受라가'로 懸吐하였으나 中國本에는 대부분 '鄕爲身死而不受'로 되어 있으며, 栗谷 역시 이렇게 해석하였다.

8) 〔釋疑〕失其本心 : 本心은 秉彝의 良心이다.

위해서는 받지 않다가 이제 宮室의 아름다움을 위해서는 이것(禮義를 가리지 않고 받음)을 하며, 지난번 자신의 죽음을 위해서는 받지 않다가 이제 妻妾의 받듦을 위하여 이것을 하며, 지난번 자신의 죽음을 위해서는 받지 않다가 이제 알고 있는 바의 궁핍한 자가 나를 고맙게 여김을 위하여 이것을 하니, 이 또한 그만둘 수 없는 것이겠는가. 이것을 일러 그 本心을 잃었다고 하는 것이다.”

【原註】

○ 朱子曰 本心은 謂羞惡之心이라 言三者는 身外之物이니 其得失이 比生死爲甚輕이어늘 鄕爲身死라도 猶不肯受嘑蹴之食이라가 今乃爲三者而受無禮義之萬鍾하니 是豈不可以止乎아 蓋羞惡之心은 人所固有나 然或[9]能決死生於危迫之際로되 而不免計豐約於宴安之時라 是以로 君子不可頃刻而不省察於斯焉이니라

朱子가 말씀하였다.

“本心은 부끄러워하고 미워하는 마음을 이른다. 세 가지는 몸밖의 물건이니, 得失이 生死에 비하여 매우 가벼운데, 지난번 자신의 죽음을 위해서는 오히려 꾸짖거나 발로 밟아 주는 음식을 먹으려고 하지 않다가 지금 세 가지를 위해서는 禮義가 없는 萬鍾의 祿을 받으니, 이 어찌 그만둘 수 없는 것이겠는가. 부끄러워하고 미워하는 마음은 사람이 본래 고유한 것이나 혹 위태롭고 급박할 때에는 死生을 결단하면서도 편안할 때에는 豐約(많고 적음)을 따짐을 면치 못한다. 이 때문에 군자는 頃刻(잠시)이라도 이것을 살피지 않으면 안 되는 것이다.”

【附註】

○ 謝良佐問於伊川先生曰 邢恕[10]久從先生이나 想都無知識하야 後來極狼

---

9) 〔刊補〕然或 : 본래 然字가 없다.

10) 〔刊補〕邢恕 : 《淵源錄》에 “字는 和叔이다. 그의 行事가 國史(宋史) 및 邵伯溫이 辨誣한 글 등에도 기재되어 있는 바, 여기에 ‘후일에는 또 禪學에 물들었다. 그는 사람됨이 명석하고 재주가 있으며, 더욱 세상사에 밝았다. 학문도 날로 진보하는 자였다’라고 했다.” 하였다. ○ 오랫동안 程子를 따라 배웠는데, 小人들이 程子와 門人들을 排斥하자 邢恕는 그 禍를 면하고자 하여, 하루는 進講에서 “程某를 베어 천 토막을 내어도 臣은 恨하지 않겠습니다.” 하였으니, 그 사람됨이 이와 같았다.

狽로소이다 曰 謂之全無知識則不可라 只是義理不能勝利欲之心하야 便至於
此니라

謝良佐가 伊川先生에게 묻기를 "邢恕가 오랫동안 선생을 從遊하였으나 생각
컨대 전혀 지식이 없어서 후일에 지극히 낭패한 것입니다." 하자, 선생은 다음
과 같이 말씀하였다.

"전혀 지식이 없다고 말하는 것은 옳지 않다. 다만 義理가 利慾의 마음을 이
기지 못하여 곧 여기에 이른 것이다."

朱子曰 程子之言은 以責人言之則恕요 以敎人言之則忠[11]이니 尤足以發明孟子此章
之意[12]니라

朱子가 말씀하였다.

"程子의 말씀은 남을 책하는 입장에서 말하면 恕이고 남을 가르치는 입장에서 말
하면 忠이니, 孟子의 이 章의 뜻을 더욱 發明하였다."

○ 朱子曰 某嘗見一種人이 汲汲營利하고 求官職하니 不知是句當[13]甚(삼)
事러니 後來思量하니 孟子說 所欲이 有甚於生者하며 所惡有甚於死者하니 非
獨賢者有是心也라 人皆有之언마는 賢者는 能勿喪耳라하시니 他元來亦有此心
이로되 只是他自失了라 所以不見義理니라 或云 他雖是如此나 想羞惡之心이
亦須萌動이로소이다 曰 只是如此면 濟甚事[14]리오 今夜愧恥어든 明日便不做라야

---

11) 〔釋疑〕以責人言之則恕 以敎人言之則忠 : 전혀 지식이 없다고 말하지 않은 것은 恕
이고, 義理와 利慾을 털끝 만한 사이에서 분석하여 사람들로 하여금 깨닫게 한 것
은 남을 위하여 도모함에 충성스러운 것이다. 〔補註〕恕는 推己及人으로 자신의
마음을 미루어 남에게 미치는 것이고, 忠은 진실(성실)함을 이른다.

12) 〔刊補〕發明孟子此章之意 : 朱子의 이 말씀은 邢恕에 관한 一段을 바로 해석한 것
이 아니다. 생각하건대 朱子는 일찍이 程子의 이른바 "族子는 어리석고 故人은 정
이 두터우니, 孟子가 어찌 臧倉을 허물하였겠는가."라는 말을 인용하여 《孟子》의
〈魯平公將出章〉을 해석한 다음 이 말씀을 뒤에 이었는데, 篁墩이 마침내 여기에
채록하여 넣은 것이다. 〔補註〕臧倉은 魯平公이 총애하던 신하로, 孟子를 훼방한
자인 바, 이 내용이 《孟子》〈梁惠王 下〉에 보인다.

13) 〔釋疑〕句當 : 主管한다는 뜻과 같다.

14) 〔釋疑〕濟甚事 : 濟는 遂(이룸), 成의 뜻이니, '무슨 일을 이루리오'라는 뜻이다.

方是니 若愧恥後에 又却依舊면 何濟於事리오

朱子가 말씀하였다.

"내 일찍이 보건대 일부의 사람이 이익을 경영하고 관직을 구하는데 급급하였다. 나는 이 사람이 무슨 일을 주관하려는 것인지 몰랐는데, 뒤에 생각해보니 孟子가 말씀하기를 '원하는 바가 삶보다 더 심한 것이 있으며 싫어하는 바가 죽음보다 더 심한 것이 있으니, 오직 賢者만이 이 마음을 가지고 있는 것이 아니요 사람마다 모두 가지고 있건마는 賢者는 이것을 잃지 않을 뿐이다' 하셨으니, 저 사람도 원래 또한 이 마음을 가지고 있었으나 다만 저는 스스로 잃었다. 이 때문에 義理를 보지 못하는 것이다."

혹자가 말하기를 "저가 비록 이와 같으나 생각건대 羞惡하는 마음이 또한 반드시 싹터 동할 것입니다." 하자, 다음과 같이 말씀하였다.

"다만 이와 같다면 무슨 일을 이루겠는가. 오늘밤에 부끄러워하였으면 내일은 곧 하지 않아야 옳으니, 만약 부끄러워한 뒤에 또 예전대로 한다면 무슨 일을 이루겠는가."

○ 南軒張氏曰 嘑爾而不受와 蹴爾而不屑은 此其羞惡之心也라 人之困窮에 其欲未肆故로 其端이 尙在라가 至於爲萬鍾所動하야는 則有不復顧者矣니라 曰 萬鍾이 於我何加焉이리오하시니 人能深味斯言而得其旨면 則亦可見外物之無足慕矣리라

南軒張氏가 말하였다.

"꾸짖으면서 주면 받지 않는 것과 발로 밟고 주면 좋게 여기지 않는 것은 바로 羞惡하는 마음이다. 사람이 곤궁할 때에는 욕심을 부리지 않으므로 羞惡의 단서가 아직 남아 있다가 萬鍾에게 동요당함에 이르러서는 다시 예의를 돌아보지 않는 것이다. '萬鍾이 나에게 무슨 보탬이 있겠는가'라고 하셨으니, 사람이 이 말을 깊이 음미하여 그 뜻을 안다면 또한 外物은 사모할 것이 못됨을 알게 될 것이다."

定宇陳氏曰 人之喪其良心이 固不止於成宮室, 供妻妾, 濟知識三者어니와 人能於此省察之면 則知所以遏人欲而擴天理矣라 又是亦不可以已乎아하시니 最喚醒人이니 人之不能爲君子 多是不得已而爲之어니와 今此三者는 豈不可以已而乃冒爲之乎아 此之謂失其本心이라하시니 尤斷制得明白이라 失其本心은 與前所謂賢者能勿喪耳로

正相反하니 賢者는 惟克去私欲이라 故能勿喪其良心이요 衆人은 惟汨於私欲이라 故至
於失其本心也니라

定宇陳氏(陳櫟)가 말하였다.

"사람이 良心을 잃는 것은 진실로 宮室을 이루고 妻妾을 供養하고 아는 사람을
구제하는 세 가지에 그치지 않으나 사람이 여기에 성찰하면 人欲을 막아 天理를 擴
充하는 것을 알 것이다. 또 ' 이 또한 그만둘 수 없는가'하셨으니, 이는 사람을 불
러 깨우치신 것이니, 사람이 君子가 되지 못하는 것은 대부분 부득이하여 그렇게
하거니와 이제 이 세 가지는 어찌 그만둘 수 없는 것이어서 마침내 무릅쓰고 한단
말인가. ' 이것을 일러 本心을 잃었다고 한다'하셨으니, 더욱 결단함이 명백하다.
' 本心을 잃었다'는 것은 앞에 이른바 ' 賢者는 잃지 않는다'는 것과 정반대가 되니,
賢者는 私慾을 이겨 제거하므로 良心을 잃지 않을 수 있고, 衆人은 私慾에 빠지므
로 本心을 잃음에 이르는 것이다."

心經附註 제4권

29. 雞鳴而起章[1]

孟子曰 雞鳴而起하야 孶孶爲善者는 舜之徒也요 雞鳴而起하야 孶孶爲利者는 蹠之徒也니 欲知舜與蹠之分인댄 無他라 利與善之間也니라

　孟子가 말씀하였다.

　"닭이 울면 일어나서 부지런히 善을 하는 자는 舜임금의 무리요, 닭이 울면 일어나서 부지런히 利益을 추구하는 자는 盜蹠의 무리이니, 舜임금과 盜蹠의 구별을 알고자 한다면 다른 것이 없다. 利와 善의 사이인 것이다."

【原註】

○ 程子曰 言間者는 謂相去不遠하야 所爭이 毫末耳라 善與利는 公私而已矣니 才(纔)出於善이면 便以利言也니라

　程子가 말씀하였다.

　"사이라고 말한 것은 서로 거리가 멀지 않아 다투는 바가 털끝 만한 것일 뿐임을 말한 것이다. 善과 利는 公과 私일 뿐이니, 조금이라도 善에서 벗어나면 곧 利라고 말할 수 있다."

○ 楊氏曰 舜蹠之相去遠矣로되 而其分은 乃在利善之間而已니 是豈可以不謹이리오 然講之不熟하고 見之不明이면 未有不反以利爲義者[2]니 又學者所當深察也니라

---

1)《孟子》〈盡心 下〉에 보인다.

楊氏가 말하였다.

"舜임금과 盜蹠의 相去가 멀지만 그 구별은 바로 利와 善의 사이에 있을 뿐이니, 이 어찌 삼가지 않을 수 있겠는가. 그러나 講論하기를 익숙히 하지 않고 보기를 분명히 하지 못한다면 도리어 利를 義라고 여기지 않을 자가 없으니, 이는 또 배우는 자들이 마땅히 깊이 살펴야 할 것이다."

○ 或問 雞鳴而起하야 若未接物이면 如何爲善이닛고 程子曰 只主於敬이 便是爲善[3]이니라

或者가 묻기를 "닭이 울면 일어나서 만일 사물을 접하지 않았으면 어떻게 해야 善이 됩니까?" 하자, 程子가 말씀하였다.

"다만 敬을 주장하는 것이 곧 善을 하는 것이다."

【附註】
○ 程子曰 董仲舒有言호되 正其義不謀其利하며 明其道不計其功[4]이라하니 此仲舒所以度越諸子니라

---

2) 〔刊補〕未有不反以利爲義者 : 이것은 크게 드러난 利慾을 가리켜 말한 것이 아니고 心術의 精微한 곳을 말한 것이다. 그러므로 "또 배우는 자들이 마땅히 깊이 살펴야 할 것이다."라고 경계한 것이다. ○ 살펴보건대 학문을 강론함이 밝지 못하고 이치를 봄이 정확하지 못하면 利를 義로 오인하는 경우가 있다. 이를테면 謝良佐가 말한 "만약 道로써 살피지 않으면 곧은 것을 굽다고 하고 굽은 것을 곧다고 하지 않는 경우가 없을 것이다."라는 것과 같으니, 반드시 心術의 隱微한 곳만을 가리키지는 않았을 것이다.

3) 〔釋疑〕只主於敬 便是爲善 : 朱子가 말씀하기를 "聖人의 마음은 순수함이 또한 그치지 아니하여 비록 일이 없을 때라도 항상 主宰가 있다." 하였다.

4) 〔釋疑〕董仲舒有言 …… 明其道不計其功 : 前漢의 董仲舒가 江都의 相(정승)이 되어 易王(역왕)을 섬겼는데, 王이 일찍이 묻기를 "越王 句踐이 泄庸(예용)과 文種, 范蠡와 함께 吳나라를 정벌하여 멸망시켰으니, 寡人은 越나라에 세 仁者가 있다고 여기노라." 하자, 董仲舒가 대답하기를 "仁人(어진 사람)은 그 義를 바르게 행하고 이익을 도모하지 않으며, 그 道를 밝히고 功을 계산하지 않습니다. 이 때문에 仲尼의 門下에는 5尺의 童子들도 五伯(오패)에 대해 말하는 것을 부끄러워하였으니, 이는 五伯가 속임수와 무력을 앞세우고 仁義를 뒤로하였기 때문입니다. 이것을 가지고 말한다면 越나라에는 한 사람의 仁者도 있지 않은 것입니다." 하였다.

程子가 말씀하였다.

"董仲舒가 말하기를 '義를 바르게 행하고 이익을 도모하지 않으며 道를 밝히고 功을 계산하지 않는다' 하였으니, 이것이 董仲舒가 諸子들보다 크게 뛰어난 이유이다."

朱子曰 仲舒所立[5]이 甚高하니 後世所以不如古人者는 以道義功利關[6]을 不透[7]耳일새니라

朱子가 말씀하였다.

"董仲舒가 成立한 것이 매우 높으니, 후세 사람들이 옛사람만 못한 이유는 道義와 功利의 關門을 통과하지 못했기 때문이다."

○ 上蔡謝氏曰 透得名利關이라야 方是小歇處[8]니 今之士大夫는 何足道리오 能言이 眞如鸚鵡也[9]니라

上蔡謝氏(謝良佐)가 말하였다.

"名利의 關門을 통과하여야 비로소 조금 쉴 수 있는 곳이니, 지금 士大夫들은 어찌 굳이 말할 것이 있겠는가. 말만 잘하는 것이 참으로 앵무새와 같다."

朱子曰 上蔡此言이 深可畏니 須是此處[10]에 立得脚定然後에 博文約禮之工이 有所施耳니라

朱子가 말씀하였다.

"上蔡의 이 말씀은 매우 두려워할 만하니, 모름지기 이곳에 다리를 세워 정한 뒤에야 博文·約禮의 공부가 시행될 곳이 있게 된다."

---

5) 〔釋疑〕所立 : 地位(경지)를 이른다.

6) 〔釋疑〕道義功利關 : 道義와 功利의 限隔(경계)가 되는 문이다.

7) 〔釋疑〕不透 : 저기에서 벗어나 여기에 들어오지 못함을 이른다.

8) 〔刊補〕小歇處 : 살펴보건대 名利의 關門을 통과하여 基址에 다리를 세워야 비로소 歇泊處(머물 곳)가 있으니, 上面에 비로소 공부를 할 수 있는 것이다. 혹자는 잠시 쉬는 곳이라 하나, 옳지 않다.

9) 〔釋疑〕能言 眞如鸚鵡也 : 《禮記》에 "앵무새가 말을 잘하나 나는 새에서 벗어나지 못한다." 하였다.

10) 〔釋疑〕此處 : 名利關을 통과하는 곳이다.

○ 問利與善之間_{한대} 朱子曰 不是冷水_면 便是熱湯_{이니} 無那中間溫吞煗處¹¹⁾也_{니라}

利와 善의 사이를 묻자, 朱子가 말씀하였다.

"冷水가 아니면 곧 熱湯이니, 중간에 따뜻함이 따뜻함을 머금은 곳(미지근한 부분)은 없다."

○ 又曰 天理人欲之分_이 只爭些子¹²⁾_라 故周先生_이 只管說幾字¹³⁾_라 然辨之_를 又不可不早_라 故橫渠每說豫字¹⁴⁾_{하시니라}

또 말씀하였다.

"天理와 人欲의 구분이 단지 사소한 것을 다투므로 周濂溪선생은 다만 幾字를 말씀하였다. 그러나 이것을 분별하기를 일찍하지 않을 수 없으므로 橫渠는 언제나 豫(미리)字를 말씀하였다."

○ 問事有合理而有意爲之_면 如何_{잇고} 曰 事雖義而心則私_라 如路_를 好人行

---

11) 〔釋疑〕中間溫吞煗處: 溫과 煗이 서로 삼키면(합하면) 이것이 冷과 熱의 중간인 것이다. 〔刊補〕《考誤》에 "煗은 바로 溫의 뜻이요, 溫 역시 煗의 뜻이다." 하였다. 살펴보건대 善과 利의 구분은 冷과 熱의 구분과 같아서 끝내 하나가 되어 溫과 煗처럼 분별이 없을 수 있는 것이 아니다. 〔補註〕溫과 煗은 모두 크게 뜨겁지 않고 약간 따뜻한 것인 바, 우리 속담에 '술에 술탄 듯 물에 물탄 듯하다'는 것과 같은 말로 크게 구별되지 않음을 비유한 것이다.

12) 〔釋疑〕只爭些子: 爭은 辨爭과 分爭의 뜻이 있으니, 털끝 만한 차이를 분별한다는 말과 같다.

13) 〔釋疑〕幾字: 周子가 말씀하기를 "誠은 함이 없고 幾에서 善惡이 나누어진다.〔誠無爲 幾善惡〕" 하였는데, 朱子는 말씀하기를 "幾는 動함의 은미한 것으로 善과 惡이 이로 말미암아 나누어진다." 하였다. 마음의 은미함에 동하면 天理가 진실로 발현되고, 人欲 또한 이미 이 사이에 싹트니, 이는 陰陽의 象이다. 〔補註〕太極이 動하면 陰과 陽이 나누어지듯 人心도 動하면 天理와 人欲으로 나누어지기 때문에 '陰陽의 象'이라고 한 것이다.

14) 〔釋疑〕豫字: 張子가 말씀하기를 "義를 정하게 연구하여 신묘한 경지에 들어가는 것은 일이 내 마음속에 미리 정해져서 나의 밖을 이롭게 하기를 구하는 것이다." 하였다. 《中庸》의 註에 "豫는 평소에 미리 정하는 것이다." 하였다.

之라도 是路요 賊行之라도 亦是路니 合是如此者¹⁵⁾는 是天理요 起計較면 便不是니라

"일이 道理에 부합하는데, 뜻을 두어 이것을 하면 어떻습니까?" 하고 묻자, 朱子가 말씀하였다.

"일은 비록 의로우나 마음은 사사롭다. 예를 들면 길을 좋은 사람이 가더라도 이 길이요 도적이 가더라도 이 길인 것과 같으니, 마땅히 이와 같이 해야 하는 것은 天理이고 計較하는 마음을 두면 곧 옳지 않다."

○ 又曰 利與善之間에 若纔有心要人知하고 要人道好하고 要以此求利祿이면 皆爲利也라 這箇極多般樣하니 雖所爲皆善이라도 但有一毫歆慕外物之心이면 便是利了라 如一塊潔白物事上面에 只著一點黑이면 便不得爲白矣니라

또 말씀하였다.

"利와 善의 사이에 만약 조금이라도 마음을 두어서 남이 알아주기를 바라고 남이 좋다고 말해 주기를 바라고 이것으로 利와 祿을 구하려고 한다면 모두 利가 된다. 이러한 경우는 樣相이 지극히 많아 여러가지니, 비록 행하는 바가 모두 善하더라도 다만 一毫(조금)라도 外物을 사모하는 마음이 있으면 곧 利이다. 예컨대 한 덩어리의 깨끗하고 흰 사물의 上面에 다만 한 점의 검은 것을 붙여 놓으면 곧 흰 것이 될 수 없는 것과 같다."

○ 又曰 世間喩於義者는 則爲君子요 喩於利者는 卽是小人이어늘 而近年一種議論이 乃欲周旋於二者之間하야 回互委曲하야 費盡心機¹⁶⁾호되 卒旣不得爲君子하고 其爲小人도 亦不索性¹⁷⁾하니 可謂誤用其心矣로다

---

15) 〔釋疑〕合是如此者：義理上 마땅히 이와 같이 해야 한다고 여겨서 하는 것이다.

16) 〔釋疑〕而近年一種議論 …… 費盡心機：이는 朱子가 楊方에게 준 편지의 내용이다. 이때 黨禍가 크게 일어나자 楊方은 두려워서 直截(분명)하게 君子의 黨으로 自處하지 못하였다. 그러므로 朱子가 이것으로 回互(돌림)하고 委曲하여 直截하지 못한 뜻을 貶下한 것이다. 心機는 心術의 機巧이다. 〔補註〕回互는 사태를 관망하기 위하여 자신의 의견이나 행동을 분명하게 드러내지 않고 우물쭈물함을 이른다.

17) 〔刊補〕其爲小人 亦不索性：索性은 '極意(매우)'의 뜻과 같다. 또 '直截'이라고도 한다. 혹 索字만 쓴 곳도 있다. ○ 묻기를 "이는 형편없는 小人인데 '小人이 되는 것도 索性의 小人은 되지 못한다' 하였으니, 어째서입니까?" 하니, 退溪는 답하기를

또 말씀하였다.

"世間에 義를 깨달은 자는 君子가 되고 利를 깨달은 자는 곧 小人인데, 근년에 일종의 議論은 마침내 이 두 가지의 사이에서 맴돌고자 하여 回互委曲(明白正直하지 못함)해서 心機를 다 허비해도 마침내는 君子가 되지 못하고, 小人이 되는 것도 索性의 小人은 되지 못하니, 마음을 잘못 쓴다고 이를 만하다."

昨有李某初上一書하야 極說道學恁地不好라하니 那時에 某人在要路라 故以此說投之하야 卽得超升上州러니 前日에 某方赴召하야 到行在[18]할새 忽又上一書하야 極稱道學之美하니 他便道某有甚(삼)勢라하야 要以此相投하니 極好笑로다

지난번에 李某가 처음 한 글을 올려 道學이 이처럼 나쁘다고 극구 말하였으니, 이 때에 아무개가 要路에 있었으므로 이 말로 비위를 맞춰서 上州로 높이 승진되었다. 그러다가 지난날 내가 막 召命에 달려가 行在所에 이르자, 갑자기 또 한 글을 올려 道學의 아름다움을 극구 칭찬하였으니, 저는 내가 어떤 세력이 있다고 생각하여 이것으로 비위를 맞추고자 한 것이니, 지극히 우습다.

○ 南軒張氏曰 學者潛心孔孟하야 必求其門而入이니 愚以爲莫先於明義利之辨이라하노니 蓋聖賢은 無所爲而然也[19]니 無所爲而然者는 命之所以不已요 性之所以不偏이요 而敎之所以無窮也[20]며 凡有所爲而然者는 皆人欲之私요 而非天理之所存이니 此義利之分也라 自未知省察者言之하면 終日之間에 鮮

"자신을 回護하여 義와 利 두 가지 사이에서 맴돌아 義를 하고자 하면서도 실제로는 利에 이끌리고, 利를 하고자 하면서도 또 義를 버리려고 하지 아니하여, 그대로 머뭇거리면서 마음의 機智를 다 허비하니, 비록 형편없는 小人이라고 논할 수 없으나 어찌 다리를 꼿꼿이 세운 君子라고 할 수 있겠는가. 벼슬아치가 되어 학문이 밝지 못하고 앎이 지극하지 못하면 이것을 면할 자가 드물 것이다." 하였다.

18) 〔釋疑〕行在 : 임금이 임시로 머무는 곳으로, 이때 宋나라가 金나라의 침공을 피하여 남쪽으로 遷都하였으므로 도읍한 곳을 가리켜 行在라 한 것이다.
19) 〔刊補〕無所爲而然也 : 無所爲는 살펴보건대 당연히 해야 할 일에 기대하거나 도모함이 없다는 뜻이다. 〔補註〕명예나 이익 따위를 위한 바가 없이 그렇게 하는 것으로, 곧 목적한 바가 없이 義理를 행함을 이른다.
20) 〔釋疑〕命之所以不已 …… 而敎之所以無窮也 :《中庸》首章의 "天命之謂性 率性之謂道 修道之謂敎" 세 句를 가지고 말한 것이다.

不爲利矣니 非特名位貨殖而後爲利也라 意之所向이 一涉於有所爲면 雖有
淺深之不同이나 其爲徇己自私則一而已라 是心이 日滋면 則善端遏塞이니 欲
邁聖賢之門牆하야 以求自得이면 豈非却行而望及前人乎아 學者當立志以爲
先하고 持敬以爲本하야 而精察於動靜之間하야 毫釐之差[21]에 審其爲霄壤之
判[22]이면 則有以用吾力矣라 孔子曰 古之學者는 爲己러니 今之學者는 爲人
이라하시니 爲人者는 無適而非利요 爲己者는 無適而非義라 曰利[23]면 雖在己
之事라도 皆爲人也요 曰義면 則施諸人者라도 亦莫非爲己也라 嗟乎라 義利之
辨이 大矣니 豈特學者治己之所當先이리오 施之天下國家에도 一也니라

南軒張氏가 말하였다.

"배우는 자는 孔孟에 潛心하여 반드시 그 문을 찾아 들어가야 하는데, 어리
석은 나는 생각하건대 義와 利의 구분을 밝히는 것보다 더 먼저 할 것이 없다
고 여긴다. 聖賢은 위한(목적하는) 바가 없이 그러하니, 위한 바가 없이 그러한
것은 天命이 그치지 않고 性이 편벽되지 않고 가르침이 다함이 없는 것이며,
무릇 위한 바가 있어 그러한 것은 모두 人欲의 私이고 天理가 보존된 것이 아
니니, 이것이 義와 利의 구분이다. 성찰할 줄 모르는 자의 입장에서 말한다면
하루를 마치는 사이에 利를 위하지 않는 경우가 드무니, 다만 명예와 지위와
財貨인 뒤에야 利가 되는 것은 아니다. 마음의 향하는 바가 조금이라도 위한
바가 있음에 해당되면 비록 얕고 깊음의 차이가 있으나 자기를 따라 스스로 사
사롭게 함에 있어서는 똑같을 뿐이다. 이 마음이 날로 불어나면 善한 마음이
막히게 되니, 聖賢의 門牆을 가까이하여 自得하기를 바란다면 어찌 뒷걸음을
치면서 앞사람에게 미치기를 바라는 것이 아니겠는가. 배우는 자는 마땅히 뜻
을 세우는 것을 최우선으로 삼고 敬을 잡아 지키는 것을 근본으로 삼아서 動靜
의 사이에 정밀하게 살펴 털끝 만한 차이에서 天壤의 구분이 됨을 안다면 자신
의 힘을 제대로 쓸 수 있을 것이다.

---

21) 〔釋疑〕持敬以爲本 …… 毫釐之差 : 敬을 지키면 마음이 비워지고 밝으므로 動하고
　　靜하는 털끝 만한 사이에 義와 利를 精하게 살필 수 있는 것이다. 動靜은 몸으로
　　말하였고 毫釐는 일로 말하였다.

22) 〔釋疑〕霄壤之判 : 霄壤은 하늘과 땅으로, 義의 높음은 하늘과 같고 利의 낮음은
　　땅과 같은 것이다.

23) 〔刊補〕曰利 : 曰利 아래에 則字가 있어야 할 듯하다.

孔子께서 '옛날의 배우는 자들은 자신을 위하였는데, 지금의 배우는 자들은 남을 위한다'고 하셨으니, 남을 위하는 자는 가는 곳마다 利 아님이 없고 자신을 위하는 자는 가는 곳마다 義 아님이 없다. 이로우면 비록 자신에게 있는 일이라도 모두 남을 위하는 것이요, 의로우면 비록 남에게 베푸는 일이라도 모두 자신을 위하는 것이다. 아! 義와 利의 구분이 크니, 어찌 다만 배우는 자가 자신을 다스리는 데에만 먼저 하여야 할 바이겠는가. 천하와 국가에 베풀어도 똑같은 것이다."

朱子曰 義也者無所爲而然者也此言은 蓋可謂廣前聖[24]之未發하야 而同於性善養氣之功[25]者與인저 ○ 西山眞氏曰 朱子云 義利之際를 固當深明而力辨이나 然伊洛發明未接物時主敬一段工夫를 更須精進이라야 乃佳니 不爾[26]면 或無所據以審夫義利之分也라하시니 此說을 尤學者所當知니라

朱子가 말씀하였다.
"義는 위한 바가 없이 그러하다는 이 말씀은 예전의 聖人이 발명하지 못한 것을 넓혀서 性善과 養氣를 發明한 孟子의 功과 같다고 이를 만하다."
○ 西山眞氏가 말하였다.
"朱子가 '義와 利의 사이를 진실로 깊이 밝혀 힘써 구분하여야 하나, 伊洛(程子)이 사물을 접하지 않았을 때에 敬을 주장해야 한다는 一段의 공부를 발명하신 것을 다시 모름지기 精進하여야 비로소 아름다우니, 그렇지 않으면 혹 의거하여 義와 利의 구분을 살필 수가 없다'하신 이 말씀을 더욱 배우는 자가 마땅히 알아야 할 것이다."

○ 象山陸氏曰 君子는 喩於義하고 小人은 喩於利[27]라하니 此章은 以義利判

---

24) 〔釋疑〕廣前聖 : 廣은 《大學或問》에는 擴으로 되어 있으니, 擴은 宋나라 寧宗의 諱이기 때문에 廣으로 바꿔 쓴 것이다.

25) 〔釋疑〕性善養氣之功 : 孟子의 功이다.

26) 〔釋疑〕不爾 : 不然이란 말과 같다.

27) 〔釋疑〕君子 …… 喩於利 : 朱子는 다음과 같이 말씀하였다. "伊川은 '오직 義를 깊이 깨닫기 때문에 돈독히 좋아하는 것이다'하였고, 陸子靜(陸九淵)은 '좋아한 뒤에 바야흐로 깨닫는다'하였다. 내가 살펴보건대 사람이 義理에 있어서 깨닫고 나서 좋아하는 자가 많으니, 만약 전혀 깨닫지 못한다면 또 어떻게 좋아할 수 있겠는가. 그러나 좋아하면 깨닫는다. 하지만 필경 伊川의 말씀이 더 낫다." 〔補註〕 이 내용은 《論語》〈里仁〉에 보이는 孔子의 말씀이다.

君子小人하니 苟不於切己觀省이면 亦恐未能有益也라 人之所喩는 由其所習이요 所習은 由其所志라 志乎義면 則所習者必在於義니 所習이 在義면 斯喩於義矣요 志乎利면 則所習者必在於利니 所習이 在利면 斯喩於利矣라 故學者之志를 不可不辨也라 今爲士者 固不能免場屋之得失이나 顧其技與有司好惡如何耳[28]라 非所以爲君子小人之辨也어늘 而今世以此相尙하야 使汩沒於此而不能自拔하니 則終日從事者 雖曰聖賢之書나 而要其志之所鄕(向)이면 則有與聖賢背而馳者矣라 推而上之[29]하면 則又惟官資崇卑와 祿廩厚薄을 是計하니 豈能悉心力於國事民隱[30]하야 以無負於任使之者哉아 從事其間하야 更(경)歷之多하고 講習之熟이면 安得不有所喩리오마는 顧恐不在於義耳라 誠能深思是身을 不可使之爲小人之歸면 其於利欲之習에 怛焉爲之痛心疾首하야 專主乎義而日勉焉하야 博學審問謹思明辨而篤行之리니 由是進於場屋이면 其文이 必皆道其平日之學과 胸中之蘊하야 不詭於聖人이요 由是而仕하면 必皆共(供)其職, 勤其事하고 心乎國, 心乎民하야 而不爲身計하리니 其得不謂之君子乎아

象山陸氏(陸九淵)가 말하였다.

"君子는 義를 깨닫고 小人은 利를 깨닫는다 하였으니, 이 章은 義와 利로써 君子와 小人을 판별하였는 바, 만일 자기 몸에 절실하게 보고 살피지 않으면 또한 유익함이 없을 듯하다. 사람이 깨닫는 바는 익힌 바에 연유하고 익히는 바는 뜻한 바에 연유한다. 義에 뜻하면 익힌 바가 반드시 義에 있을 것이니 익힌 바가 義에 있으면 義를 깨달을 것이요, 利에 뜻하면 익히는 바가 利에 있을 것이니 익힌 바가 利에 있으면 利를 깨달을 것이다. 그러므로 배우는 자의 뜻을 분별하지 않을 수 없는 것이다. 지금 선비가 된 자들은 진실로 場屋(科擧)의 得失을 면치 못하나 다만 그 技藝가 有司의 좋아하고 싫어함과 어떠한가에

---

28) 〔釋疑〕顧其技與有司好惡如何耳 : 나의 文章이 有司(考試官)의 好惡(취향)에 합당한가의 여부이다. 〔刊補〕顧는 念(생각)의 뜻이다. 〔補註〕顧는 '다만' 또 '생각하건대'의 뜻이며, 技藝는 文章을 짓는 솜씨를 이르는 바, 《刊補》에서는 '자신의 文章 솜씨가 考試官의 好惡(취향)와 어떠한가를 생각한다'로 본 듯하다.

29) 〔刊補〕推而上之 : 미루어 올라간다는 뜻으로, 처음에는 科擧의 得失을 논하다가 점차 品階나 祿俸을 언급한 것이 '推而上之'이다.

30) 〔釋疑〕民隱 : 백성의 隱痛(고통)이다.

달려 있을 뿐이니, 君子와 小人의 구분이 되는 것은 아니다. 그런데 지금 세속
에서는 이것을 서로 숭상하여 여기에 골몰해서 스스로 빠져나오지 못하니, 그
렇다면 종일토록 종사하는 것이 비록 聖賢의 책이라 하더라도 그 뜻이 향하는
바를 찾아보면 聖賢과 背馳됨이 있는 것이다. 미루어 올라가면 또 官資의 높고
낮음과 祿俸의 많고 적음만을 계산하니, 어찌 국가의 일과 백성의 고통에 마음
과 힘을 다하여, 맡기고 부린 자(君上)를 저버림이 없을 수 있겠는가. 이 사이
에 종사하여 更歷(經歷)함이 많고 講習함이 익숙하면 어찌 깨닫는 바가 없겠는
가마는 다만 義에 있지 않을까 두려울 뿐이다. 진실로 이 몸을 小人으로 돌아
가게 해서는 안 된다는 것을 깊이 생각하여, 利慾의 익힘에 대하여 서글프게
마음을 아파하고 머리를 아파해서 오로지 義를 주장하여 날로 힘써서, 널리 배
우고 자세히 묻고 신중히 생각하고 밝게 구분하여 독실히 행하여야 할 것이다.
이로 말미암아 場屋에 나아가면 그 文章이 반드시 평소의 學問과 胸中에 쌓인
것을 다 말하여, 聖人의 道와 어긋나지 않을 것이요, 이로 말미암아 벼슬하면
반드시 모두 직책을 수행하고 일을 부지런히 하며 나라에 마음을 두고 백성에
게 마음을 두어서 자신을 위한 계교를 하지 않을 것이니, 어찌 君子라 이르지
않겠는가.”

陳芝[31]問 今當讀何書닛고 朱子曰 聖賢教人이 都是切己說話요 不是教人向外하야
只就紙上讀了便了니 自家今且剖判[32]一箇義利하야 試自睹當自家今是要人求知[33]아
要自爲己아니 這便是死生路頭[34]라 曾見陸子靜義利之說否[35]아 曰 未也로이다 曰 這
是他來南康[36]이어늘 某請他說書[37]호니 他却說這義利分明하니 是說得好라 如云 今人

---

31)〔釋疑〕陳芝：字는 廷秀이니, 朱子의 門人이다.

32)〔刊補〕剖判：辨別한다는 뜻이다.

33)〔釋疑〕試自睹當自家今是要人求知：睹當은 見得(보다)의 뜻이다.〔刊補〕‘人求知’
　　가《朱子語類》에는 ‘求人知’로 되어 있다.

34)〔釋疑〕死生路頭：生과 死가 분별되는 路頭(갈림길)를 이르니, 남에게 알려지기를
　　바라는 것은 死이고 자신을 위하는 것은 生이다.

35)〔刊補〕曾見陸子靜義利之說否：살펴보건대《朱子語類》에는 曾字 앞에 ‘顧謂道夫
　　曰’이란 다섯 글자가 있다.

36)〔釋疑〕這是他來南康：這는 義理에 대한 말이고 他는 陸子靜이다. 朱子가 南康을
　　맡았을 때에 陸子靜이 왔다.

37)〔釋疑〕說書：講書(책을 강함)라는 말과 같다.

이 只讀書爲利하야 如取解³⁸⁾後에 又要得官하고 得官이면 又要改官하야 自少至老하고
自頂至踵³⁹⁾히 無非爲利라하야 說得來痛快하니 至有流涕者⁴⁰⁾라 今人은 初生稍有知識
에 此心이 便恁瞢瞢地去了하야 干名逐利하야 浸浸不已하니 其去聖賢이 日以益遠이라
豈不深可痛惜이리오

　陳芝가 "지금 마땅히 무슨 책을 읽어야 합니까?" 하고 묻자, 朱子가 말씀하였다.
　"聖賢이 사람을 가르친 것은 모두 자신에게 간절한 말씀이요, 사람으로 하여금
밖을 향하여 다만 책 위에 나아가 읽고 곧 끝나게 한 것이 아니니, 자신이 지금 우
선 하나의 義와 利를 판별하여, 자신이 지금 남이 알아주기를 구하는가, 아니면 스
스로 자신을 위하는가를 한 번 살펴보아야 하니, 이것이 바로 죽고 사는 路頭(갈림
길)이다. 일찍이 陸子靜(陸九淵)의 義利의 말을 보았는가?"
　"아직 보지 못하였습니다." 하고 대답하니, 다음과 같이 말씀하였다.
　"이것(義利의 말)은 그가 南康에 왔으므로 내가 그에게 글을 해설해 줄 것을 요
청하였더니, 그는 도리어 이 義·利를 분명히 해야 함을 말하였으니, 이 말이 참으
로 좋다. 예컨대 '지금 사람들은 단지 책을 읽음에 利를 위하여, 解(鄕試에 합격
함)를 취한 뒤에는 또 벼슬을 얻고자 하고 벼슬을 얻으면 또 벼슬이 승진되기를 구
하여 어려서부터 늙을 때까지 머리부터 발끝까지 利를 위하지 않음이 없다'하여
말함이 통쾌하였으니, 이 말을 듣고 심지어는 눈물을 흘린 자도 있었다. 지금 사람
들은 처음 출생하여 다소 지식이 있으면 이 마음이 곧 이와 같이 부지런히 가서 명
예를 구하고 이익을 좇아 점점 달려가고 그치지 않으니, 聖賢과의 거리가 날로 더
욱 멀어진다. 어찌 심히 애통하고 애석하지 않겠는가."

○ 蘭溪范氏曰 善利之念이 間不容髮이라 一髮之差에 遂分舜蹠이니 學者可
不戒且懼哉아 利는 不必謂貨利라 凡有利心이 皆利也라 予故發孟子之意하야
爲舜蹠圖하노니 謂夫善利之念이 起于心者 其始甚微나 而其得失之相去也
若九地之下與重天之顚⁴¹⁾이라 又以謂⁴²⁾雖舜也나 一罔念而狂하고 雖蹠也나

---

38) 〔釋疑〕取解 : 解는 初試이다. 郡縣에서 선비를 천거하여 京師로 보내기 때문에 解
　라 이르니, 解送의 解와 같다.
39) 〔釋疑〕自少至老 自頂至踵 : 自少至老는 一生을 들어 말한 것이고, 自頂至踵은 一
　身을 들어 말한 것이다.
40) 〔釋疑〕至有流涕者 : 諸生 중에 陸九淵의 講說을 들은 자가 눈물을 흘린 것을 말한다.
41) 〔釋疑〕九地之下與重天之顚 : 九地는 重泉(깊은 지하)과 같으니, 相去가 현격함을 말
　한 것이다.

一克念而聖하나니 人能於危微之際而得之면 則亦幾矣라 故又以克念罔念之
說로 繫于舜蹠焉하노라

蘭溪范氏가 말하였다.

"善과 利에 대한 생각은 그 사이에 머리털 하나도 용납하지 않는다.(間髮의
차이밖에 되지 않는다.) 한 털끝 만한 차이에서 舜임금과 盜蹠이 나누어지니,
배우는 자가 경계하고 또 두려워하지 않을 수 있겠는가. 利는 반드시 財貨의
이익만을 말하는 것이 아니라 무릇 이롭고자 하는 마음이 있으면 모두 利이다.
그러므로 내가 孟子의 뜻을 발명하여 舜蹠圖를 만드나니, 善과 利에 대한 생각
이 마음에서 일어나는 것이 처음에는 매우 미미하나 得失의 相去는 九泉의 아
래와 重天의 꼭대기와 같음을 말한 것이다. 또 생각하기를 '비록 舜임금이라도
한 번 생각하지 않으면 狂人이 되고 비록 盜蹠이라도 한 번 잘 생각하면 聖人
이 된다'고 여기나니, 사람이 危(人心)·微(道心)의 사이에서 이것을 안다면 또
한 道에 가까울 것이다. 그러므로 또 克念과 罔念의 말을 舜임금과 盜蹠의 아
래에 붙인 것이다."

舜 蹠 圖

	善	舜	罔念	狂
心				
	利	蹠	克念	聖

【按】范氏此圖는 可與朱子所訂趙氏誠幾圖로 參觀이니라

范氏의 이 그림은 朱子가 訂正한 趙氏(趙致道)의 誠幾圖와 참고하여 보아야 한다.

---

42) 〔釋疑〕又以謂：范氏가 스스로 말한(생각한) 것이다.

30. 養心章[1]

孟子曰 養心이 莫善於寡欲[2]하니 其爲人也寡欲이면 雖有不存焉者라도
寡矣[3]요 其爲人也多欲이면 雖有存焉者라도 寡矣니라

　孟子가 말씀하였다.

　"마음을 기름(수양함)은 욕망(욕심)을 적게 하는 것보다 더 좋은 것
이 없으니, 그 사람됨이 욕망이 적으면 비록 보존되지 못함이 있더라도
〈보존되지 못함이〉 적을 것이요, 사람됨이 욕망이 많으면 비록 보존됨
이 있더라도 〈보존됨이〉 적을 것이다."

---

1)《孟子》〈盡心 下〉에 보인다.

2)〔刊補〕寡欲 : 欲이란《中庸》序文에서 말한 '人心'과 같으니, 形氣의 사사로움에
　서 생겨 사람에게 없을 수 없는 것이다. 다만 道心이 主宰하면 욕망이 法則을 넘
　지 않는 까닭에 孟子가 寡字를 놓은 것이다. ○ 살펴보건대 이 欲字는 '人欲'의
　欲과는 다르니, 바로 耳·目·口·鼻의 欲(욕망)으로 사람에게 없을 수 없는 것이
　다. 다만 過多하게 하고 節制함이 없어서는 안 되니, 비록 당연히 해야 할 일이라
　도 마땅히 이 일에 專一하여 끝마친 뒤에 다시 저 일을 해야 한다. 이미 이것을
　하고자 하면서 또 저것을 하고자 하여 過多하고 節制함이 없으면 마음이 그리로
　끌려가서 보존할 수 없다. 만약 人欲의 欲에 흐르는 것이라면 어찌 적게 한다고만
　말할 뿐이겠는가.

3)〔釋疑〕雖有不存焉者 寡矣 : 欲(욕망)은 舜임금이 말씀한 人心이라는 것과 같으니,
　사람이 없을 수 없는 것이다. 理와 欲은 서로 사라지고 자라난다. 욕망이 적으면
　이치가 비록 보존되지 못한 것이 있더라도 보존되지 못함이 적으니, 보존됨이 많
　음을 말한 것이다. 그리고 욕망이 많으면 이치가 비록 보존된 것이 있더라도 보존
　됨이 적으니, 보존되지 않음이 많음을 말한 것이다.

【原註】

○ 朱子曰 欲은 謂口鼻耳目四肢之所欲이니 雖人所不能無나 然多而不節이면 則未有不失其本心者니 學者所當深戒也니라

朱子가 말씀하였다.

"欲은 입과 코와 귀와 눈과 四肢의 욕망을 이르니, 비록 사람에게 없을 수 없는 것이다. 그러나 많이 하고 절제하지 않으면 그 本心을 잃지 않을 자가 없으니, 배우는 자가 마땅히 깊이 경계하여야 할 것이다."

○ 程子曰 不必深溺然後爲欲이라 但有所向則爲欲이니라

程子가 말씀하였다.

"반드시 깊이 빠진 뒤에야 欲이 되는 것이 아니요, 다만 향하는 바가 있으면 欲이 된다."

○ 南軒張氏曰 有所向則爲欲이니 多欲則百慮紛紜하야 其心外馳하니 尙何所存乎아

南軒張氏가 말하였다.

"향하는 바가 있으면 欲이 되니, 欲이 많으면 온갖 생각이 분분하여 마음이 밖으로 달려간다. 이러고서 무엇을 보존하겠는가."

【附註】

○ 程子曰 人於天理昏者는 只爲嗜欲亂著他[4]라 莊子言 其嗜慾深者는 其天機[5]淺이라하니 此言이 却最是[6]니라

程子가 말씀하였다.

"사람이 天理에 어두운 것은 다만 嗜慾이 天理를 어지럽히기 때문이다. 莊子가 말하기를 '嗜慾이 깊은 자는 天機가 얕다' 하였으니, 이 말은 도리어 가장

---

4) 〔釋疑〕亂著他 : 著은 語助辭이고 他는 天理이다.
5) 〔釋疑〕天機 : 天理가 發用하는 것이다.
6) 〔釋疑〕却最是 : 莊子의 다른 말은 비록 옳지 않으나 이 말은 정밀하고 좋기 때문에 却字(도리어)를 놓은 것이다.

옳다.”

○ 張子曰 仁之難成이 久矣라 人人이 失其所好[7]하니 蓋人人有利欲之心이면 與學正相背馳라 故學者要寡欲이니라

張子가 말씀하였다.

“仁을 이루기 어려운 지가 오래되었다. 사람들이 좋아해야 할 것을 잃으니, 사람들이 利慾의 마음이 있으면 學問과 서로 背馳된다. 그러므로 배우는 자들은 欲을 적게 하여야 하는 것이다.”

○ 呂氏曰 欲者는 感物而動也라 治心之道 莫善於少欲하니 少欲이면 則耳目之官이 不蔽於物而心常寧矣요 心常寧이면 則定而不亂하고 明而不暗이니 道之所由生이요 德之所自成也라 不存者는 梏亡之謂니 寡欲之人은 則無梏亡之患矣라 其爲人也多欲이면 則好動而無節하고 妄作而失常이니 善端所由喪而天理虧焉이라 故雖有存焉者라도 寡矣니라

呂氏가 말하였다.

“欲(욕망)은 外物에 느껴 동하는 것이다. 마음을 다스리는 방도는 欲을 적게 하는 것보다 더 좋은 것이 없으니, 欲을 적게 하면 耳目의 官(기능)이 물건에게 가려지지 않아 마음이 항상 편안하고, 마음이 항상 편안하면 안정되어 어지럽지 않고 밝아서 어둡지 않으니, 道가 이로 말미암아 생겨나고 德이 이로부터 이루어진다. 보존되지 못한다는 것은 梏亡함을 이르니, 欲이 적은 사람은 梏亡의 근심이 없다. 그 사람됨이 欲이 많으면 동하기를 좋아하여 절도가 없고 망령되이 행동하여 떳떳함을 잃으니, 善한 마음이 이로 말미암아 상실되고 天理가 이지러진다. 그러므로 비록 보존함이 있더라도 적은 것이다.”

○ 又曰 天下之難持者 莫如心이요 天下之易染者 莫如欲이니라

또 말씀하였다.

“천하에 잡기 어려운 것은 마음보다 더한 것이 없고, 천하에 물들기 쉬운 것

---

7) 〔釋疑〕仁之難成 …… 失其所好:《禮記》〈表記〉에 보인다. 좋아하는 바를 잃었다는 것은 마땅히 좋아해야 할 바를 잃음을 말한 것이다.

은 欲보다 더한 것이 없다.”

○ 上蔡謝氏曰 天理與人欲相對하니 有一分人欲이면 卽滅一分天理요 存一
分天理면 卽勝一分人欲이니라

上蔡謝氏(謝良佐)가 말하였다.

“天理와 人欲이 상대가 되니, 一分(10%)의 人欲이 있으면 곧 一分의 天理가
없어지고 一分의 天理가 있으면 곧 一分의 人欲을 이겨 내게 된다.”

○ 或問謝氏호되 於利如何오 曰 打透此關이 十餘年矣로라 當初엔 大段做工
夫하야 揀難捨底하야 棄却이러니 後來漸漸輕[8]하야 至今日하야는 於器用之類를
置之只爲合用이요 更無健羨底心이로라

혹자가 謝氏에게 “이익에 있어 어떻게 해야 합니까?” 하고 묻자, 다음과 같
이 말씀하였다.

“나는 이 관문을 통과한 지 십여 년이 되었다. 처음에는 대단하게 공부를 하
여 버리기 어려운 것을 가려서 버렸는데, 뒤에는 점점 쉬워져서 금일에 이르러
서는 器用의 종류를 둠에 다만 써야 할 것만 남겨 두고 다시는 크게 부러워하
는 마음이 없노라.”

○ 問於外間[9]을 一切放得下否잇가 曰 實就上面[10]做工夫來라 凡事須有根[11]

---

8) 〔釋疑〕揀難捨底 …… 後來漸漸輕：上蔡의 《語錄》에 “집안에 좋은 벼루가 있어 늘
이것을 생각하였으므로 즉시 他人에게 주었다.” 하였다. ○《語類》에 이르기를
“上蔡가 처음에는 진귀한 물건을 매우 좋아하였는데, 뒤에 克己의 學問을 하여 모
두 버렸다. 그리고 좋은 벼루 하나가 있었는데, 이것도 남에게 주었다.” 하였다.

9) 〔釋疑〕外間：《淵源錄》에는 ‘外物’로 되어 있다.

10) 〔釋疑〕上面：外間의 事物上을 이른다.

11) 〔釋疑〕凡事須有根：須는 반드시이니, 아래의 註도 같다. 모든 물건이 말미암아
생겨나는 것을 根이라 한다. ○ 부귀해지기를 바랄 때에 또한 아름다운 궁실과 妻
妾의 봉양과 자기가 아는 곤궁한 자가 감사해 함을 찾는 따위와 같은 것이다. 〔補
註〕孟子는 사람들이 한 그릇 밥과 한 그릇 국을 얻어먹으면 살고 얻어먹지 못하
면 죽는 절박한 상황에서도 지조와 자존심을 지켜 차라리 굶어 죽을지언정 구차
하게 얻어먹지 않음을 말씀하고, 이어서 “萬鍾의 녹봉은 예의를 돌아보지 않고 받

하니 屋柱는 無根하야 折却便倒어니와 樹木은 有根하야 雖剪이나 枝條相次又發
하나니라 如人要富貴는 要他做甚(삼)고 必須有用處니 尋討要用處[12]病根하야
將來斬斷이면 便沒事니라

"外間의 일(外物)을 일체 놓아버려야 합니까?" 하고 묻자, 다음과 같이 말씀
하였다.

"실로 〈外物의〉 上面에 나아가 공부하여야 한다. 모든 일은 반드시 뿌리가
있으니, 집의 기둥은 뿌리가 없어서 부러지면 곧 쓰러지지만 나무는 뿌리가 있
어서 비록 자르더라도 가지가 차례로 또다시 나온다. 예컨대 사람이 富貴를 구
함은 저 무엇을 하려고 해서인가. 반드시 쓰려는 곳이 있을 것이니, 쓰려는 곳
의 病根을 찾아서 가져다가 끊어버린다면 곧 아무 일이 없을 것이다."

西山眞氏曰 上蔡此二段語는 乃去人欲存天理切實工夫니라

西山眞氏가 말하였다.
"上蔡의 이 두 말씀은 바로 人欲을 버리고 天理를 보존하는 절실한 공부이다."

○ 問 養心이 莫善於寡欲이라하시니 養心이 也只是中虛닛고 朱子曰 固是라
若眼前事事要時[13]에 這心이 便一齊走出了[14]하나니 所以伊川敎人에 直是都
不去他用其心하야 也不要人學寫字하고 也不要人學作詩文[15]하시니 這不是僻[16]
이라 道理是合如此니라 人只有一箇心하니 如何分做許多去리오 若只管去閑

으니, 만종의 녹봉이 나에게 무슨 보탬이 되겠는가. 단지 궁실의 아름다움과 妻妾
의 봉양(여유 있는 생활)과 친인척이나 아는 자에게 은덕을 입혀 자신의 은덕에
감사해함에 불과할 뿐이니, 이 세 가지는 그리 대단한 것이 아니다." 하였으므로
이 내용을 인용한 것인 바, 〈告子 上〉에 보인다.

12) 〔釋疑〕必須有用處 尋討要用處 : 用處는 윗글에서 말한 根을 가리킨 것이다.

13) 〔刊補〕要時 : '조금이라도 계교함이 있으면'이란 뜻이다. 中國 사람들은 時字를
대부분 이와 같이 사용한다.

14) 〔刊補〕一齊走出了 : 여러 일에 모두 달려간다는 뜻이다.

15) 〔釋疑〕也不要人學寫字 也不要人學作詩文 : 明道先生은 말씀하기를 "王羲之, 虞世
南, 顔眞卿, 柳公權 등이 진실로 좋은 사람이기는 하나 일찍이 글씨를 잘 쓴 자가
道를 안 것을 보았는가? 平生의 精力을 한결같이 여기에 쓰니, 한갓 세월을 허비
할 뿐만 아니라 道에 곧 해로움이 있다. 뜻을 상실함을 알 수 있다." 하였다. "문장

處¹⁷⁾用了心이면 到得合用處하여는 於這本來底에 都不得力¹⁸⁾이라 要得寡欲인 댄 存這心이 最是難¹⁹⁾하니 以湯武聖人으로도 孟子猶說湯武反之也²⁰⁾라하시니 如不邇聲色, 不殖貨利²¹⁾ 只爲要復此心이라 觀旅獒之書²²⁾컨대 一箇犬을 受 了 有甚(삼)大事리오마는 而反復切諫하니 於此에 見欲之可畏하야 無小大히 皆不可忽이니라

을 짓는 것이 道에 해롭습니까?"하고 묻자, 伊川先生은 말씀하기를 "해롭다. 《書經》에 '물건을 좋아하면 뜻을 잃는다.〔玩物喪志〕'라고 하였으니, 문장을 짓는 것도 물건을 좋아하는 것이다." 하였다. 살펴보건대 위의 한 단락은 明道의 말씀인데, 朱子는 모두 伊川의 말씀이라 하였으니, 이는 기록한 자의 잘못인 듯하다. 〔補註〕王羲之는 晉나라의 명필이고 虞世南 등 세 사람은 모두 唐나라의 명필이다.

16) 〔釋疑〕這不是僻 : 글씨를 쓰고 문장을 짓는 것을 금함에 너무 편벽 되게 하지 않은 것이다.

17) 〔釋疑〕閑處 : 閑은 '부질없다'는 뜻으로 글씨를 쓰고 문장을 짓는 일과 같은 따위이다. 〔補註〕閑은 긴요하지 않은 것으로 쓸데없는 일을 이른다.

18) 〔刊補〕本來底 都不得力 : 살펴보건대 '本來底'는 마음을 가리켜 말한 것이다. 쓸데없는 곳에 마음을 쓰면 생각이 분산되어 專一하지 못하고 精神이 산만하여 힘이 없어지므로 응당 써야 할 곳에는 힘을 얻지 못하게 되는 것이다. 이는 本心의 힘에 도움이 되지 못한다는 말과 같다.

19) 〔釋疑〕要得寡欲 …… 最是難 : 《語類》에는 "다만 욕망을 적게 하려고 한다면 마음을 보존하는 것이 가장 어렵다.〔只是要得寡欲 存心這最是難〕"라고 되어 있는데, 篁墩이 '只是'두 글자를 빼버리고, 또 '這心'두 글자를 잘못 거꾸로 놓아서 사람으로 하여금 알기 어렵게 하였으니, 이제 마땅히 本文을 따라야 한다. 〔補註〕《朱子語類》 61권에 보이는 바, '存這心 最是難'으로 된 本도 있다.

20) 〔譯註〕孟子猶說湯武反之也 : 反之는 性之와 相對되는 말로 本性을 잃었다가 다시 되찾음(회복함)을 이른다. 《孟子》〈盡心 上〉에 "堯舜性之也 湯武反之也"라고 보이는 바, 性之는 본성을 타고난 그대로 온전히 보존하는 것으로 生而知之의 聖人에 해당하고 反之는 그만 못하여 잃었다가 다시 되찾는 것으로 學而知之의 賢人에 해당한다.

21) 〔釋疑〕不邇聲色 不殖貨利 : 《書經》〈仲虺之誥〉에 보인다. 〔補註〕〈仲虺之誥〉는 左相인 仲虺가 湯王에게 아뢴 말이다.

22) 〔釋疑〕旅獒之書 : 〈旅獒〉는 《尙書》의 篇名이다. 西旅에서 獒라는 큰 개를 바치자 召公이 이 글을 지어 武王을 경계하였다.

"마음을 기르는 것이 욕망을 적게 하는 것보다 더 좋은 것이 없다고 하였으니, 마음을 기름은 또한 다만 마음을 비우는 것입니까?" 하고 묻자, 朱子가 말씀하였다.

"진실로 옳다. 만약 눈앞의 일에 조금이라도 마음을 쓸 때에는 이 마음이 곧 일제히 달려 나가니, 이 때문에 伊川이 사람을 가르칠 적에 단지 모두 저기에 가서 그 마음을 쓰지 못하게 하여, 사람들에게 글씨 쓰는 것을 배우지 못하게 하고 또 詩文을 짓는 것을 배우지 못하게 하신 것이니, 이것은 편벽된 것이 아니요 道理가 마땅히 이와 같이 해야 하는 것이다. 사람은 다만 하나의 마음이 있을 뿐이니, 어떻게 마음을 나누어서 허다한 일을 할 수 있겠는가. 만약 다만 쓸데없는 곳에 마음을 써버린다면 마땅히 써야 할 곳에 이르러서는 본래의 일에 모두 힘을 얻지 못하게 된다. 욕망을 적게 하려고 할 경우 이 마음을 보존하는 것이 가장 어려우니, 湯·武와 같은 聖人에 대해서도 孟子는 오히려 '湯·武는 본성을 회복했다'고 말씀하였으니, 예컨대 음악과 여색을 가까이 하지 않은 것과 財貨와 이익을 增殖하지 않은 것과 같은 것은 다만 이 마음을 회복하기 위한 것이었다. 〈旅獒〉의 글을 보면 한 마리의 개를 받는 것이 무슨 큰일이 있겠는가마는 召公은 반복하여 간절히 간하였으니, 여기에서 욕망(욕심)이 두려울 만하여 작은 것과 큰 것에 관계없이 모두 소홀히 할 수 없음을 볼 수 있다."

○ 又曰 人最不可曉라 有人이 奉身儉嗇[23]之甚하야 充其操하면 上食槁壤하고 下飮黃泉底[24]로되 却只愛官職하며 有人이 奉身淸苦而好色하나니 他只緣私欲不能克하야 臨事에 只見這箇重了[25]니라 或云 似此等人은 分數勝已下底[26]로소이다 曰 不得如此說이라 才(纔)有病이면 便不好[27]니 更不可以分數論이라 他只愛官職이면 便殺(弑)父與君도 也敢[28]이니라

---

23) 〔釋疑〕儉嗇 : 財用에 너무 인색한 것이다.

24) 〔譯註〕上食槁壤 下飮黃泉底 : 《孟子》〈滕文公 上〉에 '夫蚓 上食槁壤 下飮黃泉'이라고 보인다. 원래는 지렁이가 위로는 마른 흙을 먹고 아래로는 누런 물을 마셔 남에게 의뢰함이 없이 살아감을 빌어 말한 것으로, 사람 역시 일체 남의 도움을 받지 않고 자급자족하여 깨끗이 살아감을 비유한 것이다.

25) 〔釋疑〕只見這箇重了 : 這箇(이것)는 官職과 女色을 가리킨다.

26) 〔釋疑〕分數勝已下底 : 분수가 가장 낮은 사람보다는 낫다는 뜻이다.

27) 〔釋疑〕才(纔)有病 便不好 : 조금이라도 병통이 있으면 문득 좋지 않은 사람이란 뜻이다.

또 말씀하였다.

"사람은 가장 이해할 수가 없다. 어떤 사람은 몸을 받들기를 매우 검소하게 하여 그 지조를 채우면 위로는 마른 흙을 먹고 아래로 누런 물을 마시면서도 도리어 다만 관직을 좋아하는 자가 있으며, 어떤 사람은 몸을 받들기를 淸苦하게 하면서도 女色을 좋아하는 자가 있으니, 이는 다만 私慾을 이기지 못함으로 인하여 일을 당함에 다만 이것을 중하게 보기 때문이다."

혹자가 "이러한 사람은 分數가 가장 낮은 사람보다는 낫겠습니다." 하고 묻자, 다음과 같이 말씀하였다.

"이렇게 말할 수가 없다. 조금이라도 병이 있으면 곧 좋지 않으니, 다시 分數로 논할 수가 없다. 저가 다만 관직을 좋아하면 곧 부모와 군주를 시해하는 것이라도 또한 감히 할 것이다."

○ 勉齋黃氏曰 孟子嘗言求放心矣라하시고 又言 存其心矣라하시니 操之則存하고 舍之則亡하야 心之存亡이 決於操舍어늘 而又曰 莫善於寡欲은 何也오 操存이 固學者之先務나 然人惟一心을 攻之者衆이라 聲色臭味交乎外하고 榮辱利害動乎內어든 隨感而應하야 無有窮已면 則淸明純一之體 又安能保其常存而不放哉리오 出門如賓, 承事如祭는 夫子之告仲弓이니 操存之謂也요 非禮勿視聽言動은 夫子之告顔淵이니 寡欲之謂也[29]니 二子之問仁則同이로되

---

28) 〔釋疑〕便殺(弑)父與君 也敢 : 孔子는 말씀하기를 "만일 벼슬을 잃을 것을 걱정하면 이르지 못하는 바가 없다.〔苟患失之 無所不至〕" 하였는데, 註에 "크게는 부모와 군주를 시해한다." 하였으니, 지금 여기에서 말한 것은 실로 이 글을 근본한 것이다. 〔補註〕《論語》〈陽貨〉에 보인다.

29) 〔釋疑〕非禮勿視聽言動 …… 寡欲之謂也 : 朱子는 "欲은 좋아함을 이르니, 欲은 좋지 않은 것이 아니다. 欲이 만약 좋지 않은 것이라면 마땅히 寡라고 말하지 않아야 한다." 하였으니, 이것을 보면 勉齋의 이 말씀과 같지 않은 듯하다. 〔刊補〕朱子는 "欲은 좋은 欲이지 좋지 않은 欲이 아니다. 만약 좋지 않다면 '적게 하라'고 해서는 안 된다." 하였으며, 또 "일에 대해서는 아직 말하지 않았고 단지 이러한 생각이 上面에 있기만 하면 곧 '欲'이다." 하였다. 朱子의 이러한 말씀을 살펴보면 이 단락에서 黃勉齋가 '非禮勿視聽言動'을 '寡欲'이라고 말한 것은 약간 차이가 있으니, 다시 한번 자세히 살펴보아야 할 것이다. 〔補註〕非禮는 欲望이나 嗜好 이상으로 나쁜 것이다. 이 때문에 '약간 차이가 있다'고 말한 것이다. 黃勉齋는 寡欲의 欲을 욕망으로 보지 않고 욕심으로 본 듯하다.

而夫子告之異者는 豈其所到 固有淺深與인저 高城深池와 重門擊柝³⁰⁾이 固
足以自守矣어니와 內姦外宄³¹⁾ 投隙伺便하야 一有少懈而乘之者至矣라 良將
勁卒과 堅甲利兵으로 掃除妖氛而乾淸坤夷矣니 此孟子發明操存之說이요 而
又以爲莫善於寡欲也라 雖然이나 寡欲이 固善矣나 然非眞知天理人欲之分이
면 則何以施其克治之功哉아 故格物致知 又所以爲寡欲之要니 此學者所當
察也³²⁾니라

勉齋黃氏가 말하였다.

"孟子는 일찍이 '放心을 구하라'고 말씀하시고 또 '그 마음을 보존하라'고
말씀하셨으니, 잡으면 보존되고 놓으면 잃어서 마음의 보존되고 잃음이 잡고
놓는 데에서 결정되는데, 또 '욕망을 적게 하는 것보다 좋은 것이 없다'고 말씀
한 것은 어째서인가? 잡아서 보존함은 진실로 배우는 자들의 급선무이나 사람
의 한 마음을 공격하는 것이 매우 많다. 聲色과 臭味가 밖에서 교차하고 榮辱
과 利害가 안에서 동하거든 감동함에 따라 응하여 다함이 없으면 淸明하고 純
一한 마음의 本體가 또 어찌 항상 보존되어 잃지 않음을 보장할 수 있겠는가.
'문을 나가서는 큰손님을 뵙는 것처럼 하고 일을 받들기를 제사를 받드는 것처
럼 한다'는 것은 夫子(孔子)가 仲弓에게 말씀한 것이니, 操存을 말한 것이요,
'禮가 아니면 보지 말고 듣지 말고 말하지 말고 동하지 말라'는 것은 夫子가
顏淵에게 말씀한 것이니, 욕망을 적게 함을 말한 것이다. 두 사람이 仁을 물은
것은 똑같으나 夫子가 말씀해 줌이 다른 것은 아마도 도달한 경지가 진실로 淺
深의 차이가 있기 때문일 것이다. 城을 높게 쌓고 垓字(해자)를 깊이 파는 것
과 城門을 이중으로 하고 木鐸을 치는 것이 진실로 스스로 지킬 수 있으나, 안
의 간사한 무리와 밖의 적들이 틈을 엿보고 편리한 기회를 노리고 있어서 만약
조금만 게을리 하면 이를 틈타는 자가 온다. 훌륭한 장수와 정예병, 견고한 갑
옷과 예리한 병기로 妖妄한 기운을 깨끗이 소제하여야 하늘이 깨끗하고 땅이
평화로울 것이니, 이것이 孟子가 발명한 操存의 말씀이고, 또 욕망을 적게 하는

---

30) 〔釋疑〕重門擊柝:《周易》〈繫辭傳〉에 보인다. 柝은 밤에 돌아다니면서 치는 나무
이니, 사람들을 일깨우고 巡行하는 것이다.

31) 〔釋疑〕內姦外宄 : 賊이 안에 있는 것을 姦이라 하고, 밖에 있는 것을 宄라 한다.

32) 〔釋疑〕非眞知天理人欲之分 …… 此學者所當察也 : 이것은 勉齋가 孟子의 말씀 밖
의 뜻을 發明한 것이다.

것보다 더 좋은 것이 없다고 말씀한 것이다. 그러나 욕망을 적게 하는 것이 참
으로 좋지만 天理와 人欲의 구분을 참으로 아는 자가 아니면 어찌 克治(욕심
을 이겨 다스림)하는 공부를 베풀 수 있겠는가. 그러므로 格物과 致知가 또
욕망을 적게 하는 요점이 되는 것이니, 이는 배우는 자가 마땅히 살펴야 할
바이다."

31. 周子 養心說[1]

周子養心說曰 孟子曰 養心이 莫善於寡欲하니 其爲人也寡欲이면 雖有不存焉者라도 寡矣요 其爲人也多欲이면 雖有存焉者라도 寡矣라하시니 予謂養心은 不止於寡而存耳라 蓋寡焉하야 以至於無니 無則誠立明通이라 誠立은 賢也요 明通은 聖也[2]니 是는 聖賢이 非性生이라 必養心而至之니 養心之善有大焉이 如此하니 存乎其人而已니라

周子의 〈養心說〉에 말씀하였다.

"孟子가 말씀하기를 '마음을 기름은 욕심(욕망)을 적게 하는 것보다 더 좋은 것이 없으니, 그 사람됨이 욕심이 적으면 비록 보존되지 못함이 있더라도 〈보존되지 못함이〉 적을 것이요, 사람됨이 욕심이 많으면 비록 보존됨이 있더라도 〈보존됨이〉 적을 것이다' 하셨으니, 내가 생각하건대 마음을 기름은 욕심을 적게 하여 〈욕심이〉 남아 있는 데에 그칠 뿐만이 아니라 욕심을 적게 하여 〈욕심이〉 없음에 이르러야 하니, 욕심이 없으면 誠(진실)이 확립되고 밝음이 통한다. 誠이 확립됨은 賢人이요 밝음이 통함은 聖人이니, 이는 聖賢이 天性에서 나온 것이 아니요 반드시 마음을 길러서 이르는 것이다. 마음을 기르는 좋음에 큰 것

---

1) 濂溪 周惇頤가 張宗範의 亭子를 養心亭이라 이름하고 이에 대한 說을 지은 것이다.

2) 〔釋疑〕誠立明通 …… 聖也 : 誠은 진실한 이치가 마음에 있는 것이고, 明은 밝게 살피지 않음이 없는 것이다. 聖에는 오직 用만 말하고 體를 말하지 않았으며 賢에는 오직 體만 말하고 用을 말하지 않았으니, 이는 마땅히 서로 바꾸어 보아야 할 것이다. 賢者는 단지 誠立하기만 하고 明通하지 못하는 것은 아니며, 聖者는 단지 明通하기만 하고 본래 誠立함이 없는 것은 아니다. 다만 이 사이에 高下와 精粗의 차등이 없지 않을 뿐이다.

이 이와 같으니, 그 사람에게 달려 있을 뿐이다."

【附註】

○ 朱子曰 周子言寡欲以至於無라하시니 蓋恐人以寡欲爲便得了라 故言不止於寡而已요 必至於無然後可라하시니라 然無底工夫는 則由於能寡欲이니 到無欲은 非聖人이면 不能也니라

朱子가 말씀하였다.

"周子가 '욕심을 적게 하여 없음에 이르러야 한다'고 말씀하였으니, 이는 사람들이 욕심을 적게 하면 곧 끝났다고 여길까 염려해서이다. 그러므로 적게 함에 그칠 뿐만이 아니요 반드시 없음에 이른 뒤에야 可하다고 말씀하신 것이다. 그러나 욕심을 없게 하는 공부는 욕심을 적게 함으로부터 말미암으니, 욕심이 없는 경지에 이르는 것은 聖人이 아니면 불가능하다."

○ 又曰 誠立은 謂實體安固요 明通則實用流行이니라

또 말씀하였다.

"誠立은 實體가 편안하고 견고함을 이르고 明通은 實用이 유행하는 것이다."

○ 或問 孟子與周子之言이 有以異乎잇가 葉氏[3]曰 孟子所謂欲者는 以耳目口鼻四體之欲으로 人所不能無나 然多而無節이면 則爲心害요 周子則指心之流於欲者시니 是則不可有也라 所指有淺深之不同이나 然由孟子之寡欲이면 則可以盡周子之無欲矣[4]리라

혹자가 "孟子와 周子의 말씀이 차이가 있습니까?" 하고 묻자, 葉氏가 말하

---

3) 〔講錄〕葉氏 : 批에 이르기를 "葉氏의 名은 采이니, 《近思錄》에 註를 낸 사람이다." 하였다. 〔補註〕이 내용 역시 《近思錄》의 註에 보인다.

4) 〔刊補〕由孟子之寡欲 則可以盡周子之無欲矣 : 살펴보건대 공부의 순서로 말하면 마땅히 '無欲'을 말미암아 '寡欲'에 이른다고 해야 하는데, 여기에서 '寡欲'을 말미암아 '無欲'에 이른다고 한 것은 그 뜻이 '寡欲'을 말미암으면 '無欲'은 이 가운데 들어 있다는 말일 뿐이요, 이것을 말미암아 저기에 이른다는 뜻은 아닌 듯한데, 어떠한지 모르겠다.

였다.

　"孟子의 이른바 欲이라는 것은 耳目口鼻와 四肢의 욕망으로 사람이 없을 수 없는 것이나 많이 하고 절제함이 없으면 마음에 해가 되는 것이요, 周子는 마음이 욕심으로 흘러간 것을 가리킨 것이니 이것은 있어서는 안 된다. 가리킨 바가 깊고 얕음의 차이가 있으나 孟子의 '욕망을 적게 함〔寡欲〕'을 말미암으면 周子의 '욕심을 없게 함〔無欲〕'을 다할 수 있을 것이다."

32. 聖可學章

周子通書曰 聖可學乎아 曰可니라 有要乎아 曰有니라 請問焉한대 曰 一爲要니 一者는 無欲也라 無欲則靜虛動直이니 靜虛則明이라 明則通하고 動直則公이라 公則溥니 明通公溥[1]면 庶矣乎인저

　周子의 《通書》에 말씀하였다.

　"'聖人을 배워서 될 수 있습니까?' 하고 묻자, '가능하다'고 대답하였다. '요점이 있습니까?' 하고 묻자, '있다'고 대답하였다. '그 이유를 묻습니다' 하자, 다음과 같이 대답하였다. '一이 요점이 되니, 一이란 욕심이 없는 것이다. 욕심이 없으면 고요할 때에는 마음이 비워지고 동할 때에는 마음이 곧아진다. 고요할 때에 마음이 비워지면 밝고 밝으면 통하며, 동할 때에 마음이 곧아지면 公正하고 공정하면 넓어지니, 밝고 통하며 公正하고 넓으면 거의 道에 가까울 것이다'"

【附註】

○ 朱子曰 一者는 無欲이라하니 今試看無欲之時에 心豈不一이리오 人只爲有

---

1) 〔釋疑〕周子通書曰 …… 明通公溥：《通書》는 《周易》의 道와 통하기 때문에 일명 易通이라고도 한다. 一은 太極이고 靜虛動直(靜하면 虛하고 動하면 곧음)은 兩儀이고 明通公溥(밝고 통하고 公正하고 넓음)는 四象이다. 또 一은 一元의 기운이고 靜虛動直은 陰陽이고 明通公溥는 春夏秋冬이다. 〔刊補〕溥는 普徧(넓고 두루함)이다. 살펴보건대 고요할 때에 마음이 비워지면〔靜虛〕 발할 때에 밝고 통하니, 明通은 바로 動直을 가리킨다. 동할 때에 마음이 곧아지면〔動直〕 靜할 때에 公正하고 넓어지니, 公溥는 바로 靜虛를 가리킨다. 朱子가 明通公溥를 四時에 分屬시킨 것에 대해서 두 가지 설이 있으나 '明通公溥는 바로 春夏秋冬의 순서와 같다.'는 것이 바로 定論이다. 대체로 周濂溪의 학문은 모두 一에서 二, 二에서 四로 전개되는 바, 《朱子語類》에 "明通公溥는 곧 五行이다." 하였다.

欲이라 此心_이 便千頭萬緒_{니라}

朱子가 말씀하였다.

"一이란 욕심이 없는 것이라고 하였으니, 이제 시험해 보건대 욕심이 없을 때에 마음이 어찌 한결같지 않겠는가. 사람이 다만 욕심이 있기 때문에 이 마음이 곧 천 갈래 만 갈래가 되는 것이다."

○ 又曰 周先生_이 說一者_는 無欲也_{라하시니} 然這話頭²⁾高_{하야} 卒急難湊泊_{이니} 尋常人_이 如何便得無欲_{이리오} 故伊川_이 只說箇敬字_{하야} 敎人_{하시니} 只就這敬字上_{하야} 崖去³⁾_면 庶幾執捉得定_{하야} 有箇下手處_라 縱不得_{이나} 亦不至失⁴⁾_{이니} 要之_{컨대} 皆只要人於此心上_에 見得分明_{하야} 自然有得耳_라 然今之言敬者 乃皆裝點⁵⁾外事_{하고} 不知直截於心上求功_{이라} 遂覺累墜⁶⁾不快活_{하나니} 不若 眼下⁷⁾於求放心處有功_{이면} 則尤省力_{이니라}

또 말씀하였다.

"周先生이 '一이란 욕심이 없는 것'이라고 말씀하였는데, 이것은 話頭가 높아서 갑자기 도달하기가 어려우니, 尋常(보통)한 사람들이 어떻게 곧 욕심이

---

2) 〔釋疑〕話頭 : 佛家의 책에 보이니, '뜰 앞의 측백나무와 삼 세 근이요, 萬法은 하나로 돌아가는데 하나는 어디로 돌아가는가〔庭前柏樹麻三斤 萬法歸一一何歸〕'라는 따위와 같은 것이다. 그 門徒들이 祖師에게 道를 물으면 祖師가 이처럼 의미 없는 말을 일러주어서 그로 하여금 전일한 마음으로 이것을 생각해서 마음이 다른 데로 가지 않아 그 마음이 갑자기 깨닫게 하는 것이다.

3) 〔釋疑〕崖去 : 崖는 《性理大全》에는 捱(떠밀다)로 되어 있다.

4) 〔刊補〕縱不得 亦不至失 : 살펴보건대 '一이란 욕심이 없는 것'이라는 말은 갑자기 힘쓰기가 어려워 착수할 곳이 없으니, 周子와 같은 식견이 없으면 혹 어긋나 佛家의 空寂에 들어감을 면치 못한다. '敬'공부는 잡아 지키고 의거할 곳이 있으니, 비록 十分 다 얻지는 못하더라도 空虛에는 떨어지지 않는다. 이것이 이른바 '비록 얻지 못하더라도 잃음에 이르지는 않을 것이다'라는 말씀이다. '要之' 이하는 周子와 程子의 뜻을 통괄하여 말한 것이다.

5) 〔刊補〕裝點 : '修飾'이라는 말과 같다.

6) 〔釋疑〕累墜 : 累는 累卵과 같으며, 墜는 물건이 공중에 매달려 떨어지려고 하는 모양과 같은 것이니, 모두 불안함을 말한 것이다.

7) 〔釋疑〕眼下 : 當前이라는 말과 같다. 〔補註〕目下와 같은 말로 '당장'을 의미한다.

없을 수 있겠는가. 그러므로 伊川이 다만 敬字를 말씀하여 사람들을 가르치셨으니, 다만 이 敬字上에 나아가 떠밀고 나가면 거의 잡아 안정되어서 着手할 곳이 있을 것이다. 비록 얻지 못하더라도 잃음에 이르지 않을 것이니, 요컨대 모두 다만 사람이 心上에 보기를 분명히 하여 자연 얻음이 있게 하여야 한다. 그러나 지금에 敬을 말하는 자들은 모두 다 바깥일을 꾸미고 곧바로 心上에서 공부할 줄을 알지 못한다. 그리하여 마침내 불안하여 쾌활하지 못함을 깨달으니, 目前의 放心을 구하는 곳에 공부하는 것만 못하니, 이렇게 하면 보다 힘이 덜들 것이다.”

○ 石子重이 問 心은 該誠神[8]하고 備體用이라 故能寂而感하고 感而寂하나니 其寂然不動者는 誠也며 體也요 感而遂通者는 神也며 用也니 體用一源이요 顯微無間[9]이 唯心之謂與인저 朱子曰 此說이 甚善이니라

石子重이 “마음은 誠·神을 겸하고 體·用을 구비하였으므로 고요하면서도 감동하고 감동하면서도 고요한 것이니, 고요하여 동하지 않음은 誠이고 體이며 감동하여 마침내 통함은 神이고 用입니다. 體와 用이 根源이 하나이고 顯(드러난 象)과 微(은미한 理)가 간격이 없다는 것은 바로 마음을 두고 말한 것인 듯합니다.” 하고 묻자, 朱子는 “이 말이 매우 좋다.”하고 대답하였다.

【按】 此謂誠體神用은 卽周子靜虛動直之意니라

여기에 말한 誠이 體이고 神이 用이라는 말은 바로 周子의 고요할 때에는 마음이 비워지고 동할 때에는 마음이 곧아진다는 뜻이다.

○ 伊川先生曰 莫說道將第一等하야 讓與別人하고 且做第二等[10]하라 才

---

8) 〔釋疑〕該誠神:誠은 진실한 이치가 본래 그러함을 이르고, 神은 유통하여 측량할 수 없음을 이른다.

9) 〔釋疑〕體用一源 顯微無間:伊川의 《易傳》 序文에 보이는 말이다. 朱子는 말씀하기를 “體에 나아가면 用이 이 가운데에 있으므로 一源이라 이르고, 드러난 象에 나아가면 은미한 理가 벗어날 수 없으므로 無間이라 이른 것이다.” 하였다.

10) 〔釋疑〕莫說道將第一等 …… 且做第二等: 第一等은 聖人의 일이고, 第二等은 賢人의 일이라고 말함과 같다.

(纔)如此說이면 便是自棄니 雖與不能居仁由義者로 差等不同이나 其自小는 一也라 言學인댄 便以道爲志요 言人인댄 便以聖爲志니라

伊川先生이 말씀하였다.

"일등을 가져다가 딴 사람에게 양보하여 주고 우선 이등을 하겠다고 말하지 말라. 조금이라도 이와 같이 말하면 곧 스스로 포기하는 것이니, 비록 仁에 거하고 義를 행하지 못하는 자와는 差等(등급)이 똑같지 않으나 스스로 작게 여기는 것은 똑같다. 학문을 말할진댄 곧 道로써 뜻을 삼아야 하고, 사람을 말할진댄 곧 聖人으로써 뜻을 삼아야 한다."

【按】以下所摭四條는 皆論學者當以聖人爲師而以聞道爲要요 不可恬於小成而羣於自畵이니 蓋所謂心學者如此而已라 雖所言이 不盡同於周子나 然開示後覺之意는 則無有不同者焉이니라

이 아래에 뽑은 네 조목은 모두 배우는 자가 聖人을 스승으로 삼고 道를 듣는 것을 요점으로 삼아야 하며 小成을 편안히 여겨 스스로 한계 짓는 무리와 어울려서는 안 됨을 논한 것이니, 이른바 心學이라는 것은 이와 같을 뿐이다. 비록 말한 바가 周子와 모두 같지는 않으나 後覺(後學)들을 열어 보여주신 뜻은 같지 않음이 없다.

○ 龜山楊氏曰 古之學者는 以聖人爲師라도 其學이 有不至라 故其德이 有差焉하니 人見聖人之難爲也라 故凡學者 以聖人爲可至라하면 則必以爲狂而竊笑之하나니 夫聖人은 固未易至어니와 若舍聖人而學이면 是將何所取則乎아 以聖人爲師는 猶學射而立的然이라 的立於彼然後에 射者可視之而求中이니 其中不中은 則在人而已어니와 不立之的이면 以何爲準이리오

龜山楊氏(楊時)가 말하였다.

"옛날의 배우는 자들은 聖人을 스승으로 삼았는데도 그 배움이 지극하지 못함이 있었다. 그러므로 그 德에 차이가 있는 것이다. 사람들은 聖人이 되기 어려움을 보았다. 이 때문에 모든 배우는 자들이 '聖人의 경지를 배워서 이를 수 있다'고 말하면 반드시 미쳤다고 여기며 속으로 비웃는다. 聖人은 진실로 쉽게 이를 수 없으나 만약 聖人을 버리고 배운다면 장차 무엇을 법칙으로 삼겠는가. 聖人을 스승으로 삼음은 활쏘기를 배울 때에 과녁[的]을 세우는 것과 같다. 과녁을 저기에다 세운 뒤에야 활쏘는 자가 이것을 보고서 的中하기를 구할 수 있

으니, 과녁에 적중하고 적중하지 못하는 것은 사람에게 달려 있을 뿐이지만 과녁을 세우지 않는다면 무엇을 표준으로 삼겠는가."

○ 又語羅公仲素云 今之學者 只爲不知爲學之方하고 又不知學成要何用하나니 此事體大[11]하니 須是曾著力來라야 方知不易니라 夫學者는 學聖賢之所爲也라 欲爲聖賢之所爲인댄 須是聞聖賢所得之道니 若只要博古通今하야 爲文章하고 作忠信愿愨(원각)하야 不爲非義之士而已[12]면 則古來如此等人이 不少어니와 然以爲聞道則不可라 且如東漢之衰에 處士逸人與夫名節之士 有聞當世者多矣어니와 觀其作處하야 責以古聖賢之道하면 則略無毫髮髣髴[13]相似는 何也오 以彼於道에 初無所聞故也라 今時學者平居則曰 吾當爲古人之所爲라호되 才(纔)有一事到手면 便措置不得하나니 蓋其所學이 以博古通今하야 爲文章하고 或志於忠信愿愨하야 不爲非義而已라 由是觀之컨대 學而不聞道면 猶不學也니라

또 羅公 仲素(羅從彦)에게 다음과 같이 말씀하였다.

"오늘날 배우는 자들은 학문하는 방법을 알지 못할 뿐만 아니라 또 학문이 이루어지면 어디에 써야 하는지를 알지 못한다. 이 문제는 事體가 매우 중대하니, 모름지기 일찍이 힘을 써 보아야만 비로소 쉽지 않음을 알게 된다. 배움이란 聖賢이 행하신 바를 배우는 것이다. 聖賢이 행하신 바를 배우고자 할진댄 모름지기 聖賢이 얻은 바의 道를 들어야 하니, 만약 단지 古今의 일을 널리 통달하여 文章을 짓고 忠信과 愿愨(삼가고 후덕함)을 하여 非義의 선비가 되지 않으려고 할 뿐이라면 예로부터 이와 같은 사람이 적지 않았으나 道를 들었다고 말하는 것은 불가하다. 또 東漢이 쇠퇴했을 때에 處士와 逸人, 名望과 志節이 있는 선비로 당대에 알려진 자가 많았으나 그 행동한 곳을 관찰하여 옛 聖賢의 道로써 책한다면 털끝만큼도 彷彿하여 서로 같은 자가 조금도 없음은 어째서인가? 이들이 道에 대해 애당초 들은 것이 없었기 때문이다. 지금의 배우

---

11) 〔釋疑〕此事體大 : 이는 體面이 매우 중대함을 말한 것이다.
12) 〔釋疑〕若只要博古通今 …… 不爲非義之士而已 : 忠信은 충후하고 신실함이니,《論語》의 忠信이 아니다. 〔補註〕충후하고 신실함은 단지 사람의 자질을 말한 것이며,《논어》의 忠信은 공부를 말한 것이다.
13) 〔刊補〕髣髴 :《韻會》에 "若似(같음, 비슷함)이다." 하였다.

는 자들은 평소에는 '내 마땅히 옛사람이 하신 것을 하겠다'고 말하나 겨우 한 가지 일이 손에 이르면 곧 措置하지 못하니, 이는 그 배운 바가 古今의 일을 널리 통달하여 文章을 짓고 혹은 忠信과 愿愨에 뜻을 두어 非義를 하지 않는 것일 뿐이기 때문이다. 이로 말미암아 살펴보건대 배우면서 道를 듣지 못하면 배우지 않은 것과 같은 것이다."

○ 朱子曰 凡人이 須以聖賢爲己任이어늘 世人이 多以聖賢爲高而自視爲卑라 故不肯進하나니 抑不知稟性이 與常人一同이니 安得不以聖賢爲己任이리오 自開闢以來로 生多少人이로되 求其盡己者하면 千萬人中에 無一二하고 只是滾同[14]枉過一世라 詩曰 天生烝民에 有物有則[15]이라하니 今世學者 往往有物而不能有其則하나니 中庸의 尊德性而道問學數句는 乃是徹首徹尾라 人性本善이로되 只爲嗜慾所迷, 利害所逐하야 一齊昏了[16]니라 或問 明性은 須以敬爲先이로소이다 曰 固是어니와 但敬亦不可混淪[17]說이라 須是每事上檢點이니 論其大要컨대 只是不放過[18]耳니라 大抵爲己之學은 於他人에 無一毫干預하니 聖賢千言萬語 只是使人反其固有而復其性耳니라

朱子가 말씀하였다.

"모든 사람들이 모름지기 聖賢을 자신의 임무로 삼아야 하는데, 세상 사람들은 대부분 聖賢을 높다고 여기고 자신을 보기를 낮게 여긴다. 그러므로 聖賢에 나아가려고 하지 않으니, '聖賢의 稟性이 常人과 똑같으니, 어찌 聖賢을 자신의

---

14) 〔釋疑〕滾同 : 滾은 《韻會》에 "混과 통한다." 하였다.

15) 〔釋疑〕有物有則 : 父子가 있으면 慈孝하는 性이 있는 것과 같다. 〔補註〕物은 事物이고 則은 道理와 법칙으로, 父子는 物이고 慈孝의 性은 則이다.

16) 〔刊補〕凡人須以聖賢爲己任 …… 一齊昏了 : 살펴보건대 '凡人須以'이하는 사람은 마땅히 聖賢을 準則으로 삼아야 함을 말하였으며, '詩曰'이하는 사람은 누구나 聖賢이 될 수 있으니, 이는 하늘이 낸 바가 본래 이와 같아서 聖賢이든 凡人이든 모두 같음을 말하였는 바, 이는 原頭處에서 말한 것이며, '中庸'이하는 공부하여 들어가는 人頭處를 말한 것이니, 朱子의 말씀이 겸비하고 상세함이 이와 같다. 윗 단락의 龜山楊氏의 말 뜻은 매우 좋으나 다만 학문을 할 적에 어디로부터 들어가야 하는 지를 언급하지 않았다.

17) 〔釋疑〕混淪 : 분별하지 않고 통합하여 말하는 것이다.

18) 〔釋疑〕放過 : 내버려두고 照管하지 않음을 이른다.

임무로 삼지 않을 수 있겠는가'라는 사실을 알지 못한다. 天地가 開闢한 이래로 수많은 사람들이 태어났지만 자신의 道理를 다한 자를 찾아보면 천만 명 가운데에 한두 명밖에 없고 다만 뒤섞여서 한 세상을 헛되이 보냈을 뿐이다.《詩經》에 '하늘이 만백성을 낼 적에 사물이 있으면 법칙이 있다' 하였는데, 지금 세상에 배우는 자들은 왕왕 사물만 있고 법칙은 있지 못하다.《中庸》의 '德性을 높이면서도 問學을 말미암아야 한다'는 몇 句는 바로 徹頭徹尾한 내용이다. 사람의 性은 본래 善하지만 다만 嗜慾에 혼미해지고 利害에 쫓겨서 일제히 어두워지는 것이다."

혹자가 "性을 밝힘은 모름지기 敬을 우선으로 삼아야 합니다." 하고 묻자, 다음과 같이 말씀하였다.

"진실로 옳거니와 다만 敬 또한 뒤섞어 말해서는 안 된다. 모름지기 매사에 점검하여야 하니, 그 大要를 논한다면 다만 放過하지 않는 것일 뿐이다. 대체로 자신을 위하는 학문은 타인에게는 一毫도 간여함이 없으니, 聖賢의 천 마디 만 마디 말씀은 단지 사람으로 하여금 固有한 것을 되찾아서 本性을 회복하게 하였을 뿐이다."

徽菴程氏[19]曰 學聖賢所知之道는 無他라 主敬以立其本하고 窮理以致其知하고 反躬以踐其實而已[20]니 其反躬也에 必以無欲爲敬하고 以無息爲誠하고 以日新爲德하고 以富有爲業[21]하고 以一民一物不被其澤爲己任[22]하고 以天下後世不傳此道爲己憂하면 而此心此道之全體妙用이 皆在其中矣라 龜山所謂以聖人爲師는 猶學射而立的者此也며 所謂學聖賢之所爲인댄 必欲聞聖賢所得之道者 此也라 程子曰 言學인댄 便以道爲志요 言人인댄 便以聖爲志라하시니 自非體之以身하야 從容默會而有深功하고 驗之以心하야 超然自得而有餘味者면 能之乎아

---

19)〔釋疑〕徽菴程氏 : 이름은 若庸이고 字는 達原이니, 말년에 勿齋라 호하였다.

20)〔釋疑〕主敬以立其本 …… 反躬以踐其實而已 : 이 세 가지는 朱子의 學問의 규모인데, 黃勉齋가 朱子의 行狀에서 특별히 강조하여 드러낸 것이다.

21)〔釋疑〕以日新爲德 以富有爲業 :《周易》〈繫辭傳〉에 "날로 새로워짐을 盛德이라 이르고, 많이 소유함을 大業이라 이른다.〔日新之謂盛德 富有之謂大業〕" 하였다.

22)〔刊補〕以一民一物不被其澤爲己任 :《孟子》〈萬章 下〉에 "伊尹은 한 지아비라도 그 恩澤을 입지 못함을 자신의 수치로 여겼다." 하였는데, 지금 "그 恩澤을 입지 못함을 자신의 책임으로 여겼다."라고 하였으니, 文勢로 볼 때 온당치 못하다. 任字는 마땅히 恥字가 되어야 한다.

徽菴程氏(程若庸)가 말하였다.

"聖賢이 아신 바의 道를 배우는 것은 딴 방법이 없다. 敬을 주장하여 根本을 세우고 이치를 궁구하여 知識을 지극히 하고 자기 몸에 돌이켜 實際를 행하는 것일 뿐이니, 자기 몸에 돌이킬 적에 반드시 욕심이 없는 것을 敬으로 삼고 쉼이 없는 것을 誠으로 삼고 날로 새로워짐을 德으로 삼고 풍부하게 소유함을 事業으로 삼고, 한 사람과 한 물건이라도 은택을 입지 못함을 자신의 책임으로 삼고 천하와 후세에 이 道가 전해지지 못함을 자신의 근심으로 삼는다면 이 마음과 이 道의 全體와 妙用이 모두 이 안에 들어 있을 것이다. 龜山의 이른바 '聖人을 스승으로 삼음은 활쏘기를 배울 때에 과녁을 세우는 것과 같다'는 것이 바로 이것이며, 이른바 '聖賢이 행하신 바를 배우고자 할진댄 모름지기 聖賢이 얻은 바의 도를 들어야 한다'는 것이 이것이다. 程子가 말씀하기를 '학문을 말할진댄 곧 道로써 뜻을 삼아야 하고, 사람을 말할진댄 곧 聖人으로써 뜻을 삼아야 한다' 하셨으니, 만일 몸으로 體行하여 從容(조용하고 여유 있음)하고 묵묵히 알아 깊은 공부가 있으며 마음으로 체험하여 超然히 自得하여 충분한 맛이 있는 자가 아니라면 이에 능하겠는가."

33. 程子 視聽言動四箴¹⁾

程子曰 顏淵이 問克己復禮之目한대 子曰 非禮勿視하며 非禮勿聽하며
非禮勿言하며 非禮勿動이라하시니 四者는 身之用也라 由乎中而應乎外하
나니 制於外²⁾는 所以養其中也라 顏淵이 事斯語하니 所以進於聖人이니
學者宜服膺而勿失也니라 因箴以自警하노라 其視箴曰 心兮本虛하니
應物無迹이라 操之有要³⁾하니 視爲之則이라 蔽交於前하면 其中則遷하나
니 制之於外하야 以安其內니라 克己復禮하면 久而誠矣⁴⁾리라 其聽箴曰
人有秉彝는 本乎天性이언마는 知誘物化⁵⁾하야 遂亡其正하나니라 卓彼先

---

1) 四箴은 視箴·聽箴·言箴·動箴을 가리키는 바, 四勿箴이라고 칭한다. 四勿은 '네
가지 하지 말아야 할 것'으로 곧 "非禮勿視 非禮勿聽 非禮勿言 非禮勿動"을 가리
킨다.

2) 〔釋疑〕制於外 : 朱子는 다음과 같이 말씀하였다. "心中으로 말미암아 밖에 응한다
는 이 한 句는 다만 이치의 自然을 말하였을 뿐이요, 아랫구의 '밖을 제재함은 心
中을 기른다〔制於外 所以養其中〕'는 것이 비로소 공부하는 곳을 말한 것이다."

3) 〔釋疑〕操之有要 : 마음은 형체가 없어서 잡기 어려우니, 오직 禮가 아닌 것을 볼 때
에 따라서 마음을 잡으면 된다. 그러므로 이것을 일러 요점이 있다고 한 것이다.

4) 〔譯註〕久而誠矣 : 誠은 성실하고 진실한 것으로 힘쓰지 않고 저절로 성실해짐을
이른다. 《中庸》에 "성실한 것은 하늘의 道이고 성실히 하려는 것은 사람의 道이
니, 성실한 자는 힘쓰지 않고도 道에 맞으며 생각하지 않고도 알아서 從容히 道에
맞으니 聖人이요, 성실히 하려는 자는 善을 택하여 굳게 잡는 자이다.〔誠者 天之
道也 誠之者 人之道也 誠者 不勉而中 不思而得 從容中道 聖人也 誠之者 擇善而固
執之者也〕"라고 보인다.

5) 〔釋疑〕知誘物化 : '知가 誘하고 物이 化하여'로 해석하며, 一說에는 '知가 物에
誘하여 化하다'로 해석한다. ○ 《禮記》에 이르기를 "知가 밖에서 유인한다." 하였
고, 또 이르기를 "사람이 物에 化한다." 하였다.

覺은 知止有定[6]이라 閑邪存誠하야 非禮勿聽하나니라 其言箴曰 人心之動이 因言以宣하나니 發禁躁妄이라야 內斯靜專하나니라 矧是樞機[7]라 興戎出好[8]하나니 吉凶榮辱이 惟其所召니라 傷易則誕이요 傷煩則支하며 己肆物忤하고 出悖來違하나니 非法不道[9]하야 欽哉訓辭하라 其動箴曰 哲人知幾[10]하야 誠之於思[11]하고 志士勵行하야 守之於爲[12]하나니 順理則裕요 從欲惟危니 造次克念하야 戰兢自持하라 習與性成하면 聖賢同歸[13]하리라

程子가 말씀하였다.

"顔淵이 克己復禮의 條目을 묻자, 孔子께서 '禮가 아니면 보지 말고 禮가 아니면 듣지 말고 禮가 아니면 말하지 말고 禮가 아니면 동하지

---

6) 〔釋疑〕知止有定 : 至善이 있는 곳을 알아서 마음이 망령되이 동하지 않는 것이다.

7) 〔釋疑〕樞機 : 문이 열리고 닫히는 것은 반드시 지도리〔樞〕에 말미암고, 쇠뇌가 발동하는 것은 반드시 고동〔機〕에 달려 있다. ○《周易》〈繫辭傳〉에 "말과 행실은 君子의 樞機이니, 樞機의 발함이 영화와 치욕의 主體이다." 하였다.

8) 〔刊補〕興戎出好 : 戎은 兵(전쟁)이다.《書經》〈大禹謨〉에 "입은 友好를 내기도 하고 전쟁을 일으키기도 한다.〔惟口出好興戎〕" 하였다.

9) 〔釋疑〕非法不道 :《孝經》에 이르기를 "先王의 법도에 맞는 말이 아니면 감히 말하지 않는다.〔非先王之法言 不敢道〕" 하였다.

10) 〔釋疑〕哲人知幾 : 哲人은 聖賢의 통칭이며, 幾는 동함의 은미한 것이니, 思慮가 막 싹틀 때이다.

11) 〔釋疑〕誠之於思 : 愼獨의 일이다.

12) 〔釋疑〕守之於爲 : 爲는 事爲이다. ○ 哲人은 마음을 위주로 하여 말하였고 志士는 몸을 위주로 하여 말하였으니, 대략 精粗의 구별이 있다.

13) 〔釋疑〕習與性成 聖賢同歸 : 習與性成은 伊尹이 太甲을 논한 말인데, 여기서는 그 뜻을 뒤집어 말하였다. 習은 克念戰兢을 가리켜 말한 것이니, 習慣이 氣質之性과 함께 化하여 德을 이룸을 말한 것이다. 혹자는 性은 本然之性이라고 하니, 다시 살펴보아야 한다. 〔補註〕伊尹이 말한 習與性成은 나쁜 습관이 氣質之性과 함께 이루어진다는 뜻이었는데, 여기서는 禮가 아니면 보지도 않고 듣지도 않고 말하지도 않고 동하지도 않는 좋은 습관을 말하였으므로 '그 뜻을 뒤집어 말했다.'한 것이다. 伊尹의 말은《書經》〈太甲〉에 보인다.

마는 것이다' 하셨다. 視·聽·言·動 이 네 가지는 몸의 用인데 心中으로 말미암아 밖에 응하니, 밖을 제재함은 心中을 기르는 것이다. 顏淵이 이 말씀에 종사하였으니, 이 때문에 聖人에 나아간 것이다. 배우는 자들은 마땅히 이것을 가슴속에 두고 잃지 말아야 할 것이다. 인하여 箴을 지어 스스로 경계하노라.”

〈視箴〉에 말하였다.

“마음이여! 본래 虛하니, 사물에 응함에 자취가 없다. 마음을 잡음에 요점이 있으니, 보는 것이 그 法則이 된다. 사물이 눈앞에서 가리워 사귀면 마음이 옮겨 가니, 밖에서 제재하여 안을 편안하게 해야 한다. 사욕을 이겨 禮로 돌아가면, 오래되면 저절로 될 것이다.”

〈聽箴〉에 말하였다.

“사람이 秉彝의 良心을 가지고 있음은 天性에 근본하였건만 앎(욕심의 지각)이 물건에 유혹되어 변화해서 마침내 올바름을 잃게 된다. 드높은 저 先覺者들은 그칠 곳을 알아 안정함이 있다. 邪를 막아 誠을 간직하여 禮가 아니면 듣지 않으셨다.”

〈言箴〉에 말하였다.

“人心의 동함은 말로 인하여 나타나니, 發說할 때에 조급함과 경망함을 금하여야 마음이 고요하고 전일해진다. 하물며 이 말은 중요한 樞機여서 전쟁을 일으키기도 하고 友好를 내기도 하니, 吉凶과 榮辱이 오직 말이 부르는 것이다. 말을 너무 쉽게 함에 잘못되면 허탄해지고 너무 번잡하게 함에 잘못되면 지루해지며, 자신이 말을 함부로 하면 남도 거슬리고 나가는 말이 道理에 어그러지면 돌아오는 말도 이치에 위배되니, 法度(禮法)에 맞는 말이 아니면 말하지 말아서 訓戒 말씀을 공경히 받들지어다.”

〈動箴〉에 말하였다.

“哲人은 幾微를 알아 생각함에 성실히 하고 志士는 行實을 힘써 하는 일에 지키니, 이치를 순종하면 여유가 있고 욕심을 따르면 위태롭다. 造次라도 능히 생각해서 戰戰兢兢하여 스스로 잡아 지켜라. 習慣이 天性처럼 이루어지면 聖賢과 함께 돌아갈 것이다.”

【附註】

○ 朱子謂門人曰 程子云 制於外는 所以養其中이라하시니 這一句好看[14]이니라

朱子가 門人에게 말씀하였다.

"程子가 말씀하기를 '밖을 제재함은 마음을 기르는 것이다' 하셨으니, 이 한 句는 참으로 좋아 보인다."

○ 又曰 視與看見不同하고 聽與聞不同[15]하니 如非禮之色이 若過目이어든 便過了요 不可有要視之之心이며 非禮之聲이 若入耳어든 也過了요 不可有要聽之之心이니라

또 말씀하였다.

"視는 看·見과 똑같지 않고 聽은 聞과 똑같지 않으니, 예컨대 禮가 아닌 色이 만약 눈앞에 지나가거든 곧 지나칠 뿐이요 보려고 하는 마음을 두어서는 안 되며, 禮가 아닌 소리가 만약 귀에 들어오거든 또한 지나칠 뿐이요 들으려는 마음을 두어서는 안 되는 것과 같다."

慶源輔氏[16]曰 人之視最在先하니 遇不當視者하야 才(纔)起一念要視他면 便是非禮라 故當以是爲操心之則[17]이니라

慶源輔氏가 말하였다.

"사람의 보는 것이 가장 앞에 있으니, 마땅히 보지 말아야 할 것을 만났을 때에 조금이라도 그것을 보고자 하는 한 생각이 일어나면 곧 禮가 아니다. 그러므로 마땅히 이것(보는 것)으로 마음을 잡는 법칙을 삼아야 한다."

○ 問視箴에 何以特說心이며 聽箴에 何以特說性이닛고 曰 互換說이라도 也得

---

14) 〔釋疑〕好看 : 좋아 보인다는 뜻이다.

15) 〔刊補〕視與看見不同 聽與聞不同 : 看·見(보이는 것)과 聞(들리는 것)은 마음을 두어 보거나 듣는 것이 아니고, 視(보는 것)와 聽(듣는 것)은 마음을 두어 보거나 듣는 것이다.

16) 〔釋疑〕慶源輔氏 : 이름은 廣이고 자는 漢卿이니, 朱子의 高弟로 호는 潛菴이다.

17) 〔釋疑〕以是爲操心之則 : 是는 보는 것을 가리켜 말하였다. 그러나 말이 분명치 못한 듯하다.

이어니와 然諺云 開眼便錯이라하니 視所以就心上說이요 人有秉彝는 本乎天性
이라하니 道本自在這裏로되 却因雜得外面言語來誘之라 聽所以就性上說이니라

"視箴에 어찌하여 특별히 마음을 말했으며 聽箴에 어찌하여 특별히 性을 말
했습니까?"하고 묻자, 朱子가 말씀하였다.

"서로 바꾸어 말해도 되지만 그러나 俗談에 '눈을 뜨면 곧 잘못된다'하였으
니, 보는 것을 이 때문에 心上에 나아가 말한 것이요, '사람이 秉彝의 良心이
있는 것은 天性에 근본 한다'하였으니, 道가 본래 저절로 여기에 있지만 외면
의 言語가 섞임으로 인하여 유혹된다. 이 때문에 듣는 것을 性上에 나아가 말
한 것이다."

白雲許氏[18]曰 聽雖主於聲이나 而凡係乎言이 皆屬聽하니 讀書爲學하야 得之於簡冊
傳聞者도 皆聽類也라 若於事物之來에 應之或差는 猶可改也어니와 至於學問之差[19]하
야는 爲心術之害라 遂至於亡其性이면 則不可救藥矣니 聽言之邪正이 其可畏也如此니라

白雲許氏(許謙)가 말하였다.

"들음은 비록 소리를 위주로 하나 모든 말에 관계된 것은 모두 들음에 속하니,
책을 읽어 학문을 하여 簡冊과 傳聞에서 얻는 것도 모두 듣는 종류이다. 만약 사물
이 올 적에 대응을 혹 잘못하는 것은 오히려 고칠 수 있지만 학문의 착오에 이르러
서는 心術의 해로움이 되어 마침내 性을 잃는 데에 이르니, 이렇게 되면 구제하여
치료할 수가 없다. 말의 간사하고 바름을 들음에 두려울 만함이 이와 같다."

○ 又曰 言箴上四句는 是說身上最緊切處니 須是不躁妄이라야 方始靜專이라
自家這心이 自做主不成이면 如何去接物이리오 下云 矧是樞機 興戎出好四
句는 是說謹言底道理요 下四句는 却說四項病痛[20]이니라

또 말씀하였다.

"言箴에 위의 네 句는 身上에 가장 긴절한 부분을 말하였으니, 모름지기 조
급하고 경망하지 않아야 〈마음이〉 비로소 고요하고 專一할 수 있는 것이다. 자

---

18)〔釋疑〕白雲許氏 : 이름은 謙이고 자는 益之로 南宋 말기의 학자이다.

19)〔釋疑〕學問之差 : 書冊과 師友에게서 얻은 것을 이른다.

20)〔譯註〕下四句 却說四項病痛 : 아래의 네 句는 '傷易則誕 傷煩則支 己肆物忤
出悖來違'를 가리킨 것이다.

신의 마음이 스스로 主宰가 될 수 없으면 어떻게 가서 사물을 접할 수 있겠는 가. 아랫구의 '하물며 이 말은 중요한 樞機여서 전쟁을 일으키기도 하고 友好를 내기도 한다'는 네 句는 말을 삼가는 道理를 말한 것이요, 아래의 네 句는 네 가지의 병통을 말한 것이다."

程氏復心曰[21] 言有不順理處면 卽是心有不順理處라 故不得於言이어든 須求於心이니 心氣和則言順理矣라 然亦須就言上做工夫하야 內外表裏 無少空闕이라야 始得相應이니라

程氏 復心이 말하였다.

"말이 이치에 순하지 못한 부분이 있으면 곧 마음이 이치에 순하지 못한 부분이 있는 것이다. 그러므로 말에 이해되지 못하거든 모름지기 마음에서 찾아야 하는 것이니, 心氣가 화평하면 말이 이치에 순하게 된다. 그러나 또한 모름지기 言語上에 나아가 공부하여 內·外와 表·裏에 조금이라도 空缺이 없어야 비로소 서로 응하게 된다."

○ 又曰 思는 是動之微요 爲는 是動之著라 這箇是該動之精粗하니 蓋思於內를 不可不誠이요 爲於外를 不可不守니라 看文字를 須得箇骨子니 諸公은 且道動箴에 那箇是緊要오 答曰 順理則裕니이다 曰 要連從欲惟危都是[22]니 這是生死路頭니라

또 말씀하기를 "思는 動의 은미함이요 爲는 動의 드러남이다. 이것은 動의 精(思)과 粗(爲)를 겸하였으니, 안에 생각함을 성실히 하지 않을 수 없고 밖에 행함을 지키지 않을 수 없는 것이다. 文字를 볼 때에는 모름지기 骨子를 알아야 하니, 諸公들은 우선 動箴에서 어느 것이 긴요한 것인가 말해 보라." 하였다. 이에 대답하기를 "이치를 따르면 여유가 있다는 것입니다." 라고 하자, 말씀하기를 "욕심을 따르면 위태롭다는 것까지 이어서 모두 긴요하니, 이것은 生死의 路頭(갈림길)이다." 하였다.

白雲許氏曰 視聽言은 各指一事요 動則擧一身而言이라 故動箴이 兼心說하니 謂內而

---

21) 〔刊補〕程氏復心曰 : 이는 본래 朱子가 劉平甫에게 답한 편지이다.
22) 〔釋疑〕都是 : 모두 긴요함을 말한 것이다.

心之動과 外而身之動이 皆出於正하야 表裏如一이면 則天理流行이니 若强制於外하야
而動於中者 或未盡善이면 則病根不除라 未爲得也니 此卽愼獨工夫니라

　白雲許氏가 말하였다.

　"視·聽·言은 각각 한 가지 일을 가리켰고, 動은 온몸을 들어서 말하였다. 그러
므로 動箴은 마음을 겸하여 말하였으니, 안으로 마음의 동함과 밖으로 몸의 동함이
모두 바름에서 나와 表裏가 똑같으면 天理가 流行됨을 말한 것이다. 만약 밖을 억
지로 제재하여 心中에 동하는 것이 혹 다 善하지 못하면 病根이 제거되지 못하여
얻음이 되지 못하니, 이것은 바로 愼獨공부이다."

○ 又曰 四箴을 舊見에 只是平常說話러니 近乃覺其旨意精密[23]하니 眞所謂
一棒一條痕, 一摑一掌血[24]者로다

　또 말씀하였다.

　"四箴을 옛날에 볼 때에는 다만 평상적인 말씀이라고 여겼는데, 근래에야 비
로소 그 뜻이 정밀함을 깨달았으니, 참으로 이른바 한 지팡이로 때리면 한 줄
기의 지팡이 자국이 생기고 한 손으로 때리면 한 손바닥의 핏자국이 생긴다는
것이다."

○ 又曰 四箴意思 都該括[25]得盡하니 四箇箴이 有說多底하며 有說少底하니
多底는 減不得이요 少底는 添不得이라 只是須要自家下工夫[26]라야 實見是如

---

23) 〔刊補〕旨意精密 : 묻기를 "뜻이 정밀하다는 것은 무슨 말입니까?" 하니, 退溪는
　　한참 동안 있다가 가르쳐 주기를 "이와 같은 부분은 언어로 형용하지 못하니, 자
　　신이 깊이 음미하고 실제로 體行해서 自得해야 한다. 그대는 묻지 말아야 할 것을
　　물은 것이다. 이를테면 다른 사람에게 음식 맛이 어떠냐고 묻는 것과 같으니, 반
　　드시 자신이 그 음식을 먹고 그 맛을 맛본 뒤에 알 수 있는 것이다. 자신이 애당
　　초 먹어 보지도 않고 다른 사람에게 맛을 물어서야 되겠는가? 배우는 사람은 이
　　점을 깊이 體驗하지 않으면 안 된다." 하였다.
24) 〔釋疑〕一棒一條痕 一摑一掌血 : 棒은 지팡이(곤장)로 때리는 것이다. 지팡이로 때
　　리면 지팡이를 따라 한 가닥의 지팡이 자국이 있게 되고, 손으로 때리면 손을 따
　　라 한 손바닥의 핏자국이 있게 되니, 이는 그 말이 통렬함을 비유한 것이다.
25) 〔釋疑〕該括 : 該備하고 包括하는 것이다.
26) 〔釋疑〕只是須要自家下工夫 : '家'가 《語類》에는 '實'로 되어 있다.

何리라 看這意思컨대 都克去己私하야 無非禮之視하고 無非禮之聽하고 無非禮 之言하고 無非禮之動이니 這是甚麼氣象고 這便是渾然天理니 這便是仁이니라

또 말씀하였다.

"四箴의 意思는 모두 다 포괄하였으니, 네 개의 箴은 말(내용)이 많은 것도 있고 말이 적은 것도 있는 바, 많은 것은 줄일 수가 없고 적은 것은 보탤 수가 없다. 다만 모름지기 자신이 공부를 하여야 실제로 어떠한가를 볼 수 있을 것 이다. 이 의사를 보건대 모두 私慾을 이겨서 禮가 아닌 봄이 없고 禮가 아닌 들음이 없고 禮가 아닌 말이 없고 禮가 아닌 동함이 없어야 하니, 이것이 어떠 한 氣象인가? 곧 渾然한 天理이니, 이는 곧 仁이다."

34. 范氏 心箴[1)]

范氏心箴曰 茫茫堪輿[2)] 俯仰無垠이라 人於其間에 眇然[3)]有身하니 是
身之微 太倉稊米[4)]로되 參爲三才는 曰惟心爾라 往古來今에 孰無此心
이리오마는 心爲形役[5)]하야 乃獸乃禽이라 惟口耳目과 手足動靜이 投間抵
隙[6)]하야 爲厥心病이라 一心之微를 衆欲攻之하니 其與存者[7)] 嗚呼幾希
로다 君子存誠하야 克念克敬[8)]하나니 天君泰然하야 百體從令하나니라

范浚의 〈心箴〉에 말하였다.

"아득하고 아득한 天地는 굽어보고 우러러봄에 끝이 없다. 사람이 그
사이에 작게 몸을 두고 있으니, 이 작은 몸은 비유하면 太倉의 한 낟알
에 불과한데 참여하여 三才가 됨은 마음 때문이다. 예나 지금이나 누가
이 마음이 없겠는가마는 마음이 形體에 사역을 당하여 마침내 禽獸가
되는 것이다. 입과 귀와 눈과 手足과 動靜이 마음의 빈틈을 파고들어
마음의 병이 된다. 한 작은 마음을 여러 욕심들이 공격하니, 그 보존된

---

1) 心箴은 '마음을 경계한 글'이란 뜻으로 朱子가 일찍이 이 〈心箴〉을 《孟子集註》
〈告子 上〉의 章下註에 수록하였다.
2) 〔釋疑〕堪輿 : 天地를 가리킨다.
3) 〔釋疑〕眇然 : 매우 작은 것을 이른다.
4) 〔釋疑〕稊米 :《莊子》의 註에 "작은 쌀이다." 하였다.
5) 〔釋疑〕心爲形役 : 形은 곧 아랫글의 입, 귀, 눈, 손, 발 등을 가리키고, 役은 부림
을 당하는 것이다. 〔補註〕心爲形役은 마음이 耳目口鼻 등의 육체적인 욕망을 따
라 良心을 상실함을 이른다.
6) 〔釋疑〕投間抵隙 : 投와 抵는 형체로써 말하였고, 間과 隙은 마음으로 말하였다.
7) 〔釋疑〕其與存者 : 與는 함이니, 굳이 깊이 해석할 필요가 없다.
8) 〔釋疑〕君子存誠 克念克敬 : 范氏가 마음을 논한 것이 매우 훌륭한데, 마지막에 誠
敬 두 글자로 맺었으니, 말은 비록 간략하나 뜻은 실로 무궁하다.

것이 아! 얼마 되지 않는다. 君子는 誠을 보존하여 능히 생각하고 능히 敬하니, 天君이 태연하여 百體가 명령을 따른다."

【附註】

○ 問 所載[9]范箴은 不知范從誰學이닛고 朱子曰 不曾從人이라 但他自見得到하여 說得此件物事 如此好어늘 向見呂伯恭하니 甚忽之러라 問 似恁地說話를 人이 也多說得到어늘 須取他則甚[10]이닛고 曰 正爲少見有人이 能說得如此者라하시니 此意 蓋有在也[11]니라

"여기 《孟子》의 註에 실려 있는 范氏의 〈心箴〉은, 范氏가 누구에게서 배웠는지 모르겠습니다." 하고 묻자, 朱子가 말씀하였다.

"일찍이 남에게서 배우지 않았다. 다만 스스로 식견이 지극하여 이러한 일을 말하기를 이와 같이 좋게 하였는데, 지난번 呂伯恭(呂祖謙)을 만나보니, 이것을 매우 소홀히 여겼다.

'이러한 말을 딴 사람들도 많이 말하였는데, 모름지기 이것을 취한 것은 어째서입니까?' 하고 묻자, '바로 사람들 중에 이와 같이 말할 수 있는 자를 본 적이 없기 때문이다' 하셨으니, 이는 뜻이 〈크게〉 있는 것이다."

雲峯胡氏曰 念은 卽思之謂요 而敬은 卽存誠之方也라 一誠이 足以銷萬僞요 一敬이 足以敵千邪니 所謂先立乎其大者 莫切於此니라 ○【按】朱子旣有取于范氏之箴하고 又爲觀心說하야 以訂釋氏之繆하시니 尤有功于聖學이라 今摭附之하노니 庶學者曉然知此之正也[12]를 當勉하고 彼之邪也를 當辨하야 不至於泛求而多惑云이라

雲峯胡氏가 말하였다.

---

9)〔釋疑〕所載:《孟子》〈告子 上〉의 註에 실려 있다.

10)〔釋疑〕問似恁地說話 …… 須取他則甚:問은 門人이 또 물은 것이다.

11)〔釋疑〕向見呂伯恭 …… 此意盖有在也:이것〔此〕은 門人이 말한 것이고, 뜻〔意〕은 朱子의 뜻이다.〔刊補〕중간의 '問似恁地'이하는 처음 물었던 사람이 재차 물은 것이고, '此意'이하는 기록한 사람의 말인 듯하다. 혹자는 '問似恁地'이하는 朱子가 呂伯恭의 물은 말을 든 것이고, '此意有在'는 朱子가 스스로 말씀한 것이라고 하는데 옳지 않은 듯하다.

12)〔釋疑〕庶學者曉然知此之正也:庶는 庶幾의 庶이다.〔補註〕庶幾는 '행여' 또는 '부디'의 뜻으로 바람을 의미한다.

“念은 생각함을 이르고 敬은 곧 誠을 보존하는 방법이다. 한 誠이 만 가지의 거짓을 사라지게 할 수 있고 한 敬이 천 가지의 간사함을 대적할 수 있으니, 이른바 ‘먼저 큰 것을 세운다’는 것은 이보다 더 간절함이 없다.”

○【按】朱子는 이미 范氏의 〈心箴〉을 취하였고, 또 觀心說을 말씀하여 釋氏의 오류를 바로잡으셨으니, 더욱 聖學에 功이 있다. 이제 이것을 뽑아 붙이니, 배우는 자가 이의 바름을 힘써야 하고 저의 간사함을 분별해야 함을 분명히 알아서, 널리 구하여 의혹함이 많은 데에 이르지 않게 하려고 하신 것이다.

○ 或問 佛者有觀心之說하니 然乎잇가 曰 心者는 人之所以主於身者也니 一而不二者也요 爲主而不爲客者也요 命物而不命於物者也라 故以心觀物이면 則物之理得이어늘 今復有物以反觀乎心이면 則是此心之外에 復有一心하야 而能管乎此心也라 然則所謂心者 爲一邪(耶)아 爲二邪아 爲主邪아 爲客邪아 爲命物者邪아 爲命於物者邪아 此亦不待較而審其言之謬矣니라 或者曰 若子之言이면 則聖賢所謂精一과 所謂操存者 皆何爲哉오 應之曰 此는 言之相似而不同이 正苗莠朱紫之間[13]이니 而學者之所當辨者也라 夫謂人心之危者는 人欲之萌也요 道心之微者는 天理之奧也니 心則一也로되 以正不正而異其名耳[14]라 惟精惟一은 則居其正而審其差者也요 紬(黜)其異而反其同[15]者也라 能如是면 則信執其中而無過不及之偏矣리니 非以道爲一心, 人爲一心하고 而又有一心以精一之也라 夫謂操而存者는 非以彼操此而存之也요

---

13) 〔釋疑〕苗莠朱紫之間：《論語》〈陽貨〉에 “가라지가 싹을 어지럽히는 것을 미워하고 자주색이 붉은 색을 어지럽히는 것을 미워한다.〔惡莠之亂苗 惡紫之亂朱〕” 하였다. 〔補註〕莠는 ‘가라지’라는 잡초로 피와 비슷하여 벼싹과 혼동하기 쉬우므로 말한 것이다.

14) 〔刊補〕人欲之萌也 …… 異其名耳：살펴보건대 이는 朱子의 觀心說이다. 朱子는 初年에 人心을 人欲으로 여겼다. 그러므로 여기에서 人心을 곧바로 人欲이 싹트는 것으로 여겨 바르지 않은 것이라고 하였는데, 晩年의 定論은 이와 같지 않다. ○ 朱子가 人心과 道心을 논한 것에는 몇 가지 說이 있다. 여기에서 人心은 人欲이고 道心은 天理라고 말씀하였으니 이것이 한 가지 설이며, 조금이라도 억지로 잡으려는 意思가 있는 것을 人心이라 하고, 자연스러워 從容히 道에 맞는 것을 道心이라고 하였으니 이것이 또 한 가지 설이며, 《中庸》의 序文이 한 가지 설인데 이것(《中庸》의 서문)이 定論이다.

15) 〔釋疑〕反其同：反은 還歸(돌아옴)의 뜻이다.

舍而亡者는 非以彼舍此而亡之也니 心而自操則亡者存하고 舍而不操則存者
亡耳라 然其操之也에 亦日 不使旦晝之所爲로 得以梏亡其仁義之良心云爾
니 非塊然兀坐하야 以守其炯然[16]不用之知覺而謂之操也[17]라 大抵聖人之學
은 本心以窮理하고 而順理以應物이니 如身使臂하고 如臂使指하야 其道夷而
通하고 其居廣而安하고 其理實而其行自然이어늘 釋氏之學은 以心求心하고 以
心使心하야 如以口齕口하고 以目視目이라 其機危而迫하고 其途險而塞하고 其
理虛而其勢逆하니 蓋其言이 雖有若相似者나 而其實之不同이 蓋如此也라
然非夫審思明辨之君子면 其亦孰能無惑於斯邪아

혹자가 "佛家에 마음을 본다는 말이 있으니, 옳습니까?" 하고 묻자, 朱子가
말씀하였다.

"마음은 사람의 한 몸을 주장하는 것이니, 하나이고 둘이 아니며 주인이 되
고 객이 되지 않으며, 물건을 명령하고 물건에게 명령을 받지 않는다. 그러므로
마음으로 사물을 관찰하면 사물의 이치를 얻을 수 있지만, 이제 다시 사물을
두어 도리어 마음을 관찰한다면 이는 이 마음의 밖에 다시 딴 마음이 있어서
이 마음을 管攝하는 것이다. 그렇다면 이른바 마음이라는 것이 하나인가, 둘인
가? 주인인가, 객인가? 물건을 명령하는 것인가, 물건에게 명령을 받는 것인
가? 이 또한 따질 필요도 없이 그 말의 잘못을 알 수 있는 것이다."

혹자가 "그대의 말과 같다면 聖賢의 이른바 精一과 이른바 操存은 모두 어떻
게 하는 것입니까?" 하고 묻자, 다음과 같이 말씀하였다.

"이는 말이 서로 비슷하나 〈뜻이〉 같지 않음은 바로 벼싹과 가라지, 붉은 색
과 자주색의 사이이니, 배우는 자가 마땅히 분별해야 할 점이다. 人心을 위태롭다
고 말한 것은 人欲이 싹트기 때문이요, 道心을 은미하다고 말한 것은 天理가 오
묘하기 때문이니, 마음은 하나이지만 바르고 바르지 않음에 따라 그 명칭을 달리
하였을 뿐이다. 惟精惟一(정밀하게 살피고 한결같이 함)은 바름에 거하여 잘못됨
을 살피고 다름을 내쳐 같음으로 돌아오게 하는 것이다. 이와 같이 하면 진실로
中道를 잡아 過·不及의 편벽됨이 없을 것이니, 道心을 한 마음으로 삼고 人心을

---

16) 〔釋疑〕炯然 : 未發의 體를 가리킨 것이다.

17) 〔刊補〕所謂操存者 …… 謂之操也 : 《朱子大全》에는 也字 앞에 또 存字가 있다. 위
의 '所謂操存' 아래에는 '盡心知性 存心養性 參前倚衡' 등 묻는 말이 있고 '操也'
아래에는 또 답하는 말이 있는데, 여기에서는 모두 빼버렸다.

한 마음으로 삼고, 또 한 마음이 있어서 정밀하게 살피고 한결같이 하는 것이 아니다. '잡아서 보존한다'는 것은 저것으로써 이것을 잡아서 보존하는 것이 아니요, '놓으면 잃는다'는 것은 저것으로써 이것을 놓아서 잃는 것이 아니니, 마음이 스스로 잡으면 잃었던 것이 보존되고, 버리고 잡지 않으면 보존된 것이 잃어지는 것일 뿐이다. 그러나 마음을 잡을 적에 또한 '낮에 하는 바로 하여금 仁義의 良心을 梏亡하지 않게 할 뿐'이라고 말씀하였으니, 흙덩이처럼 오똑히 앉아서 밝기만 하고 쓰지 않는 知覺을 지키면서 이것을 일러 잡는다고 말한 것이 아니다.

　대저 聖人의 學問은 마음에 근본하여 이치를 연구하고 이치를 순히 하여 사물에 응하는 것이니, 마치 몸이 팔뚝을 부리고 팔뚝이 손가락을 부리는 것처럼 하여 그 道가 평탄하고 통하며 그 거처가 넓고 편안하며 그 이치가 진실하고 그 행함이 자연스러운데, 釋氏의 學問은 마음으로써 마음을 찾고 마음으로써 마음을 부려서 마치 입으로 입을 물고 눈으로 눈을 보는 것과 같다. 그리하여 그 기틀이 위태롭고 박절하며 그 길이 험하고 막히며 그 이치가 허황하고 그 형세가 거슬리니, 그의 말은 비록 서로 비슷함이 있는 듯하나 그 실제의 같지 않음이 이와 같은 것이다. 그러나 살펴서 생각하고 밝게 분별하는 君子가 아니면 또한 누가 이에 의혹함이 없을 수 있겠는가.”

問 未發之前에 惟當敬以持養이요 旣發之後에 又當敬以察之어니와 然旣發之情이 是心之用이니 審察於此면 未免以心觀心之病이라 如何잇고 朱子曰 已發之處에 以心之本體權度로 審其心之所發하야 恐有輕重長短之差耳니 所謂物皆然心爲甚[18]이 是也라 若欲以所發之心으로 別求心之本體면 則無此理矣니라

　“喜·怒·哀·樂이 발하기 전에는 오직 敬하여 잡아 기르고 이미 발한 뒤에는 또 敬하여 살펴야 합니다. 그러나 이미 발한 情은 바로 마음의 用이니, 이를 자세히 살피면 마음으로써 마음을 보는 병통을 면치 못할 듯합니다. 어떻습니까?” 하고 묻자, 朱子가 말씀하였다.

　“이미 발한 곳에 마음의 本體인 權度(저울과 자)로써 마음의 발하는 바를 살펴서 〈마음에〉 輕重과 長短의 착오가 있을까 두려워할 뿐이니, 이른바 '사물이 다 그렇지만 마음이 더욱 심하다'는 것이 바로 이것이다. 만약 발한 마음을 가지고 별도로 마음의 本體를 찾고자 한다면 이런 이치는 없는 것이다.”

18)〔譯註〕所謂物皆然心爲甚 :《孟子》〈梁惠王 上〉에 '權然後 知輕重 度然後 知長短 物皆然 心爲甚'이라고 보인다.

35. 朱子 敬齋箴¹⁾

朱子敬齋箴²⁾曰 正其衣冠하고 尊其瞻視³⁾하야 潛心⁴⁾以居하야 對越上帝하라 足容必重하고 手容必恭이니 擇地而蹈하야 折旋蟻封⁵⁾하라 出門如賓하고 承事如祭하야 戰戰兢兢⁶⁾하야 罔敢或易하라 守口如甁하고 防意如城⁷⁾하야 洞洞屬屬⁸⁾하야 罔敢或輕하라 不東以西하고 不南以北하야

---

1) 朱子가 張敬夫(張栻)의 〈主一箴〉을 읽고 그 遺意를 모아 지어서 스스로 경계한 것이다. 이 〈敬齋箴〉은 程朱學에서 가장 重要視하는 것인 바, 韓末의 學者인 省齋 柳重敎가 이것을 해석한 내용과 槐園 李埈의 해석을 비판하고 보충한 것이 있으므로 本書 끝에 附錄으로 全文을 기재하였다. 省齋는 華西 李恒老의 門人이며 槐園은 華西의 아들로, 省齋는 華西가 별세한 뒤에 槐園을 선배로 또 스승으로 섬겼다.

2) 〔刊補〕朱子의 自序에 "張敬夫(張栻)의 〈主一箴〉을 읽고 그 遺意를 모아 〈敬齋箴〉을 지어서 스스로 경계하노라." 하였다. ○ 이 箴은 朱子가 스스로 창작하여 지은 글이 아니요, 옛 말씀을 모아놓은 것인데, 그 맛이 있음이 이와 같다.

3) 〔釋疑〕尊其瞻視 : 尊은 공경하여 받든다는 뜻이고 瞻視는 자기가 보는 것이니, 南軒 張栻은 말하기를 "몸가짐을 엄격하게 하는 것이다." 하였다.

4) 〔釋疑〕潛心 : 물건이 물 속에 잠기듯이 마음이 虛靜함을 말한 것이다.

5) 〔釋疑〕折旋蟻封 : 折旋은 朱子가 말씀하기를 "곧바로 가다가 다시 가로질러 가는 것이다." 하였으며, 蟻封은 垤로, 《詩經》의 註에 "垤은 개미무덤이다." 하였다. 개미가 흙을 실어다가 무덤(언덕)을 만들어 습기를 피하니, 이것이 곧 이른바 蟻封(개밋둑)이란 것이니, 비록 꼬불꼬불하고 협소한 곳이나 오히려 걸음걸이를 엄숙히 하고 정제함을 말한 것이다.

6) 〔釋疑〕戰戰兢兢 : 戰戰은 두려워하는 모양이고, 兢兢은 경계하고 조심하는 것이다. 〔刊補〕戰戰은 恐懼(두려워함)이고, 兢兢은 戒愼(삼감)이다.

7) 〔釋疑〕守口如甁 防意如城 : 이는 宋나라의 명재상인 富弼의 말이니, 富弼은 나이 80세에 이것을 병풍에 써서 좌우명으로 삼았는 바, 윗구는 말을 함부로 내지 않는

當事而存_{하야} 靡他其適_{하라} 弗貳以二_{하고} 弗參以三⁹⁾_{하야} 惟心惟一_{하야} 萬變是監_{하라} 從事於斯를 是曰持敬_{이니} 動靜弗違_{하고} 表裏交正_{하라} 須臾有間_{이면} 私慾萬端_{하야} 不火而熱_{이요} 不冰而寒_{이리라} 毫釐有差_{하면} 天壤易處_{하야} 三綱¹⁰⁾旣淪_{하고} 九法¹¹⁾亦斁_{리라} 於(오)乎小子아 念哉敬

것이고 아랫구는 마음이 함부로 동하지 않는 것이다. 〔刊補〕防意如城은 朱子가 말씀하기를 "邪가 들어오는 것을 막는 것이다." 하였다.

8) 〔釋疑〕洞洞屬屬 : 洞洞은 공경함이 表裏에 간격이 없는 것이고, 屬屬은 공경하고 삼가는 뜻이 間斷이 없는 것이다.

9) 〔釋疑〕不東以西 …… 弗參以三 : 朱子는 다음과 같이 말씀하였다. "처음 하나의 일이 있는데, 또 하나를 더하면 이는 곧 저것을 가져다가 더하여 두 개를 이루는 것이요, 원래 하나가 있는데 또 두 개를 더하면 이는 곧 저것을 가져다가 더하여 세 개를 이루는 것이다. '不東以西 不南以北'은 다만 한 마음이 동쪽으로 가다가 또다시 서쪽으로 가려고 하며, 남쪽으로 가다가 또다시 북쪽으로 가려고 하는 것이니, 이는 모두 하나를 주장하지 않는 것이다."〔補註〕不東以西 不南以北에 대해서는 省齋 柳重教의 《省齋集》9권을 보면 다음과 같은 내용이 있다. "程子가 말씀하기를 '동쪽으로 가지 않고 또 서쪽으로 가지 않으며, 이쪽으로 가지 않고 또 저쪽으로 가지 않는다.〔不之東 又不之西 不之此 又不之彼〕' 하였으니, 위의 두 句는 程子의 이 말씀에서 나온 것이다. 以는 與〔및〕이니, 《詩經》〈大雅 皇矣〉의 '不大聲以色〔음성과 얼굴빛을 크게 여기지 않는다〕'이라고 한다. 《朱子語類》에 '다만 한 마음으로 동쪽으로 가다가 또 서쪽으로 가려고 하며 남쪽으로 가다가 또 북쪽으로 가려고 하는 것이니, 이는 모두 하나를 주장하지 않는 것이다' 하였다." 以字를 與字의 뜻으로 풀이한다면 "동쪽으로 가면서 또 서쪽으로 가려고 하지 않으며 남쪽으로 가면서 또 북쪽으로 가려고 하지 않는다."로 해석해야 할 것이며, 不以東 不以西로 풀이한다면 "동쪽으로도 가지 말고 서쪽으로도 가지 말라."로 해석해야 할 것이다.

10) 〔釋疑〕三綱 : 군주는 신하의 벼리(우두머리)가 되고, 아버지는 자식의 벼리가 되고, 남편은 아내의 벼리가 되는 것이다. 〔補註〕신하가 군주를 충성으로 섬기고 자식이 부모를 효도로 섬기고 아내가 남편을 한마음으로 받듦을 이른다.

11) 〔釋疑〕九法 : 〈洪範〉의 九疇이다. 〔補註〕洪範은 《書經》의 篇名으로 나라를 다스리는 큰 법이란 뜻이며, 九疇는 아홉 가지 무리란 뜻으로 옛날 禹임금이 홍수를 다스릴 때에 洛水에서 거북이가 나왔는데 그 등에 1에서 9까지의 점이 그려져 있었다 한다. 그리하여 이것을 보고 홍범 구주를 만들었다 하는 바, 첫 번째는 金·木·水·火·土의 五行이고, 두 번째는 貌·言·視·聽·思의 五事이며, 세 번째는 食·

哉어다 墨卿司戒하야 敢告靈臺[12]하노라

朱子의 〈敬齋箴〉에 말씀하였다.

"衣冠을 바루고 視線을 공손히 하여 마음을 가라앉히고 거처하여 上帝를 대하라. 발모양은 반드시 무겁게 하고 손 모양은 반드시 공손히 하여야 하니, 땅을 가려 밟아서 개밋둑도 꺾어 돌아가라. 문을 나갈 때에는 큰손님을 뵈온 듯이 하고 일을 받들 때에는 제사를 모시듯이 하여 두려워하고 삼가서 감히 혹시라도 함부로 하지 말라. 입을 지키기를 甁과 같이 하고 뜻을 막기를 城과 같이 하여 洞洞(성실)하고 屬屬(전일)하여 감히 혹시라도 가벼이 하지 말라. 동쪽으로 가다가 서쪽으로 가려하지 말고 남쪽으로 가다가 북쪽으로 가려하지 말아서 일을 당하면 마음을 보존하여 딴 곳으로 가지 말라. 二로써 더하지 말고 三으로써 더하지 말아서 마음을 專一하게 하여 만 가지 변화를 살펴보라. 여기에 종사함을 持敬이라 하니, 動하고 靜함에 어기지 말고 겉과 속을 서로 바르게 하라. 잠시라도 間斷함이 있으면 私慾이 萬端으로 일어나서 불이 없어도 뜨거워지고 얼음이 없어도 차가워질 것이다. 털끝만치라도 착오가 있으면 하늘과 땅이 뒤바뀌어 三綱이 이미 없어지고 九法이 또한 무너지리라. 아! 小子들아. 생각하고 공경할지어다. 墨卿(먹)으로 경계하는 글을 맡아 쓰게 해서 감히 靈臺(마음)에게 고하노라."

【附註】

○ 問敬齋箴한대 朱子曰 此是敬之目이라 說이 有許多地頭去處[13]하니라 又曰

貨·祀·司空·司徒·司寇·賓·師의 八政이고, 네 번째는 歲·月·日·星辰·曆數의 五紀이며, 다섯 번째는 皇極이고, 여섯 번째는 正直·剛克·柔克의 三德이며, 일곱 번째는 雨·霽·蒙·驛·克·貞·悔의 稽疑이고, 여덟 번째는 雨·暘·燠·寒·風·時의 庶徵이며, 아홉 번째는 壽·富·康寧·攸好德·考終命의 五福과 凶短折·病·憂·貧·惡·弱의 六極이다.

12) 〔釋疑〕靈臺：마음이다.

13) 〔釋疑〕地頭去處：去處는 動靜과 表裏 등을 가리킨 것이니, 아래 臨川吳氏의 말에 자세히 보인다. 〔刊補〕地頭의 말씀은 공부를 하는데 있어 依據할 곳이 있어 매우 좋다.

須臾之間은 以時言이요 毫釐之差는 以事言이니라

〈敬齋箴〉을 묻자, 朱子가 말씀하였다.

"이것은 敬의 조목이다. 말이 허다한 地頭(갈래, 방향)로 나간 점이 있다."

또 말씀하였다.

"잠시의 間斷은 때로써 말한 것이요, 털끝 만한 착오는 일로써 말한 것이다."

問毫釐有差 天壤易處한대 北溪陳氏曰[14] 此非謂些小事不敬에 便能做大病이라 是言
大病痛이 只在微細處失起라 故千里之繆 差之毫釐니라 然亦當思微細處差失이 似甚
小可로되 何故便到天地變亂하며 三綱淪, 九法斁오 殆難以空言解釋이니라 須多歷人
情事變之熟이라야 乃知此不敬之爲害端的處 凜乎甚可畏로되 而非理明義精이면 亦不
能發到此니 眞可爲切己箴之하야 救人免陷於夷狄禽獸之歸也니라

　털끝만치라도 착오가 있으면 하늘과 땅이 뒤바뀐다는 것을 묻자, 北溪陳氏(陳淳)
는 다음과 같이 말하였다.

"이것은 사소한 일을 공경하지 않음에 곧 큰 병이 됨을 말한 것이 아니요, 이는
큰 병통이 다만 세미한 곳의 실수에서 시작됨을 말한 것이다. 그러므로 千里의 어
그러짐이 털끝 만한 것에서 잘못되는 것이다. 그러나 또한 세미한 곳의 差失은 심
히 작게 여겨도 될 듯한데, 무슨 연고로 곧 天地가 변란하며 三綱이 없어지고 九法
이 무너짐에 이르는가? 이는 자못 빈말로 해석하기가 어렵다. 모름지기 人情과 事
變을 많이 겪어서 익숙하여야 비로소 이 不敬의 해로움이 분명해서 늠름하여 심히
두려워할 만함을 알 수 있다. 그러나 이치가 밝고 의리가 정밀한 자가 아니면 또한
발명하여 이에 이르지 못하니, 참으로 자신에게 절실하게 경계해서 사람들을 구제
하여 夷狄과 禽獸로 돌아감에 빠짐을 면하게 하였다고 이를 만하다."

---

14) 〔刊補〕北溪陳氏曰條 : 살펴보건대 마음은 萬理의 根源이고 萬事의 綱紀이다. 그러
므로 天地가 運行하는 所以와 三綱과 九法이 維持되는 所以가 모두 이 마음이 主宰
하고 運用하는 것이다. 만약 念慮의 은미함과 事爲의 세미함에 있어 조금이라도 不
敬함이 있으면 털끝 만한 사이에 이른바 維持되고 裁成輔相하는 綱紀가 자기도 모
르게 잘못될 것이며, 조금이라도 잘못되기만 하면 理致에 어긋나고 道理를 해칠 것
이다. 이것이 곧 '하늘과 땅이 뒤바뀌고 三綱이 없어지고 九法이 무너진다'는 것이
니, 過惡이 겉으로 드러나기를 기다리지 않고 이미 큰 병을 이룬다. 陳氏의 말은
진실로 경계가 되고 절실한 부분이 많으나 朱子의 본뜻과는 조금 다른 듯하다.

○ 問敬齋箴後面에 少些從容不迫之意하니 欲先生添數語하노이다 曰 如何解
迫切¹⁵⁾고 今未曾下手하야 便要從容不迫하니 却無此理라 除非¹⁶⁾那人이 做工
夫大段迫切然後에 勸他勿迫이니 如人相戰에 未曾交鋒하야 便要引退하며 今
未曾做工夫어늘 便要開後門¹⁷⁾然하니 亦不解迫切¹⁸⁾이라 只是不曾做니 做著
時엔 不患其迫切이니라 某는 但常覺得寬緩底意思多耳로라

    "〈敬齋箴〉의 後面에 從容하여 迫切하지 않은 뜻이 조금 부족한 듯하니, 先生
께서 몇 말씀 보태주시기를 바랍니다." 하고 묻자, 朱子가 말씀하였다.
    "어찌 박절함을 아는가.(느낀단 말인가) 지금 일찍이 착수하기도 전에 곧 從
容하여 박절하지 않으려고 하니, 절대로 이러한 이치는 없다. 이 말 저 말 할
것 없이 어떤 사람이 공부를 할 때에 대단히 박절하게 한 뒤에야 그에게 '박절
하게 하지 말라'고 권할 수 있으니, 마치 사람이 서로 싸움에 일찍이 칼날을 대
기도 전에 곧 이끌고 후퇴하려는 것과 같으며, 이제 일찍이 공부를 하지 않고
서 곧바로 뒷문을 열고 도망하려 하는 것과 같으니, 또한 박절함을 알지 못하
겠다. 다만 일찍이 〈공부를〉 하지 않았기 때문이니, 공부를 할 때에는 박절함을
근심하지 않는다. 나는 다만 항상 관대하고 완만하게 하는 의사가 많음을 깨달
을 뿐이다."

○ 勉齋黃氏曰 此箴은 是從粗說入精하고 從淺入深이니라 又曰 動靜不違,
表裏交正은 是一篇綱領이니라

    勉齋黃氏가 말하였다.
    "이 箴은 바로 거친 곳부터 말하여 精한 곳으로 들어가고 얕은 곳에서 깊은
곳으로 들어갔다."
    또 말하였다.
    "'動하고 靜함에 어기지 말고 겉과 속을 서로 바르게 하라'는 것은 바로 이

---

15) 〔釋疑〕如何解迫切 : '어찌 박절함을 알리오' 라는 뜻이다.
16) 〔譯註〕除非 : '是非를 덜고' 라는 뜻으로 除是, 除是非와 같다.
17) 〔釋疑〕開後門 : 공부를 할 적에 일찍이 대단히 切迫하게 한 적이 없으면서 먼저
    從容(여유 있음)하여 절박하지 않으려고 하면 비유하건대 남과 싸울 적에 일찍이
    서로 대항하기도 전에 뒷문을 열고 退走하는 것과 같은 것이다.
18) 〔釋疑〕不解迫切 : 박절한 줄을 알지 못한다는 뜻이다.

한 편의 綱領이다."

○ 西山眞氏曰 敬之爲義 至是하야 無復餘蘊하니 有志於聖學者는 宜熟復之니라

西山眞氏가 말하였다.

"敬의 뜻이 이에 이르러 다시는 남은 것이 없으니, 聖學에 뜻이 있는 자는 마땅히 익숙히 반복하여야 할 것이다."

○ 臨川吳氏曰[19] 敬齋箴은 凡十章이니 章四句라 其一은 言靜無違요 其二는 言動無違요 其三은 言表之正이요 其四는 言裏之正이요 其五는 言心之正而達於事요 其六은 言事之主一而本於心이요 其七은 總前六章이요 其八은 言心不能無適之病이요 其九는 言事不能主一之病이요 其十은 總結一篇하니 其言持敬工夫 周且悉矣로다

臨川吳氏가 말하였다.

"〈敬齋箴〉은 모두 10章인데 章마다 4句로 되어 있다. 一章은 靜할 때에 어김이 없음을 말하였고, 2章은 動할 때에 어김이 없음을 말하였고, 3章은 겉이 바름을 말하였고, 4章은 속(마음)이 바름을 말하였고, 5章은 마음이 바루어져 일에까지 도달함을 말하였고, 6章은 일에 하나를 주장함이 마음에 근본함을 말하였고, 7章은 앞의 여섯 章을 총괄하였고, 8章은 마음이 감이 없지 못한 병통을 말하였고, 9章은 일에 하나를 주장하지 못하는 병통을 말하였고, 10章은 한 篇을 총괄하여 끝맺었으니, 持敬공부를 말한 것이 두루 하면서도 다하였다."

---

19) 〔刊補〕臨川吳氏曰 : 살펴보건대 '主一'과 '無適'을 心과 事로 나누어 각기 하나의 뜻을 이루었으니, 朱子의 본뜻이 아닌 듯하다. 主一·無適과 有間·有差는 단지 橫으로 보고 縱으로 보는 구분이 있을 뿐이다.

36. 求放心齋銘

求放心齋銘曰　天地變化에　其心孔仁이라　成之在我[1]하니　則主于身이라　其主伊何오　神明不測이라　發揮萬變하야　立此人極이라　晷刻放之면　千里其奔이니　非誠曷有며　非敬曷存가　孰放孰求며　孰亡(무)孰有오　詘(屈)伸在臂요　反覆惟手[2]라　防微謹獨이　玆守之常이니　切問近思로　曰惟以相[3]이어다

朱子의 〈求放心齋銘〉에 말하였다.

"天地가 변화함에 이 마음이 매우 仁하다. 仁을 이룸이 자신에게 있으니, 마음은 몸을 주재한다. 그 주재함은 무엇인가? 神明하여 측량할 수가 없다. 만 가지 변화를 발휘하여 이 人極을 세운다. 잠시라도 잃으면 千里로 달아나니, 誠이 아니면 어찌 있으며 敬이 아니면 어찌 보존하겠는가. 무엇이 잃는 것이고 무엇이 찾는 것이며, 무엇이 없는 것이고 무엇이 있는 것인가? 屈伸함이 팔뚝에 있고 反覆(번복)함이 손에 있는 것과 같다. 은미함을 막고 홀로를 삼감이 지킴의 떳떳한 법이니, 간절히 묻고 가까이 생각함으로써 도울지어다."

---

1) 〔刊補〕成之在我 : 살펴보건대 《周易》 〈繫辭傳 上〉에 "갖추어 있음은 性이다.〔成之者性〕" 하였으니, 이는 天地의 매우 仁한 마음이 나에게 부여되어 하나의 物事를 이루어 몸 안에 있다는 말이다.

2) 〔刊補〕詘(屈)伸在臂 反覆惟手 : 살펴보건대 마음이 스스로 잃고 스스로 찾음은 비유하면 팔뚝이 스스로 굽히고 스스로 펴며, 손이 스스로 젖히고 스스로 엎는 것과 같다는 말이다.

3) 〔釋疑〕曰惟以相 : 相字 아래에 之字가 있다.

【附註】

○ 朱子自序云 爲程正思[4]作이니라

　朱子의 自序에 "程正思를 위하여 지었다." 하였다.

【按】正思의 名은 端蒙이니 新安人으로 遷番(鄱)陽하여 從學朱子하니 所著有小學字訓諸書하니라

　正思의 이름은 端蒙이니 新安 사람으로 鄱(파)陽으로 이사하여 朱子를 따라 배웠는데, 저서로는 《小學字訓》 등의 여러 책이 있다.

○ 朱子謂學者曰 自古無放心底聖賢이라 一念之微에 所當深謹이니 心不專靜純一이라 故思慮不精明하나니 要須養得此心하야 虛明專靜하야 使道理從此流出이라야 乃善이니라

　朱子가 배우는 자들에게 말씀하였다.
　"예로부터 放心한 聖賢은 없었다. 작은 한 생각을 마땅히 깊이 삼가야 할 것이니, 마음이 專靜하고 純一하지 못하기 때문에 思慮가 정밀하고 밝지 못한 것이다. 모름지기 이 마음을 수양하여 虛明하고 專靜하게 해서 道理로 하여금 여기에서 흘러나오게 하여야 善한 것이다."

○ 與呂子約書曰 孟子言學問之道 惟在求其放心이요 而程子亦言 心要在腔子裏어늘 今一向耽著文字하야 令此心全體로 都奔在冊子上하고 更不知有己면 便是箇無知覺不識痛癢之人이니 雖讀得書라도 亦何益於吾事邪아

　呂子約(呂祖儉)에게 준 편지에 다음과 같이 말씀하였다.
　"孟子는 學問의 道가 오직 放心을 찾음에 있다고 말씀하였고, 程子 또한 마음이 腔子 속에 있어야 한다고 말씀하였는데, 이제 한결같이 文字를 즐겨서 이 마음의 全體로 하여금 모두 달려가 冊子의 위에 있게 하고 다시는 자신이 있음을 알지 못한다면 이는 곧 知覺이 없어 아픔과 가려움을 모르는 사람이니, 비록 책을 읽더라도 또한 우리의 일에 무슨 유익함이 있겠는가."

---

4) 〔刊補〕程正思 : 뜻을 독실히 하여 道를 구하였으나, 일찍 죽었다. ○ 살펴보건대 饒州 德興 사람으로 朱子가 그의 墓表를 지었다.

○ 答何叔京書曰 因良心發見之微하야 猛省提撕하야 使心不昧면 則是做工夫底本領⁵⁾이니 本領旣立이면 自然下學而上達矣어니와 若不察於良心發見處면 卽渺渺茫茫하야 無下手處也리라 多識前言往行⁶⁾은 固君子之所急이니 某向來所見도 亦是如此러니 近因反求하야 未得箇安穩處하야 却始知此未免支離라 如所謂因諸公⁷⁾하야 以求程氏하고 因程氏하야 以求聖人은 是隔幾重公案⁸⁾고 曷若默會諸心하야 以立其本하야 而其言⁹⁾之得失이 自不能逃吾之鑒邪아

何叔京에게 답한 편지에 다음과 같이 말씀하였다.

"良心의 發現함이 미미하므로 맹렬히 살피고 일깨워서 마음을 어둡지 않게 하면 이것이 공부하는 本領이니, 本領이 이미 확립되면 자연 아래로 人事를 배우면서 위로 天理를 통달할 것이다. 만약 良心의 發現하는 곳에 살피지 못한다면 아득하고 망망하여 착수할 곳이 없을 것이다. 先賢의 훌륭한 말씀과 행실을 많이 아는 것은 진실로 君子가 시급하게 여기는 바이니, 나도 그 동안 소견이 역시 이와 같았는데, 근래에 돌이켜 찾아 安穩한 곳을 얻지 못함으로 인하여, 비로소 이것이 지리함을 면치 못한다는 것을 알게 되었다. 예컨대 이른바 '諸公으로 인하여 程氏를 찾고 程氏로 인하여 聖人을 찾는다'는 것은 이 몇 겹이나 막혀 있는 公案인가. 어찌 묵묵히 마음속에 이해하여 근본을 세워서 말의 得失이 자연 나의 거울을 도피하지 못하게 하는 것만 하겠는가."

---

5) 〔刊補〕因良心發見之微 …… 則是做工夫底本領 : 이는 朱子의 初年說이다.

6) 〔釋疑〕多識前言往行 : 《周易》〈大畜卦〉에 보이니, 何叔京이 인용하였으므로 말한 것이다. 〔刊補〕《周易》〈大畜卦 象傳〉에 "하늘이 산 가운데 있는 것이 大畜이니, 군자가 보고서 옛 聖賢들의 말씀과 훌륭한 행실을 많이 알아 德을 쌓는다.〔天在山中大畜 君子以 多識前言往行 以畜其德〕" 하였는데, 이것을 何叔京이 인용한 것이다.

7) 〔釋疑〕所謂因諸公 : 所謂는 何叔京이 말한 것이다. 諸公은 당시에 묻고 배우던 諸公을 가리킨 것이나 누구인지는 자세하지 않다. 〔刊補〕所謂는 何叔京이 말한 것이고, 諸公은 그 당시 性理學을 하는 諸公들을 가리키나 자세하지 않다. ○ 程門의 諸公인 듯하다.

8) 〔釋疑〕公案 : 公家(국가)의 문서로 守令이 監司에게 보고하고 監司가 조정에 보고하는 문서와 같은 따위이다.

9) 〔釋疑〕其言 : 程氏와 聖賢의 말이다.

○ 勉齋黃氏曰 心者는 神明之舍니 虛靈洞徹하야 具衆理而應萬物者也라 然
耳目口鼻之欲과 喜怒哀樂之私 皆足以爲吾心之累也라 此心이 一爲物欲所
累면 則奔逸流蕩하야 失其至{正}理[10]하야 而無所不至矣라 是以로 古之聖賢
이 戰戰兢兢하야 靜存動察하고 如履淵冰하고 如奉槃水하야 不使此心少有所
放하시니 則成性存存[11]而道義行矣라 此孟子求放心之一語 所以警學者之意
切矣니라 自秦漢以來로 學者所習이 不曰詞章之富면 則曰記問之博也니 視
古人存心之學하면 爲何事哉아 及周程이 倡明聖學하야 以繼孟子不傳之緖라
故其所以誨門人者 尤先於持敬하시니 敬則此心自存이니 而所以求放心之要
旨歟인저

勉齋黃氏가 말하였다.

"마음은 神明의 집이니, 虛靈하고 洞徹(밝게 통함)하여 온갖 이치를 갖추고
萬物에 응하는 것이다. 그러나 耳目口鼻의 욕망과 喜怒哀樂의 사사로움이 모두
나의 마음에 누가 될 수 있다. 이 마음이 한 번(조금)이라도 物慾에 얽매임을
당하면 奔逸하고(달려가고) 流蕩하여 올바른 이치를 잃어서 못하는 짓이 없을
것이다. 이 때문에 옛 聖賢들은 戰戰하고 兢兢하여 靜할 때에는 보존하고 動할
때에는 살펴서 깊은 못에 임한 듯이 살얼음을 밟는 듯이 조심하고 쟁반의 물을
받들 듯이 공경하여 이 마음으로 하여금 조금이라도 잃는 바가 없게 한 것이
니, 이렇게 하면 이룬 性을 보존하고 보존하여 道義가 행해질 것이다. 이는 孟
子의 '放心을 찾으라'는 한 말씀이 배우는 자들을 경계하신 뜻이 간절한 것이
다. 秦·漢 이래로 배우는 자들은 익히는 바가 詞章의 풍부함이 아니면 記問의
該博함이니, 古人의 마음을 보존한 학문에 비한다면 무슨 일이 되는가? 그러다
가 周子와 程子에 이르러 聖學을 倡明해서 孟子 이후 전하지 않던 실마리(전
통)를 이었다. 그러므로 門人을 가르침에 더욱 持敬을 우선하였으니, 敬하면 이
마음이 저절로 보존되는 바, 이것이 放心을 찾는 要旨일 것이다."

---

10) 〔刊補〕至理 : '正理'로 써야 할 듯하다.

11) 〔釋疑〕成性存存 : 《周易》〈繫辭傳〉에 보인다. 그 註에 "成性은 본래 이루어진 性
　　이요, 存存은 보존하고 또 보존함이니, 그치지 않는 뜻이다." 하였다.

37. 尊德性齋銘

尊德性齋銘曰 惟皇上帝 降此下民하시니 何以予之오 曰義與仁이라 維
義與仁은 維帝之則이니 欽斯承斯라도 猶懼弗克이어늘 孰昏且狂하야 苟
賤汗卑오 淫視傾聽하며 惰其四支하야 藝天之明하고 嫚人之紀¹⁾하야 甘
此下流²⁾하니 衆惡之委³⁾라 我其鑒此하야 祇栗厥心하야 有幽其室에 有
赫其臨⁴⁾이라 執玉奉盈하야 須臾顚沛라 任重道悠⁵⁾하니 其敢或怠오

朱子의 〈尊德性齋銘〉에 말씀하였다.

"훌륭하신 上帝가 이 下民을 내리시니, 무엇을 주었는가? 義와 仁이
다. 義와 仁은 上帝의 法則이니, 이것을 공경하고 이것을 받들더라도
오히려 잘하지 못할까 두려운데, 어찌 어둡고 또 미친 짓을 하여 구차
하게 천하고 또 낮게 하는가. 흘겨보고 귀를 기울여 들으며 四肢를 게
을리하여 하늘의 明命을 더럽히고 사람의 倫紀를 함부로 하여 이 下流
로 돌아가는 것을 달게 여기니, 여러 惡이 모여든다. 나는 이것을 거울

---

1) 〔刊補〕人之紀 : 살펴보건대 《書經》〈商書 伊訓〉註에 "人紀는 三綱과 五常이다."
   하였고, 張氏는 "君臣, 父子, 兄弟, 夫婦, 長幼, 朋友間에는 禮義로 서로 맺어져야
   하니, 이를 人紀라 한다." 하였으며, 《禮記》〈禮運〉에는 "禮義를 紀로 삼는다." 하
   였다.

2) 〔釋疑〕甘此下流 : 《論語》〈子張〉에 子貢이 말하기를 "紂의 不善함이 이와 같이
   심하지는 않았다. 이 때문에 君子가 下流에 거하는 것을 싫어하니, 下流에 있으면
   天下의 惡이 모두 돌아온다." 하였다.

3) 〔釋疑〕衆惡之委 : 委는 돌아옴이다.

4) 〔釋疑〕有赫其臨 : 臨은 上帝가 너에게 降臨함을 이른다.

5) 〔釋疑〕任重道悠 : 짐(책임)이 무겁고 갈 길이 먼 것으로, 《論語》〈泰伯〉에 曾子가
   말씀하기를 "仁으로 자기의 임무를 삼으니 책임이 무겁지 않은가. 죽은 뒤에야 끝
   나니 갈 길이 멀지 않은가." 하였으니, 悠는 먼 것이다.

로 삼아서 이 마음을 공경하고 조심하여 그윽한 방에서도 赫然히 임한
듯이 하노라. 玉을 잡은 듯이, 가득한 물을 받들 듯이 조심하여 須臾와
顚沛에도 그대로 지켜야 한다. 책임은 무겁고 갈 길은 머니, 감히 혹시
라도 태만히 할 수 있겠는가."

【附註】

○ 朱子自序云 內弟程允夫[6] 以道問學名齋어늘 予謂當以尊德性易之라한대
允夫請銘일새 因爲作此하니라

　朱子의 自序에 "內弟인 程允夫가 道問學으로 書齋의 이름을 지었기에 나는
'마땅히 尊德性으로 바꾸어야 한다'고 하였더니, 允夫가 銘을 지어줄 것을 청하
므로 인하여 이것을 지었다." 하였다.

【按】 允夫의 名은 洵이니 婺源人이라 從學朱子하니 所著有尊德性齋集이라

　允夫의 이름은 洵이니 婺源 사람이다. 朱子를 따라 배웠으니, 저서로는 《尊德性
齋集》이 있다.

① 朱子曰 尊德性而道問學하며 博我以文하고 約我以禮하야 兩邊做工夫하야
都不偏[7]이니라

─────────

6) 〔釋疑〕內弟程允夫 : 朱子의 祖母는 바로 程允夫의 祖父의 누이이니, 程允夫는 곧
　朱子의 中表弟이다. 〔補註〕中表는 內外從間을 가리키는 바, 程允夫는 朱子의 陳
　外四寸 아우이며 中表弟가 아니다. 또 세속에서 일반적으로 말하는 外家는 外家가
　아니고 內家이므로 內弟라고 표현한 것으로 보인다.
7) 〔譯註〕尊德性而道問學 …… 都不偏 : '博我以文 約我以禮'는 《論語》〈子罕〉에 보
　이는 顏淵의 말로 孔子가 자신을 글로써 博學하게 하고 禮로써 요약하였음을 나
　타낸 것인 바, 보통 博文·約禮로 줄여 쓴다. 尊德性은 存心工夫이고 道問學은 致
　知工夫이며, 博文은 致知工夫이고 約禮는 力行工夫이다. 尊德性의 存心工夫 역시
　力行에 해당한다고 말할 수 있으나 存心은 行에만 그치지 않고 知·行을 모두 포
　함한다. 왜냐하면 存心은 마음을 수양하여 보존하는 것으로 居敬에 해당하는 바,
　이것이 없이는 致知工夫를 제대로 할 수 없기 때문이다. 즉 存心과 致知, 致知와
　力行 중 어느 한쪽에도 치우치지 않고 힘을 다해야 함을 강조한 것이다.

朱子가 말씀하였다.

"德性을 높이면서 問學으로 말미암으며 나를 글로써 넓히고 나를 禮로써 要約하여 두 가지로 공부를 해서 모두 편벽되지 않게 하여야 한다."

【按】朱子平日敎人에 以尊德性道問學二者를 不可有偏重之失이라하시니 其見于言者可考也라 不能盡錄일새 今摭附凡六條[8]하노라

朱子가 평소 사람을 가르칠 적에 尊德性과 道問學 두 가지를 어느 한 가지도 偏重되게 하는 잘못이 있어서는 안 된다고 하셨으니, 말씀에 나타난 것을 상고할 수 있다. 다 기록할 수 없으므로 이제 모두 여섯 조목을 뽑아 붙인다.

② 又曰 若於道理上에 看未精이어든 便須於尊德性上에 用功이요 若德性上에 有不足이어든 便須於講學上著力이니 二者竝行이면 庶互相發明하야 可到廣大輝光之地리라

또 말씀하였다.

"만약 道理上에 봄이 정밀하지 못하거든 모름지기 尊德性上에 공부를 해야 할 것이요, 만약 德性上에 부족함이 있거든 모름지기 講學上에 힘을 써야 할 것이니, 두 가지가 병행되면 거의 서로 발명되어서 광대하고 빛나는 경지에 이를 수 있을 것이다."

③ 又曰 學者工夫 唯在居敬窮理二事하니 此二事互相發이라 能窮理則居敬工夫日益進이요 能居敬則窮理工夫日益密이니라

또 말씀하였다.

"배우는 자의 공부는 오직 居敬(尊德性)과 窮理(道問學) 두 가지 일에 달려 있으니, 이 두 가지 일은 相互 發明된다. 窮理를 하면 居敬공부가 날로 더욱 진전되고 居敬을 하면 窮理공부가 날로 더욱 치밀해진다."

④ 答馮作肅[9]書曰 居敬窮理二者를 不可偏廢니 偏廢則德孤하야 無所利

---

8) 〔譯註〕今摭附凡六條: 六條는 朱子曰條부터 그 아래 '又曰若於道理上'條, '又曰學者工夫'條, '答馮作肅書曰'條, '答孫敬甫書'條, '答王子充書曰'條까지의 여섯 조목을 가리킨다.

矣¹⁰⁾니라

馮作肅(馮允中)에게 답한 편지에 다음과 같이 말씀하였다.

"居敬과 窮理 두 가지를 어느 한 가지도 버려서는 안 되니, 어느 한 가지를 버리면 德이 외로워져서 이로운 바가 없다."

⑤ 答孫敬甫¹¹⁾書曰 程夫子涵養을 必以敬_{이요} 而進學則在致知_{라하시니} 此兩 言者는 如車兩輪_{하고} 如鳥兩翼_{하야} 未有廢其一而可行可飛者也_라 〈世衰道 微_{하야} 異端蜂起_{하야}〉¹²⁾ 其間_에 蓋有全出於異端_{이로되} 而猶不失於爲己者¹³⁾_하 _고 其他¹⁴⁾則皆飾私反理_{하니} 而不足謂之學矣_{니라}

孫敬甫(孫自修)에게 답한 편지에 다음과 같이 말씀하였다.

"程夫子의 '涵養은 반드시 敬으로 하고 학문에 나아감은 致知에 있다'는 이 두 말씀은 수레의 두 바퀴와 같고 새의 양 날개와 같아서, 그 하나를 버리고서 는 갈 수 있고 날 수 있는 것이 있지 않다. 세상이 쇠하고 道가 쇠미해져서 異 端이 蜂起하여, 이 사이에 완전히 異端에서 나왔으나 오히려 爲己之學을 잃지 않는 자가 있고 그 나머지는 모두 사사로움을 꾸미고 道理를 위반하니, 學問이 라고 이를 수 없다."

⑥ 答王子充¹⁵⁾書曰 今日之弊는 務講學者는 多闕於踐履_{하고} 專踐履者는 又 遂以講學爲無益_{이라하니} 殊不知因踐履之實_{하야} 致講學之功_{하야} 使所知益明 _{이면} 則所守日固_{하야} 與彼區區口耳之間者_로 固不可同日語矣_{니라}

王子充(王不著)에게 답한 편지에 다음과 같이 말씀하였다.

"오늘날의 병폐는 講學을 힘쓰는 자는 대부분 踐履에 부족하고 踐履만을 오

---

9)〔釋疑〕馮作肅 : 이름은 允中이다.

10)〔釋疑〕無所利矣 : 위의 〈坤卦六二章〉(敬以直內章)에 자세히 보인다.

11)〔釋疑〕孫敬甫 : 이름은 自修이다.

12)〔刊補〕可飛者也 〈世衰道微 異端蜂起〉:《朱子大全》에는 也字 다음에 '世衰道微 異端蜂起' 여덟 글자가 있다.

13)〔釋疑〕其間 …… 而猶不失於爲己者 : 陸象山(陸九淵)과 같은 따위이다.

14)〔釋疑〕其他 : 異端으로서 爲己의 실제가 없는 자를 이른다.

15)〔釋疑〕王子充 : 이름은 不著이니, 朱子의 門人이다.

로지 하는 자는 또 마침내 講學을 무익하다고 하니, 자못 踐履의 실제로 인하여 講學의 공부를 지극히 해서 아는 바가 더욱 밝아지면 지키는 바가 더욱 견고해져 저 입과 귀의 사이에 구구하게 하는 자와는 진실로 같은 등급으로 말할 수 없음을 알지 못한다."

① 朱子曰 痛理會一番을 如血戰[16]相似然後에 涵養將去라하시고 因自云 某如今에 雖便靜坐라도 道理自見[17]하니 若未能識得이면 涵養箇甚이리오

　　朱子가 말씀하기를 "이치를 통렬히 한 번 살펴 알기를 血戰을 하듯이 한 뒤에야 涵養하여 갈 수 있는 것이다." 하시고는 인하여 스스로 말씀하기를 "내 지금에는 비록 靜坐를 하더라도 道理가 저절로 보이니, 만약 道理를 알지 못한다면 무엇을 涵養하겠는가." 하였다.

　　【按】朱子中歲에 恐學者交修之功不逮하야 而或至於不振하고 且擇善之未精하야 而或流於異學之空虛也라 故於道問學에 爲重하시니 今撫附凡十條[18]하노라

　　朱子는 中年에 배우는 자들이 知·行을 서로 닦는 공부가 미치지 못하여 혹 떨치지 못함에 이를까 두려워하고, 또 擇善을 精하게 하지 못하여 혹 異端의 空虛함에 흐를까 두려워하였다. 그러므로 道問學에 치중하셨으니, 이제 모두 열 조목을 뽑아 붙인다.

② 又曰 萬事在窮理하니 經不正[19], 理不明이면 看如何地持守나 也只是空이니라

　　또 말씀하였다.

---

16)〔釋疑〕血戰:피를 흘리며 서로 싸우듯이 하는 것이다.

17)〔釋疑〕道理自見(현):이미 통렬히 이해하였기 때문에 비록 靜坐를 하여도 이와 같은 것이다.

18)〔譯註〕今撫附凡十條:十條는 '朱子曰痛理會一番'條부터 그 아래 '又曰萬事在窮理'條, '問致知涵養先後'條, '又曰某不敢自昧'條, '答汪太初書'條, '答趙民表書'條, '答劉公度書'條, '答范文叔書'條, '答劉定夫書'條, '答劉季章書'條까지의 열 조목을 가리킨다.

19)〔釋疑〕經不正:《孟子》〈盡心 下〉의 註에 "經은 萬世에 바꿀 수 없는 떳떳한 道이니, 세상이 쇠하고 道가 미미해져서 큰 經道가 바루어지지 못했다." 하였다.

"萬事가 窮理에 달려 있으니, 經道(常道)가 바르지 못하고 이치가 밝지 못하면 아무리 잡아 지키는 것을 보려 하나 단지 空虛할 뿐이다."

③ 問 致知涵養先後한대 曰 須先致知하고 後涵養이니라 問 伊川이 言未有致知而不在敬이라하시니 如何잇고 曰 此是大綱說이니라

致知와 涵養의 先後를 묻자, 대답하기를 "모름지기 먼저 致知를 하고 뒤에 涵養을 하여야 한다." 하였다.

"伊川은 '致知를 하면서 敬에 있지 않은 자는 있지 않다'고 말씀하였으니, 어떻습니까?" 하고 묻자, 대답하기를 "이것은 大綱을 말씀한 것이다." 하였다.

④ 又曰 某不敢自昧[20]하노니 實以銖累寸積[21]而得之로라

또 말씀하였다.

"나는 감히 스스로 昏昧할 수 없으니, 실로 한 푼 한 푼 쌓고 한 치 한 치 쌓아서 얻었노라."

⑤ 答汪太初[22]書曰 嘗聞學之雜者는 似博하고 約者는 似陋[23]라하니 惟先博而後約然後에 能不流於雜而不揜於陋也라 故로 中庸에 明善이 居誠身之前하고 大學에 誠意 在格物之後하니 此聖賢之言의 可考者然也니라

汪太初(汪楚材)에게 답한 편지에 다음과 같이 말씀하였다.

"일찍이 듣건대 '배움이 잡박한 자는 該博한 듯하고 要約한 자는 고루한 듯하다' 하였으니, 먼저 博學을 한 뒤에 要約하여야 잡박함에 흐르지 않고 고루함

---

20) 〔釋疑〕不敢自昧 : 감히 昏廢하지 못한다는 말과 같다.

21) 〔釋疑〕銖累寸積 : 《尙書》의 註에 "천 2백 개의 기장은 그 무게가 12銖이다." 하였다. ○ 銖는 輕重으로 말하였고 寸은 長短으로 말하였다.

22) 〔釋疑〕汪太初 : 이름은 楚材이니, 朱子의 曾祖母인 汪氏와 同姓間이다.

23) 〔刊補〕約者似陋 : 사람들은 陋字의 뜻을 汚(더러움)로만 알고 《韻書》에서 말한 窄(좁음)과 狹(협소함)의 뜻은 모른다. ○ '約者似陋'는 마땅히 '陋者似約'으로 써야 한다. 〔補註〕博과 約은 상대가 되므로 一理있는 주장이라고 생각한다. 즉 학문이 雜駁한 자는 該博한 것처럼 보이고 학문이 固陋한 자는 要約한 것처럼 보임을 말한 것이다.

에 가리지 않을 것이다. 그러므로 《中庸》에 明善이 誠身의 앞에 있고 《大學》에 誠意가 格物의 뒤에 있는 것이니, 이는 聖賢의 말씀 중에 상고할 만한 것이 이러하다."

【按】學은 欲博이요 不欲雜이며 欲約이요 不欲陋는 乃五峯胡氏之言이니라

'學問은 해박하고자 할 것이요 잡되고자 하지 않으며, 要約하고자 할 것이요 固陋하고자 하지 않는다'는 것은 바로 五峯胡氏(胡宏)의 말씀이다.

⑥ 答趙民表²⁴⁾書曰 古人之學은 以致知爲先하니 致知之方은 在乎格物이라 格物云者는 河南夫子所謂或讀書하야 講明義理하고 尙論古人하야 別其是非하고 或應接事物하야 而處其當否 皆格物之事也라 格物知至²⁵⁾면 則行無不力하야 而遇事에 不患其無立矣니라

趙民表에게 답한 편지에 다음과 같이 말씀하였다.

"옛사람의 학문은 致知를 우선으로 하였으니, 致知하는 방법은 格物에 달려 있다. 格物이란 河南夫子(程子)의 이른바 '혹 책을 읽어 義理를 講明하고 위로 古人을 논하여 옳고 그름을 분별하고, 혹 사물을 응접하여 마땅한지 마땅하지 않은지를 처리한다'는 것이 모두 格物의 일이다. 사물의 이치를 궁구하여 지식이 지극해지면 행함에 힘쓰지 않음이 없어서 일을 만남에 성립하지 못함을 걱정할 것이 없다."

⑦ 答劉公度²⁶⁾書曰 天下事物之理와 方冊聖賢之言을 皆須仔細反復究竟이니 至於持守하야는 却無許多事라 若覺得未穩이어든 只有默默加功하야 著力向前耳어늘 今聞廢書不講하고 而反以持守之事로 爲講說之資라하니 是乃兩失其宜라 下梢에 弄得無收殺(쇄)²⁷⁾하야 只成得杜撰捏合²⁸⁾而已니라

---

24) 〔釋疑〕趙民表 : 자세하지 않다.

25) 〔刊補〕格物知至 : '格物'은 '物格'으로 써야 할 듯하다.

26) 〔釋疑〕劉公度 : 이름은 孟容이다.

27) 〔釋疑〕下梢 弄得無收殺(쇄) : 下梢는 末梢와 같고 無收殺(무수쇄)는 沒合殺(몰합쇄)와 같으니, 殺는 의심컨대 語助辭인 듯하다. 〔補註〕末梢는 終末, 終局, 結局이란 말과 같다.

劉公度(劉孟容)에게 답한 편지에 다음과 같이 말씀하였다.

"천하 사물의 이치와 方冊에 있는 聖賢의 말씀을 모두 모름지기 자세히 반복하여 연구하여야 하니, 잡아지킴에 이르러서는 허다한 일이 없다. 일에 만약 온당하지 못함을 깨달았거든 다만 묵묵히 공부를 더하여 힘을 써서 앞을 향해 나아갈 뿐인데, 이제 들으니 책을 폐하여 익히지 않고 도리어 잡아지키는 일을 講說하는 資料로 삼는다 하니, 이는 바로 두 가지 모두 마땅함을 잃는 것이다. 결국에는 희롱하여 거둠이 없어서 단지 杜撰(억지 논리)과 捏合(주워 맞춤)을 이룰 뿐이다."

⑧ 答范文叔²⁹⁾書曰 尹和靖門人이 贊其師云 丕哉라 聖謨六經之編을 耳順心得하야 如誦己言이라하니 要當至此地位라야 始是讀書人耳니라

范文叔(范仲黼)에게 답한 편지에 다음과 같이 말씀하였다.

"尹和靖의 門人들이 그 스승을 칭찬하여 말하기를 '위대한 聖人의 가르침과 六經의 책을 귀로 들으면 순하고 마음에 터득하여 자신의 말을 외우듯이 하였다'하였으니, 요컨대 이러한 경지에 이르러야 비로소 讀書한 사람이라 할 수 있는 것이다."

⑨ 答劉定夫³⁰⁾書曰 要得³¹⁾學者 息却許多狂妄身心³²⁾하고 除却許多閑雜說話하야 著實讀書니 初時에 儘且尋行數墨³³⁾이어니와 久之면 自有見處리라 最怕

---

28) 〔釋疑〕杜撰捏合 : 杜撰은 前人의 말을 막고(무시하고) 자신의 뜻으로 함부로 지어내는 것이다. 혹자는 말하기를 "옛날 杜默이란 사람이 詩를 지을 적에 律(격식)에 맞지 않는 것이 많으니, 당시 일을 말할 적에 格式에 합하지 않는 것을 杜撰이라 했다."한다. 捏은 비틀어 취하는 것이다. ○ 이치를 연구하고 그대로 행하면 이치가 자연 진실한 곳에 모이는데, 지금 劉公度는 이치를 알지 못하고 억지로 자신의 뜻으로 지어내고 附會하여 행하기 때문에 말한 것이다.

29) 〔釋疑〕范文叔 : 이름은 仲黼이니, 朱子의 門人에는 끼지 못하였으나 僞學黨에 들어 있다.

30) 〔釋疑〕劉定夫 : 《朱子大全》에 보이나 이름은 자세하지 않다.

31) 〔釋疑〕要得 : 讀書에까지 해석한다.

32) 〔釋疑〕許多狂妄身心 : 禪學하는 자를 가리켜 말한 것이다.

33) 〔釋疑〕尋行數墨 : 簡冊을 가리켜 말한 것이다. 行間을 찾고 먹으로 쓴 글자를 세는 것이니, 한갓 紙上에 있는 말만 읽고 의미를 깊이 알지 못하는 것이다.

人說學不在書[34]라하야　不務佔畢[35]하고　不專口耳하면　下梢에　說得張皇[36]하야　都無收拾이니　只是一場大脫空[37]이라　直是可惡(오)니라

劉定夫(劉孟容)에게 답한 편지에 다음과 같이 말씀하였다.

"요컨대 배우는 자들은 수많은 狂妄한 心身을 쉬게 하고 허다한 쓸데없고 잡된 말을 제거하여 착실히 책을 읽어야 할 것이니, 처음에는 진실로 책의 行間이나 찾고 글자나 세겠지만 오래되면 자연 보는 곳이 있게 될 것이다. 가장 두려운 것은 사람들이 '학문은 책에 있지 않다'고 말하여 책보는 것을 힘쓰지 않고, 입으로 외며 귀로 듣는 것을 전일하게 하지 않으면 결국(종말)에는 장황하게 말만 하여 전혀 수습함이 없을 것이다. 이렇게 되면 단지 한바탕 크게 공허할 뿐이니, 참으로 미워할 만하다."

⑩　答劉季章[38]書曰　趁此光陰未至晚暮之時하야　做些著實基趾{址}[39]하야　積累將去호되　只將排比章句, 玩索文理底工夫하야　換了許多杜撰計較하야　別尋路脉底心力이라야　須是實有用力處니　久之면　自然心地平夷하고　見理明徹하야　庶幾此學有傳하야　不至虛負平生也리라

劉季章(劉黼)에게 답한 편지에 다음과 같이 말씀하였다.

"光陰(年歲)이 아직 노년 시절에 이르지 않은 이때에 着實한 基址를 만들어 쌓아 나가되 다만 章句를 배열하고 文理를 玩索하는 공부를 가지고 허다한 杜撰과 計較하는 마음을 써서 별도의 路脈을 찾는 心力과 바꾸어야 모름지기 실제로 힘을 쓸 곳이 있을 것이니, 오래하면 자연 心地가 평탄해지고 이치를 봄이 명철해져서 거의 이 학문이 전해짐이 있어 헛되이 평생을 저버리는 데에 이르지 않을 것이다."

---

34)〔刊補〕說學不在書 : 陸象山의 학문을 가리킨다.

35)〔釋疑〕佔畢 : 《禮記》〈學記〉의 註에 "佔은 보는 것이요 畢은 簡冊이다." 하였다.

36)〔釋疑〕張皇 : 鋪張하여 크게 하는 것이다.

37)〔釋疑〕只是一場大脫空 : '오직 한바탕 크게 疎脫하고 空虛하다'는 뜻이다. 또 '한 지위 헛것이다'로 해석하기도 한다.

38)〔釋疑〕劉季章 : 이름은 黼이다.

39)〔釋疑〕基趾 : 趾는 마땅히 土邊을 따라 址로 써야 한다.

① 朱子曰 伊川이 只說一箇主一之謂敬이요 無適之謂一이라하시니 只是如此
요 別更無事라 某向來에 自說得尊德性一邊을 輕了러니 今覺得未是호니 上面
一截⁴⁰⁾이 便是一箇坏子⁴¹⁾라 有這坏子라야 學問之功이 方有措處니라

朱子가 말씀하였다.

"伊川은 다만 '하나를 주장함을 敬이라 이르고 딴 데로 감이 없는 것을 一이
라 이른다'고 말씀하셨으니, 다만 이와 같이 할 뿐이요 별도로 다시 딴 일이 없
다. 나는 그 동안 스스로 말할 적에 尊德性 한 쪽을 가볍게 여겼는데, 이제 옳
지 못함을 깨달았으니, 上面의 一截(尊德性을 가리킴)이 바로 하나의 坏子(본
질)이다. 이 坏子가 있어야 學問의 공부가 비로소 둘 곳이 있게 된다."

【按】朱子晩歲⁴²⁾에 以學者專講說而廢涵養하야 將流於言語文字之陋而不自覺이라
故又於尊德性에 爲重하야 旣爲程允夫作銘하시고 且屢有懲于從遊者하시니 蓋定論也라
故心經에 以是終焉하니 後之學者 誠力於斯而知所歸宿⁴³⁾이면 則德可修, 道可凝하야
而作聖之功을 可幾矣리라 今摭附凡十一{二}條⁴⁴⁾하노라

---

40)〔刊補〕一截 : 一段이란 말과 같다.

41)〔釋疑〕坏子 : 坏(배)는 마땅히 坏가 되어야 하니, 기와를 아직 굽지 않은 것으로
本質을 말한다.

42)〔刊補〕朱子晩歲 : 살펴보건대 篁墩은 朱子가 '尊德性'으로 末學의 폐단을 바로잡
았다고 논하였으니, 또한 좋은 말이다. 다만 篁墩의 생각이 朱子가 末年에 '道問
學'을 완전히 버리고 오로지 '尊德性'만 가지고 공부를 하였다고 여겨서 "이것이
定論이다."라고 말했다면 이것은 크게 옳지 않다. 朱子는 단지 道問學만 하는 폐
단을 바로잡으려 한 것일 뿐이니, 어찌 편중함이 있었겠는가. 여기에 뽑은 12조목
이 모두 朱子의 晩年說이라 하였으나 朱子가 石子重과 程允夫 등에게 답한 편지
는 40세 이전의 것이었으니, 晩年이 되기 전에 폐단을 바로잡은 뜻이 본래 이와
같았던 것이다.

43)〔釋疑〕歸宿 : 끝내 그치고 정할 곳이라고 말하는 것과 같다.

44)〔譯註〕今摭附凡十一{二}條 : 원래는 '十一條'로 표시되어 있으나 모두 12조목이
며, 退溪의 〈心經後論〉에도 "誠有如此註所引十二條之說"이라고 하여 12조목임을
밝혔으므로 이에 의거하여 수정하였다. 十二條는 '朱子曰伊川'條부터 그 아래 '又
曰不尊德性'條, '一日謂諸生曰'條, '葉賀孫問'條, '廖德明問'條, '答項平父書'條,
'答林擇之書'條, '答劉子澄書'條, '又曰近覺向來爲學'條, '答何叔京書'條, '答程允
夫書'條, '答黃直卿書'條까지의 열두 조목을 가리킨다.

朱子는 말년에 배우는 자들이 오로지 講說만 힘쓰고 涵養을 폐하여 장차 言語와 文字의 고루함으로 흘러가는데도 스스로 깨닫지 못한다 하였다. 이 때문에 또 尊德 性에 치중하여 이미 程允夫를 위해 銘을 지으시고 또 여러 번 從遊하는 자들에게 징계하셨으니, 이는 定論이다. 그러므로 《心經》을 이것으로 끝마쳤으니, 후세의 배 우는 자들이 진실로 여기에 힘써서 歸宿할 바를 안다면 德이 닦아지고 道가 응집되 어 聖人이 되는 공부를 거의 기대할 수 있을 것이다. 이제 모두 12조목을 뽑아 붙 였다.

② 又曰 不尊德性이면 則懈怠弛慢矣니 學이 何從而進이리오

또 말씀하였다.
"德性을 높이지 않으면 마음이 해이해지고 태만해지니, 학문이 어디로부터 진전되겠는가."

或人이 請諸經之疑한대 先生旣答之하시고 復曰 今雖盡與公說하고 公盡曉得이라도 不 於自家心地上做工夫면 亦不濟事니라 ○ 又曰 如今理會道理호되 若不識箇頭45)면 都是閑話라 這源頭是甚麼오 只在身己上固有底仁義禮智를 皆廣而充之하야 若火之 始然, 泉之始達이 這箇是源頭라 見得這箇了라야 方可以講學이니 恰如人이 知得合 當行이요 只假借46)聖賢言語하야 作引路47)一般이니라

혹자가 여러 經書의 의심스러운 부분을 묻자, 선생은 이미 답하시고 다시 말씀하 였다.
"지금 비록 公에게 다 말해 주고 공이 다 깨닫는다 하더라도 자신의 心地上에 공 부를 하지 않는다면 또한 일을 이루지 못한다."
○ 또 말씀하였다.
"지금 道理를 이해하되 만약 이 源頭를 알지 못하면 모두 쓸데없는 말이다. 이 源頭는 무엇인가? 다만 자기 身上에 固有한 仁義禮智를 다 넓혀 채워서 불이 처음 타오르듯이 하고 샘물이 처음 나오듯이 하는 것이 바로 이 源頭이다. 이것을 보아

---

45) 〔刊補〕又曰 如今理會道理 若不識箇頭 : 이 한 단락은 李方子를 훈계한 것으로 《朱 子語類》에 보인다. 혹자는 '箇頭'의 頭字 앞에 源字가 있어야 한다고 의심하나, 본문에 무릇 세 번 '箇頭'를 일컬었는데 모두 源字가 없다.

46) 〔刊補〕假借 : 가져온다(빌어오다)는 말과 같다.

47) 〔釋疑〕引路 : 길잡이이다.

야 비로소 講學할 수가 있으니, 마치 사람이 마땅히 행해야 할 것을 알고 다만 聖
賢의 言語를 빌어서 길잡이로 삼는 것과 같다."

③ 一日에 謂諸生曰 某患學者談空說妙[48]하야 姑欲令先通曉文義하야 就文
求意러니 下梢頭[49]에 往往又只守定冊子上言語하니 却看得不切己라 須是將
切己看하야 玩味人心하야 力去行之라야 方有所益이니라

하루는 諸生들에게 말씀하였다.

"나는 배우는 자들이 공허함을 말하고 기묘함을 말하는 것을 걱정하여 우선
먼저 글뜻을 통달하고서 글에 나아가 뜻을 찾게 하고자 하였는데, 결국에는 왕
왕 또 다만 冊子上의 言語만을 지키고 있으니, 도리어 봄이 자신에게 절실하지
않다. 반드시 자신에게 절실한 것을 보아서 玩味하여 마음속에 넣어서 힘써 행
하여야 비로소 유익함이 있을 것이다."

問 平日讀書時에 似亦有所見이라가 旣釋書則別是一般[50]이니 不知病根安在로소이다
曰 此乃不求之於身하고 而專求之於書라 固應如此니라 古人曰 爲仁由己而由人乎哉
[51]아하니 凡吾身日用之間이 無非道니 書則所以接湊[52]此心耳라 故必先求之於身而後
에 求之於書면 則讀書方有味니라 ○ 問向蒙見敎에 讀書를 須要涵養이요 須要浹洽이
라하시니이다 因言[53]孟子千言萬語 只是論心이니 七篇之書를 如此看[54]이 是涵養工夫否
잇가 曰 某爲見人讀書鹵莽[55]라 所以說讀書를 須當涵養하야 令胸中有所得耳러니 如
吾友所說은 又襯貼[56]一件意思하야 硬要差排[57]하니 看書를 豈是如此리오 又一士友曰

---

48) 〔釋疑〕談空說妙 : 禪學하는 자를 가리켜 말한 것이다.
49) 〔譯註〕下梢頭 : 頭는 上과 같은 뜻으로 별의미가 없는 듯하다.
50) 〔釋疑〕別是一般 : 책과 서로 연관되지 않음을 말한 것이다.
51) 〔譯註〕古人曰 爲仁由己而由人乎哉 :《論語》〈顏淵〉에 보이는 孔子의 말씀이다.
52) 〔刊補〕接湊 : 連接시켜 모으는 뜻이다.
53) 〔釋疑〕因言 : 물은 자가 인하여 말한 것이다.
54) 〔釋疑〕如此看 : 모두 마음을 논한 것으로《孟子》7편을 보는 것이다.
55) 〔釋疑〕鹵莽(노무) : 마음을 쓰지 않는 것이다.
56) 〔釋疑〕襯貼 : 貼은 세속의 이른바 褙貼(배접)이라는 것과 같다. 孟子가 마음을 논
    하지 않은 곳을 억지로 마음을 논했다고 보면 이는 마치 다른 한 물건을 가지고
    이 물건 위에 붙이는 것과 같은 것이다.

先生涵泳之說은 乃杜元凱優而柔之⁵⁸⁾之意로소이다 曰 亦不用如此解說⁵⁹⁾이니 所謂涵泳은 是子細讀書之異名也라 大率與人說話 便是難하니 某只說一箇涵泳이어늘 一人은 硬來⁶⁰⁾差排하고 一人은 硬來解說하니 此是隨語生解하야 支離延蔓이라 少間展轉하면 只是添得多요 說得遠이니 如此讀書면 全不是自做工夫요 全無巴鼻⁶¹⁾리니 可知是使人說學이 是空談이로다

"평소 독서할 때에는 또한 보이는 것이 있는 듯하다가도 이미 책을 놓고 나면 책과 별도가 되어 마찬가지이니, 병통의 근원이 어디에 있는지 모르겠습니다." 하고 묻자, 다음과 같이 말씀하였다.

"이는 바로 자기 몸에서 찾지 않고 오로지 책에서만 찾기 때문에 진실로 이와 같은 것이다. 옛사람이 말하기를 '仁을 함은 자신에게 말미암으니 남에게서 말미암겠는가' 하였다. 무릇 내 몸이 일상생활 하는 사이가 모두 道이니, 책은 이 마음을 붙여 모이게 하는 것일 뿐이다. 그러므로 반드시 먼저 자기 몸에서 찾은 뒤에 책에서 찾아야 하니, 이렇게 하면 책을 읽음에 비로소 맛이 있을 것이다."

○ "지난번 가르침을 받을 적에 '독서는 모름지기 涵養하여야 하고 모름지기 무젖고자 하여야 한다'고 하셨습니다." 하고는 인하여 말하기를 "孟子의 천 마디 만 마디 말씀이 다만 이 마음을 논한 것이니, 《孟子》7篇을 이와 같이 마음을 논한 것으로 보는 것이 함양하는 공부입니까?" 하고 묻자, 다음과 같이 말씀하였다.

---

57) 〔釋疑〕差排 : 사람을 시켜서 어떤 일을 하게 하는 것을 差라 하니, 의심컨대 분부하고 使令한다는 뜻인 듯하다. 《孟子》7편의 글을 모두 이렇게 찾아본다면 이것은 억지로 差排하는 것이다.

58) 〔釋疑〕優而柔之 : 《左傳》의 序文에 "넉넉히 놀아서 江海가 적시는 것과 같고 膏澤이 윤택하게 하는 것과 같다.〔優而柔之 如江海之浸 如膏澤之潤〕" 하였다.〔補註〕축약하여 優柔로 쓰기도 하고 優遊(游)로 쓰기도 한다.

59) 〔釋疑〕如此解說 : 杜元凱(杜預)의 말로 해설하는 것이다.

60) 〔釋疑〕硬來 : 來는 語助辭이다.

61) 〔釋疑〕巴鼻 : '닿을 데', 또는 '잡을 데'로 해석한다. ○ 《語類》에 '沒巴沒鼻'라 하였으니, 漢語(중국어)에 禽獸의 꼬리를 尾巴라 이른다. 그렇다면 巴는 곧 꼬리요 鼻는 곧 머리이니, 이는 머리도 없고 꼬리도 없다는 뜻인 듯하다. 또 一說에는 큰 뱀을 巴라고 한다. 일찍이 보니 中國人들은 큰 뱀을 만났을 때에 작은 회초리를 사용하여 한 번 뱀의 머리를 때리면 뱀이 곧 죽는다. 그러니 이른바 巴鼻라는 것은 요긴하고 절실한 곳을 가리키는 뜻인 듯하다.〔補註〕由來, 根據의 뜻이다.

"내가 사람들이 독서함에 거칠고 소홀한 것을 보았기 때문에 '독서는 모름지기 涵養하여 胸中에 얻는 바가 있게 하여야 한다'고 말한 것이다. 만약 그대의 말과 같다면 또 한 가지 생각을 갖다 붙여서 억지로 差排(지시)하고자 하는 것이니, 책을 보는 것을 어찌 이와 같이 하겠는가."

또 한 士友가 말하기를 "선생의 涵泳에 대한 말씀은 바로 杜元凱(杜預)의 優柔한다는 뜻이겠습니다." 하자, 다음과 같이 말씀하였다.

"또한 이와 같이 해설(설명)한 것이 아니니, 이른바 涵泳이란 것은 자세히 독서함을 일컫는 딴 명칭인 것이다. 대체로 사람들에게 말해주는 것이 어려우니, 나는 다만 한 개의 涵泳을 말했을 뿐인데, 한 사람은 억지로 差排하고 한 사람은 억지로 해설하니, 이는 말에 따라 해석을 만들어내어서 지리하고 산만해지는 것이다. 조금만 展轉하면 다만 보탠 것이 많아지고 말이 고원해지니 이와 같이 독서한다면 전혀 스스로 하는 공부가 아니요, 유래한 곳이 없으니 사람으로 하여금 學問을 말하게 하는 것이 공허한 담론임을 알겠다."

④　葉賀孫이　問　往前承誨에　只就窮理說較多러니　此來엔　如尊德性, 致廣大, 極高明上一截을　數數蒙提警하오니　此意是如何잇고　曰　已前에도　也說了어니와　只是夾雜說[62]이러니　但覺得近日諸公이　去理會窮理工夫多하니　又自漸漸不著身己[63]일새니라

葉賀孫이 "전에 가르침을 받들 적에는 다만 窮理上에 나아가 말씀한 것이 많았는데, 근래에는 尊德性과 致廣大, 極高明 上의 一截을 자주 제기하고 깨우치심을 받사오니, 이 뜻이 어떠합니까?" 하고 묻자, 다음과 같이 말씀하였다.

"이전에도 말했지만 다만 두 가지를 뒤섞어(겸하여) 말했었는데, 단지 근래에는 諸公들이 窮理공부를 이해함이 많으니, 또 스스로 점점 자기 몸에 절실하지 않음을 느꼈기 때문이다."

又曰　今有學者在某門者　其於考理에　非不精當이라　說得來에　置水不漏[64]나　然所爲

---

62) 〔釋疑〕只是夾雜說 : 尊德性과 道問學 두 가지 공부를 겸하여 말한 것이다.

63) 〔釋疑〕不著(착)身己 : 窮理에만 專念하고 尊德性을 하지 않기 때문에 이러한 병통이 있는 것이다.

64) 〔釋疑〕置水不漏 : 치밀함을 말한 것이다.

却顚倒錯繆하야 全然與所知者相反하니 人只管道某不合引他⁶⁵⁾하야 如今被他累⁶⁶⁾라하나니 却不知渠⁶⁷⁾實是理會得이어니 某如何不與他說이리오 然所爲背馳者는 只是不曾在源頭上用力하고 只是徒然耳⁶⁸⁾일새니라

또 말씀하였다.

"지금 나의 門下에서 배우는 자가 이치를 상고함에 정밀하고 마땅하지 않음이 없어서 말을 함에는 물샐 틈이 없지만 행하는 바가 顚倒되고 錯亂하여 전혀 아는 것과 相反된다. 사람들은 다만 내가 門人들을 올바르게 인도하지 않아서 지금에 그들로 인해 累를 입는다고 말하니, 이는 다음과 같은 사실을 알지 못해서이다. '門人들이 실제로 알고 있으니, 내 어찌 그들에게 말해 주지 않겠는가' 그러나 행하는 바가 아는 바와 배치되는 것은 다만 일찍이 源頭上에 힘을 쓰지 않고 다만 헛되기 때문이다."

⑤ 廖德明⁶⁹⁾이 問 今只論涵養하고 却不講究하면 雖能閑邪存誠, 懲忿窒慾이나 至處事差失則奈何잇고 曰 未說到差處라 且如所謂居處恭, 執事敬에 若不恭敬이면 便成放肆⁷⁰⁾라 如此類를 不難知로되 人却放肆不恭敬하나니 如一箇大公至正之路 甚分明이로되 不肯行하고 却尋得一線路⁷¹⁾하야 與自家私意合이어든 便稱是道理라하나니 今人이 每每如此하니라

廖德明이 "지금 다만 마음을 涵養하는 것만 논하고 學問을 講究하지 않는다면 비록 간사함을 막고 誠을 보존하며 성냄을 징계하고 욕심을 막을 수는 있으

---

65) 〔釋疑〕引他 : 門人을 引接하는 것이다.

66) 〔釋疑〕如今被他累 : 先生(朱子) 또한 門人들의 累를 입음을 말한 것이다. 只管道의 뜻이 여기까지이다.

67) 〔釋疑〕却不知渠 : 渠는 門人을 가리키니, 却不知의 뜻은 他說까지이다.

68) 〔釋疑〕只是徒然耳 : 그 理會하는 바가 徒然(空然)함을 말한 것이다.

69) 〔釋疑〕廖德明 : 자는 子晦이니, 朱子의 門人이다.

70) 〔釋疑〕未說到差處 …… 便成放肆 : 廖德明의 뜻은 만약 강구하여 이치를 밝히지 않으면 일을 처리할 때에 착오가 생긴다고 여겼다. 그러므로 이런 질문을 한 것인데, 朱子는 답하기를 "일을 처리할 때에 생기는 착오는 굳이 말할 것이 없고, 예컨대 거처하고 일을 집행할 적에 만약 공경하지 않으면 곧 放肆함을 이루니, 이것은 이미 잘못된 것이다." 라고 한 것이다.

71) 〔釋疑〕一線路 : 한 실오라기 같은 길이니, 작은 길을 이른다.

나 일을 처리함에 이르러 차질이 생기면 어찌합니까?"하고 묻자, 다음과 같이
말씀하였다.

"차질이 생기는 것은 굳이 말할 것이 없다. 우선 이른바 ' 거처함에 공손히
하고 일을 집행함에 공경히 한다'는 것에 만약 공손하고 공경하지 않는다면 곧
방사함을 이룬다. 이와 같은 類를 알기가 어렵지 않은데도 사람들은 방사하여
공손하고 공경하지 않으니, 마치 하나의 大公至正한 길이 매우 분명한데도 그
길로 가려 하지 않고 도리어 작은 한 길을 찾는 것과 같아 자신의 사사로운 뜻
과 부합하면 곧 이것을 道理라고 일컬으니, 지금 사람들은 언제나 이와 같다."

⑥ 答項平父[72)]書曰 所喩曲折及陸國正[73)]語를 三復慄然하야 所警於昏惰者
厚矣라 大抵子思以來敎人之法이 惟以尊德性道問學兩事로 爲用力之要어시
늘 今子靜所說은 專是尊德性事요 而憙平日所論은 却是道問學上多了라 所
以爲彼學者는 多持守可觀이나 而看得義理 全不子細하고 又別說一種杜撰
道理하야 遮盖[74)]하야 不肯放下하고 而憙는 自覺雖於義理上에 不敢亂說이나
却於緊要爲己爲人[75)]上에 多不得力하니 今當反身用力하야 去短集長이면 庶
幾不墮一邊耳니라

項平父(項安世)에게 답한 편지에 말씀하였다.

"말씀해 준 曲折과 陸國正(陸九淵)에 대한 말씀을 세 번 반복하여 읽으니,
마음이 두려워져 어둡고 태만함을 경계함이 많았다. 대저 子思 이래로 사람을
가르치는 방법은 오직 尊德性과 道問學 두 가지 일로 공부하는 요점을 삼았는
데, 지금 陸子靜이 말하는 것은 오로지 尊德性의 일이고 내가 평소에 논한 것
은 道問學上에 말한 것이 많다. 그러므로 저(陸九淵)의 배우는 자들은 잡아 지
키는 것은 볼 만한 것이 많으나 義理를 보는 것은 전혀 자세하지 못하고, 또
별도로 一種의 道理를 꿰어 맞추어 말해서 자신의 행위를 가리고 덮어 놓아버

---

72)〔釋疑〕項平父 : 이름은 安世이다.

73)〔釋疑〕陸國正 : 陸子靜(陸九淵)이 國子學 正이 되었으므로 이렇게 칭한 것이다.

74)〔釋疑〕遮盖 : 道理를 杜撰하여 자신의 소행을 엄폐하는 것이다.

75)〔釋疑〕爲己爲人 : 이는 成己成物(자기를 이루고 남을 이룸)을 이르니, 아랫글에
　　'자신을 그르치고 남을 그르친다'한 것과 '자신을 속이고 남을 속인다'한 것과
　　참고해 보아야 한다.〔補註〕여기에서 말한 爲己爲人은 爲己之學과 爲人之學을 말
　　한 것이 아니요, 단지 자신에게 있어서나 남에게 있어서나의 뜻이다.

리려고 하지 않는다. 그리고 또 나는 스스로 생각해 보니, 비록 義理 上에 있어
서는 감히 어지럽게 말하지 않으나 자신을 위하고 남을 위하는 긴요한 공부에
있어서는 得力하지 못한 것이 많다. 지금 마땅히 자신에게 돌이켜 공부하여 단
점을 버리고 장점을 모은다면 거의 한 쪽으로 떨어지지 않을 것이다."

⑦ 答林擇之[76]書曰 涵養一節은 疑古人이 直自小學中涵養成就라 所以大
學之道 只從格物做起러니 今人은 從前無此工夫하고 但見大學以格物爲先하
야 便欲只以思慮知識求之하고 更不於操存處用力하나니 縱使窺測得十分이라
도 亦無實地可據라 大抵敬字는 是徹上徹下之意요 格物致知는 乃其間節次
進步處니라

　林擇之(林用中)에게 답한 편지에 다음과 같이 말씀하였다.
　"涵養에 관한 한 節은 의심컨대 옛사람들은 곧바로 《小學》 가운데에서 涵養
하여 成就하였을 것이다. 그러므로 《大學》의 道는 다만 格物로부터 시작하였는
데, 지금 사람들은 종전에 이러한 함양공부가 없으면서 다만 《大學》에 格物로
써 우선을 삼은 것을 보고는 다만 思慮와 知識으로 구하려 하고 다시는 操存하
는 곳에 힘을 쓰지 않으니, 비록 十分 살펴보고 헤아린다 하더라도 근거할 만
한 실제가 없다. 대저 敬字는 上下를 통하는 뜻이요, 格物·致知는 그 사이에
차례로 진보하는 곳이다."

⑧ 答劉子澄[77]書曰 日前爲學이 緩於反己하니 追思凡百컨대 多可悔者라 所
論著文字도 亦坐此病하야 多無著(착)實處하니 回首茫然하야 計非歲月功夫의
所能救治라 以此愈不自快로라 前時엔 猶得敬夫, 伯恭이 時惠規益이라 得以
警省이러니 二友云亡하니 耳中에 絶不聞此等이라 今乃深有望於吾子하노니 自
此惠書에 痛加鐫誨[78] 乃君子愛人之意也니라

　劉子澄(劉淸之)에게 답한 편지에 다음과 같이 말씀하였다.
　"日前에는 학문을 한 것이 자신에 돌이킴에 느슨하였으니, 모든 것을 추후에

---

76) 〔釋疑〕林擇之 : 이름은 用中이니 朱子의 門人이다.
77) 〔釋疑〕劉子澄 : 이름은 淸之이고 호는 靜齋이니, 朱子가 《小學》을 편집할 때에 실
　　로 이 일을 주관하였다.
78) 〔釋疑〕鐫誨 : 鐫은 새김이니, 책망하기를 뼈에 새기듯이 함을 말한 것이다.

생각해 보건대 후회할 만한 것이 많다. 論著한 文字도 이런 병통에 걸려 着實하지 못한 부분이 많으니, 돌이켜 봄에 아득하여, 생각해 보건대 일 년이나 몇 달의 공부로 능히 구제할 수 있는 바가 아니다. 이 때문에 더욱 스스로 상쾌하지 못하다. 전에는 그래도 敬夫(張栻)와 伯恭(呂祖謙)이 때때로 바로잡아주어서 경계하고 살필 수 있었는데 두 벗이 죽고 나니, 귀에 전혀 이러한 말을 듣지 못한다. 지금 그대에게 깊이 기대하나니, 이로부터 보내 주는 편지에 통렬히 꾸짖어 가르쳐 주는 것이 바로 君子가 사람을 사랑하는 뜻이다."

⑨ 又曰 近覺向來爲學이 實有向外浮泛之弊하니 不惟自誤요 而誤人亦不少라 方別尋得一頭緒호니 似差簡約端的하니 始知文字言語之外에 眞別有用心處[79]라 恨未得面論也로라

또 말씀하였다.

"근래에 생각해 보니, 向來(그 동안)에 학문한 것이 실로 밖을 향하여 절실하지 않은 폐단이 있었으니, 다만 자신을 그르칠 뿐만 아니라 남을 그르침이 또한 적지 않다. 이제 막 별도로 한 가지 단서를 찾았는데, 조금 간략하면서 분명한 듯하니, 비로소 文字와 言語 이외에 참으로 따로 마음을 쓸 곳이 있음을 알았다. 대면하여 논하지 못함이 한스럽다."

⑩ 答何叔京書曰 若使道를 可以多聞博觀而得인댄 則世之知道者爲不少矣라 某近日因事하야 方有少省發處하니 如鳶飛魚躍을 明道以爲與必有事焉勿正之意同者[80]를 今乃曉然無疑로라 日用之間에 觀此流行之體 初無間斷處하고 有下功夫處하니 乃知日前自誑誑人之罪를 蓋不可勝贖也라 此與守書冊, 泥言語로 全無交涉하니 幸於日用間察之하라 知此則知仁矣리라

何叔京에게 답한 편지에 다음과 같이 말씀하였다.

---

79) 〔釋疑〕眞別有用心處 : 尊德性을 가리킨다.

80) 〔釋疑〕如鳶飛魚躍 明道以爲與必有事焉勿正之意同者 : 솔개가 날고 물고기가 뛰노는 것을 보면 이 이치의 전체가 드러나고 妙用이 분명히 행해짐을 볼 수 있다. 사람이 반드시 일삼음이 있으면서도 효과를 미리 기대하지 아니하여 마음에 잊지 말고 助長하지 않으면 自然의 이치를 따르고 사사로운 마음으로 해치지 않는다. 그러므로 또한 그 實體가 드러나고 妙用이 분명히 행해짐을 볼 수 있는 것이다.

"만약 道를 많이 듣고 널리 보아서 얻을 수 있다면 세상에 道를 아는 자가 적지 않을 것이다. 내가 근래에 일로 인하여 바야흐로 조금 살펴 發明한 것이 있으니, 예컨대 '솔개가 날고 물고기가 뛰논다'는 것을 明道가 '반드시 일삼는 바가 있으면서도 효과를 미리 기대하지 말라'는 뜻과 같다고 하신 것을 지금에야 비로소 환히 깨달아 의심이 없게 되었다. 그리하여 일상생활하는 사이에 이 流行하는 本體가 애당초 間斷하는 곳이 없으며 공부에 下手(착수)할 수 있는 곳이 있음을 보았으니, 마침내 일전에 자신을 속이고 남을 속인 죄를 이루 다 贖罪할 수 없음을 알게 되었다. 이는 書冊을 지키고 言語에 집착하는 것과는 전혀 상관이 없으니, 부디 일상생활 하는 사이에 이것을 살피기 바란다. 이것을 알면 곧 仁을 알게 될 것이다."

又曰 某緣日前無深探力行之志하야 凡所論說이 皆出入口耳之餘라 以故로 全不得力하니 今方覺悟하야 欲勇革舊習이나 而血氣已衰하고 心志亦不復彊하니 不知終能有所濟否也로라

또 말씀하였다.

"내가 日前에는 깊이 탐구하고 힘써 행하는 뜻이 없어 무릇 論說한 것이 모두 입에서 나오고 귀로 들어가는 餘習일 뿐이었다. 이 때문에 전혀 得力하지 못하였는데, 이제야 비로소 깨달아 용감하게 옛 습관을 고치려 하나 血氣가 이미 쇠하고 心志 또한 다시 강하지 못하니, 마침내 이루는 바가 있을지 모르겠다."

⑪ 答程允夫書曰 大槩此事 以涵養本原爲先이요 講論經旨는 特以輔此而已어늘 向來에 泛濫出入하야 無所適從하니 名爲學問이나 而實何有리요 亦可笑耳로다

程允夫에게 답한 편지에 다음과 같이 말씀하였다.

"대개 이 일은 本原을 涵養하는 것을 우선으로 삼고, 經傳의 뜻을 강론함은 다만 이것을 돕는 것일 뿐인데, 그 동안 지나치게 出入해서 주장하여 따르는 바가 없었으니, 명색은 학문을 한다고 하였으나 실제는 무엇이 있겠는가. 또한 가소로울 뿐이다."

⑫ 答黃直卿書[81]曰 爲學은 直是先要立本이니 文義는 却可且與說出正意하야 令其寬心玩味요 未可便令考校同異, 研究纖密이니 恐其意思促迫하야 難

得長進이라 將來見得大意[82]어든 略擧一二節目하야 漸次理會라도 蓋未晩也라 此是向來定本之誤[83]어늘 今幸見得하니 却須勇革이요 不可苟避譏笑[84]하야 却 誤人也니라

黃直卿(黃榦)에게 답한 편지에 다음과 같이 말씀하였다.

"학문을 함은 곧바로 먼저 근본을 세워야 하니 글뜻은 우선 올바른 뜻을 말해 주어서 마음을 너그럽게 하여 玩味하게 할 것이요, 同異를 상고하고 纖密한 것을 연구하게 해서는 안 되니 이렇게 하면 意思가 촉박하여 큰 진전을 얻기 어려울까 두렵다. 장래(미래)에 큰 뜻을 보거든 대략 한두 節目을 들어 점차 이해하더라도 늦지 않을 것이다. 이것이 그 동안의 잘못인데 지금 다행히 발견하였으니, 모름지기 용감하게 고쳐야 할 것이요, 남의 비난과 비웃음을 구차히 피하려 하여 사람을 그르쳐서는 안 될 것이다."

---

81) 〔釋疑〕答黃直卿書 : 黃直卿(黃榦)이 家眷(가솔)들을 이끌고 자기 집으로 돌아가자 제자들이 많이 모였다. 그리하여 마침내 書堂을 열고 강론하였으므로 朱子가 이 편지를 보내어 배우는 자들을 가르치고 경계하게 한 것이다.

82) 〔釋疑〕將來見得大意 : 《朱子大全》에는 意字 아래에 思字가 있다.

83) 〔釋疑〕定本之誤 : 《朱子大全》에는 다만 差誤로 되어 있다. 羅整菴(羅欽順)도 말하기를 "監本에는 다만 向來差誤로 되어 있다." 하였다.

84) 〔釋疑〕苟避譏笑 : 譏笑는 앞뒤가 다르다 하여 기롱하고 비웃음을 이른다. 〔刊補〕사람의 常情은 평소 名望이 있는 자가 예전에 훌륭한 행실이 있다가 뒤에 만약 잘못하면 사람들이 반드시 비난하고 비웃는다. 朱子는 初年에 세상의 배우는 자들이 尊德性 한 쪽에 치우치고 道問學 공부를 알지 못하여 끝내 異端에 빠지는 것을 나쁘게 여겼다. 그러므로 먼저 사람들에게 道問學을 가르쳐서 자세한 이치를 연구하고 同異를 상고하여 점점 尊德性의 學問에 이르게 하니, 천하 사람들이 모두 이것을 信服하였다. 그런데 뒤에 道問學 공부가 너무 지루하고 번거로워 도리어 장차 本領(尊德性)을 버리고 枝葉으로 흐른다는 것을 깨달았다. 그러므로 朱子는 다시 尊德性을 주장하고 道問學으로 이것을 돕게 하고, 말씀하기를 "세상 사람들은 반드시 이 때문에 나를 비난할 것이다. 그러나 비난을 피하려 하여 사람을 그르치는 것은 나의 근본 뜻이 아니다." 하였으니, 이는 朱子의 道德이 훌륭하여 끝내 스스로 겸손하신 부분이다. 지금 세상 사람들은 언제나 자신의 주장을 옳다 하여, 비록 마음속으로 자신의 주장이 잘못되었다는 것을 알더라도 스스로 그르다고 말하지 않으니, 이는 모두 남의 비난과 비웃음을 피하려고 그런 것이다.

北溪陳氏曰 老先生平日敎人에 最喫緊處는 尊德性, 道問學二件工夫를 固不偏廢로
되 而所大段著力處는 却多在道問學上이어늘 江西一派는 却只是厭煩就簡하야 偏在尊
德性上去하니 先生이 蓋深病之하시니라【按】朱子晚年答項平父及林擇之劉子澄何叔
京程允夫黃直卿書에 其言如此어시늘 朱子沒後에 陳氏之言이 如彼하니 則考亭之學이
固不俟一再傳而未免失眞者矣라 宜臨川吳氏 於北溪에 有不能滿焉이니　殆此類也
夫인저

北溪陳氏가 말하였다.

"老先生(朱子)이 평소 사람을 가르칠 적에 가장 긴요하게 여긴 곳은 尊德性과
道問學 두 가지 공부를 진실로 어느 한쪽도 폐하지 않는 것이었는데, 대단하게 힘
을 쓰신 곳은 대부분 道問學上에 있으셨다. 그런데 江西(陸九淵)의 한 學派는 다만
번거로움을 싫어하고 간략함에 나아가려 하여 유독 尊德性 上에만 공부해 가니, 선
생이 이것을 깊이 병통으로 여기셨다."

○【按】朱子가 말년에 項平父, 林擇之, 劉子澄, 何叔京, 程允夫, 黃直卿에게 답한
편지에 그 말씀이 이와 같으셨는데, 朱子가 별세한 뒤에 陳氏의 말이 저와 같으니,
그렇다면 考亭의 學統이 진실로 한두 번 전해지기도 전에 眞面目을 잃음을 면치 못
한 것이다. 臨川吳氏가 北溪陳氏에 대하여 불만족스럽게 여기는 것이 당연하니, 아
마도 이러한 따위 때문이었을 것이다.

○ 勉齋黃氏答李敬子[85])書曰 古先聖賢言學이 無非就身心上用工夫하야 人
心道心, 直內方外 都未說近講學處[86])러니 夫子恐其識見易差하사 於是에 以
博文約禮對言하시니 博文先而約禮後요 博文易而約禮難이어늘 後來學者는 專
務其所易而常憚其所難하니 此道之所以無傳이라 須是如中庸之旨하야 戒懼

---

85)〔釋疑〕李敬子 : 이름은 燔이고 호는 弘齋이니, 朱子의 高弟이다.
86)〔刊補〕古先聖賢言學 …… 都未說近講學處 : 묻기를 "여러 선생들이 모두 博文을
　말하였는데, 黃氏(黃幹)는 '모두 講學에 가까운 것으로 설명하지 않았으며, 또 博
　文과 義以方外는 文字는 다르지만 意味는 실로 같다' 하였습니다. 黃氏가 나누어
　둘로 한 것이 옳습니까?" 하니, 退溪는 답하기를 "黃氏의 이른바 '講學에 가까운
　부분으로 설명하지 않았다'는 것은 孔子 이전의 堯ㆍ舜, 禹ㆍ湯, 文ㆍ武, 周公과 같
　은 여러 聖人들이 모두 講學을 말씀하지 않았음을 가리킨 것이다. 그리고 義以方
　外는 비록 精義에 속하나 行으로써 말한 것이고, 博文은 오로지 知로만 말하였으
　니, 또한 같지 않다." 하였다.

謹獨으로 爲終身事業하야 不可須臾廢요 而講學窮理는 所以求其明且正耳니 若但務學이요 而於身心에 不加意하면 恐全不成學問也로라 人藏其心하야 不可測度이니 欲一以窮之인댄 捨禮면 何以哉[87]리오 詞氣容止之間과 應事接物之際에 察其中理不中理면 十得其七八矣리니 以此律之면 庶不至流而爲口耳之學也리라 嘗觀明道先生이 語謝上蔡云 諸公來此하야 只是學某說話라하야시늘 上蔡請益한대 明道云 且靜坐하라하시니 程門如上蔡는 可謂務實爲己者也로되 明道尙以此箴之하시니 使視今之學者면 則豈不大爲之太息乎아 老矣라 他無所望於世요 只是望得先師之學有傳이라 故不自知其僭越하야 及於此也로라

勉齋黃氏가 李敬子(李燔)에게 답한 편지에 다음과 같이 말하였다.

"옛날 聖賢들이 學問을 말씀한 것은 모두 身心上에 나아가 공부하여 人心과 道心, 敬以直內와 義以方外를 모두 講學에 가까운 부분으로 설명하지 않았는데, 朱夫子가 〈사람들의〉 식견이 잘못되기 쉬울까 두려워하시어 이에 博文과 約禮로 상대하여 말씀하였으니, 博文이 먼저이고 約禮가 뒤이며, 博文이 쉽고 約禮가 어렵다. 후세의 학자들은 쉬운 것만 오로지 힘쓰고 항상 어려운 것을 꺼리니, 이 때문에 道가 전해지지 못한 것이다. 모름지기 《中庸》의 내용과 같이 하여 戒懼와 愼獨으로 평생의 事業을 삼아서 잠시도 버리지 말 것이요, 講學과 窮理는 분명하고 또 바른 것을 구하는 것일 뿐이니, 만약 단지 講學만 힘쓰고 身心에 유념하지 않는다면 전혀 학문을 이루지 못할까 두렵다. 사람들이 마음을 감추고 있어서 측량할 수 없으니, 한 가지로써 다하고자 한다면 禮를 버리고 무엇으로 하겠는가. 말소리와 행동거지의 사이와 사물을 응접하는 사이에 道理에 맞는가 맞지 않는가를 살핀다면 열 가지 중에 일곱 여덟은 얻을 것이니, 이러한 방식으로 다스리면 흘러가서 口耳의 學問이 되지 않을 것이다. 일찍이 明道先生이 謝上蔡에게 말씀한 것을 보니, '諸公들이 이곳에 와서 단지 나

---

87) 〔釋疑〕人藏其心 …… 何以哉 : 《禮記》〈禮運〉의 내용이다. 원하고 싫어하는 마음이 안에 감추어져 있으니, 他人이 어찌 헤아릴 수 있겠는가. 〔刊補〕살펴보건대 《禮記》〈禮運〉에 "사람들이 마음을 감추고 있어서 헤아릴 수가 없으며, 좋고 나쁜 것이 모두 마음속에 있어서 그 빛을 볼 수가 없으니, 한 가지로써 다 하려고 한다면 禮를 버리고 어떻게 하겠는가.〔人藏其心 不可測度也 美惡皆在其心 不見其色也 欲一以窮之 舍禮何以哉〕"하였다. 그 註에 "좋아하고 싫어하는 마음이 안에 감추어져 있으니, 다른 사람이 어떻게 헤아리겠는가. 만약 일일이 연구하여 살피고 알려고 한다면 禮에서 찾지 않으면 안 된다." 하였다.

의 말만 배운다' 하시므로 上蔡가 더 말씀해 줄 것을 청하자 明道께서는 '우선 靜坐하라' 하셨으니, 程子의 문하에 上蔡와 같은 이는 실제를 힘쓰고 자신을 위하는 공부를 한 자라고 이를 만한데도 明道께서 오히려 이로써 경계하셨으니, 만일 지금의 배우는 자들을 보신다면 어찌 크게 탄식하지 않으시겠는가. 나는 이미 늙어서 달리 세상에 바랄 것이 없고 오직 先師(朱子)의 學統이 전해짐이 있기를 바랄 뿐이다. 이 때문에 스스로 참람함을 알지 못하고 이와 같이 말함에 이르게 되었다."

○ 又曰 每念先師以一生辛苦著書하야 惠後學하시니 光明煒燁(위엽)이어늘 而諸生이 莫有能達其旨趣者하고 又復數年에 傳習益訛하니 先師之目이 將不瞑於地下矣시리라

또 말하였다.

"언제나 先師(朱子)께서 일생동안 辛苦하여 책을 지어서 後學들을 가르쳐 주신 것을 생각해 보니, 光明하고 빛나는데도 諸生들은 그 旨趣를 통달한 자가 없고 또 다시 몇 년이 지남에 傳習함이 더욱 잘못되니, 先師의 눈이 장차 지하에서 감기지 못하실 것이다."

○ 果齋李氏[88]曰 洙泗以還에 博文約禮 兩極其至者는 先生一人而已라 先生教人이 規模廣大而科級甚嚴하야 循循有序하야 不容躐等이요 至於切己務實, 辨別義利, 毋自欺, 謹其獨之戒하야는 未嘗不丁寧懇到하야 提耳而極言之러시니 每誦南軒張公의 無所爲而然之語[89]에 必三歎焉하시며 晚見諸生이 繳(교)繞於文義之間하시고 深慮斯道之無傳하야 始頗指示本體하야 使深思而自得之하시니 其望於學者 益切矣로다

果齋李氏(李方子)가 말하였다.

---

88) 〔釋疑〕果齋李氏 : 이름은 方子이고 자는 公晦이니, 朱子의 高弟이다.
89) 〔譯註〕每誦南軒張公 無所爲而然之語 : 無所爲는 '위한 바가 없는 것'으로 南軒 張栻은 일찍이 "위한 바가 없이 하는 것을 義라 하고 위한 바가 있어 하는 것을 利라 한다.〔無所爲而爲之 謂之義 有所爲而爲之 謂之利〕"하였으므로 이 말을 가리킨 것이다. '위한 바가 없이 한다'는 것은 일이나 善行을 할 적에 어떤 목적을 달성하기 위해 하지 않고 오직 직분과 도리를 다할 뿐임을 이른다.

  "洙泗(孔孟) 이후로 博文과 約禮 두 가지를 모두 지극하게 한 자는 선생(朱子) 한 분뿐이다. 선생은 사람을 가르칠 적에 規模가 廣大하고 科級(등급)이 매우 엄격하여 차근차근 순서가 있어서 등급을 건너뛰는 것을 용납하지 않았으며, 몸에 간절히 하고 실제를 힘쓰며 義·利를 변별하고 스스로 속이지 말며 홀로를 삼가라는 경계에 이르러서는 일찍이 丁寧하고 간곡히 하여 귀에 대고 극진히 말씀하지 않음이 없으셨다. 언제나 南軒張公의 '위한 바가 없이 한다'는 말씀을 욀 때에는 반드시 세 번 감탄하셨으며, 말년에 諸生들이 글뜻의 사이에 얽매이는 것을 보시고는 이 道가 전해지지 않을 것을 깊이 우려하시어 비로소 本體를 가리켜 보여주어서 깊이 생각하여 스스로 터득하게 하였으니, 배우는 자들에게 바람이 더욱 간절하다."

○ 慈溪黃氏[90]曰 古者敎人爲學이 以躬行爲本이요 躬行은 以孝弟爲先하고 文則行有餘力而後學之하니 所謂文者는 又禮樂射御書數之謂요 非言語文字之末이러니 今之學者는 乃或反是하니 豈因講造化性命之高遠하야 反忘孝弟謹信[91]之切近乎아 二程先生이 推明周子之說하야 以達於孔孟하시고 由性命而歸之躬行하사 其說이 未嘗不兼擧[92]하시니 後有學者 宜已不待他求어늘 不幸二程旣歿에 門人弟子 多潛移於禪學[93]而不自知하고 雖晦翁先生이사도 初年에 亦幾陷焉[94]이러시니 後始一切反而歸之平實하사 平生用功이 多於論語하시며 平生說論語에 多主孝弟忠信하시고 至其言太極性命等說은 乃因一時行輩儒先의 相與講論而發하시니라 文公旣歿에 其學이 雖盛行이나 學者乃不于其切實而獨于其高遠하야 講學에 捨論語不言而必先大易하고 說論語에 捨孝弟忠信不言而獨講一貫하야 凡皆文公平日之所深戒를 學者乃自偏徇而莫知返하야 入耳出口하야 無關躬行이라 竊嘗譬之컨대 酌水者는 必浚[95]其源하나니 浚其源은 爲酌水計也어늘 反舍(捨)其水而不酌은 何義也며 食實者는 必漑其根하

---

90) 〔釋疑〕慈溪黃氏 : 이름은 震이고 자는 東發이다.

91) 〔譯註〕孝弟謹信 :《論語》〈學而〉의 '入則孝 出則弟 謹而信'을 축약한 것이다.

92) 〔釋疑〕兼擧 : 性命과 躬行을 겸하여 든 것이다.

93) 〔釋疑〕潛移於禪學 : 上蔡(謝良佐)와 龜山(楊時) 같은 여러분들이다.

94) 〔釋疑〕亦幾陷焉 : 朱子도 처음에는 開善禪師 道謙에게 배웠다. 그리하여 스스로 말씀하기를 "내 일찍이 그 사람을 스승으로 삼아 그 道를 높였다." 하였다.

95) 〔刊補〕浚 : 濬(파다)과 같다.

나니 漑其根은 爲食實地也어늘 反棄其實而不食은 何見也며 正躬行者는 必精
性理하나니 精性理는 爲正躬行設也어늘 反置躬行於不問은 何爲邪오 漢唐老
師宿儒는 泥於訓詁하야 多不精義理러니 近世엔 三尺童子 承襲緒餘하야 皆能
言義理나 然能言而不能行하야 反出漢唐諸儒下하니 是不痛省而速反之하면
流弊當何如邪아 竊意儒先講貫已精之餘는 正學者敬信服行之日이니 由儒先
之發明하야 以反求乎孔子之大旨하고 知性命之從來하야 以歸宿於孝弟之實
行이니 又可更求多於言語間哉아

慈溪黃氏(黃震)가 말하였다.

"옛날에 사람을 가르치고 학문을 함은 躬行을 근본으로 삼았고 躬行은 孝悌
를 우선으로 삼았으며, 文은 실행하고 餘力(여가)이 있은 뒤에 배웠으니, 이른
바 文이라는 것은 또 禮·樂·射·御·書·數를 말한 것이요, 言語와 文字의 지엽
적이 것이 아니었는데, 지금의 배우는 자들은 마침내 혹 이와 반대로 하니, 어
찌 造化와 性命의 高遠한 眞理를 강론함으로 인하여 도리어 孝悌와 謹信의 切
近한 道理를 잊는단 말인가. 二程先生이 周子의 말씀을 미루어 밝혀서 孔孟에
도달하시고 性命으로 말미암아 躬行에 돌려서 그 말씀이 일찍이 知·行을 겸하
여 들지 않은 적이 없으셨으니, 후세에 배우는 자들은 마땅히 이미 달리 구할
필요가 없는데, 불행히 二程이 별세하시자 門人 弟子들이 대부분 禪學으로 은
근히 옮겨 가면서도 스스로 알지 못하였고, 비록 晦翁先生께서도 初年에는 또
한 거의 禪學에 빠질 뻔하였다. 그러다가 뒤에 비로소 일체 돌이켜서 平實한
데로 돌아와 평소 공부하신 것이 《論語》에 많았으며, 평소 《論語》를 설명할 적
에 대부분 孝悌忠信을 주장하시고 太極과 性命 등의 말을 설명함에 이르러서는
마침내 한 때의 行輩(동년배)나 先儒들과 서로 더불어 강론함으로 인하여 말씀
하신 것이다. 文公(朱子)이 별세하시자 이 학문이 비록 성행하고 있으나 배우
는 자들이 마침내 절실한 것을 하지 않고 오직 高遠한 것만을 하여서 講學할
적에 《論語》를 버리고 말하지 않고는 반드시 《大易》(周易)을 먼저하고 《論
語》를 말할 때에 孝悌忠信을 버리고 말하지 않고는 오직 一以貫之만을 논하여,
무릇 文公이 평소 깊이 경계하신 것을 배우는 자들이 마침내 스스로 편벽되이
따르고 돌아올 줄을 몰라서 단지 귀에 들어가고 입으로 나와 躬行과 상관이 없
게 한다.

삼가 일찍이 비유하건대 물을 떠서 마시려는 자는 반드시 根源을 깊이 파니,
根源을 깊이 파는 것은 물을 떠서 마시기 위한 계책인데 도리어 그 물을 버리

고 떠서 마시지 않음은 무슨 義(뜻)이며, 열매를 따서 먹으려는 자는 반드시
뿌리에 물을 주니, 뿌리에 물을 주는 것은 열매를 따 먹기 위한 것인데 도리어
그 열매를 버리고 먹지 않음은 무슨 소견이며, 躬行을 바르게 하려는 자는 반
드시 性理를 정밀하게 연구하니, 性理를 정밀하게 연구하는 것은 躬行을 바로
하기 위한 것인데 도리어 躬行을 不問에 내버려 둠은 어째서인가? 漢·唐의 老
師宿儒들은 訓詁에 빠져서 대부분 義理에 정밀하지 못하였는데, 근세에는 三尺
童子도 실마리(전통)를 이어 받아 모두 義理를 잘 말하나 말만 잘하고 행실을
잘하지 못하여 도리어 漢·唐의 여러 儒者들보다 못하니, 이것을 통렬히 반성하
고 속히 되돌리지 않는다면 末流의 弊端이 마땅히 어떠하겠는가. 삼가 생각하
건대 先儒들이 강론하여 꿰뚫기를 이미 정밀하게 한 나머지는 바로 배우는 자
가 공경히 믿고 깊이 생각하여 행하여야 할 때이니, 先儒의 發明으로 말미암아
孔子의 大旨를 되찾고 性命의 所從來를 알아 孝悌의 실제 행실로 歸宿하여야
할 것이니, 또 어찌 다시 言語 사이에 많음을 구할 것이 있겠는가.”

○ 又曰 理有自然이라 本不待言이언마는 夫子有不得已而見於答問者는 亦皆
正爲學者躬行而發이러시니 周程旣歿에 學者談虛하야 以僞易眞하야 是非貿亂[96]
이어늘 文公先生이 於是에 力主知行之說하야 必使先明義理하야 別白是非然
後에 見之躬行이라 可免陷入異端之弊라하시니 此其捄世之心이 甚切하고 析
理之說이 甚精하니 學者因其言之已明하야 正其身之所行이면 爲聖爲賢이 何
所不可리오 顧乃掇拾緖餘하고 增衍浮說하야 徒有終身之議論하고 竟無一日之
躬行하야 甚至借以文奸[97]하고 轉以欺世하야 風俗大壞하야 甚不忍言하니 文公
所以講明之初意 夫豈若是리오 然則吾徒 其可不重加警省而以多言爲能哉아

또 말하였다.

“이치는 저절로 그러함이 있어 본래 말할 필요가 없지만 夫子(孔子)께서 부
득이하여 문답에 나타낸 것이 있으니, 이 또한 모두 바로 배우는 자들의 躬行
을 위하여 말씀하신 것이다. 周子와 程子가 별세하자 배우는 자들이 공허한 것
을 말하여 거짓으로 진실을 바꾸어서 是非가 어지러워졌는데, 文公先生이 이에
知·行의 말씀을 강력히 주장하여 ‘반드시 먼저 義理를 밝혀서 옳고 그름을 분

---

96) 〔釋疑〕是非貿亂 :《韻會》에 “貿는 어지러움이다.” 하였다.
97) 〔釋疑〕文奸 : 간악함을 文飾하는 것이다.

별한 뒤에 躬行에 나타내야 異端에 빠져 들어 가는 병폐를 면할 수 있다'고 말씀하셨다. 이는 세상을 구제하려는 마음이 매우 간절하고 이치를 분석하는 말씀이 매우 정밀하니, 배우는 자가 그 말씀의 분명함으로 인하여 자기 몸의 행하는 바를 바르게 한다면 聖人이 되고 賢人이 됨이 어찌 불가하겠는가. 그런데 도리어 마침내 실마리를 주워 모으고 浮荒한 말을 더 보태어서 한갓 終身토록 의논함만 있고 마침내 단 하루도 躬行함이 없어서 심지어는 〈學問을〉 빌어 간사함을 文飾하고 전전하여 세상을 속여서 풍속이 크게 파괴되어 차마 말할 수 없을 지경에 이르렀으니, 文公이 講明하신 바의 처음 뜻이 어찌 이와 같겠는가. 그렇다면 우리들이 거듭 경계하고 살핌을 가하지 않고 말만 많이 하는 것을 능사로 삼을 수 있겠는가."

○ 臨川吳氏曰 天之所以生人과 人之所以爲人이 以此德性也라 然自聖傳不嗣로 士學靡宗하야 漢唐千餘年間에 董韓二子의 依俙數語 近之[98]로되 而原本은 竟昧昧也라 逮夫周程張邵興하야 始能上通孟氏而爲一이러니 程氏四傳而至朱[99]하여는 文義之精密이 又孟氏以來所未有者어늘 其學徒 往往滯於此而溺其心하나니 夫旣以世儒記誦詞章으로 爲俗學矣어늘 而其爲學이 亦未離乎言語文字之末하니 此則嘉定[100]以後朱門末學之敝(弊)而未有能救之者也라 夫所貴乎聖人之學은 以能全天之所以與我者爾니 天之與我는 德性이 是也라 是爲仁義禮智之根株[101]며 是爲形質血氣之主宰니 舍此而他求면 所學이 何學哉아 假而行如司馬文正公하고 才如諸葛忠武侯라도 亦不免爲習不著

---

98) 〔刊補〕董韓二子 依俙數語近之：살펴보건대 董仲舒의 正誼明道와 韓愈의 〈原道〉 같은 類를 이른다. 〔補註〕正誼明道는 '正其義 不謀其利 明其道 不計其功(의리만 바르게 할 뿐 이익을 도모하지 않으며 道만 밝힐 뿐 공적을 따지지 않음)'을 축약한 것이다. 〈原道〉는 道의 근원을 규명한다는 뜻으로, 이외에도 〈原性〉·〈原毁〉·〈原人〉·〈原鬼〉 등의 篇이 있는 바, 《韓昌黎文集》 권1에 수록되어 있다.

99) 〔譯註〕程氏四傳而至朱：程子는 龜山 楊時에게 傳授하고, 龜山은 豫章 羅從彦에게, 豫章은 延平 李侗에게, 延平은 朱子에게 전수하였으므로 네 번 전수하였다고 말한 것이다.

100) 〔釋疑〕嘉定：宋나라 寧宗의 연호이니, 이는 朱子가 이미 별세한 뒤이다.

101) 〔釋疑〕德性 …… 是爲仁義禮智之根株：仁義禮智는 곧 이른바 德性인데, 지금 德性을 仁義禮智의 뿌리라 하여 마치 두 물건인 것처럼 말하였으니, 의심스럽다.

行不察¹⁰²⁾이라 亦不過爲資器之超於人이니 而謂有得於聖學則未也라 況止於
訓詁之精, 講說之密이 如北溪之陳과 雙峯之饒면 則與彼記誦詞章之俗學으
로 相去何能以寸哉아 聖學이 大明於宋代로되 而踵其後者如此하니 可嘆已라
澄也鑽硏¹⁰³⁾於文義하야 毫分縷析하야 每猶以陳爲未精하고 饒爲未密也라하야
墮此科臼¹⁰⁴⁾中이 垂四十年而始覺其非¹⁰⁵⁾하니 自今以往으로 一日之內에 子
而亥며 一月之內에 朔而晦며 一歲之內에 春而冬하야 常見吾德性之昭昭¹⁰⁶⁾
如天之運轉하고 如日月之往來하야 不使有須臾之間斷이면 則於尊之之道에

---

102)〔刊補〕行如司馬文正公 …… 習不著 行不察：살펴보건대 재주와 행실이 諸葛亮
　　이나 司馬光과 같더라도 단지 外面의 자질구레한 것만을 익히고 행할 뿐, 마음의
　　德性에 있어서는 공부를 할 줄 모르는 까닭에 밝게 알지 못하고 살피지 못하는 病
　　痛이 있음을 말한 것이다.

103)〔釋疑〕鑽硏：鑽은 뚫는 것이고 硏은 가는 것이다.

104)〔釋疑〕科臼：科는 구덩이이고 臼는 절구이니,《周易》〈繫辭傳〉에 "땅을 파서 절
　　구를 만든다." 하였다.〔補註〕後世에는 科臼를 하나로 묶어 함정이나 구덩이 따
　　위를 일컫는 말로 쓰인다.

105)〔刊補〕鑽硏於文義 …… 垂四十年而始覺其非：지금 사람들이 다만 科擧에 올라
　　이익과 祿을 취할 줄만 아니 이것은 굳이 말할 필요가 없으며, 宋나라 말기와 元
　　나라 초기에 朱子學派들의 병폐도 과연 이와 같았다. 그러므로 草廬(吳澄)가 이를
　　매우 걱정하여 이러한 말을 한 것이다. 그러나 草廬는 예전에 이미 글뜻을 연구하
　　는 공부를 많이 하여 자세하게 분석해서 이미 천하의 이치를 환히 알았다. 만일
　　이와 같은데도 오로지 道問學上에 공부를 한다면 이는 편벽된 것이니, 尊德性에
　　중함을 돌린다면 그 뜻이 매우 좋다. 그런데 마침내 이것을 가지고 온 천하 사람
　　들을 거느려 반드시 처음 배우는 선비들로 하여금 모두 道問學의 공부를 버리고
　　편벽되이 尊德性에만 마음을 쓰게 하였다. 그리하여 전혀 講明하는 바가 없으면서
　　하늘의 運行과 같고 日月의 往來과 같음을 보려고 한다면 어찌 사람들을 크게 그
　　르쳐서 禪學으로 빠져들어 가게 하지 않겠는가. 이는 참으로 이른바 '伊蒲塞의 氣
　　味'라는 것이다. 羅整菴(羅欽順)이 王陽明(王守仁)에게 준 편지에 草廬의 이 말의
　　잘못을 자세히 말하였다.

106)〔釋疑〕常見吾德性之昭昭：德性을 한 밝은 물건으로 여긴 듯하니 이미 의심할 만
　　하며, 또 德性이 어찌 볼 수 있는 물건이겠는가. 이는 모두 道家의 '性을 보고 마
　　음을 본다'는 뜻이다.〔刊補〕살펴보건대 吳氏는 德性을 어떤 한 물건이 따로 있
　　는 것이라고 여겨서 항상 마음과 눈의 사이에 분명하게 運轉하는 것을 보는 것처
　　럼 말하였으니, 이는 禪家의 氣味이다. 우리 儒學과는 다르다.

殆庶幾乎_{인저} 於此_에 有未能_{이면} 則問於人_{하고} 學於己_{하야} 而必欲其至_니 若 其用力之方_은 非言之可喩_라 亦味於中庸首章訂頑終篇而自悟[107] 可也_{니라}

臨川吳氏(吳澄)가 말하였다.

"하늘이 사람을 낸 所以와 사람이 사람이 된 所以는 이 德性 때문이다. 그러나 聖人의 전함이 이어지지 않음으로부터 士子들의 學問이 宗主가 없어서 漢·唐 천여 년 사이에 董子(董仲舒)와 韓子(韓愈) 두 분의 依稀(흐릿함)한 몇 마디 말씀이 道에 가까웠으나 本原은 끝내 어두웠다. 그러다가 周子와 程子, 張子

---

107) 〔釋疑〕中庸首章訂頑終篇而自悟 : 《中庸》의 首章에는 맨 먼저 天命의 性을 말하고 뒤이어 戒懼愼獨을 말하였으니, 모두 天理를 보존하고 人欲을 막는 공부이다. 그러므로 인용하여 말한 것이다. 證은 질병의 증세를 살펴서 치료함을 이르고 頑은 어둡고 완악하여 不仁함을 이르니, 證頑이란 不仁한 병을 살펴 다스리는 것이다. 不仁한 사람은 私慾에 굳게 가려서 마음이 돌처럼 완악하니, 證頑 한 편은 天地萬物이 一體인 이치를 미루어 밝혀, 사사로운 마음이 깨끗이 녹아 없어지고 本心이 성대하게 드러나서 남과 내가 간격이 없음에 이르게 하는 것이다. 이렇게 하는 것이 이른바 仁이란 것이니, 이미 〈東銘〉의 註에 대략 보인다. 終篇은 '생존해 있으면 내 순히 하늘을 섬기고 죽으면 내 편안하다〔存吾順事 沒吾寧也〕'는 한 句를 이른다. 事는 하늘을 섬기는 것을 이르니, 德性을 높임은 바로 하늘을 섬기는 일이다. 이 한 句를 朱子는 해석하기를 "仁人의 몸이 생존해 있으면 하늘을 섬길 적에 그 이치를 거스르지 않고 죽으면 편안하여 하늘에 부끄러운 바가 없으니, 이른바 아침에 道를 들으면 저녁에 죽어도 괜찮다〔朝聞道 夕死 可矣〕는 것이요, 내 바름을 얻고 죽는다〔吾得正而斃焉〕는 것이다." 하였다. 〔刊補〕退溪가 許美叔(許箤)에게 답한 편지에 다음과 같이 말씀하였다. "吳公의 뜻이 오직 입으로 말하고 귀로 듣는 병폐를 구제하는 데에 있었다면 朱子의 뜻이 진실로 이와 같으니, 문제될 것이 없다. 그러나 다만 吳公의 뜻은 오로지 禪學으로 천하 사람들을 내몰고자 하여 이 때문에 그 말이 치우치게 尊德性 한 쪽만을 주장한 것이니, 이미 이것을 가릴 수가 없다. 또 吳公 같은 분은 40년 동안 窮理한 뒤에도 오히려 남에게 물음이 없지 못하였으니, 만일 사람마다 窮理를 힘쓰지 않고 곧바로 《中庸》의 首章과 〈訂頑〉의 終篇에 재미를 두어 얻으려고 한다면 어떻게 얻을 수 있겠으며, 또 어떻게 잘못 들어가지 않는 자가 있겠는가. 이는 그 말의 병폐가 비단 '自悟' 두 글자일 뿐만이 아니다." 〔補註〕'아침에 道를 들으면 저녁에 죽어도 좋다'는 말은 《論語》〈里仁〉에 보이며, '내 바름을 얻고 죽는다'는 말은 曾子가 임종시에 한 말씀으로 《禮記》〈檀弓 上〉에 보인다.

와 邵子가 나와서 비로소 위로 孟氏를 통하여 하나가 되었는데, 程氏가 네 번 전수하여 朱子에 이르러서는 글뜻의 정밀함이 또 孟氏 이래로 일찍이 없었던 것이었다. 그런데도 그 學徒들이 왕왕 이에 집착하여 마음을 빠뜨리니,〈朱子는〉이미 世儒(俗儒)들의 記誦詞章을 俗學이라 하였는데 그들이 학문함 역시 지엽적인 언어와 문자에서 벗어나지 못하였으니, 이는 嘉定 이후 朱門 末學의 병폐로 이것을 바로잡은 자가 있지 못하다.

聖人의 학문을 소중히 여기는 까닭은 하늘이 나에게 주신 것을 온전히 하기 위해서일 뿐 이니, ‘하늘이 나에게 주었다’는 것은 德性이 바로 이것이다. 이것이 仁義禮智의 근본이 되며 이것이 形質血氣의 주재가 되니, 이것을 버리고 달리 구한다면 배우는 것이 무슨 배움이겠는가. 가령 행실이 司馬文正公(司馬光)과 같고 재주가 諸葛忠武侯(諸葛亮)와 같더라도 익히면서 밝게 알지 못하고 행하면서 살피지 못함이 됨을 면치 못한다. 또한 資稟과 器局이 보통사람보다 뛰어남에 불과하니, 聖學에 얻음이 있다고 말할 수는 없다. 하물며 訓詁의 정밀함과 講說의 치밀함에 그쳐, 北溪陳氏와 雙峯饒氏와 같다면 저 記誦詞章의 俗學과의 거리가 어찌 한 치나 되겠는가. 聖學이 宋代에 크게 밝아졌는데도 그 뒤를 이은 자가 이와 같으니, 한탄스러울 뿐이다.

나는 글뜻을 깊이 연구하여 세밀하게 나누고 자세하게 분석하면서 매양 陳氏도 정밀하지 못하다 여기고 饒氏도 치밀하지 못하다 여겨 이 科臼(구덩이) 속에 떨어진 지 40년이 되어서야 비로소 그 잘못됨을 깨달았다. 지금 이후로는 하루의 안에 子時부터 亥時까지, 한 달의 안에 초하루부터 그믐까지, 일년의 안에 봄부터 겨울까지 항상 나의 德性이 밝고 밝아 하늘이 運轉(운행)함과 같고 해와 달이 往來함과 같음을 보아서 잠시라도 間斷함이 없게 하려 하니, 이렇게 한다면 이 德性을 공경히 받드는 도리에 거의 가까울 것이다. 이에 능하지 못함이 있으면 남에게 묻고 자신에게 배워서 반드시 이르고자 해야 할 것이니, 힘쓰는 방법으로 말하면 말로 다 형용할 수 있는 것이 아니다.《中庸》의 首章과 訂頑의 마지막 편을 음미하여 스스로 깨달아야 할 것이다.”

【按】學者之弊 非馳心簡捷하야 蕩而爲異學之空虛면 則極意鑽硏하야 流而爲俗學之卑陋하나니 在先哲之時에 已然이온 而況後此三百年之久哉아 勉齋黃氏, 果齋李氏는 親受業考亭而得其傳者로되 其隱憂如此하고 慈溪黃氏, 臨川吳氏는 皆私淑考亭而與聞斯道者로되 其公誦[108]이 又如此하니 則其知之眞, 見之的이 誠若有天相其間하야 而

___
108)〔釋疑〕公誦 : 공공연히 외고 말하는 것이다.

不使斯道之終晦于天下也라 學者於此에 痛心刻骨하야 以朱子爲師하고 以敬爲入道
之要하야 求放心, 尊德性而輔之以學問호되 先之以力行하고 堅之以持守하야 俾空虛
者反就乎平實하고 卑近者上達于高明이면 則聖門全體大用之學이 或庶幾焉이요 而此
經所撮도 亦不爲空言矣리니 有志之士는 願相與勉之어다

배우는 자들의 병폐는 간략하고 빠른 데에 마음을 치달려서 흘러가 空虛한 異學
을 하지 않으면, 뜻을 다하여 〈性命을〉 연구해서 흘러가 비루한 俗學을 하고 마니,
先哲의 시대에도 이미 그러하였는데, 하물며 3백 년이 지난 지금에 있어서이겠는
가. 勉齋黃氏와 果齋李氏는 친히 考亭(朱子)에게 수업하여 傳授를 얻은 자인데도
속으로 걱정함이 이와 같았고, 慈溪黃氏와 臨川吳氏는 모두 考亭에게 私淑하여 이
道를 들은 자인데도 공공연히 말씀함이 이와 같았으니, 그렇다면 그 지식의 참됨과
소견의 분명함이 진실로 하늘이 그 사이에 도와 주어서 이 道로 하여금 끝내 天下
에 어두워지지 않게 한 듯하다. 배우는 자가 이에 대하여 마음을 아파하고 뼈에 새
겨서 朱子를 스승으로 삼고 敬을 道에 들어가는 요점으로 삼아 放心을 찾고 德性을
공경히 받들며 學問으로써 보조하되 먼저 力行을 하고 굳게 잡아 지켜서 공허한 것
으로 하여금 돌아와 平實함에 나아가고 卑近한 것으로 하여금 위로 高明함에 통달
하게 한다면 聖門의 全體 大用의 學問이 혹 거의 가까울 것이요, 이 《心經》에 뽑은
것도 빈말이 되지 않을 것이니, 뜻이 있는 선비들은 부디 서로 더불어 힘쓸지어다.

心經後序

西山先生心政二經이 梓行已久라 然嘗諦觀之하니 心經은 有先生所自贊하야
其出于手訂이 無可疑者어니와 若政經則雖首以經訓이나 而附以漢晉隋唐守令
之事하고 凡先生所歷州郡榜示諭告之文을 亦雜附之하니 乃自名之爲經은 竊
恐未然이라 豈先生이 嘗手錄經史牧民之要하야 備省覽이어늘 而後人이 附會以
成之하야 欲與心經相媲(配)故邪아 或者以心爲體하고 政爲用하야 庶幾成一家
之說이라하니 此尤不然이라 程子曰 心은 一也로되 有指體而言者하고 有指用而
言者라하시고 朱子大學章句에 亦以心之全體大用爲言이어시늘 玆乃獨指心하야
以爲體면 豈非舛之甚邪아 況聖人之政은 必由身而家而國而天下하야 凡制禮
作樂, 修內攘外, 用人理財 皆政之大者어늘 不一及之하고 而規規于民社之
間, 擧措禁戒之蹟하니 誠有不可知者라 故今獨取心經하야 爲附註하고 而政經
은 未暇及焉하노니 以爲誠有得于心學이면 則擧而措之에 無施不宜하리니 其體
備하고 其用周를 有不俟乎他求者矣리라
弘治五年壬子八月朔旦에 敏政은 再書하노라

　西山先生의 《心經》과 《政經》 두 책이 간행된 지 이미 오래이다. 그러나 일찍
이 자세히 살펴보니, 《心經》은 선생이 직접 지은 贊이 있어서 손수 修訂을 거쳐
나온 것임이 의심할 나위가 없으나 《政經》으로 말하면 비록 經傳의 가르침을 앞
에 놓았지만 漢·晉·隋·唐의 守令들의 일을 붙이고 무릇 선생이 역임했던 州郡
에 榜文으로 써 붙이고 諭示했던 글들을 또한 섞어 붙였으니, 마침내 스스로 經
이라고 이름한 것은 적이 옳지 않을 듯하다. 이 어찌 선생이 일찍이 經史 중에
백성을 기르는 요점을 손수 기록하여 보고 살핌에 대비하려 하였는데, 後人들이
附會하여 이루어서 《心經》과 서로 짝하고자 한 까닭이 아니겠는가.

　혹자는 "마음을 體로 삼고 政事를 用으로 삼아 거의 一家의 學說을 이룰 수
있다."고 말하는데, 이는 더욱 옳지 않다. 程子가 말씀하기를 "마음은 하나인데
體를 가리켜 말한 것이 있고 用을 가리켜 말한 것이 있다." 하였으며, 朱子의

《大學章句》에 또한 마음의 全體와 大用을 가지고 말씀하였는데, 이제 마침내 홀로 마음을 가리켜 體라고 한다면 어찌 심히 잘못된 것이 아니겠는가. 하물며 聖人의 정사는 몸으로 말미암아 집에 이르고 나라에 이르고 천하에 이르러서 무릇 禮樂을 제작하며 內治를 닦고 外敵을 물리치며 인재를 등용하고 재정을 관리하는 것이 모두 정사 중에 큰 것인데, 하나도 언급하지 않고 人民·社稷의 사이와 擧措·禁戒의 자취에만 規規(급급)하였으니, 진실로 이해할 수 없는 점이 있다. 그러므로 이제 오직 《心經》만을 취하여 註를 붙였으며, 《政經》은 미칠 여가가 없다. 생각하건대 진실로 心學에 얻음이 있으면 들어서 조처함에 베푸는 곳마다 마땅하지 않음이 없을 것이니, 體가 갖추어지고 用이 완벽함을 달리 구할 필요가 없을 것이다.

弘治 5年(1492) 壬子 8月 초하루에 程敏政은 다시 쓰다

心經附註는　我篁墩先生이　本西山眞文忠公心經하야　爲綱하고　採摭程朱以下
大儒之言의　互有發明者하야　疏於下하니　蓋備忘之書也라　惟道原于天하고　散于
事而具于心하야　古今無一息間하니　自堯舜禹湯文武立法以治天下하고　孔曾思
孟垂教以詔後世하야　更相授受하야　雖若不同이나　大抵教人守道心之正하고　遏
人心之流耳라　中古以來로　在上者는　溺好尙之偏하야　而狃于功利하고　在下者는
各以意之所便爲學하야　而鑿于見聞이라　故心學晦焉이러니　千四百年而濂洛諸
大儒始出하고　曁我文公朱子　廓而著之하야　由是로　心學이　粲然復明於世矣라
西山은　出數君子之後하야　實嗣其傳일새　摭爲此經하니　誠大有功于學者라　第所
摭經語　詞約理備하고　而註亦渾然如經하야　學者未能遽了라　先生이　講授之暇
에　爰輯舊聞하고　折以己見하야　附註其間然後에　操存省察之功과　全體大用之
學이　如指諸掌하니　學者得之豁然하야　冥途之覺이요　醉夢之醒이라　蓋於此에　見
道之在人心하야　不可泯如此라　然非先生析之精而合之大면　惡能與於是哉리오
祚執經門下하야　敬誦之餘에　不敢自私하야　請刻以惠後學, 傳四方하노니　使天
下後世之人으로　曉然知心學之正傳하야　而加存存之功이면　則先生此書　將大
有裨于斯道하리니　豈獨備忘而已哉아　工旣告完에　謹述所聞于先生者하고　併識
歲月於末云이라

弘治壬子十二月望日에　門生歙西沙溪汪祚는　識(지)하노라

《心經附註》는 우리 篁墩先生이 西山 眞文忠公의 《心經》을 근본하여 綱으로 삼
고, 程朱 이하 大儒들의 말씀 중에 서로 發明함이 있는 것을 뽑아 아래에 注疏하
였으니, 備忘(잊음을 대비함)의 책이다. 道는 하늘에 근원하고 일에 흩어져 있으
며 마음속에 갖추어져서 古今에 한 순간도 間斷함이 없으니, 堯·舜·禹·湯·文·
武가 法을 세워 天下를 다스리고 孔子·曾子·子思·孟子가 교훈을 남겨 후세를
가르침으로부터 번갈아 서로 전수하고 받아서 비록 내용이 같지 않은 듯하나 대
체로 사람들로 하여금 道心의 바름을 지키고 人心의 흐름을 막게 한 것이다. 中
古 이래로 위에 있는 자들은 좋아함과 숭상함의 편벽됨에 빠져서 功利에 익숙하
고, 아래에 있는 자들은 각기 자기 마음에 편리한 대로 학문을 해서 보고 듣는
데에 穿鑿하였다. 이 때문에 心學이 어두워졌는데, 1천 4백년이 지나 濂洛의 여
러 大儒가 처음 나오시고 우리 文公 朱子에 이르러 이것을 넓혀 드러내시니, 이
로부터 心學이 찬란하게 세상에 다시 밝혀졌다. 西山은 諸君子의 뒤에 출생하여
실로 그 전통을 이었기에 책을 뽑아 이 《心經》을 만들었으니, 진실로 배우는 자

들에게 큰 공이 있다. 다만 뽑은 經傳의 내용이 말은 간략하나 이치가 구비되고 註釋 또한 완전히 經文과 같아서 배우는 자들이 대번에 알 수가 없었다.

先生(程敏政)은 講하여 傳授하는 여가에 옛날에 들었던 것을 모으고 자신의 소견을 折衷하여 그 사이에 註를 붙이시니, 그런 뒤에야 操存·省察하는 공부와 全體·大用의 학문이 손바닥을 가리키는 것처럼 분명해졌다. 그리하여 배우는 자가 이것을 얻어 환히 알아서 어두운 길을 깨닫고 취한 꿈을 깨게 되었으니, 여기에서 道가 사람의 마음속에 보존되어 있어 없앨 수 없음이 이와 같음을 볼 수 있다. 그러나 先生이 정밀히 분석하고 크게 종합하지 않았다면 어찌 이에 참여할 수 있겠는가. 나는 門下에서 經傳을 잡고 공경히 왼 나머지 감히 이 책을 혼자만이 사사로이 할 수가 없어서 板刻하여 後學들에게 주고 사방에 전할 것을 청하였다. 그리하여 천하 후세의 사람들로 하여금 분명히 心學의 올바른 전통을 알아서 保存하고 保存하는 공부를 가하게 한다면 先生의 이 책이 장차 이 道에 큰 도움이 있을 것이니, 어찌 다만 備忘일 뿐이겠는가. 板刻하는 일이 이미 끝남에 삼가 선생에게 들은 바를 기술하고 아울러 年月을 끝에 적는 바이다.

弘治 壬子年(1492) 12月 보름에 門生인 歙西 沙溪 汪祚는 쓰다.

心經後論

滉少時에 游學漢中할새 始見此書於逆旅而求得之하니 雖中以病廢하야 而有晚悟難成之嘆이나 然而其初感發興起於此事者는 此書之力也라 故平生尊信此書 亦不在四子近思錄之下矣로되 及其每讀至篇末也에 又未嘗不致疑於其間하야 以爲吳氏之爲此說은 何見이며 篁墩之取此條는 何意오 其無乃有欲率天下歸陸氏之意歟아 旣而又自解하야 以爲朱子之學이 大中至正하야 無墮於一偏之弊矣로되 猶自謂有浮泛之失이라하야 力戒門人以收斂著實功夫하시니 自今而遡求之컨대 其從游之士와 私淑之徒 或未能深體此意하야 流而爲口耳之習者 不少하니 二公이 生於其後而任斯道捄流弊之意切하야 不得已而爲此言이리니 是亦朱子之意耳라 亦何傷之有哉리오 所可疑者는 草廬之爲陸學이 當時에 已有其議하고 後世公論이 亦多云云이오 又未知篁墩之爲人與爲學이 畢竟何如耳라 頃者에 橫城趙士敬[1]이 因讀皇明通紀하야 錄示其中篁墩公事實數三條하니 然後에 略知篁墩之爲人與爲學이 乃如此하니 於是에 慨然而嘆하고 怒焉而傷者 累月이로되 而猶不釋也로라 蓋其三條內에 其一은 賣題事也니 而此事梗槩를 曾於孤樹裒談[2]에 見之矣라 公與劉健齊名이러니 而嘗偶言健短於詩하야 健銜之라 此獄之成은 健이 爲之也라하니 滉以爲略賣之事는 稍知自好有廉隅者도 不爲은 而謂以公之賢으로 求古人心學하야 負天下重名而爲之乎아 況彼時에 健이 方入閣用事하니 安知其誣構發劾者 不由於承健風旨而然乎아 其二는 汪循之論에 謂公於勢利二字에 未能擺脫得去라하니 此未知所指爲何事어니와 若果有實事之可指인댄 則是自不免上蔡鸚鵡之譏[3]니 其於心學之傳에 固

---

1) 〔釋疑〕趙士敬 : 이름은 穆이고 호는 月川이니, 文純公 退溪의 門人이다. 〔補註〕橫城은 그의 貫鄕이다.
2) 〔釋疑〕孤樹裒談 : 책 이름이다.
3) 〔譯註〕上蔡鸚鵡之譏 : 上蔡는 謝良佐로, 일찍이 "말만 잘하는 것이 참으로 앵무새와 같다.〔能言 眞如鸚鵡也〕"고 비판하였는 바, 本書 권4〈雞鳴而起章〉에 보인다.

難議爲라 不然이면 吾恐循也 徒見斯人이 曾被賣題之累하고 因以勢利目之也
니 則其事之虛實을 旣未的知라 又安可以是爲斯人之定論乎아 其三則陳建의
論公道一編⁴⁾說也라 其說云 篁墩이 欲彌縫陸學하야 乃取朱陸二家言論早晚
하야 一切顚倒變亂之하야 矯誣朱子하야 以爲早年에 誤疑象山이라가 晚年에 始
悔悟而與象山合이라하니 其誤後學이 甚矣라하야 因爲之著學蔀通辨⁵⁾하야 編年
考訂하야 以究極同異是非之歸云이라 噫라 信斯言也인댄 篁墩이 其果誤矣라 其
爲學이 果有可疑者矣로다 蓋嘗思之호니 朱陸二氏之不同이 非故有意於不同
也라 此儒而彼禪이요 此正而彼邪요 此公平而彼私狠이니 夫如是어늘 安得而相
同耶리오 孔子曰 博學於文이요 約之以禮라하시고 子思曰 尊德性而道問學이라하
시고 孟子曰 博學而詳說之는 將以反說約也라하시니 二者之相須 如車兩輪하고
如鳥兩翼하야 未有廢一而可行可飛者니 此實朱子之說也라 吾儒家法이 本自
如此하니 老先生이 一生從事於斯二者하야 纔覺有一邊偏重이면 卽猛省而痛改
之라 故其見於書尺往復之間者 互有抑揚하니 此乃自用吾法而自相資相捄하야
以趨於大中至正之道耳니 豈初年에 全迷於文義之末이라가 及見象山然後에
始悟而收歸本原乎哉아 余未見道一編하니 未知其爲說如何어니와 然執書名而
揆陳語컨대 其必謂道一而無二라 陸氏는 頓悟而有一하고 朱子는 早二而晚一이
리니 苟如是면 則是陸無資於朱요 而朱反有資於陸矣니 斯不亦謬之甚耶아 昔
에 程允夫欲援蘇而附於程하야 有蘇程之室之語한대 朱子斥之曰 是無異於雜
薰蕕(훈유)冰炭於一器之中이니 欲其芳潔而不汙나 蓋亦難矣라하시니 愚謂篁墩
之欲同二家 殆亦同歸於允夫之見矣라 向使朱子眞有晚同之實이면 則陸氏之
死也에 與人書에 何以嘆其平日大拍頭, 胡叫喚⁶⁾이라가 而遽至此哉⁷⁾며 又何
以憂其說頗行於江湖間하야 損賢者之志而益愚者之過哉아 又象山이 嘗告其
門人曰 朱元晦如泰山喬嶽호되 惟恨其自是己見하야 不肯聽人說話라하니〈不能

---

4)〔釋疑〕道一編：篁墩이 지은 책 이름이다.

5)〔釋疑〕學蔀通辨：책 이름이다.

6)〔釋疑〕大拍頭 胡叫喚：拍은 음악을 연주하는 박자이니, 나무로 만든다. 음악을 연
   주하는 초기에 拍을 쳐서 시작하니, 이른바 拍頭라는 것이다. ○ 이는 陸子靜이
   평소 자신의 학문을 자부하여 사람들과 논쟁할 때에 반드시 기세가 등등하고 큰
   소리로 말해서 忌憚하는 바가 없었다. 그러므로 말한 것이니, 그 拍頭를 크게 하
   고 그 부르짖음을 어지럽게 함을 이른 것이다.

盡記本語요 大意如此라〉是則二氏之平日에 未嘗有一語相許以道同也어늘 而後
人이 欲牽合附會하야 强使之同歸하니 豈可得耶아 其見旣誤면 則其心亦苟라
至以是로 著爲成書하야 將以誤天下後世之人也하니 殊不知已往之跡이 一定
而難易(역)이요 是非之明이 無時而可欺라 其所勤苦而僅就者 適足以見吾心
之罅隙하야 而來天下之譏議하니 由是觀之컨대 賂賣之獄은 雖曰誣陷이나 而勢
利之誚는 恐或有以自召之也니 此滉所以嘆傷累月而猶未釋者也로라 或曰 如
子之言인댄 心經을 其不足尊信乎아 曰 是則不然也라 吾觀是書하니 其經則自
詩書易으로 以及于程朱說하니 皆聖賢大訓也요 其註則由濂洛關閩하야 兼取於
後來諸賢之說하니 無非至言也라 何可以篁墩之失而幷大訓至論하야 不爲尊信
乎아 曰 其他는 固然矣어니와 至於末章之註也하야는 旣以朱子說로 分初晩之異
하고 而以草廬之說로 終焉하니 此正與道一編으로 同一規模議論也어늘 子何譏
斥於道一而反有取於此註耶아 曰 徒務博文而少緩於約禮면 則其弊必至於
口耳之習이라 故朱子於當時에 其憂之戒之之切이 誠有如此註所引十二條之
說이요 其門人之述行狀에 又云 晩見諸生이 繳繞(교요)於文義하시고 始頗指示
本體云云하니 則尊德性以救文義之弊는 非篁墩之說也요 乃朱子之意固然也라
篁墩이 於此에 但不當區區於初晩之分耳라 若其遵朱子之意하고 贊西山之經
하야 註此於篇終하야 欲以捄末學之誤는 實亦至當而不可易也라 況只引朱說
而補以諸儒하야 發明朱說之條하고 未嘗一言及於陸氏之學하야 以爲朱子晩悔
而與此合을 如道一編之所謂乎아 故滉竊以謂今之學者 當知博約兩至는 朱
子之成功이요 二功相益은 吾儒之本法이라 以此讀此經此註요 而不以篁墩道
一編之繆로 參亂於其間이면 則所以爲聖爲賢之功이 端在於此矣리니 其尊之
信之 當如何哉아 許魯齋嘗曰 吾於小學에 敬之如神明하고 尊之如父母라하니
愚於心經에 亦云하노라 惟草廬公之說은 反復硏究에 終有伊蒲塞[8]氣味하니 羅
整菴[9]之論이 得之라 學者當領其意而擇其言하야 同者를 取之하고 不同者를 去
之면 其亦庶乎其可也리라

---

　7) 〔釋疑〕而遽至此哉：朱子가 陸氏의 訃音을 듣고는 門人들을 거느리고 곡하고 이윽
　　고 말씀하기를 "告子가 죽은 것이 애석하다." 하였다. 〔補註〕告子는 孟子 당시의
　　思想家인데, 고집이 세어 자기 말만을 주장한 인물이므로 陸象山을 告子에 비유하
　　여 말한 것이다.

皇明嘉靖四十五年歲丙寅孟秋日에 眞城李滉은 謹書하노라

　내가 젊어서 漢城에 유학할 적에 처음으로 이 책을 旅館에서 보고 구하여 얻었으니, 비록 중간에 병 때문에 포기하여 '늦게 깨달아 이루기 어렵다'는 한탄이 있었으나 처음 이 일(학문하고 수양하는 일)에 感發하고 興起한 것은 이 책의 힘(功)이었다. 그러므로 평소 이 책을 높이고 믿음이 또한 四子(四書)와 《近思錄》보다 못하지 않았는데, 매번 읽다가 篇末에 이르면 또 일찍이 이 사이에 의심이 들지 않은 적이 없어서 생각하기를 "吳氏가 이 말을 한 것은 무슨 소견이며 篁墩이 이 조목을 취한 것은 무슨 뜻인가? 천하 사람들을 데리고 陸氏에게로 돌아가고자 한 뜻이 아니겠는가?" 하였다. 이윽고 또 스스로 해명하여 이르기를 "朱子의 학문이 大中하고 至正하여 한 쪽으로 추락하는 병폐가 없었으나 오히려 스스로 浮泛한 잘못이 있다 하여 門人들에게 收斂하고 着實히 하는 공부로써 강력히 경계하였으니, 지금으로부터 거슬러 올라가 찾아보건대 朱子를 從遊하던 선비와 私淑하던 무리들이 혹 이 뜻을 깊이 체득하지 못하여 흘러 口耳의 익힘을 하는 자가 적지 않았을 것이다. 두 公(吳澄과 程敏政)은 그 후에 태어나 이 道를 자임하고 流弊를 바로잡으려는 뜻이 간절하여 부득이 이러한 말을 하였을 것이니, 이 또한 朱子의 뜻일 뿐이다. 또한 무엇이 나쁠 것이 있겠는가." 하였다.

　〈다만〉 의심스러운 것은 草廬가 陸象山의 學問을 하였다 하여 당시에 이미 이에 대한 비판이 있었고 後世의 公論 또한 많이 이렇게 말하고 있으며, 또 篁墩의 사람됨과 학문이 필경 어떠한지를 알지 못하였다. 그런데 지난번 橫城 趙士敬(趙穆)이 《皇明通紀》를 읽고는 이 가운데 篁墩公에 관한 사실 세 조목을 기록해서 보여주니, 이러한 뒤에야 篁墩의 사람됨과 학문이 마침내 이와 같음을 대략 알게 되었다. 이에 나는 慨然히 한탄하고 失心하여 서글퍼한 지 여러 달이 되었으나 아직도 석연치 못하다.

　그 세 조목 중에 하나는 題目을 팔아먹은 일인데 이 일의 大綱을 일찍이 《孤樹裒談》에서 보았다. 公은 劉健과 명망이 같았는데, 일찍이 우연히 劉健이 詩를 잘하지 못한다고 말하여 劉健이 이것을 원망하였다. 이 獄事가 이루어진 것은 劉

---

8) 〔釋疑〕伊蒲塞 : 《後漢書》〈楚王英傳〉註에 "伊蒲塞는 바로 優婆塞이니, 中國에서는 近住로 번역한다." 하였다. 사람의 戒行을 받아 僧侶가 거주하는 곳과 가까울 만함을 말한 것이니, 세속의 居士라는 말과 같다. 〔補註〕佛敎를 가리켜 말한 것이다.

9) 〔釋疑〕羅整菴 : 이름은 欽順이니, 明나라 사람이다.

健이 만들어 낸 것이라고 하였으니, 내가 생각하건대 뇌물을 받고 제목을 팔아먹는 일은 조금 자신의 명예를 아낄 줄 알아 廉隅(염치)가 있는 자도 하지 않는 것인데, 公의 어짊으로 옛사람의 心學을 찾아 天下의 중한 名望을 지고 있으면서 이러한 짓을 했겠는가. 더구나 그 당시 劉健이 막 黃閣(朝廷)에 들어가 권력을 행사하였으니, 모함하여 탄핵하는 자가 劉健의 風旨를 받들려 하여 그러한 것이 아닌 줄을 어찌 알겠는가.

그리고 두 번째는 汪循의 논평에 "公은 勢利 두 글자에 초탈하지 못했다."고 말하였는데, 이는 무슨 일을 가리킨 것인지 알 수 없으나 만약 과연 가리킬 만한 실제 일이 있었다면 이는 자연 上蔡의 앵무새라는 비난을 면치 못할 것이니, 心學의 傳授에 있어 진실로 의논하기 어렵다. 그렇지 않다면 내가 생각하건대 汪循이 단지 이 사람이 일찍이 제목을 팔아먹었다는 누명을 쓴 것을 보고는 인하여 勢利로 지목한 것일 것이니, 이 일의 虛實을 분명히 알 수 없다. 또 어찌 이것을 가지고 이 분(程敏政)의 定論으로 삼을 수 있겠는가.

세 번째는 陳建이 公의 《道一編》을 논한 내용이다. 그의 말에 "篁墩이 陸象山의 학문을 미봉하고자 하여, 마침내 朱子와 陸象山 두 분의 언론 중에 초년과 말년의 언론을 취하여 일체 이것을 전도하고 변란시켜 朱子를 속여서 초년에는 잘못 陸象山을 의심하였다가 말년에 비로소 뉘우치고 깨달아 陸象山과 부합하였다고 하였으니, 後學을 그르침이 심하다." 하였다. 陳建은 "인하여 《學蔀通辨》과 《編年考訂》을 지어 同異와 是非의 귀결을 연구해서 다했다."고 하였으니, 아! 진실로 이 말 대로라면 篁墩이 과연 잘못하였고 그 학문이 과연 의심할 만한 점이 있는 것이다.

내 일찍이 생각해보니, 朱子와 陸象山 두 사람의 같지 않음은 일부러 같지 않으려는 데에 뜻을 둔 것이 아니다. 이(朱子)는 儒學이요 저(陸象山)는 禪學이며 이는 바르고 저는 간사하며 이는 公平하고 저는 私狠(사사롭고 사나움)하니, 이와 같으면서 어찌 서로 같을 수 있겠는가. 孔子는 "글을 널리 배우고 禮로써 요약하여야 한다." 하였고, 子思는 "德性을 공경하여 받들되 問學으로 말미암아야 한다." 하였고, 孟子는 "널리 배우고 자세히 말하는 것은 장차 돌이켜 요약함을 말하고자 해서이다." 하였으니, '知와 行 두 가지가 서로 필요함은 수레의 두 바퀴와 같고 새의 양 날개와 같아서 하나를 버리고서 갈 수 있고 날 수 있는 것은 있지 않으니' 이것은 실로 朱子의 말씀이다. 우리 儒家의 法이 본래 이와 같으니, 老先生(朱子)은 일생동안 이 두 가지에 종사하여 조금이라도 한쪽으로 편중함이 있음을 깨달으면 즉시 맹렬히 살피고 통렬히 고치셨다. 그러므로 書札이 왕복하는 사이에 나타난 것이 서로 抑揚이 있으니, 이는 바로 우리 儒家의 法을 사용하여 서로 자뢰하고 서로 구원해서 大中至正한 道에 나아간 것일 뿐이니, 어찌 초년에는 지엽적인 글뜻에 완전히 혼미하였다가 陸象山을 만나본 뒤에야 비로소 깨닫고 거두어 本原으로 돌아가셨겠는가.

나는 아직 《道一編》을 보지 못하였으니, 그 말(내용)이 어떠한지는 알 수 없으나 책의 이름을 가지고 陳建의 말을 헤아려 보건대 반드시 '道는 하나요 두 가지가 없다. 陸氏는 頓悟하여 하나를 가졌고 朱子는 초년에는 두 가지였다가 말년에는 하나였다'라고 말하였을 것이니, 만일 이와 같다면 이는 陸象山이 朱子에게 의뢰함이 없고 朱子가 도리어 陸象山에게 의뢰함이 있는 것이니, 이는 심히 잘못된 것이 아니겠는가. 옛날에 程允夫가 蘇東坡를 끌어다 程伊川에게 붙이려고 하여 蘇東坡와 程伊川이 한 집이라는 말을 하자, 朱子는 배척하기를 "이는 薰蕕(향기로운 풀과 악취 나는 풀)와 氷炭(얼음과 숯)을 한 그릇 가운데 뒤섞어 놓는 것과 다름이 없다. 향기롭고 깨끗하여 더럽지 않고자 하나 또한 어렵다." 하였으니, 내가 생각하건대 篁墩이 朱子와 陸象山을 똑같게 하고자 한 것은 아마도 또한 程允夫의 소견에 함께 돌아갈 것이다.

가령 朱子가 참으로 말년에 陸氏와 같아진 실제가 있었다면 陸氏가 죽었을 때에 사람에게 준 편지에 어찌하여 "평일에 머리를 크게 흔들고 어지러이 고함치다가 대번에 이 지경에 이르렀는가." 하고 한탄하셨겠으며, 또 어찌하여 "그 말이 자못 江湖 사이에 유행하여 어진 자의 뜻을 덜고 어리석은 자의 허물을 더한다."고 걱정하셨겠는가. 그리고 陸象山이 일찍이 그 門人에게 말하기를 "朱元晦(朱子)는 〈氣象이〉泰山 喬嶽과 같으나 다만 한스러운 것은 스스로 자신의 견해를 옳다 하여 남의 말을 들으려 하지 않는 것이다." 하였으니, 〈본래의 말을 다 기억하지는 못하고 大意가 이와 같다.〉 이는 두 분이 평소에 일찍이 한 마디 말씀도 道가 같다고 서로 허여한 적이 있지 않았는데, 後人들이 牽强附會하여 억지로 같은 데로 귀결시키고자 한 것이니, 어찌 될 수 있겠는가.

그의 견해가 이미 잘못되면 그 마음 또한 구차하게 된다. 그리하여 심지어는 이것으로 완성된 책을 만들어서 장차 천하 후세의 사람들을 그르치려 하였으니, 已往의 자취가 한 번 정해져 바꾸기 어렵고 是非의 분명함이 속일 때가 없음을 매우 알지 못한 것이다. 부지런히 애써서 겨우 성취한 것이 다만 자신의 마음의 瑕疵를 보여 천하의 비난을 오게 하였을 뿐이니, 이로 말미암아 살펴보건대 뇌물을 받고 제목을 팔았다는 獄事는 비록 誣陷이라 하더라도 勢利의 비난은 혹 자초한 점이 있는 듯하다. 이 때문에 내가 한탄하고 서글퍼한 지 여러 달이 되었는데도 석연치 못한 것이다.

혹자가 말하기를 "그대의 말과 같다면 《心經》은 높이고 믿을 만한 책이 되지 못하는가?" 하기에 다음과 같이 말씀하였다.

"이는 그렇지 않다. 내가 이 책을 보니, 經文은 《詩經》·《書經》·《易經》으로부터 程子와 朱子의 말씀에 이르기까지 모두 聖賢의 큰 가르침이요, 註는 濂洛關閩으로부터 그 뒤 諸賢들의 學說을 겸하여 취하였으니, 모두가 지극한 말씀이다. 어찌 篁墩의 잘못 때문에 聖賢의 큰 가르침과 지극한 의논까지 아울러 높이고 믿지 않을 수 있겠는가."

혹자가 말하기를 "딴 것은 진실로 그렇지만 마지막 章의 註에 있어서는 이미 朱子의 學說을 초년과 말년에 차이가 있는 것으로 구분하고 草廬의 말로 끝마쳤으니, 이는 바로 《道一編》과 동일한 규모이고 의논인데, 그대는 어찌하여 《道一編》은 배척하고 비난하면서 이 註는 취하는가?" 하였다. 이에 나는 다음과 같이 말씀하였다.

"한갓 博文만 힘쓰고 조금이라도 約禮를 늦추면 그 병폐가 반드시 口耳의 익힘에 이른다. 그러므로 朱子가 당시에 간절히 걱정하고 경계하셨으니, 진실로 이 註에 인용한 바 열두 조목의 말과 같은 것이 있으며, 門人들이 지은 行狀에 또 이르기를 "말년에 諸生들이 글뜻에 얽매이는 것을 보시고는 비로소 자못 本體를 가리켜 보여주셨다." 하였으니, 그렇다면 德性을 공경히 받들어 글뜻에 얽매이는 병폐를 바로잡은 것은 篁墩의 말이 아니요 바로 朱子의 뜻이 진실로 그러한 것이다. 篁墩이 이에 있어 다만 초년과 말년을 나눔에 구구해서는 안 될 뿐이다. 그가 朱子의 뜻을 따르고 西山의 經을 도와서 이것을 책의 끝에 附註하여 末學의 잘못을 바로잡고자 한 것은 실로 또한 지극히 마땅하여 바꿀 수 없는 것이다. 더구나 다만 朱子의 말씀을 인용하고 여러 儒者의 學說을 보충하여 朱子가 말씀한 조목을 發明하였고, 일찍이 한 마디도 陸氏의 學問을 언급하여 '朱子가 말년에는 이와 합했다' 하기를 《道一編》에서 말한 바와 같이 한 것이 없음에랴.

그러므로 나는 삼가 말하기를 "지금의 배우는 자들이 마땅히 博文·約禮 두 가지가 지극해야 함은 朱子가 완성해 놓은 功夫요, 두 공부가 서로 유익함은 우리 儒家의 본래 法임을 알아서 이러한 방법으로 이 經과 이 註를 읽고 篁墩의 《道一編》의 잘못을 그 사이에 뒤섞어 어지럽히지 않는다면 聖人이 되고 賢人이 되는 공부가 분명히 여기에 있을 것이니, 그 높이고 믿음이 마땅히 어떠하겠는가. 許魯齋(許衡)가 일찍이 말하기를 '내 《小學》을 공경하기를 神明과 같이 하고 높이기를 父母와 같이 한다' 하였는데, 나는 《心經》에 있어서 또한 이렇게 말하노라. 다만 草廬公의 말은 반복하여 연구해 봄에 끝내 伊蒲塞(佛敎)의 기미가 있으니, 羅整菴(羅欽順)의 의론이 맞는다. 배우는 자가 마땅히 그 뜻을 알고 그 말을 가려서 같은 것은 취하고 같지 않은 것은 버린다면 또한 거의 옳을 것이다."

皇明 嘉靖 45年 丙寅年(1566) 孟秋日에 眞城 李滉은 삼가 쓰다.

【附錄】

題敬齋箴圖後※

※ 〈敬齋箴圖〉는 元나라 초기의 學者인 魯齋 王柏이 朱子의 〈敬齋箴〉을 알기 쉽게 圖式으로 만든 것인데, 이 글은 省齋 柳重敎가 이에 대하여 評한 것이다. 退溪의 〈聖學十圖〉에도 들어 있는 바, 원래는 〈夙興夜寐箴〉과 함께 있었으나 〈敬齋箴圖〉에 관한 것만 실었으며, 뒤에 槐園 李埈의 〈敬齋箴訓義〉를 함께 붙였다.

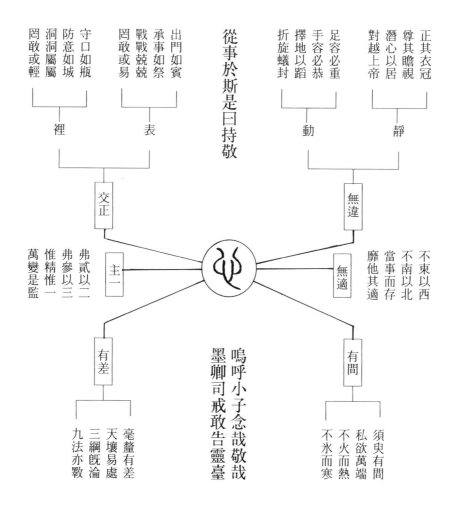

右는 朱子敬齋箴을 金華王魯齋柏作圖니 布排整齊하여 深有助於觀省이라 謹
按箴凡十章에 第一章은 敬之立乎靜也요 第二章은 敬之行乎動也니 此는 以
時分言也라 第三章은 敬之著乎表也요 第四章은 敬之存乎裏也니 此는 以地
頭言也라 第五章, 第六章은 比次述程子所言無適之謂一, 主一之謂敬之意하
야 以承之하야 無時無地而不用其力者也라 第七章은 結上文하여 遂言其效하니
動靜相循하여 靡一息懈라 故로 曰無違요 表裏互資하여 罔一毫忒이라 故로 曰
交正이니 皆主一之成效也라 第八章은 承動靜無違之語하여 而極言有違之害요
第九章은 承表裏交正之語하여 而極言失正之害요 末章은 呼小子하여 自警以
終之라 總一篇而論之하면 則上擧時地하여 以列其目하고 下具效害하여 以極其
趣하며 中置無適主一二章하여 作通篇命脈하니 按圖細考之면 可見也라 其曰
不東以西, 不南以北은 〈以는 與也니 與詩不大聲以色同訓이라〉 言此心常存하야
不走作四方也요 不貳以二, 不參以三은 言此心常一하야 不用外念하야 來貳之
以成二하고 來參之以成三也니 蓋收束到至約處也라 其言一하고 並言精者는
未有不由精而能致一者也요 言精一하고 又言萬變是監者는 惟其爲體之不貳면
則其應用之不測也라 不精而徑一者는 陸氏之敬也요 能一而不能萬者는 釋氏
之心也니 此又其所蘊之精이나 而圖不盡意하니 讀者宜深繹而得之也니라 〈舊圖
에 無違之無를 作不하고 惟精之精을 作心이러니 今攷先生手筆及大全本하여 正之하노라〉

　이상은 朱子의 〈敬齋箴〉을 金華 王魯齋 柏이 圖로 만든 것이니, 배열한 것이
정돈되어서 살펴보면 큰 도움이 된다. 삼가 살펴보건대 〈敬齋箴〉은 모두 10章인
데, 제1장은 敬이 靜할 때에 확립되는 것이고, 제2장은 敬이 動할 때에 행해지는
것이니, 이는 時分(시간)을 가지고 말한 것이다. 제3장은 敬이 表面에 드러난 것
이고, 제4장은 敬이 裏面에 보존된 것이니, 이는 地頭(장소)를 가지고 말한 것이
다. 제5장과 제6장은 程子가 말씀한 바의 '無適을 一이라 하고 主一을 敬이라
한다'는 뜻을 차례로 서술하여 위를 이어서 時分마다 地頭마다 그 힘을 쓰지 않
음이 없는 것이다. 제7장은 윗글을 끝맺어서 마침내 그 효험을 말한 것이니, 動
과 靜이 서로 따라 한 순간의 게으름이 없으므로 '어김이 없다'고 하였고, 表面
과 裏面이 서로 도와서 한 털끝 만한 사특함이 없으므로 '서로 바르다'고 말한
것이니, 모두 主一의 효과이다. 제8장은 動靜無違의 말씀을 이어서 어김이 있는
폐해를 지극히 말하였고, 제9장은 表裏交正의 말씀을 이어서 바름을 잃은 폐해
를 지극히 말하였다. 그리고 마지막 章은 小子를 불러서 스스로 경계하여 끝마쳤

다. 한 篇을 총괄하여 논한다면 위에는 時分과 地頭를 들어 그 條目을 나열하였고, 아래에는 효험과 폐해를 자세히 말하여 그 뜻을 지극히 하였으며, 가운데에는 無適, 主一 두 章을 놓아 全篇의 命脈으로 삼았으니, 圖에 의거하여 자세히 살펴보면 알 수 있다.

'不東以西, 不南以北'이라고 말한 것은 〈以는 및이니, 《詩經》에 "소리와 얼굴빛을 크게 여기지 않는다.〔不大聲以色〕"는 풀이와 같다.〉 이 마음이 항상 보존되어 四方으로 달려가지 않음을 말한 것이요, '不貳以二, 不參以三'은 이 마음이 항상 하나가 되어서 밖의 생각을 가지고 와서 더하여 둘을 이루거나 더하여 셋을 이루지 않는 것이니, 마음을 수렴하여 묶어서 지극히 요약된 곳에 이르는 것이다. 그리고 一을 말하고 아울러 精을 말한 것은 精으로 말미암아 一을 이루지 않는 자가 없기 때문이요, 精一을 말하고 또 만 가지 변화에 이것을 본다〔萬變是監〕고 말한 것은 오직 體가 둘로 하지 않으면 그 用에 應함이 측량할 수 없기 때문이다. 精하지 않고 곧바로 一만 하는 것은 陸氏의 敬이요, 一은 하나 만 가지를 하지 못하는 것은 釋氏의 마음이니, 이는 또 쌓인 바의 정밀함이다. 그러나 圖로는 뜻을 다할 수 없으니, 읽는 자가 마땅히 깊이 생각하여 터득해야 할 것이다. 〈옛 圖에는 無違의 無를 不字로 썼고 惟精의 精을 心字로 썼는데, 이제 朱先生의 手筆本과 《朱子大全》原本을 考證하여 바로잡았다.〉

上李槐園論敬齋箴訓義[※]

※〈敬齋箴訓義〉는 원래 槐園 李埈이 지은 것인 바, 이 글은 省齋 柳重敎가 이에 대하여 자신의 의견을 덧붙여 評論한 것이다. 省齋의 本集에는 評論한 부분이 小字雙行으로 되어 있으나 여기서는 ＊ 표와 〈 〉으로 묶어 구분하였으며, 文脈上 단절될 우려가 있는 곳에 한하여 일부 위치를 변경하였음을 밝혀둔다.

正其衣冠하고 尊其瞻視하야 潛心以居하야 對越上帝하라

衣冠을 바루고 視線을 공손히 하여 마음을 가라앉히고 거처하여 上帝를 대하라.

正其衣冠, 尊其瞻視는 孔子告子張語라 對越은 詩淸廟註에 越은 於也라

'正其衣冠, 尊其瞻視'는 孔子가 子張에게 일러준 말씀이다. '對越'은《詩經》〈淸廟〉의 註에 "越은 於이다." 하였다.

＊〈此對字는 有對配之意하고 有瞻對之意하니 對配之對는 程子所謂毋不敬이면 可以對越上帝是也요 瞻對之對는 程子所謂君子當終日對越在天이 是也라 以淸廟對字言之하면 王氏所謂肅雍秉德故로 能對越在天은 以對配解之也요 嚴氏所謂對越在天之靈하여 如見文王洋洋在上은 以瞻對解之也니 未知此篇所言이 其取何居오 請下一轉語하소서〉

이 對字는 對配의 뜻이 있고 瞻對의 뜻이 있으니, 對配의 對는 程子가 말씀한 '敬하지 않음이 없으면 上帝를 對越한다'는 것이고, 瞻對의 對는 程子가 말씀한 '君子가 종일토록 하늘에 계신 분을 對越한다'는 것이 이것입니다. 〈淸廟〉章의 對字를 가지고 말한다면 王氏(王柏)가 말한 '엄숙하고 화락하여 德을 잡고 있기 때문에 하늘에 계신 분을 對越한다'는 것은 對配를 가지고 풀이한 것이고, 嚴氏가 말한 '하늘에 계신 영혼을 對越하여 마치 文王이 洋洋하게 위에 계신 것을 보는 듯하다'는 것은 瞻對로 해석한 것이니, 이 篇에서 말한 것은 어떤 뜻을 취한 것인지 모르겠습니다. 한 말씀해 주시기 바랍니다.

心者는 一身之主宰요 萬事之綱領으로 而所以居敬之本也라 故首言之하니 乃
一篇之體要也라

마음은 한 몸의 主宰이고 萬事의 綱領으로 敬에 거하는 근본이다. 그러므로
첫 번째로 말하였으니, 바로 이 한 편의 要體이다.

＊〈心은 固是一身之主宰로 而所以爲居敬之本也요 帝則은 又上天之主宰而所以爲
此心之源也라 故推本言之하니 與尊德性齋銘, 求放心齋銘의 首句同義라 今只言心
而不反於帝하니 此處에 恐更有一語라야 其義乃備니이다〉

마음은 진실로 한 몸의 主宰로 敬에 거하는 根本이 되고, 上帝의 法則은 또 上天
의 主宰로 이 마음의 根源이 됩니다. 그러므로 근본을 미루어 말해야 하니,〈尊德
性齋銘〉과〈求放心齋銘〉의 첫구와 같은 뜻입니다. 그런데 이제 단지 마음만 말하고
上帝의 法則을 언급하지 않았으니, 이 부분에 다시 한 말씀이 있어야 비로소 그 뜻
이 완비될 듯합니다.

足容必重하고 手容必恭이니 擇地而蹈하야 折旋蟻封하라

발 모양은 반드시 무겁게 하고 손 모양은 반드시 공손히 하여야 하
니, 땅을 가려 밟아서 개밋둑도 꺾어 돌아가라.

足容重, 手容恭은 禮記九容之目이요 擇地而蹈는 出史記伯夷傳이라 折旋은
語類에 直去了하고 又橫去者是也라 蟻封은 蟻垤이니 言狹小之地니 見晉書王
湛傳이라

‘足容重, 手容恭’은《禮記》九容의 條目이고, ‘擇地而蹈’는《史記》〈伯夷列
傳〉에 나온다.
‘折旋’은《語類》에 “곧바로 가다가 또 橫으로 가는 것이다.”한 내용이 이것
이다. ‘蟻封’은 개밋둑이니, 협소한 곳을 말하는 바,《晉書》〈王湛傳〉에 보인다.

＊〈此句를 先生嘗自解曰 蟻封은 蟻垤也라 古語云 乘馬에 折旋於蟻封之間이라하니
言蟻封之間에 屈曲狹小어늘 而能乘馬折旋於其間하여 不失其馳驟之節이니 所以爲難
也라하시니 此語를 當節略引用이니이다〉

이 句를 先生(朱子)은 일찍이 스스로 풀이하기를 "蟻封은 개밋둑이다. 옛말에 '말을 타고 개밋둑 사이에서 꺾어 돈다' 하였으니, 개밋둑 사이는 구불구불하고 협소한 곳인데, 말을 타고 이 사이에서 꺾어 돌아 말을 달리는 節度를 잃지 않으니, 이 때문에 어렵다고 한 것이다." 하였습니다. 朱先生의 이 말씀을 마땅히 요약하여 인용하여야 할 것입니다.

上帝는 天也요 蟻封은 地也니 立心은 要高明故로 以天言이요 箚脚은 要平實故로 以地言이라

上帝는 하늘이고 蟻封은 땅이니, 마음을 세움은 高明해야 하므로 하늘을 가지고 말하였고, 다리를 세움은 성실해야 하므로 땅을 가지고 말한 것이다.

＊〈上帝蟻封은 以視而言이면 則固分屬於天地라 然이나 於天而言上帝者는 取其主宰也어늘 今乃以高明言之하고 於地而言蟻封者는 取其狹小也어늘 今乃以平實言之하니 一似少偏이요 一似少緩이라 盖不必如此取類而言也니이다〉

上帝와 蟻封은 보는 것을 가지고 말하면 진실로 하늘과 땅으로 나누어 소속시킬 수 있습니다. 그러나 하늘에 上帝를 말한 것은 그 主宰함을 취한 것인데 이제 마침내 高明으로 말씀하였고, 땅에 개밋둑을 말한 것은 그 협소함을 말한 것인데 이제 마침내 平實로 말씀하였으니, 하나는 조금 편벽된 듯하고 하나는 조금 느슨한 듯한 바, 굳이 이와 같이 類를 취하여 말할 것이 없을 듯합니다.

○ 此二章은 言表之正이로되 而上章은 靜之無違者也요 此章은 動之無違者也라

이 두 章은 表面(外面)이 바름을 말하였는데, 윗장은 靜에 어김이 없는 것이고 이 章은 動에 어김이 없는 것이다.

出門如賓하고 承事如祭하야 戰戰兢兢하야 罔敢或易하라

문을 나갈 때에는 큰손님을 뵈온 듯이 하고 일을 받들 때에는 제사를 모시듯이 하여 두려워하고 삼가서 감히 혹시라도 함부로 하지 말라.

出門如賓, 承事如祭는 曰季薦郤缺時에 告晉文公語라 戰戰은 恐懼요 兢兢은

戒愼也라 出門如賓은 未接物時敬也요 承事如祭는 已接物時敬也라

‘出門如賓, 承事如祭’는 臼季가 郤缺을 천거할 때에 晉 文公에게 아뢴 말이다. ‘戰戰’은 두려워함이요, ‘兢兢’은 경계하고 삼감이다. ‘出門如賓’은 아직 사물을 접하지 않았을 때의 敬이고, ‘承事如祭’는 이미 사물을 접했을 때의 敬이다.

＊〈對分이면 則固如此나 然如賓은 實通貫已接物未接物而言이요 如祭는 只就已接物而言也니 此意를 亦不可不幷看이니이다〉

相對하여 나누면 진실로 이와 같습니다. 그러나 ‘出門如賓’은 이미 사물을 접했을 때와 아직 사물을 접하지 않았을 때를 통하여 말한 것이요, ‘承事如祭’는 단지 이미 사물을 접했을 때를 가지고 말한 것이니, 이 뜻을 또한 함께 보지 않으면 안 될 것입니다.

守口如瓶하고 防意如城하야 洞洞屬屬하야 罔(無)敢或輕하라

입을 지키기를 瓶과 같이 하고 뜻을 막기를 城과 같이 하여 洞洞(성실)하고 屬屬(전일)하여 감히 혹시라도 가벼이 하지 말라.

守口如瓶, 防意如城은 富鄭公年八十에 書坐屛語라 洞洞은 質慤貌요 屬屬은 專一貌라 罔은 先生手筆本에 作無라 守口如瓶은 言不妄出也요 防意如城은 心不妄動也라

‘守口如瓶, 防意如城’은 宋나라의 富鄭公(富弼)이 80세 되던 해에 자리의 병풍에 쓴 말이다. ‘洞洞’은 삼가는 모양이고 ‘屬屬’은 專一한 모양이다. ‘罔’은 朱先生의 手筆本에는 ‘無’로 되어 있다. ‘守口如瓶’은 말을 함부로 내지 않는 것이고, ‘防意如城’은 마음을 함부로 동하지 않는 것이다.

＊〈心不妄動은 與防意如城으로 語意不侔니이다 先生嘗曰 守口如瓶은 不妄出也요 防意如城은 閑邪之人也라하시니 此語를 當引用이니이다〉

마음을 함부로 동하지 않음은 防意如城과 말뜻이 같지 않습니다. 朱先生은 일찍이 말씀하기를 “守口如瓶은 말을 함부로 내지 않는 것이요, 防意如城은 간사함이 들어옴을 막는 것이다.” 하였으니, 朱先生의 이 말씀을 마땅히 인용해야 할 것입니다.

○ 此二章은 言裏之正이니 而上章은 動之無違者也요 此章은 靜之無違者也라

이 두 章은 內面의 바름을 말하였는데, 윗장은 動에 어김이 없는 것이고 이 章은 靜에 어김이 없는 것이다.

＊〈表裏動靜을 似此分屬은 恐長於魯齋所圖也니이다〉

表裏의 動과 靜을 이렇게 나누어 소속시키셨으니, 王魯齋(王柏)의 그림(敬齋箴圖)보다 나을 듯합니다.

已上四章은 論持敬之目이라

이상의 네 章은 持敬의 條目을 논하였다.

＊〈先生嘗曰 此篇은 是敬之目이니 說有許多地頭去處라하시니 請就此處하여 刪去持字하고 而目字下에 繼以先生所謂許多地頭是也十字면 則未知如何니이다〉

朱先生은 일찍이 말씀하기를 "이 篇은 바로 敬의 조목이니, 해설에 허다한 地頭(갈래, 방향)로 나간 점이 있다" 하였습니다. 청컨대 이 부분에 持字를 삭제하고 目字 아래에 '朱先生의 이른바 허다한 地頭라는 것이 이것이다.〔先生所謂許多地頭是也〕'라는 열 글자를 이어 넣는다면 어떨는지 모르겠습니다.

不東以西하고 不南以北하야 當事而存하야 靡他其適하라

동쪽으로 가다가 서쪽으로 가려 하지 말고 남쪽으로 가다가 북쪽으로 가려 하지 말아서 일을 당하면 마음을 보존하여 딴 곳으로 가지 말라.

程子曰 不之東하고 又不之西하며 不之此하고 又不之彼라하시니 上兩句 蓋出於此라 以는 與也니 猶大雅不待{大}聲以色之以라 或曰 不以二字는 互文이니 謂不以東, 不以西也라 語類에 只一心做東去라가 又要做西去하며 做南去라가 又要做北去니 皆是不主一이라하니라 程子曰 無適之謂一이라하시니 此論無適은 言必有存養之功然後에 心無所偏하여 常爲一身之主하여 而敬之體 始可以無間也라

程子가 말씀하기를 "동쪽으로 가지 않고 또 서쪽으로 가지 않으며, 이쪽으로
가지 않고 또 저쪽으로 가지 않는다." 하였으니, 위의 두 句는 여기에서 나온
것이다. 以는 與〔및〕이니, 《詩經》 大雅 〈皇矣〉에 "소리와 및 색을 크게 여기지
않는다.〔不大聲以色〕"는 以字와 같다. 혹자는 말하기를 "不以 두 글자는 互文
이니, '不以東 不以西〔동쪽으로 가지 않고 서쪽으로 가지 않는다〕'를 이른다."
하였다. 《語類》에 "한 마음으로 동쪽으로 가다가 또 서쪽으로 가려 하며, 남쪽
으로 가다가 또 북쪽으로 가려 하는 것은 모두 主一이 아니다." 하였다. 程子가
말씀하기를 "마음이 다른 데로 가지 않는 것을 一이라 한다." 하였으니, 여기서
다른 데로 가지 않는다는 것은 반드시 存養의 공부가 있은 뒤에야 마음이 편벽
된 바가 없어서 항상 한 몸의 主宰가 되어 敬의 體가 비로소 間斷함이 없음을
말한 것이다.

＊〈存而靡適은 固有存養之意나 然此亦就事說이니 與大學安而后能慮之安字로 同
意라 若直以爲存養之事하여 而偏屬於敬之體면 則似未安矣니이다〉

마음을 두어 다른 데로 가지 않게 하는 것은 진실로 存養의 뜻이 있습니다. 그러
나 이 또한 일에 나아가 말한 것이니, 《大學》의 "편안한 뒤에 능히 생각할 수 있다.
〔安而后能慮〕"는 安字와 같은 뜻입니다. 만약 단지 存養의 일로 여겨서 편벽되이
敬의 體에만 소속시킨다면 온당치 못할 듯합니다.

○ 此一章은 言動上求靜하고 由表以及裏也라

이 한 章은 動 위에 靜을 구하고 表面으로 말미암아 裏面에 미침을 말하였다.

＊〈恐須如此說이나 但此章本意 主在動表어늘 今此語意는 則主在靜裏하니 恐因存
養格致之分屬하여 而賺連推移也니이다〉

모름지기 이와 같이 말해야 할 듯합니다. 다만 이 章의 本意는 主가 動과 表面에
있는데, 이제 이 말씀의 뜻은 主가 靜과 裏面에 있으니, 存養과 格致를 나누어 소속
시킴으로 인하여 지나치게 연결하여 推移한 듯합니다.

弗貳以二하고 弗參以三하야 惟心{精}惟一하야 萬變是監하라

二로써 더하지 말고 三으로써 더하지 말아서 精하게 살피고 專一하

게 하여 만 가지 변화를 살펴보라.

書曰 德二三_{이면} 動罔不凶_{이라하고} 詩曰 士也罔極_{하여} 二三其德_{이라하니} 上兩句 蓋本於此_라

《書經》〈咸有一德〉에 "德(마음)을 둘로 하고 셋으로 하면 動함에 흉하지 않음이 없다." 하였고, 《詩經》 衛風 〈氓〉에 "선비가 極이 없어 그 德을 둘로 하고 셋으로 한다." 하였으니, 위의 두 句는 여기에서 근본한 것이다.

＊〈書詩之引은 恐迂遠_{이니이다} 程子有曰 且欲涵養主一之意_니 不一則二三矣_{라하시니} 當引用_{이니이다}〉

《書經》과 《詩經》을 인용한 것은 本意와 거리가 먼 듯합니다. 程子가 말씀하기를 "우선 主一의 뜻을 함양하고자 하여야 하니, 하나로 하지 않으면 둘로 하고 셋으로 한다." 하였으니, 마땅히 이 말씀을 인용해야 할 것입니다.

精은 心經及性理大全에 作心_{이나} 而先生手筆本에 亦作精_{하시니} 今從之_{하노라} 惟精惟一은 大舜告禹之心法也_니 精者는 知之明而無所惑也_요 一者는 心之正而無所雜也_라

'精'은 《心經》과 《性理大全》에는 心으로 되어 있으나 朱先生의 手筆本에 또한 精으로 되어 있으므로 이제 이것을 따른다. '惟精惟一'은 大舜이 禹王에게 고해준 心法이니, 精은 알기를 분명히 하여 의혹하는 바가 없는 것이고 一은 마음이 바루어서 잡된 바가 없는 것이다.

＊〈精一을 若依本訓_{이면} 則當曰精者는 察之明而無所雜也_요 一者는 守之常而無有離也_{니이다}〉

精과 一을 만약 본래의 訓釋을 따른다면 마땅히 '精은 살피기를 밝게 하여 섞이는 바가 없는 것이요, 一은 지키기를 떳떳이 하여 떠남이 있지 않은 것이다'라고 해야 할 것입니다.

語類에 初來有一箇事_{어늘} 又添一箇_면 便是來貳他_{하여} 成兩箇_요 元有一箇事_{어늘} 又添兩箇_면 便是來參他_{하여} 成三箇也_라 程子曰 主一之謂敬_{이라하시니} 此

論主一은 言必有格致之功然後에 心得其正하여 以察萬事之變하여 而敬之用이 始得以不差也라

《語類》에 "원래는 한 가지 일이 있었는데, 또 한 가지를 더하면 이는 바로 와서 저것을 더하여 두 개를 이루는 것이요, 원래 한 가지 일이 있었는데, 또 두 가지 일을 더하면 이는 바로 와서 저것을 더하여 셋을 이루는 것이다." 하였다. 程子는 말씀하기를 "主一을 敬이라 한다." 하였으니, 여기에서 논한 主一은 마음에 格致의 공부가 있은 뒤에야 마음이 바름을 얻어서 萬事의 변화를 살펴 敬의 用이 비로소 어그러지지 않을 수 있음을 말한 것이다.

＊〈惟精二字는 固是格致之意나 然此亦承上章而言이요 非專爲此章發也니이다 若以惟精으로 專屬此章主一之功이면 則所謂惟一者 反屬於上章無適之功耶잇가 抑精一이 皆屬於格致하고 而存養則獨在精一之外耶잇가 乞更細檢하소서 ○ 謹按程子曰 主一之謂敬이요 無適之謂一이라하시니 先生이 嘗解之曰 無適은 卽是主一이요 主一은 卽是敬이니 展轉相解요 非無適之外에 別有主一이요 主一之外에 又別有敬也라하시니 據此면 則今此兩章之論主一無適者는 直不過接連一事也니 初豈有彼此顯然之分哉잇가 然細究四不對待之語와 與夫二惟承結之意하면 則接連一事之中에 自有燦然底地頭焉이라 蓋上章은 言精以察之하여 不使吾心東西走作而流於物欲之私니 敬之用이 所以不差也요 下章은 言一以守之하여 不使吾心二三變易而離乎天理之正이니 敬之體所以無間也라 然當事而能存이면 則用之行也而體未嘗不具於其中이요 惟一而能監이면 則體之立也而用未嘗不涵於其中이니 此又互根相資之妙也니이다〉

惟精 두 글자는 진실로 格致의 뜻입니다. 그러나 이 또한 윗장을 이어서 말한 것이고 專的으로 이 章만을 가지고 말한 것은 아닙니다. 만약 惟精을 전적으로 이 章의 主一功夫에 소속시킨다면 이른바 惟一이란 것은 도리어 윗장의 無適의 공부에 소속됩니까? 아니면 精과 一이 모두 格致에 속하고 存養은 홀로 精一의 밖에 있는 것입니까? 다시 세세히 검토해 주시기 바랍니다.
○ 삼가 살펴보건대 程子가 말씀하기를 "主一을 敬이라 하고 無適을 一이라 한다." 하였는데, 朱先生이 일찍이 이것을 해석하기를 "無適은 바로 主一이고 主一은 바로 敬이니, 展轉하여 서로 풀이한 것이요 無適의 밖에 별도로 主一이 있고 主一의 밖에 또 별도로 敬이 있는 것이 아니다." 하였습니다. 이것을 근거해 보면 이제 이 두 章에 主一無適을 논한 것은 다만 접속되어 이어지는 한 가지 일에 불과하니, 애당초 어찌 彼此의 드러난 구분이 있겠습니까. 그러나 네 不字의 對待(상대)한 말과

두 惟字의 이어서 결론 지은 뜻을 세세히 살펴보면 접속되어 이어진 한 가지 일 가운데에 진실로 찬란한 地頭가 있습니다. 윗장은 精하게 살펴서 내 마음으로 하여금 동쪽과 서쪽으로 달려가서 物欲의 사사로움에 흐르지 않게 한 것이니 敬의 用이 어그러지지 않는 것이요, 아랫장은 한결같이 지켜서 내 마음으로 하여금 둘로 하고 셋으로 하여 變易해서 天理의 바름을 떠나지 않게 한 것이니 敬의 體가 間斷함이 없는 것입니다. 그러나 일을 당하여 마음을 보존하면 用이 행해지는 것인데 體가 일찍이 이 가운데에 갖추어져 있지 않음이 없으며, 마음을 한 가지로 하여 살펴보면 體가 서는 것인데 用이 일찍이 이 가운데에 포함되지 않은 것이 아니니, 이는 또 서로 뿌리하고 서로 도와주는 妙理입니다.

○ 此一章은 言靜中涵動하니 自裏以出表也라

이 한 章은 靜한 가운데에 動을 포함하였음을 말하였으니, 裏面으로부터 表面에 나오는 것이다.

＊〈此亦似與本文所主로 不同이니이다〉

이 또한 本文에서 주장한 것과는 다른 듯합니다.

已上兩章은 論持敬之節하니라

이상 두 章은 持敬의 節을 논하였다.

從事於斯를 是曰持敬이니 動靜弗違하고 表裏交正하라

여기에 종사함을 持敬이라 하니, 動하고 靜함에 어기지 말고 겉과 속을 서로 바르게 하라.

從事於斯는 本曾子語라 斯는 指自正其衣冠으로 至萬變是監也라

'從事於斯'는 본래 曾子의 말씀이다. 斯는 正其衣冠으로부터 萬變是監까지의 내용을 가리킨다.

＊〈自外安內하고 由內制外故로 曰交正이요 動也如此하고 靜也如此故로 曰無違니 此意를 須有解釋이라야 乃爲明備니이다〉

　　밖으로부터 안을 편안히 하고 안으로부터 밖을 제재하므로 서로 바룬다고 하였
고, 動할 때에도 이와 같이 하고 靜할 때에도 이와 같이 하므로 어김이 없다고 한
것이니, 이 뜻을 모름지기 해석함이 있어야 비로소 분명하고 구비될 것입니다.

○ 此一章은 總結上文이라

　　이 한 章은 윗글을 총괄하여 결론한 것이다.

須臾有間이면 私慾萬端하야 不火而熱이요 不冰而寒이리라

　　잠시라도 間斷함이 있으면 私慾이 萬端으로 일어나서 불이 없어도
뜨거워지고 얼음이 없어도 차가워질 것이다.

莊子在宥篇에 老子曰 其熱焦火하고 其寒凝冰은 其惟人心乎아하니라 此言存
養不熟하여 而或有一息之間斷이면 則眩騖飛揚하여 而陷於人欲之私也라

　　《莊子》의 〈在宥〉篇에 "老子가 말하기를 '〈마음이 노하거나 조급하여〉 뜨거
울 때에는 불이 타오르는 듯하고 〈마음이 전율을 느껴〉 차가울 때에는 얼음이
엉기는 듯함은 오직 사람의 마음일 것이다' 했다."라고 하였다. 이는 存養이
익숙하지 못해서 혹 한 순간이라도 間斷함이 있으면 치달리고 날아가서 사사로
운 人欲에 빠짐을 말한 것이다.

＊ 〈若用鄙說이면 此當曰守之不一이니이다〉

　　만약 저의 해설을 따른다면 위의 存養不熟은 마땅히 '지키기를 한결같이 하지 못
했다〔守之不一〕'고 말해야 할 것입니다.

毫釐有差하면 天壤易處하야 三綱旣淪하고 九法亦斁리라

　　털끝만치라도 착오가 있으면 하늘과 땅이 뒤바뀌어 三綱이 이미 없
어지고 九法이 또한 무너지리라.

三綱은 君爲臣綱, 父爲子綱, 夫爲婦綱也요 九法은 九疇也라 三綱淪, 九法
斁은 語出唐書라 此는 言格致不精하여 而或有一事之差繆면 則顚倒錯亂하여

而失其天理之正也라

'三綱'은 군주는 신하의 벼리가 되고, 부모는 자식의 벼리가 되고, 남편은 아내의 벼리가 되는 것이요, '九法'은 洪範九疇이다. '三綱이 매몰되고 九法이 무너졌다'는 것은 《唐書》에 보인다. 이는 格致가 精微하지 못해서 혹 한 가지 일이라도 잘못됨이 있으면 顚倒되고 錯亂하여 天理의 올바름을 잃게 됨을 말한 것이다.

＊〈若用鄙說이면 此當曰察之不精이니이다〉

만약 저의 해설을 따른다면 위의 格致不精은 마땅히 '살피기를 정하게 하지 못했다.〔察之不精〕'고 말해야 할 것입니다.

＊〈夫持敬之功이 一有所失이면 則須臾之暫也에 而已萌萬端之欲하고 毫釐之繆也에 而遽致天壤之倒하리니 而況於久者大者乎아 其機如此하니 可不懼哉아 此政是學者着眼致意處也라〉

持敬의 공부가 조금이라도 잘못되는 바가 있으면 잠시 동안에 이미 수만 가지의 욕심이 싹트고, 털끝 만한 작은 것에서 갑자기 하늘과 땅이 전도됨을 이룰 것이니, 하물며 오랜 시간과 큰 일에 있어서이겠는가. 그 기틀이 이와 같으니, 두려워하지 않을 수 있겠는가. 이는 바로 배우는 자가 깊이 착안하여 뜻을 다해야 할 부분이다.

○ 已上兩章은 論不敬之失하니 亦該動靜, 兼表裏而言이라

이상 두 章은 不敬의 잘못을 논하였으니, 또한 動과 靜을 포함하고 表와 裏를 겸하여 말한 것이다.

於乎小子아 念哉敬哉어다 墨卿司戒하야 敢告靈臺하노라

아! 小子들아. 생각하고 공경할지어다. 墨卿(먹)으로 경계하는 글을 맡아 쓰게 해서 감히 靈臺(마음)에게 고하노라.

墨卿은 揚雄長楊賦에 子墨이 爲客卿하여 以諷이라 靈臺는 莊子註에 心也라 敢告靈臺는 自矢之辭라

墨卿은 揚雄의 〈長楊賦〉에 “子墨이 客卿이 되어 풍자한 것이다.” 하였다. 靈臺는 《莊子》의 註에 “마음이다.” 하였다. ‘敢告靈臺’는 스스로 맹세한 말이다.

○ 此一章은 總結全篇하니라

이 한 章은 全篇을 총괄하여 결론한 것이다.

此篇은 作於宋孝宗淳熙癸巳正月하니 寔先生三十四歲時也라 盖自二典首欽恭以來로 千古心訣이 不越乎敬一字라 及至洙泗輟響이러니 而伊洛崛起하여 特拈出此字하야 揭作宗旨하시니 則前後一揆矣라 先生이 私淑密傳하여 千橫萬竪 無非此事로되 而求其體用本末該括無遺하면 則又未有若此篇者也라 今以先生雅言參之하면 有曰持敬은 不過以正衣冠齊容貌爲先이라 故로 一章爲首요 二章次之하며 又有曰 無事則敬在裏面이요 有事則敬在事上이라 故로 三章次之요 又有曰 外不妄動하고 內不妄思라 故로 四章次之하니 此皆制外安內하고 由粗及精之序로 而敬之條目備矣라 ＊〈篇首四章은 對說之中에 有互資之義하니 盖制於表는 所以正其裏也라 裏有主면 則表自正矣라 今只如此說이면 則無以見交正之義也요 且表裏上에 各具動靜이어늘 而今不提及此二字하니 似亦略矣니이다〉 條目雖備나 而不言持敬之節度防範이면 則又無以知其方而從之라 故로 五章六章次之하니 而敬實通貫乎知行之間이라 故로 五章은 言存心하고 ＊〈若用鄙說이면 此當曰省察이니이다〉 六章言致知라 ＊〈若用鄙說이면 此當曰持守니이다〉 雖知其方이나 而不言不敬之蔽害闕失이면 則又無以知其病而祛之라 故로 八章九章次之하니 而八章은 言心不存之病하고 ＊〈若用鄙說이면 此當曰不能持守之病이니이다〉 九章은 言知不至之病하여 ＊〈若用鄙說이면 此當曰不能省察之病이니이다〉 以應五章六章之義라 而又一篇之中에 以心起頭하고 以心結尾하여 以見敬之體用本末이 不出乎心하니 其丁寧反覆之意深矣로다

이 篇은 宋나라 孝宗 淳熙 癸巳年(1173) 정월에 지으셨으니, 실로 朱先生이 34세 되던 해이다. 二典(堯典·舜典)에 欽과 恭을 첫 번째에 놓은 이래로 千古의 心訣이 한 敬字에 지나지 않았다. 그러다가 洙泗의 목소리가 끊겼는데, 二洛(明道와 伊川)이 崛起하여 특별히 이 글자를 집어내어 宗旨로 삼으시니, 前後에 똑같은 法이다. 先生은 은밀한 傳授를 私淑하여 이리저리 늘어놓은 천 마디 말씀과 만 마디 말씀이 모두 이 일인데, 이중에 體와 用, 本과 末이 모두 포괄되어 빠뜨림이 없는 것을 찾아보면 또 이 篇과 같은 것이 있지 않다. 이제 先生이 평소 말씀한 것을 가지고 참고해 보면 ‘持敬은 衣冠을 바루고 容貌를 가지런히 하는 것에 불과하다’ 하

였으므로 1章이 첫 번째가 되고 2章이 그 다음이 되었으며, 또 ‘일이 없으면 敬이 裏面에 있고 일이 있으면 敬이 일 위에 있다’고 하였으므로 또 3章이 그 다음이 되었으며, 또 ‘밖으로 망령되이 動하지 않고 안으로 망령되이 생각하지 않아야 한다’ 하였으므로 4章이 그 다음이 되었으니, 이는 모두 밖을 제재하여 안을 편안히 하고 거친 것을 말미암아 精함에 미치는 순서로 敬의 條目이 구비된다. 〈篇 머리의 네 章은 相對하여 말하는 가운데에 서로 도와주는 뜻이 있으니, 表面을 제재함은 裏面을 바로잡는 것이요, 裏面에 주장함이 있으면 表面이 절로 바루어지는 것입니다. 그런데 이제 다만 이와 같이 말씀한다면 서로 바로잡는 뜻을 볼 수 없으며, 또 表面과 裏面에 각각 動靜을 갖추고 있는데, 이제 이 動靜 두 글자를 언급하지 않았으니, 또한 소략한 듯합니다.〉 條目이 비록 구비되더라도 持敬의 節度와 範圍를 말하지 않으면 또 그 방법을 알아 따를 수가 없으므로 5章과 6章이 그 다음이 되었는 바, 敬이 실로 知行의 사이를 貫通한다. 그러므로 5章은 存心을 말하였고 〈만약 저의 해설을 따른다면 이는 省察이라 해야 할 것입니다.〉 6章은 致知를 말한 것이다. 〈만약 저의 해설을 따른다면 이는 持守라 해야 할 것입니다.〉 비록 그 방법을 알더라도 不敬의 폐해와 잘못을 말하지 않는다면 또 그 병통을 알아 제거할 수가 없다. 그러므로 8章과 9章이 그 다음이 되었는 바, 8章은 마음이 보존되지 않은 잘못을 말하였고 〈만약 저의 해설을 따른다면 이는 마땅히 持守하지 못한 병통이라고 말해야 할 것입니다.〉 9章은 지식이 지극하지 못한 병통을 말하여 〈만약 저의 해설을 따른다면 이는 마땅히 省察하지 못한 병통이라고 해야 할 것입니다.〉 5章과 6章의 뜻에 응하였다. 그리고 또 한 篇 가운데에 마음으로 起頭(시작)를 하고 마음으로 結尾(끝을 맺음)하여 敬의 體·用과 本·末이 마음에서 벗어나지 않음을 나타내었으니, 그 丁寧하고 反覆한 뜻이 깊다.

索　引

ㅁ

ㅇ

ㅈ

心經

目次

心經

宋　真德秀　撰

帝曰人心惟危道心惟微惟精惟一允執厥中

朱子曰心之虛靈知覺一而已矣而以為有人心道
心之異者以其或生於形氣之私或原於性命之正
而所以為知覺者不同是以或危殆而不安或微妙
而難見爾然人莫不有是形故雖上智不能無人心
亦莫不有是性故雖下愚不能無道心二者雜於方
寸之間而不知所以治之則危者愈危微者愈微而
天理之公卒無以勝夫人欲之私矣精則察夫二者
之間而不雜也一則守其本心之正而不離也從事
於斯無少間斷必使道心常為一身之主而人心每
聽命焉則危者安微者著而動靜云為自無過不及
之差矣

詩曰上帝臨女無貳爾心

又曰無貳無虞上帝臨女

毛氏註曰言無敢懷貳心也

朱子曰知天命之必然而贊其決也

真西山讀書記曰此武王伐紂之事詩意雖王伐紂
而言然學者平居諷詠其辭凜然如上帝之實臨其
上則所以為閑邪存誠之助顧不大哉又見義而無
必為之勇或以利害得喪二其心者亦宜味此言以
自決也

詩曰視爾友君子輯柔爾顏不遐有愆相在爾室尚不
愧于屋漏無曰不顯莫予云覯神之格思不可度思
可射思

鄭氏曰神見人之為也女無謂是幽昧不明無見我
者神見女矣

朱子曰言視爾友於君子之時和柔爾之顏色其戒
懼之意常若自省曰豈不至於有過乎益常人之情
其脩於顯者無不如此然視爾獨居於室之時亦當

庶幾不愧于屋漏無曰此非顯明之處而莫予見也

當知鬼神之妙無物不體其至於是有不可得而測

者不顯亦臨猶懼有失況可厭射而不敬乎此言不

但修之於外又當戒謹恐懼乎其所不睹不聞也

易乾之九二子曰庸言之信庸行之謹閑邪存其誠

又曰如何是閑邪非禮而勿視聽言動邪斯閑矣

又曰閑邪則誠自存不是外面將一箇誠來存着

程子曰庸信庸謹造次必於是也

欽定四庫全書　[心經]　三

易坤之六二曰君子敬以直內義以方外敬義立而德

伊川曰敬立而內直義形而外方義形於外非在外

也

不孤直方大不習无不利則不疑其所行也

又曰主一之謂敬直內乃是主一之義至於不敢欺

不敢慢尚不愧于屋漏皆是敬之事也但存此涵養

久則自然天理明

又曰心敬則內自直

龜山楊氏曰盡其誠心而無偽焉所謂直也若施之

於事則厚薄隆殺一定而不可易為有方矣所主者

敬而義則自此出焉故有內外之辨

損之象曰山下有澤損君子以懲忿窒慾

伊川曰修己之道所當損者惟忿與慾故懲戒其忿

怒窒塞其意欲也

龜山楊氏曰九思終於忿思難見得思義以此

益之象曰風雷益君子以見善則遷有過則改

欽定四庫全書　[心經]　四

無過矣益於人者莫大於是

程子曰見善能遷則可以盡天下之善有過能改則

王氏註曰遷善改過益莫大焉

復之初九曰不遠復无祇悔元吉子曰顏氏之子其殆

庶幾乎有不善未嘗不知知之未嘗復行也

伊川曰失而後有復不失則何復之有惟失之不遠

而復則不至於悔大善而吉也

又曰不遠而復者君子所以脩其身之道也學問之

道無他惟其知不善則速改以從善而已

横渠曰知不善未嘗復行不貳過也

子絶四毋意毋必毋固毋我　母史記作無

朱子曰意私意也必期必也固執滯也我私己也

顏淵問仁子曰克己復禮為仁一日克己復禮天下歸

仁焉為仁由己而由人乎哉顏淵曰請問其目子曰非

禮勿視非禮勿聽非禮勿言非禮勿動顏淵曰回雖不

敏請事斯語矣

欽定四庫全書　心經　五

楊子曰勝己之私謂之克

伊川曰非禮處便是私意既是私意如何得仁凡人

須是克盡己私皆歸於禮方始是仁

謝氏曰克己須從性偏難克處克將去

仲弓問仁子曰出門如見大賓使民如承大祭己所不

欲勿施於人在邦無怨在家無怨仲弓曰雍雖不敏請

事斯語矣

伊川曰如見大賓如承大祭敬也敬則不私一不敬

則私欲萬端害於仁矣

朱子曰敬以持己恕以及物則私意無所容而心德

全矣

中庸天命之謂性率性之謂道修道之謂教道也者不

可須臾離也可離非道也是故君子戒慎乎其所不睹

恐懼乎其所不聞莫見乎隱莫顯乎微故君子必慎其

獨也喜怒哀樂之未發謂之中發而皆中節謂之和中

也者天下之大本也和也者天下之達道也致中和天

欽定四庫全書　心經　六

地位焉萬物育焉

朱子曰子思首明道之本原出於天而不易其實體

備於己而不可離次言存養省察之要終言聖神功

化之極蓋欲學者於此反求諸身而自得之以去夫

外誘之私而充其本然之善

又曰君子之心常存敬畏雖不見聞亦不敢忽所以

存天理之本然而不使離於須臾之頃也

又曰隱暗處也微細事也獨者人所不知而己所獨

知之地也言幽暗之中細微之事跡雖未形而幾則

已動人雖不知而已獨知之則是天下之事無有著

見明顯而過於此者是以君子既常戒懼而於此尤

加謹焉所以遏人欲於將萌而不使其潛滋暗長於

隱微之中以至離道之遠也

君子之所不可及者其惟人之所不見乎詩云相在爾

詩云潛雖伏矣亦孔之昭故君子內省不疚無惡於志

室尚不愧于屋漏故君子不動而敬不言而信

程子曰學始於不欺暗室

又曰不愧屋漏與謹獨是持養氣象

朱子曰人之所不見此君子謹獨之事也承上文又

言君子之戒謹恐懼無時不然不待言動而後敬信

則其為已之功益加密矣

大學所謂誠其意者毋自欺也如惡惡臭如好好色此

之謂自謙　謙讀為慊　故君子必慎其獨也小人閒居為不善

無所不至見君子而后厭然揜其不善而著其善人之

視已如見其肺肝然則何益矣此謂誠於中形於外故

君子必慎其獨也曾子曰十目所視十手所指其嚴乎

富潤屋德潤身心廣體胖故君子必誠其意

朱子曰獨者人所不知而已所獨知之地也言欲自

修者知為善以去其惡則當實用其力而禁止其自

欺使其惡惡則如惡惡臭好善則如好好色皆務決

去而求必得之以自快足於已不可徒苟且以徇外

而為人也然其實與不實蓋有他人所不及知而已

獨知之者故必謹之於此以審其幾焉

鄭氏註曰厭讀為黶閉藏貌也

朱子曰厭然銷沮閉藏之貌此言小人陰為不善而

陽欲揜之則是非不知善之當為與惡之當去也但

不能實用其力以至此爾然欲揜其惡而卒不可揜

欲詐為善而卒不可詐則亦何益之有哉此君子所

以重以為戒而必謹其獨也

又曰心無愧怍則廣大寬平而體常舒泰

所謂修身在正其心者身〔身當作心〕有所忿懥則不得其
正有所恐懼則不得其正有所好樂則不得其正有所憂
患則不得其正心不在焉視而不見聽而不聞食而不
知其味此謂修身在正其心

朱子曰四者皆心之用而人所不能無者然一有之
而不能察則欲動情勝而其用之所行或不能不失
其正矣

又曰心有不存則無以檢其身是以君子必察乎此
而敬以直之然後此心常存而身無不修也

樂記君子曰禮樂不可斯須去身致樂以治心則易直
子諒之心油然生矣易直子諒之心生則樂樂則安
樂以治心者也致禮以治躬則莊敬莊敬則嚴威中心
則久久則天天則神天則不言而信神則不怒而威致
斯須不和不樂而鄙詐之心入之矣外貌斯須不莊不
敬而易慢之心入之矣故樂也者動於內者也禮也者
動於外者也樂極和禮極順內和而外順則民瞻其顏

色而弗與爭也望其容貌而民不生易嫚焉故德輝動
於內而民莫不承聽理發諸外而民莫不承順故曰致
禮樂之道舉而措之天下無難矣

鄭氏註曰致深審也油然新生好貌也善心生則
唐孔氏曰和易正直子愛諒信
寡於利欲則樂矣

又曰樂由中出故治心禮自外作故治躬

又曰鄙詐入之謂利欲生
君子反情以和其志比類以成其行姦聲亂色不留聰
明淫樂慝禮不接心術惰慢邪僻之氣不設於身體使
耳目鼻口心知百體皆由順正以行其義

唐孔氏曰反情反去情欲也比類比擬善類也
君子樂得其道小人樂得其欲以道制欲則樂而不亂
以欲忘道則惑而不樂

鄭氏註曰道謂仁義欲謂淫邪也

程子曰人雖不能無欲然當有以制之無以制之而

惟欲之從則人道廢而入於禽獸矣

孟子曰人皆有不忍人之心先王有不忍人之心斯有
不忍人之政矣以不忍人之心行不忍人之政治天下
可運之掌上所謂人皆有不忍人之心者今人乍見孺
子將入於井皆有怵惕惻隱之心非所以內交於孺子
之父母也非所以要譽於鄉黨朋友也非惡其聲而然
也由是觀之無惻隱之心非人也無羞惡之心非人也
無辭讓之心非人也無是非之心非人也惻隱之心仁
之端也羞惡之心義之端也辭讓之心禮之端也是非
之心知之端也人之有是四端也猶其有四體也有是

四端而自謂不能者自賊者也謂其君不能者賊其君
者也凡有四端於我者知皆擴而充之矣若火之始然
泉之始達苟能充之足以保四海苟不充之不足以事
父母
　朱子曰人之所以為心不外乎是四者故因論惻隱
　而悉數之言人若無此則不得謂之人所以明其必

有也
　又曰擴推廣之意充滿也四端在我隨處發見知皆
　即此推廣之以滿其所賦之量則其日新又新將有
　不能自已者能由此而遂充之雖保四海可也
　又曰此章所論人之性情心之體用最為詳密讀者
　宜深味之
　程子曰人皆有是心惟君子為能擴而充之不能然
　者皆自棄也然其充與不充亦在我而已矣

孟子曰矢人豈不仁於函人哉矢人惟恐不傷人函人
惟恐傷人巫匠亦然故術不可不慎也孔子曰里仁為
美擇不處仁焉得智夫仁天之尊爵也人之安宅也莫
之禦而不仁是不智也不智無禮無義人役也人役
而恥為役由弓人而恥為弓矢人而恥為矢也如恥
之莫如為仁仁者如射射者正己而後發發而不中
怨勝己者反求諸己而已矣
　朱子曰仁義禮智皆天所與之良貴而仁者天地生

物之心得之最先而兼統四者所謂元者善之長也

故曰尊爵在人則為本心全體之德有天理自然之

安無人欲陷溺之危人當常處其中而不可須臾離

者也故曰安宅

又曰此亦因人愧恥之心而引之使志於仁也不言

智禮義者仁該全體能為仁則三者在其中矣

孟子曰大人者不失其赤子之心者也

朱子曰大人智周萬物赤子全未有知其心疑若甚

不同矣然其不為物誘而純一無偽則未嘗不同也

故言其所以為大人者特在於此

孟子曰牛山之木嘗美矣以其郊於大國也斧斤伐之

可以為美乎是其日夜之所息雨露之所潤非無萌蘗

之生焉牛羊又從而牧之是以若彼濯濯也人見其濯

濯也以為未嘗有材焉此豈山之性也哉雖存乎人者

豈無仁義之心哉其所以放其良心者亦猶斧斤之於

木也旦旦而伐之可以為美乎其日夜之所息平旦之

氣其好惡與人相近也者幾希則其旦晝之所為有梏

亡之矣梏之反覆則其夜氣不足以存夜氣不足以存

則其違禽獸不遠矣人見其禽獸也而以為未嘗有才

焉者是豈人之情也哉故苟得其養無物不長苟失其

養無物不消孔子曰操則存舍則亡出入無時莫知其

鄉惟心之謂與

朱子曰良心者本然之善心即所謂仁義之心也平

旦之氣謂未與物接之時清明之氣也好惡與人相

近言得人心之同然也善心不多也梏械也反覆展

轉也言人之良心雖已放失然其日夜之間亦必有

所生長故平旦未與物接其氣清明之際此心猶必

有發見者但其發見至微而旦晝所為之不善者又

已隨而梏亡之如山木既伐猶有萌蘗而牛羊又牧

之也晝之所為既牿則必有以害其夜之所息夜之

所息既薄則愈不能勝其晝之所為是以展轉相害

至於平旦之氣亦不能清而不足以存其仁義之良

心也

又曰孔子言心操之則在此捨之則失去其出入無

定時亦無定處孟子引之以明心之神明不測危動

難安如此不可頃刻失其養也

程子曰心豈有出入亦以操舍而言耳操之之道敬

以直內而已愚聞之師曰此章之指最為要切學者

宜熟玩而深省之

孟子曰仁人心也義人路也舍其路而弗由放其心而

學問之道無他求其放心而已矣

不知哀哉人有雞犬放則知求之其有放心而不知求

程子曰心本善而流於不善所謂放也

朱子曰仁者心之德也程子所謂心譬如穀種生之

性乃仁也即此意也然但謂之仁則不知其切於已

故反而名之曰人心則可以見其為此身酬酢萬變

之主而不可須臾失矣義者行事之宜謂之人路則

可以見其為出入往來必由之道而不可須臾舍矣

又曰至貴在我而自失之是可哀已

又曰學問之事固非一端然皆以求夫不失本心之

正而已無他道也

程子曰聖賢千言萬語只是欲人將已放之心約之

使反復入身來自能尋向上去下學而上達也此章

孟子指示學者用力之方最為深切學者所宜服膺

而勿失也

孟子曰今有無名之指屈而不信非疾痛害事也如有

能信之者則不遠秦楚之路為指之不若人也指不若

人則知惡之心不若人則不知惡此之謂不知類

朱子曰不知類言其不知以類而推之

孟子曰人之於身也兼所愛兼所養也無尺

寸之膚不愛焉則無尺寸之膚不養也所以考其善不

善者豈有他哉於已取之而已矣體有貴賤有小大無

以小害大無以賤害貴養其小者為小人養其大者為

大人今有場師舍其梧檟養其樲棘則為賤場師焉養

其一指失其肩背而不知也則為狼疾人也飲食之人

則人賤之矣為其養小以失大也飲食之人無有失也

則口腹豈適為尺寸之膚哉

朱子曰賤而小者口腹也貴而大者心志也

公都子問曰鈞是人也或為大人或為小人何也曰從

其大體為大人從其小體為小人曰鈞是人也或從其

大體或從其小體何也曰耳目之官不思而蔽於物物

交物則引之而已矣心之官則思思則得之不思則不

得也此天之所與我者先立乎其大者則其小者弗能

奪也此為大人而已矣

朱子曰官之為言主也耳主聽目主視而不能思是

以蔽於外物心則主思而外物不能蔽此耳目所以

為小體而心所以為大體也耳目既為小體而蔽於

物則亦爾以一物爾以外物交於此物引之而去必矣

心雖大體而能不蔽於物然或不思則不得於理而

耳目用事終亦不免為物所引而去也此二者所以

雖皆出於天賦而其大者又不可以不先立也

孟子曰饑者甘食渴者甘飲是未得飲食之正也饑渴

害之也豈惟口腹有饑渴之害人心亦皆有害人能無

以饑渴之害為心害則不及人不為憂矣

朱子曰口腹為饑渴所害故於飲食不暇擇而失其

正味人心為貧賤所害故於富貴不暇擇而失其正

又曰人能不以富貴之故而厭貧賤則過人遠矣此

理也

章言人不可以小害大不可以末害本

孟子曰魚我所欲也熊掌亦我所欲也二者不可得兼

舍魚而取熊掌者也生亦我所欲也義亦我所欲也二

者不可得兼舍生而取義者也生亦我所欲所欲有甚

於生者故不為苟得也死亦我所惡所惡有甚於死者

故患有所不辟也如使人之所欲莫甚於生則凡可以

得生者何不用也使人之所惡莫甚於死者則凡可以

辟患者何不為也由是則生而有不用也由是則可以

辟患而有不為也是故所欲有甚於生者所惡有甚於
死者非獨賢者有是心也人皆有之賢者能勿喪爾一
簞食一豆羹得之則生弗得則死嘑爾而與之行道之
人弗受蹴爾而與之乞人不屑也萬鍾則不辨禮義而
受之萬鍾於我何加焉為宮室之美妻妾之奉所識窮
乏者得我與鄉為身死而不受今為宮室之美為之鄉
為身死而不受今為妻妾之奉為之鄉為身死而不受
今為所識窮乏者得我而為之是亦不可以已乎此之
謂失其本心

欽定四庫全書　心經　十九

朱子曰本心謂羞惡之心言三者身外之物其得失
比生死為甚輕鄉為身死猶不肯受嘑蹴之食今乃
為三者而受無禮義之萬鍾是豈不可以止乎蓋羞
惡之心人所固有然或能決死生於危迫之際而不
免計豐約於宴安之時是以君子不可頃刻而不省
察於斯焉

孟子曰鷄鳴而起孳孳為善者舜之徒也鷄鳴而起孳

孳為利者跖之徒也欲知舜與跖之分無他利與善之
間也

程子曰言間者謂相去不遠所爭毫末耳善與利公
私而已矣才出於善便以利言也

楊氏曰舜跖之相去遠矣而其分乃在利善之間而
已是豈可以不謹然講之不熟見之不明未有不反
以利為義者又學者所當深察也

或問鷄鳴而起若未接物如何為善程子曰只主於

欽定四庫全書　心經　二十

敬便是為善

孟子曰養心莫善於寡欲其為人也寡欲雖有不存焉
者寡矣其為人也多欲雖有存焉者寡矣

朱子曰欲謂口鼻耳目四肢之所欲雖人之所不能
無然多而不節則未有不失其本心者學者所當深
戒也

程子曰不必沉溺然後為欲但有所向則為欲矣

南軒曰有所向則為欲多欲則百慮紛紜其心外馳

尚何所存乎

周子養心說曰孟子曰養心莫善於寡欲其為人也寡
欲雖有不存焉者寡矣其為人也多欲雖有存焉者寡
矣子謂養心不止於寡而存耳蓋寡焉以至於無無則
誠立明通誠立賢也明通聖也是聖賢非性生必養心
而至之養心之善有大焉如此存乎其人而已

周子通書曰聖可學乎曰可有要乎曰一請問焉曰一
為要一者無欲也無欲則靜虛動直靜虛則明明則通
動直則公公則溥明通公溥庶矣乎

程子曰顏淵問克己復禮之目子曰非禮勿視非禮勿
聽非禮勿言非禮勿動四者身之用也由乎中而應乎
外制於外所以養其中也顏淵事斯語所以至於聖人
學者宜服膺而勿失也因箴以自警其視箴曰心兮本
虛應物無迹操之有要視為之則蔽交於前其中則遷
制之於外以安其內克己復禮久而誠矣其聽箴曰人
有秉彝本乎天性知誘物化遂亡其正卓彼先覺知止

一五 心經

有定閑邪存誠非禮勿聽其言箴曰人心之動因言以
宣發禁躁妄內斯靜專別是樞機與戎出好吉凶榮辱
惟其所召傷易則誕傷煩則支己肆物忤出悖來違非
法不道欽哉訓辭其動箴曰哲人知幾誠之於思志士
勵行守之於為順理則裕從欲惟危造次克念戰兢自
持習與性成聖賢同歸

范氏心箴曰茫茫堪輿俯仰無垠人於其間眇然有身
是身之微太倉稊米參為三才曰惟心爾往古來今孰
無此心心為形役乃獸乃禽惟口耳目手足動靜投間
抵隙為厥心病一心之微眾欲攻之其與存者嗚呼幾
希君子存誠克念克敬天君泰然百體從令

朱子敬齋箴曰正其衣冠尊其瞻視潛心以居對越上
帝足容必重手容必恭擇地而蹈折旋蟻封出門如賓
承事如祭戰戰兢兢罔敢或輕守口如瓶防意如城洞
洞屬屬固敢或輕不東以西不南以北當事而存靡他
其適弗貳以二弗參以三惟心惟一萬變是監從事於

斯是曰持敬動靜弗違表裏交正須臾有間私慾萬端

不火而熱不冰而寒毫釐有差天壤易處三綱既淪九

法亦歟於乎小子念哉敬哉墨卿司戒敢告靈臺

求放心齋銘曰天地變化其心孔仁成之在我則主于

身其主伊何神明不測發揮萬變立此人極曼刻放之

千里其奔非誠曷有非敬曷存執放執亡孰有詰

伸在臂反覆惟手防微謹獨茲守之常切問近思曰惟

以相

欽定四庫全書　心經　三三

尊德性齋銘曰維皇上帝降此下民何以予之曰義與

仁維義與仁維帝之則欽斯承斯猶懼弗克孰昏且狂

苟賊汝淫戕視傾聽惰其四支褻天之明嫚人之紀曰

此下流眾惡之委我其監此祇栗厥心有幽其室有赫

其臨執玉奉盈須臾顛沛任重道悠其敢或怠

西山心經贊

舜禹授受　十有六言　萬世心學

此其淵源　人心伊何　生於形氣

有好有樂　有忿有懥　惟欲易流

是之謂危　須臾或放　眾慝從之

道心伊何　根於性命　曰義曰仁

曰中曰正　惟理無形　是之謂微

毫芒或失　其存幾希　二者之間

曾弗容陳　察之必精　如辨白黑

知及仁守　相為始終　惟精故一

惟一故中　聖賢迭興　體姚法如

欽定四庫全書　心經　三四

提綱挈維　昭示來世　戒懼謹獨

閑邪存誠　曰忿曰慾　必窒必懲

上帝寔臨　其敢或貳　屋漏難隱

寧使有愧　四非當克　如敵斯攻

四端既發　皆擴而充　意必之萌

雲卷席撤　子諒之生　春噓物茁

雜犬之放　欲其知求　牛羊之牧

濯濯是憂　一指肩背　孰貴孰賤

簞食萬鍾　辭受必辨　克治存養

交致其功　舜何人哉　期與之同

維此道心　萬善之主　天之予我

此其大者　欲之方寸　太極在躬

散之萬事　其用弗窮　若寶靈龜

若奉拱璧　念茲在茲　其可弗力

相古先民　歷歷相傳　操約施博

孰此為先　我來作州　茅塞是懼

欽定四庫全書　心經　二十五

爰輯格言　以滌肺腑　明膽裝几

清晝鑪薰　開卷肅然　事我天君

右心經

西山先生撫聖賢格言自為之贊者也先生之心

學縣考亭而遡濂洛洙泗之源存養之功至矣故其

行已也上帝臨女可以對越而無媿其臨民也若保

赤子痒痾疾痛真切於吾身其立朝也憂國如饑渴

所言皆至誠惻怛之所形而非以衒直也其將勸講

若齋戒以交神明而冀其感悟也迨退而築室粵山

之下雖晏息之地常如君父之臨其前其著書皆本

於中庸大學雖遊戲翰墨一出於正也然猶夜氣有

箴勿齋有箴敬義齋有銘晚再守泉復輯成是書晨

興必焚香危坐誦十數過蓋無一日不學亦無一事

非學其內外交相養如此若愚老將至矣學不加進

然尚竊有志焉手抄此經書誦而夜思之庶幾其萬

一復鋟板于郡學與同志勉云端平改元十月既望

欽定四庫全書　心經　二十六

後學顏若愚敬書

心經

東洋古典譯註叢書 22

譯註 心經附註   정가 38,000원

2002년 12월 31일 초판 발행
2022년 06월 30일 초판 13쇄

譯　註　成百曉
編　輯　東洋古典飜譯編輯委員會
發行人　朴洪植

發行處　社團法人 傳統文化研究會

　서울시 종로구 삼일대로 428 낙원빌딩 411호
　전화 : (02)762-8401　전송 : (02)747-0083
　전자우편 : juntong@juntong.or.kr
　홈페이지 : juntong.or.kr
　사이버書堂 : cyberseodang.or.kr
　온라인서점 : book.cyberseodang.or.kr
　등록 : 1989. 7. 3. 제1-936호

인쇄처 : 한국법령정보주식회사(02-462-3860)
총　판 : 한국출판협동조합(070-7119-1750)

ISBN 978-89-85395-79-3 94150
　　　978-89-85395-71-7(세트)

※ 이 책은 2002년도 교육인적자원부 고전문헌 국역지원사업 지원비에 의해 초판(비매품) 간행.

전통문화연구회 도서목록

新編 基礎漢文教材

新編 四字小學·推句	고전교육연구실 編譯	11,000원
新編 啓蒙篇·童蒙先習	고전교육연구실 編譯	11,000원
新編 明心寶鑑	李祉坤·元周用 譯註	15,000원
新編 擊蒙要訣	咸賢贊 譯註	12,000원
新編 註解千字文	李忠九 註	13,000원
新編 原文으로 읽는 故事成語	元周用 編著	15,000원
新編 唐音註解選	權卿相 譯註	22,000원

漢文讀解捷徑시리즈

漢文독해 기본패턴	고전교육연구실 著	15,000원
四書독해첩경	고전교육연구실 著	20,000원
한문독해첩경 文學篇	朴相水 李和春 李祉坤 元周用 著	15,000원
한문독해첩경 史學篇	朴相水 李和春 李祉坤 元周用 著	15,000원
한문독해첩경 哲學篇	朴相水 李和春 李祉坤 元周用 著	15,000원

東洋古典國譯叢書

大學·中庸集註 – 개정증보판	成百曉 譯註	10,000원
論語集註 – 개정증보판	成百曉 譯註	27,000원
孟子集註 – 개정증보판	成百曉 譯註	30,000원
詩經集傳 上·下	成百曉 譯註	各 35,000원
書經集傳 上·下	成百曉 譯註	各 35,000원
周易傳義 上·下	成百曉 譯註	各 40,000원
小學集註	成百曉 譯註	30,000원
古文眞寶 後集	成百曉 譯註	32,000원

五書五經讀本

論語集註 上·下	鄭太鉉 譯註	各 25,000원
孟子集註 上·下	田炳秀·金東柱 譯註	各 30,000원
大學·中庸集註	李光虎·田炳秀 譯註	15,000원
小學集註 上·下	李忠九 外 譯註	各 25,000원
詩經集傳 上·中·下	朴小東 註	各 30,000원
書經集傳 上·中·下	金東柱 譯註	各 30,000원
周易傳義 元·亨·利·貞	崔英辰 外 譯註	各 30,000원
詳說古文眞寶大全後集 上·下	李相夏 外 譯註	各 32,000원
春秋左氏傳 上·中·下	許鎬九 外 譯註	各 36,000원~38,000원
禮記 上·中·下	成百曉 外 譯註	各 30,000원

東洋古典譯註叢書

〈經部〉

十三經注疏

周易正義 1~4	成百曉·申相厚 譯註	各 30,000원~40,000원
尚書正義 1~7	金東柱 譯註	各 25,000원~36,000원
毛詩正義 1~6	朴小東 外 譯註	各 32,000원~37,000원
禮記正義 中庸·大學	李光虎·田炳秀 譯註	20,000원
論語注疏 1~3	鄭太鉉·李聖敏 譯註	各 25,000원~40,000원
孟子注疏 1~2	崔彩基·梁基正 譯註	各 30,000원
孝經注疏	鄭太鉉·姜珉廷 譯註	35,000원
周禮注疏 1~2	金容天·朴禮慶 譯註	30,000원
春秋左氏傳 1~8	鄭太鉉 譯註	各 18,000원~35,000원
禮記集說大全 1~2	辛承云 外 譯註	各 25,000원~30,000원
東萊博議 1~5	鄭太鉉·金炳愛 譯註	各 25,000원~35,000원
韓詩外傳 1~2	許敬震 外 譯註	各 29,000원~33,000원
說文解字注 1	李忠九 外 譯註	35,000원

〈史部〉

思政殿訓義 資治通鑑綱目 1~21	辛承云 外 譯註	各 18,000원~35,000원
通鑑節要 1~9	成百曉 譯註	各 18,000원~40,000원
唐陸宣公奏議 1~2	沈慶昊·金基政 譯註	各 35,000원~45,000원
貞觀政要集論 1~4	李忠九 外 譯註	各 25,000원~32,000원
列女傳補注 1~2	崔秉準·孔勤植 譯註	各 30,000원~38,000원
歷代君鑑 1~4	洪起殷·全百燦 譯註	各 32,000원~35,000원

〈子部〉

近思錄集解 1~3	成百曉 譯註	各 25,000원/35,000원
孔子家語 1~2	許敬震 外 譯註	各 35,000원/36,000원
老子道德經注	金是天 譯註	30,000원
大學衍義 1~5	辛承云 外 譯註	各 26,000원~30,000원
墨子閒詁 1~5	李相夏 外 譯註	各 32,000원~38,000원
說苑 1~2	許鎬九 譯註	各 25,000원
世說新語補 1~4	金鎭玉 外 譯註	各 29,000원~38,000원

荀子集解 1~7	宋基采 譯註	各 25,000원~38,000원
心經附註	成百曉 譯註	35,000원
顔氏家訓 1~2	鄭在書·盧暻熙 譯註	各 22,000원/25,000원
揚子法言 1	朴勝珠 譯註	24,000원
二程全書 1~4	崔錫起·姜導顯 譯註	各 36,000원~40,000원
莊子 1~4	安炳周·田好根 共譯	各 25,000원~30,000원
政經·牧民心鑑	洪起殷·全百燦 譯註	27,000원
韓非子集解 1~5	許鎬九 外 譯註	各 32,000원~38,000원

武經七書直解

孫武子直解·吳子直解	成百曉·李蘭洙 譯註	35,000원
六韜直解·三略直解	成百曉·李鍾德 譯註	26,000원
尉繚子直解·李衛公問對直解	成百曉·李蘭洙 譯註	26,000원
司馬法直解	成百曉·李蘭洙 譯註	26,000원
管子 1~2	李錫明·金帝蘭 譯註	各 30,000원
列子鬳齋口義	崔秉準·孔勤植·權憲俊 共譯	34,000원

〈集部〉

古文眞寶 前集	成百曉 譯註	30,000원
唐詩三百首 1~3	宋載卲 外 譯註	各 25,000원~36,000원
唐宋八大家文抄 韓愈 1~3	鄭太鉉 譯註	各 22,000원/28,000원
〃 歐陽脩 1~7	李相夏 譯註	各 25,000원~35,000원
〃 王安石 1~2	申用浩·許鎬九 共譯	各 20,000원/25,000원
〃 蘇洵	李章佑 外 譯註	25,000원
〃 蘇軾 1~5	成百曉 譯註	各 22,000원
〃 蘇轍 1~3	金東柱 譯註	各 20,000원~22,000원
〃 曾鞏	宋基采 譯註	25,000원
〃 柳宗元 1~2	宋基采 譯註	各 22,000원
明淸八大家文鈔 1 歸有光·方苞	李相夏 外 譯註	35,000원
2 劉大櫆·姚鼐	李相夏 外 譯註	35,000원

東洋古典新譯

당시선	송재소·최경렬·김영죽 편역	22,000원
손자병법	성백효 역주	14,000원
장자	안병주·전호근·김형석 역주	13,000원
고문진보 후집	신용호 번역	28,000원
노자도덕경	김시천 역주	15,000원
고문진보 전집 上·下	신용호 번역	각 22,000원

동양문화총서

동양사상 해설과 원전	정규훈 外 저	22,000원
화합의 길 《중용》 읽기	금장태 저	20,000원
호설과 시장	신용호 저	20,000원

문화문고

경전으로 본 세계종교 그리스도교	이정배 편저	10,000원
〃 도교	이강수 편역	10,000원
〃 천도교	윤석산·홍성엽 편저	10,000원
〃 힌두교	길희성 편역	10,000원
〃 유교	이기동 편저	10,000원
〃 불교	김용표 편저	10,000원
〃 이슬람	김영경 편역	10,000원
논어·대학·중용 / 맹자	조수익·박승주 공역	각 10,000원
소학	박승주·조수익 공역	10,000원
십구사략 1~2	정광호 저	각 12,000원
무경칠서 손자병법·오자병법	성백효 역	10,000원
〃 육도·삼략	성백효 역	10,000원
〃 사마법·울료자·이위공문대	성백효 역	10,000원
당시선	송재소·최경렬·김영죽 편역	10,000원
한문문법	이상진 저	10,000원
한자한문전통교재	조수익·이성민 공역	10,000원
士小節 선비 집안의 작은 예절	이동희 편역	12,000원
儒學이란 무엇인가	이동희 저	10,000원
동아시아의 유교와 전통문화	이동희 저	13,000원
현대인, 동양고전에서 길을 찾다	이동희 저	10,000원
100자에 담긴 한자문화 이야기	김경수 저	10,000원
우리 설화 1~2	김동주 편역	각 10,000원
대한민국 국무총리	이재원 저	10,000원
백운거사 이규보의 문학인생	신용호 저	14,000원